블록체인

기술과 미래

| 권영식 지음 |

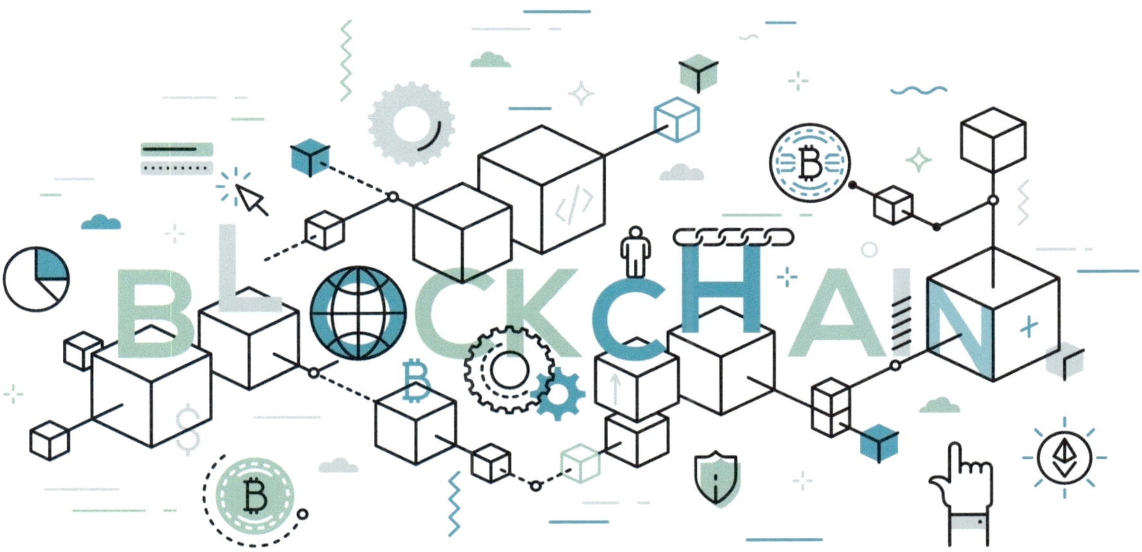

BLOCKCHAIN
TECHNOLOGY & FUTURE

한 경 사

권영식 yskwon@kookmin.ac.kr

국민대학교 경영대학 경영정보학부 겸임교수

세종대학교 산업대학원에서 디지털 정보산업학(전자상거래)을 전공하였고, 국민대학교 비즈니스IT전문대학원에서 비즈니스IT를 전공하였으며, 박사 학위 논문 「블록체인 기반 공급사슬관리 서비스 도입의 결정요인 연구 — TOE(Technology-Organization-Environment) 프레임워크를 중심으로(2021)」로 동 대학원에서 경영정보학박사 학위를 취득하였다. 2023년 9월부터 국민대학교 경영대학 경영정보학부 겸임교수로 블록체인과 암호화폐, 클라우드 컴퓨팅을 강의하고 있으며, 지속가능경영학회 이사(임원)로 활동 중이다.

전파통신 관련 업종과 (주)아이티센그룹(구, 콤텍시스템) 등에서 35년간 전파통신(Wireless Communication), NI(Network Integration) 분야, IT Infra, ITO(IT Outsourcing), IDC(Internet Data Center) 개발, Retail Colocation 사업, MEP(Mechanical Electrical and Plumbing) 등 Technical Support Engineer와, 영업 대표, IT Governance 등의 직무를 수행하였다.

주요 관심 분야는 Artificial Intelligence, Business analytic, Blockchain Technology, Social Media Analytics 등이다.

블록체인 — 기술과 미래

저 자 권영식
발 행 일 2025년 9월 1일 2쇄
발 행 처 **한경사**
발 행 인 이계남
등록사항 제10-1951호 2000년 4월 14일
주 소 서울시 마포구 신수로 59-1 3층
전화번호 02_717_7264~5
팩스번호 02_717_7226
홈페이지 hankyungsa.co.kr
전자우편 hankyungsa@hanmail.net
I S B N 978-89-6844-511-8 93320
가 격 42,000원

차례

● 시작에 앞서

최근 몇 년 동안 블록체인 기술은 다양한 주체의 관심을 끌며 연구와 대중 관심의 중심이 되었으나, 블록체인이라는 용어에 대한 공식적인 정의나 공통된 이해는 부족합니다. 따라서 블록체인 기술에 대한 명확한 이해가 필요하며, 블록체인 기술로 분류되기 위해 어떤 기본 요구 사항을 충족해야 하는 현실에서, 사용 의도와 실제 활용에 대한 관심에 본 문헌이 조금이 나마 기여하길 기대 하며, 블록체인 기술의 고유한 속성을 정의할 때 고려해야 할 몇 가지 중요한 개념과 측면이 있으며, 블록체인 기술의 개념을 정의하기 위한 내용을 요약하면 다음과 같습니다.

> **"블록체인은 분산형 데이터베이스로, 글로벌 데이터 구조를 공유하는 분산 컴퓨팅 노드로 구성된 네트워크로 이 네트워크는 암호화 기술과 분산 합의를 통해 안전하고 투명하며 변경 불가능한 원장을 생성하며, 거래는 시간 순서대로 연결된 블록에 기록되고, 네트워크는 스마트 계약을 통해 거래를 실행하고, 제3자의 개입 없이 신뢰, 익명성, 보안 및 데이터 무결성을 제공합니다."**

블록체인이라는 용어의 의미는 여전히 논란의 여지가 있으며, 표준 기술적 정의가 부족하며 국제 표준화 기구(International Telecommunication Union Telecommunication Standardization Sector ITU-T)의 FG-DPM(Data Processing & Management)과, FG-DLT((Distributed Ledger Technology)에서, 그리고FG-DFC(Digital Currency)의 SG13(Future Networks (& Cloud), SG17(Security), SG20) IoT, Smart Cities & Comm)를 통해 진행 중입니다.

블록체인은 비트코인 프로토콜의 나카모토 사토시 합의와 같은 시스템을 지칭하는 포괄적 용어로 사용되기도 하며, 블록체인 기술은 Peer to Peer(P2P) 네트워크, 비잔티움 내결함성, 분산 타임스탬핑, 암호화 등 여러 연구 분야와 기존 기술의 영향을 받으며, 이를 보다 명확히 이해하기 위해, 블록체인은 분산 원장 기술(DLT)(그림 0-1)의 하위 집합으로 분류될 수 있습니다.

따라서 DLT는 Peer to Peer(P2P)네트워크에서 복제된 데이터에 대한 합의를 나타내는 기술적으로 정확한 용어로 사용되며, 2008년 사토시 나카모토에 의해 비트코인과 함께 처음 제안되었

그림 0-1 분산 원장 기술

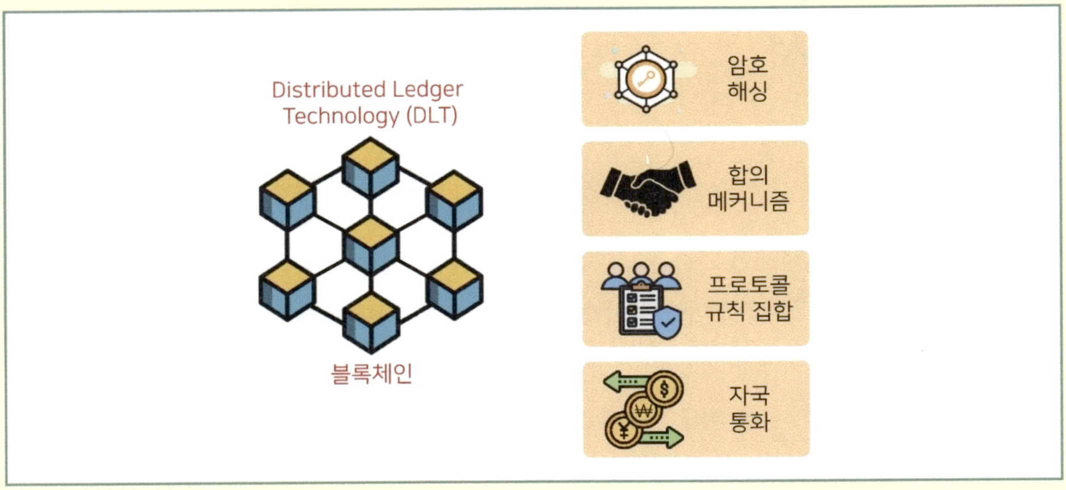

으며, 이는 2008년 서브프라임 모기지 사태, 금융기관의 규제 완화, 은행 및 투자자들의 과도한 리스크 감수 등 다양한 요인들에 의해 초래된 전 세계 금융 위기로 인해 은행과 금융 기관에 대한 신뢰가 낮아진 상황에서 등장했으며, 비트코인은 최초이자 가장 인기 있는 암호화폐로, 중앙은행과 독립적으로 운영되는 디지털 화폐와 온라인 지불 시스템으로 구성됩니다.

블록체인은 네트워크에서 모든 변경 사항을 기록하여 이중 지출을 방지하므로, 가장 투명한 기술로 여겨지며, 또한 2013년 말, 비탈릭 부테린은 이더리움을 개발했으며, 이더리움은 개발자가 Peer to Peer(P2P)네트워크를 이용해 분산 애플리케이션(dapp)을 만들 수 있게 해주는 범용 블록체인 기반 기술 발전 했습니다. 비트코인이 발명된 지 16년, 이더리움이 처음 발표된 지 10년이 지난 지금, 블록체인 기술에 대한 널리 받아들여진 정의는 여전히 진행 중이며, 2024년 11월13일 이더리움 컨퍼런스 데브콘(Devcon)에서 새로운 개발 계획을 제안했으며, '이더리움 3.0'으로, 구체적으로는 합의 레이어를 재설계하는 내용으로, 현재의 비콘 체인(Beacon Chain)을 빔 체인(Beam Chain)으로 진화시켜, 이더리움의 최종 설계에 가까워지는 것을 목표로 하고 있습니다.

블록체인 용어의 모호성을 보여 주는 예로는 허가 없는 블록체인(Public Blockchain)과 허가형 블록체인(Private Blockchain) 간의 갈등이 있으며, 비트코인과 같은 허가 없는 블록체인은 합의에 참여하기 위해 별도의 허가가 필요하지 않은 반면, Hyperledger와 같은 허가형 블록체인은 합의에 기여할 수 있는 폐쇄된 노드 그룹을 정의합니다. 이러한 차이는 블록체인 응용 분야에 대한 탐구를 유도하며, 블록체인은 정적 구조가 아닌 연구, 개선, 개발의 대상임을 보여 줍니다.

블록체인은 기술적 개선과 변형 블록체인은 해시 함수, 데이터 구조, 암호학, 네트워크 아키텍처 등 다양한 소프트웨어 공학 개념을 활용하며, 확장성 향상을 위한 연구는 네트워크 효율성, 스토리지, 데이터 사용량 및 합의 알고리즘에 초점을 맞추고 있으며, 번개 채널과 같은 접근 방식이 주목받고 있습니다.

개념적 진화는 블록체인이 작동하는 방식과 사용자 상호작용의 발전을 포함하며, 접근 권한을 제한하여 Private 및 Public 블록체인, 무허가 및 허가 블록체인을 개발할 수 있습니다. Public 블록체인의 개방성은 개인 정보 보호와 충돌할 수 있으며, 이에 대한 대안으로 Private 블록체인이나 Privacy Overlay가 논의되고 있습니다.

제로 지식 증명(Zero-Knowledge Proof)(그림0-2) 기술은 거래 데이터에 대한 전체 접근 없이 진술의 정확성을 증명할 수 있게 하여, 블록체인에서의 소유권 관련 진술을 증명하는 데 활용될 수 있습니다. 이러한 발전들은 블록체인의 다양한 응용 가능성을 더욱 확장하고 있습니다

블록체인의 두 번째 핵심 요소는 합의입니다. 합의는 모든 노드가 거래 내역의 일관된 버전을 선택하는 지속적인 과정으로, 이 과정에서 작업 증명(Proof of Work)이 사용되어 거래 내역을 선택하고 경쟁 버전 간의 충돌을 해결합니다. 그러나 계산 능력을 투자하여 거래 이력을 선택하는 방식은 특정 조직에 과도한 계산 능력이 집중될 위험이 있어, 많은 컴퓨터 과학자들은 이에 대한 불만을 표명하고 있습니다. 그래서 분산 시스템에서 합의를 찾기 위한 다양한 알고리즘과 기준이 개발되고 논의되고 있습니다.

암호화폐에서는 합의가 재화의 소유 또는 거래에 투표권을 연결하기 때문에, 대체 합의 메커니즘은 종종 개념적으로 복잡하고 공식적으로 증명하기 어렵습니다. 게임 이론적 결함이 있을 경우, 이는 블록체인의 부패를 초래하고 신뢰를 저하시킬 수 있습니다. 거래는 소유권을 한 계좌에서 다른 계좌로 이전하는 수단으로, 소유권 이전에 필요한 모든 정보를 담고 있는 작은 독립 계약으로 볼 수 있습니다. 이와 같은 통찰은 블록체인에서 스마트 계약(Smart Contracts)의 개발로 이어졌

그림 0-2 제로 지식 증명(Zero-Knowledge Proof)

습니다. 스마트 계약은 거래 데이터와 유사하게 당사자의 의사를 기계가 읽을 수 있는 형식으로 표현하며, 소유권 이전을 설명하는 데 있어 더 유연한 구조를 가집니다.

기술적으로 스마트 계약은 블록체인의 프로그래밍 언어로 작성된 자체 포함형 컴퓨터 프로그램입니다. 블록체인 기술은 거래 데이터 저장을 넘어 프로그래밍 코드 실행 기능으로 확장되었으며, 이로 인해 분산 시스템은 가상 머신의 기능을 갖추게 되었습니다.

스마트 계약은 처음에는 거래 상대방 간의 계약을 의미했으나, 이제는 적절한 블록체인에서 관리되고 실행되는 코드 조각을 지칭하게 되었습니다. 법조계에서는 리카디언 계약*(그림 0-3)의 아이디어를 바탕으로 스마트 계약을 현실 계약의 다양한 경우에 적용하려는 움직임이 있습니다. 스마트 계약은 임대료 지불, 대출 계약, 손해 보험 지급 등 복잡한 거래를 설명하는 데 유용하게 사용될 수 있습니다. 이로 인해 스마트 계약은 블록체인의 가장 중요한 발전 중 하나로 자리잡게 되었습니다.

인벤토리 데이터는 초기 블록체인이 거래 데이터의 전체 이력을 유지하기 위해 여러 장소에서 사용 가능한 불변의 데이터 저장소의 무결성을 유지하는 것과 관련이 있습니다. 이러한 데이터

그림 0-3 리카디언 계약 다이어그램

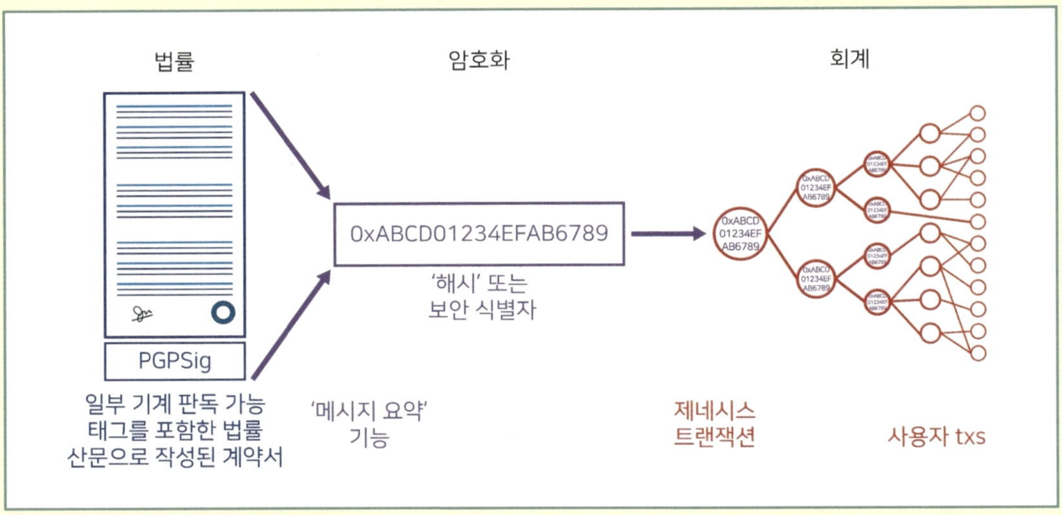

*리카디언 계약(Ricardian contract): 1996년 이안 그리그가 발명한 리카디안 계약은 법률상 계약으로 문서를 기록하고, 가치 발행으로 계약을 위해 회계와 같은 다른 시스템과 안전하게 연결하는 방법으로 암호화 해시 함수에 의한 식별을 사용하여 견고하고, 법률 산문에 읽을 수 있는 텍스트를 사용하여 투명하며, 필수 정보를 추출하기 위해 마크업 언어를 통해 효율적입니다.

저장소는 거래와 재고 데이터를 기반으로 소유권을 관리할 수 있습니다.

거래 데이터 관리는 간단한 데이터 처리에 적합하며, 재고 데이터는 계정 잔액, 베팅, 보험 계약, 평판, 물리적 객체 등 다양한 정보를 포함할 수 있는 스마트 계약의 맥락에서 유용합니다.

전체 시스템의 상태는 재고 데이터로 저장되며, 스마트 계약의 실행에 따라 변화하며, 이러한 변화는 불변의 블록 전용 데이터 저장소에 별도로 저장되며, 데이터 구조는 블록의 직선 형태가 아닌, 분기가 트랜잭션 데이터의 상반된 버전을 나타내는 나무 모양으로 구성되고, 블록체인 알고리즘의 주요 과제는 일관되게 권한 있는 체인으로 선택하도록 하는 것입니다.

트랜잭션 데이터를 저장하는 또 다른 방법은 블록의 방향성 비순환 그래프(Directed Acyclic Graph, DAG)(그림 0-4)를 활용하는 것으로, 이 구조는 나중에 나뭇가지가 합쳐지는 나무 형태(머클트리)로 거래 내역을 저장하며, 비순환 그래프를 사용하면 성능이 향상되고 소유권이 명확해지며 합의를 도출할 수 있습니다.

블록체인은 기술은 장기적인 영향을 간과하고 단기적인 영향을 과대평가하는 경향이 있다는 점에서 중요한 성과를 보여 주고 있으나, 이는 인터넷의 진화와 그 사회적 영향을 통해 확인할 수 있습니다. 블록체인은 가상 화폐 애플리케이션을 넘어 다양한 사용 사례를 제공하며, 신뢰, 보안, 개인 정보 보호를 달성하는 기술적 수단으로 제안되고 있습니다.

그러나 16년 이상의 기간 동안 블록체인의 유용성은 암호화폐가 여전히 가장 관련성 있는 애플리케이션이라는 인식의 범위를 넘어 Web 3.0, STO, RWA등 다양한 분야에서 응용되고 있는 현실에서, 블록체인의 가치 제안은 Peer to Peer 거래를 위한 글로벌하고 개방적이며 검열 저항적인 네트워크를 제공하고. 주요 혁신은 개방형 Peer to Peer네트워크에서 합리적인 보안을 제공하는 합의 알고리즘의 배포입니다.

그림 0-4 비순환 그래프

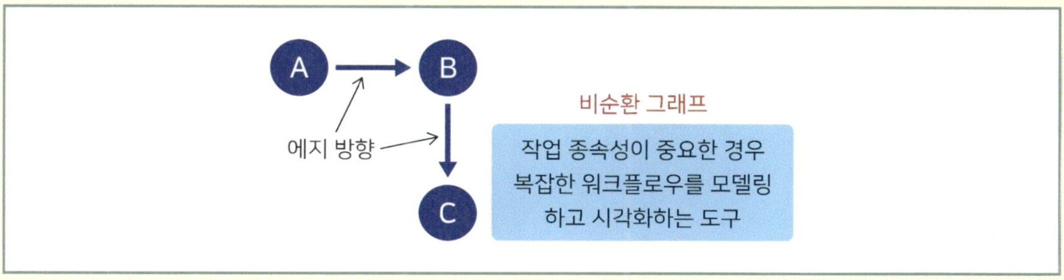

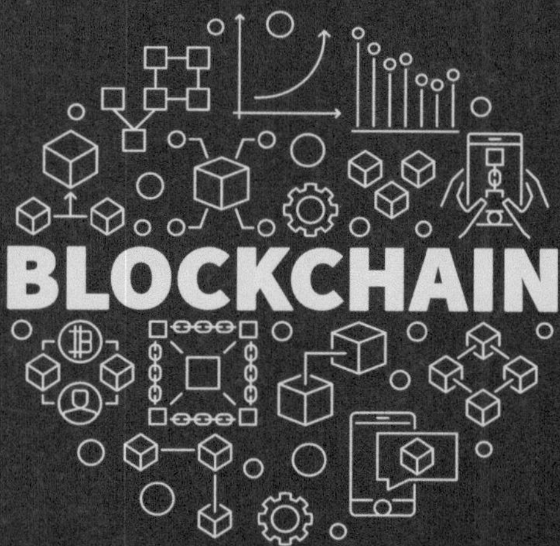

CHAPTER

1

블록체인 기술 소개

블록체인 기술은 데이터를 **분산된 방식으로 저장**하고, **탈중앙화된 네트워크**에서 거래나 정보를 안전하게 기록할 수 있도록 설계된 혁신적인 기술로, 그 잠재력이 **금융**, **물류**, **의료**, **정부** 등 다양한 산업에 걸쳐 확장되면서 **디지털 혁신**의 중요한 축으로 자리잡고 있습니다.

블록체인 기술의 소개에서는 역사와 블록체인의 분류, 그리고 진화 과정을 다루고 블록체인의 기술적 이점과 구성 요소, 그리고 핵심 기능인 Peer to Peer 기술, DLT, 포크에 대하여 살펴보겠습니다.

Blockchain Tutorial

Lesson 01

Blockchain Tutorial이란 블록체인 기술에 대한 개념, 원리, 응용 등을 학습할 수 있도록 제공되는 자료나 강좌를 의미하며, 블록체인은 데이터를 안전하게 저장하고 전송하는 분산형 기술로, 주로 암호화폐(예: 비트코인)와 관련이 있지만 다른 다양한 산업 분야에서도 활용되고 있습니다. 따라서 Lesson 01의 블록체인 튜토리얼은 보통 다음과 같은 내용을 다룹니다.

블록체인은 분산되고 보안이 유지되는 데이터베이스 또는 원장으로, 거래는 블록에 기록되고 자동화된 프로세스를 통해 검증됩니다. 거래가 검증되면 블록이 닫히고 암호화되며, 이전 블록에 대한 정보와 새로운 거래 정보가 포함된 또 다른 블록이 생성됩니다. 이렇게 생성된 블록은 각 진행 블록의 정보를 통해 연결되어 '블록체인'이라는 이름을 얻습니다. 이전 블록의 정보는 다음 블록에 영향을 미치지 않고는 변경할 수 없으므로 블록체인을 변경하는 것은 불가능합니다. 이 개념은 다른 보안 프로토콜과 함께 블록체인의 보안 특성을 제공(그림 1-1)합니다.

그림 1-1 블록체인 블록의 정보

블록에는 여러 가지 트랜잭션이 포함됩니다.

각 블록에는 자체 해시, 세부 트랜잭션, 정보, 논스 및 이전 해시가 있습니다.

블록체인에 정보를 전송할 수 있는 지갑 애플리케이션을 통해 개인은 암호화처럼 작동하는 토큰이나 암호화폐에 대한 개인 키를 보유하게 됩니다. 이 키는 가치를 나타내는 가상 토큰에 대한 접근 권한을 제공합니다. 토큰의 소유권은 지갑을 통해 다른 엔터티에 금액을 '보내는' 방식으로 이전되며, 해당 지갑은 차례로 새로운 개인 키를 생성합니다. 이를 통해 토큰 소유권이 보호되며, 블록체인 설계는 이전이 취소되거나 변경되는 것을 방지합니다.

블록체인의 기반 기술 중 상당수는 비트코인이 존재하기 전에 이미 개발되고 있었고, 그중 하나가 컴퓨터 과학자 랄프 머클의 이름을 딴 머클 나무(Merkle Tree)(그림 1-2)입니다. 1979년 박사과정에서 머클은 '나무 인증'으로 알려진 비밀 유지, 인증 및 공개 키 시스템을 위한 시스템을 만들었으며, 스탠퍼드 대학교 논문에서 머클 트리는 개별 기록을 검사하기 위한 데이터 구조를 제공합니다.

데이비드 차움(David Chaum)은 1982년 버클리 캘리포니아대 박사학위 논문에서 컴퓨터 시스템을 개발하기 위한 볼트 시스템을 제안하였으며, 이 시스템은 블록체인의 몇 가지 특징을 보여주었습니다. 이후 1992년 스튜어트 하버(Stuart Haber)와 스토네타(W. Scott Stornetta)는 머클 나무(Merkle Tree)를 디자인에 통합하여 동일한 블록에서 서로 다른 문서 인증을 가능하게 하였습니다. 이러한 과정 속에서 블록체인 기술은 여러 이정표를 거쳐 발전해 왔습니다.

현재 블록체인은 애플리케이션 기반의 블록체인 1.0, 2.0, 3.0 및 블록체인 4.0으로 나뉘어 있으며, 각 버전은 진화의 길을 걸어가고 있습니다. 블록체인은 중앙 저장소 없이 분산 방식으로 구현되며, 일반적으로 중앙 기관(예: 은행, 회사, 정부) 없이 운영되는 변조 방지 디지털 원장입니다. 기본적으로 사용자 커뮤니티는 해당 커뮤니티 내의 공유 대장에 트랜잭션을 기록할 수 있으며,

그림 1-2 머클트리 가이드

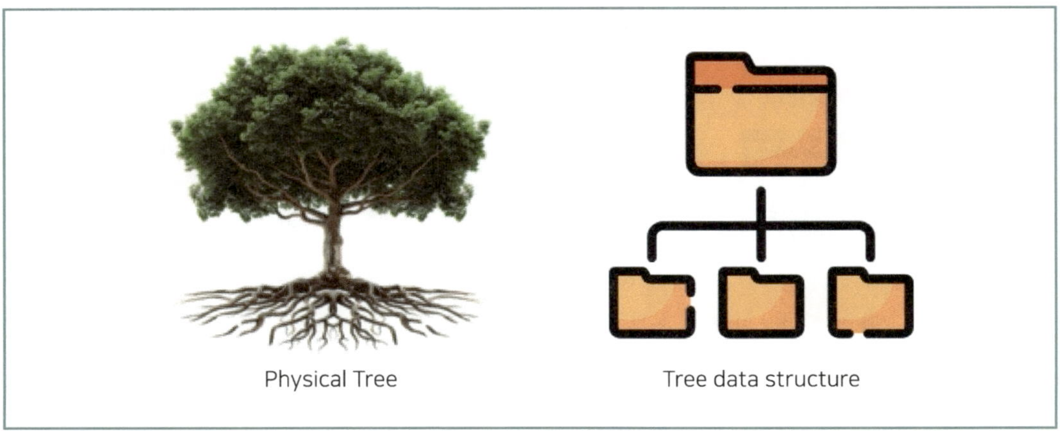

블록체인 네트워크의 정상적인 운영 상태에서는 한 번 게시된 트랜잭션을 변경할 수 없습니다. 이 기술은 네트워크상의 모든 참여자가 서로를 신뢰하지 않을 경우에도 합의에 도달할 수 있는 방식을 제공합니다.

데이비드 차움(David Chaum)은 1983년에 '추적이 불가능한 결제'를 위한 은닉 서명(Blind Signature) 기술을 개발(그림 1-3)하였고, 1989년에는 디지털화폐 회사인 DigiCash를 설립하여 암호화, 개인 키 및 공개 키, 블라인드 서명 기술을 적용하여 디지털화된 달러에 고유한 해시 값을 붙인 세계 최초의 암호화폐 'eCash'를 출시하였습니다. 이후 스튜어트 하버와 윗 코트 스토네타는 디지털 레코드의 무결성을 보장하기 위해 블록체인 기술을 공동 발명하였고, 이 기술은 디지털 타임스탬프 서비스를 제공하며 블록체인의 첫 상용 구현으로 여겨집니다.

1991년에는 서명된 정보 체인이 디지털 서명 문서의 전자 대장으로 사용되어, 보관된 문서 중 어떤 것도 변경되지 않았음을 쉽게 확인할 수 있게 되었습니다. 또한 1997년 아담 백(Adam Back)은 이메일 스팸과 DoS 공격을 막기 위한 작업 증명(Proof of Work) 시스템인 Hashcash를 제안했습니다.

이러한 블록체인 기술의 발전을 통해, 2008년 10월 31일 익명의 나카모토 사토시(Nakamoto Satoshi)가 데이터의 무결성을 위한 메커니즘을 채택한 프로토콜을 발표하며, 신뢰받는 제3자의 필요성을 없애 주는 개방적이고 투명하며 안전한 분산 원장 기술(DLT)과 작업 증명 방식을 비트코인(Bitcoin)에 적용하여 처음 도입하였습니다.

블록체인은 비공식적으로 다음과 같이 정의할 수 있습니다. "블록체인은 블록으로 그룹화된 암호화된 서명된 트랜잭션의 분산 디지털 관리자이다." 각 블록은 검증 후 이전 블록과 암호화된

그림 1-3 데이비드 차움이 만든 은닉 서명

출처: https://glossary.blockstream.com/blind-signatures

방식으로 연결되며, 변조가 발생하면 쉽게 식별할 수 있습니다. 합의 결정을 통해 새 블록이 추가됨에 따라, 오래된 블록은 수정하기가 더 어려워지며, 이러한 변조 방지 기능이 생성됩니다. 새 블록은 네트워크 내의 원장 복사본에서 복제되며, 모든 충돌은 설정된 규칙에 따라 자동으로 해결됩니다. 즉, 블록체인 기술은 서로 연결된 블록에 정보나 데이터를 저장하여 체인을 형성하는 디지털 데이터베이스로 블록체인 튜토리얼은 암호학, 블록체인 알고리즘, 블록체인 아키텍처, 블록체인 보안, 스마트 계약 등 블록체인의 기본부터 고급 주제까지 다루고 있으며, 이러한 데이터 구조는 증가하는 정보 블록 목록을 형성하며, 각 블록이 연결되어 있어 최근 블록을 제거하거나 변경할 수 없고 디지털 암호화폐 비트코인의 핵심 기술이기도 합니다.

블록체인은 참여 당사자들 간에 실행되고 공유된 모든 거래나 디지털 이벤트의 기록을 분산 데이터베이스화한 것으로, 각 거래는 시스템의 대다수 참가자에 의해 검증되며, 모든 거래의 기록이 포함됩니다. 블록체인 기술의 특징은 Peer to Peer 네트워크(그림 1-4)로, 데이터 분산 저장 기술의 일종이며, 블록 단위의 데이터를 체인처럼 연결하여 저장하고, 저장된 데이터는 모든 사용자에게 분산하여 저장되며, 이러한 분산 저장 특성 때문에 블록체인은 분산 원장 기술(Distributed Ledger Technology)이라고도 불립니다.

블록체인 기술은 응용 프로그램 계층 기술로, 인터넷 프로토콜 위에서 실행되며, 이 기술은 분산 사용자 그룹 간의 암호화 기술과 분산 합의 알고리즘을 사용하여 불변하고 신뢰할 수 있는 방식으로 트랜잭션을 기록합니다. 블록체인은 블록의 체인으로 구성되며, 각 블록에는 디지털 정보가 포함되어 있고, 각 블록은 고유한 32비트 정수인 논스와 연결된 256비트 해시 번호를 포함하고 있으며, 이러한 블록들은 암호화 해시 함수 체인을 통해 서로 연결되며, 이 세 가지 구성 요소가 함

그림 1-4 Peer to Peer Blockchain Network

그림 1-5 비트코인 트랜잭션

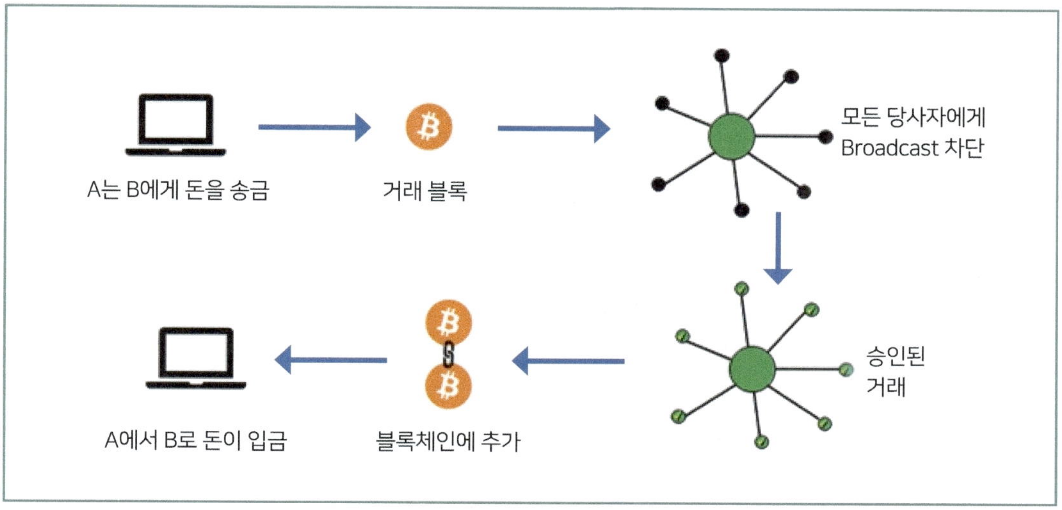

께 블록체인의 보안을 보장합니다.

오늘날 블록체인 애플리케이션(그림 1-5)은 세계를 변화시키고 있으며, 그 대표적인 예가 비트코인으로, 비트코인은 암호화폐로 온라인에서 디지털 자산을 교환하는 데 사용됩니다. 두 당사자는 인터넷을 통해 거래를 실행하기 위해 제3자에 대한 신뢰 대신 암호화 증명을 사용하며, 각 트랜잭션은 전자 서명으로 보호됩니다.

비트코인은 블록체인의 가장 인기 있는 예로, '사토시 나카모토'라는 이름의 개인이나 집단이 2008년 「비트코인: PEER TO PEER 전자 현금 시스템」에 대한 백서를 발표하면서 처음 등장하였으며, 현재 사토시 나카모토의 실체는 밝혀지지 않았으며, 수 년전부터 호주의 크레이그 라이트 박사가 본인이 나카모토 사토시라고 주장했으나, 2024년 3월 런던 법원은 이를 근거 없다고 판결했습니다.

비트코인은 두 당사자가 인터넷을 통해 거래를 실행할 때 제3자에 대한 신뢰 대신 암호화 증명을 사용합니다. 각 트랜잭션은 전자 서명으로 보호되며, 블록체인 기술을 통해 기록된 디지털 원장의 거래는 네트워크를 통해 배포되어 위변조가 불가능합니다. 따라서 토지 자산, 자동차 등 가치 있는 모든 자산은 블록체인에 거래로 기록될 수 있습니다.

블록체인의 탈중앙화 특성(그림 1-6)으로 인해, 데이터를 보관하는 중앙 서버나 시스템이 존재하지 않으며, 대신, 데이터는 블록체인에 연결된 전 세계 수백만 대의 컴퓨터에 분산되어 저장됩니다. 이 시스템은 모든 노드에 존재하며, 공개적으로 검증 가능한 데이터의 공증을 허용합니다.

그림 1-6 블록체인 탈중앙화 시스템 비교

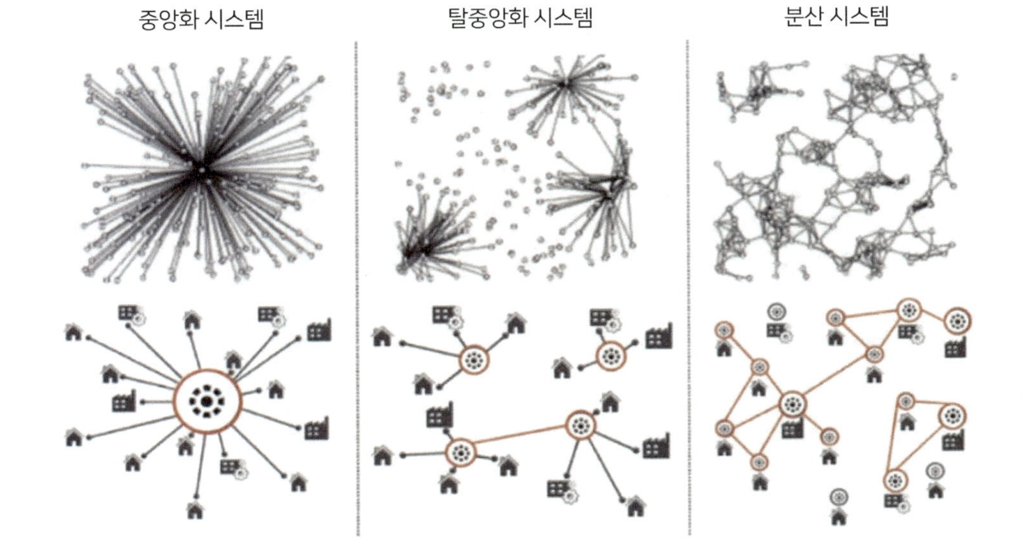

블록체인 노드(그림 1-7)는 블록체인 네트워크에 연결된 컴퓨터로, 클라이언트를 사용하여 블록체인과 연결됩니다. 클라이언트는 트랜잭션을 블록체인에서 검증하고 전파하는 역할을 합니다. 노드가 블록체인에 연결되면, 블록체인 데이터의 사본이 시스템에 다운로드되고, 최신 데이터 블록과 동기화됩니다.

그림 1-7 블록체인 노드

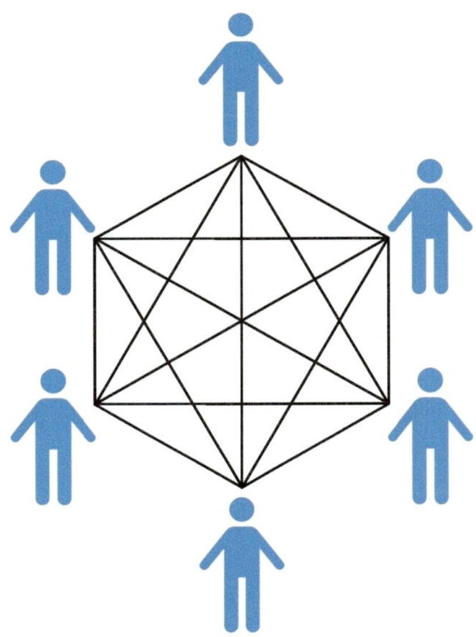

블록체인에 연결된 노드를 '마이너'라고 하며, 이들은 거래를 실행하는 데 도움을 줍니다. 마이너는 인센티브를 통해 거래를 처리하고, 이를 통해 비즈니스 네트워크 전반의 신뢰를 향상시킵니다. 블록체인 네트워크에서 비즈니스를 수행할 때, 사람들을 신뢰할 수 없다는 것이 아니라, 신뢰를 구축할 필요가 없다는 것입니다.

블록체인은 다음의 다섯 가지 속성을 통해 신뢰를 구축하며, 블록체인의 주요 특성은 다음과 같습니다.

- **분산(Distributed)**: 블록체인은 중앙 서버 없이, 연결된 노드 간에 모든 트랜잭션을 실시간으로 공유하고 업데이트합니다. 이는 데이터의 통제를 분산시켜 더욱 효율적인 처리를 가능하게 합니다.
- **보안(Secure)**: 블록체인은 허가와 암호화를 통해 무단 액세스를 방지합니다. 모든 트랜잭션은 안전하게 보호됩니다.
- **투명성(Transparent)**: 모든 블록체인 노드 또는 참가자는 블록체인 데이터의 사본을 소유하므로, 모든 거래 데이터를 열람할 수 있습니다. 이로 인해 참가자들은 중재자 없이도 자신의 신원을 확인할 수 있습니다.
- **합의제(Consensus-based)**: 모든 네트워크 참가자는 거래의 유효성에 대해 동의해야 하며, 이는 합의 알고리즘을 통해 이루어집니다.
- **유연성(Flexible)**: 특정 조건에 따라 실행되는 스마트 계약을 플랫폼에 작성할 수 있으며, 블록체인 네트워크는 비즈니스 프로세스에 맞춰 진화할 수 있습니다.

Lesson 02

블록체인의 역사

블록체인의 역사는 1990년대 후반부터 시작되어, 현재까지 발전한 기술적 여정을 나타내며, 블록체인은 기본적으로 분산형 데이터베이스 기술로, 중앙 집중화된 서버 없이 여러 사용자들 간에 데이터를 공유하고 기록할 수 있게 합니다. 본 Lesson 02는 아래는 블록체인의 주요 역사적 사건들을 시간순으로 정리한 것입니다.

블록체인은 특정 정보를 담고 있는 블록들이 연결된 사슬로, 모든 거래의 기록을 영구적으로 보관하는 원장으로, 이 원장은 지속적으로 성장하며, 각 거래는 이전 거래 이후에 발생하는 순서로 기록되며, 블록이 완성될 때마다 새로운 블록이 생성되며, 이 과정은 안전하고 불변의 방식으로 진행됩니다.

블록체인 진화의 연대표에 대해 다음과 같이 논의해 보자(그림 1-8).

2009년 이전의 블록체인의 역사적 구성 요소

1979년 Ralph Merkle은 머클트리(Merkle Tree) 또는 해시트리(Hash Tree)라는 데이터 구조 개

그림 1-8 블록체인 역사적 구성 요소

출처: Google Image

념을 개발했으며, 이후 David Chaum은 디지털 캐시 시스템을 발명하고 1989년 DigiCash 회사를 설립했습니다. 이외에도 Stuart Haber는 타임스탬핑, Cynthia Dwork는 작업 증명(Proof-of-Work, PoW), Hal Finney는 재사용 가능한 PoW 등 다양한 선구자들이 블록체인 기술 이전에 기여했습니다.

나카모토 사토시(Satoshi Nakamoto)는 암호화폐와 블록체인의 개념을 소개하며 비트코인을 출시 하였으며, 비트코인 거래소가 설립되고 프로그래머가 피자 두 판에 대해 10,000 비트코인을 지불한 사건은 이 기술의 초기 거래 역사를 시작으로, 비트코인의 가격은 여러 논란과 사건으로 인해 1페니에서 수만 달러까지 급등했습니다.

이후 블록체인은 이더리움과 같은 분산형 플랫폼을 통해 암호화폐를 넘어 다양한 비즈니스 응용 프로그램을 가능하게 했고, AI, IoT, 대체 불가능한 토큰(Non-Fungible Tokens, NFT), 분산형 금융(Decentralized Finance, DeFi), 스마트 계약 등 다양한 분야에서 블록체인은 기존 방식에 대한 안전하고 실행 가능한 대안으로 자리잡게 되었습니다.

그림 1-9와 같이 1991년, 스튜어트 하버와 W. 스콧 스토네타는 블록체인 기술을 소개하며 디지털 문서를 변조할 수 없도록 시간 스탬프를 찍는 계산적 솔루션을 개발했으며, 이 시스템에서는 타임 스탬프 문서가 블록체인에 저장되었으며, 2000년에는 스테판 콘스트가 암호화된 고정 사슬에 대한 이론과 구현 아이디어를 발표와, 1992년 머클트리가 하버와 스토네타의 시스템에 기능을 추가하여 법인을 설립하게 됩니다. 블록체인 기술은 여러 문서를 하나의 블록에 효율적으로 저장할 수 있도록 설계되었으며, 이 기술은 2004년에 특허가 만료되어 더 이상 사용되지 않게 되었습니다.

그림 1-9 Chaum의 DigiCash

출처: chaum,.com

1993년, Cynthia Dwork와 Moni Naor은 작업 증명(Proof of Work, PoW) 개념을 발표하여 정크 메일과 공유 리소스 접근 제어를 위한 계산 기술을 제공했으며, 1997년에는 Adam Back이 서비스 거부 공격을 방지하는 PoW 알고리즘인 해시캐시를 도입했습니다.

1999년, Markus Jakobsson과 Ari Juels는 '작업 증명'이라는 용어를 발표하였으며, 이 개념은 Peer to Peer 네트워크에서 대중화되었으나, 당시의 Napster는 중앙 집중형 서버를 사용했기 때문에 진정한 Peer to Peer 네트워크가 아니라고 주장되었습니다. 2000년, 스테판 콘스트는 「암호적으로 연결된 항목을 기반으로 한 보안 로그 파일」이라는 논문에서 체인의 항목이 제네시스 블록에서 역추적 가능하다는 개념을 소개하여 오늘날 블록체인 모델의 기초가 되었습니다.

2004년, 암호화 운동가 할 피니는 '재사용 가능한 작업 증명'으로 알려진 디지털 현금 시스템을 도입하여 블록체인과 암호화의 역사에 큰 변화를 가져왔습니다. 이 시스템은 신뢰할 수 있는 서버에 등록된 토큰의 소유권을 유지해 이중 지출 문제를 해결하도록 도와주었습니다. 재사용 가능한 PoW는 Stefan Konst가 RSA 서명 토큰과 교환 불가능한 해시캐시 토큰을 받는 메커니즘을 통해 도입했습니다. PoW 접근 방식은 비트코인 채굴에서 중요한 역할을 하며, 비트코인과 라이트코인 같은 암호화폐는 PoW를 사용합니다. 이더리움은 PoW의 에너지 소비를 줄이기 위해 PoS(Proof of Stake, 지분 증명) 프로토콜로 전환했습니다.

2008년, 나카모토 사토시는 백서에서 '분산 블록체인'(그림1-10) 개념을 'PEER TO PEER 전자 현금 시스템'으로 정의하였습니다. 그는 머클 트리 모델을 수정하여 더 안전한 시스템을 개발하였고, 이 시스템은 데이터 교환의 안전한 역사를 포함합니다. 또한, 그의 시스템은 타임 스탬핑의 PEER TO PEER 네트워크를 따르며, 암호학이 블록체인의 중추 역할을 하도록 유용하게 설계되었습니다.

그림 1-10 나카모토 사토시의 백서

Bitcoin:
A Peer-to-Peer Electronic Cash System

Satoshi Nakamoto

October 31, 2008

www.cryptovest.co.uk

Abstract

A purely peer-to-peer version of electronic cash would allow online payments to be sent directly from one party to another without going through a financial institution. Digital signatures provide part of the solution, but the main benefits are lost if a trusted third party is still required to prevent double-spending. We propose a solution to the double-spending problem using a peer-to-peer network. The network timestamps transactions by hashing them into an ongoing chain of hash-based proof-of-work, forming a record that cannot be changed without redoing the proof-of-work. The longest chain not only serves as proof of the sequence of events witnessed, but proof that it came from the largest pool of CPU power. As long as a majority of CPU power is controlled by nodes that are not cooperating to attack the network, they'll generate the longest chain and outpace attackers. The network itself requires minimal structure. Messages are broadcast on a best effort basis, and nodes can leave and rejoin the network at will, accepting the longest proof-of-work chain as proof of what happened while they were gone.

2009년 이후의 블록체인의 역사적 구성 요소

2009년 1월 3일, 나카모토 사토시는 비트코인 백서를 발표하며 블록체인의 진화가 시작으로, 이후 블록체인은 꾸준히 발전하였고, 다양한 분야에서 필요성이 커졌습니다. 2014년은 블록체인 기술의 전환점으로 기록되며, 이 시기에 블록체인 2.0이 탄생했습니다.

이제 금융 기관과 다른 산업들은 디지털 화폐에서 블록체인 기술 개발로 초점을 이동하기 시작했으며, 이는 2015년 이더리움 프론티어 네트워크가 출시되어 개발자들이 라이브 네트워크에 스마트 계약과 dApp을 배포할 수 있게 되었습니다. 같은 해, 리눅스 재단은 Hyperledger Project(그림 1-11)를 시작으로 이 프로젝트는 금융 서비스, 사물 인터넷, 공급망, 제조 등 다양한 산업 솔루션을 위한 핵심 블록체인을 구축하는 것을 목표로 하고 있습니다. IBM, 액센츄어, JP모건, 디지털 자산, 인텔, ANZ와 같은 기업들은 이미 하이퍼레저에 참여하고 있으며, 블록체인의 잠재적 활용 가능성을 연구하는 금융 서비스 기업 컨소시엄 R3도 하이퍼레저 이사회에 참여하고 있습니다.

2016년, 블록체인은 나카모토 사토시의 논문에서 두 개의 다른 개념이 아닌 하나의 단어로 받아들여졌으며, 같은 해, 이더리움 네트워크에서 DAO 코드의 버그가 악용되어 하드포크가 발생했으며, 비트파이넥스(그림 1-12) 비트코인 거래소가 해킹당해 12만 비트코인이 도난당하는 사건이 발생했습니다.

그림 1-11 하이퍼레저 프로젝트

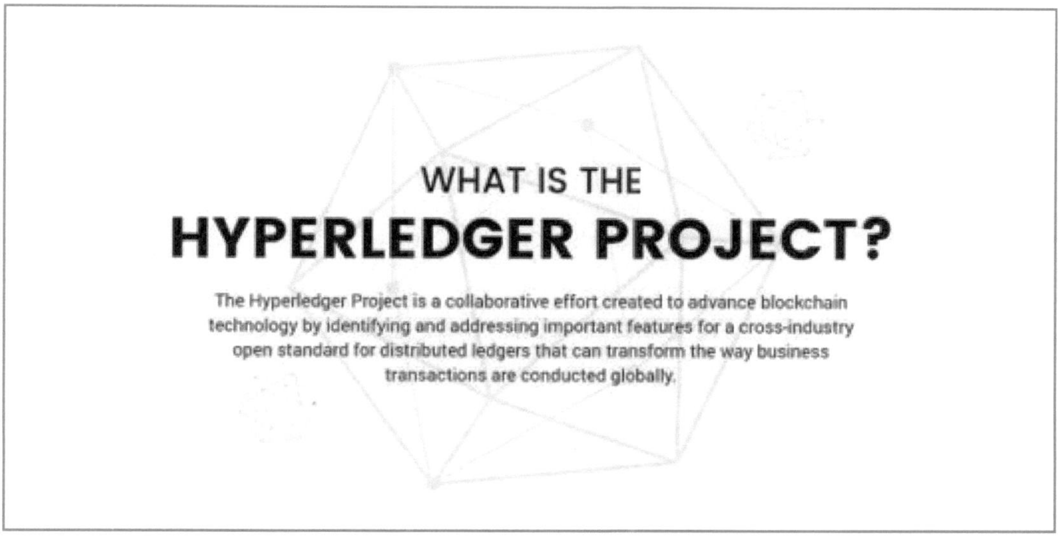

그림 1-12 비트파이넥스

2017년, 일본은 비트코인을 법정 화폐로 인정했으며, 블록원이 상업용 탈중앙화 애플리케이션을 지원하기 위해 EOS 블록체인 운영 체제를 출시했으나 비트코인이 10주년을 맞이한 2018년, 그 가치는 계속 하락하여 연말에는 3,800달러에 도달했습니다. 이 시기 구글, 트위터, 페이스북과 같은 온라인 플랫폼은 암호화폐 광고를 금지했습니다.

2019년, 이더리움 네트워크의 하루 트랜잭션 수가 100만 건을 돌파했고, 아마존은 AWS에서 아마존 매니지드 블록체인 서비스의 일반 출시를 발표했으며, 2020년에는 스테이블코인의 수요가 증가했으며, 이더리움은 2.0을 준비하기 위해 비콘 체인을 출시했습니다. 딜로이트 설문조사에 따르면 응답자의 약 40%가 블록체인을 생산에 통합하였고, 비즈니스 프로세스를 최적화하기 위해 블록체인과 AI를 결합했습니다. 같은 해, 블록체인의 스마트 계약을 통해 서비스를 제공하는 DeFi 시장은 전년 대비 600% 성장하였으며, NFT 예술 작품이 크리스티 경매장에서 이더리움으로 6,900만 달러 이상에 판매되었고, 엘론 머스크는 Tesla 차량의 결제 수단으로 암호화폐를 수용하기 시작했습니다.

2022년, 이더리움은 작업 증명(PoW)에서 지분 증명(PoS) 합의 메커니즘으로 전환하며 기존 메인넷과 비콘 체인이 합병되었습니다. 이로 인해 이더리움의 에너지 소비량은 최대 99.95%까지 감소했습니다. 비트코인 채굴은 나카모토가 설정한 2,100만 코인 한도에 점점 가까워져 1,900만 코인에 이르렀고, 비트코인은 2009년 출시 당시 50개 채굴 보상에서 2024년 4번째 반감기로 3.125개로 줄어 들었으며 , 2032년에는 0.7812개로 줄어들 예정입니다.

그러나 코로나19 오미크론 변종에 대한 투자자들의 우려로 비트코인 및 기타 암호화폐의 사상 최고 가격이 급락하였고, 오픈소스 블록체인 플랫폼 테라(Terra)가 무너졌습니다. 또한, 덴마크 해운 회사 Maersk는 IBM과 공동 개발한 블록체인 기반 TradeLens 디지털 원장을 플레이어 참여 부족으로 종료한다고 발표했고, 호주 증권 거래소는 거래 플랫폼을 블록체인으로 옮기려는 7개년 계획을 취소했습니다.

2024년, 블록체인 기술은 주로 금융 서비스 및 은행 업무에 적용되었지만, 게임, 미디어 및 엔터테인먼트, 부동산, 의료, 사이버 보안, 스마트 계약, NFT, IoT, 운송, 공급망 관리 및 정부 등

그림 1-13 블록체인 기술의 적용 분야

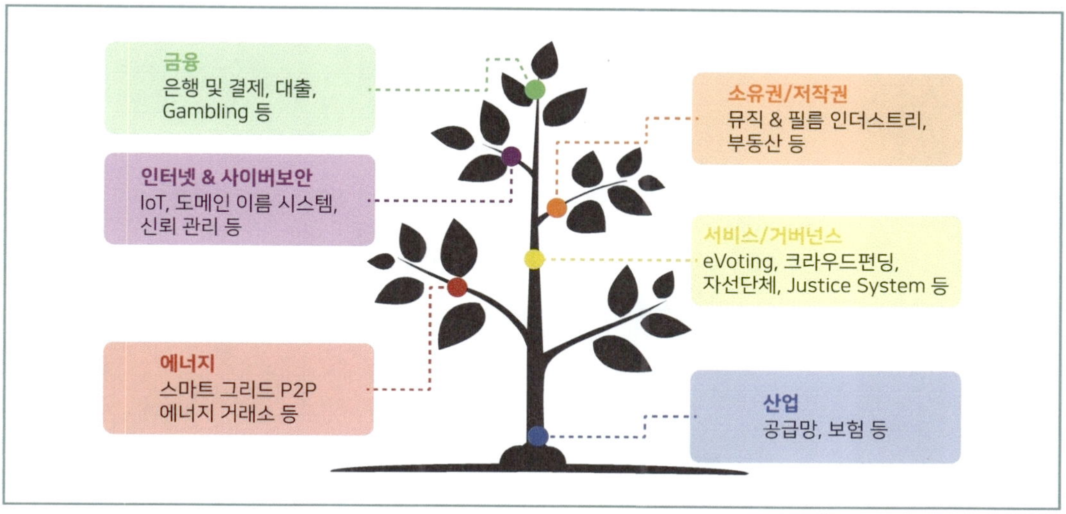

다양한 분야(그림 1-13)에서도 활용되고 있습니다. 분산화 및 데이터 보안을 제공하는 최신 인터넷인 Web 3.0은 블록체인 기술의 가장 큰 원동력이 될 것입니다.

Lesson 03

블록체인 분류

블록체인 분류는 여러 방식으로 분류될 수 있으며, 주로 **용도**, **접근성**, **합의 알고리즘** 등에 따라 구분됩니다. 아래는 블록체인을 분류할 수 있는 주요 기준들입니다. 본 Lesson 03에서는 주로 용도에 대한 분류에 대하여 다루고 있습니다

현재 블록체인 시스템은 대략 네 가지 유형으로 분류(그림1-14)되며, 퍼블릭 블록체인(Public Blockchain), 프라이빗 블록체인(Private Blockchain), 컨소시엄 블록체인(Consortium Blockchain), 하이브리드 블록체인(Hybrid Blockchain)입니다.

- **퍼블릭 블록체인**: 모든 기록이 공개되며, 누구나 참여할 수 있는 시스템입니다. 모든 사용자가 공감대 형성 과정에 참여할 수 있습니다.
- **프라이빗 블록체인**: 특정 조직에서 운영하며, 이 조직에서 선정된 노드만이 합의 프로세스에

그림 1-14　블록체인 분류

퍼블릭	프라이빗	하이브리드	콘소시엄
• 무허가 • 무제한 • 분권화 • 모든 노드는 동일한 권리를 가짐 • 주로 암호화폐에서 사용	• 허용됨 • 단일조직에 의해 관리 • 미리 선택된 노드에 의해 사전 선내된 노드에 의해 제어 • 중앙 권한이 노드를 허용	• 허가형과 무허가형의 조합 • 단일조직에서 관리하며 퍼블륵 블록체인의 감독을 받음 • 데이터의 선택된 부분은 공개되고 나머지는 기미로 유지됨	• 허가됨 • 반 분산형 • 여러 조직에 의해 관리됨, 주로 은행 • 정부 및 기관에서 주로 사용
	HYPERLEDGER Multichain	IBM Food Trust DRAGONCHAIN	MARCO POLO NETWORK

참여합니다. 중앙 집중형 네트워크로 간주되며, 한 조직이 모든 권한을 완벽하게 제어합니다.

- **컨소시엄 블록체인**: 여러 조직이 협력하여 구축하며, 미리 선택된 노드 그룹만이 합의 과정에 참여합니다. 따라서 부분적으로 분산된 시스템입니다.
- **하이브리드 블록체인**: 퍼블릭과 프라이빗 블록체인의 장점을 결합하여 특정 데이터는 공개하고, 다른 데이터는 비공개로 유지할 수 있는 시스템입니다.

이러한 분류는 각 블록체인의 운영 방식과 참여 구조에 따라 달라집니다.

합의 결정 과정은 블록체인 유형에 따라 다르게 운영됩니다.

- **퍼블릭 블록체인**은 모든 노드가 합의 과정에 참여할 수 있으며, 다수의 참가자에게 기록이 저장됩니다. 이로 인해 거래 조작이 거의 불가능합니다. 그러나 노드가 많아 트랜잭션과 블록 전파에 시간이 걸려 처리량이 제한되고 대기 시간이 길어질 수 있습니다.
- **프라이빗 블록체인**은 특정 조직에 의해 완전히 통제되며, 이 조직이 최종 합의를 결정하며, 거래에 대한 읽기 권한은 조직에 한정되어 있으며, 거래 변조가 상대적으로 쉽습니다.
- **컨소시엄 블록체인**은 선택된 노드 집합만이 블록 검증을 담당합니다. 참여자가 제한되어 있어 거래 변조가 가능하지만, 검증자가 적어 상대적으로 효율적일 수 있습니다.

각 블록체인의 특징은 다음과 같이 요약됩니다.

- **퍼블릭 블록체인**: 높은 보안성과 투명성을 제공하지만, 대기 시간이 길어질 수 있음.
- **프라이빗 블록체인**: 중앙 집중형 통제가 가능하지만, 거래의 변조 위험이 있음.
- **컨소시엄 블록체인**: 효율성을 갖추면서도 특정 조직의 통제를 받는 형태.

이러한 비교 내용은 다음의 〈표 1-1〉에 정리되어 있으며, 세 가지 유형의 블록체인의 가장 큰 차이점은 다음과 같습니다.

- **퍼블릭 블록체인**: 완전히 분산되어 있으며, 모든 사용자가 합의 과정에 참여할 수 있습니다. 이 블록체인은 전 세계에 공개되어 많은 이용자를 유치하고, 활발한 커뮤니티가 형성되고 있습니다. 다양한 퍼블릭 블록체인이 지속적으로 등장하고 있습니다.
- **컨소시엄 블록체인**: 부분적으로 중앙집권화된 형태로, 여러 조직이 합의 과정에 참여할 수 있습니다. 이는 비즈니스 애플리케이션에 적합하며, 현재 하이퍼레저가 비즈니스 컨소시엄 블록체인 프레임워크를 개발하고 있습니다.
- **프라이빗 블록체인**: 특정 그룹에 의해 완전히 통제되며, 합의 과정은 제한된 노드에 의해 진

표 1-1 블록체인 시스템 간의 자세한 비교

속성	Public Blockchain	Private Blockchain	Consortium Blockchain
합의 결정	모든 사용자(채굴자)	하나의 조직 내에	선택한 노드 집합
읽기 권한	공용	공개 또는 제한	공개 또는 제한
불변성 등급	위·변조 불가능	변조될 수 있음	변조될 수 있음
효 율 성	낮음	높음	높음
중앙 집중화	안됨	가능	부분적
합의과정	허가 없음	사용 권한 필요	사용 권한 필요

행됩니다.

이와 같이 퍼블릭 블록체인은 분산되고, 컨소시엄 블록체인은 부분적으로 중앙집권화되며, 프라이빗 블록체인은 단일 그룹에 의해 통제되는 구조를 갖고 있습니다.

Public Blockchain

블록체인 기술은 암호화, 데이터 관리, 네트워킹, 인센티브 메커니즘을 결합하여 당사자 간 블록의 확인, 실행, 기록을 지원하는 혁신적인 기술로 이 기술의 핵심 구성 요소는 탈중앙화된 데이터베이스입니다. 블록체인의 탈중앙화 특성은 사용자가 서로를 알거나 신뢰할 필요가 없음을 의미하며, 네트워크의 각 노드는 동일한 데이터의 사본을 분산 원장 형태로 보유하며, 만약 회원 원장이 손상되거나 변경되면, 네트워크의 대다수 회원이 이를 거부합니다. 이 블록체인(그림 1-15)은 완전히 개방적이며, 컴퓨터와 인터넷만 있으면 누구나 네트워크에 참여할 수 있습니다

퍼블릭 블록체인은 대중에게 공개되어 있으며, 이는 누구도 소유하지 않음을 나타냅니다. 인터넷과 적절한 하드웨어를 갖춘 컴퓨터만 있으면 누구나 퍼블릭 블록체인에 참여할 수 있으며, 네트워크의 모든 컴퓨터는 다른 노드나 블록의 사본을 보유하고 있으며. 퍼블릭 블록체인에서는 거래 또는 기록의 검증이 가능하며, 네트워크는 노드가 누구의 허락 없이 가입하고 떠날 수 있는 개방형 네트워크로, 모든 노드는 새로운 데이터의 확인을 할 수 있습니다.

퍼블릭 블록체인은 시스템의 올바른 작동을 보장하기 위한 인센티브 메커니즘을 포함하고 있으며, 누구나 어떤 허가 없이 접근할 수 있습니다. 원장도 공유되고 투명하여 허가가 필요하지 않으며, 51% 규칙에 의해 안전성이 확보되며, 사용자는 실명이나 신분을 밝힐 필요가 없으며, 모든 거래는 익명으로 진행됩니다. 퍼블릭 블록체인 네트워크에서는 사용자들이 공정하지 않을 수 있는

그림 1-15 퍼블릭 블록체인

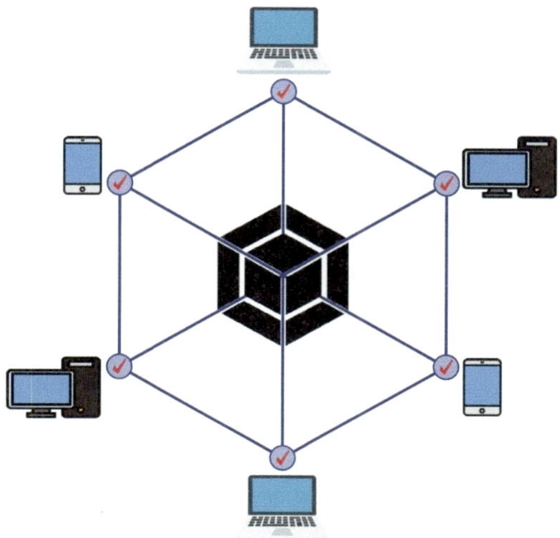

규칙을 따라야 하지 않으며, 서버나 시스템 관리자를 필요로 하지 않지만, 비용 절감 및 개선을 위한 규정은 존재하지 않습니다. 따라서 거래 추적이 불가능한 익명성을 제공합니다.

Public Blockchain의 장점 (Advantages)

- **투명성**(Trustable): 위변조를 감지하는 알고리즘이 있어, 참가자는 네트워크의 다른 노드에 대해 걱정할 필요가 없으며, 모든 거래는 공개적으로 기록되어 신뢰성을 제공합니다.
- **보안성**(Secure): 블록체인은 대중에게 공개되어 있어 블록 크기가 크고, 이로 인해 기록이 더 많이 분산되며, 이는 보안을 강화하고 데이터의 무결성을 유지하는 데 도움이 됩니다.
- **권한 부여**(Anonymous Nature): 참여하기 위해 이름이나 신원을 밝힐 필요가 없어, 안전한 플랫폼에서 거래를 안전하게 진행할 수 있으며, 개인 정보를 보호하는 데 기여합니다.
- **불변성**(Decentralized): 네트워크를 유지하는 단일 플랫폼이 없으며, 모든 사용자가 원장의 사본을 보유하고 있으며, 이로 인해 데이터의 변경이나 삭제가 어려워 불변성을 보장합니다.

Public Blockchain의 단점 (Disadvantages)

- **전력 소비**(Power Consumption): 공용 블록체인은 분산형 특성으로 인해 많은 계산 능력이 필요하며, 이로 인해 에너지 소비가 증가하고, 환경적 문제를 야기할 수 있습니다.

- **확장성(Scalability)**: 블록체인에 더 많은 사용자가 추가되면, 네트워크는 더 많은 거래를 처리해야 하며, 이로 인해 확장성 문제가 발생할 수 있습니다.
- **음모(Conspiracy)**: Public Blockchain의 분산된 특성 때문에 거래를 누가 검증하는지 알 수 없으므로, 잠재적인 음모의 위험이 증가할 수 있습니다.
- **트랜잭션(Transactions)**: 공용 블록체인은 네트워크에서 모든 트랜잭션을 처리하는 데 걸리는 시간으로 인해 느려질 수 있으며, 이로 인해 사용자 경험이 저하될 수 있습니다.
- **수용성(Acceptance)**: 공공 블록체인의 개방성과 투명성으로 인해 정부가 통제하지 않기 때문에, 수용하기 어려울 수 있습니다.

Use Cases

Public Blockchain은 작업 증명(Proof of Work) 또는 지분 증명(Proof of Stake) 방식으로 보안을 유지하며, 기존 금융 시스템을 대체하는 데 사용될 수 있으며, 탈중앙화를 지원하는 스마트 계약의 발전된 측면도 있습니다. Public Blockchain의 예로는 비트코인과 이더리움이 있습니다.

Private Blockchain

블록체인은 지난 몇 년 동안 구성에 따라 다양한 부문에서 진화해 왔으며, 블록체인에 저장된 내용은 네트워크상의 다양한 참여자들에 의해 수행되며, 여러 유형이 존재합니다. 그중 Private Blockchain(그림 1-16)은 개인이나 조직의 사적 자산과 유사합니다.

프라이빗 블록체인은 Public Blockchain과 달리 중요한 작업을 모니터링하고, 읽기 또는 차단할 수 있는 권한을 부여하는 담당자가 있으며, 거래 및 검증에 참여할 수 있는 주체가 제한되어 있어 '허가 블록체인'으로도 알려져 있습니다. 이 네트워크의 참여자는 각각의 권한과 체인 개발자에 의해 선택된 엔티티들로 구성됩니다.

프라이빗 블록체인은 기업 내부에서 운영되며, 대중이 접근하기를 원치 않는 경우가 많으며, 따라서 Public Blockchain만큼 탈중앙화되어 있지 않으며, 선택된 노드만이 프로세스에 참여할 수 있어 상대적으로 더 안전합니다. 이러한 블록체인은 폐쇄형 네트워크에서 운영되며, 참여할 수 있는 사람의 수는 소수에 불과합니다.

프라이빗 블록체인은 다른 분야의 데이터베이스 관리 및 감사에서 더 나은 성능을 발휘하며, 모든 사람이 전체 노드를 실행하고 마이닝을 시작할 수 있는 것은 아니며, 사용자는 네트워크에 액세스하기 전에 블록체인 당국의 허가를 받아야 합니다. 이렇게 인해 프라이빗 블록체인은 허가 네

그림 1-16 프라이빗 블록체인

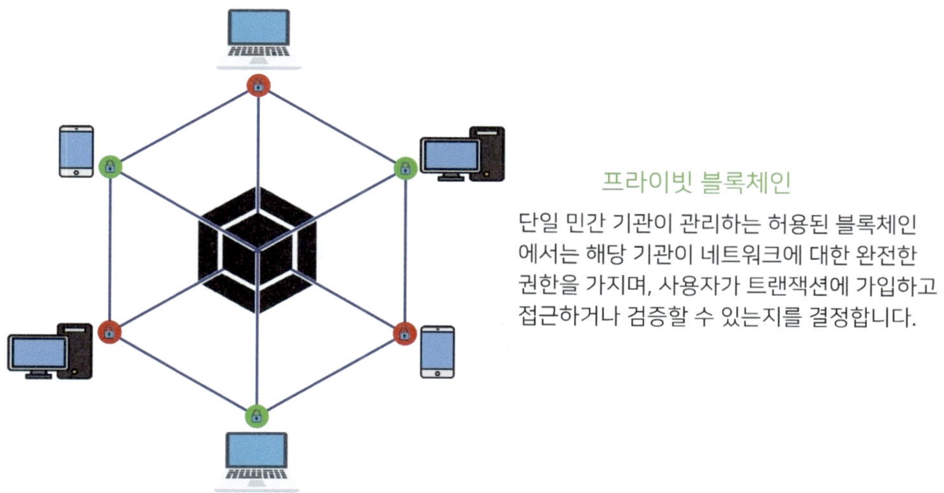

트워크로 분류됩니다.

참여하는 노드가 적을수록 성능이 빨라지며, 주문형 서비스를 제공할 수 있어 사용자에게 더 매력적으로 기업은 다자 비즈니스를 구축하기 위해 프라이빗 블록체인을 사용하는 경우가 많으며, 이를 통해 블록체인을 통제할 수 있는 조직이 됩니다.

Private Blockchain의 장점(Advantages)

- **보안**: Private Blockchain은 정보를 변경할 수 없는 불변의 특성을 가지고 있으며, 사기 방지에 효과적으로 참여자는 신원 확인을 통해 멤버십과 접근 권한이 제한되며, 일반적으로 승인된 조직만 가입할 수 있습니다.
- **성능**: 노드 수가 적을수록 블록 검증 시간이 줄어들어 성능이 향상되며, 트랜잭션 수가 증가함에 따라 처리량이 늘고 지연 시간이 짧아집니다. 성능 분석을 위한 네트워크 및 분산 시스템 시뮬레이터가 중요합니다.
- **확장성**: 수백만 명의 사용자를 호스팅하지 않는 네트워크는 변화와 기능 구현이 용이하여 확장성이 높고 연구에 따르면, 이러한 블록체인은 더 확장 가능한 특성을 지니며, 확장성 프로세스에는 다양한 상호 의존적 매개변수가 포함됩니다.
- **처리량**: 사용자 수가 제한된 Private Blockchain은 높은 처리량을 제공하며, 이는 비즈니스

에서 빠른 트랜잭션이 필요한 경우에 유리한 장점이 됩니다.

- **신뢰**: 프라이빗 네트워크의 사용자는 익명이 아니므로 신뢰 수준이 높으며, 이는 기업이 데이터 프라이버시를 확보하고 데이터 공유를 통제할 수 있는 애플리케이션에 적합합니다.
- **에너지 효율성**: 사용자가 적기 때문에 소비되는 에너지와 질의 양이 줄어들며, Private Blockchain은 네트워크 규모가 작아 에너지 효율적인 선택이 될 수 있습니다.
- **비용 효율성**: Private Blockchain은 Public Blockchain에 비해 리소스 요구가 적어 기업에게 비용 효율적으로 기존 인프라에서 운영할 수 있어 새로운 네트워크 설정 비용을 절감할 수 있습니다.
- **유연성**: Private Blockchain은 특정 비즈니스 요구에 맞춰 맞춤화할 수 있으며, 필요한 기능과 구성 요소만 포함하여 효율성을 극대화합니다.
- **제어**: 기업은 블록체인 네트워크에 대한 접근 권한을 통제하고 사용 방식에 대한 규칙과 가이드라인을 설정할 수 있어 데이터 및 네트워크를 더욱 효과적으로 관리할 수 있습니다.
- **프라이버시**: 데이터 접근을 제어하여 민감한 정보가 권한이 없는 당사자와 공유되지 않도록 보장하므로 강력한 개인 정보 보호 기능을 제공합니다.
- **규제 준수**: Private Blockchain은 데이터와 네트워크에 대한 높은 수준의 제어를 제공하여 기업이 규제 요건을 준수하는 데 도움을 주며, 이는 금융 및 의료와 같은 엄격한 규제를 받는 산업에서 특히 중요합니다.
- **협업**: 여러 조직이 동일한 네트워크에 참여할 수 있도록 설계되어 기업 간의 협업을 촉진하며, 이는 정보와 리소스 공유를 통해 효율성과 혁신으로 이어질 수 있습니다.
- **속도**: 트랜잭션 크기가 작기 때문에 속도가 빠르며, 각 노드를 검증하는 데 소요되는 시간이 적습니다.
- **네트워크 크기 결정**: 사용자는 네트워크의 크기를 수동으로 결정할 수 있습니다.
- **개인 정보 보호**: 비즈니스 요구에 맞는 기밀 유지 수준을 높여 개인 정보를 효과적으로 보호할 수 있습니다.

Private Blockchain의 단점(Disadvantages)

- **신뢰 부족**: Private Blockchain 네트워크에서는 외부 플레이어가 검증을 제어할 수 없으므로, 신뢰할 수 있는 당사자가 새로 확인된 트랜잭션을 나머지 네트워크에 전달해야 합니다.
- **중앙 집중화**: 소수의 노드로 구성된 Private Blockchain은 신뢰할 수 없는 개인이 네트워크를 제어할 위험이 있으며, 이러한 블록체인은 일반적으로 비즈니스와 기업에서 사용되며, 본

질적으로 중앙 집중화되어 있습니다.

- **무결성**: 트랜잭션의 유효성을 검증하려면 참여자 간의 신뢰가 필요하며, 기밀성만으로는 충분하지 않으며, 무결성이 있어야 Private Blockchain에 대한 신뢰를 구축할 수 있습니다.
- **통제**: 참여자가 적을수록 해커가 네트워크를 장악하고 데이터를 조작하기 쉬워집니다. 블록의 해시를 동일하게 계산할 경우 블록체인이 분리되어 사용자가 두 개의 다른 블록체인을 갖게 될 수 있습니다.
- **제한된 네트워크 효과**: Private Blockchain은 제한된 수의 참여자만 접근할 수 있어 Public Blockchain과 같은 수준의 네트워크 효과를 얻지 못합니다. 이는 유용성과 성장 가능성을 제한할 수 있습니다.
- **상호 운용성 문제**: Private Blockchain은 Public Blockchain을 포함한 다른 블록체인과의 상호 운용성에 문제가 있을 수 있습니다. 이로 인해 다른 네트워크와의 상호작용이 제한되고, 복잡한 통합이 필요할 수 있습니다.
- **비용 문제**: Private Blockchain은 운영 및 유지 비용이 많이 들 수 있으며, 기업은 하드웨어, 소프트웨어, 인력 등에 투자해야 할 수 있습니다.
- **제한된 투명성**: 참여자가 적기 때문에 투명성이 부족할 수 있으며, 이로 인해 기업이 이해관계자에게 책임성을 입증하기 어려워질 수 있습니다.
- **거버넌스 문제**: 참여자 간의 이견으로 인해 네트워크 운영 방식에 문제가 생길 수 있으며, 이는 효율성과 유용성에 영향을 미치는 지연을 초래할 수 있습니다.
- **보안 문제**: 노드 수가 제한되면 조작의 가능성이 증가하여 더 취약한 블록체인이 될 수 있습니다.
- **신뢰 구축의 어려움**: 중앙 집중화된 특성으로 인해 조직이 신뢰를 악용할 수 있는 위험이 존재합니다.
- **오프라인 상태의 위험**: 노드 수가 적기 때문에 노드가 오프라인이 되면 전체 블록체인 시스템이 위험에 처할 수 있습니다.

결론적으로, Private Blockchain은 적절한 보안과 유지 관리를 통해 정보를 안전하게 보호할 수 있는 강력한 자산이 될 수 있으며, 따라서 기업들은 내부 감사, 투표, 자산 관리 등에 블록체인을 활용하며, Private Blockchain의 예로는 하이퍼레저와 코다를 들 수 있습니다.

그림 1-17 하이브리드 블록체인

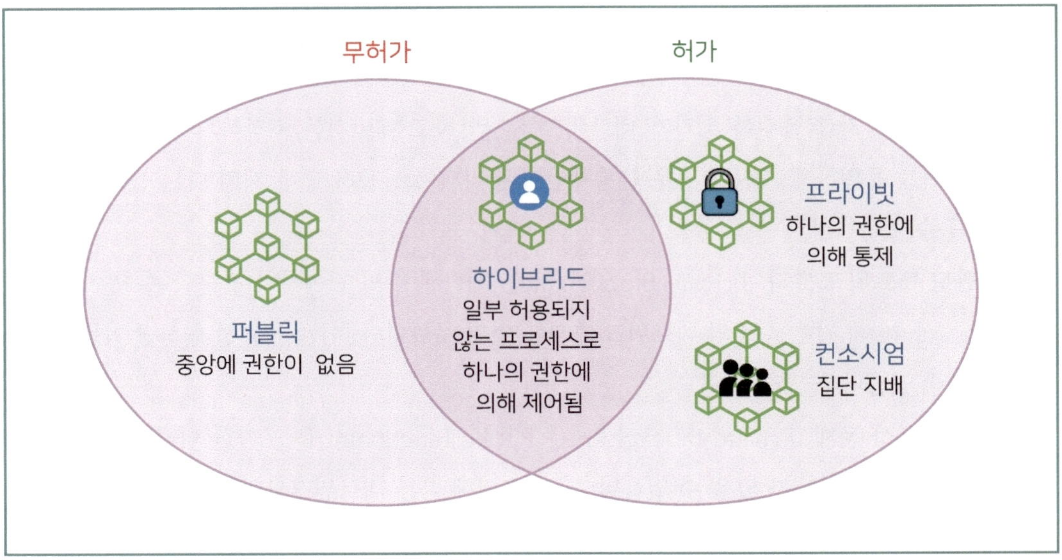

Hybrid Blockchain

Hybrid Blockchain(그림 1-17)은 Public Blockchain과 Private Blockchain의 요소를 결합하여 두 가지 유형의 블록체인이 가진 단점을 줄이고 장점을 극대화하도록 설계된 혁신적인 블록체인입니다.

Hybrid Blockchain은 공개 및 비공개 데이터를 모두 포함할 수 있는 하이브리드 데이터베이스로 누구나 네트워크에 초대되어 참여할 수 있는 Public Blockchain과 유사하게, 퍼블릭 노드는 이 시스템에서 작동합니다. 반면, 프라이빗 노드는 특정 조직이나 개인이 관리하며, 트랜잭션의 유효성 검증 및 확인을 담당합니다.

이러한 프라이빗 노드의 사용으로 Hybrid Blockchain은 트랜잭션을 더 빠르게 처리할 수 있으며, 개인 정보 보호와 보안을 강화할 수 있습니다. 또한, 퍼블릭 노드는 탈중앙화와 투명성을 동시에 제공하여 한 그룹이 네트워크를 통제하기 어렵게 합니다. Hybrid Blockchain에서는 구성원이 블록체인에 참여할 수 있는 사람과 공개할 트랜잭션을 결정할 수 있는 유연성을 제공합니다.

Hybrid Blockchain의 작동 방법

Hybrid Blockchain은 기본적으로 Private Blockchain의 자체 원장과 Public Blockchain의 데이터 검증 기능을 결합한 두 가지 인터페이스를 가지고 있습니다. 사용자에게 Hybrid

그림 1-18 KYC 인증 절차

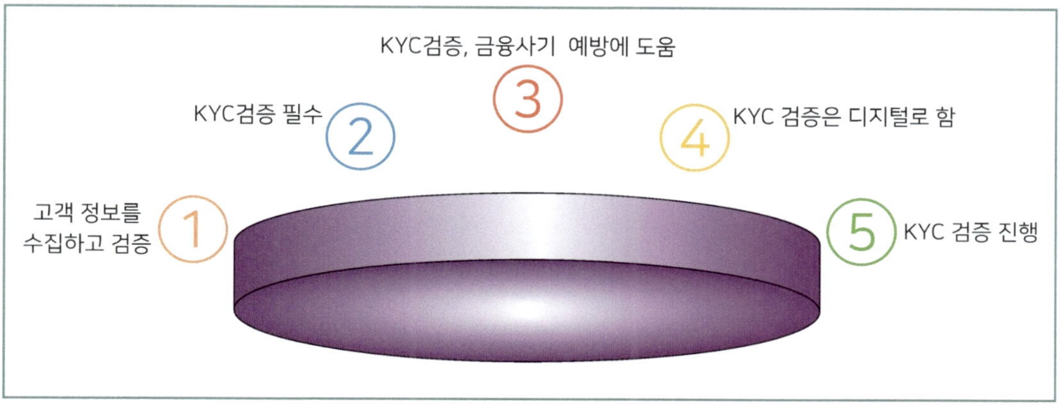

Blockchain 플랫폼에 대한 접근 권한이 부여되면, 사용자는 블록체인의 활동에 완전히 참여할 수 있습니다. 이들은 트랜잭션을 수행하고, 확인하며, 추가하거나 수정할 수 있는 동등한 권한을 공유합니다.

사용자의 신원은 다른 참여자에게 비밀로 유지되며, 사용자가 네트워크에서 거래를 수행할 때 거래 상대방에게만 신원이 공개됩니다. 기업과 조직은 신원 확인 절차를 올바르게 수행하기 위해 KYC(Know Your Customer, 고객 확인)(그림 1-18) 프로세스를 진행합니다.

Hybrid Blockchain의 예시

예를 들어, 한 회사가 다른 회사와 비공식 거래를 진행할 경우, 이 거래는 Private Blockchain을 통해 두 회사에서 처리되며, 거래에 대한 디지털 기록이 생성되고, Private Blockchain에 의해 그 유효성이 확인됩니다.

거래가 확인되면, Private Blockchain은 거래가 발생했음을 Public Blockchain에 알립니다. 이때, Private Blockchain의 거래 데이터는 Public Blockchain에 생성되는 새 블록에 통합되고, 새 블록이 Public Blockchain의 원장에 추가되면 해당 트랜잭션이 공개적으로 나타나게 됩니다. 이와 같이 Hybrid Blockchain은 Private Blockchain과 Public Blockchain의 요소를 혼합하여, 일부 데이터는 특정 조직에 의해 제어되고, 다른 일부는 Public Blockchain으로 공개됩니다.

Hybrid Blockchain의 특징

- **데이터 보안**: Hybrid Blockchain은 Private Blockchain에 비해 더 엄격한 데이터 보안 프로토콜과 약간 더 많은 유연성을 제공되며, 이는 사용자가 자신의 활동을 비공개로 유지하면서도 외부의 접근에 대한 걱정 없이 안전하게 데이터를 보호할 수 있다는 점에서 중요합니다.
- **트랜잭션 비용**: Hybrid Blockchain 기술은 낮은 처리 비용을 자랑합니다. 트랜잭션의 유효성을 검사하는 데 필요한 노드 수가 적기 때문에, 전체적인 트랜잭션 비용이 낮습니다.
- **폐쇄적인 생태계**: Hybrid Blockchain은 익명성을 유지하면서도 외부와의 접촉을 가능하게 하며, 이러한 폐쇄적인 환경 덕분에 외부인이 51% 공격을 시도할 위험이 없습니다.
- **새로운 규칙 적용**: Hybrid Blockchain의 장점 중 하나는 새로운 규칙을 쉽게 적용할 수 있다는 것으로 필요한 수정 사항은 Hybrid Blockchain의 목적에 따라 달라질 수 있습니다.
- **탈중앙화된 액세스**: Hybrid Blockchain은 참여자 액세스의 탈중앙화가 강화되어 있으며, Public Blockchain과 Private Blockchain은 탈중앙화에 접근하는 방식이 매우 다르기 때문에, 혼합 블록체인은 필요에 따라 탈중앙화를 구현할 수 있으며, 비즈니스는 데이터를 일반 대중에게 숨기면서도 인증을 위해 필요한 데이터에 접근할 수 있습니다.
- **투명한 거래 처리**: Hybrid Blockchain은 Private Blockchain보다 더 투명하게 활동을 처리합니다. 이는 Private Blockchain의 접근성 부족을 보완하며, 더 나은 성능을 제공합니다.

Hybrid Blockchain의 장점

- **고속 운영**: Hybrid Blockchain은 Public Blockchain과 Private Blockchain에 비해 빠른 운영 속도를 제공하며, 관리가 간편합니다.
- **거래 비용 절감**: Private Blockchain이나 Public Blockchain에서의 검증이 어려운 경우, 강력한 노드가 이 과정을 담당하여 의사 결정자가 투명성을 높이는 데 기여합니다. 결과적으로 거래 비용이 감소하여 거래당 비용이 0.01달러까지 낮아질 수 있습니다.
- **외부로부터 개인 정보 보호**: Private Blockchain은 프라이버시 보호에 뛰어나지만 외부와의 소통이 제한적입니다. 기업은 블록체인 프로토콜 통합의 목표로 민감한 정보를 안전하게 보호하면서도 모든 주주와 쉽게 연락할 수 있는 시스템을 통합해야 합니다.
- **유연한 인프라 설정**: Hybrid Blockchain은 인프라 서비스 측면에서 다재다능하며, 개인과 조직의 필요에 맞게 원장을 조정할 수 있는 유연한 전략을 제공합니다. 블록체인이 요구하는 탈중앙화, 보안, 책임성의 정도는 언제든지 변경할 수 있습니다.
- **안전성**: Hybrid Blockchain은 해커가 네트워크에 접근할 수 없으므로 51% 공격의 영향을

받지 않습니다.

- **저렴한 거래 비용**: 소수의 노드만이 트랜잭션을 검증하므로 거래 비용이 저렴하며, 모든 노드가 검증을 수행하지 않아 계산 비용이 적습니다.
- **고도의 사용자 정의 가능성**: Hybrid Blockchain은 무결성, 보안, 투명성을 유지하면서도 고도로 사용자 정의가 가능합니다.
- **운영의 유연성**: 블록체인의 참여자를 선택하고 어떤 거래를 공개할지 결정할 수 있습니다.

Hybrid Blockchain의 단점

- **효율성**: 모든 기업이 Hybrid Blockchain을 구현할 수 있는 것은 아니며, 유지 관리의 효율성 측면에서 어려움을 겪을 수 있습니다.
- **투명성**: 사용자가 정보가 숨겨질 수 있는 가능성이 있어, Hybrid Blockchain을 통해 액세스 권한을 얻고자 할 때 제공 여부는 조직에 따라 달라질 수 있습니다.
- **폐쇄적인 생태계**: 폐쇄적인 생태계로 인해 네트워크 참여에 대한 인센티브가 부족할 수 있습니다.

Hybrid Blockchain은 의료 산업, 정부, 부동산 및 금융 분야에 더 나은 솔루션을 제공합니다. 이 기술은 데이터를 공개적으로 액세스해야 하지만 비공식적으로 보호해야 하는 경우에 효과적인 해결책을 제시합니다. Hybrid Blockchain의 예로는 리플 네트워크와 XRP 토큰이 있습니다.

Hybrid Blockchain 사용 사례

- **엔터프라이즈 서비스**: Hybrid Blockchain은 오픈소스 소프트웨어와 엔터프라이즈급 솔루션을 개발하는 데 활용될 수 있습니다. 예를 들어, 항공 및 공급망 산업의 기업들은 Hybrid Blockchain을 사용하여 서비스 자동화를 구현하고 내부 이해관계자와 외부 고객 모두를 위한 신뢰성, 신뢰도, 투명성을 향상시킬 수 있습니다.
- **하이브리드 IoT**(그림 1-19): Hybrid Blockchain을 통해 사물 인터넷(IoT)을 효율적으로 관리할 수 있습니다. Public Blockchain 솔루션이 해킹에 취약한 반면, Hybrid Blockchain 기술은 디바이스에 접근해야 하는 사람만 프라이빗 네트워크에 배치할 수 있게 해줍니다. 필요한 정보에 따라 일부 네트워크 기능을 공개할 수도 있으며, 이러한 하이브리드 접근 방식은 다양한 보안 문제를 해결하는 데 도움이 됩니다.
- **글로벌 무역 및 금융**: Hybrid Blockchain은 금융 분야에서도 활용됩니다. 신핀(XinFin)에서

그림 1-19 하이브리드 IoT

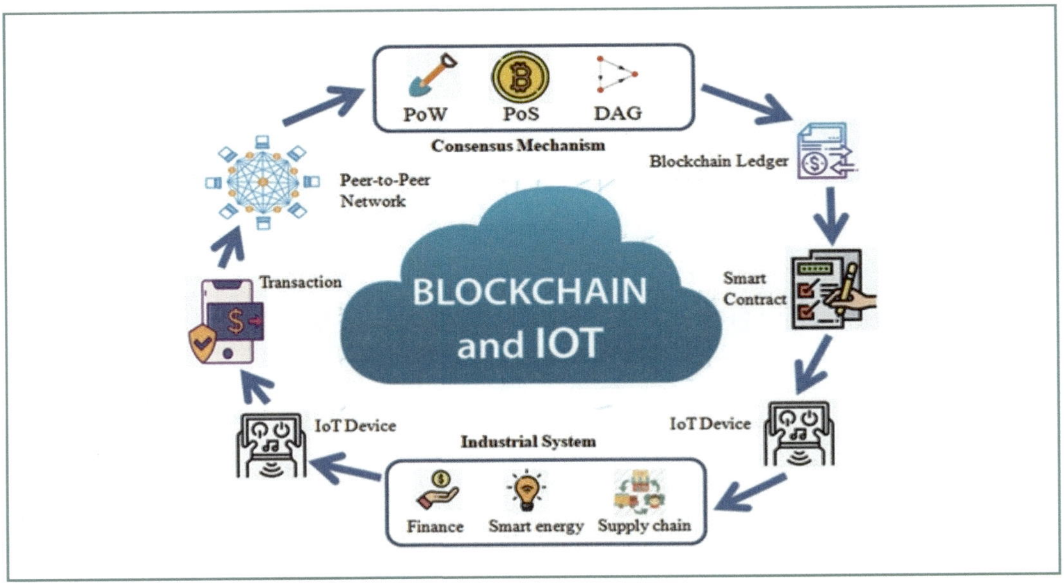

출처: Sunny, J., Undralla, N., & Pillai, V. M. (2020).

사용하는 Hybrid Blockchain은 퍼미션드(허가형) 블록체인과 퍼미션리스(비허가형) 블록체인의 결합 형태입니다.

- **은행**: Hybrid Blockchain은 금융 산업에 적합한 선택일 수 있습니다. 은행은 사용자 정보를 보호하면서 내부 문제를 해결해야 하므로 이 전략을 활용할 수 있습니다. 또한, 리플과 같은 중앙화된 암호화폐도 필요에 따라 Hybrid Blockchain 네트워크로 전환할 수 있는 적응력을 갖추고 있습니다.
- **정부**: 정부는 블록체인을 사용하여 사회적 및 인도주의적 지원을 배포하고, 투표를 수행하며, 공공 신원 데이터베이스를 만들고, 복잡한 데이터를 저장하는 등의 작업을 진행할 수 있습니다. 이러한 각 작업에는 Hybrid Blockchain이 필요하며, 정부는 필요한 통제권을 유지하면서도 일반인의 접근을 허용할 수 있습니다. 완전히 비공개이거나 일반 대중이 이용할 수 있는 블록체인은 사용자 액세스를 제한하거나 너무 많은 정보를 공개하기 때문에 비효율적일 수 있습니다.
- **공급망**(그림 1-20): 공급망 관리에서는 블록체인을 혼합할 수 있는 여지가 많습니다. 공급 망의 규모 때문에 프라이빗 또는 퍼블릭 중 하나만 사용할 수 없으므로 하이브리드 접근 방식을 사용해야 합니다. 이미 많은 공급망 운송 회사들이 블록체인을 활용하고 있으며, IBM 푸드 트

그림 1-20 Hybrid SCM

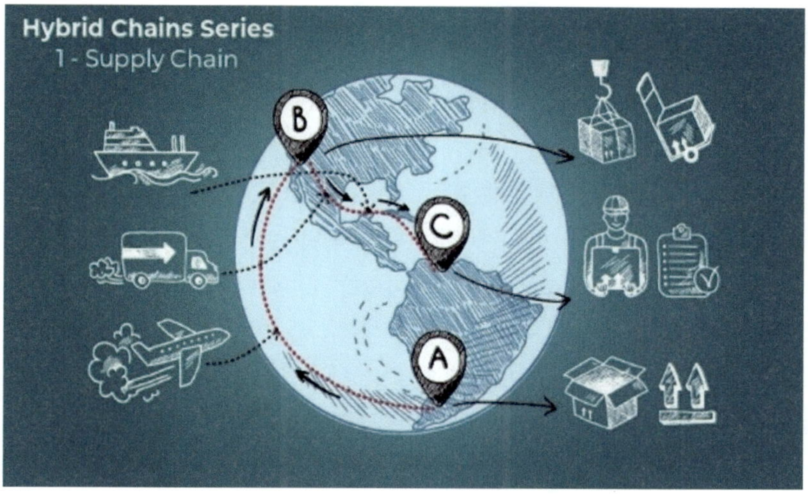

출처: https://www.linkedin.com/pulse/hybrid-chains supply chain amirmehrbakhsh

러스트가 그 대표적인 예입니다. 이들은 전체 식품 공급망의 효율성을 높이기 위해 농부, 도매상, 마케터 등이 모두 참여하는 네트워크를 구축하고 있으며, 월마트도 이러한 노력에 적극적으로 참여하고 있습니다.

컨소시엄 블록체인

Consortium Blockchain은 여러 금융 기관이 협력하여 구성된 블록체인 네트워크로, 각 기관이 Private Blockchain을 보유하며, 이 네트워크에서는 미리 선택된 노드 집합이 합의 과정을 제어하며, 조직의 요구를 해결하기 위한 창의적인 접근 방식으로 블록체인은 트랜잭션의 유효성을 검사하고 트랜잭션을 시작하거나 수신하는 역할을 합니다. Consortium Blockchain은 연합 블록체인이라고도 불리며, 일부는 공개적이고 일부는 비공식적으로 운영됩니다.

이 유형의 블록체인은 두 개 이상의 조직이 공동으로 관리하며, 사용자는 네트워크에 액세스하기 위해 가입하고 허가를 받아야 하며, 블록체인 네트워크의 유지와 거래 검증은 Consortium Blockchain에 참여하는 그룹 간에 분담되며, 회원 조직은 하나의 중앙 기관의 통제 없이 거래를 검증하고 블록체인을 유지하는 노드를 관리합니다.

이런 종류의 블록체인은 여러 조직이 데이터와 거래를 통제하면서 하나의 플랫폼에서 협력해야 하는 경우에 자주 사용됩니다. Consortium Blockchain은 탈중앙화와 통제 사이의 균형을 제공하므로, 신뢰할 수 있는 여러 당사자가 공통의 플랫폼에서 협력하는 데 적합합니다.

Consortium Blockchain의 특징

Consortium Blockchain은 데이터 전송을 지원하지만, 이러한 작업은 Public Blockchain에서 처리되므로 암호화폐의 생성이나 관리에는 관여하지 않으며, 이 컨소시엄의 가장 큰 장점은 그룹이 효과적으로 협업할 수 있는 구조라는 점입니다. 다음은 Consortium Blockchain의 주요 특징입니다.

- **데이터 프라이버시**: 데이터 프라이버시는 적은 수의 노드로 지원되며, 네트워크 부담이 줄어듭니다. Private Blockchain과 달리 소수의 개인만 데이터 세트에 접근할 수 있으며, 블록에 저장된 데이터의 안전성과 고유성이 시스템에 의해 보호됩니다. 특정 노드의 허가 없이 네트워크 정보를 변경할 수 없습니다.
- **신속한 거래**: Consortium Blockchain은 사용자 수가 적기 때문에 다양한 그룹의 노드 간에 트랜잭션 검증을 위한 경쟁이 적습니다. 또한, 통제된 사용자 그룹은 합의 형성 과정을 가속화할 수 있어 거래가 더 빨리 성사됩니다.
- **규정과 규칙**: 여러 회사와 그룹을 위해 특별히 설계된 규정은 컨소시엄의 효율성을 높이는 데 필수적입니다. 각 노드는 네트워크의 규정을 준수해야 하며, 이를 통해 팀 분위기가 조성되고 전체 효율성이 빠르게 향상됩니다.
- **범죄 방지**: 익명 사용자가 네트워크 프로세스를 방해하는 경우가 많기 때문에, Consortium Blockchain은 소수의 잘 알려진 회원들과 연결되어 범죄나 불법 활동의 위험을 크게 줄입니다. 서로 간의 친숙함을 바탕으로 견제와 균형 시스템을 구축하여 비즈니스에 안전한 플랫폼을 제공합니다.

Consortium Blockchain의 작동

Consortium Blockchain(그림 1-21)에서는 다양한 기업이나 그룹의 노드가 보다 사적인 방식으로 네트워크를 관리하며, 이들은 워크플로, 확장성, 책임성을 유지하기 위해 협력하여 정보를 교환하고 수정하며, 이 블록체인은 Private Blockchain과 Public Blockchain의 특성을 공유하며, 제한된 수의 노드가 참여해 네트워크 부담을 줄이는 특징이 있습니다.

그림 1-21 컨소시엄 블록체인의 거버넌스 역할과 운영 규칙

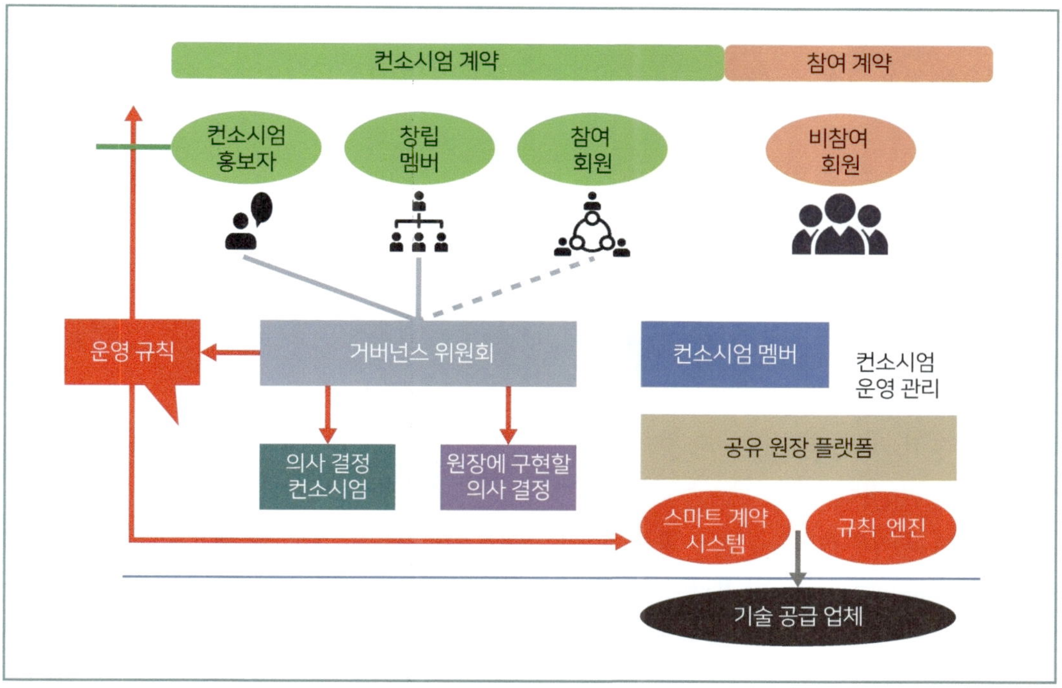

Consortium Blockchain은 소수의 잘 알려진 참여자로 구성된 투표 기반 시스템으로, 유연하면서도 안전한 네트워크를 제공합니다. 모든 사람에게 개방된 Public Blockchain과는 달리, 선택된 구성원만이 접근할 수 있습니다.

이 시스템에서는 신뢰할 수 있는 기관이나 그룹, 예를 들어 은행이나 정부 등이 네트워크를 대신하여 노드를 운영하고 트랜잭션을 검증합니다. Consortium Blockchain의 합의 메커니즘은 구체적인 구현에 따라 달라질 수 있지만, 일반적으로 구성원 간의 투표 또는 합의를 포함합니다. 예를 들어, 지분 증명(PoS) 합의 방식을 사용하면, 네트워크에 지분을 가진 회원들이 거래 승인을 담당하게 됩니다.

Consortium Blockchain의 장점 (Advantages)

- **빠른 검증**: 제한된 사용자 수로 인해 트랜잭션 검증이 신속하게 이루어져, 조직에서 더 유용하게 활용할 수 있습니다.
- **분산된 권한**: 여러 조직이 참여하여 권한이 분산되므로 보안성이 강화됩니다.

- **데이터 접근**: 블록에 있는 정보는 외부에 공개되지 않지만, 블록체인에 속한 모든 구성원이 접근할 수 있습니다.
- **신속한 의사 결정**: 블록체인의 유연성 덕분에 큰 규모의 결정 없이도 빠르게 결정을 내릴 수 있습니다.
- **효율성**: 신뢰할 수 있는 참여자로 제한된 노드 수 덕분에 Consortium Blockchain은 Public Blockchain보다 더 효율적이며, 트랜잭션 검증에 필요한 연산 능력이 줄어들어 시간과 비용이 절감됩니다.
- **안전성**: 신뢰할 수 있는 소수의 회원들이 통제하므로, 악의적인 행위자가 네트워크를 조작하거나 사기성 작업을 수행하기 어렵습니다.
- **비용 분담**: Consortium Blockchain을 유지하는 비용은 참여자들이 나누어 부담하기 때문에, Private Blockchain을 구축하고 유지하는 것보다 비용이 적게 듭니다.
- **데이터 프라이버시**: 평판이 좋은 소수의 회원만이 네트워크에 접근할 수 있어 Public Blockchain보다 데이터 프라이버시가 뛰어나고, 상업적 사용 사례에 적합합니다.
- **거버넌스**: 모든 참여자가 네트워크 관리와 트랜잭션 검증에 영향을 미칠 수 있어, 결과적으로 더 나은 거버넌스와 의사 결정을 촉진합니다.
- **효율적인 확장**: 참여자 수가 제한되어 있어 Public Blockchain보다 더 효율적으로 확장할 수 있으며, 네트워크 성능에 영향을 주지 않으면서 트랜잭션 처리 용량을 늘릴 수 있습니다.
- **커스터마이징**: 참여자들은 각자의 필요에 맞춰 거버넌스 모델을 커스터마이징할 수 있어, 의사 결정의 유연성이 높아집니다.
- **상호 운용성**: Consortium Blockchain은 다른 블록체인 네트워크 또는 기존 시스템과의 상호 운용이 가능해 비즈니스 프로세스를 간소화하고 효율성을 높입니다.
- **규제 준수**: 신뢰할 수 있는 참여자 그룹으로 구성되어 있어 규제 준수를 관리하기가 쉬워, 조직의 규제 부담과 준수 비용을 줄이는 데 도움이 됩니다.
- **협업 혁신**: Consortium Blockchain은 참여자 간의 협업 혁신을 촉진하여, 리소스와 전문 지식을 공유하고 새로운 솔루션과 애플리케이션을 개발할 수 있는 기회를 제공합니다.

Consortium Blockchain의 단점 (Disadvantages)

- **유연성 부족**: 모든 구성원이 프로토콜을 승인해야 하므로 유연성이 떨어지며, 이해관계에 따른 비전 차이가 발생할 수 있습니다.
- **부패의 위험**: 조직이 부패할 경우 해킹에 취약해지며, 사용자로부터 정보를 숨길 수 있는 가

능성이 있습니다.

- **취약성**: 소수의 노드가 손상되면 블록체인의 전체 취약성이 커질 수 있습니다.
- **제한된 탈중앙화**: 기존의 중앙화된 시스템보다 탈중앙화되긴 하지만, 여전히 신뢰할 수 있는 참여자 그룹에 의존하므로 완전한 탈중앙화를 원하는 조직에는 단점이 될 수 있습니다.
- **이해 상충**: 참여자 그룹에 의해 관리되므로 이해 상충의 가능성이 있으며, 이는 거버넌스 문제와 잠재적 분쟁으로 이어질 수 있습니다.
- **투명성 부족**: Public Blockchain보다 투명성이 떨어지며, 외부 당사자가 데이터의 정확성을 확인하기 어렵습니다.
- **조각화 위험**: 구성원이 네트워크를 탈퇴하거나 규칙을 준수하지 않을 경우 네트워크 조각화의 위험이 있으며, 이는 보안과 무결성에 심각한 영향을 미칠 수 있습니다.

거버넌스 과제

Consortium Blockchain은 모든 참여자가 네트워크의 목표와 이해관계에 부합하도록 설계된 거버넌스 구조가 필요합니다. 그러나 참여자들의 우선순위가 서로 다르거나 이해관계가 상충할 경우 이를 달성하는 것은 어려운 과제가 될 수 있습니다. Consortium Blockchain은 기업, 은행, 결제 처리업체 등에서 높은 잠재력을 가지고 있으며, 특히 식품 추적과 같이 협업이 중요한 분야에 적합합니다.

예로, 텐더민트(Tendermint)와 멀티체인(Multichain)이 있습니다. 텐더민트는 다른 블록체인 합의 엔진과 비교할 수 없는 강력한 특성을 제공하며, 블록이 생성될 때마다 전송이 완전히 완료되는 'One block finality'의 특징을 가지고 있습니다. 텐더민트의 합의 엔진은 포크가 발생하지 않으며, 블록체인 사용자들은 전체 데이터를 다운로드하지 않고도 최근 블록 정보를 안전하게 사용할 수 있습니다. 이를 가능하게 하는 시스템을 라이트 클라이언트(Lite-client)라고 합니다. 멀티체인은 서로 다른 체인 토큰을 하나의 DApp에서 Swap할 수 있는 기능을 제공합니다.

Consortium Blockchain의 한계

Consortium Blockchain의 중앙화된 네트워크 구조는 규범을 위반하기 쉬운 환경을 조성할 수 있습니다. 사용자가 많아질수록 각 사용자로부터 동의를 얻어야 하므로 플랫폼 업그레이드가 어렵고, 효율성 또한 개선이 필요한 상황입니다. 한 기업이 업계를 선도할 가능성이 낮고, 다양한 그룹이 모여 통신 프로토콜을 논의해야 하기 때문에 이러한 플랫폼을 구축하는 데에는 상당한 노력이 필요합니다.

Consortium Blockchain의 사용 사례

- **헬스케어**: 병원, 진료소, 보험사 등 다양한 의료 서비스 제공자가 Consortium Blockchain을 활용하여 환자의 의료 데이터를 안전하게 저장하고 공유할 수 있습니다. 이는 의료 오류를 줄이고 행정 절차를 간소화하며, 환자의 치료 결과에도 긍정적인 영향을 미칩니다.
- **금융**: 무역 금융, 송금, 국경 간 결제가 쉬워지고, 여러 은행 및 결제 처리업체가 네트워크에 참여함으로써 정보가 즉시 공유되어 거래 시간과 비용이 절감됩니다.
- **신원 확인**: Consortium Blockchain은 신원 확인과 신원 사기를 방지하는 데 사용될 수 있습니다. 이 네트워크는 은행, 정부 기관, 신용 조사 기관 등에서 신원 및 신용 기록에 대한 데이터를 교환하는 데 적합합니다.
- **부동산**: Consortium Blockchain을 통해 부동산 거래를 관리할 수 있습니다. 부동산 중개인, 관리자, 소유권 회사 등이 참여하여 데이터를 교환함으로써 사기를 줄이고 개방성을 높이며 관리 절차를 간소화합니다.
- **공급망 관리**: 제조업체, 유통업체, 소매업체, 물류업체가 참여하여 제품의 흐름을 모니터링하고 정보를 안전하게 공유할 수 있습니다.
- **정부 서비스**: 정부는 Consortium Blockchain을 통해 투표, 면허 발급, 허가 승인과 같은 공공 서비스를 제공하여 프로세스의 무결성을 보장하고 사기 가능성을 줄일 수 있습니다.
- **지적 재산 관리**: Consortium Blockchain은 특허, 저작권, 상표와 같은 지적 재산권을 관리하는 데 사용되며, 여러 당사자가 소유권을 관리하고 이전할 수 있습니다.
- **에너지 관리**: 에너지 생산자, 그리드 운영자, 소비자 등이 참여하여 에너지 생산, 소비, 거래를 모니터링하고, 이를 통해 효율적이고 투명한 에너지 관리가 가능합니다.
- **게임 산업**: Consortium Blockchain은 게임 내 자산과 거래를 관리하는 데 사용될 수 있으며, 여러 게임 개발자와 퍼블리셔가 참여하여 가상 화폐와 아이템의 소유권을 관리합니다.

블록체인의 진화

Lesson

04

블록체인의 진화는 이 기술이 처음 등장한 이후 어떻게 발전하고 확장되어왔는지를 설명하는 개념입니다. 블록체인은 초기에는 단순히 디지털 화폐(비트코인)만을 지원하는 기술로 시작했지만, 점차 더 넓은 분야로 확장되었고, 기술적 혁신을 통해 새로운 기능과 가능성을 열어가고 있습니다. 블록체인의 진화 과정은 크게 **기술적 발전**, **응용 분야 확장**, **보안성 및 확장성 개선**, **합의 알고리즘의 변화** 등 여러 측면에서 다룰 수 있습니다. Lesson 04에서는 블록체인이 1.0에서 4.0에 이르기까지 진화되는 과정을 다룹니다.

블록체인은 현재 기술 분야에서 중요한 개념으로 자리잡고 있으며, 이는 거래의 디지털 기록을 저장하는 분산 원장 시스템으로, 이 개념은 나카모토에 의해 비트코인이라는 Peer to Peer 탈중앙화 암호화폐에서 구현되었습니다. 블록체인은 중앙화된 원장 시스템의 비잔틴 내결함성 문제를 해결하며, 불변성과 신뢰성을 기반으로 한 분산 원장 기술로 발전해왔습니다.

블록체인 기술의 발전(그림 1-22)은 네 단계로 나눌 수 있습니다.

- **블록체인 1.0**: 주로 암호화폐 애플리케이션에 초점을 맞추고 있습니다. 일반적인 사용 사례로는 전자 결제 시스템과 같은 암호화폐가 있습니다.
- **블록체인 2.0**: 스마트 계약(Smart Contracts)과 같은 기능을 제공하며, 비트코인 2.0, 비트코인 2.0 프로토콜, 스마트 자산 등의 용어로도 불립니다. 이더리움의 스마트 계약, 하이퍼레저 패브릭, R3의 코다 등이 블록체인 2.0의 예입니다.
- **블록체인 3.0**: 금융 애플리케이션을 넘어 거버넌스, IoT, 의료, 공급망, 스마트 시티 등 다양한 분야의 분산 애플리케이션(DApp)이 포함됩니다.
- **블록체인 4.0**: 산업 4.0 애플리케이션에 초점을 맞춘 분산 원장 기술을 제공합니다. 현재 블록체인은 금융 상품, 공공 및 민간 기록, 건강 기록, 유형 자산 및 무형 자산 관리 등 다양한 산업 분야에서 활용되고 있습니다.

이러한 발전은 블록체인의 다양한 응용 분야에 따른 필요로 인해 여러 조직이 필요에 맞는 블록체인 시스템 버전을 개발하도록 이끌었습니다. 그 결과, 다양한 프로토콜과 아키텍처를 사용하는 여러 블록체인 프로젝트가 등장하였고, 이들은 특정 사용 사례에 맞는 기술과 합의 프로토콜을

그림 1-22 Blockchain Evolution

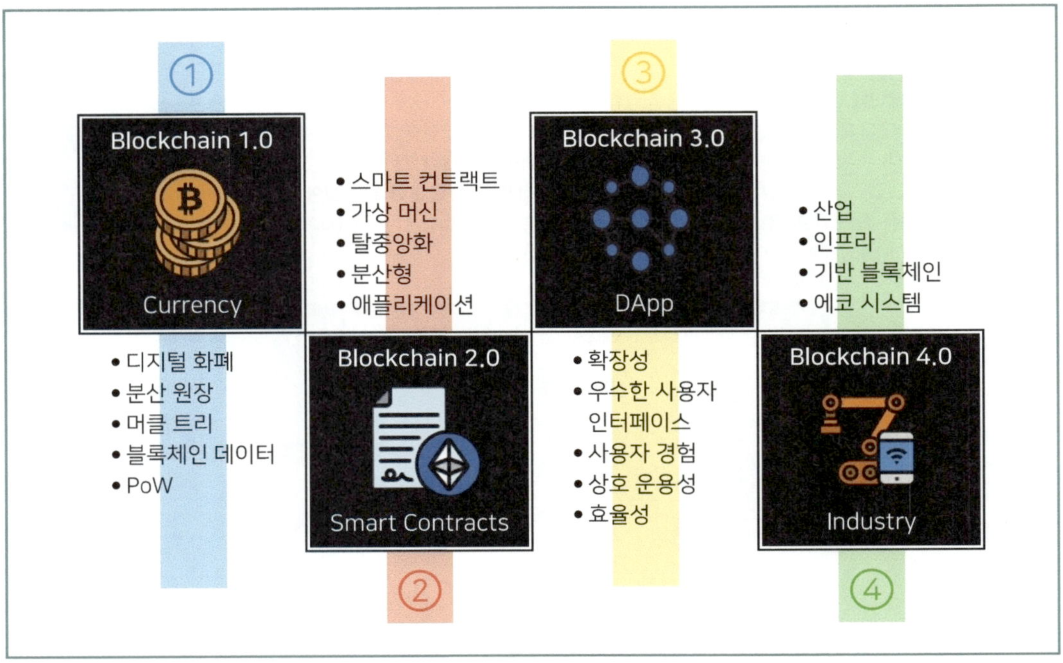

적용하고 있습니다.

하지만 이러한 다양성으로 인해 서로 다른 블록체인 프로젝트 간의 상호 운용성이 부족한 상황이 발생하고 있습니다. 블록체인 기반 애플리케이션의 광범위한 수용을 위해서는 서로 다른 블록체인 네트워크에서 호스팅되는 애플리케이션 간의 통신이 필요합니다. 이를 통해 고립된 블록체인 네트워크 간의 새로운 통신 시스템이 만들어지고, 블록체인 네트워크 간의 상호 운용성 개념이 발전할 수 있습니다.

다음과 같이 블록체인에는 네 가지 버전(그림 1-23)이 있습니다.

BlockChain 1.0 (암호화폐)

블록체인 1.0은 2005년 Hall Finley에 의해 도입되었으며, 분산 원장 기술(DLT)을 구현한 최초의 암호화폐 기반 응용 프로그램입니다. 이 기술은 비트코인을 통해 실행되며, 금융 거래를 가능하게 합니다. 블록체인 1.0은 모든 참여자가 비트코인의 유효한 거래를 수행할 수 있어 별도의 허가 없이 운영됩니다. 주로 통화와 지불에 사용되며, 글로벌 금융 시장에서 투명하고 공개적으로 접근 가능한 분산 원장과 거래 시스템을 도입하는 데 중점을 두었습니다. 이 버전은 새로운 암호화폐

그림 1-23 블록체인의 진화, 네 가지 버전

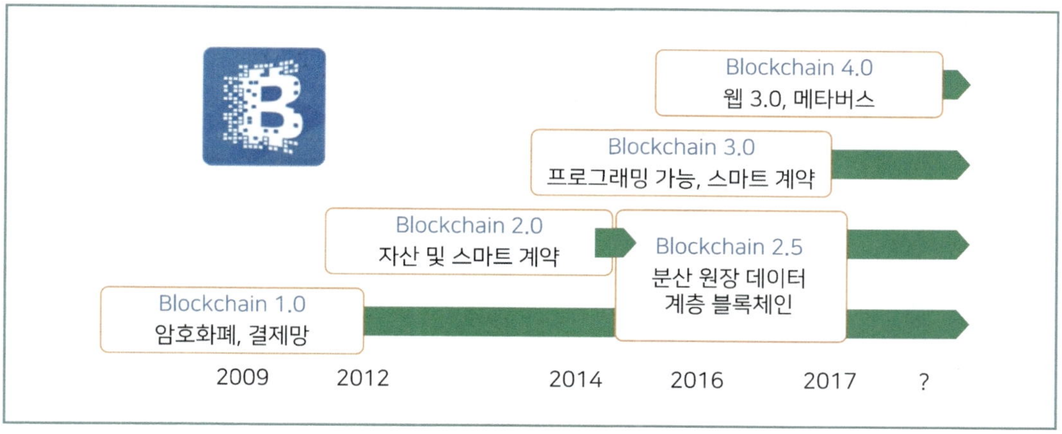

의 개발 및 생성에 중점을 두며, 모든 노드가 공유하는 데이터베이스에 거래를 기록하고, 블록체인 채굴자가 이를 업데이트하며, 개별 소유권 없이 모든 참여자가 유지 관리하는 디지털 분산 원장으로 기능합니다.

BlockChain 2.0 (스마트 계약)

블록체인 2.0은 버전 1.0에서 비트코인 채굴의 비효율성과 네트워크 확장성 문제를 해결하기 위해 등장했으며, 이 버전에서는 암호화폐에 국한되지 않고 스마트 계약의 개념(그림 1-24)이 도입되었습니다. 스마트 계약은 블록체인 상의 작은 컴퓨터 프로그램으로, 조건이 충족되면 자동으로 실행되며, 거래 비용을 절감하는 데 도움을 주며, 비트코인이 이더리움으로 대체되었고, 퍼블릭 네트워크에서 많은 거래를 신속하게 처리할 수 있게 되었습니다.

BlockChain 3.0 (DApps)

블록체인 3.0에서는 분산형 애플리케이션(DApps, 그림 1-25)의 개념이 추가되었으며, DApp은 기존 애플리케이션과 유사하지만, 백엔드 코드는 분산형 P2P 네트워크에서 실행됩니다. 이들 애플리케이션은 투명성을 보장하며, 모든 사용자가 데이터에 접근할 수 있어 검열이 없습니다. DApps는 개인 정보 보호, 데이터 무결성, 신뢰할 수 있는 안전한 통신 등의 장점을 제공하며, BitMessage, BitTorrent, Tor 등 다양한 분산형 애플리케이션이 존재합니다. 거래는 제3자 중개자 없이 이루어져 보안이 강화되며, 블록체인은 암호화를 통해 정보를 보호하며, 인간적인 요소에서

그림 1-24 스마트 계약 개념

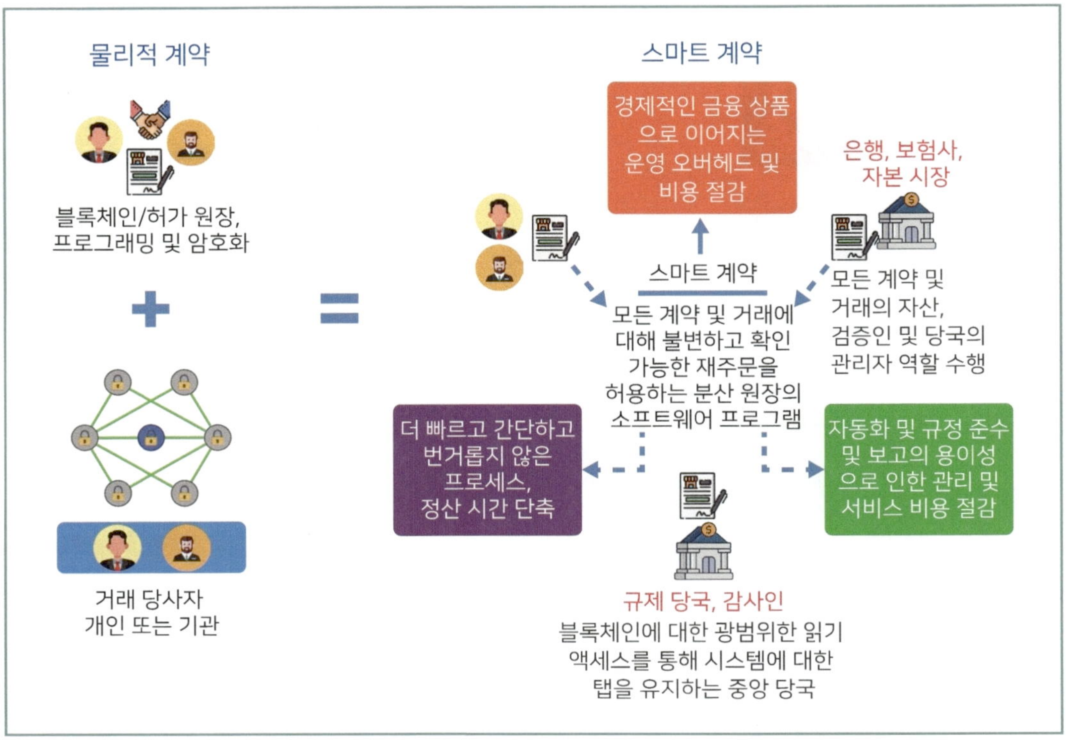

그림 1-25 DApps 아키텍처

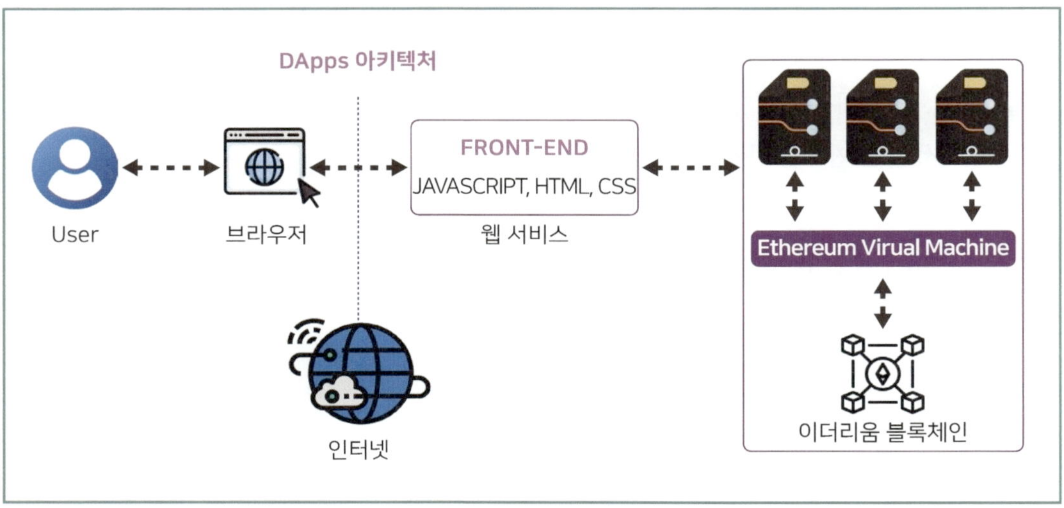

오는 오류의 위험과 비트코인의 높은 거래 비용, 데이터 변경 불가능성 등의 단점도 존재합니다.

BlockChain 4.0 (Web 3.0)

블록체인 4.0(그림 1-26)은 여전히 시장 기반을 확장하고 있으며, 이 단계에서는 블록체인이 단순히 발견과 실험의 과정을 지나 실제 구현과 확장 단계에 접어들고 있으며, 블록체인 3.0이 이전 버전의 문제를 해결하는 데 집중했다면, 블록체인 4.0은 다양한 산업에서 혁신을 추구합니다. 기업들이 블록체인을 더 빠르게 채택하면서, 블록체인 4.0은 사용 가능한 환경을 구축하여 대규모 분산형 애플리케이션을 개발하고 실행하는 데 초점을 맞추고 있으며, 이 버전의 핵심은 속도, 사용자 경험 및 사용성의 개선입니다.

그림 1-26 Web 3.0 아키텍처

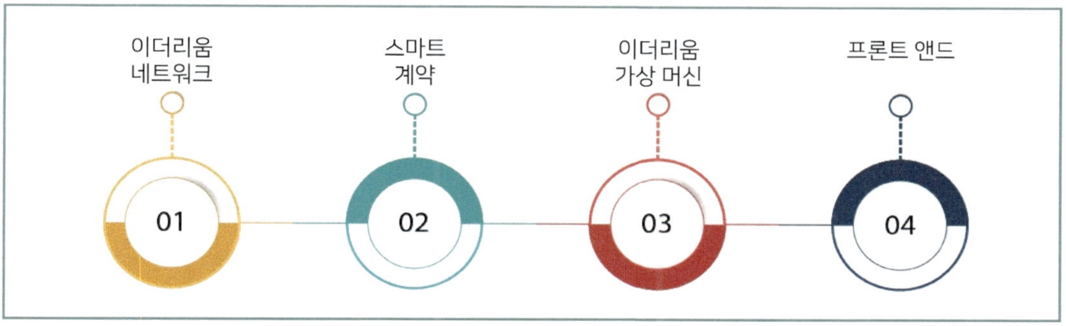

블록체인 4.0 응용 프로그램

블록체인 4.0 애플리케이션(그림 1-27)은 Web 3.0 메타버스와 인더스트리 4.0의 세 가지 수직으로 연결될 수 있습니다.

인터넷은 끊임없이 진화하고 있으며, IoT, 블록체인, 인공지능 등의 기술 발전 덕분에 우리는 인터넷 서비스의 새로운 세대로 나아가고 있습니다. Web 3.0은 탈중앙화를 핵심으로 삼고 있으며, 블록체인은 이 발전에서 중요한 역할을 담당하고 있습니다.

웹 2.0은 사회 참여를 위한 혁신적인 옵션을 제공했지만, 소비자는 개인 정보 보호를 포기하고 중앙 집중형 시스템에 모든 데이터를 맡김으로써 사이버 위협에 노출되었습니다. 이러한 플랫폼은 사용자 데이터를 소유하며, 거래 규칙을 지시하는 중앙 기관에 의해 관리됩니다. 그러나 2008년 글로벌 금융위기를 겪으면서 중앙집권적 통제의 한계가 드러났고, 이는 사용자 주도의 플

그림 1-27 블록체인 4.0 응용 프로그램

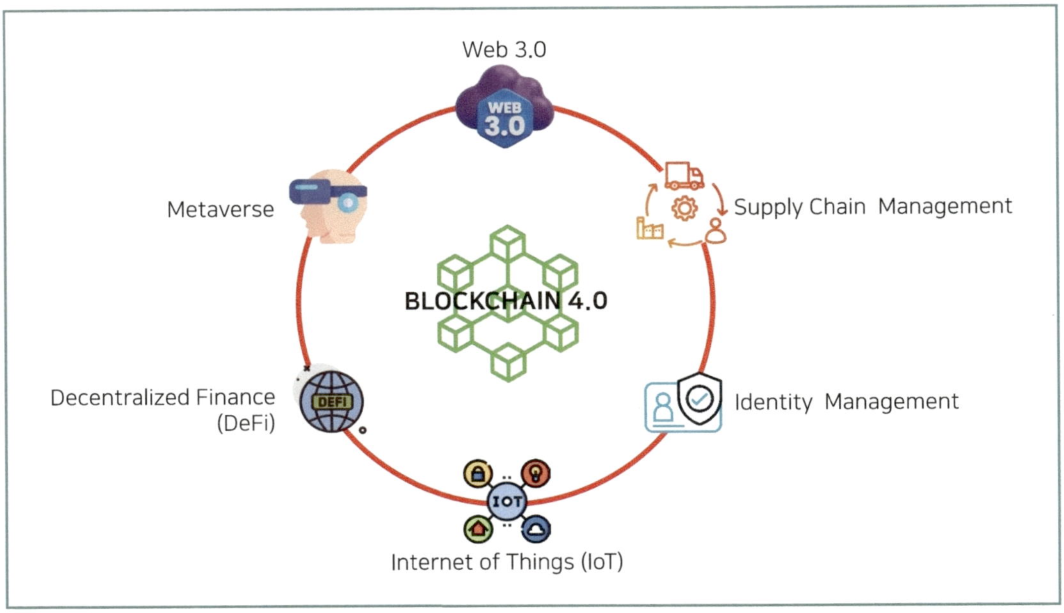

랫폼인 Web 3.0에 대한 필요성을 불러왔습니다.

Web 3.0은 자율적이고 개방적이며 지능적인 인터넷을 목표로 하며, 블록체인이 제공하는 분산 프로토콜에 의존합니다. 이미 Web 3.0을 지원하도록 설계된 3세대 블록체인이 존재하지만, 블록체인 4.0의 등장은 응집력 있는 상호 운용성, 스마트 계약을 통한 자동화, 심리스 통합, 그리고 PEER TO PEER 데이터 파일의 검열 저항성을 강화하는 새로운 체인의 출현을 기대하게 합니다.

블록체인 4.0의 응용 프로그램은 다양한 산업 분야에서 활용될 수 있으며, 그 예는 다음과 같습니다.

- **메타버스**: 사용자 간의 안전한 거래와 데이터 공유를 지원하는 플랫폼으로, 블록체인 기술을 통해 소유권과 거래의 투명성을 확보할 수 있습니다.
- **스마트 제조**: 인더스트리 4.0의 맥락에서, 블록체인은 제조 과정의 자동화를 지원하고 공급망의 투명성을 높이며, 실시간 데이터 공유가 가능해져 생산성과 효율성이 향상됩니다.
- **개인 데이터 보호**: Web 3.0 환경에서 사용자는 자신의 데이터를 소유하고 관리할 수 있으며, 블록체인을 통해 데이터의 안전성과 무결성을 유지할 수 있습니다.
- **디지털 자산 관리**: 블록체인 4.0은 NFT와 같은 디지털 자산의 소유권을 관리하는 데 중요한 역할을 하며, 사용자 간의 안전한 거래를 지원합니다.

- **신뢰 기반 커뮤니케이션**: 블록체인은 검열 저항성이 있어, 개인이나 기관이 자유롭게 정보를 공유할 수 있는 환경을 제공합니다.

이와 같은 블록체인 4.0 응용 프로그램은 다양한 산업과 사용자에게 혜택을 제공하며, 블록체인이 혁신적인 변화를 이끌어가는 핵심 기술로 자리잡을 것으로 기대됩니다.

Lesson 05

블록체인 기술의 이점과 구성 요소

블록체인 기술의 이점은 블록체인은 분산형 원장 기술로, 데이터의 안전성, 투명성, 효율성 등을 강화하는 여러 장점을 제공하며, **블록체인 기술의 구성 요소**는 여러 가지가 있으며, 각 요소들이 함께 작동하여 블록체인 시스템을 안전하고 효율적으로 운영할 수 있게 합니다. Lesson 05에서는 주요 이점과 구성 요소를 아래와 같이 설명합니다.

블록체인은 디지털 암호화폐 비트코인의 핵심 기술(그림1-28)입니다. 이는 Peer to Peer네트워크에서 기록을 평가하고 추적하는 분산 원장 기술로, 각 거래는 시스템 참여자 대다수의 검증을 받습니다. 모든 거래의 기록은 블록체인에 포함되며, 이를 통해 투명하고 신뢰할 수 있는 시스템이 형성됩니다.

블록체인 기술의 이점

그림 1-28 블록체인 기술 이점

- **거래 효율성**: 블록체인은 거래 과정을 단순화하여 빠르고 효율적으로 수행할 수 있도록 합니다. 모든 거래는 시기적절하게 기록되며, 삭제나 수정이 불가능한 영구적인 연대기가 형성됩니다. 이를 통해 부동산 거래를 디지털화하고 부동산 소유권을 효과적으로 관리할 수 있습니다.
- **투명성 강화**: 블록체인은 거래의 출처를 명확히 하는 트랙을 생성합니다. 이는 클라이언트와 직접 출처 데이터를 전송할 수 있게 하여, 비즈니스 모델의 투명성을 높입니다. 따라서 어떤 개인도 비즈니스 모

델에 참여하는 다른 사람을 알지 못한 채 변화를 일으킬 수 없습니다.

- **보안성**: 블록체인은 변경 불가능한 종단 간 암호화된 문서를 구축함으로써 복사 및 무단 이동을 방지합니다. 개인 정보 보호 문제는 데이터와 권한을 관리하여 해결할 수 있으며, 합의 알고리즘을 통해 원장을 해킹하거나 조작하기 어렵습니다. 모든 거래는 암호화되어 있으며, 해싱 알고리즘으로 이전 거래와 연결되어 검증됩니다.
- **데이터 무결성**: 사용자가 데이터를 로드하면 수정이 불가능하고, 사소한 변경 사항도 기록되어 모든 사람이 볼 수 있도록 블록체인 원장에 배포됩니다. 이를 통해 네트워크 배포에 대한 인식이 높아지며, 다양한 사용자들이 정확한 데이터에 대한 문서를 지속적으로 유지할 수 있습니다.
- **공급망 추적**: 블록체인 기술을 통해 사용자는 공급망을 완전히 투명하고 추적 가능하게 관리할 수 있습니다. 이를 통해 상품이나 자산의 이동 과정을 쉽게 확인하고, 문제를 조기에 발견할 수 있어 기업 성장에 기여합니다.
- **중개자 제거**: 블록체인은 고객과 판매자 간의 암호화된 거래를 안전하게 수행할 수 있는 환경을 제공합니다. 이를 통해 제3자 중개인과 관련된 비용을 줄이고, 중앙 집중형 연결자가 없어 중계자 수수료를 지불할 필요가 없습니다.
- **스마트 계약**: 블록체인 거래는 스마트 계약을 통해 자동화될 수 있으며, 이는 프로세스의 효율성을 높입니다. 스마트 계약은 사전 지정된 조건이 충족되면 거래의 다음 단계가 자동으로 실행되도록 합니다. 이로 인해 인간의 개입이 줄어들고, 계약 조건을 확인하기 위해 제3자에 의존할 필요도 줄어듭니다.
- **데이터 검증**: 블록체인은 분산된 방식으로 데이터를 저장하여, 서로 다른 그룹이 각자의 데이터를 확인할 수 있는 방법을 제공합니다. 분산화는 중앙 조직의 통제력을 PEER TO PEER 네트워크로 이전하여 사용자 간의 신뢰 수준을 낮추고 보안을 강화합니다. 블록체인을 해킹하려면 모든 체인 단위에 접근해야 하므로 실현 불가능한 작업입니다.
- **토큰화**: 블록체인은 자산의 가치를 디지털 토큰으로 변환하고 이를 통해 전송하는 토큰화 과정을 지원합니다. 토큰화는 디지털 자산뿐만 아니라 비즈니스 거래를 원활하게 하는 데에도 사용됩니다. 예를 들어, 탄소 상한선 거래와 같은 환경적 이니셔티브에서도 토큰화가 적용됩니다.

이와 같은 블록체인의 이점들은 다양한 산업 분야에서 활용 가능성을 제시하며, 블록체인이 디지털 경제에서 중요한 역할을 수행하게 될 것입니다.

블록체인의 핵심 구성 요소

블록체인 기술은 최근 몇 년간 블록체인 4.0 기술 시장에서 큰 발전을 이루었으며, 사회경제적 삶의 여러 분야에 깊이 자리 잡고 있습니다. 이 기술은 정보 관리뿐만 아니라 많은 조직과 기업의 운영 체제를 개선할 수 있는 잠재력을 지니고 있습니다. 블록체인은 오픈소스 특성 덕분에 기하학적으로 성장하였으며, 비트코인이 가장 먼저 주목받는 사례입니다. 이 기술은 탈중앙화된 장부로서, 양 당사자 간의 거래를 문서화하고 이중지출 문제를 해결하는 데 기여합니다. 블록체인 및 네트워크 운영은 다음과 같은 다섯 가지 핵심 요소로 구성(그림 1-29)됩니다.

- **분산 원장**: 분산 원장은 지속적으로 업데이트되는 모든 트랜잭션을 포함하는 데이터베이스로, 여러 블록으로 구성됩니다. 각 블록은 하나 이상의 트랜잭션을 포함하며, 암호화를 통해 체인으로 연결됩니다. 다음 블록에는 이전 블록의 암호화 식별자가 포함되어 있어, 과거에 문제가 발생한 블록이 있을 경우 이후 블록에 영향을 미치게 됩니다. 이 원장은 중앙 권한 없이 트랜잭션을 처리하고 검증할 수 있으며, 모든 참가자는 업데이트된 원장 사본을 소유하게 됩니다. 따라서 분산 원장은 시간순으로 저장된 모든 정보에 대한 확인 가능하고 추적 가능한 이력을 제공합니다.

그림 1-29 블록체인 네트워크의 다섯 가지 기본 구성 요소

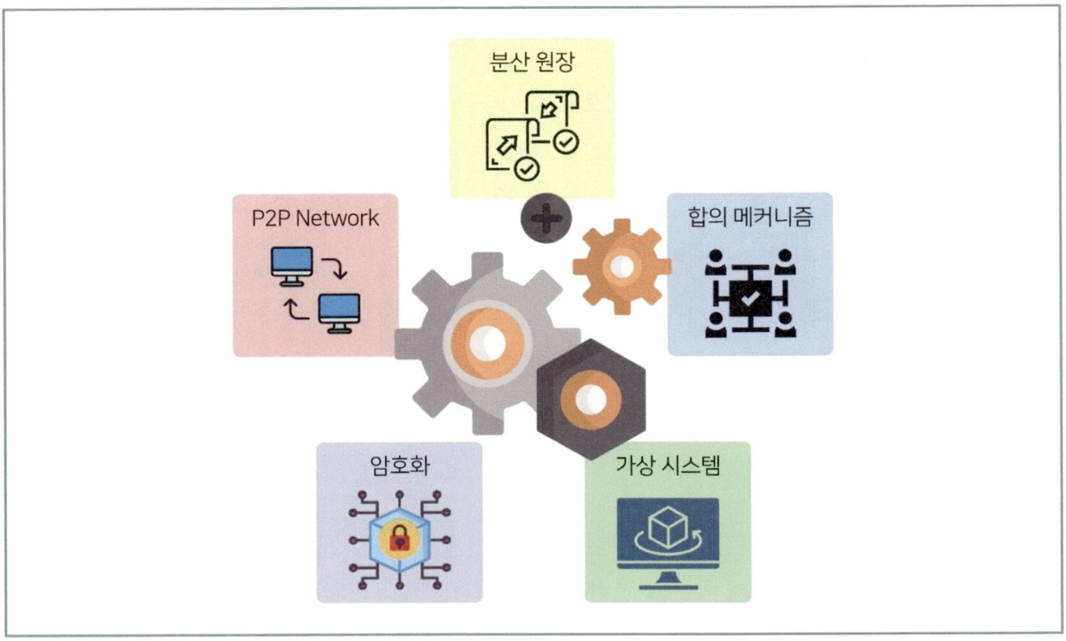

- **Peer to Peer 네트워크**: P2P 네트워크는 중앙 서버에 의존하지 않고 다수의 참가자 간에 직접 통신할 수 있는 탈중앙화 모델입니다. 이 네트워크에서 각 참가자는 클라이언트와 서버 역할을 모두 수행할 수 있으며, 각 노드는 원장 사본을 소유하여 파일을 공유하고 저장할 수 있습니다. 중개자의 도움 없이 정보가 교환될 수 있도록 하여 시스템 운영의 연속성을 보장하며, 데이터와 검증 방법의 가용성을 개선합니다. P2P 네트워크는 비정형, 구조화된, 하이브리드 네트워크로 분류될 수 있습니다.
- **합의 메커니즘**: 합의 메커니즘은 Peer to Peer네트워크에 참여하는 노드가 동기화되어 작동하도록 하는 규칙을 정의합니다. 이 메커니즘은 블록체인의 상태를 결정하고, 전체 시스템의 내결함성을 보장합니다. 블록체인 플랫폼에서는 암호화폐 거래에서 이중 지출을 방지하는 데 중요한 역할을 하며, 현재 가장 일반적으로 사용되는 두 가지 합의 메커니즘은 작업증명(Proof of Work, PoW)과 지분 증명(Proof of Stake, PoS)입니다. PoW는 채굴자가 협력하여 암호화 문제를 해결하는 방식이며, PoS는 채굴자가 일정한 지분을 보유함으로써 블록 생성에 참여하는 방식입니다. PoS는 에너지 효율성이 높아 운영 비용을 절감할 수 있습니다.
- **암호화**: 암호화는 원장 또는 노드 간에 전송되는 정보의 보안, 무결성 및 검증을 보장합니다. 이는 수학적 원리를 기반으로 하며, 두 가지 주요 방식으로 이루어지며, 대칭 암호화는 데이터를 보호하기 위해 동일한 키를 사용하여 암호화와 해독을 수행하며, 이 키는 비밀로 유지해야 합니다. 반면, 비대칭 암호화는 서로 다른 두 개의 키를 사용하여 데이터를 암호화하고 해독합니다. 공개 키는 데이터를 암호화하는 데 사용되며 널리 공유되고, 개인 키는 데이터를 해독하는 데 사용되며 수신자의 권리를 보호하는 역할을 합니다.
- **가상 시스템**: 가상 머신은 컴퓨터 시스템을 시뮬레이션하는 프로그램으로, CPU, 메모리, 가상 스토리지 등을 포함하며, 합니다. 물리적 컴퓨터처럼 작동하며, 데이터를 저장하고 애플리케이션 프로그램을 실행하며, 다른 가상 머신과 블록체인 네트워크를 공동 운영하는 데 사용됩니다. 이더리움 가상 시스템(Ethereum Virtual Machine, EVM)은 이더리움 플랫폼에서 처리된 트랜잭션이 언제나 동일한 결과를 생성하도록 설계되었으며, EVM은 이더리움에서 실행되는 스마트 계약을 처리하는 기계로, 이더리움 네트워크의 모든 노드는 EVM을 통해 수신되는 트랜잭션을 처리합니다. 네트워크 상태를 변경하려는 모든 트랜잭션은 EVM의 프로세스를 거쳐야 하며, EVM은 가상 머신일 뿐이지만 여러 사본이 존재하고, 동일한 트랜잭션 실행에 참여하는 각 노드는 계산의 일관성을 보장하기 위해 EVM의 사본을 소유합니다.

이와 같은 핵심 구성 요소들은 블록체인이 신뢰성과 보안을 갖춘 분산 시스템으로 기능하게 만드는 기초가 됩니다. 블록체인은 다양한 산업에서의 활용 가능성을 열어주며, 디지털 경제의 발전에 기여하고 있습니다.

관련 기법

블록체인 기술의 여러 기능은 특정 기법들에 의해 지원되며, 이들 기법은 거래의 안전성과 신뢰성을 높이는 데 기여합니다.

- **블록체인 주소**: 블록체인 주소는 다른 사용자가 트랜잭션을 보낼 수 있도록 공개적으로 공유되는 긴 영숫자 문자열입니다. 각 주소는 공개 키에서 생성되며, 이 공개 키는 개인 키를 통해 소유권을 증명하는 역할을 합니다. 사용자가 블록체인 네트워크와 상호작용할 때, 개인 키를 사용하여 디지털 서명에 서명함으로써 해당 주소의 유효한 소유자임을 입증합니다.
- **디지털 서명**: 디지털 서명은 블록체인 플랫폼에서 트랜잭션의 원본 데이터와 함께 전송되는 암호화된 문자열로, 서명을 생성하기 위해 사용자는 개인 키를 사용하여 수신자에게 전송되는 트랜잭션의 데이터를 암호화합니다. 이 과정에서 사용되는 개인 키는 발신자의 블록체인 주소를 생성하는 데 쓰이는 키입니다. 트랜잭션 데이터가 변경되거나, 동일한 데이터의 경우 다른 사용자의 개인 키가 사용될 경우, 디지털 서명도 변경되며, 됩니다. 데이터의 무결성을 보장하는 중요한 메커니즘입니다.
- **해시 함수**: 해시 함수는 무제한의 입력 데이터를 변환하여 고정된 길이의 출력 데이터를 생성하는 프로세스로, 이 함수는 데이터의 무결성을 보호하는 데 자주 활용되며, 사용자는 애플리케이션의 트랜잭션 해시 값과 블록 탐색기의 트랜잭션 해시 값을 비교하여 트랜잭션의 유효성을 확인할 수 있습니다. 해시 함수는 원본 데이터에 대한 작은 변경도 큰 차이를 발생시키는 특성을 가지고 있어, 데이터 변조를 쉽게 감지할 수 있게 해줍니다.

이러한 관련 기법들은 블록체인 기술의 안전성과 신뢰성을 강화하는 데 필수적입니다. 블록체인 주소, 디지털 서명, 해시 함수, 가상 시스템 등은 서로 상호작용하며, 블록체인 네트워크가 안전하게 운영되도록 지원합니다. 이러한 기법들은 디지털 거래의 효율성을 높이는 데 기여하며, 다양한 산업에서 블록체인 기술의 활용 가능성을 더욱 넓혀 줍니다.

PEER TO PEER 기술

Lesson 06

PEER TO PEER 기술에 대한 내용은 **P2P(Peer-to-Peer)** 기술을 중심으로, 이 기술의 정의, 원리, 주요 응용 분야와 함께 블록체인과의 관계를 설명하는 내용이 포함될 수 있습니다. P2P 기술은 중앙 서버를 거치지 않고, 네트워크에 참여하는 각 노드(사용자)가 직접적으로 서로 연결되어 데이터를 공유하거나 서비스를 제공하는 방식입니다. Lesson 06에서는 P2P 기술에 대해 좀 더 자세히 설명하겠습니다.

Peer-to-Peer(P2P) 네트워크(그림 1-30)는 1970년대 후반에 처음 등장한 간단한 컴퓨터 네트워크 형태로, 각 컴퓨터가 파일 공유를 위한 노드 역할을 합니다. 이 네트워크의 특징은 중앙 서버 없이 각 노드가 서버와 클라이언트의 역할을 동시에 수행한다는 점으로, 이러한 구조를 통해 방대한 양의 데이터를 효율적으로 공유할 수 있습니다. 작업은 네트워크 내의 모든 노드에 균등하게 분배되며, 네트워크가 작동을 멈추려면 모든 노드가 개별적으로 작동을 중단해야 합니다. 이는 각 노드가 독립적으로 작동하기 때문입니다.

P2P 네트워크는 두 대 이상의 컴퓨터 시스템이 별도의 서버나 서버 소프트웨어 없이도 연결되고 리소스를 공유할 수 있는 정보 기술(Information Technology, IT) 인프라로, 사용자는 물리적으로 연결된 시스템에 컴퓨터를 연결하거나 가상 네트워크를 생성하여 P2P 네트워크를 설정할 수 있습니다. 또한, 각 컴퓨터를 클라이언트와 서버 역할을 수행하도록 설정할 수 있습니다.

그림 1-30 Peer to Peer Network

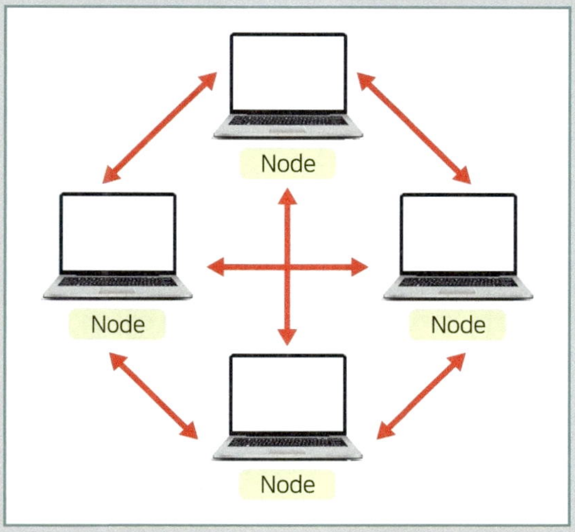

전통적인 클라이언트/서버 네트워크와는 달리, P2P 네트워크에서는 각 장치가 네트워크에 기여하는 기능을 가진 피어(peer)로 간주되고, 이로 인해 각 컴퓨터는 클라이언트이자 서버로서, 다른 네트워크 컴퓨터와 리소스를 공유합니다.

P2P 네트워크의 주요 기능

- **자원 공유**: P2P 네트워크의 각 컴퓨터는 네트워크에 리소스를 제공하고, 동시에 네트워크가 제공하는 리소스를 소비하며, 파일, 프린터, 스토리지, 대역폭, 처리 능력 등의 리소스가 네트워크의 다양한 컴퓨터 간에 공유됩니다.
- **구성 용이성**: P2P 네트워크는 설정이 간단합니다. P2P가 설정되면 각 컴퓨터에 공유 권한을 부여하여 액세스를 제어할 수 있으며, 특정 리소스에 비밀번호를 설정하여 더 엄격한 액세스 관리를 수행할 수 있습니다.
- **가상 네트워크 오버레이**: 일부 P2P 네트워크는 물리적 네트워크에 가상 네트워크를 오버레이하여 형성됩니다. 이 네트워크는 물리적 연결을 사용하여 데이터를 전송하며, 가상 오버레이를 통해 네트워크의 컴퓨터들이 서로 통신할 수 있게 됩니다.
- **내결함성**: P2P 네트워크는 중앙 서버가 없기 때문에 특정 노드의 장애가 전체 네트워크의 작동에 큰 영향을 미치지 않습니다. 각 노드가 독립적으로 운영되므로, 하나의 노드가 실패하더라도 다른 노드는 계속 기능할 수 있습니다.
- **확장성**: 네트워크에 새로운 노드를 추가하는 것이 용이하여, 필요에 따라 쉽게 확장할 수 있습니다. 이는 네트워크의 유연성을 높이고, 사용자가 증가하더라도 안정성을 유지할 수 있게 합니다.

Peer-to-Peer 네트워크는 중앙 집중형 서버의 의존도를 줄이고, 모든 참여자가 동등한 위치에서 정보를 공유할 수 있도록 해주는 혁신적인 네트워크 구조입니다. 이러한 구조는 데이터 공유의 효율성을 높이고, 사용자 간의 직접적인 상호작용을 촉진하는 데 큰 기여를 합니다. 다양한 분야에서 P2P 네트워크는 그 잠재력을 발휘하고 있으며, 블록체인 기술과 결합하여 더욱 다양한 응용 프로그램을 가능하게 합니다.

PEER TO PEER 네트워크의 역사

Peer-to-Peer(P2P) 네트워크가 등장하기 전, 1979년 Usenet(그림 1-31)이 개발되었습니다. Usenet은 'User Network'의 약자로, 사용자가 다양한 주제에 대한 기사나 게시물을 게시할 수 있는 게시판 시스템과 유사합니다. 뉴스그룹 형태로 구성된 Usenet은 계층적 구조를 가지며, 도메인 이름 시스템(Domain Name System, DNS)과 유사한 방식으로 운영됩니다. 사용자가 제출한 다양한 주제의 게시물이 전 세계 네트워크의 서버에 저장되고 배포됩니다. Usenet은 RFC

그림 1-31 Usenet 구성도

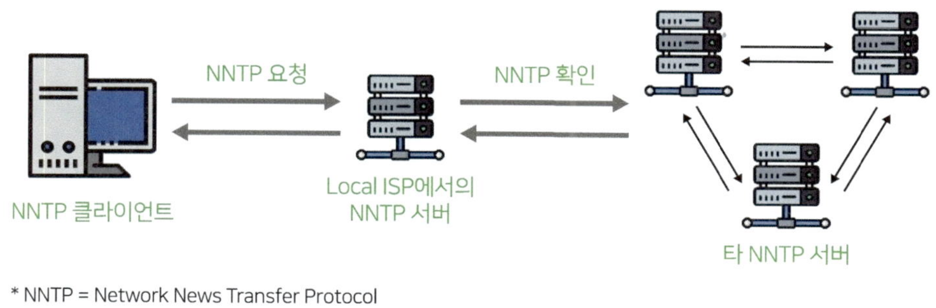

977에 정의된 NNTP(Network News Transfer Protocol)를 기반으로 하여 두 가지 주요 구성 요소로 나뉩니다.

- **클라이언트/서버 부분**: Google Chrome과 같은 클라이언트 소프트웨어를 통해 사용자가 Usenet 뉴스그룹 목록을 다운로드하고 뉴스 서버와 상호작용할 수 있게 합니다.
- **서버/서버 부분**: 뉴스 서버 간에 기존 메시지를 읽고 답변하거나 새 메시지를 게시할 수 있도록 서로 통신하며, 예를 들어, Microsoft Exchange Server는 NNTP(Network News Transfer Protocol)를 완벽히 지원합니다.

Usenet은 사용자가 메시지를 읽고 게시할 수 있는 기능을 제공했지만, P2P 네트워크는 중앙 서버가 없다는 점에서 차별화되며, P2P 네트워크는 모든 노드가 서로 연결되어 있어 새 메시지를 노드의 모든 서버에 복사하여 배포합니다.

1980년대에 개인용 컴퓨터의 보급과 함께 P2P 네트워크가 본격적으로 사용되기 시작했으며, 특히 1988년 8월에는 인터넷 릴레이 채팅(Internet Relay Chating, IRC)이 텍스트와 채팅을 공유하기 위해 구축된 최초의 P2P 네트워크로 자리잡았으며, 1999년에는 파일 공유 P2P 소프트웨어인 냅스터(Napster)가 발표되어 오디오 파일 공유의 대표적인 예로 부각되었습니다. 그러나 냅스터는 저작권 문제로 인해 결국 중단되었고, 그럼에도 불구하고 P2P 네트워크라는 개념은 대중에게 널리 알려졌습니다.

2008년 비트코인과 암호화폐의 출현은 P2P 네트워크에 새로운 전환점을 가져왔으며, 비트코인과 그 이후에 등장한 다양한 암호화폐는 P2P 네트워크를 기반으로 한 분산형 장부 기술인 블록체인을 활용하여, 중앙 집중형 은행이나 기관 없이도 금융 거래를 가능하게 했습니다.

그림 1-32 BitTorrent

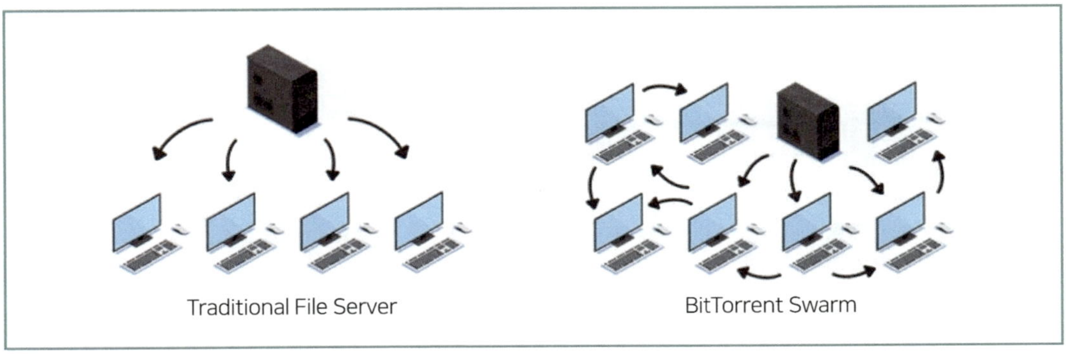

출처 : https://techterms.com

이후 BitTorrent(그림 1-32)와 같은 기술이 등장하면서 P2P 네트워킹은 더욱 발전했으나, 저작권 침해는 여전히 P2P 사이트가 직면한 주요 법적 문제로 남아 있으며, 많은 국가에서 불법 파일 공유에 대해 엄격한 법적 조치를 취하고 있고, 이는 P2P 사이트 운영자와 사용자 모두에게 중요한 도전 과제가 되고 있습니다. 일부 사이트는 합법적인 콘텐츠만을 제공하려고 노력하지만, 사용자들이 여전히 저작권을 침해하는 콘텐츠를 업로드하거나 다운로드하는 경우가 빈번하게 발생합니다.

이에 대한 해결책으로, 정부와 산업계는 저작권 보호를 강화하고 합법적인 콘텐츠 공유 방안을 모색하고 있으며, P2P 네트워크의 발전은 인터넷의 분산화와 탈중앙화를 추구하는 다양한 기술 및 서비스의 출현으로 이어졌습니다. 현재 P2P 네트워크는 클라우드 컴퓨팅, 분산형 소셜 네트워크, 파일 공유, 콘텐츠 배포 네트워크(Content Delivery Network, CDN) 등 다양한 분야에서 그 영향력을 확장하고 있습니다.

결론적으로, P2P 네트워크는 정보 기술의 발전과 함께 지속적으로 진화하고 있으며, 디지털 세계의 미래에 중요한 역할을 할 것으로 기대됩니다

Peer-to-Peer 네트워크의 종류

Peer-to-Peer(P2P) 네트워크는 크게 세 가지 유형으로 나눌 수 있습니다. 비구조화된 네트워크, 구조화된 네트워크, 그리고 하이브리드 네트워크이며, 각 유형은 고유한 특징과 장단점을 가지고 있습니다.

- **비구조화된 Peer-to-Peer 네트워크**
  - **설명**: 이 유형의 네트워크에서는 각 장치가 동등한 기여를 할 수 있으며, 장치들은 무작위로 서로 연결되며, 구축이 용이하지만 콘텐츠를 찾기가 어렵다는 단점이 있습니다.
  - **작동 방식**: 노드 탐색은 메시지를 인접 노드에 차례로 전파하여 이루어집니다. 따라서 특정 네트워크 토폴로지가 규정되지 않습니다. 유연한 탐색이 가능하지만, 목적 노드에 메시지가 전달되는 것을 보장할 수 없고, 노드 수가 증가할 경우 메시지의 과다 전파로 인한 확장성 문제가 발생할 수 있습니다.
  - **슈퍼 노드 개념**: 비구조화된 네트워크에서는 '슈퍼 노드'를 도입하여 문제를 해결합니다. 슈퍼 노드는 다른 일반 노드보다 상위에 위치하여 메시지 전파의 효율성을 높입니다.
  - 예시: Napster, Gnutella 등.
- **구조화된 Peer-to-Peer 네트워크**
  - **설명**: 이 네트워크는 노드를 특정 구조에 배치하기 위해 가상 계층을 사용하는 소프트웨어로 설계되며, 설정이 다소 복잡하지만, 사용자에게 콘텐츠에 대한 쉬운 접근성을 제공합니다.
  - **작동 방식**: 각 노드에는 ID가 할당되고, 연결할 상대가 미리 정해져 있습니다. 전형적인 구조화 오버레이에서는 데이터에도 ID가 할당되어, 각 데이터는 자신의 ID와 가장 가까운 ID를 가진 노드에 저장됩니다. 메시지 전송은 ID 기반의 라우팅을 통해 이루어집니다.
  - **장점**: 메시지 도착 가능성과 확장성이 높으며, 네트워크 토폴로지가 엄격하게 설계되어 노드 수가 증가하더라도 메시지의 전송 횟수가 크게 늘어나지 않습니다.
  - **예시**: P-Grid, Kademlia 등.
- **하이브리드 Peer-to-Peer 네트워크**
  - **설명**: 이 네트워크는 P2P 네트워크의 특성과 클라이언트-서버 아키텍처의 특성을 결합한 형태로 중앙 서버를 사용하여 노드를 찾는 방식이 포함됩니다.
  - **작동 방식**: 하이브리드 네트워크는 P2P의 장점과 함께 중앙 서버의 안정성을 제공하여, 노드 탐색과 데이터 전송을 효율적으로 처리합니다.
  - **예시**: Skype와 같은 통신 플랫폼이 하이브리드 P2P 구조를 이용해 데이터 전송과 관리 기능을 조합한 사례입니다.

이러한 P2P 네트워크의 각 유형은 특정 요구 사항과 환경에 따라 적합하게 선택될 수 있으며, 기술의 발전과 함께 계속해서 진화하고 있으며, P2P 네트워크는 데이터 공유, 콘텐츠 배포, 분산형 서비스 등 다양한 분야에서 활용되고 있으며, 현대 인터넷 구조의 중요한 부분을 형성하고 있습니다.

Peer-to-Peer 네트워크의 특징

Peer-to-Peer(P2P) 네트워크는 일반적으로 12개 미만의 노드로 구성되지 않으며, 네트워크에 있는 모든 컴퓨터는 자체 데이터를 저장합니다. 이 데이터는 그룹 내에서 접근할 수 있지만, P2P 네트워크는 클라이언트,서버 모델과 달리 리소스를 동시에 사용하고 제공하며, 노드 수가 증가하면 추가 리소스가 발생하며, 이를 위해 특수 소프트웨어가 필요하고 노드가 클라이언트와 서버 역할을 동시에 수행하기 때문에 지속적인 공격 위협이 존재할 수 있습니다.

오늘날 거의 모든 운영 체제는 P2P 네트워크를 지원하며, 이 아키텍처에서 컴퓨터는 작업 그룹으로 서로 연결되어 파일을 공유하고 인터넷 및 프린터에 접근할 수 있고, 네트워크 내의 각 컴퓨터는 동일한 책임과 기능을 가지며, 각 장치는 클라이언트와 서버 역할을 모두 수행합니다. 이 구조는 주거 지역, 소규모 사무실, 소규모 회사 등에서 유용하며, 일반적으로 12개 이상의 컴퓨터로 구성된 작업 그룹으로 형성됩니다.

Peer-to-Peer 네트워크의 작동 방법

P2P 네트워크에서 사용자가 파일을 다운로드하려고 할 경우, 다음과 같은 절차로 진행됩니다.

- **소프트웨어 설치**: 사용자는 먼저 자신의 컴퓨터에 P2P 소프트웨어를 설치해야 합니다.
- **가상 네트워크 생성**: 설치된 소프트웨어를 통해 P2P 애플리케이션 사용자의 가상 네트워크가 생성됩니다.
- **파일 다운로드**: 사용자는 해당 파일을 다운로드하며, 이 파일은 네트워크의 여러 컴퓨터에서 비트 단위로 수신됩니다. 각 컴퓨터는 이미 해당 파일을 보유하고 있습니다.
- **데이터 전송**: 사용자의 컴퓨터는 네트워크의 다른 컴퓨터에 데이터를 요청하고 전송합니다.

이러한 방식으로 P2P 네트워크에서는 파일 전송 부하가 피어 간에 효율적으로 분산됩니다.

Peer-to-Peer 네트워크의 효율적 이용

P2P 네트워크를 안전하게 유지하기 위한 몇 가지 기능은 다음과 같습니다.

- **파일 검증**: 다른 사용자와 공유하기 전에 다운로드하는 파일을 한 번 더 확인하여 합법적인 파일인지 확인하는 것이 중요합니다.
- **전략 설계**: 애플리케이션과 기본 데이터를 관리하기 위해 네트워크의 기본 아키텍처에 맞는 전략을 수립해야 합니다.
- **사이버 보안 점검**: 네트워크에서 발생할 수 있는 사이버 보안 위협을 점검하고, 방어 소프트웨어에 투자하며 정기적으로 업데이트해야 합니다.
- **바이러스 검사**: 모든 파일에 대해 지속적으로 바이러스 검사를 실시하여 안전한 파일이 다운로드되고 있는지 확인합니다. 잠재적 위협이 감지되면 IT 보안 조직에 즉시 보고합니다.
- **소프트웨어 종료**: 파일 공유 후 소프트웨어를 올바르게 종료하여 제3자가 네트워크에 불필요하게 접근하는 것을 방지해야 합니다. 파일 공유 후 창을 닫더라도 소프트웨어가 여전히 활성화되어 있을 경우, 무단 사용자가 네트워크에 접근할 수 있어 보안 위반이 발생할 수 있습니다.

이러한 조치를 통해 P2P 네트워크의 안전성을 높이고, 사용자와 네트워크를 보호할 수 있습니다.

Peer-to-Peer 네트워크의 응용 분야

Peer-to-Peer(P2P) 네트워크는 다양한 분야(그림 1-33)에서 활용되고 있습니다. 주요 용도는 다음과 같습니다.

- **파일 공유**: P2P 네트워크는 기업에서 파일을 공유하는 가장 편리하고 비용 효율적인 방법으로, 중간 서버 없이도 파일 전송이 가능합니다.
- **블록체인과 데이터 정확성**: P2P 아키텍처는 분산화 개념에 기반하여 블록체인에서 활성화되며, 이를 통해 레코드의 완전한 복제본을 유지하면서 데이터의 정확성을 보장하고 보안도 강화합니다.
- **안전한 커뮤니케이션**: P2P 네트워크는 안전하고 빠르며 효율적인 커뮤니케이션 방법을 제공하고, 모든 피어에서 암호화를 사용하고, 간편한 메시징 도구에 접근할 수 있습니다.
- **협업 촉진**: 쉽게 파일을 공유함으로써 네트워크 내 다른 피어와의 협업이 용이해집니다.
- **대중화**: Gnutella, eDonkey와 같은 여러 P2P 파일 공유 네트워크가 P2P 기술의 대중화에 기여했습니다.

그림 1-33 P2P Network 응용 분야

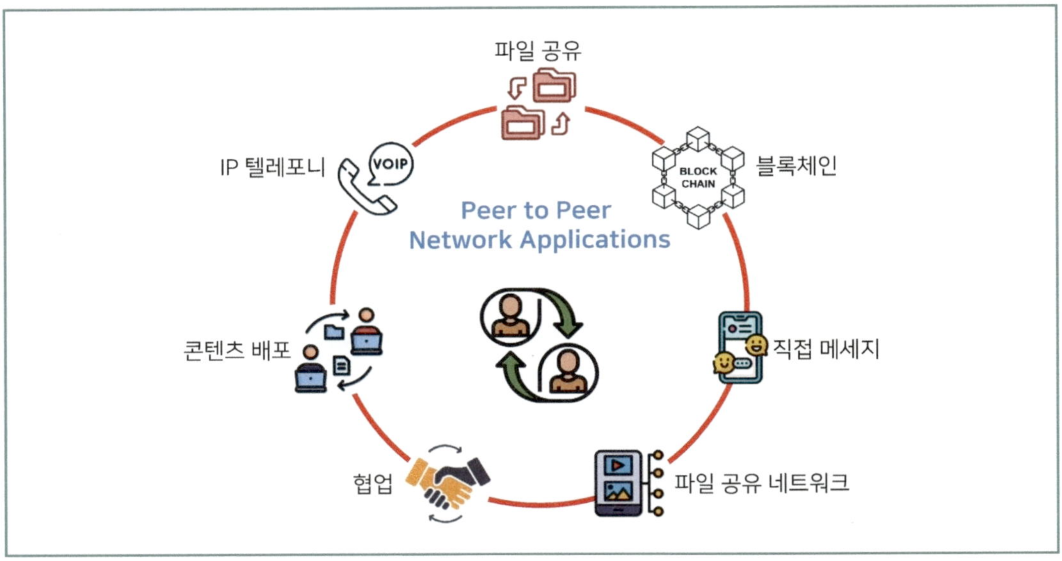

- **리소스 제공**: P2P 네트워크는 클라이언트-서버 시스템을 언라인하여 클라이언트가 리소스를 제공하고 사용할 수 있게 하여, 사용자 수가 증가함에 따라 콘텐츠 제공 용량이 늘어납니다.
- **VoIP 응용**: Skype는 VoIP의 P2P 응용 프로그램의 좋은 예로, 사용자 간의 실시간 통신을 가능하게 합니다.

Peer-to-Peer 네트워크의 장점

P2P 네트워크는 다음과 같은 장점을 제공합니다.

- 유지 관리 용이: 각 노드가 독립적으로 운영되므로 네트워크 유지 관리가 간편합니다.
- 비용 절감: P2P 네트워크는 각 노드가 서버 역할을 하여 중앙 서버의 구축 비용을 절감할 수 있습니다.
- 관리자 필요 없음: 각 노드가 자신의 컴퓨터를 관리하므로, 별도의 네트워크 관리자가 필요하지 않습니다.
- 노드 추가 용이: 네트워크에 노드를 쉽게 추가, 삭제, 복구할 수 있습니다.
- 트래픽 감소: P2P 네트워크는 클라이언트-서버 네트워크보다 네트워크 트래픽이 적습니다.

Peer-to-Peer 네트워크의 단점

P2P 네트워크의 단점은 다음과 같습니다.

- **데이터 취약성**: 중앙 서버가 없기 때문에 백업이 부족해 데이터 손실 위험이 있습니다.
- **보안 문제**: 각 노드가 독립적으로 운영되므로 전체 네트워크를 보호하기 어려워 보안성이 떨어지며, 각 컴퓨터가 다른 컴퓨터에 액세스하므로 성능 저하가 발생할 수 있습니다.
- **파일 검색의 어려움**: P2P 네트워크에서는 파일이 중앙에 저장되지 않고 개별 컴퓨터에 분산되어 저장되기 때문에 파일을 찾기 어렵습니다.
- **구분된 수준**: P2P 네트워크는 기본적으로 세 가지 수준으로 분류되며, 첫 번째는 USB를 사용하여 두 시스템 간의 연결, 두 번째는 구리선을 사용하여 여러 시스템을 연결하는 중간 수준, 세 번째는 소프트웨어를 통해 프로토콜을 설정하고 인터넷에서 수많은 장치를 관리하는 고급 수준입니다.

이러한 장점과 단점을 이해함으로써 P2P 네트워크의 활용과 개선 방안을 모색할 수 있습니다.

Lesson 07

블록체인과 분산 원장 기술(DLT)

블록체인과 분산 원장 기술(Distributed Ledger Technology, DLT)은 데이터 저장 및 거래 기록 방식에서 중요한 기술로, 둘은 밀접한 관계가 있지만 약간의 차이가 있으며, 이들은 **탈중앙화**와 **보안성**을 바탕으로 혁신적인 응용을 가능하게 합니다. 각각의 개념을 설명하고, 그 차이점 및 공통점을 Lesson07에서 다루겠습니다.

Decentralization(분산화)는 기능, 제어, 정보를 단일 엔터티에 집중하는 대신 여러 곳에 분산시키는 과정을 의미(그림 1-34)하며, 이는 정보 기술에서 소매, 정부 등 다양한 산업에 걸쳐 적용 되고 있으며, 분산 시스템은 정보가 흐를 수 있는 여러 경로를 제공하고, 중앙 집중화된 시스템은 종종 허브 앤 스포크(Hub and Spoke) 모델로 설명됩니다. 이 모델은 자전거 바퀴의 스포크가 중심축인 허브로 모이는 구조를 바탕으로 하며, 모든 엔드포인트가 스포크를 따라 중앙 시스템으로 연결되며, 이러한 구조는 메인프레임 컴퓨터 설계의 본질을 반영합니다. 모든 터미널이나 PC가 메인프레임에 연결되면 단일 취약점이 발생하며, 만약 허브인 메인프레임이 다운되면, 전체 네트워크가 중단되고 어떤 작업도 수행할 수 없게 됩니다.

그림 1-34 분산 기술 원장

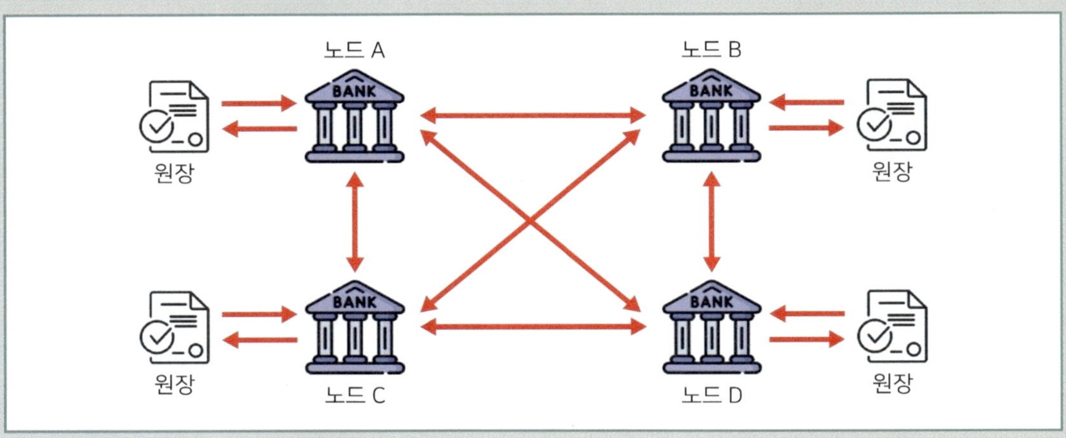

분산 네트워크의 대표적인 예는 인터넷 자체로, 그 전신인 ARPANET은 1969년 미국 국방부를 위해 구축되었으며, 이 네트워크는 핵 공격에서도 살아남을 수 있도록 설계되었고 네트워크의 일부가 다운되더라도 트래픽은 다른 경로로 재라우팅되어 작동을 계속할 수 있습니다. 지역적인 중단이 발생하더라도 인터넷 전체가 다운되는 것은 사실상 불가능합니다.

블록체인의 분산화는 주로 통제권이 소수의 개인이나 국가 중앙은행에 집중되는 것을 방지하기 위한 것입니다. 이러한 이유로 암호화폐가 발전하게 되었습니다. 분산 블록체인은 변경할 수 없는 구조로 설계되어 있으며, 데이터가 입력되면 되돌릴 수 없고 새 데이터를 추가할 수 있지만 기존 데이터를 수정하거나 삭제할 수 없습니다. 예를 들어, 비트코인은 거래가 영구적으로 기록되고 누구나 이를 열람할 수 있게 합니다.

하지만 모든 디지털 통화가 분산되어 있는 것은 아닙니다. 일부 암호화폐는 소수의 사람만이 새로운 블록을 추가하고 거래의 유효성을 검증하는 중앙 집중화된 시스템을 사용할 수 있습니다. 이러한 시스템은 의료나 금융과 같은 개인 정보 보호가 중요한 산업에서 흔히 사용됩니다.

블록체인에서 중앙 집중화와 분산화

중앙 집중화와 분산화 구조는 근본적으로 상반된 개념(그림 1-35)입니다. 중앙 집중화 구조는 중앙 기관이 관리, 통제, 감독할 권한을 가진 사람들에 의해 운영되며, 예를 들어 중앙은행이 관리하는 국가 통화가 이에 해당합니다. 반면, 분산화는 특정 개인이나 기관이 네트워크나 구조를 소유하거나 통제하지 않는 시스템을 의미합니다.

모든 암호화폐가 분산화된 것은 아닙니다. 그러나 비트코인이나 이더리움의 ETHER와 같은 가장 인기 있는 암호화폐는 분산화된 형태로 운영됩니다. 이러한 분산화 암호화폐는 중앙은행의 규제를 받지 않으며, 대신 프로그래밍 코드와 통화 정책이 해당 커뮤니티에서 관리됩니다.

블록체인에서의 분산화는 주로 Peer to Peer Public Blockchain에서 구현되며, 작업 증명(Proof of Work, PoW)이라는 암호화 프로토콜을 사용하여 다음 블록의 유효성을 검증합니다. 이 블록은 거래 정보를 포함한 데이터 블록으로 구성됩니다. 비트코인 사용자는 PoW를 통해 블록체인에 블록을 추가할 수 있으며, 블록체인은 공개되어 있어 모든 사람이 거래를 확인할 수 있습니다.

따라서 블록체인은 전체 컴퓨터 네트워크(또는 노드)에 분산된 거래의 디지털 원장 역할을 합니다. 이는 거래를 중앙 서버에 저장하는 대신, 독립적인 노드가 각각의 전자 원장에 거래를 기록하고 공유하며 동기화하는 방식입니다. 블록체인은 디지털 서명, 분산 네트워크, 암호화 및 복호

그림 1-35 중앙 집중화 와 분산화 비교

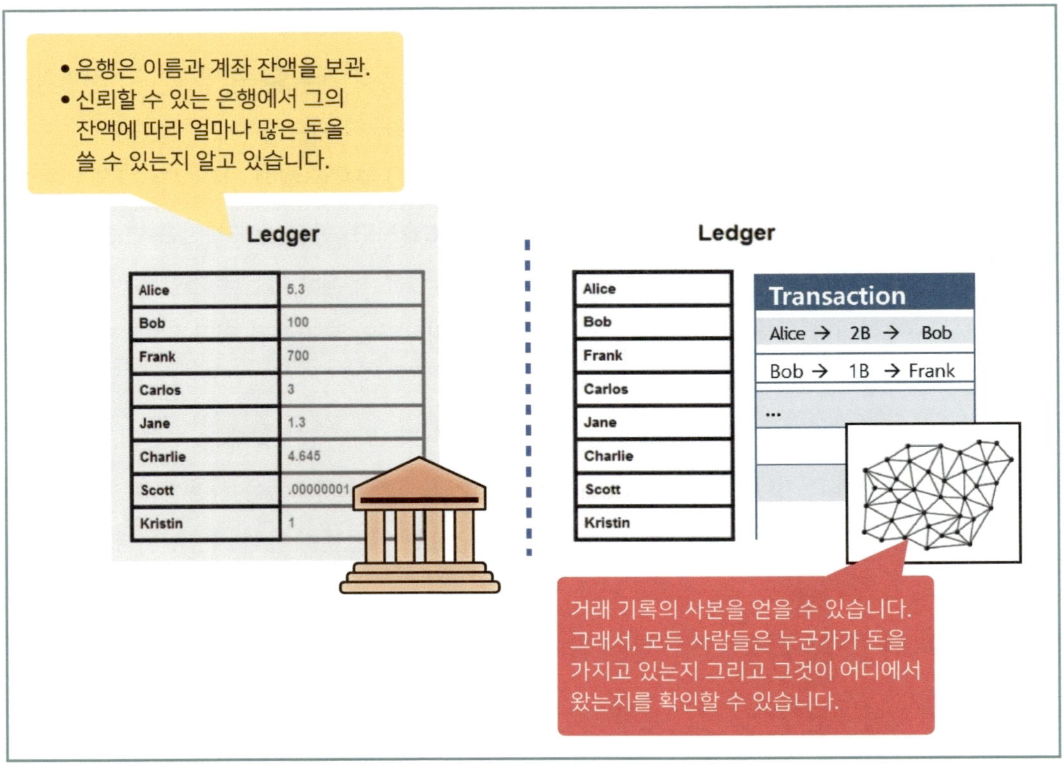

화 기술 등을 활용하여 애플리케이션을 가능하게 하며, 거래는 해시라는 변경 불가능한 암호화 서명으로 기록됩니다. 이러한 방식으로 분산 원장은 종종 블록체인으로 불리는 DLT(Distributed Ledger Technology)의 한 형태로 기능합니다.

분산 원장 기술

분산 원장 기술(Distributed Ledger Technology, DLT)은 거래 기록이 인코딩되어 분산된 데이터베이스 중심으로 구성(그림 1-36)되며, 이 데이터베이스는 전 세계 여러 사용자, 컴퓨터, 노드, 기관 또는 국가에 분산되어 있으며, 모든 노드가 원장을 유지 관리하며, 데이터가 변경되면 각 노드에서 독립적으로 원장이 업데이트되며, 이러한 작은 변경 사항도 몇 초 만에 모든 참여자에게 전송됩니다.

분산 원장은 암호화를 통해 데이터가 한 번 저장되면 변경할 수 없는 안전한 환경을 제공하며, 기존 데이터베이스와 달리 DLT는 추가만 가능하며, 중앙 서버나 권한을 두지 않아 시스템이

그림 1-36 분산 원장 기술

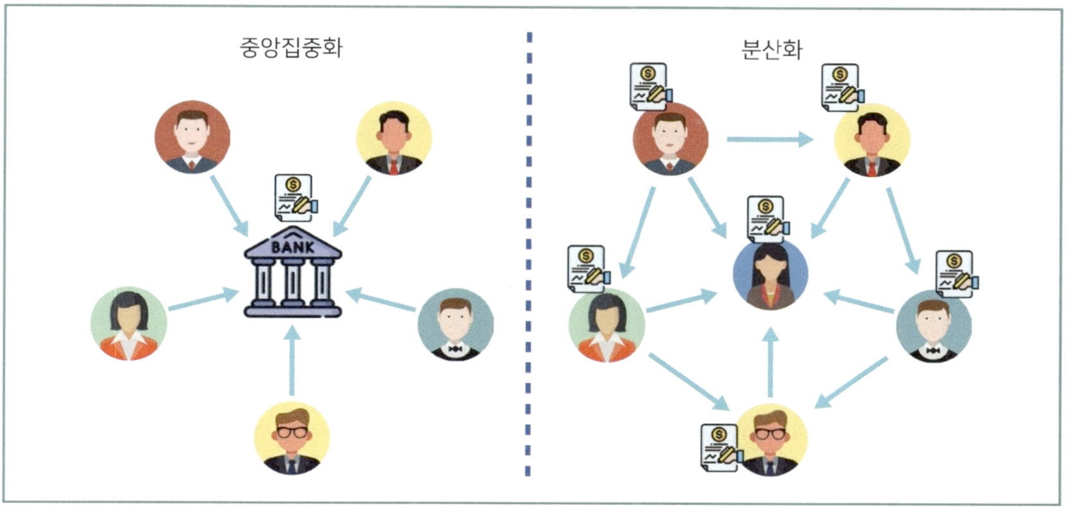

더욱 투명하게 운영됩니다. 이를 통해 모든 노드 또는 기여자는 다양한 합의 알고리즘을 통해 거래를 검증하며, 각 참가자는 데이터의 동기화된 사본을 유지하고 업데이트하며, 전통적인 시장에서는 은행과 같은 중개 기관이 자산 교환을 관리하고 감독하는데, 예를 들어, 급여를 받는 경우 은행이 거래를 통제하고 거래 내역을 기록합니다. 그러나 중앙 권력이 거래를 통제하는 것은 큰 신뢰를 필요로 하며, 역사적으로 장부의 보안을 보장하는 최선의 방법은 이러한 신뢰였습니다. 하지만 중앙 원장은 더 이상 자산을 교환하는 유일한 방법이 아니며, 분산 원장 기술의 도입으로 은행에 의존하지 않고도 안전하게 거래를 수행할 수 있습니다.

암호화폐에서는 합의 메커니즘(Consensus Mechanism)이 사용되어 각 노드의 참여를 보장하며, 분산 원장은 어떤 단일 엔티티와도 연결되지 않으며, 일부 노드는 전체 원장 사본을 유지하고, 다른 노드는 필요한 정보만을 가지고 분산 원장은 스마트 계약(Smart Contracts)을 실행할 수 있도록 프로그래밍할 수 있으며, 이 계약은 자동으로 거래를 수행하고, 안전하고 투명하게 운영됩니다.

이러한 특성 덕분에 분산 원장은 장애 허용성이 매우 높아, 한 노드나 참여자가 실패하더라도 데이터는 다른 노드에서 계속 사용할 수 있습니다. 모든 참여자는 원장에서 발생하는 거래를 볼 수 있어 투명성이 높아지며, 이 투명성은 참여자 간의 신뢰를 구축하는 데 기여합니다. 거래는 몇 초 만에 처리되고 결제될 수 있어 기존 방식보다 빠르며, 암호화 기술 덕분에 매우 안전합니다. 모든 거래는 변경할 수 없음을 보장하는 암호화 서명으로 기록되어, 이 기술은 사기에 강한 특성을 가집니다.

결국, 블록체인과 같은 DLT는 Peer to Peer 네트워크를 통해 여러 회원이 동일한 원장 사본을 공유할 수 있게 합니다. 다양한 DLT가 존재하지만, 이들은 공공 또는 민간/허가된 분산 원장, 합의 알고리즘, 네트워크 참여를 장려하고 보상하기 위한 프레임워크와 같은 구성 요소로 구성됩니다.

블록체인의 분산화 유형

블록체인은 일반적으로 세 가지 수준의 분산화를 나타냅니다.

- **Fully Centralized**: 단일 중앙 기관이 모든 제어 및 관리를 담당합니다.
- **Semi-Decentralized**: 여러 기관이 공동으로 제어 및 관리합니다.
- **Fully Decentralized**: 중개자나 중앙 기관 없이 네트워크가 운영됩니다.

이와 함께 분산화는 여러 하위 범주로 나눌 수 있습니다.

- **Physical Decentralization**: 블록체인 서버를 전 세계에 지리적으로 분산시켜, 단일 당사자가 네트워크를 소유하지 않으며, 물리적 서버 손실이 네트워크에 영향을 주지 않도록 합니다.
- **Transactional Decentralization**(그림 1-37): B2B 네트워크의 효율성과 투명성을 높이기 위해, 변경 불가능한 원장과 스마트 계약을 사용하여 보다 안전한 거래 실행, 확인 및 기록 환

그림 1-37 트랜잭션 탈중앙화 다이어그램

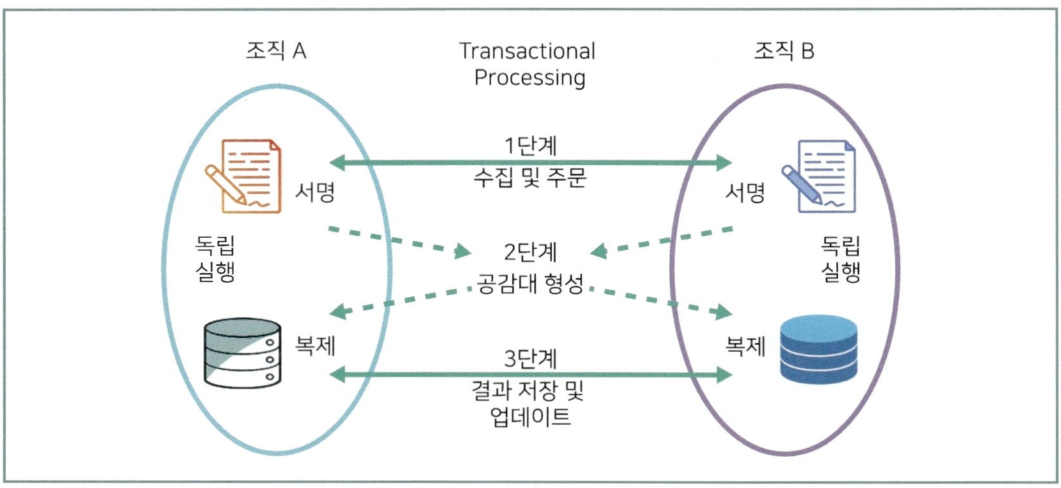

경을 제공합니다.

- Political Decentralization: 시스템을 제어하는 사람이나 조직의 수와 관련이 있으며, 네트워크를 관리하는 주체가 적을수록 분산성이 높아집니다.

분산 원장 기술의 종류

분산 원장은 다음 세 가지 범주로 나눌 수 있습니다.

- **허가형** DLT: 네트워크에 접근하거나 변경하기 위해 중앙 권한의 승인을 받아야 하며, 신원 확인이 필수적입니다.
- **무허가형** DLT: 중앙 기관 없이 기존 노드가 거래 검증을 공동으로 담당하며, 다양한 합의 메커니즘을 통해 거래를 검증합니다. 비트코인은 작업 증명(Proof of Work) 합의 메커니즘을 사용합니다.
- **하이브리드** DLT: 허가형 DLT와 무허가형 DLT의 이점을 모두 결합한 형태입니다.

퍼블릭 대 프라이빗, 허가형 대 무허가형

분산 원장은 '사적' 또는 '공공' 및 '허가' 또는 '허가되지 않은'으로 분류됩니다. 이를 통해 완전한 분산을 달성할 수 있습니다.

- Private/Permissioned: 분산을 제공하지 않으며, 네트워크에 가입하려면 특정 기준을 충족해야 합니다. 언제든지 경고 없이 어떤 당사자도 제거될 수 있습니다.
- Private/Permissionless: 네트워크에 가입하기 위해 초대를 받으며, 경고 없이 제거될 수 있습니다. 구성 노드는 일반적으로 기본 암호화폐와 교환하여 자유롭게 기여할 수 있습니다.
- Public/Permissioned: 네트워크에 가입하기 위해 특별한 통지나 신원 공개 없이 애플리케이션을 배포하거나 제거할 수 있습니다. 그러나 애플리케이션은 초대를 통해 가입해야 합니다.
- Public/Permissionless: 가장 분산된 형태로, 누구나 통지나 신원 공개 없이 애플리케이션을 배포하거나 제거할 수 있으며, 구성 노드는 기본 암호화폐와 교환하여 자유롭고 익명으로 기여할 수 있습니다.

그림 1-38 분산 원장 기술 유형

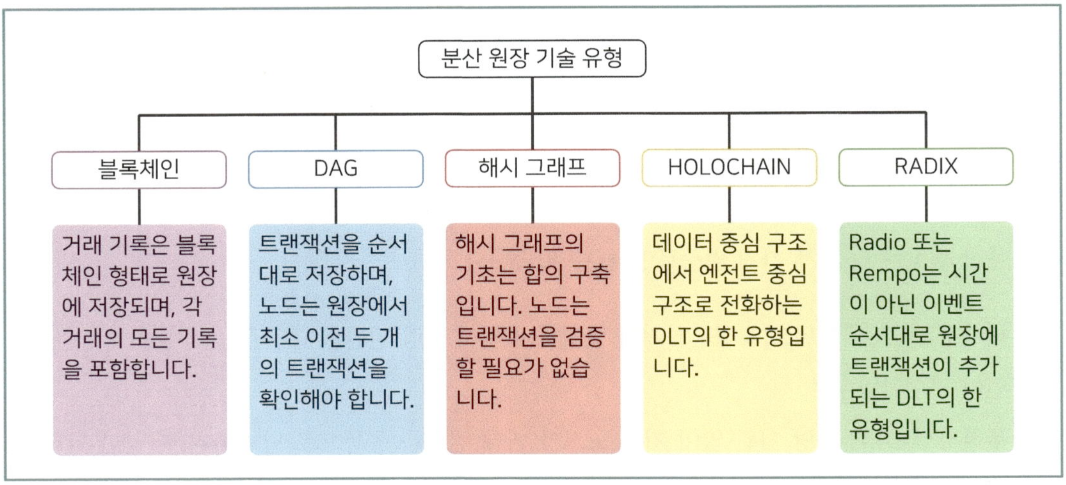

분산 원장 기술의 유형(그림 1-38)

- **DLT(Distributed Ledger Technology)**
  - 거래는 블록체인 형태로 저장되며, 각 블록은 유효한 거래의 증거로 활용할 수 있는 고유한 해시를 생성합니다. 모든 노드에는 원장의 사본이 있어 투명성이 높습니다.
- **방향성 비순환 그래프**(그림 1-39)
  - 블록체인의 대안으로 제시된 데이터 구조로, 데이터 구성에 다른 형태를 사용합니다. 활동 순서는 그래프로 표현되며, 각 활동은 '정점'으로, 선은 '엣지'로 표시됩니다.
  - 각 엣지는 단일 방향성을 가지며, 루프가 없는 구조(비순환)를 가지고 있습니다. 이 DLT에서 거래 검증은 네트워크의 노드에서 지원을 필요로 합니다.

그림 1-39 비순환 그래프(Sparse DAGs) 다이어그램

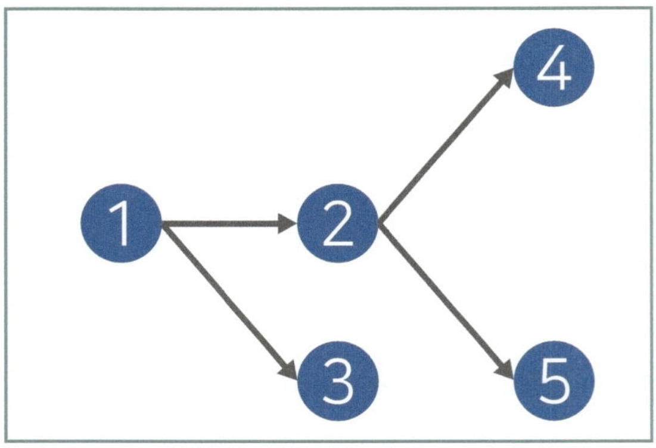

  - 모든 노드는 원장에 대한 거래 증명을 제공해야 하며, 최소 두 개의 이전 거래를 검증하여 거래를 시작할 수 있습니다.

- **가상 투표 기반 합의 메커니즘**
  - DLT에서 레코드는 방향성 비순환 그래프 형태로 저장되며, 네트워크 합의를 얻기 위해 가상 투표와 같은 다양한 합의 메커니즘을 사용합니다. 이를 통해 모든 노드가 각 트랜잭션을 검증할 필요는 없습니다.
- Holochain
  - 블록체인보다 더 분산화된 DLT 유형으로, 각 노드가 자체 체인에서 자율적으로 운영될 수 있습니다. 이 구조는 에이전트 중심으로, 에이전트는 컴퓨터, 노드, 채굴자 등을 의미합니다.
- 샤딩(Sharding)
  - Tempo 또는 Radix와 같은 시스템에서 원장의 분할을 통해 샤딩을 사용합니다. 이 방식으로 네트워크에서 발생한 모든 이벤트를 적절히 정렬하고, 트랜잭션은 타임스탬프에 따라 이벤트 순서에 따라 원장에 추가됩니다.

이러한 다양한 분산 원장 기술은 각각의 특성과 용도에 따라 서로 다른 방식으로 거래를 처리하고 검증합니다.

분산 원장 기술의 장점

- **안전한 거래 기록**: 모든 거래 기록은 안전하게 암호화되며, 검증된 거래는 영구적이고 변경할 수 없습니다.
- **완전한 투명성**: 모든 네트워크 구성원은 원장 사본을 보유하고 있어 시스템의 안정성을 개선하고 중단 없는 운영을 보장합니다. 사용자는 정보와 데이터를 제어할 수 있습니다.
- **익명성**: 각 참가자의 신원은 익명으로 처리되어 공개될 가능성이 없습니다.
- **불가역성**: 검증된 거래는 변경할 수 없으므로 신뢰성을 높입니다.
- **높은 투명성**: 금융, 의학, 은행 등 여러 분야에서 필요한 높은 수준의 투명성을 제공합니다.
- **빠른 거래 처리**: 기존 방법보다 대규모 거래를 더 빠르게 처리할 수 있습니다.
- **스마트 계약 지원**: 계약 조건이 코드로 직접 기록되는 스마트 계약을 통해 중개자의 필요성을 줄이고 투명성을 높입니다.
- **비용 효율성**: 중개자를 제거함으로써 관련 비용을 줄이고 시스템의 비용 효율성을 높입니다.
- **효율성 향상**: 거래 방법과 관련된 시간과 비용을 줄이며, 더 빠른 결제와 감소된 서류 작업을 제공합니다.

- **감사 용이성**: 모든 거래가 기록되고 변경할 수 없어 재무 감사의 투명성과 정확성이 향상됩니다.
- **회복성**: 여러 노드에 분산되어 있어 한 노드가 다운되더라도 나머지 노드가 거래를 계속 검증할 수 있습니다.
- **추적 가능성**: 자산의 생성부터 현재 소유권까지 완벽한 추적 가능성을 제공하여 책임성을 높이고 사기 및 도난 위험을 줄입니다.

분산 원장 기술의 단점

- **51% 공격 우려**: 분산 원장 기술에서 51% 공격이 우려되며, 정기적인 검사가 필요합니다.
- **높은 거래 비용**: 거래를 검증해야 하는 연결된 노드로 인해 높은 거래 비용이 발생합니다.
- **느린 거래 속도**: 여러 노드가 거래를 검증해야 하므로 거래 속도가 느려질 수 있습니다.
- **확장성 문제**: 느린 속도와 높은 거래 비용으로 인해 대규모 확장이 어렵습니다.
- **규제 부족**: 중앙 집중화된 기관의 통제를 벗어나 운영되므로 규제가 부족하고, 잘못이나 사기 활동에 대한 책임을 묻기 어렵습니다.
- **에너지 소모**: 거래 검증에 상당한 에너지가 필요하며, 특히 작업 증명 합의 메커니즘의 경우 환경에 부정적인 영향을 미칠 수 있습니다.
- **복잡한 관리**: 구현 및 관리가 복잡하며, 높은 수준의 기술 전문 지식이 필요합니다.
- **개인 정보 보호 문제**: 익명성은 장점이지만, 개인 정보 보호 문제와 불법 활동으로 이어질 수 있습니다.
- **상호 운용성 문제**: 다양한 분산 원장 기술이 서로 다른 프로토콜을 사용하여 상호 운용성 문제가 발생할 수 있습니다.

이러한 장단점은 분산 원장 기술의 활용 가능성과 도전 과제를 명확히 보여 줍니다.

분산 원장 기술의 유용성

분산 원장 기술(DLT)은 기업과 개인이 중개인에 의존하지 않고도 안전하고 빠른 거래를 수행할 수 있게 해주며, 이 기술은 중개자를 피하고 원장의 제어를 분산시켜, 변조가 불가능한 명백한 네트워크를 제공합니다. 그 결과, DLT는 중앙 집중형 원장 시스템보다 더 비용 효율적이고 접근 가능하며 신뢰할 수 있는 거래 플랫폼(그림 1-40)이 됩니다.

그림 1-40 분산 원장 기술의 유용성

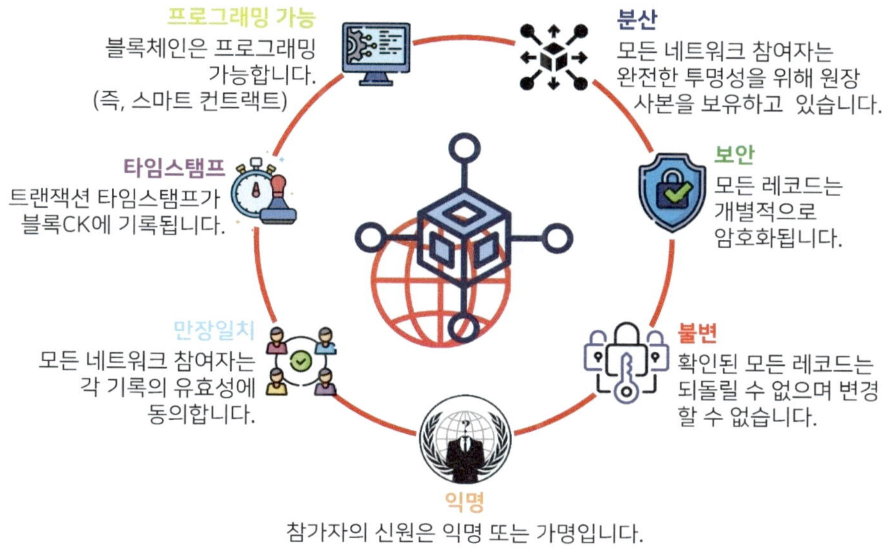

전통적인 중앙 집중형 원장은 중개자에게 의존하며, 이로 인해 발생하는 비용과 비효율성을 갖고 있습니다. 반면 DLT는 중개인 없이 거래를 가능하게 하여, 중앙 대리인에게 돈을 지불할 필요가 없고, 금융기관의 복잡한 절차 없이 자산을 직접적이고 즉시 교환할 수 있습니다. 거래 속도와 비싼 은행 수수료의 문제에서 벗어나, 누구나 원장에 대한 신뢰 없이 거래를 수행할 수 있습니다. DLT는 신뢰할 수 없는 시스템으로, 참가자들은 다른 참가자를 신뢰하지 않고도 유효한 원장을 유지할 수 있습니다.

중앙 집중형 시스템이 제어를 독점하고 원장 접근을 제한하는 반면, DLT는 훨씬 더 접근하기 쉬운 서비스를 제공합니다. 기업과 개인은 다른 사람에게 의존하지 않고 자유롭게 거래할 수 있으며, 공개 DLT는 거래나 참여에 대한 제한을 두지 않습니다. 이는 플랫폼에서 누구도 거부될 수 없고 어떤 거래도 우선적으로 처리되지 않음을 보장합니다.

전통적인 원장은 빠르고 간단한 기록 보관을 제공할 수 있지만 부정함과 해킹에 취약합니다. 하나의 중앙 기관이 장부를 통제하므로, 내부 통제 시스템을 관리하는 부패한 금융기관의 종사자가 기록을 조작할 수 있는 위험이 존재합니다. 이로 인해 해커들은 단일 목표를 가지고 공격할 수 있으며, 중앙 집중형 원장을 사용할 때 신뢰성을 의심해야 합니다.

그러나 분산 원장은 본질적으로 조작에 강하며, 악성 에이전트가 단일 원장을 변경하기 어렵습니다. 시스템을 손상시키려면 51% 이상의 동의가 필요하며, 네트워크의 투명성 덕분에 모든 구성원이 변화를 인식할 수 있습니다. DLT 참가자는 원장이 변조되지 않은 상태를 유지할 수 있음을 어느 정도 확신할 수 있습니다.

예를 들어, 헤데라 해시그래프(Hedera Hashgraph)(그림 1-41)는 개인과 비즈니스가 탈중앙화 앱(DApp)을 생성할 수 있는 퍼블릭 네트워크로, 낮은 성능과 불안정성을 해결한 시스템입니다. 헤데라는 비동기 비잔틴 결함 허용 오차(aBFT) 합의 메커니즘을 기반으로 하며, 보안의 황금 표준을 달성하였습니다. 이는 실시간 합의를 보장하고 분산 서비스 거부 공격(DDoS)(그림 1-42)에 내성이 있습니다.

일부 분산 원장은 불변성을 정하여 기존 기록의 변경을 방지함으로써 보안을 제공하며, 이러한 시스템에서 참가자는 원장을 수정할 수 없으며, 만약 원장이 변조되었다면 시스템 아키텍처 내에서 해당 변경이 발생할 수 없습니다. 그러나 불변성에는 단점도 있습니다. 예를 들어, DLT 코드의 버그로 인해 잘못된 거래가 기록되면 이를 수정할 수 없고, 무효 거래가 공식 원장의 일부가 될 수 있습니다. 법률이 변경됨에 따라 새로운 규정은 기록 보관 관행의 수정이 필요할 수 있으나, 불변 시스템은 이러한 변화에 적응할 수 없습니다. 이로 인해 정부 기준을 위반할 위험이 있습니다. 이러한 단점을 인식하여 일부 DLT는 제어된 변경 가능성을 선택합니다. 이 경우 레코드를 변경할

그림 1-41 헤데라 헤시 그래프

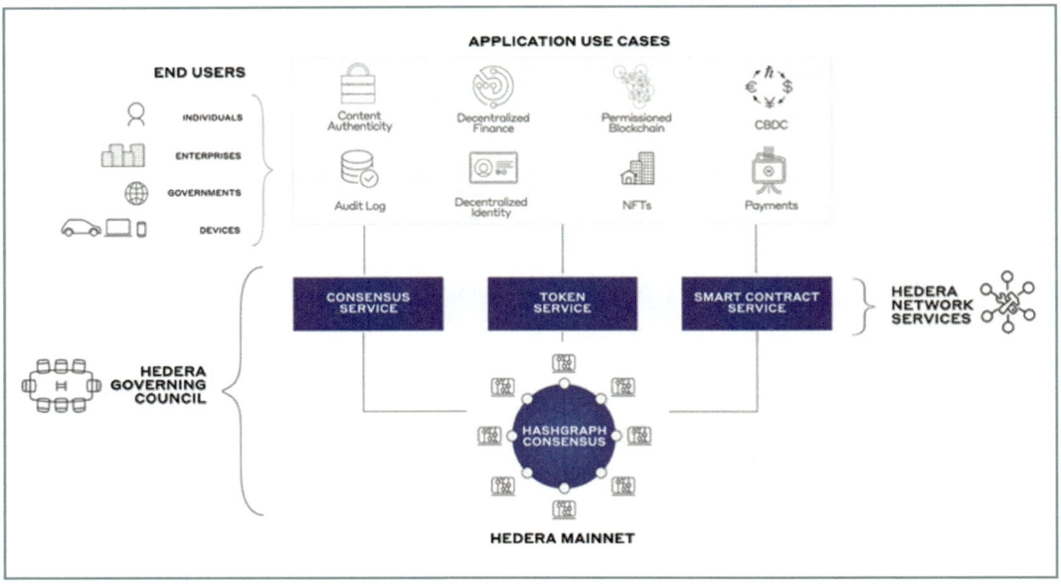

출처: Hedera.

그림 1-42 분산 서비스 거부

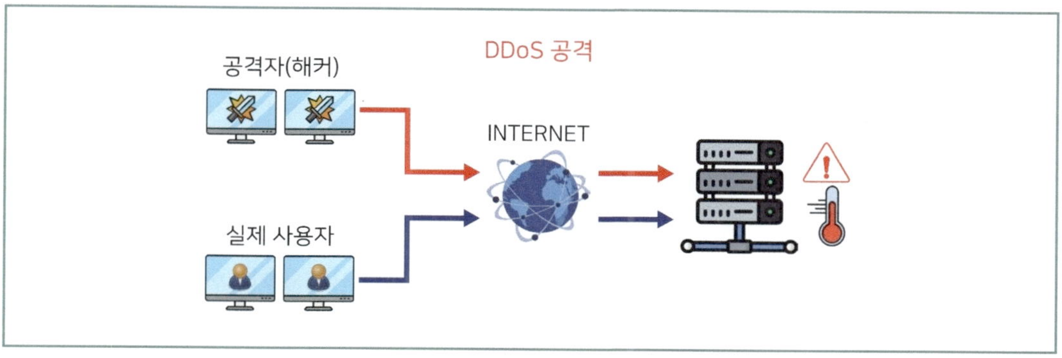

수 있으나, 변경 경로에는 제한을 두어 악의적인 참가자가 기록을 조작할 수 없도록 합니다. DLT는 버그와 변경되는 규정에 대한 하드포크 및 소프트포크를 통해 적응할 수 있는 유연성을 제공합니다.

분산 원장 기술의 활용

분산 원장 기술(DLT)은 다양한 분야(그림 1-43)에서 혁신적인 변화를 일으킬 잠재력을 가지고 있습니다. 이 기술은 금융, 에너지, 의료, 거버넌스, 공급망 관리, 부동산, 클라우드 컴퓨팅 등에서 폭넓게 활용될 수 있습니다.

그림 1-43 분산 원장 기술의 활용 범위

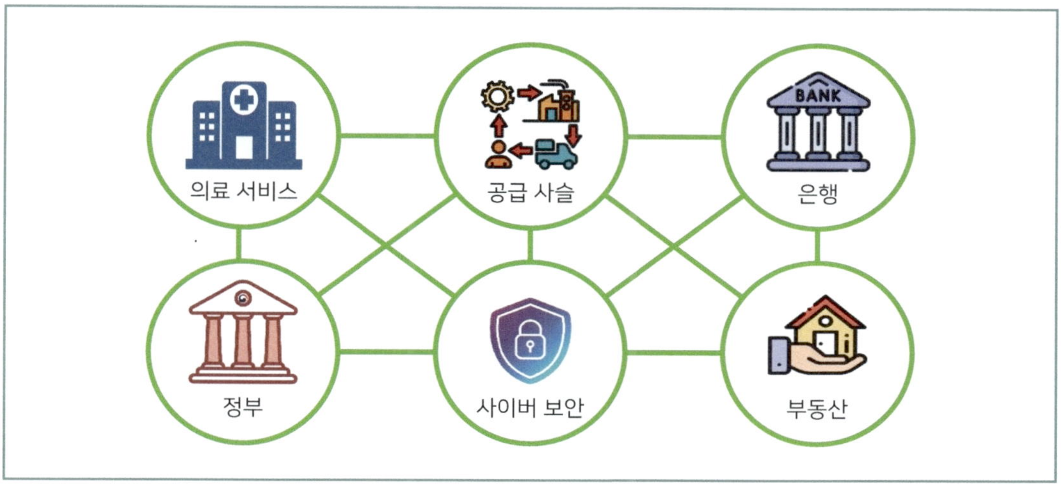

- 금융 서비스
  - 암호화폐: 비트코인, 이더리움 등은 블록체인을 이용해 중개자 없이 개인 간 거래를 가능하게 합니다.
  - 국경 간 결제: DLT는 은행과 같은 중개자를 필요로 하지 않아 국제 송금의 비용과 시간을 줄입니다. 예를 들어, Ripple과 Stellar가 있습니다.
  - 스마트 계약: 계약 조건을 자동화하고 이행함으로써 수동 감독과 중개인의 필요성을 줄입니다. Ethereum과 같은 플랫폼은 스마트 계약의 생성과 실행을 지원합니다.
- 공급망 관리
  - 출처 추적: 제품의 원산지에서 최종 소비자까지의 투명성과 추적성을 보장합니다. IBM과 Maersk는 블록체인 기반의 공급망 솔루션을 개발했으며, 월마트는 사물인터넷(IoT) 센서를 통해 식품 이력 추적 시스템을 구축했습니다. 이 시스템은 원산지, 배치 번호, 공장 정보 등을 실시간으로 블록체인에 기록하여 소비자가 QR코드를 통해 확인할 수 있게 합니다. 이를 통해 월마트는 오염된 과일을 신속하게 회수할 수 있는 가시성을 확보했습니다.
  - 위조 방지: 제품 수명 주기에 대한 변경 불가능한 기록을 제공하여 진위를 확인하고 위조를 줄입니다.
- 헬스케어
  - 환자 기록: 환자의 건강 기록을 안전하게 저장하고 공유하여 데이터 프라이버시와 무결성을 보장합니다. MedRec과 같은 프로젝트가 이 기술을 활용하고 있습니다.
  - 약물 추적성: 의약품의 생산 및 유통 과정을 추적하여 사기를 방지하고 진위성을 보장합니다.
- 부동산
  - 부동산 거래: 소유권, 담보권 등의 정보를 블록체인에 기록하여 부동산 거래를 간소화하고 사기 및 서류 작업을 줄입니다. Propy는 이러한 부동산 거래에 블록체인을 사용하는 플랫폼입니다.
  - 토지 등록부: 투명하고 변조 불가능한 토지 기록을 유지하여 분쟁을 줄이고 효율성을 높입니다.
- 투표 시스템
  - 전자투표: 블록체인을 이용한 안전하고 투명한 투표 시스템을 제공하여 사기를 방지하고 선거 결과의 무결성을 보장합니다. Voatz와 같은 프로젝트가 이 분야에서 활발히 활동하고 있습니다.

- 거버넌스: 블록체인 기반 투표 메커니즘을 사용하여 조직이나 커뮤니티 내에서 분산된 의사 결정 프로세스를 지원합니다.

이와 같이 분산 원장 기술은 다양한 산업에서 혁신적이고 효율적인 솔루션을 제공하며, 미래의 디지털 경제를 형성하는 데 중요한 역할을 할 것으로 기대됩니다.

분산 원장 기술의 미래

분산 원장 기술(DLT)은 인터넷이 직면한 다양한 문제를 해결할 수 있는 혁신적인 솔루션(그림 1-44)으로 주목받고 있습니다. 이 기술은 '가치의 인터넷'으로 불리며, 거래와 프로세스가 실시간으로 이루어질 수 있도록 지원합니다. DLT는 금융, 은행업, 사이버 보안, 의료, 정부, 데이터 보안 등 여러 분야에서 발생하는 문제들을 효과적으로 해결할 수 있는 잠재력을 가지고 있습니다.

기업과 선구자들은 DLT를 활용하여 기록 공유와 보관 방식을 근본적으로 변화시키고, 새로운 프로세스와 비즈니스 모델을 구축할 수 있는 혁신을 추구해야 합니다. 이를 위해 그들은 상호 연결된 단체 네트워크를 구축하는 과제에 직면해 있습니다.

DLT는 분산되고 투명하며 안전한 시스템을 제공함으로써 데이터와 거래를 처리하는 방식을 혁신적으로 변화시키고 있습니다. 암호화폐, 공급망 관리, 의료 기록, 투표 시스템 등 DLT의 응용 분야는 매우 다양하며, 각 분야에서 강력한 영향력을 발휘하고 있습니다.

그림 1-44 DLT의 산업의 미래

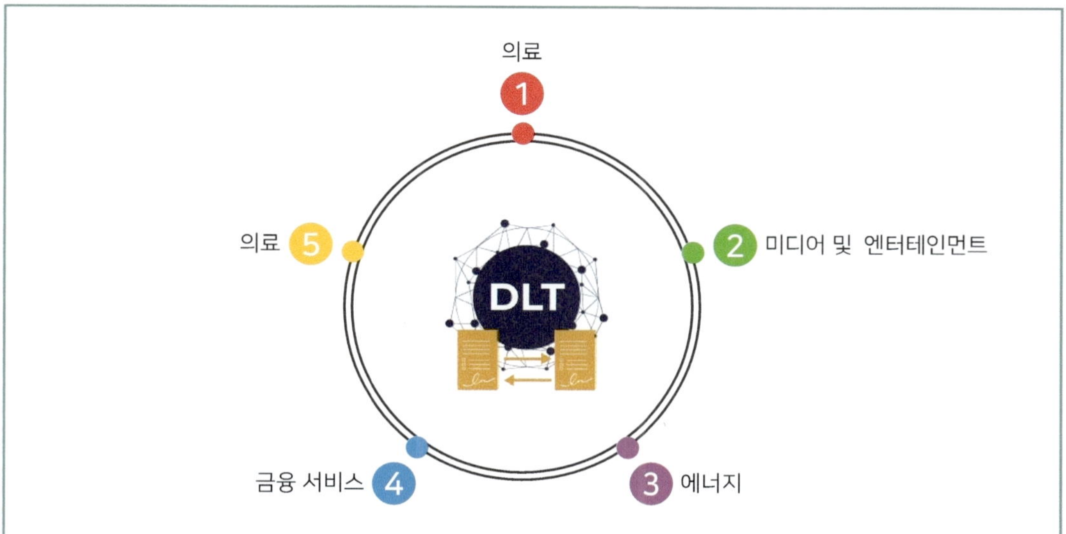

그러나 DLT의 광범위한 채택을 저해하는 몇 가지 과제가 존재합니다. 예를 들어, 확장성 문제, 높은 에너지 소비, 규제 불확실성 등이 그러합니다. 이러한 문제들은 기술의 발전과 함께 해결해야 할 주요 과제로 남아 있습니다. 특히 합의 메커니즘의 혁신과 시스템 간 상호 운용성의 개선은 DLT의 효율성과 효과성을 높이는 데 중요한 역할을 할 것입니다.

결론적으로, DLT는 다양한 산업에서 혁신을 이끌어 내고, 디지털 상호작용과 기록 관리를 위한 보다 안전하고 효율적인 솔루션을 제공할 잠재력을 지니고 있습니다. 이 기술의 미래는 각 산업의 변화를 주도하며, 새로운 가능성을 열어줄 것으로 기대됩니다.

중앙 집중형 vs. 분산형 vs. 분산 시스템

Lesson **08**

중앙 집중형, 분산형, 그리고 분산형 시스템은 컴퓨터 네트워크 및 시스템 아키텍처에서 데이터를 처리하고 관리하는 방식에 따라 구분되는 세 가지 주요 모델입로. 이 모델들은 데이터 처리, 자원 관리, 보안성, 효율성 등에 있어 중요한 차이점을 보입니다. Lesson 08에서는 각 시스템이 무엇을 다루는지와 그 특징을 설명하겠습니다.

시스템 아키텍처를 이해하는 것은 효율적이고 효과적인 솔루션을 설계하는 데 필수적이며, 중앙 집중형, 분산형, 그리고 분산 시스템(그림 1-45)은 각각 고유한 장점과 과제를 제공합니다.

- **중앙 집중형 시스템(Centralized System)**: 중앙 집중형 시스템은 단일 제어 지점에 의존하며, 이 시스템은 구조가 단순하고 관리가 용이하다는 장점이 있지만, 단일 장애 지점(Single Point of Failure, SPOF)의 위험이 존재합니다. 만약 중앙 서버가 다운되거나 문제가 발생하면, 전체 시스템이 영향을 받을 수 있있으며, 또한 중앙 집중형 시스템은 성능 확장이 제한적일 수 있으며, 대규모 사용자 증가에 대응하기 위해서는 종종 추가 리소스를 할당해야 합니다.
- **분산형 시스템(Decentralized System)**: 분산형 시스템은 여러 노드에 제어를 분산시킴으로

그림 1-45 중앙 집중형 vs. 분산형 vs. 분산형

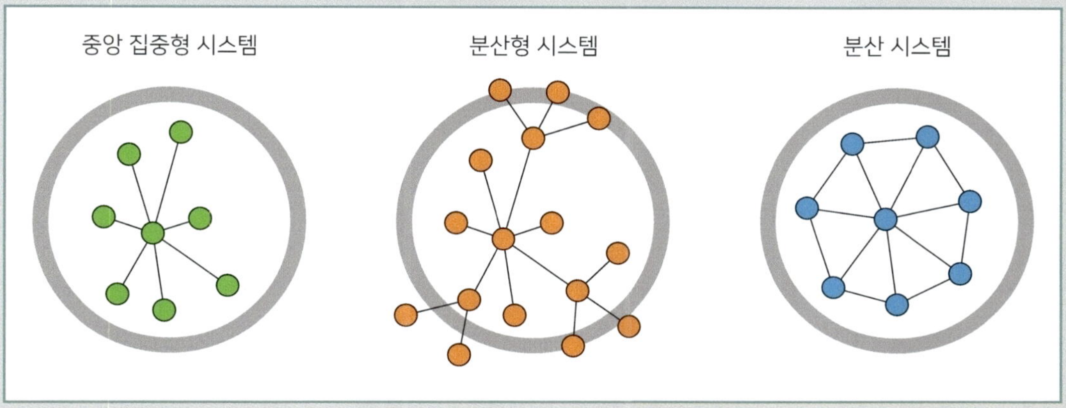

써 장애 내구성과 확장성을 향상시키고, 각 노드는 독립적으로 작동할 수 있으며, 하나의 노드가 실패하더라도 전체 시스템이 멈추지 않도록 설계되어 있습니다. 이는 서비스의 연속성을 보장하지만, 데이터 일관성을 유지하기 위한 복잡한 관리와 조정이 필요할 수 있고, 노드 간의 통신 지연이 발생할 수 있어 성능에 영향을 미칠 수 있습니다.

- **분산 시스템(Distributed System)**: 분산 시스템은 리소스를 여러 위치에 분산시켜 성능과 안정성을 최적화하며, 사용자 요청을 효율적으로 처리하기 위해 데이터와 리소스를 여러 서버에 분산 저장합니다. 이렇게 함으로써, 특정 지역이나 서버에 집중된 부하를 줄이고, 서비스의 응답성을 높입니다. 그러나 이 또한 관리의 복잡성이 증가하고, 각 노드 간의 데이터 동기화가 필요하여 추가적인 도전 과제가 발생할 수 있습니다.

각 시스템 아키텍처는 특정 요구 사항과 환경에 따라 선택될 수 있으며, 장단점이 존재하며, 특정 상황에서 가장 적합한 시스템 유형을 선택하는 것이 중요하며, 이를 통해 효율적이고 안정적인 솔루션을 설계할 수 있습니다. 향후 시스템 개발과 관리에 있어서 이러한 아키텍처의 이해는 필수적일 것입니다.

중앙 집중형 시스템이란

중앙 집중형 시스템(그림 1-46)은 모든 또는 대부분의 처리 및 데이터 저장이 단일 중앙 서버 또는 긴밀하게 연결된 서버 그룹에서 수행되는 컴퓨팅 아키텍처입니다. 이 중앙 서버는 모든 작업, 리소스 및 데이터를 관리하며, 모든 클라이언트 요청이 처리되는 허브 역할을 합니다. 중앙 서버에 연결된 클라이언트나 노드는 일반적으로 최소한의 처리 능력을 가지고 있으며, 대부분의 계산 작업을 중앙 서버에 의존합니다.

그림 1-46 중앙 집중형 시스템

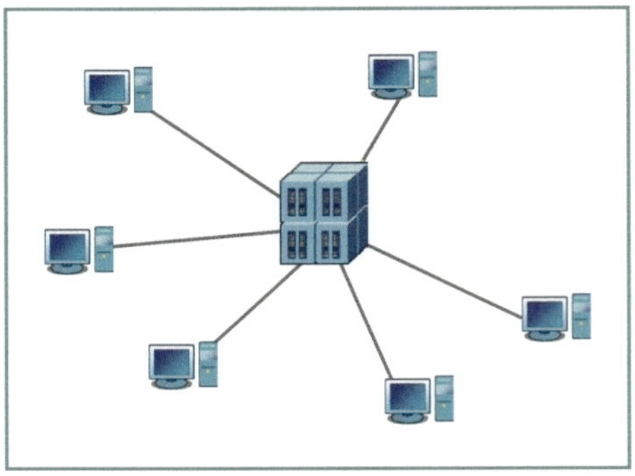

중앙 집중형 시스템의 주요 특징

- **단일 제어 지점**: 모든 데이터 처리 및 관리 업무가 중앙 서버에서 이루어집니다. 이를 통해 관리와 유지가 용이해지며, 모든 데이터와 리소스가 한 곳에 집중되어 있어 일관된 관리가 가능합니다.

- **단순성**: 중앙 노드를 통해 모든 작업이 라우팅되는 명확한 구조를 갖추고 있습니다. 이러한 단순화된 아키텍처 덕분에 배포와 관리가 쉬워, 시스템 운영자나 관리자는 직관적으로 시스템을 이해하고 유지할 수 있습니다.
- **효율성**: 중앙 서버를 최적화하여 리소스를 효율적으로 활용할 수 있습니다. 보안 조치와 업데이트를 중앙에서 쉽게 구현할 수 있어 시스템 전체의 보안성을 높일 수 있습니다.
- **확장성 문제**: 부하가 급격히 증가하면 중앙 서버가 병목 현상이 발생할 수 있으며, 이로 인해 시스템의 확장성이 제한됩니다. 클라이언트를 추가하면 서버 리소스에 부담을 주어 성능 저하가 발생할 수 있습니다.
- **단일 장애 지점**: 중앙 서버에 장애가 발생하면 전체 시스템이 작동하지 않게 됩니다. 이러한 위험을 완화하기 위해서는 높은 가용성과 중복성을 확보하는 조치가 필수적입니다. 예를 들어, 서버를 이중화하거나 클러스터링하여 장애 발생 시 신속하게 대체 서버로 전환할 수 있는 시스템을 구축할 필요가 있습니다.

중앙 집중형 시스템은 관리와 운영의 용이성을 제공하는 동시에 단일 장애 지점과 확장성 문제라는 단점을 가지고 있습니다. 이러한 특성을 이해하고 활용하는 것은 시스템 설계와 운영에서 중요한 요소가 됩니다. 중앙 집중형 아키텍처가 필요한 환경에서는 이러한 장점을 최대한 활용하되, 잠재적인 단점을 보완하기 위한 전략을 마련하는 것이 중요합니다

분산형 시스템이란

분산형 시스템(그림 1-47)은 여러 위치에 분산된 여러 노드가 단일 중앙 권한 없이 제어 및 처리 능력을 공유하는 컴퓨팅 아키텍처입니다. 이 시스템의 각 노드는 독립적으로 작동하지만, 공

그림 1-47 분산형 시스템

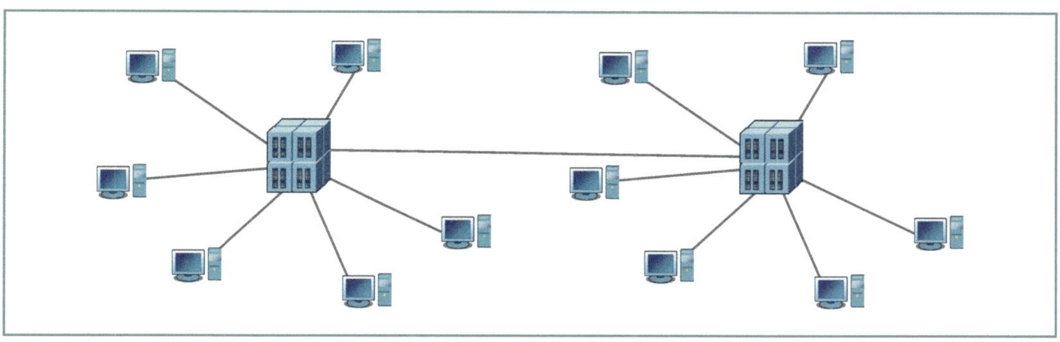

통의 목표를 달성하기 위해 서로 협력합니다. 분산형 시스템은 중앙 집중형 시스템에 비해 내결함성, 확장성 및 복원력을 향상시킵니다.

분산형 시스템의 주요 특징

- **분산 제어**: 단일 제어점이나 실패점이 없으며, 각 노드는 독립적으로 작동합니다. 이를 통해 전체 시스템의 기능에 기여하고, 특정 노드에 문제가 생겨도 전체 시스템에 미치는 영향을 최소화할 수 있습니다.
- **장애 허용성**: 하나의 노드에 장애가 발생하더라도 나머지 노드가 시스템의 기능을 유지할 수 있습니다. 이로 인해 장애 및 공격에 대한 회복력이 강화되어 시스템의 안정성이 높아집니다.
- **확장성**: 중앙 지점에 부담을 주지 않고 쉽게 더 많은 노드를 추가할 수 있습니다. 여러 노드에 걸쳐 부하를 분산시킴으로써 성능을 향상시키고 리소스 활용도를 극대화할 수 있습니다. 따라서 필요에 따라 시스템을 유연하게 확장할 수 있는 장점이 있습니다.
- **조정 및 커뮤니케이션**: 각 노드는 시스템의 무결성과 일관성을 유지하기 위해 상호 통신하고 조정해야 합니다. 이를 위해 복잡한 알고리즘과 프로토콜이 사용되어 노드 간의 조정을 효과적으로 관리합니다.
- **자율성 및 중복성**: 각 노드는 자율적으로 작동하여 중복성을 높이고 단일 장애 지점을 줄입니다. 안정성을 위해 데이터와 서비스는 종종 여러 노드에 복제되어, 특정 노드의 장애가 전체 시스템에 미치는 영향을 최소화합니다.

분산형 시스템은 내결함성, 확장성, 자율성 등의 여러 이점을 제공하며, 다양한 산업 분야에서 중요한 역할을 수행하고 있습니다. 이 구조는 특히 대규모 데이터 처리, 클라우드 컴퓨팅, IoT(사물인터넷) 등의 영역에서 유용하게 활용됩니다. 그러나 분산형 시스템은 노드 간의 조정과 통신이 복잡해질 수 있으므로, 이를 효율적으로 관리하기 위한 전략이 필요합니다.

분산 시스템이란

분산 시스템(그림 1-48)은 여러 개의 독립적인 노드 또는 컴퓨터가 협력하여 공통의 목표를 달성하는 컴퓨팅 아키텍처입니다. 이러한 노드들은 네트워크를 통해 서로 통신하고 조정하여 최종 사용자에게는 단일하고 일관된 시스템으로 인식됩니다. 분산 시스템은 상호 연결된 장치의 집합적 힘을 활용하여 성능, 안정성, 확장성 및 리소스 공유를 개선하는 것을 목표로 합니다.

분산 시스템의 주요 특징

그림 1-48 분산 시스템

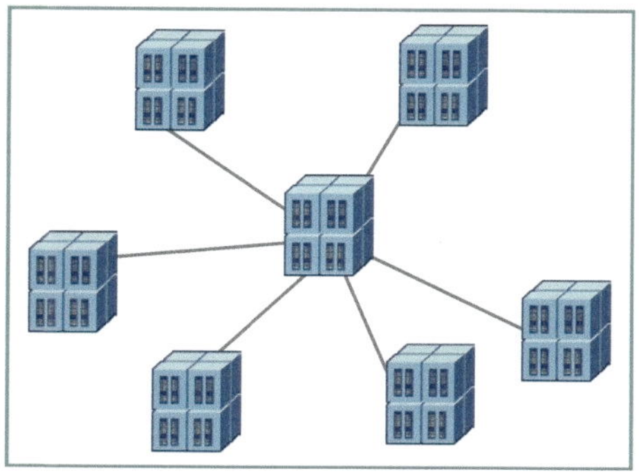

- **지리적 분포**: 분산 시스템의 노드는 서로 다른 물리적 위치에 존재하며, 근거리 통신망(LAN)이나 인터넷과 같은 네트워크를 통해 통신합니다. 이로 인해 물리적 거리와 상관없이 협력할 수 있는 환경이 마련됩니다.
- **리소스 공유**: 각 노드는 처리 능력, 저장 공간, 데이터 등을 공유하여 자원을 보다 효율적으로 활용할 수 있습니다. 이로 인해 전체 시스템의 성능이 향상되고, 리소스 낭비를 줄일 수 있습니다.
- **동시성**: 여러 노드가 동시에 작동하여 병렬 처리가 가능하게 됩니다. 이러한 동시성 덕분에 시스템의 전반적인 성능과 처리량이 크게 향상됩니다.
- **확장성**: 분산 시스템은 노드를 쉽게 추가하여 확장할 수 있습니다. 새로운 리소스를 통합함으로써 시스템의 용량과 성능을 향상시키고, 수요 변화에 유연하게 대응할 수 있습니다.
- **장애 허용성**: 분산 시스템은 실패를 유연하게 처리하도록 설계되어 있습니다. 중복성과 데이터 복제를 통해 일부 노드에 장애가 발생하더라도 시스템은 계속 작동하여 가용성이 유지됩니다.
- **투명성**: 분산 시스템의 복잡성은 사용자에게 숨겨져 있으며, 사용자는 시스템을 하나의 개체처럼 사용하여 상호작용합니다. 이로 인해 사용자는 시스템의 내부 작동 방식에 대한 걱정 없이 서비스를 이용할 수 있습니다.

분산 시스템은 현대 컴퓨팅 환경에서 중요한 역할을 하며, 특히 클라우드 서비스, 대규모 데이터 처리, 사물인터넷(Internet of Things, IoT) 등에서 광범위하게 활용됩니다. 이러한 시스템은 내결함성, 성능 개선, 자원 최적화 등 다양한 이점을 제공하지만, 효과적인 통신과 조정이 필요하므로 이를 관리하기 위한 전략과 기술이 중요합니다. 분산 시스템의 발전은 앞으로도 계속될 것으로 예상되며, 이는 더 나은 사용자 경험과 시스템 효율성을 가져올 것입니다.

〈표 1-2〉는 중앙 집중형 시스템, 분산형 시스템 및 분산 시스템 간의 주요 차이점을 비교하여 각 시스템의 특성을 명확히 이해하는 데 도움이 됩니다.

표 1-2 중앙 집중형, 분산형 및 분산 시스템의 차이점

특성	중앙 집중형 시스템	분산형 시스템	분산 시스템
제어 구조	단일 제어 지점	여러 노드가 독립적으로 운영	여러 노드가 협력하여 운영
장애 허용성	단일 장애 지점 존재	노드 장애 시 시스템 운영 지속	일부 노드 장애에도 시스템 운영 지속
확장성	제한적, 중앙 서버에 의존	용이, 노드를 추가하여 확장 가능	용이, 리소스를 효율적으로 추가 가능
리소스 관리	중앙 서버에서 관리	각 노드가 자율적으로 관리	자원 공유 및 효율적 활용 가능
복잡성	상대적으로 단순	복잡한 조정 및 통신 필요	사용자에게 투명하게 관리
성능	서버 과부하 시 성능 저하	부하 분산으로 성능 향상	병렬 처리로 성능 향상
보안	중앙 집중식 보안 관리	각 노드에서 보안 관리	복잡성으로 인해 보안 관리 어려움
관리 용이성	상대적으로 용이	복잡성 증가	사용자에게는 단순한 경험 제공

각 시스템의 사례

중앙 집중형 시스템 사용 사례

- **전사적 자원 관리(ERP) 시스템**: 중앙 집중형 ERP 시스템은 재무, 인사, 공급망 등 핵심 비즈니스 프로세스를 단일 플랫폼에서 관리하고 통합합니다.
  - **이점**: 관리 간소화, 데이터 일관성 확보, 비즈니스 프로세스의 중앙 집중형 제어.
- **고객 관계 관리(CRM) 시스템**: 중앙 집중형 CRM 시스템은 고객 데이터, 상호작용 및 영업 프로세스를 통합하여 한 곳에서 저장하고 관리합니다.
  - **이점**: 고객 데이터 일관성 향상, 고객 서비스의 효율성 증대, 중앙화된 보고 기능 강화.
- **이메일 서버**: 중앙 집중형 이메일 서버는 조직 내의 모든 이메일 통신을 관리하고 저장합니다.
  - **이점**: 중앙 집중화된 이메일 저장소, 간소화된 백업 및 보안 조치, 사용자 계정 관리의 용이성.
- **은행 시스템**: 중앙 집중형 은행 시스템은 고객 계좌, 거래 및 금융 서비스를 중앙 서버를 통해 관리합니다.
  - **이점**: 강화된 보안, 중앙화된 거래 처리, 일관된 재무 기록 유지.

분산형 시스템 사용 사례

- **블록체인과 암호화폐**: 중앙 기관 없이 여러 노드에 걸쳐 거래를 기록하는 분산형 원장 시스템입니다.

- 이점: 보안 및 투명성 강화, 사기 및 검열에 대한 저항력 향상.
- 예: 비트코인, 이더리움.

- **Peer-to-Peer 파일 공유**: 중앙 서버 없이 사용자 간 직접 파일을 공유하는 네트워크입니다.
  - **이점**: 회복성 향상, 중앙 병목 현상 감소, 분산된 리소스 활용.
  - **예**: BitTorrent, Gnutella.
- **분산형 금융(DeFi) 플랫폼**: 블록체인 기술을 기반으로 중개자 없이 대출, 차용, 거래 등의 금융 서비스를 제공합니다.
  - **이점**: 접근성 향상, 수수료 감소, 투명성 증대.
  - **예**: 유니스왑, 컴파운드.
- **메시 네트워크**: 각 노드가 데이터를 전달하여 인터넷 연결에 대한 분산형 접근 방식을 제공하는 네트워크입니다.
  - **이점**: 원격 지역에서의 네트워크 탄력성, 확장성 및 적용 범위 향상.
  - **예**: 커뮤니티 기반 Wi-Fi 네트워크, 재해 복구 네트워크.
- **클라우드 컴퓨팅 플랫폼**: 클라우드 서비스는 인터넷을 통해 확장 가능하고 유연한 컴퓨팅 리소스를 제공합니다.
  - **이점**: 주문형 리소스 할당, 높은 가용성 및 내결함성.
  - **예**: Amazon Web Services(AWS), Microsoft Azure, Google Cloud Platform.
- **콘텐츠 전송 네트워크(CDN)**: 사용자의 지리적 위치에 따라 웹 콘텐츠를 제공하는 분산 서버 네트워크입니다.
  - **이점**: 지연 시간 감소, 콘텐츠 전송 속도 증가, 부하 분산 효과.
  - **예**: Akamai, Cloudflare, Amazon CloudFront.
- **분산 데이터베이스**: 성능과 안정성을 향상시키기 위해 여러 서버에 데이터를 저장하는 데이터베이스입니다.
  - **이점**: 높은 가용성, 확장성 및 내결함성.
  - **예**: Google Spanner, Amazon DynamoDB, Apache Cassandra.
- **마이크로서비스 아키텍처**: 느슨하게 결합된 서비스 컬렉션으로 애플리케이션을 구축하는 아키텍처입니다.
  - **이점**: 확장성 향상, 유지 관리 용이성, 오류 격리.
  - 예: 넷플릭스, 우버, 아마존.

이러한 사례들은 각 시스템 아키텍처의 고유한 장점과 적용 분야를 보여 줍니다. 중앙 집중형 시스템은 관리의 용이성을 제공하는 반면, 분산형 및 분산 시스템은 유연성과 확장성을 통해 다양한 요구를 충족합니다.

블록체인 프로토콜과 그 기능

Lesson
09

블록체인 프로토콜은 블록체인 네트워크의 규칙과 절차를 정의하는 시스템의 핵심 규약으로. 프로토콜은 블록체인 네트워크가 어떻게 작동하고, 참여자들이 어떻게 상호작용할 수 있는지, 데이터를 어떻게 기록하고 확인할지를 결정합니다. 블록체인 프로토콜의 **주요 기능**은 탈중앙화, 보안성, 무결성을 보장하며, 블록체인 기술이 제공하는 핵심 특성을 실현하는 데 중요한 역할을 합니다. 따라서 Lesson 09에서 프로토콜과 그 기능에 대하여 다루어 보도록 하겠습니다.

블록체인 프로토콜은 데이터를 네트워크를 통해 안전하고 효율적으로 공유하기 위한 일련의 규칙과 지침으로, 이 프로토콜은 서로 다른 하드웨어와 소프트웨어를 사용하는 기계들 간의 원활한 통신을 가능하게 합니다. 프로토콜은 컴퓨터 네트워크의 모니터링과 보안을 지원하며, 데이터 전송 과정에서 발생할 수 있는 오류를 줄이는 데 기여합니다.

블록체인 프로토콜의 핵심 기능은 다음과 같습니다:

- **데이터 무결성**: 블록체인 프로토콜은 데이터를 변조할 수 없도록 하여 무결성을 보장합니다. 모든 트랜잭션은 암호화되고 블록에 저장되며, 변경이 불가능한 형태로 체인에 연결됩니다.
- **투명성**: 블록체인은 모든 트랜잭션을 공개적으로 기록하므로, 네트워크 참여자들은 누구나 이 정보를 확인할 수 있습니다. 이는 신뢰성을 높이고 부정 행위를 예방하는 데 중요한 역할을 합니다.
- **탈중앙화**: 블록체인 프로토콜은 중앙 권한 없이 여러 노드가 참여하는 구조를 가지고 있어, 단일 장애 지점을 제거합니다. 이는 시스템의 안전성과 신뢰성을 강화합니다.
- **합의 메커니즘**: 블록체인 프로토콜은 거래의 유효성을 검증하기 위한 다양한 합의 알고리즘(예: Proof of Work, Proof of Stake)을 사용합니다. 이를 통해 네트워크 참가자 간의 신뢰를 구축합니다.
- **보안**: 블록체인 프로토콜은 암호화 기술을 활용하여 데이터를 보호하고, 악의적인 공격으로부터 네트워크를 방어합니다. 해시 함수와 공개키 암호화를 통해 데이터 접근을 제한합니다.

이러한 기능들은 블록체인 기술이 다양한 분야에서 혁신을 가능하게 하는 이유 중 하나입니다. 블록체인 프로토콜은 금융, 공급망 관리, 의료 등 다양한 산업에서 효율성과 투명성을 제공하여 기존 시스템을 혁신하는 데 기여하고 있습니다.

블록체인에서 프로토콜의 역할

블록체인은 정보 저장을 위한 블록들이 서로 연결된 구조로, 각 블록은 고유한 해시 주소와 함께 트랜잭션 데이터와 같은 정보를 포함합니다. 이러한 구조는 분산된 원장을 형성하며, 이 원장은 네트워크에 존재하는 모든 노드에서 공개적으로 공유됩니다.

분산 원장은 거래 기록의 목록을 관리하는 중요한 역할을 하며, 각 기계가 서로 연결되어 있다는 의미에서 '분산'된 특성을 가집니다. 이 시스템은 중앙 기관이나 중개자의 개입 없이 운영되며, 데이터의 안전한 전송을 보장하기 위해서는 일련의 프로토콜이 필수적입니다.

블록체인이 트랜잭션 처리를 위해 설계되었기 때문에, 이러한 프로토콜은 암호화폐 네트워크의 보안을 유지하는 데 중요한 역할(그림 1-49)을 합니다. 구체적으로, 프로토콜은 다음과 같은 이유로 필요합니다.

- **데이터 전송의 안전성**: 프로토콜은 트랜잭션이 안전하게 전송되도록 보장하며, 데이터 손실이나 변조를 방지합니다.
- **일관성 유지**: 모든 노드가 동일한 데이터를 공유하도록 하여, 시스템의 일관성을 유지합니다. 이를 통해 모든 참여자는 동일한 정보에 기반하여 결정을 내릴 수 있습니다.
- **신뢰성 확보**: 프로토콜은 트랜잭션의 유효성을 검증하는 합의 메커니즘을 포함하여, 참여자 간의 신뢰를 구축합니다. 이는 네트워크의 전반적인 안전성을 높이는 데 기여합니다.

그림 1-49 블록체인 프로토콜의 역할

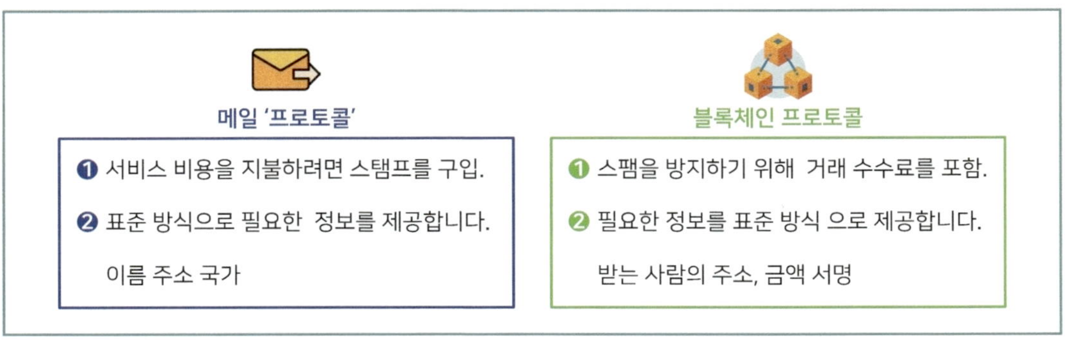

- **문제 해결**: 블록체인에서 발생할 수 있는 충돌이나 오류를 처리하기 위한 규칙을 설정하여 시스템의 원활한 운영을 보장합니다.

블록체인은 이러한 프로토콜을 통해 분산된 환경에서 효율적이고 안전하게 운영되며, 이는 암호화폐 네트워크의 핵심적인 요소로 작용합니다.

블록체인 프로토콜이란

블록체인 프로토콜은 블록체인 네트워크를 관리하기 위해 사용되는 규칙의 집합입니다. 이 프로토콜은 네트워크의 인터페이스, 컴퓨터 간의 상호작용, 인센티브 구조, 데이터 종류 등을 정의하며, 다음 네 가지 원칙을 중심으로 운영됩니다.

- **보안(Security)**: 블록체인 프로토콜은 전체 네트워크의 보안을 유지하는 데 중점을 둡니다. 금융 거래가 포함된 네트워크에서 데이터의 구조를 정의하고, 악의적인 사용자로부터 데이터를 보호하여 안전한 환경을 제공합니다.
- **탈중앙화(Decentralization)**: 블록체인은 중앙 기관의 개입 없이 운영되는 탈중앙화된 네트워크입니다. 프로토콜은 이러한 탈중앙화를 지원하며, 네트워크의 모든 노드가 서로 동등하게 참여하고 승인할 수 있도록 합니다.
- **일관성(Consistency)**: 트랜잭션이 발생할 때마다 프로토콜은 각 사용자가 전체 암호 네트워크에 대해 명확하게 이해할 수 있도록 데이터베이스를 업데이트합니다. 이를 통해 모든 참여자는 동일한 정보를 공유하며, 시스템의 일관성을 유지합니다.
- **확장성(Scalability)**: 확장성은 네트워크에서 처리할 수 있는 트랜잭션 수의 증가를 의미합니다. 과거에는 블록체인의 확장성이 큰 문제였으나, 현재의 대부분의 프로토콜은 트랜잭션 수의 증가와 네트워크 노드의 추가에 대응하는 방안을 마련하고 있습니다. 각 트랜잭션은 개발자에 의해 검증되며, 모든 사용자가 거래에 접근할 수 있도록 저장됩니다. 프로토콜은 이러한 투명성을 유지하는 데 중요한 역할을 합니다.

블록체인 프로토콜은 안전하고 일관된 탈중앙화된 네트워크를 구축하며, 증가하는 트랜잭션 수를 처리할 수 있는 확장성을 갖추도록 설계되어 있습니다. 이러한 원칙들은 블록체인의 효율성과 신뢰성을 높이는 데 기여합니다.

블록체인 프로토콜 작동 방법

블록체인 프로토콜은 두 개인 A와 B 사이의 거래를 처리하는 방식으로 작동합니다. 다음은 이 과정의 단계별 설명(그림 1-50)입니다.

- **거래 요청**: 개인 A가 거래를 요청하면, 이 거래에 대한 정보를 포함하는 블록이 생성됩니다. 한 번 생성된 블록은 변경할 수 없는 특성을 가집니다. 이러한 프로세스는 블록체인 프로토콜에 의해 자동으로 관리됩니다.
- **블록 전송**: 생성된 블록은 네트워크 내의 모든 노드에 전송됩니다. 블록의 전송 및 분배 역시 프로토콜의 규칙에 따라 이루어집니다.
- **트랜잭션 검증**: 네트워크의 노드들은 해당 트랜잭션을 검증합니다. 모든 노드가 트랜잭션의 유효성을 확인하면, 검증된 트랜잭션에 대해 보상이 각 노드에 전송됩니다. 이 보상의 전송 과정도 프로토콜에 의해 관리됩니다.
- **블록 추가**: 성공적으로 검증된 거래는 블록체인 목록에 추가됩니다. 이 단계에서 프로토콜은 데이터베이스를 업데이트하며, 업데이트된 정보는 네트워크에 분산되어 모든 사용자가 전체 네트워크의 최신 상태를 확인할 수 있습니다.
- **거래 완료**: 최종적으로 거래가 완료되면, 프로토콜은 각 단계에서 안전한 거래를 보장합니다.

그림 1-50 블록체인 작동 방법

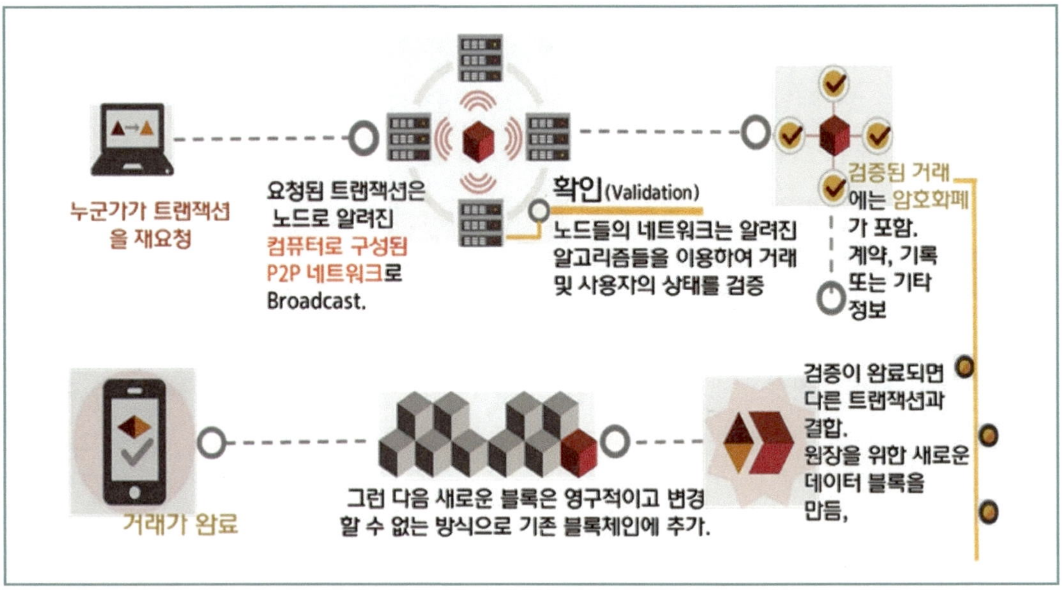

따라서 전체 암호 네트워크는 안전하고, 확장 가능하며, 일관성을 유지하게 됩니다.

이러한 방식으로 블록체인 프로토콜은 거래의 신뢰성과 안전성을 보장하며, 분산된 네트워크 환경에서도 효율적으로 작동합니다

블록체인 프로토콜의 암호화폐에서의 중요성

블록체인 프로토콜은 암호화폐의 핵심 요소(그림 1-51)로 작용합니다. 암호화폐는 암호화된 데이터의 집합으로, 일정한 금전적 가치를 지니며, 프로토콜은 이러한 데이터를 안전하게 전송할 수 있도록 돕는 중요한 규칙입니다.

블록체인 네트워크는 정부, 중앙 기관, 또는 중간자의 개입 없이 운영됩니다. 이러한 분산된 환경에서는 전체 네트워크를 관리하기 위한 일련의 규칙이 필요하며, 프로토콜은 디지털 화폐가 안전하게 교환될 수 있도록 기본 구조를 제공합니다.

프로토콜을 통해 사용자는 자신의 데이터를 관리할 수 있으며, 많은 암호화폐 네트워크에서는 개인이 디지털 지갑을 소유할 수 있게 합니다. 거래 및 결제와 같은 서비스는 모두 프로토콜에 의해 처리되며, 이는 사용자가 은행의 개입 없이 금융 거래를 수행할 수 있도록 지원합니다. 또한, 프로토콜은 이중 지출을 방지하는 기능도 갖추고 있어, 거래의 신뢰성을 더욱 높여 줍니다.

블록체인 기술은 지속적으로 발전하고 있으며, 프로토콜 또한 빠르게 진화하고 있습니다. 이 기술은 공급망, 헬스케어, 금융, 공공 부문 등 다양한 분야에서 프로토콜 기반 블록체인 솔루션을 사용하고 있습니다. 따라서 블록체인 프로토콜은 암호화폐의 안전성과 효율성을 확보하는 데 있어 필수적이며, 미래의 디지털 경제에 중요한 역할을 할 것입니다.

그림 1-51 블록체인 암호화폐의 역할

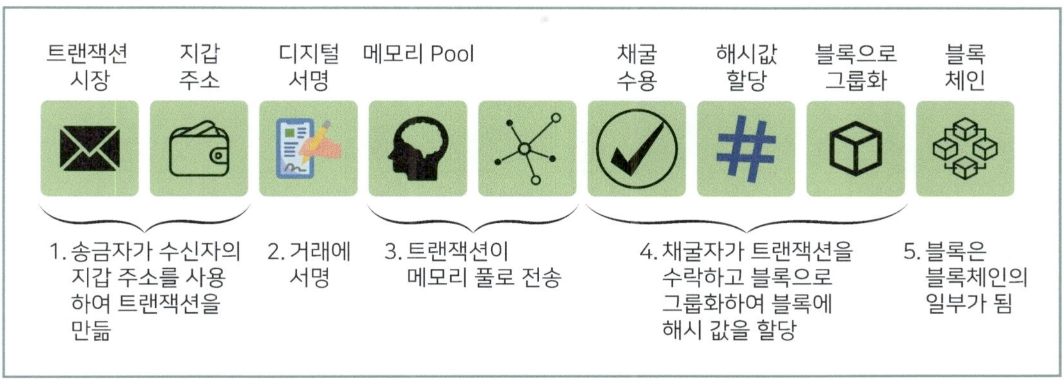

Lesson 10

블록체인 포크

블록체인 포크(Blockchain Fork)는 블록체인 네트워크에서 발생하는 **체인 분기** 현상을 의미하며, 이는 동일한 블록체인 네트워크에서 기존의 블록체인 경로와 다른 경로가 생성되거나, 네트워크의 규칙이 변경될 때 발생하는 현상으로, 블록체인에서 포크는 거래의 기록이 일관되지 않거나, 프로토콜 규칙이 변경되어 블록체인의 상태가 분리되는 현상을 설명합니다. 따라서 Lesson10에서는 **소프트 포크**와 **하드 포크**, 블록체인 포크의 **업그레이드**, **버그 수정**, **갈등 해결** 등을 목적으로 발생드에 대하여 다루도록 하겠습니다.

퍼블릭 블록체인(예: 비트코인, 이더리움)의 탈중앙화 특성은 네트워크 참여자들이 블록체인의 공유 상태, 즉 공개 장부와 블록, 블록체인 프로토콜에 대해 합의해야 한다는 것을 의미합니다. 이 과정에서 네트워크 노드 간의 만장일치 합의가 이루어지면, 검증된 데이터(트랜잭션)를 포함하는 단일 블록체인이 생성됩니다.

그러나 때때로 네트워크 노드들이 블록체인의 미래 상태에 대해 만장일치로 합의하지 못하는 상황이 발생합니다. 이 경우, 이상적인 '단일' 블록체인이 여러 개의 유효한 체인으로 분리되는 현상을 '포크(fork)'라고 합니다. 포크는 블록체인이 나뉘는 지점을 의미(그림 1-52)하며, 이는 종종 기술적 문제, 정책 변화, 또는 네트워크 참여자 간의 의견 차이로 인해 발생합니다.

그림 1-52　블록체인 포크

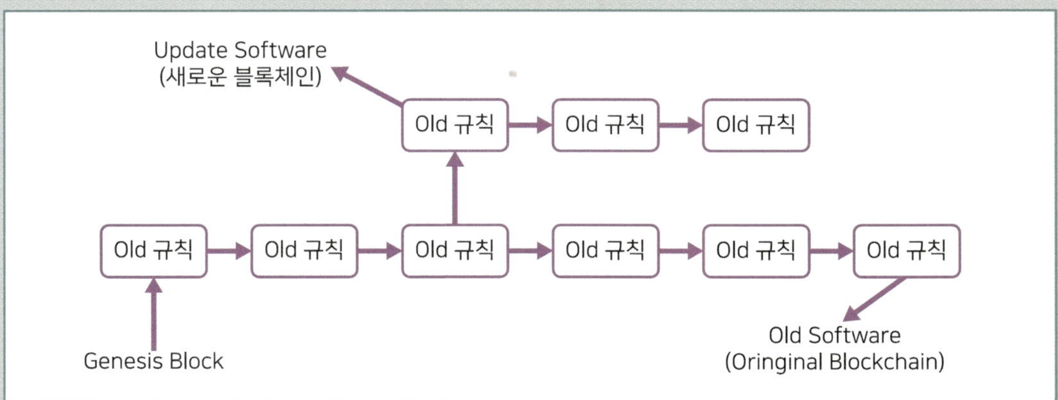

포크는 크게 두 가지 유형으로 나눌 수 있습니다. 첫 번째는 하드 포크(hard fork)로, 기존의 블록체인과 호환되지 않는 새로운 규칙이 적용될 때 발생하며, 이는 기존 블록체인과는 다른 체인이 생성되며, 종종 사용자에게 선택의 기회를 제공합니다. 두 번째는 소프트 포크(soft fork)로, 기존 블록체인과 호환되는 규칙 변경이 이루어져 새로운 블록이 생성되는 경우이며, 소프트 포크에서는 기존 블록체인이 계속 유지되면서도 새로운 기능이 추가될 수 있습니다.

블록체인 포크는 기술적, 사회적 진화의 일환으로 이해될 수 있으며, 이는 블록체인의 지속적인 발전과 커뮤니티의 의사를 반영하는 중요한 과정으로 포크가 발생하면 네트워크에 참여하는 모든 사용자에게 선택의 기회를 제공하며, 이는 각 체인의 미래에 큰 영향을 미칠 수 있습니다.

블록체인의 포크

프로그래밍 용어에서 '포크(fork)'는 오픈 소스 코드를 수정하여 새로운 버전을 만드는 과정을 의미(그림 1-53)합니다. 포크된 코드는 원래 블록체인과 유사하지만, 크게 수정된 형태로 존재하며, 이 두 가지 버전이 동시에 공존할 수 있습니다. 암호화폐는 탈중앙화된 네트워크이기 때문에, 네트워크의 모든 참가자(노드)는 동일한 규칙, 즉 프로토콜을 따라야 합니다. 이러한 프로토콜에는 블록 크기, 채굴자가 새로운 블록을 채굴할 때 받는 보상 등과 같은 기본 규칙이 포함됩니다.

블록체인의 탈중앙화 특성은 네트워크의 노드가 블록체인의 공유 상태에 대한 합의에 도달해야 함을 의미합니다. 즉, 모든 참여자가 블록체인에 기록된 데이터에 대해 동의해야 하며, 그렇지

그림 1-53 블록체인 포크 및 시스템 업데이트

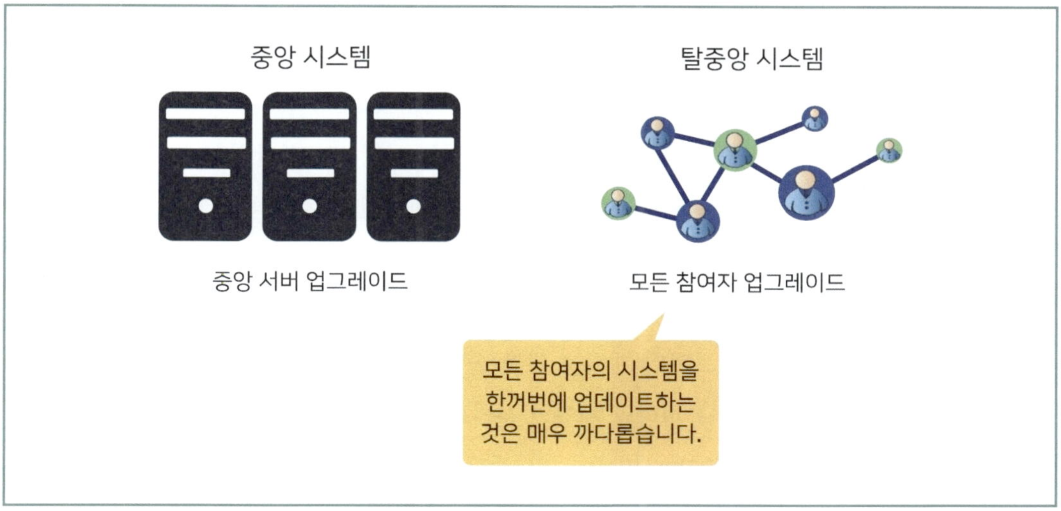

않을 경우 포크가 발생할 수 있습니다.

블록체인의 포크는 코드의 복사 및 수정을 통해 새로운 소프트웨어나 제품을 생성하는 것을 간단히 설명할 수 있습니다. 오픈 소스 프로젝트에서 포크는 일반적이며, 암호화폐인 비트코인이나 이더리움과 같은 시스템에서도 널리 사용됩니다. 오픈 소스 특성 덕분에 누구나 이들 프로젝트에 기여할 수 있으며, 이는 소프트웨어의 보안성과 신뢰성을 높이는 데 기여합니다. 또한, 포크를 통해 사용자 인터페이스를 더욱 인터랙티브하고 보기 좋게 만들어 전 세계적으로 더 많은 사용자 확보에 도움이 됩니다.

오픈 소스에서는 코드가 공개되어 누구나 수정, 편집, 접근할 수 있으며, 이러한 작업에 대한 저작권 주장은 존재하지 않습니다. 예를 들어, 토르(Tor) 브라우저는 오픈 소스 소프트웨어로, 리눅스(Linux)는 가장 널리 사용되는 운영 체제 중 하나입니다. 이처럼 비트코인과 이더리움 프로토콜 역시 오픈 소스입니다.

주요 시사점:

- 포크는 원래 블록체인과 유사한 코드를 수정하여 두 개의 가지가 공존할 수 있게 합니다.
- 하드 포크는 이전 블록체인 버전과 호환되지 않는 급진적인 프로토콜 변경을 의미하며,
- 소프트 포크는 하위 호환성을 유지하는 프로토콜의 변경 사항을 나타냅니다.

이러한 포크는 블록체인 기술의 진화와 커뮤니티의 요구에 적응하는 중요한 메커니즘으로 작용합니다.

블록체인 포크의 역사

- **비트코인 XT**(그림 1-54): 비트코인 XT는 2015년 8월에 등장한 최초의 주요 블록체인 포크로, 마이크 헌(Mike Hearn)과 개빈 안드레센(Gavin Andersen)이라는 비트코인 개발자들이 블록 크기 제한을 확장하여 더 많은 거래를 지원하려는 목적으로 시작했습니다. 이 포크는 기존 비트코인에서 파생된 버전으로, 블록의 크기를 증가시켜 비트코인 거래 시간을 단축하는 데 초점을 맞췄습니다. 그러나 비트코인 XT는 대중의 호응을 얻지 못하고 결국 사라지게 되었습니다.
- **비트코인 캐시**: 2017년 비트코인 캐시는 확장 솔루션에 대한 의견 차이로 인해 발생했습니다. 이 포크는 서로 다른 커뮤니티와 체인의 분리를 초래했으며, 비트코인 거래의 비용과 속도가 더 저렴하고 빨라야 한다는 믿음이 있었습니다. 반면 비트코인 커뮤니티는 탈중앙화를

그림 1-54 비트코인 블록체인의 진화

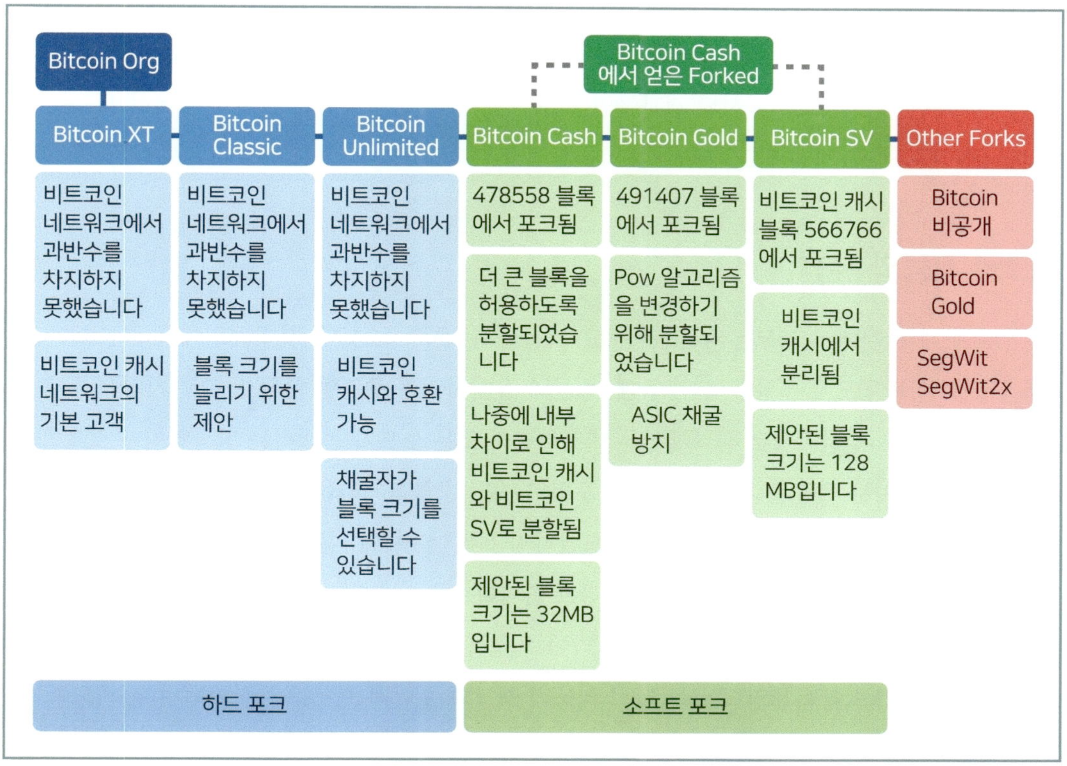

유지하기 위해 블록 크기를 작게 유지해야 한다는 입장을 고수했습니다. 이들은 당장의 비용과 속도 이점을 희생함으로써, 더 많은 채굴자들이 지속 가능한 방식으로 블록 보상을 위해 참여할 수 있도록 돕는 것이 목표였습니다.

- **이더리움 클래식**: 이더리움은 2016년 탈중앙화 자율 조직(DAO) 해킹 사건으로 인해 이더리움 클래식으로 포크되었습니다. 해킹 이후 이더리움 커뮤니티는 이 문제를 어떻게 처리할지에 대한 의견이 일치하지 않았고, 결국 하드 포크로 이어져 이더리움 클래식이라는 새로운 네트워크 인스턴스가 탄생했습니다. 이 포크는 해킹을 되돌리기 위한 조치였으며, 이더리움의 탈중앙화 특성을 둘러싼 주요 논쟁을 불러일으켰습니다.
- **이더리움 PoW**: 2022년 9월 15일, 이더리움 블록체인은 작업 증명(Proof of Work, PoW)에서 지분 증명(Proof of Stake, PoS) 합의 메커니즘으로 전환하는 중대한 변화를 겪었습니다. 이 변화는 기존의 작업 증명 채굴 프로세스를 보존하는 별도의 블록체인인 ETHPoW의 출현을 가져왔습니다. 이 포크는 중국 채굴자 챈들러 구오가 작업 증명 합의 방식에 반대하여 도

입되었습니다.

이러한 포크들은 블록체인 기술의 진화와 커뮤니티의 다양한 의견을 반영하며, 각 포크가 특정 문제에 대한 해결책으로 제시된 결과물임을 보여 줍니다. 블록체인의 발전 과정에서 포크는 필수적인 메커니즘으로 자리 잡고 있습니다.

포크의 기능과 유형

암호화폐 세계에서 포크는 두 가지 주요 기능을 수행하며., 첫째, 블록체인에서 근본적인 변화를 구현하는 방법으로 사용됩니다. 둘째, 원본과 유사하지만 특징이 다른 새로운 자산을 창출하는 데 활용됩니다. 일반적으로 블록체인은 네트워크의 모든 노드가 동의하는 만장일치 프로토콜을 통해 운영되며, 이는 검증된 거래 데이터를 포함하는 단일 블록체인을 생성합니다. 그러나 네트워크 내에서 블록체인의 상태에 대한 합의에 도달하지 못하는 노드가 존재하는 경우, 블록체인은 두 개의 분기로 나뉘게 됩니다. 이 과정을 포크라고 합니다.

포크는 기본적으로 코드베이스 포크와 라이브 블록체인 포크의 두 가지 카테고리(그림 1-55)로 나뉩니다. 라이브 블록체인 포크는 다시 의도적 포크와 우발적 포크로 세분화됩니다. 의도적 포크는 다시 소프트 포크와 하드 포크로 나뉩니다. 암호화폐의 주요 포크 유형은 하드 포크와 소프트 포크이며, 이는 다음과 같은 차이점이 있습니다.

- **하드 포크**: 기존 블록체인과의 호환성이 없는 급진적인 변경 사항을 포함합니다. 이는 새로운

그림 1-55 포크의 유형

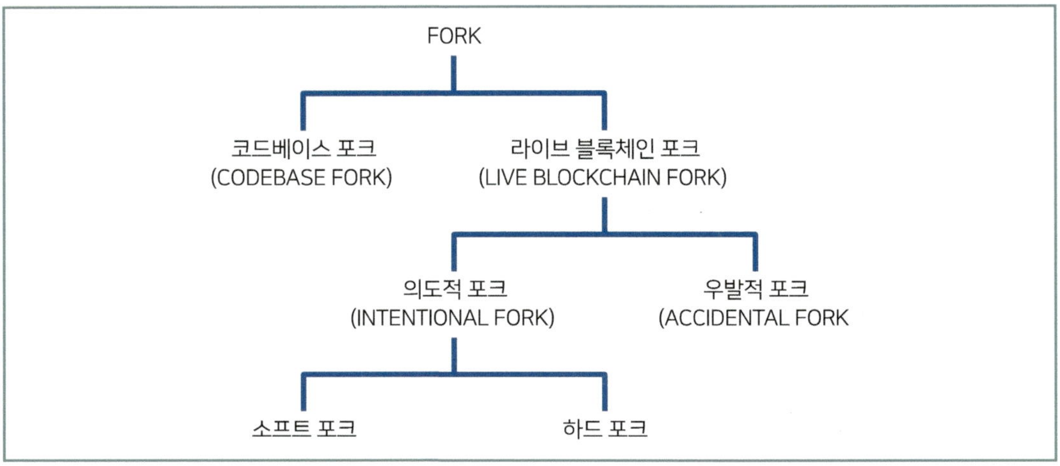

규칙이 이전 블록체인에서 생성된 블록과 호환되지 않게 만들어, 기존 블록체인에서 새 블록체인으로의 분리를 초래합니다. 예를 들어, 비트코인 캐시(BCH)는 비트코인(BTC)과의 하드 포크로 발생했습니다.

- **소프트 포크**: 이전 블록체인과의 호환성을 유지하면서 변경 사항을 적용하는 방법입니다. 소프트 포크는 기존 블록체인의 규칙을 강화하거나 개선하는 방식으로 작용합니다. 즉, 새로운 규칙이 이전 블록체인에서 생성된 블록과 호환되므로, 모든 노드가 소프트 포크를 수용할 수 있습니다.

각 포크 유형은 블록체인의 발전과 커뮤니티의 필요에 따라 설계된 것으로, 블록체인 기술의 진화에 기여하고 있습니다. 포크는 암호화폐 생태계에서 중요한 역할을 하며, 네트워크의 지속적인 개선과 혁신을 가능하게 합니다

포크 유형

- **코드베이스 포크(Codebase Fork)**: 코드베이스 포크는 특정 소프트웨어의 전체 코드를 복사하여 수정하는 과정을 의미합니다. 예를 들어, 비트코인의 전체 블록체인 코드를 복사하고 블록 생성 시간을 줄이며 여러 중요한 변경 사항을 적용하여 비트코인보다 더 빠른 소프트웨어를 만드는 경우를 생각해 볼 수 있습니다. 이 과정에서 새로운 블록체인이 생성되며, 현재 블록체인에서 운영 중인 많은 알트코인은 비트코인의 코드를 약간 수정하여 만들어진 것입니다.
- **라이브 블록체인 포크(Live Blockchain Fork)**: 라이브 블록체인 포크는 실행 중인 블록체인이 두 가지 방식으로 나뉘는 것을 의미합니다. 특정 시점에서 동일한 소프트웨어를 사용하던 블록체인이 그 시점부터 서로 다른 두 체인으로 나뉘는 것입니다. 이러한 포크는 주로 두 가지 이유로 발생할 수 있습니다.
- **우발적 포크 / 임시 포크(Accidental Fork / Temporary Fork)**: 여러 채굴자가 거의 동시에 새 블록을 채굴할 경우, 네트워크가 해당 블록의 선택에 동의하지 않을 수 있습니다. 이때 일부 노드는 특정 블록을 채택하고, 다른 노드는 다른 블록을 선택하게 됩니다. 이로 인해 동일한 블록 높이를 가진 두 개 이상의 블록이 생성되며, 정보 전파에 시간이 걸리기 때문에 발생하는 현상입니다. 임시 포크는 전체 노드의 대다수가 새 블록을 추가하고 동기화할 다른 체인을 선택함으로써 자연스럽게 해결되며, 결과적으로 한 체인은 소멸하게 됩니다.
- **의도적 포크(Intentional Fork)**: 의도적 포크(그림 1-56)는 소프트웨어의 코드를 알고 의도

그림 1-56 의도적 포크 유형

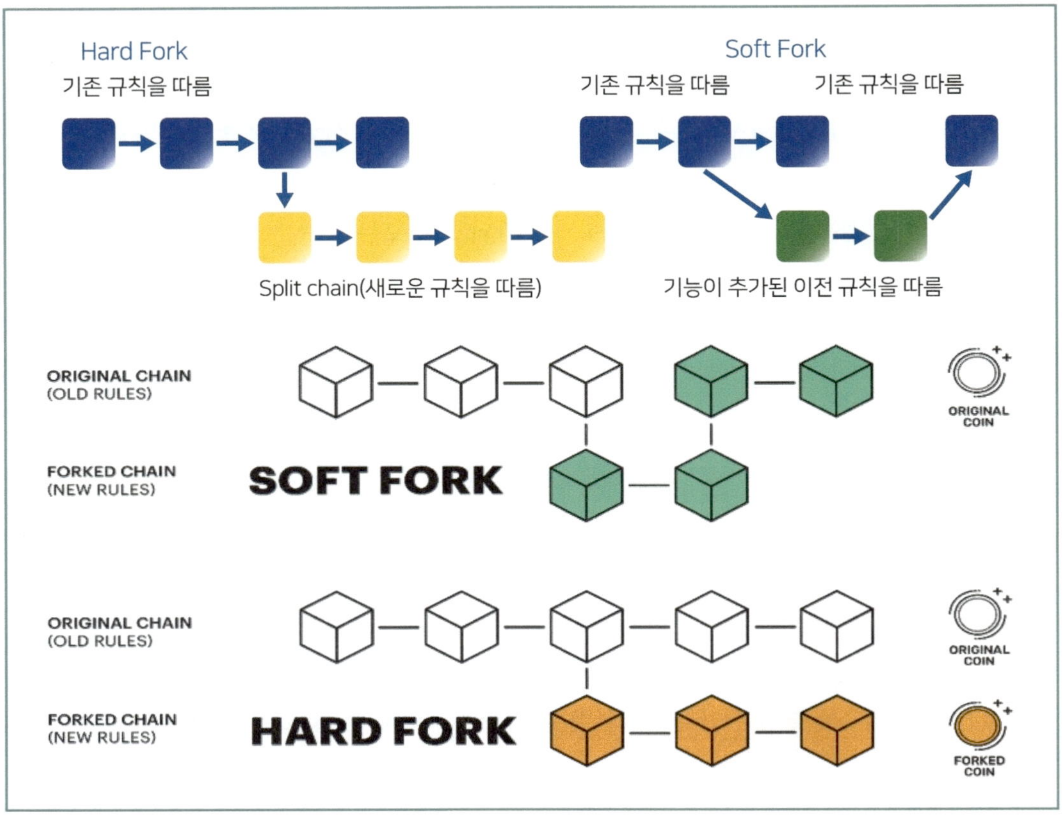

적으로 수정하여 블록체인의 규칙이 변경되는 경우입니다. 이 포크는 하위 호환성에 따라 두 가지 유형으로 나뉘며 블록체인 프로토콜이 이전 버전과 호환되도록 변경되는 경우를 의미합니다.

- 소프트 포크(그림 1-57)는 새로운 규칙을 추가하되 이전 규칙과 충돌하지 않도록 설계됩니다. 기본적으로 업데이트되지 않은 노드도 새로운 프로토콜 규칙을 준수하는 한 여전히 트랜잭션을 처리할 수 있습니다. 예를 들어, 비트코인 네트워크의 세그윗(SegWit) 업데이트가 이 예에 해당합니다.
- 하드 포크(그림 1-58): 블록체인 프로토콜이 이전 버전과 호환되지 않도록 변경되는 경우입니다. 하드 포크는 소프트 포크와 반대되는 개념으로, 새로운 규칙에 따라 채굴된 블록은 이전 소프트웨어에서 유효하지 않게 됩니다. 따라서 기존 프로토콜을 사용하는 노드는 새로운 블록체인에서 트랜잭션을 처리할 수 없습니다. 하드 포크는 종종 계획되거나 논란

그림 1-57 소프트 포크 규칙

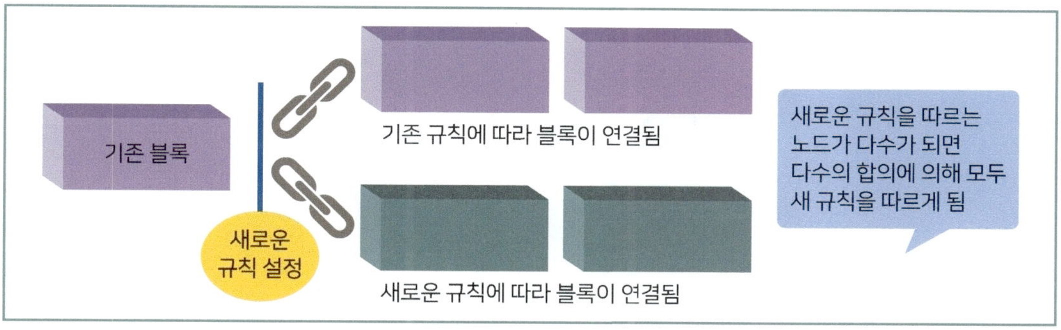

그림 1-58 하드포크의 규칙

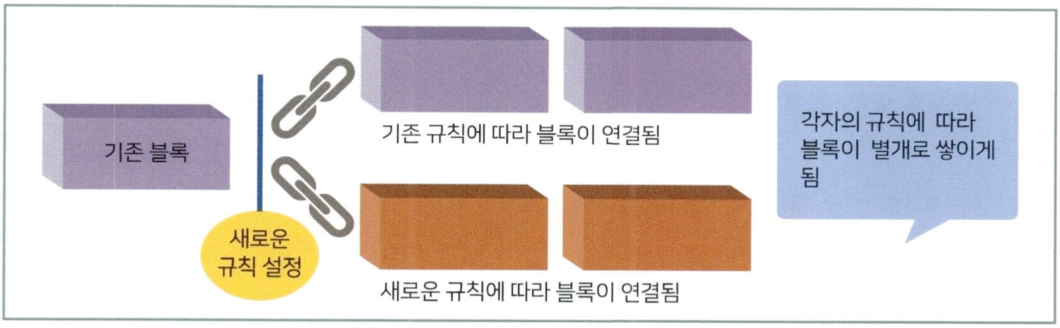

이 될 수 있으며, 예를 들어 이더리움과 이더리움 클래식, 비트코인과 비트코인 캐시가 이 경우에 해당합니다.

포크는 블록체인의 발전과 커뮤니티의 요구에 따라 필수적인 기능을 수행하며, 다양한 유형의 포크는 각기 다른 상황에서 발생합니다. 이러한 포크는 암호화폐 생태계의 지속적인 개선과 혁신을 도모하는 데 중요한 역할(그림 1-59)을 합니다.

블록체인 포크가 발생하는 이유

블록체인 포크는 여러 이유로 발생합니다.

- **새로운 기능 추가**: 블록체인 코드는 정기적으로 업그레이드됩니다. 대부분의 공개 블록체인은 오픈 소스로, 전 세계의 개발자들이 기여하여 개선 사항을 도입합니다. 이 과정에서 문제가 발생하고 해결되며, 새로운 버전이 출시됩니다.

그림 1-59 하드포크로 새로운 통화가 생성

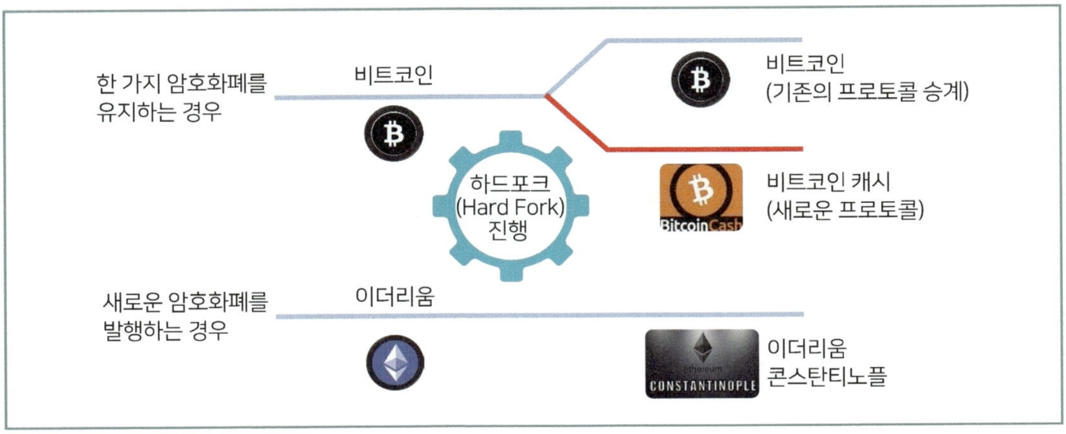

- **보안 문제 해결**: 블록체인과 암호화폐는 비교적 새로운 기술이며, 이를 완전히 이해하기 위한 연구가 진행 중입니다. 따라서 보안 취약점이 발견될 경우, 이러한 문제를 해결하기 위해 버전이 변경되고 업데이트가 릴리스됩니다.
- **리버스 트랜잭션**: 커뮤니티 내에서 특정 기간의 모든 거래가 악의적이라고 밝혀지면, 해당 거래를 무효화하는 리버스 트랜잭션이 발생할 수 있습니다. 이러한 상황에서는 포크를 통해 문제가 해결됩니다.

블록체인 포크의 미래

블록체인 포크의 미래는 많은 블록체인 애호가와 전문가들에게 큰 관심을 받고 있습니다. 미래의 발전을 예측하기는 어렵지만, 몇 가지 주요 트렌드와 발전 방향을 통해 방향성을 제시할 수 있습니다.

- **소프트 포크의 증가**: 소프트 포크는 일반적으로 네트워크에 덜 혼란을 일으키고 구현이 용이하여, 앞으로 더 많은 소프트 포크가 발생할 가능성이 높습니다. 이는 새로운 암호화폐를 만들지 않고도 블록체인에 기능을 추가하거나 효율성을 개선할 수 있는 방법으로 활용될 수 있습니다.
- **하드 포크의 논란 증가**: 블록체인 커뮤니티 내에서 여러 그룹이 서로 다른 의견을 가질 경우, 하드 포크의 발생이 더 자주 있을 것으로 보입니다. 일부 사용자는 이전 버전의 블록체인을 유지하는 반면, 다른 사용자는 새 버전으로 전환하여 커뮤니티가 분열될 수 있습니다.

- **상호 운용성 프로토콜과 멀티체인 아키텍처의 발전**: 포크의 필요성을 줄이기 위한 상호 운용성 프로토콜과 멀티체인 아키텍처가 개발되고 있습니다. 이러한 솔루션은 서로 다른 블록체인 네트워크가 하드포크 없이도 쉽게 통신하고 데이터를 공유할 수 있도록 하는 것을 목표로 합니다.
- **점진적 개선의 강조**: 블록체인 생태계가 성숙해짐에 따라 포크가 필요한 주요 업데이트의 필요성이 줄어들 수 있습니다. 대신 소프트 포크나 다른 수단을 통해 점진적인 개선과 최적화에 초점을 맞출 가능성이 큽니다.

전반적으로 블록체인 포크의 미래는 기술 발전, 커뮤니티의 역동성, 시장의 힘의 조합에 의해 형성될 가능성이 높습니다. 블록체인 기술이 계속 발전함에 따라 포크의 역할도 진화할 것입니다. 포크는 향상된 기능과 확장성 솔루션, 그리고 특수 사용 사례를 가진 새로운 체인을 만들어 다양한 블록체인 생태계 간의 혁신과 경쟁을 촉진할 수 있습니다.

그러나 잦은 포크는 프로젝트의 파편화로 이어질 수 있어, 개발자와 기업이 여러 체인을 탐색하고 상호 운용성을 보장하는 데 어려움을 겪을 수 있습니다. 블록체인 기술은 다양한 산업에서의 채택을 통해 계속해서 발전할 태세이며, 미래에는 확장성, 프라이버시 및 상호 운용성의 발전이 이루어질 것입니다. 이러한 발전은 블록체인이 더 복잡한 사용 사례를 해결하고 그 잠재력을 최대한 발휘할 수 있도록 돕게 될 것입니다.

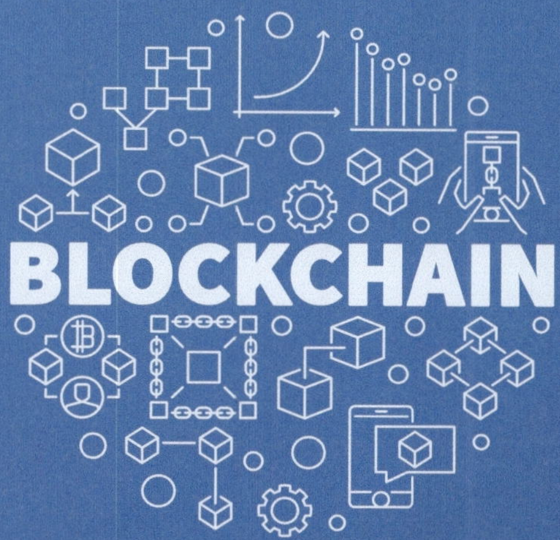

CHAPTER

2

블록체인 아키텍처

블록체인 아키텍처는 분산된 데이터베이스 구조로, 중앙 집중식 시스템 없이 여러 참가자가 거래를 검증하고 기록하는 방식으로 동작하며, 기본적으로 블록체인은 블록(Block)의 구성 요소, 제니시스 블록과 블록체인의 빠른 확정성(Sidechain), 그리고 스마트 계약, 프라이빗 블록체인의 Hyperledger Fabric, Solidity에 대하여 다룹니다.

블록체인 아키텍처

Lesson 01

블록체인 아키텍처는 블록체인이 어떻게 구조화되고 동작하는지에 대한 기술적 설계를 설명하며, 즉, 블록체인의 구성 요소, 작동 원리, 그리고 데이터가 어떻게 처리되고 보관되는지에 대한 전반적인 구조를 소개합니다. Lesson 01은주로 다음과 같은 핵심적인 개념들을 소개 합니다.

블록체인 기술은 탈중앙화된 분산 원장으로, 이를 통해 데이터의 안전성과 불변성을 확보하고, 각 블록은 몇 가지 중요한 구성 요소로 이루어져 있으며, 이러한 요소들이 어떻게 데이터를 보호하는지를 이해하는 것이 중요합니다. 블록체인 기술은 데이터가 분산 네트워크에서 저장, 관리 및 검증되는 방식을 혁신적으로 변화시키며, 이를 통해 지속적이고 불변의 거래 기록을 유지하는 분산형 디지털 원장을 제공합니다. 블록체인에서 각 블록은 여러 거래 정보를 묶은 것으로, 이를 '블록'이라고 하며, 블록의 고유 식별자는 블록 해시값(SHA256으로 변환된 값)입니다. 각 블록은 블록 헤더와 본체(Body)로 구성되며, 블록 헤더에는 거래 정보 및 기타 메타데이터가 포함됩니다.

블록은 아래와 같이 구성됩니다. 〈그림 2-1〉은 블록체인 구조를 시각화한 것입니다.

- 블록 헤더(Block Header)
- 트랜잭션 데이터(Transaction Data)

각 블록은 다음과 같은 세 가지 주요 요소로 구성됩니다.

- **블록 헤더**: 블록 헤더에는 블록에 대한 메타데이터가 포함됩니다. 여기에는 블록 번호, 타임스탬프, 난이도 목표, 그리고 블록의 해시가 포함되어 있어 블록의 무결성을 확인하는 데 중요한 역할을 합니다.
- **이전 블록 헤더의 해시**: 각 블록은 이전 블록의 해시를 포함하고 있습니다. 이를 통해 블록들이 체인 형태로 연결되어, 블록체인에서의 데이터 조작이나 변조를 방지합니다. 이전 블록의 해시가 변경되면 해당 블록의 해시와 그 이후의 모든 블록이 영향을 받기 때문에, 모든 블록

그림 2-1 블록체인 구조

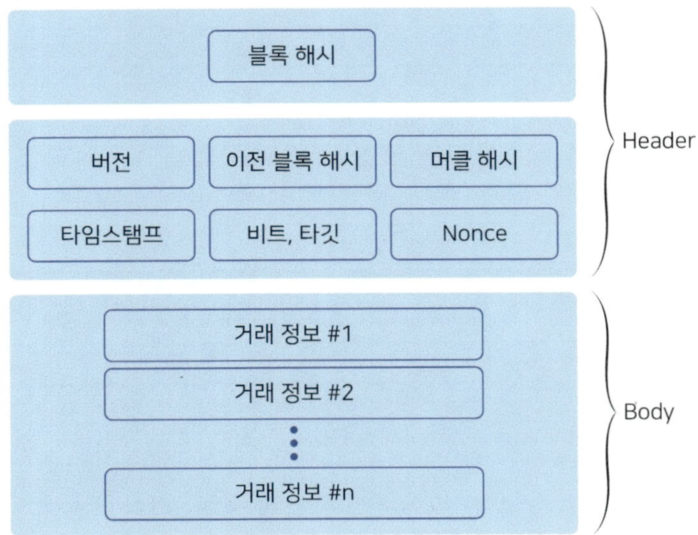

의 무결성이 확보됩니다.

- **트랜잭션의 머클 루트**: 블록 내의 모든 트랜잭션은 머클 트리 구조로 정리되어 머클 루트로 나타납니다. 머클 루트는 블록 내의 모든 트랜잭션의 해시값을 요약하여 나타내며, 특정 트랜잭션이 블록에 포함되었는지 쉽게 확인할 수 있게 해줍니다. 이는 데이터의 효율적인 검증과 무결성을 유지하는 데 기여합니다.

이 모든 요소는 서로 연결되어 있으며, 포인터(예: 링크드 리스트)의 형태로 다음 블록과 연결됩니다. 이 구조는 블록체인이 데이터의 변조를 방지하고, 모든 트랜잭션의 연속성과 무결성을 보장하는 데 기여합니다. 이러한 블록체인 아키텍처는 분산된 네트워크에서 신뢰를 구축하는 핵심 요소로 작용하며, 블록체인의 안전성을 높이는 중요한 역할을 합니다.

이러한 구조 덕분에 블록체인은 데이터의 안전한 기록과 검증이 가능하며, 각 블록은 전체 네트워크에서 공유되고 검증됨으로써 신뢰성을 더욱 강화합니다.

블록체인의 블록 헤더

블록체인은 동시 거래를 처리하기 위해 설계된 분산 데이터베이스이며, 그중 가장 잘 알려진

그림 2-2 블록 헤더의 구성

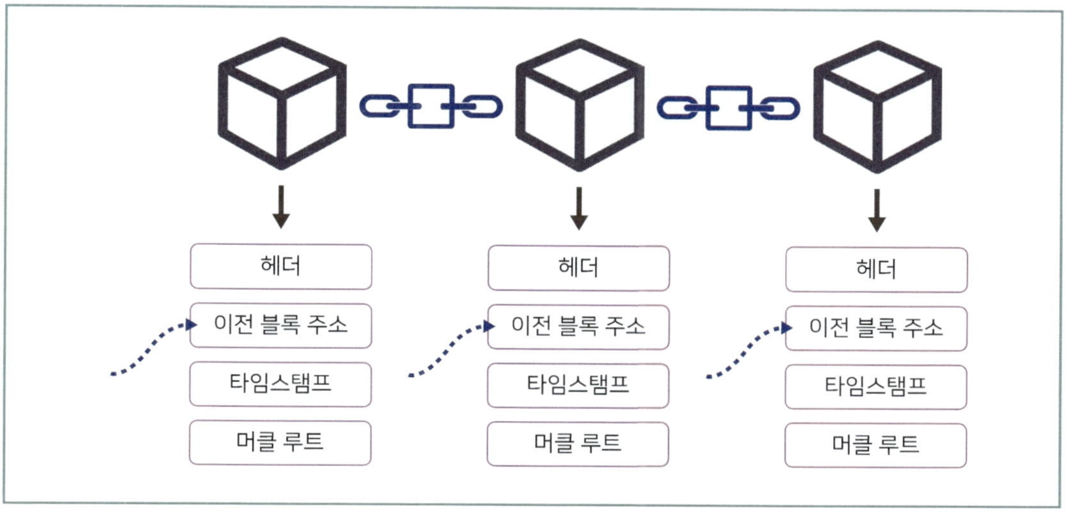

구현은 비트코인입니다. 블록체인은 여러 개의 블록(노드)으로 구성되어 있으며, 이 블록들은 블록 헤더를 통해 관리됩니다.

블록 헤더는 블록의 중요한 메타데이터를 포함하며, 주요 구성 요소는 다음과 같습니다.

- **블록 버전**(Block Version): 블록의 유효성을 검사하는 규칙 집합을 나타내며, 소프트웨어 버전과 동일합니다(4바이트).
- **이전 블록 해시**(Previous Block Hash): 이전 블록의 헤더에 대한 SHA256 해시값으로, 체인 내에서 블록을 연결하는 역할을 합니다(32바이트).
- **머클 루트**(Merkle Root): 블록 내 모든 트랜잭션의 해시 값으로, 거래가 발생할 때마다 업데이트됩니다(32바이트).
- **타임스탬프**(Timestamp): 블록이 생성된 시간을 나타내며, 1970년 1월 1일부터 경과된 초로 표시됩니다.
- **난이도 비트**(Difficulty Bits): 작업 증명의 난이도를 나타내며, 특별한 공식으로 변환됩니다(4바이트).
- **논스**(Nonce): 특정 목표값보다 낮은 값을 찾기 위한 카운터입니다(4바이트).
- **트랜잭션 수**(Transaction Count): 블록에 기록된 거래의 개수를 나타냅니다.
- **트랜잭션**(Transactions): 실제 거래 기록을 포함합니다.

표 2-1 블록 헤더 데이터 구성 요소

구성 요소	설명
타임스탬프	특정 블록이 생성된 시점을 나타내며, 블록의 진위를 확인하는 데 사용됩니다.
버전	블록체인 프로토콜의 버전을 명시합니다. 블록체인에는 여러 버전이 있으며, 예를 들면 다음과 같습니다. • 버전 1.0: 비트코인과 같은 암호화폐 • 버전 2.0: 이더리움과 같은 스마트 계약 • 버전 3.0: 분산 애플리케이션(DApps)용 블록체인 • 버전 4.0: 산업용 블록체인으로, 확장 가능하고 저렴한 네트워크를 목표로 함
머클 루트	블록 내의 트랜잭션 데이터가 손상되지 않았음을 확인하기 위해 생성된 해시 값입니다. 예를 들어, 여러 트랜잭션의 해시를 결합하여 하나의 머클 루트를 생성합니다.
난이도 목표	블록 채굴에 필요한 계산의 복잡성을 나타내며, 높은 난이도는 더 많은 계산 자원을 요구합니다. SHA-2, SHA-3 등의 해시 알고리즘을 사용합니다.
논스	'한 번만 사용하는 숫자'로, 채굴자가 찾는 값입니다. 올바른 논스를 찾기 위해 평균적으로 여러 번의 시도가 필요합니다.
이전 해시	현재 블록의 이전 블록 해시값을 저장합니다. 이는 블록체인 내의 블록 연결성을 유지합니다. 첫 번째 블록인 제네시스 블록은 이전 해시가 없습니다.

이전 해시는 블록체인에서 블록을 식별하는 주요 수단이며, 블록 헤더의 핵심 부분입니다. 각 구성 요소(표 2-1)에 대해 더 자세히 살펴보겠습니다.

작동 방식

블록체인 아키텍처의 핵심 구성 요소는 다음과 같습니다.

- **노드(Node)**: 블록체인 네트워크에 연결된 모든 컴퓨터를 말하며, 각 노드는 블록체인 원장의 전체 사본을 보관합니다. 노드는 데이터의 분산 저장과 네트워크의 안정성을 보장합니다.
- **트랜잭션(Transaction)**: 블록체인에 저장되는 모든 데이터 또는 정보의 형태로, 특정 행동이나 사건을 기록합니다. 트랜잭션은 블록의 구성 요소로 포함되며, 이를 통해 데이터의 무결성을 확보할 수 있습니다.
- **블록(Block)**: 블록은 여러 요소로 구성되어 있으며, 블록 헤더, 이전 블록의 해시, 그리고 트랜잭션의 머클 루트를 포함합니다. 이러한 구조를 통해 블록은 안전하게 연결되고 데이터의 변경 불가능성을 보장합니다.
- **체인(Chain)**: 특정 순서로 연결된 블록의 시퀀스로, 블록체인의 기본 구조를 형성합니다. 체

인은 블록 간의 관계를 나타내며, 각 블록은 이전 블록의 해시를 참조하여 연결됩니다.

- **채굴자(Miner)**: 새로운 블록을 생성하고 기존 블록의 유효성을 검증하는 역할을 하는 노드입니다. 채굴자는 복잡한 수학적 문제를 해결하여 블록을 추가하고, 이 과정에서 보상을 받기 위해 서로 경쟁합니다.
- **컨센서스(Consensus)**: 블록체인 내에서 모든 거래의 유효성을 확인하고 합의에 도달하는 방법입니다. 컨센서스 프로토콜은 블록체인의 운영을 위한 규칙과 절차를 정의하며, 모든 거래는 이러한 규칙을 따라야 합니다. 주요 컨센서스 알고리즘으로는 작업 증명(Proof of Work)과 지분 증명(Proof of Stake)이 있습니다.

이러한 구성 요소들이 함께 작동하여 블록체인은 안전하고 신뢰할 수 있는 분산 네트워크로 기능합니다. 각 요소는 블록체인 시스템의 전반적인 무결성과 효율성을 유지하는 데 중요한 역할을 합니다.

〈그림 2-3〉은 블록체인 아키텍처의 작동 방식을 시각화한 다이어그램으로, 각 구성 요소 간의 상호 작용을 보여 줍니다. 이 그림을 통해 블록체인이 어떻게 구성되고 작동하는지를 보다 쉽게 이해할 수 있습니다.

그림 2-3 블록체인 아키텍처 작동 방식

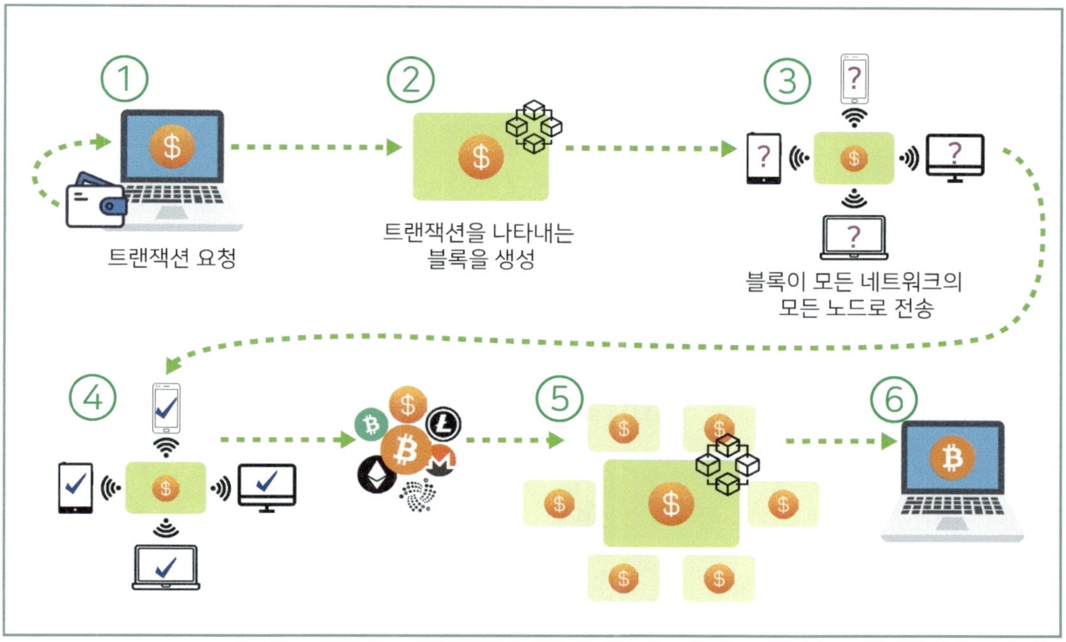

이러한 아키텍처의 이해는 블록체인의 작동 원리를 명확히 하고, 향후 블록체인 기술의 발전 방향을 예측하는 데 도움이 됩니다.

블록체인 구성 요소

블록체인 기술은 복잡해 보일 수 있지만, 각 구성 요소를 개별적으로 살펴보면 그 구조와 기능이 보다 명확해지며, 블록체인은 잘 알려진 컴퓨터 과학 메커니즘과 암호화 기법을 활용하여 데이터를 안전하게 저장하고 관리합니다. 각 주요 구성 요소에는 암호화 해시 함수, 디지털 서명, 비대칭 키 암호화, 주소, 원장, 블록 등이 있습니다.

암호화 해시 함수

블록체인에서 중요한 역할을 하는 요소 중 하나가 암호화 해시 함수로. 해싱은 특정 데이터를 입력으로 받아 고유한 출력값(메시지 다이제스트 또는 다이제스트)을 생성하는 과정으로, 거의 모든 크기의 데이터에 적용할 수 있습니다. 이때 입력 데이터의 아주 작은 변경에도 완전히 다른 출력이 생성되므로, 데이터의 무결성을 검증하는 데 효과적입니다.

암호화 해시 함수는 다음과 같은 주요 보안 속성을 갖습니다.

- **프리이미지 저항성**: 특정 출력값이 주어졌을 때, 해당 값을 만들어낸 원래 입력값을 찾는 것이 계산적으로 불가능합니다. 예를 들어, 다이제스트가 주어졌을 때, 해시(x) = 다이제스트가 되도록 하는 x를 찾는 것이 어렵습니다.
- **균일성**: 특정 입력값에 대해 동일한 출력을 생성하는 또 다른 입력값을 찾는 것이 불가능하도록 설계되어 있습니다. 즉, x가 주어졌을 때, 해시(x) = 해시(y)가 되도록 하는 y를 찾는 것이 매우 어렵습니다.
- **충돌 저항성**: 동일한 출력값을 생성하는 두 개의 서로 다른 입력값을 찾는 것이 계산적으로 불가능합니다. 즉, 해시(x) = 해시(y)인 경우, x와 y가 서로 다른 입력이라는 사실을 보장합니다.

많은 블록체인 시스템에서 사용되는 대표적인 암호화 해시 함수는 SHA-256입니다. SHA-256은 256비트(32바이트)의 해시값을 생성하며, 이는 일반적으로 64자리 16진수 문자열로 표현됩니다. SHA-256의 출력 가능성은 2^256으로, 약 10^77의 경우의 수를 가지므로 충돌이 발생할 가능성은 매우 낮습니다.

블록체인 기술에서 암호화 해시 함수의 작동 방식을 간단한 예를 통해 설명하겠습니다(표

표 2-2 입력 텍스트 및 해당 SHA-256 요약 값의 예

Input Text	SHA-256 요약값
1	0x6b86b273ff34fce19d6b804eff5a3f5747ada4eaa22f1d49c01e52ddb7875b4b
2	0xd4735e3a265e16eee03f59718b9b5d03019c07d8b6c51f90da3a666eec13ab35
Hello, World!	0xdffd6021bb2bd5b0af676290809ec3a53191dd81c7f70a4b28688a362182986

2-2).

해싱의 예시를 함께 살펴봅시다. “Hello, World!”라는 문자열을 SHA-256 해시 함수를 적용해 보겠습니다.

- **입력**: “Hello, World!”
- **해시**
- **출력**: 315f7c46e2b2e3c23efc1a1d942f21c3cbbce1f2ac2078e4a4a00a36b15cf97e

이제 입력값의 가장 작은 변경을 해보겠습니다. 예를 들어, “Hello, World!”의 “!”를 제거해 보겠습니다.

- **입력**: “Hello, World”
- **해시**
- **출력**: c0c1c28f264d5a0c34c2bc7038479c8f46a700a1997d8e1dcba8cf4858e2364f

이 두 해시 출력값을 비교해 보면, 입력값이 아주 조금만 변경되었음에도 해시 결과는 완전히 다르다는 것을 확인할 수 있습니다.

해싱의 특성

이 예시는 암호화 해시 함수의 두 가지 주요 특성을 보여 줍니다.

- **입력의 작은 변화에 대한 민감성**: 입력값의 사소한 변화가 출력값에 큰 변화를 초래합니다.
- **고유성**: 같은 입력값에 대해 항상 동일한 해시값이 생성됩니다. 따라서 특정 데이터를 고유하게 식별하는 데 유용합니다.

이런 특성 덕분에 블록체인에서는 데이터의 무결성과 변경 불가능성을 보장할 수 있습니다.

해시 충돌의 난이도

SHA-256 해시를 찾기 위해서는 평균적으로 약 2^{128}(즉, 340,282,366,920,938,463, 463,374,607,431,768,211,456)의 시도를 해야 합하며, 이는 매우 많은 수의 시도로, 비트코인 네트워크의 해시 속도가 초당 300조 개의 해시를 생성하더라도 충돌이 발생하는 데 약 35,942,991,748,521년이 걸린다고 하며, 이는 우주의 나이에 비해 훨씬 긴 시간입니다.

암호화 해시 함수의 용도

블록체인 네트워크 내에서 암호화 해시 함수는 다음과 같은 여러 작업에 사용됩니다.

- **주소 파생**: 사용자의 주소를 생성하는 과정에서 활용됩니다.
- **고유 식별자 생성**: 트랜잭션이나 블록의 고유성을 보장합니다.
- **블록 데이터 보안**: 블록 데이터의 해시를 생성하여 블록 헤더에 저장합니다.
- **블록 헤더 보안**: 블록 헤더를 해시하여 블록의 무결성을 보호합니다.

현재 블록 헤더의 해시 다이제스트는 다음 블록 헤더에 포함되며, 이를 통해 블록 데이터가 보호되며, 블록체인 기술에서 사용되는 다양한 암호화 해시 함수에는 SHA-256 외에도 Keccak(SHA-3 표준의 우승자)와 RIPEMD-160 등이 있으며, 이러한 다양한 해시 함수들은 블록체인 시스템의 보안성과 무결성을 강화하는 데 기여하고 있습니다.

암호화 논스

암호화 논스는 한 번만 사용되는 임의의 숫자로, 암호화 논스는 데이터와 결합하여 논스당 다른 해시 다이제스트를 생성할 수 있습니다.

$$\text{Hash (data + Nonce) = digest}$$

논스 값만 변경하면 동일한 데이터를 유지하면서 다른 다이제스트 값을 얻을 수 있는 메커니즘이 제공됩니다. 이 기법은 작업 증명 합의 모델에 활용됩니다.

트랜잭션

트랜잭션은 당사자 간의 상호 작용을 나타냅니다. 예를 들어, 암호화폐의 경우 거래는 블록체인 네트워크 사용자 간에 암호화폐를 이체하는 것을 의미합니다. 기업 간 시나리오의 경우, 거래는

그림 2-4 암호호폐 거래 예시

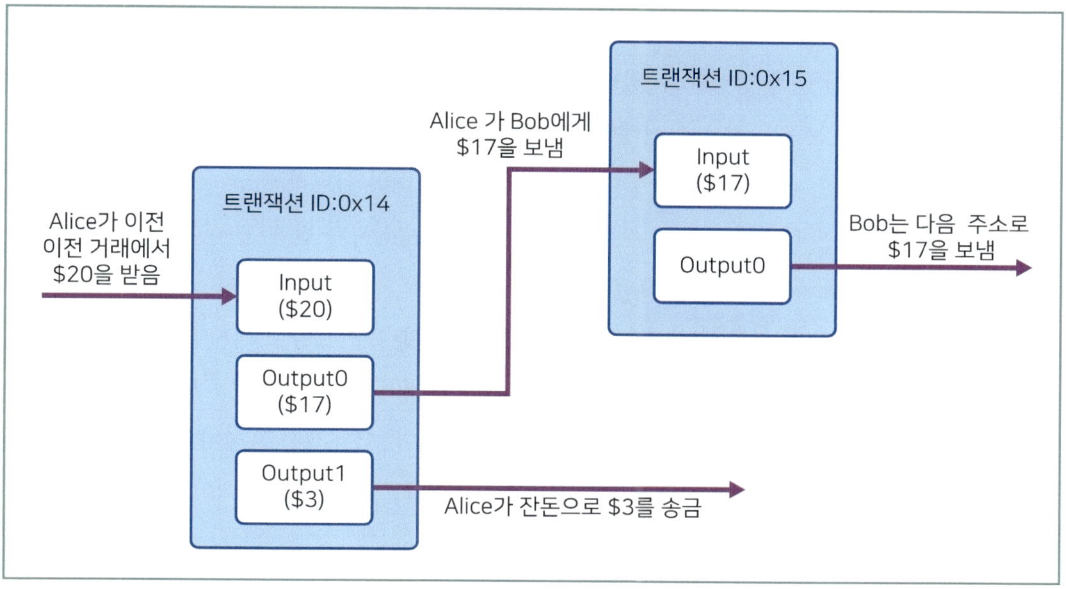

디지털 자산 또는 실제 자산에서 발생하는 활동을 기록하는 방법일 수 있습니다.

〈그림 2-4〉는 암호화폐 거래의 개념적인 예를 보여 줍니다.

블록체인의 각 블록에는 트랜잭션이 0개 이상 포함될 수 있습니다. 일부 블록체인 구현의 경우, 신규 블록의 지속적인 공급(거래가 없더라도)은 블록체인 네트워크의 보안을 유지하는 데 매우 중요하며, 신규 블록의 지속적인 공급을 통해 악성 사용자가 더 길고 변경된 블록체인을 '따라잡고' 제조하는 것을 방지합니다. 트랜잭션을 구성하는 데이터는 블록체인 구현마다 다를 수 있지만 트랜잭션 메커니즘은 대체로 동일합니다. 블록체인 네트워크 사용자가 블록체인 네트워크로 정보를 보냅니다. 전송되는 정보에는 발신자의 주소(또는 다른 관련 식별자), 발신자의 공개 키, 디지털 서명, 트랜잭션 입력 및 트랜잭션 출력이 포함될 수 있습니다

단일 암호화폐 거래에는 일반적으로 다음과 같은 정보가 필요하지만, 그 이상의 정보가 포함될 수 있습니다.

- 입력은 일반적으로 전송할 디지털 자산의 목록으로, 트랜잭션은 디지털 자산의 출처(증명을 제공하는)를 참조합니다(전송자에게 제공된 이전 트랜잭션 또는 새로운 디지털 자산의 경우 출처 이벤트). 트랜잭션에 대한 입력은 과거 사건을 참조하기 때문에 디지털 자산은 변경되지 않습니다. 암호화폐의 경우, 이는 기존 디지털 자산에서 가치를 추가하거나 제거할 수 없음을

의미하며, 대신 단일 디지털 자산을 여러 개의 새로운 디지털 자산(각각 가치가 낮은 자산)으로 분할하거나 여러 개의 디지털 자산을 결합하여 더 적은 수의 새로운 디지털 자산(그에 따라 가치가 높은 자산)을 형성할 수 있습니다. 자산의 분할 또는 결합은 거래 결과 내에 지정됩니다 또한 발신자는 일반적으로 거래에 디지털 서명을 통해 참조된 입력에 액세스할 수 있다는 증거를 제시해야 하며, 개인 키에 대한 액세스를 증명해야 합니다.

- 일반적으로 출력은 디지털 자산의 수신자가 될 계정과 수신자가 받게 될 디지털 자산의 양으로, 각 출력은 새 소유자에게 이전할 디지털 자산의 수, 새 소유자의 식별자, 새 소유자가 해당 가치를 사용하기 위해 충족해야 하는 조건 집합을 지정합니다. 제공된 디지털 자산이 필요 이상인 경우 추가 자금을 발신자에게 명시적으로 다시 보내야 하며, (이것은 "변경"을 위한 메커니즘입니다). 주로 디지털 자산을 전송하는 데 사용되지만, 트랜잭션은 데이터를 전송하는 데 더 일반적으로 사용될 수 있습니다. 간단한 경우, 누군가는 블록체인에 데이터를 영구적으로 게시하고 공개적으로 게시하기를 원할 수도 있습니다.

스마트 컨트랙트 시스템의 경우 트랜잭션을 사용하여 데이터를 전송하고 해당 데이터를 처리하며 블록체인에 일부 결과를 저장할 수 있으며, 예를 들어, 트랜잭션은 블록체인 기술 기반 공급망 시스템 내에서 배송 위치와 같은 디지털화된 자산의 속성을 변경하는 데 사용할 수 있습니다. 데이터의 형성 및 거래 방식에 관계없이 거래의 유효성과 진정성을 판단하는 것은 중요하며, 거래의 유효성을 확인하면 거래가 프로토콜 요구 사항과 블록체인 구현과 관련된 공식화된 데이터 형식 또는 스마트 컨트랙트 요구 사항을 충족할 수 있습니다. 거래의 진위 여부는 디지털 자산의 발신자가 해당 디지털 자산에 액세스할 수 있었다고 판단하기 때문에 중요합니다. 트랜잭션은 일반적으로 발신자의 관련 개인 키로 디지털 서명되며, 관련 공개 키를 사용하여 언제든지 확인할 수 있습니다.

비대칭 키 암호화

블록체인 기술에서는 비대칭 키 암호화(공개 키 암호화라고도 함)(그림2-5)를 사용하여 보안을 강화합니다. 비대칭 키 암호화는 수학적으로 연관된 한 쌍의 키, 즉 공개 키와 개인 키를 기반으로 합니다. 공개 키는 누구나 접근할 수 있도록 공개되지만, 개인 키는 비밀로 유지되어야 합니다. 이 두 키는 서로 관계가 있지만, 공개 키로부터 개인 키를 효율적으로 추론할 수는 없습니다.

비대칭 키 암호화의 주요 기능은 다음과 같습니다.

그림 2-5 비대칭 키 암호화

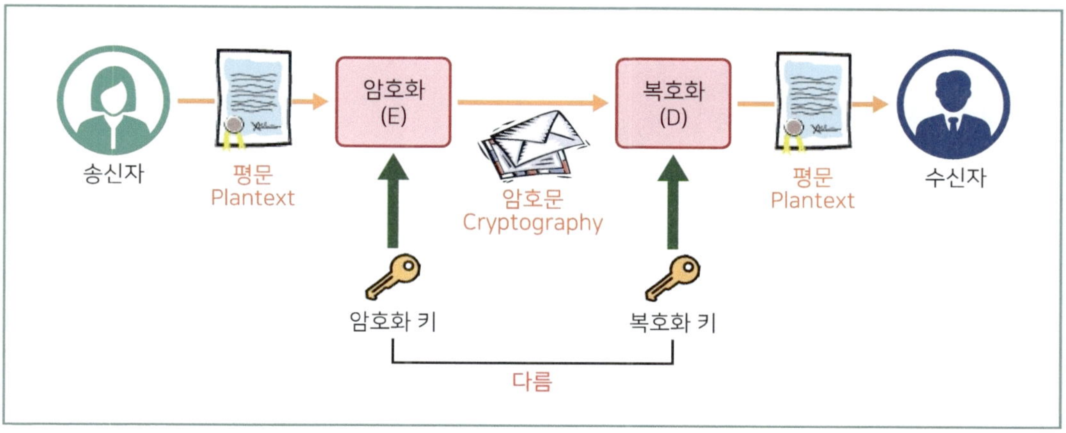

- **암호화 및 해독**: 개인 키로 암호화한 데이터를 공개 키로 해독할 수 있으며, 반대로 공개 키로 암호화한 데이터를 개인 키로 해독할 수 있습니다.
- **디지털 서명**: 트랜잭션의 무결성과 진위를 확인하기 위해 개인 키를 사용하여 트랜잭션에 디지털 서명을 추가합니다. 이를 통해 서로 신뢰하지 않는 사용자 간의 거래에서도 신뢰성을 제공합니다.

공개 키는 자유롭게 사용할 수 있으므로, 개인 키로 트랜잭션을 암호화하면 해당 트랜잭션의 서명자가 개인 키에 접근할 수 있다는 증거가 됩니다. 반대로, 공개 키로 데이터를 암호화하면 개인 키에 접근한 사용자만 해독할 수 있습니다.

비대칭 키 암호화의 활용

블록체인에서 비대칭 키 암호화는 다음과 같은 방식으로 활용됩니다.

- **디지털 서명**: 개인 키를 사용하여 트랜잭션에 서명합니다.
- **주소 생성**: 공개 키를 통해 사용자 주소를 유도합니다.
- **서명 검증**: 공개 키를 사용하여 개인 키로 생성된 서명의 유효성을 확인합니다.
- **신원 확인**: 사용자가 개인 키를 소유하고 있는지 확인하여 거래의 신뢰성을 보장합니다.

일부 허가된 블록체인 네트워크는 비대칭 키 암호화를 위해 기존의 공개 키 인프라를 활용하여 사용자 자격 증명을 관리할 수 있습니다. 이 과정은 경량 디렉토리 액세스 프로토콜(LDAP)과 같은 기존 프로토콜을 통해 이루어지며, 블록체인 네트워크 내에서 사용자 정보를 효과적으로 관리할 수 있게 합니다.

비대칭 키 암호화의 장단점

- **장점**
  - 거래의 진위와 무결성을 보장합니다.
  - 서로 신뢰하지 않는 사용자 간의 안전한 거래를 가능하게 합니다.
- **단점**
  - 계산 속도가 느리다는 점입니다. 이는 단일 비밀 키를 사용하여 암호화와 해독을 수행하는 대칭 키 암호화와 대조적입니다.

대칭 키 암호화

대칭 키 암호화(그림 2-6)에서는 사전에 공유된 비밀 키를 사용하여 데이터를 암호화하고 해독합니다. 이 경우, 사용자는 서로 신뢰 관계를 구축해야 합니다. 대칭 키 암호화는 비대칭 키 암호화에 비해 속도가 빠르지만, 비밀 키가 유출되면 보안이 위협받을 수 있습니다.

대칭 키 암호화의 장단점은 다음과 같습니다.

- **장점**
  - **속도**: 대칭 키 암호화는 비대칭 키 암호화에 비해 상대적으로 빠릅니다. 단일 키를 사용하

그림 2-6 대칭 키 암호화

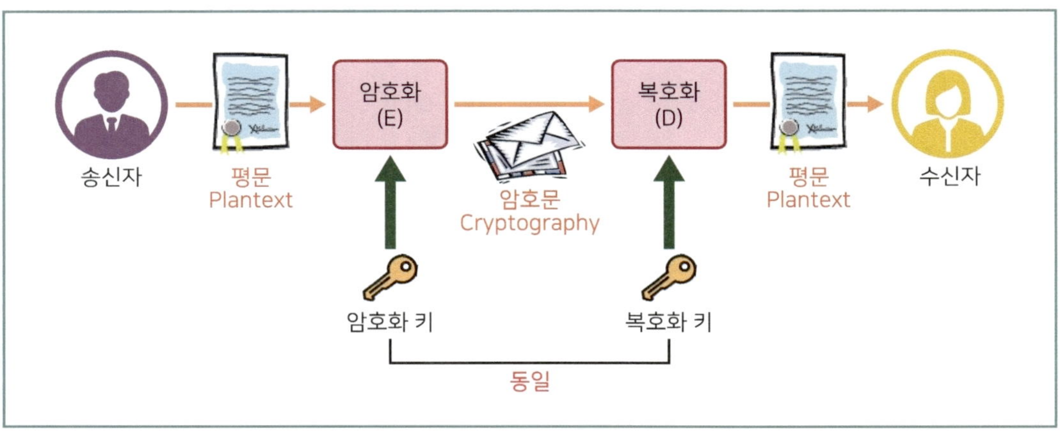

여 암호화와 복호화를 수행하기 때문에 처리 속도가 빠릅니다. 대량의 데이터를 암호화할 때 효율적입니다.

- **연산 자원 소모 적음**: 대칭 암호화는 비교적 간단한 수학적 연산을 사용하므로, 필요한 계산 자원이 적고 메모리 사용량도 낮습니다. 따라서 리소스가 제한된 환경에서도 사용하기 용이합니다.
- **구현의 용이성**: 대칭 키 암호화 알고리즘은 구현이 비교적 간단하여 다양한 플랫폼에서 쉽게 적용할 수 있습니다.

● 단점

- **키 관리의 어려움**: 대칭 키 암호화는 발신자와 수신자가 동일한 키를 공유해야 합니다. 따라서 안전하게 키를 교환하고 관리하는 것이 매우 중요하며, 키가 유출되면 모든 데이터의 보안이 위험해집니다.
- **신뢰 관계 필요**: 대칭 키를 사용하기 위해서는 사전에 신뢰할 수 있는 관계가 구축되어 있어야 합니다. 이를 통해 키를 안전하게 공유해야 하므로, 관계가 없는 사용자 간의 보안 통신에는 적합하지 않습니다.
- **스케일 문제**: 사용자가 많아질수록 각 사용자 간의 키를 관리해야 하므로, 키 관리의 복잡성이 증가합니다. 예를 들어, n명의 사용자 간에는 n(n-1)/2개의 키가 필요하게 됩니다.
- **비밀 유지의 어려움**: 만약 키가 유출되면, 해당 키로 암호화된 모든 데이터가 위험에 처하게 됩니다. 키를 관리하는 데 실수나 부주의가 발생하면 보안에 큰 위협이 될 수 있습니다.

하이브리드 암호화

많은 블록체인 네트워크에서는 비대칭 키 암호화와 대칭 키 암호화를 결합하여 사용합니다. 데이터는 대칭 키 암호화로 암호화된 다음, 이 대칭 키는 비대칭 키 암호화를 통해 안전하게 전송됩니다. 이러한 방식은 비대칭 키 암호화의 느린 속도를 보완하면서도 높은 보안성을 유지합니다. 하이브리드 암호화의 장단점은 다음과 같습니다.

장점

● **속도와 효율성**: 하이브리드 암호화는 대칭 키 암호화와 비대칭 키 암호화의 장점을 결합합니다. 대칭 키 암호화를 사용하여 데이터 자체를 빠르게 암호화하고, 비대칭 키 암호화를 사용하여 대칭 키를 안전하게 전송함으로써 속도와 효율성을 동시에 확보할 수 있습니다.

- **보안성**: 비대칭 키 암호화를 통해 대칭 키를 안전하게 전송하므로, 키 관리의 위험성을 줄이고, 데이터의 기밀성과 무결성을 유지할 수 있습니다. 대칭 키가 유출되더라도 비대칭 키를 통해 안전하게 보호할 수 있습니다.
- **유연성**: 하이브리드 암호화는 다양한 암호화 알고리즘을 사용할 수 있어 필요에 따라 보안 수준을 조절할 수 있습니다. 예를 들어, 더 강력한 비대칭 암호화 알고리즘을 사용하거나, 대칭 키 암호화 알고리즘을 선택적으로 변경할 수 있습니다.
- **비대칭 키의 장점 활용**: 하이브리드 시스템에서는 비대칭 키 암호화의 장점을 활용하여 신뢰할 수 없는 네트워크 환경에서도 안전하게 통신할 수 있습니다.

단점

- **복잡성**: 하이브리드 암호화는 두 가지 종류의 암호화 기술을 결합하므로 시스템이 복잡해질 수 있습니다. 이로 인해 구현과 관리가 더 어렵고, 성능이 저하될 수 있습니다.
- **연산 비용**: 비대칭 키 암호화는 대칭 키 암호화보다 상대적으로 계산 비용이 높습니다. 따라서 대칭 키를 암호화하는 과정에서 어느 정도의 연산 비용이 추가될 수 있습니다.
- **키 관리**: 하이브리드 암호화에서도 비대칭 키와 대칭 키를 모두 관리해야 하므로, 키 관리의 복잡성이 증가할 수 있습니다. 잘못된 키 관리로 인해 보안 위협이 발생할 수 있습니다.
- **기술적 의존성**: 하이브리드 암호화는 두 가지 기술에 의존하기 때문에, 특정 알고리즘이나 기술에 대한 취약성이 발견될 경우 시스템 전체의 보안이 위험에 처할 수 있습니다.

주소 및 주소 어원

블록체인 네트워크에서는 사용자의 공개 키에서 파생된 주소를 사용하여 거래를 수행합니다. 이 주소는 암호화 해시 함수를 통해 생성된 짧은 영숫자 문자열로, 종종 추가 데이터(예: 버전 번호, 체크섬)를 포함합니다. 주소는 수신처 및 송신처 엔드포인트로 사용되며, 일반적으로 공개 키보다 짧고 비밀이 아닙니다.

public key ➡ cryptographic hash function ➡ address

주소 생성 과정은 다음과 같습니다.

① **공개 키 생성**: 사용자는 비대칭 키 암호화 방식으로 공개 키와 개인 키 쌍을 생성합니다.

② **해싱**: 공개 키에 암호화 해시 함수를 적용하여 해시 값을 계산합니다.

③ **주소 변환**: 생성된 해시 값을 텍스트 형태로 변환하여 최종 주소를 생성합니다.

이렇게 생성된 주소는 사용자가 블록체인 네트워크에서 거래를 수행할 때 필요한 공개 식별자로 기능합니다. 주소는 QR 코드 형태로 변환될 수 있어 모바일 장치에서 사용하기 쉽게 만들어집니다.

블록체인 네트워크의 특성에 따라 주소 생성 방법은 달라질 수 있습니다. 예를 들어, 무허가 블록체인에서는 사용자들이 원하는 만큼의 비대칭 키 쌍을 생성하여 다양한 정도의 익명성을 유지할 수 있습니다. 이로 인해 블록체인 네트워크의 주소는 사용자의 고유한 식별자로 작용하며, 사용자는 이를 통해 거래를 쉽게 진행할 수 있습니다.

또한, 블록체인 네트워크 내에서 스마트 계약이 배포되면, 계약에 접근하기 위한 특별한 주소가 생성됩니다. 이더리움과 같은 플랫폼에서는 이러한 계약 계정 주소가 스마트 계약의 작성자 주소를 기반으로 결정적으로 계산됩니다. 이러한 방식으로 생성된 계약 계정은 거래를 수신하고, 계약이 실행되는 기능을 제공하며, 추가적인 스마트 계약을 생성할 수 있는 능력도 갖추고 있습니다.

이처럼 블록체인 주소는 사용자의 거래를 안전하고 효율적으로 처리하는 데 중요한 역할을 하며, 스마트 계약과 결합되어 더 다양한 기능을 수행할 수 있습니다.

개인 키 저장소

일부 블록체인 네트워크, 특히 무허가 블록체인에서는 사용자가 자신의 개인 키를 관리하고 안전하게 저장해야 합니다. 많은 사용자들은 수동으로 키를 기록하기보다는 소프트웨어를 통해 안전하게 보관하는 방법을 선택합니다. 이러한 소프트웨어는 일반적으로 '지갑'이라고 불리며, 개인 키, 공개 키, 그리고 관련 주소를 저장할 수 있는 기능을 제공합니다. 또한 지갑은 사용자가 보유한 디지털 자산의 총 개수를 계산하는 등의 추가 기능도 수행할 수 있습니다.

개인 키를 잃어버리면 해당 키와 연결된 모든 디지털 자산이 영구적으로 손실됩니다. 이는 개인 키를 재생성하는 것이 계산적으로 불가능하기 때문입니다. 반대로, 개인 키가 도난당하면 공격자는 해당 키로 제어되는 모든 디지털 자산에 완전히 접근할 수 있게 됩니다. 따라서 개인 키의 보안은 매우 중요하며, 많은 사용자는 특수 보안 하드웨어를 사용하여 키를 안전하게 저장합니다.

또한 사용자는 개인 키를 안전하게 저장하기 위해 개인 키 에스크로 서비스(그림 2-7)라는 새로운 산업을 활용할 수 있습니다. 이러한 서비스는 계정을 만들 때 사용자가 신원 증명을 제공해야 하므로, 개인 키 저장 외에도 KYC(고객 확인 제도) 법률을 준수하는 데 도움을 줍니다.

개인 키 저장소는 블록체인 기술의 중요한 측면입니다. 예를 들어 "암호화폐 XYZ가 도난당했

그림 2-7 에스크로 서비스

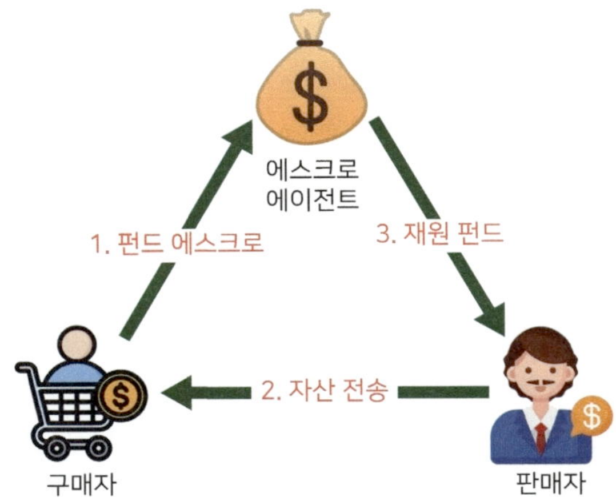

습니다. …"라는 뉴스는 블록체인 네트워크 자체가 손상된 것이 아니라, 특정 개인 키가 발견되어 새로운 계정으로 자금을 송금하는 거래에 사용되었음을 의미합니다.

블록체인 데이터는 일반적으로 변경할 수 없기 때문에 범죄자가 개인 키를 훔쳐 관련 자금을 다른 계정으로 이체하면 해당 거래를 취소할 수 없습니다. 이는 개인 키의 보안과 관리가 얼마나 중요한지를 잘 보여 줍니다.

원장

원장은 거래의 모음(그림 2-8)으로, 역사적으로 펜과 종이 원장을 사용하여 상품과 서비스의 교환을 추적해왔습니다. 현대의 원장은 사용자의 커뮤니티를 대신해 중앙에서 신뢰할 수 있는 제3자(즉, 원장 소유자)에 의해 소유되고 운영되는 대규모 데이터베이스에 디지털 방식으로 저장되는 경우가 많습니다. 이러한 중앙 집중식 원장은 중앙 집중식 또는 분산형 방식으로 구현될 수 있습니다.

최근에는 원장의 분산 소유권에 대한 관심이 높아지고 있으며, 블록체인 기술은 이를 가능하게 하는 분산 소유와 분산 물리적 아키텍처를 모두 활용합니다. 블록체인 네트워크의 분산 물리적 아키텍처는 일반적으로 중앙에서 관리되는 시스템보다 더 많은 컴퓨터로 구성되어 있습니다. 이는 중앙 집중식 원장과 관련된 신뢰, 보안, 신뢰성 문제를 해결하기 위한 것입니다.

중앙 소유의 원장은 분실되거나 파괴될 수 있으며, 사용자는 소유자가 시스템을 적절히 백업

그림 2-8 블록체인 원장 구조

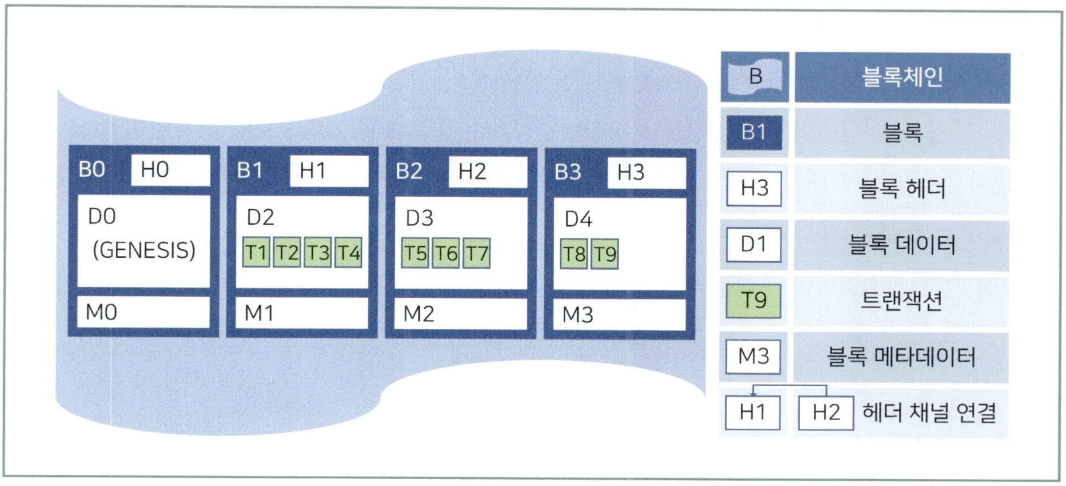

하고 있다고 믿어야 합니다. 반면, 블록체인 네트워크는 설계상 여러 백업 사본이 생성되고, 피어 간에 동일한 원장 데이터를 업데이트하고 동기화합니다. 블록체인 기술의 주요 장점 중 하나는 모든 사용자가 자신의 원장 사본을 보관할 수 있다는 점입니다. 새로운 전체 노드가 블록체인 네트워크에 가입할 때마다 다른 전체 노드에서 원장의 전체 사본을 요청할 수 있습니다. 또한 특정 블록체인 구현은 비공개 트랜잭션을 지원하여 거래에 참여하는 노드에게만 정보를 전달할 수 있습니다.

중앙 소유의 원장은 모든 소프트웨어, 하드웨어, 네트워크 인프라가 동일한 동종 네트워크에 있을 수 있습니다. 이로 인해 네트워크의 한 부분에 대한 공격이 전체 시스템에 영향을 미칠 수 있어 복원력이 감소할 위험이 있습니다. 반면, 블록체인 네트워크는 이기종 네트워크로 구성되어 있어, 한 노드에 대한 공격이 다른 노드에 영향을 미치지 않을 가능성이 높습니다. 또한, 블록체인 네트워크는 전 세계에 분산된 지리적으로 다양한 노드로 구성될 수 있어 특정 지역에서 발생하는 중단에 강합니다.

중앙 소유 원장에서는 거래의 투명성이 떨어지고 유효성이 보장되지 않을 수 있습니다. 사용자는 각 거래가 소유자에 의해 검증되고 있다고 믿어야 하지만, 블록체인 네트워크는 모든 트랜잭션이 유효한지 확인하며, 악성 노드가 전송한 유효하지 않은 트랜잭션은 다른 노드에 의해 감지되고 무시됩니다.

또한 중앙 소유 원장의 거래 목록은 완전하지 않을 수 있으며, 사용자는 소유자가 모든 유효한 거래를 포함하고 있다고 믿어야 합니다. 블록체인에서는 새 블록을 구축하기 위해 이전 블록을 참조해야 하며, 최신 블록에 대한 참조가 포함되지 않은 경우 다른 노드에서 거부될 수 있습니다. 마지막으로, 중앙 소유 원장의 거래 데이터는 변경될 수 있으므로, 사용자는 소유자가 과거 거래를 변경하지 않는다고 신뢰해야 합니다. 블록체인 기술은 디지털 서명 및 암호 해시 함수를 활용하여 변조를 방지하고, 데이터의 무결성을 보장합니다. 중앙 집중식 시스템은 보안 취약점이 있을 수 있으며, 사용자는 보안 패치가 적용되고 보안 모범 사례가 구현되었음을 신뢰해야 합니다. 블록체인 네트워크는 분산된 특성 덕분에 중앙 집중식 공격 지점이 없으며, 정보는 공개적으로 볼 수 있어 개인 정보 도난의 위험이 줄어듭니다. 블록체인 네트워크의 사용자를 공격하려면 공격자가 개별적으로 타깃팅해야 하며, 블록체인을 직접 공격하면 정직한 노드의 저항에 직면하게 됩니다.

블록

블록체인 네트워크의 사용자는 다양한 소프트웨어(데스크탑 애플리케이션, 스마트폰 애플리케이션, 디지털 지갑, 웹 서비스 등)를 통해 후보 트랜잭션을 블록체인(그림 2-9) 네트워크에 제출합니다. 이 소프트웨어는 제출된 트랜잭션을 블록체인 네트워크 내의 노드로 전송합니다. 선택된 노드는 이 트랜잭션을 게시하지 않거나 다른 노드로 전달하지 않을 수도 있습니다.

제출된 트랜잭션은 네트워크의 다른 노드로 전파되지만, 이 단계만으로는 트랜잭션이 블록체인에 포함되지 않습니다. 대부분의 블록체인 구현에서 보류 중인 트랜잭션은 노드에 배포된 후 게시 노드가 블록체인에 추가할 때까지 대기열에서 기다려야 합니다. 게시 노드가 블록을 게시할 때, 트랜잭션은 블록체인에 추가됩니다. 블록에는 블록 헤더와 블록 데이터가 포함됩니다.

블록 헤더는 해당 블록에 대한 메타데이터를 포함하고, 블록 데이터에는 검증된 실제 트랜잭션 목록이 담겨 있습니다. 거래의 유효성과 진정성은 각 거래가 올바르게 포맷되었는지, 그리고 각 거래의 디지털 자산 제공업체가 해당 거래에 암호화 서명(그림 2-8)했는지 확인함으로써 보장됩니

그림 2-9 블록체인의 블록

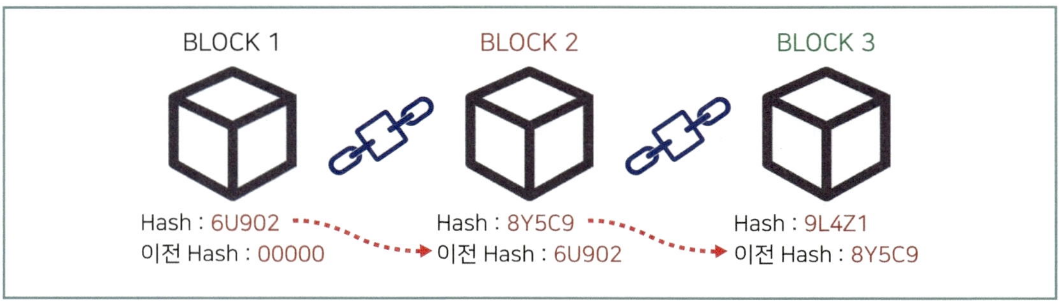

다. 이를 통해 디지털 자산 제공업체가 사용 가능한 디지털 자산에 서명할 수 있는 개인 키에 접근할 수 있는지를 검증합니다. 또한, 다른 전체 노드는 게시된 블록의 모든 트랜잭션의 유효성과 진위 여부를 확인하며, 유효하지 않은 트랜잭션이 포함된 블록은 허용되지 않습니다. 모든 블록체인 구현은 자체 데이터 필드를 정의할 수 있지만, 많은 블록체인 구현에서 일반적으로 활용되는 데이터 필드가 있습니다

체인 블록

블록체인은 각 블록이 이전 블록의 해시 다이제스트를 포함함으로써 연결되어 형성됩니다. 이 구조 덕분에 블록체인은 각 블록이 이전 블록과의 관계를 명확히 유지하게 됩니다. 만약 이전에 게시된 블록이 변경된다면, 해당 블록의 해시가 달라지게 됩니다. 이는 이전 블록의 해시가 포함된 이후의 모든 블록의 해시도 변하게 만드는 결과를 초래합니다.
이러한 방식으로 블록체인은 데이터의 무결성을 유지할 수 있습니다. 변경된 블록은 해시 값이 달라지므로 쉽게 감지될 수 있으며, 이를 통해 네트워크의 다른 노드는 해당 블록을 거부할 수 있습니다. 이 구조는 블록체인의 보안성을 크게 향상시키며, 해킹이나 데이터 변조를 방지하는 데 중요한 역할을 합니다. 일반적인 블록체인의 구조를 시각적으로 나타내어, 블록들이 어떻게 연결되어 있는지를 보여 줍니다. 이러한 연결 방식 덕분에 블록체인은 신뢰할 수 있는 데이터 저장 및 전송 수단으로 자리잡고 있습니다.

Lesson 02

블록체인의 제네시스 블록

블록체인에서 **제네시스 블록(Genesis Block)**은 블록체인의 첫 번째 블록을 의미하며, 모든 블록체인의 시작점으로, 제네시스 블록은 그 블록체인의 역사에서 첫 번째 트랜잭션이 기록되는 곳입니다. 이 블록은 특별한 의미를 가지고 있으며, Lesson 02에서는 제네시스 블록의 주요 특징들을 다룹니다:

제네시스 블록(그림2-10)은 블록체인의 첫 번째 블록으로, 일반적으로 '블록 0' 또는 '블록 1'이라고도 불립니다. 이는 암호화폐의 원형 블록이며, 블록체인의 기반이 되는 핵심 요소입니다. 제네시스 블록은 암호화폐의 애플리케이션 소프트웨어에 하드 코딩되어 있으며, 이전 블록에 대한 참조가 없는 유일한 블록입니다.

비트코인 위키에 따르면, "제네시스 블록은 블록체인의 첫 번째 블록입니다. 최신 버전의 비트코인은 블록 0으로 표시되지만, 초기 버전에서는 블록 1로 간주됩니다." 이처럼 제네시스 블록은 블록체인의 시작을 알리는 중요한 역할을 합니다.

블록체인은 여러 컴퓨터 네트워크에 분산된 거래의 집합으로 구성되며, 각 블록은 거래 목록과 이전 블록에 대한 참조를 포함하고 있습니다. 제네시스 블록은 이러한 체인의 첫 번째 블록으로, 후속 블록들이 이 블록을 기준으로 연결됩니다. 이로 인해 블록체인은 거래의 추적과 검증이 가능하게 되며, 블록체인의 신뢰성과 무결성을 보장합니다.

제네시스 블록은 블록체인 기술의 기초를 형성하며, 모든 거래의 출발점으로서의 역할을 하여 블록체인의 안정성과 보안을 강화하는 데 기여합니다.

Genesis Block

제네시스 블록은 블록체인의 첫 번째 블록으로, 후속 블록들과 구별되는 독특한 특성을 지니고 있습니다. 이전 블록이 존재하지 않기 때문에 제네시스 블록은 이전 블록을 참조하지 않는 유일한 블록입니다. 오히려 이 블록은 블록체인의 프로토콜에 하드 코딩되어 시작점을 정의합니다. 제

그림 2-10 Generic Chain of Blocks

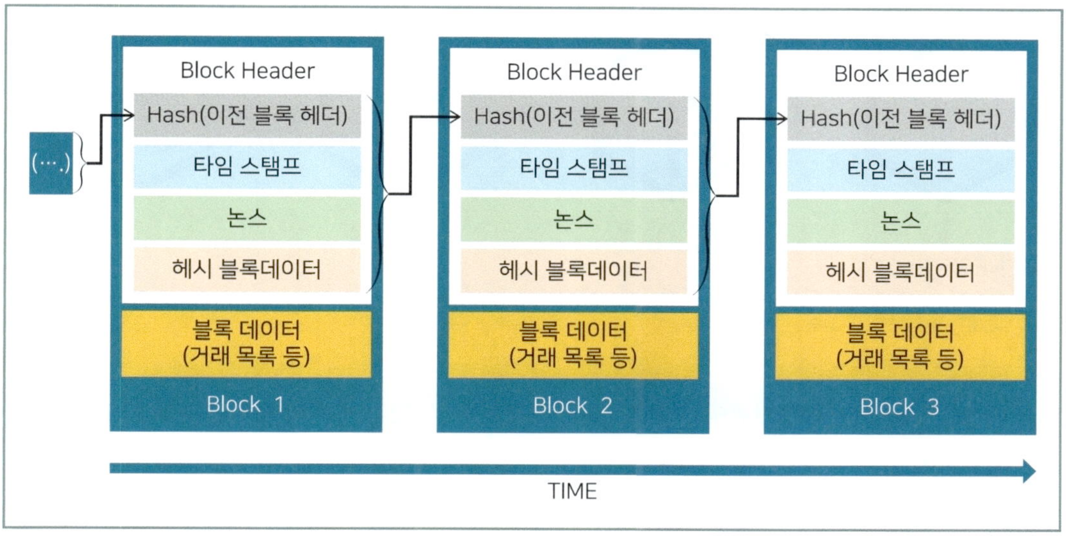

네시스 블록의 생성은 블록체인의 기초를 설정하고, 체인의 후속 블록을 위한 매개변수를 정의하는 중요한 단계입니다.

제네시스 블록은 일반적으로 블록체인을 생성한 사람이나 네트워크의 합의 알고리즘에 의해 생성됩니다. 이 블록은 블록체인 생성을 위한 타임스탬프 역할을 하는 특별한 메시지를 포함하는 경우가 많습니다. 예를 들어, 비트코인 블록체인의 제네시스 블록에는 "은행에 대한 대체 구제 금융에 대한 The Times 03/Jan/2009 Chancellor"라는 메시지가 포함되어 있어, 역사적 맥락을 제공하며 블록체인의 시작일을 기록합니다.

제네시스 블록의 구성 요소는 다음과 같습니다.

- **블록 번호**: 블록 번호는 블록의 높이를 정의하며, 이는 이전 블록의 총 개수로 결정됩니다. 제네시스 블록의 경우, 앞에 블록이 없으므로 블록 번호는 0(그림 2-11)입니다.
- **이전 해시(Previous Hash)**: 이 필드는 이전 블록의 트랜잭션 메타데이터를 결합한 후 해시 알고리즘을 통해 생성됩니다. 제네시스 블록의 경우, 선행 블록이 없기 때문에 이 필드에는 아무 것도 포함되지 않습니다.
- **데이터**: 블록은 여러 트랜잭션의 데이터와 블록 번호, 타임스탬프, 머클 트리 루트 등과 같은 메타 데이터로 구성됩니다. 제네시스 블록의 경우, 이 필드는 블록체인 네트워크를 부트스트랩하기 위해 하드코딩된 데이터로 채워집니다.

그림 2-11 GENISIS BLOCK의 구성

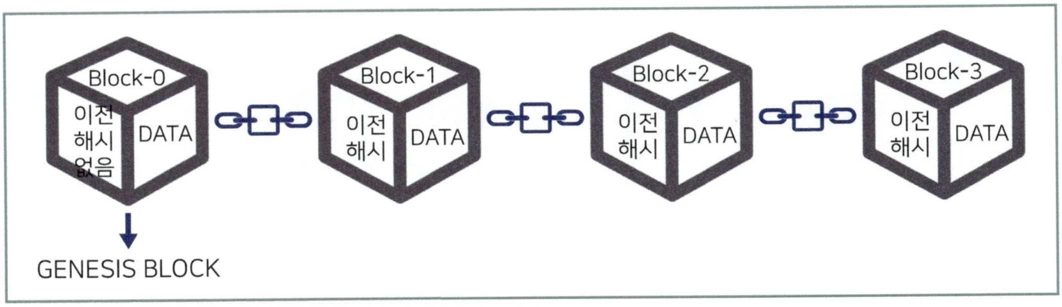

제네시스 블록은 블록체인의 시작을 알리는 중요한 요소로, 블록체인의 구조와 특성을 이해하는 데 필수적인 역할을 합니다. 이를 통해 후속 블록들이 어떻게 연결되고, 블록체인의 무결성이 어떻게 유지되는지를 명확히 할 수 있습니다.

제네시스 블록의 특징

제네시스 블록은 블록체인의 첫 번째 블록으로, 후속 블록들과 뚜렷하게 구별되는 몇 가지 고유한 기능을 가지고 있습니다. 이 블록의 중요한 특징은 다음과 같습니다.

- **이전 블록 없음**: 제네시스 블록은 블록체인의 시작점으로, 이전 블록이 존재하지 않음을 의미합니다. 따라서 일반적으로 네트워크를 초기화하고 후속 블록의 기초를 설정하는 하드코딩된 데이터 세트를 포함합니다.
- **고정 블록 보상**: 많은 블록체인 네트워크에서 제네시스 블록은 고정된 블록 보상을 가진 유일한 블록으로, 이는 후속 블록의 보상이 일반적으로 하락하기 때문입니다. 이는 채굴자가 지속적으로 블록을 생성하도록 유도하기 위한 설계입니다.
- **고유한 블록 해시**: 제네시스 블록은 블록체인 내에서 식별자로 기능하는 고유한 블록 해시를 포함하고 있습니다. 이 해시는 블록체인 소프트웨어에 하드코딩되어 제네시스 블록이 첫 번째 블록으로 인정받도록 합니다.
- **특별 거래**: 제네시스 블록에는 후속 블록에 설정되지 않은 특별 거래가 포함될 수 있습니다. 예를 들어, 비트코인의 제네시스 블록에는 정부 구제 금융에 대한 뉴스 기사와 관련된 메시지가 포함되어 있습니다.
- **제네시스 블록의 중요성**: 제네시스 블록은 분산형 P2P 네트워크의 새로운 시대의 시작을 알

리는 상징적인 의미를 지닙니다. 많은 블록체인 전문가와 발명가는 이를 사회를 변화시킬 수 있는 분산형 기술의 궁극적인 상징으로 보고 있습니다.

제네시스 블록은 블록체인 기술의 핵심 요소로, 이 고유한 기능들 덕분에 블록체인 네트워크의 개발과 운영에 있어 필수적인 역할을 합니다.

제네시스 블록의 필요성

제네시스 블록은 전체 네트워크의 기반 역할을 하며, 블록체인 네트워크에서 중요한 요소로 자리잡고 있습니다. 제네시스 블록이 필요한 이유는 다음과 같습니다.

- **네트워크 초기화**: 제네시스 블록은 블록체인의 첫 번째 블록으로, 네트워크를 초기화하는 데 사용됩니다. 여기에는 네트워크의 원래 매개변수와 첫 번째 거래를 식별하는 해시 등이 포함됩니다.
- **합의 보장**: 제네시스 블록은 네트워크 참여자 간의 합의를 설정하는 데 중요한 역할을 합니다. 이는 모든 참여자가 네트워크의 현재 상태에 동의하는지 확인하기 위한 기본적인 수단입니다.
- **고정된 시작점 제공**: 제네시스 블록은 블록체인의 고정된 시작점을 제공하여 후속 블록들이 이 블록을 기반으로 구축되도록 보장합니다. 이는 블록체인의 무결성을 확보하고 사기 또는 악의적인 활동을 방지하는 데 중요합니다.
- **블록 보상 설정**: 제네시스 블록은 고정된 블록 보상을 가진 유일한 블록으로, 이는 채굴자가 네트워크에 기여하도록 유도하는 역할을 합니다.
- **제네시스 블록의 중요성 확립**: 제네시스 블록은 분산형 P2P 네트워크의 새로운 시대를 나타내며, 분산형 기술이 사회를 변화시킬 수 있는 가능성을 상징합니다.

제네시스 블록은 전체 네트워크의 기반을 설정하고 블록체인의 무결성과 보안을 보장하므로 블록체인 네트워크의 필수 요소입니다.

제네시스 블록 검증 방법

제네시스 블록의 검증은 다음과 같은 단계로 이루어집니다.

- **블록의 생성 해시 얻기**: 관심 있는 네트워크의 블록체인 탐색기에서 생성 블록의 해시를 찾습

니다. 이 해시는 쉽게 접근할 수 있어야 합니다.

- **해시 검증**: 생성 블록의 해시를 획득한 후, 이를 네트워크 소프트웨어에 하드코딩된 해시와 비교하여 검증합니다. 두 해시가 일치하면 제네시스 블록이 유효하고 변조되지 않은 것입니다.
- **타임스탬프 확인**: 제네시스 블록에는 생성된 날짜와 시간을 나타내는 타임스탬프가 있습니다. 이를 통해 타임스탬프의 정확성을 검증할 수 있습니다.
- **거래 검증**: 첫 번째 블록의 거래가 유효한지 확인합니다. 거래에 관련된 주소가 올바른지, 금액이 예상 범위 내에 있는지 점검합니다.

제네시스 블록의 의의

제네시스 블록은 블록체인 네트워크의 시작점으로서 모든 블록체인 네트워크의 기초를 형성합니다. 이 블록에는 네트워크의 원래 상태를 설정하는 중요한 정보가 포함되어 있으며, 난이도, 네트워크 규칙 및 최대 코인 수와 같은 요소들을 정의합니다. 제네시스 블록은 블록체인의 모든 후속 블록에 대한 참조점 역할을 하며, 이 블록에 대한 변경이 있을 경우 전체 체인이 약화되어 새로운 블록 추가나 거래 수행이 불가능해집니다.

따라서 제네시스 블록은 최초의 블록체인 네트워크인 비트코인의 탄생과 분산형 기술의 새로운 시대의 시작을 의미하는 문화적, 역사적 중요성을 지닙니다. 이는 다른 블록체인 기반 운영 및 암호화폐 개발의 길을 열며, 기술 혁신과 사회 변화를 이끄는 중요한 상징이 됩니다.

블록체인 사이드체인

Lesson 03

블록체인 기술은 트랜잭션을 처리하고 데이터를 안전하게 관리하는 방식에 혁명을 일으켰으나, 그러나 블록체인 네트워크의 인기가 계속 높아짐에 따라 특히 블록체인 확장성, 유연성 및 상호 운용성과 관련하여 특정 제한 사항이 발생했으며, **사이드체인**은 이러한 문제를 해결하기 위한 유망한 솔루션으로 부상하여 블록체인 네트워크의 보안과 신뢰성을 유지하면서 기능을 확장할 수 있는 방법을 제공하고 있습니다. Lesson 03에서는 사이드체인이란 무엇이며 사이드체인을 어떻게 사용해야 하는지와 같은 질문에 답할 것입니다.

블록체인 사이드체인(Blockchain Sidechain, 그림 2-12)은 메인 블록체인과 병렬로 동작하는 보조 블록체인으로, 양방향 페그 메커니즘을 통해 메인 체인과 연결됩니다. 사이드체인은 독립적으로 운영되지만, 메인 체인과의 강력한 연결을 통해 자산을 안전하게 이동할 수 있습니다. 이는 사이드체인이 메인 블록체인의 보안과 신뢰를 공유하면서도, 특정 기능이나 애플리케이션을 처리할 수 있는 역할을 수행한다는 의미입니다. 즉, 사이드체인은 메인 블록체인의 확장성 및 유연성을 제공하면서, 실험적이거나 특정 용도에 특화된 블록체인 환경을 지원할 수 있습니다.

그림 2-12 블록체인 사이드체인

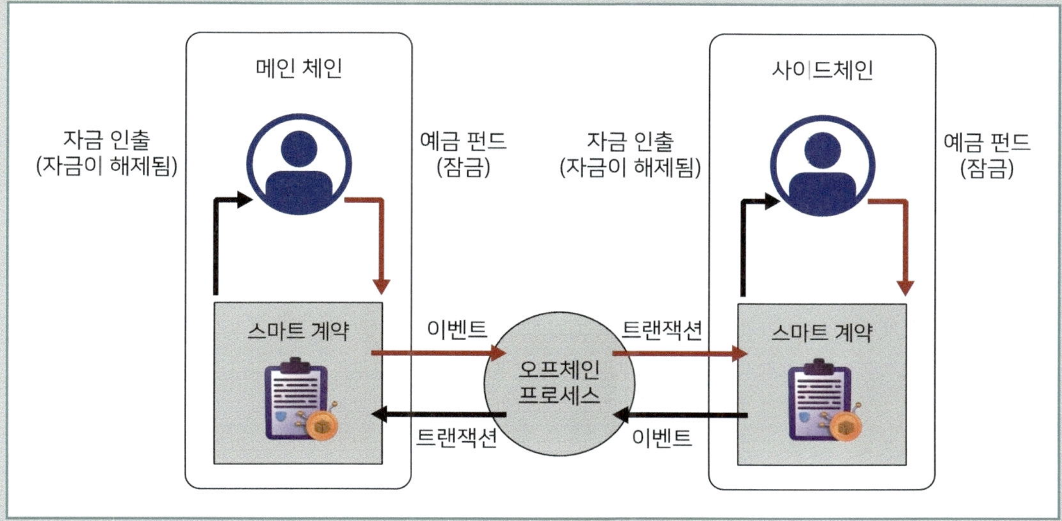

사이드체인은 상위 블록체인의 확장 역할을 하는 별도의 블록체인으로, 메인 체인과 상호 작용하기 위해 **오프체인 프로세스**를 도입해야 합니다. 이 프로세스는 두 블록체인 간에 데이터를 전파하고, 자산 전송이나 블록체인 간 데이터 동기화를 가능하게 합니다.

블록체인 간의 동기화는 **이벤트 형태**로 정보를 전달하는 방식으로 수행됩니다. 예를 들어, 사용자가 자금을 이동시키려면 스마트 컨트랙트에 트랜잭션을 제출하여 자금을 잠급니다. 스마트 컨트랙트는 이 트랜잭션을 이벤트로 발생시키며, 이를 **오프체인 프로세스**가 감지합니다. 오프체인 프로세스는 이 이벤트의 유효성을 확인한 후, 반대편 블록체인에서 자금을 해제할 수 있도록 정보를 전달하는 트랜잭션을 생성합니다. 이 과정을 통해 두 블록체인 간에 자산이나 데이터를 안전하게 이동할 수 있습니다.

오프체인 프로세스의 변형으로 다음과 같은 것이 있습니다.

- **게이트웨이 오라클**: 첫 번째 방식은 **개인 키**를 사용하여 입금 정보를 서명하고, 이를 대상 블록체인의 스마트 컨트랙트에 전달하는 방식입니다. 이는 중앙화된 방식으로, 특정 신뢰할 수 있는 주체가 정보를 전달합니다.
- **탈중앙화된 방식**: 두 번째 방식은 **블록 헤더**와 함께 거래 정보를 전달하여, 제3자가 스마트 컨트랙트의 유효성을 확인할 수 있도록 합니다. 이 방식은 보다 분산화된 구조로, 특정 신뢰할 수 있는 기관에 의존하지 않고 다양한 참여자가 검증합니다.

사이드체인 기능을 **다중 서명 지갑**을 통해 구현할 수도 있습니다. 이 경우, 스마트 컨트랙트 대신 **신뢰할 수 있는 검증자 그룹**이 거래 서명만 하면 되며, 이를 통해 자산을 이동시킬 수 있습니다. 그러나 이러한 방식이 사이드체인이라고 할 수 있는지에 대한 논란은 존재합니다.

이와 같은 다양한 오프체인 프로세스는 각각 고유한 장단점과 위험 요소가 있으며, 이를 결합하여 최적화할 수도 있습니다

사이드체인 사용 방법 및 작동

사이드체인은 기존 블록체인 네트워크의 확장성, 속도, 기능 문제를 해결하기 위해 설계되었습니다. 사이드체인은 메인 블록체인의 부담을 줄이기 위해 특정 작업이나 트랜잭션을 별도의 체인으로 오프로드하여 처리 시간을 단축하고 용량을 확장합니다. 사용자가 자산이나 데이터를 메인 블록체인에서 사이드체인으로 이동하려면, 메인 체인에서 자산을 잠그고 사이드체인에서 해당 자산의 표현을 생성합니다. 이 과정을 '페깅(Pegging)'이라고 하며, 이를 통해 자산은 사이드체인에

서 사용 가능하게 됩니다. 반대로, 사용자가 자산을 다시 메인 체인으로 이동하려면, 사이드체인에서 자산 표현을 제거하고 메인 체인의 자산을 잠금 해제합니다. 이 양방향 페그 메커니즘은 두 체인 간에 자산이 안전하고 원활하게 전송되도록 보장합니다.

사이드체인의 구성 요소

사이드체인을 이해하려면 이를 구성하는 주요 요소를 살펴볼 필요가 있습니다. 사이드체인 운영의 핵심 요소는 **메인 체인**과 **사이드체인**입니다.

- **메인 체인**: 메인 체인은 사이드체인의 '앵커(anchor)' 역할을 하는 기본 블록체인 네트워크로, 시스템의 보안과 합의 메커니즘을 제공합니다. 이를 통해 전체 시스템의 무결성과 불변성이 보장됩니다. 비트코인과 이더리움과 같은 인기 있는 블록체인이 메인 체인의 예입니다.
- **사이드체인**: 사이드체인은 메인 체인과 병렬로 실행되는 보조 블록체인입니다. 자체적인 규칙과 매개변수를 가지고 있어, 특정 기능이나 애플리케이션을 더 효율적으로 처리할 수 있습니다. 사이드체인은 메인 체인과 별개의 합의 메커니즘을 사용하며, 이는 사이드체인이 더 빠른 트랜잭션 처리나 개인 정보 보호 기능 등 특정 요구 사항에 맞게 최적화될 수 있도록 합니다.

이러한 구성 요소들이 결합되어, 사이드체인은 메인 체인의 보안을 활용하면서도 독립적인 기능을 수행할 수 있습니다.

사이드체인에서 양방향 페그

양방향 페그(Two-Way Peg) 메커니즘(그림 2-13)은 사이드체인과 메인 체인 간에 자산을 안전하고 원활하게 이전할 수 있게 해주는 중요한 요소입니다. 이 메커니즘은 자산의 무결성과 안전성을 보장합니다.

- **페그인(Peg-In)**: 사용자가 자산을 메인 체인에서 사이드체인으로 이동하려면, 먼저 메인 체인에서 자산을 잠그고, 사이드체인에서 해당 자산의 표현을 생성하는 페그인 거래를 시작합니다. 이 거래는 메인 체인의 합의 메커니즘에 의해 검증되어, 자산의 이동이 올바르게 이루어졌음을 보장합니다.
- **페그아웃(Peg-Out)**: 사용자가 자산을 사이드체인에서 메인 체인으로 다시 이동하려면, 사이

그림 2-13 양방향 페그 메커니즘

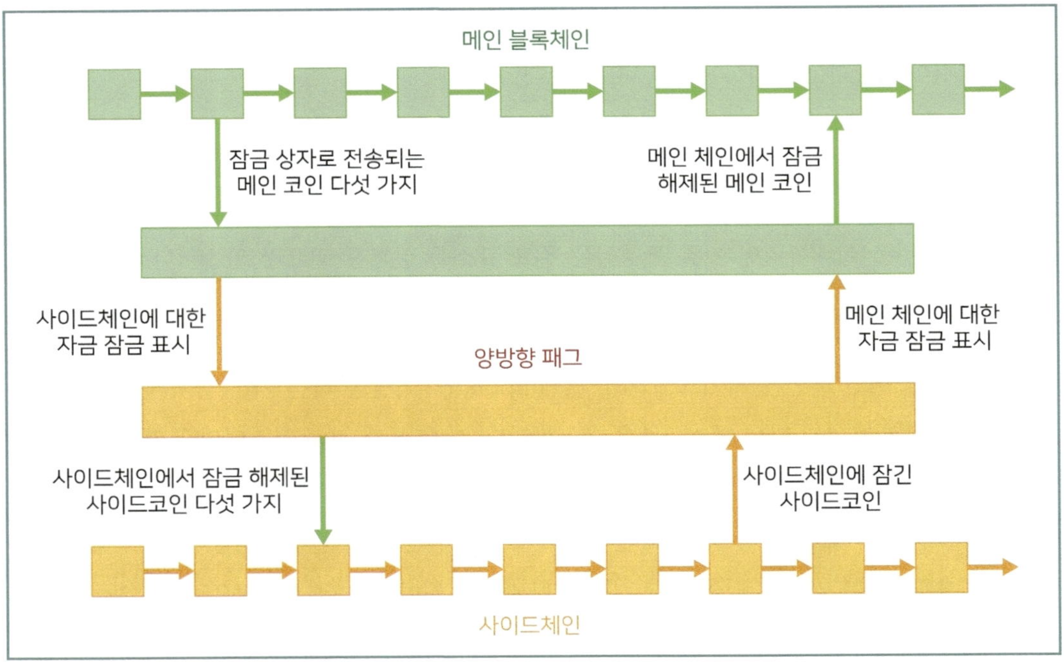

드체인에서 자산 표현을 제거하고, 메인 체인의 자산을 잠금 해제하는 페그아웃 거래를 시작합니다. 이 거래는 사이드체인의 합의 메커니즘에 의해 검증되어 자산의 안전한 이동을 보장합니다.

양방향 페그 메커니즘은 메인 체인과 사이드 체인 간의 안전한 자산 전송을 가능하게 하여, 두 체인 간의 연결을 유지하고, 시스템의 전반적인 보안과 신뢰를 확보합니다

사이드체인에서 스마트 컨트랙트의 용도

사이드체인에서 **스마트 컨트랙트**는 중요한 역할을 하며, 자체 실행되는 조건부 계약을 통해 트랜잭션을 자동화하고 미리 정의된 조건을 중개자 없이 실행할 수 있게 합니다. 사이드체인의 맥락에서 스마트 컨트랙트는 보조 블록체인의 기능과 유연성을 강화하여, 특정 규칙과 조건을 설정하고 실행하는 데 사용됩니다. 이를 통해 복잡한 트랜잭션과 애플리케이션을 효율적으로 처리할 수 있습니다.

스마트 컨트랙트는 **탈중앙화 금융**(DeFi), **공급망 관리**, **탈중앙화 애플리케이션**(DApp) 등 다

양한 분야에 맞게 활용될 수 있으며, 사이드체인에 통합되면 개발자와 사용자가 효율적이고 신속하게 탈중앙화 애플리케이션을 구축하고 운영할 수 있습니다. 또한, 사이드체인은 특정 애플리케이션이나 산업에 맞게 조정되면서도, 다른 블록체인 생태계와 상호 운용 가능한 다양한 가능성을 열어줍니다.

사이드체인 및 메인체인 사용의 위험성

사이드체인과 메인체인 간의 자금 이동에서 보안은 전체 프로세스의 가장 약한 부분에 의해 결정됩니다. 공격자는 메인체인, 사이드체인 또는 오프체인 프로세스를 대상으로 삼을 수 있으며, 각각의 부분이 보안 위협에 노출될 수 있습니다.

- **게이트웨이 오라클의 위험성**: 게이트웨이 오라클에 추가 보안 검사를 하지 않고 의존할 경우, 자금이 위조되거나 변조될 위험에 처할 수 있습니다. 또한, 오라클이 여러 개 존재하지 않으면, 특정 오라클이 거래를 보류할 수 없거나 그 의향이 없을 수 있습니다. 이는 자금 이동 과정에서 신뢰 문제를 초래할 수 있습니다.
- **블록 생성의 위협**: 제3자가 메인체인이나 사이드체인과는 별개로 가짜 블록을 생성하여, 스마트 컨트랙트가 실제 블록체인에서 실행되지 않은 거래를 수락하도록 속일 수 있습니다. 이로 인해 잘못된 자금 이동이나 거래가 발생할 위험이 있습니다. 이를 완화하려면 입금과 출금 사이에 지연을 두고, 공격자가 더 많은 블록으로 가짜 블록체인을 유지할 수 없도록 하는 방식이 필요합니다.
- **51% 공격**: 사이드체인 사용 여부와 관계없이 51% 공격은 여전히 블록체인에서 중요한 보안 위협으로 남아 있습니다. 이 공격은 네트워크의 과반수의 해시파워를 제어한 공격자가 블록체인에 영향을 미치는 방식으로, 데이터 변경이나 이중 지불 등의 문제를 일으킬 수 있습니다.

따라서, 사이드체인과 메인체인 간의 상호 작용은 강력한 보안 검증과 적절한 위험 완화 조치가 필요하며, 여러 단계의 보안 검사 및 프로세스가 필수적입니다.

사이드체인의 이점

- **확장성**: 사이드체인은 블록체인 네트워크의 확장성 문제를 해결하는 데 중요한 역할을 합니다. 메인 체인에서 트랜잭션을 사이드체인으로 오프로드함으로써, 트랜잭션 처리 속도를 높

이고 처리량을 증가시켜 네트워크 혼잡을 완화할 수 있습니다.

- **실험/업그레이드 가능성**: 사이드체인은 개발자에게 메인 체인의 안정성과 보안을 위험에 빠뜨리지 않고 새로운 기능과 업그레이드를 실험할 수 있는 샌드박스 환경을 제공합니다. 이로 인해 지속적인 혁신과 빠른 반복이 가능하며, 블록체인 기술의 발전을 촉진합니다.
- **다각화**: 사이드체인은 블록체인의 기능을 다각화할 수 있는 기회를 제공합니다. 각 사이드체인은 특정 목적에 맞게 조정되어, 개인 정보 보호, 탈중앙화 금융(DeFi), 게임 등 다양한 분야에 적합한 서비스를 제공할 수 있습니다. 이를 통해 블록체인 생태계를 확장하고 다양한 사용자 요구를 충족할 수 있습니다.

사이드체인의 한계

- **보안 문제**: 사이드체인은 양방향 페그 메커니즘을 사용하여 자산을 메인 체인과 사이드체인 간에 전송하는데, 이 페그 메커니즘의 취약점이 사이드체인의 보안을 위협할 수 있습니다. 페그에 대한 공격이 발생하면 자산 손실이나 전체 사이드체인에 대한 위험이 존재할 수 있습니다.
- **탈중앙화 수준 감소**: 사이드체인은 메인 블록체인에 연결되므로, 합의 메커니즘을 위해 더 작은 검증자 집합에 의존하는 경우가 많습니다. 이로 인해 사이드체인의 탈중앙화 수준이 낮아져, 일부 중앙화된 구조로 작용할 수 있습니다.
- **상호 운용성 문제**: 사이드체인은 각기 다른 규칙과 프로토콜을 가질 수 있으며, 이는 서로 다른 사이드체인 간 또는 사이드체인과 메인 체인 간 자산이나 데이터 전송에 장애를 초래할 수 있습니다. 사이드체인 간 상호 운용성 확보를 위한 표준화가 여전히 중요한 과제로 남아 있습니다.
- **사이드체인 혼잡**: 사이드체인에서 활동이 급증하면 트랜잭션 처리 속도가 느려지고 수수료가 상승하는 등의 혼잡 문제가 발생할 수 있습니다. 사이드체인의 확장성은 트랜잭션 효율성을 보장하고 혼잡을 방지하는 데 중요합니다.
- **높은 운영 비용**: 사이드체인의 운영에는 인프라와 유지보수, 보안 및 감사 프로세스 등 많은 비용이 듭니다. 이로 인해 소규모 프로젝트나 조직은 사이드체인 운영에 부담을 느낄 수 있습니다.
- **분열화**: 여러 사이드체인이 개별적인 용도에 맞춰 개발되면, 블록체인 생태계 내에서 분열화가 일어날 수 있습니다. 이러한 분열은 상호 운용성 및 협업을 제한하고, 사이드체인 기술의

채택을 방해할 수 있습니다.

사이드체인은 블록체인 네트워크의 확장성과 기능 한계를 해결할 수 있는 유망한 접근 방식을 제시합니다. 특히, 사이드체인은 메인 체인의 부담을 줄이고 트랜잭션 처리 속도와 처리량을 증가시키는 데 중요한 역할을 하여, 블록체인의 확장성을 크게 향상시킬 수 있습니다. 이를 통해 블록체인 기술의 효율성과 유연성을 높이며, 다양한 산업과 애플리케이션에 적합한 맞춤형 솔루션을 제공합니다. 사이드체인은 블록체인의 발전을 이끄는 중요한 기술로 자리매김할 가능성이 높습니다.

Lesson 04

블록체인의 스마트 계약

블록체인 스마트 계약(Smart Contract)은 블록체인 기술을 활용하여 자동으로 실행되는 계약으로 전통적인 계약의 조건을 코드 형태로 정의하며, 특정 조건이 충족되면 자동으로 실행되는 프로세스를 제공합니다. 즉, 스마트 계약은 제3자의 개입 없이 계약 조건을 자동으로 이행하는 프로그램으로 Lesson 04에서는 블록체인에서의 스마트 계약이 무엇인지 다루도록 하겠습니다.

스마트 계약(Smart Contracts)은 상품과 자산의 이체를 자동으로 실행할 수 있는 컴퓨터 프로그램입니다. 블록체인은 설정된 기준에 따라 이러한 이체를 시작합니다. 스마트 계약은 두 당사자 간의 계약을 돌이킬 수 없는 방식으로 실행하며, 특정 조건이 충족될 때 디지털 자산의 전송을 자동으로 제어(그림 2-14)합니다.

스마트 계약은 전통적인 계약과 유사하게 작동하지만, 자동으로 계약을 시행합니다. 작성자가 설정한 대로 정확하게 실행되는 이 프로그램은, 법적으로 집행 가능한 전통적인 계약처럼 코드

그림 2-14 스마트 계약 방식

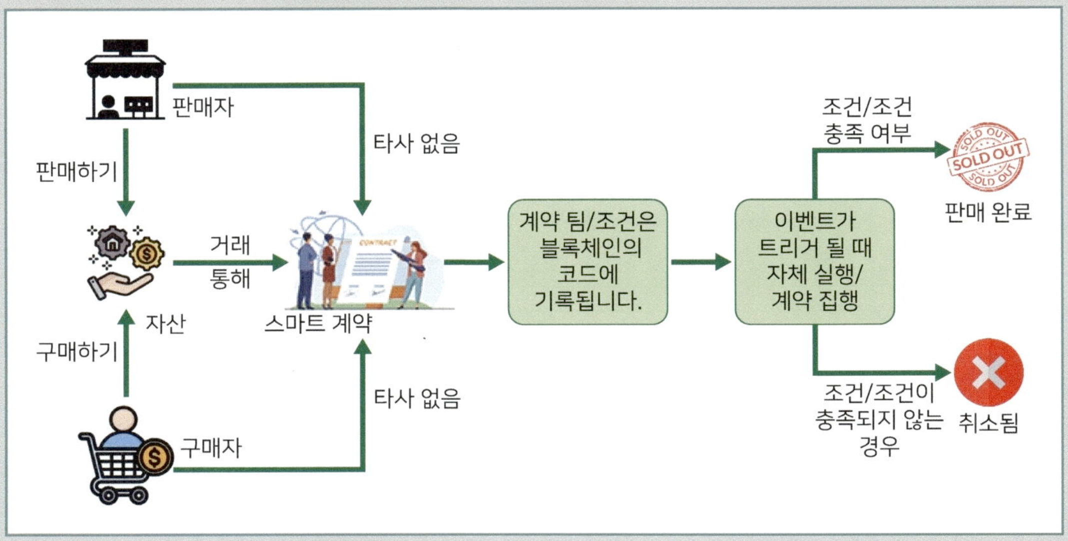

로서 집행될 수 있습니다. 기존 계약과 달리 스마트 계약의 실행은 우발적인 당사자의 협력 의지나 법적 기관의 개입이 아닌, 블록체인에 의해 보장됩니다. 이러한 거래는 블록체인의 특성을 활용하여, 사람의 개입 없이도 자체적으로 실행됩니다.

스마트 계약은 여러 프로그래밍 언어로 작성할 수 있으며, 블록체인상에서 누구나 그 내용을 볼 수 있어 투명성을 높입니다. 이해관계자는 스마트 계약의 코드와 상태를 확인할 수 있으며, 네트워크의 각 노드는 사용 중인 스마트 계약의 사본, 등록된 블록체인, 그리고 완료된 트랜잭션을 보관합니다. 스마트 계약을 실행하려면 블록체인 운영에 대한 수수료를 지불해야 합니다. 계약의 규칙과 유효성 검증 요건은 블록체인에 저장되어 안전하게 보호됩니다. 작성자는 데이터를 변경하거나 삭제할 수 없으며, 두 당사자 간의 거래를 간소화하여 약관이 위조되지 않도록 보장합니다.

- **비트코인 네트워크**: 비트코인은 한 사람에게서 다른 사람에게 가치를 전달하기 위해 스마트 계약의 기본 개념을 처음으로 도입한 네트워크입니다.
- **기본 조건 검증**: 비트코인에서는 전송할 가치의 양이 실제로 보낸 사람의 계정에서 사용 가능한지를 확인하는 등의 기본 조건이 관련됩니다.
- **이더리움 플랫폼**: 개발자와 프로그래머는 Turing-complete 언어를 사용하여 맞춤형 계약을 만들 수 있는 이더리움 플랫폼이 등장하면서 스마트 계약의 기능이 더욱 강화되었습니다.
- **비트코인의 한계**: 비트코인 네트워크에서 스마트 계약은 Turing 불완전 언어로 작성되어, 그 구현 가능성이 제한적이라는 점에 유의해야 합니다.
- **스마트 계약 플랫폼**: 이더리움 외에도 솔라나(Solana), 폴카닷(Polkadot), 하이퍼레저 패브릭(Hyperledger Fabric)과 같은 여러 스마트 계약 플랫폼이 존재합니다.

스마트 계약은 블록체인 기술의 핵심 요소로, 디지털 자산의 안전하고 효율적인 거래를 가능하게 합니다.

스마트 계약의 역사

스마트 계약의 개념은 1994년 법학자이자 암호학자인 Nick Szabo에 의해 처음으로 제안(그림 2-14)되었습니다. Szabo는 스마트 계약이 분산 원장 기술에 적용될 수 있음을 발표하였으며, 이러한 계약이 시스템에 저장되고 복제될 수 있으며, 블록체인을 구성하는 컴퓨터 네트워크에 의해 감독될 수 있다는 이론을 세웠습니다.

그의 이론에 따르면, 스마트 계약은 특정 조건이 충족될 때 당사자 간에 디지털 자산을 전송

그림 2-15 Nick Szabo

출처: Bittime.

하는 데 도움을 줄 수 있습니다. 이 개념은 계약을 자동화하여 중개자의 필요성을 줄이고, 거래의 효율성을 높이며, 신뢰성을 강화하는 방향으로 발전할 가능성을 제시했습니다.

스마트 계약은 당초 법적 계약의 개념을 컴퓨터 코드로 변환하는 것으로 시작되었으며, 이는 나중에 블록체인 기술의 발전과 함께 실현 가능성을 갖추게 됩니다. Szabo의 아이디어는 후에 비트코인과 이더리움과 같은 블록체인 플랫폼에서 구체화되었으며, 스마트 계약은 블록체인 생태계에서 중요한 역할을 하게 되었습니다.

결국, 스마트 계약은 디지털 자산 거래의 혁신적인 방법으로 자리 잡으며, 블록체인 기술의 핵심 요소로 발전하게 되었습니다. 이러한 발전은 다양한 산업에서의 계약 관리와 자산 거래 방식을 변화시키고, 새로운 비즈니스 모델과 경제 구조를 창출하는 데 기여하고 있습니다.

스마트 계약의 특징

스마트 계약은 블록체인 기술을 기반으로 한 자동화된 계약으로, 다음과 같은 몇 가지 필수 특성(표 2-3)을 지니고 있습니다.

- **분산성과 투명성**: 네트워크의 모든 참가자는 스마트 계약의 모든 조건에 대한 사본을 보유하게 되며, 아무도 이를 변경할 수 없습니다. 모든 노드는 계약을 복제하고 분산 배포하여, 데이터의 무결성을 보장합니다.
- **결정론적 실행**: 스마트 계약은 필수 조건이 충족될 때만 설계된 기능을 수행합니다. 이를 통

표 2-3 스마트 계약의 특징

특징	설명
분산성과 투명성	네트워크의 모든 참가자가 계약 조건의 사본을 보유하며, 누구도 변경할 수 없습니다.
결정론적 실행	필수 조건이 충족될 때만 기능이 수행되며, 실행자가 누구든 최종 결과는 동일합니다.
불변성	한 번 배포된 계약은 변경할 수 없으며, 이전에 구현된 경우에만 제거 가능합니다.
자율성과 중개인 제거	제3자의 개입 없이 당사자 간에 직접 공유되며, 모든 노드에 의해 유지되어 제어 권한이 분산됩니다.
사용자 정의 가능성	사용자가 원하는 기능을 포함할 수 있어 다양한 상황에 맞게 조정할 수 있습니다.
투명한 코드 공개	블록체인에 저장된 계약은 누구나 열람할 수 있어 높은 투명성을 제공합니다.
자동화된 검증 및 실행	조건이 충족되면 자동으로 실행되며, 제3자 개입 없이 자체적으로 검증합니다.

해 누가 계약을 실행하더라도 최종 결과는 항상 동일하게 유지됩니다.

- **불변성**: 일단 배포된 스마트 계약은 변경이 불가능하며, 기능이 이전에 구현된 경우에만 제거할 수 있습니다. 이는 계약의 안정성과 신뢰성을 높입니다.
- **자율성과 중개인 제거**: 스마트 계약은 제3자의 개입 없이 작성되며, 당사자 간에 직접 공유됩니다. 거래 당사자에게 완전한 권한을 부여하여 자율성을 강조하며, 모든 노드에 의해 유지되고 실행되므로 어느 한 쪽이 모든 제어 권한을 갖지 않도록 설계되었습니다.
- **사용자 정의 가능성**: 스마트 계약은 사용자 정의가 가능하여, 사용자가 원하는 작업을 수행하기 위한 기능을 포함할 수 있습니다. 이는 계약의 유연성을 높이고 다양한 상황에 적합하게 적용할 수 있도록 합니다.
- **투명한 코드 공개**: 스마트 계약은 항상 블록체인이라는 공개 분산 원장에 저장되므로, 참여자 여부와 관계없이 누구나 코드를 열람할 수 있습니다. 이로 인해 높은 수준의 투명성이 보장됩니다.
- **자동화된 검증 및 실행**: 스마트 계약은 제3자가 필요하지 않으며, 조건이 충족되면 자동으로 실행됩니다. 모든 단계에서 조건과 규칙이 충족되는지를 자체적으로 확인하여, 효율성을 극대화합니다.

이러한 특성 덕분에 스마트 계약은 효율적이고 신뢰할 수 있는 방식으로 거래를 자동화하며, 여러 산업에서의 응용 가능성을 넓히고 있습니다.

스마트 계약의 기능과 유형

스마트 계약은 여러 가지 중요한 기능을 제공하며, 이를 통해 다양한 프로세스를 효율적으로 자동화할 수 있습니다. 다음은 스마트 계약의 주요 기능입니다.

스마트 계약의 기능

- **정확한 실행**: 스마트 계약은 프로그래머가 작성한 대로 정확하게 실행되며, 코드에 의해 제한됩니다.
- **자동화**: 수동으로 수행되는 작업이나 프로세스를 자동으로 수행할 수 있습니다.
- **시간 절약**: 소프트웨어 코드를 사용하여 인간의 상호 작용을 줄임으로써 작업을 수행하는 데 걸리는 시간을 단축시킵니다. 모든 작업이 코드에 의해 수행되기 때문에, 실행 시간은 스마트 계약의 코드가 실행되는 시간에 비례합니다.
- **강력한 백업**: 블록체인의 모든 노드는 공유 원장을 유지 관리하여 뛰어난 백업 기능을 제공합니다.
- **우수한 보안성**: 암호화를 통해 자산의 안전성을 보장하며, 해커가 암호화를 해제하더라도 수정된 블록 이후의 모든 블록을 변경해야 하므로 보안이 강화됩니다. 이는 중소규모 조직에는 사실상 불가능한 작업입니다.
- **비용 절감**: 스마트 계약은 중개자를 제거하여 비용을 절감하고, 서류 작업에 필요한 비용을 최소화합니다.
- **동의 관리**: 사용자 동의를 관리하며, 도메인 등록, 회원 기록 등 애플리케이션에 대한 정보를 저장하고 관리합니다.
- **다중 서명 지원**: 계약을 확인하는 즉시 자금을 분배하기 위해 다중 서명 계정을 지원합니다.

스마트 계약의 유형

스마트 계약은 다양한 유형(그림 2-16)으로 분류될 수 있으며, 여기서는 두 가지 주요 유형을 소개합니다.

- Decentralized Autonomous Organization(DAO): 자율적으로 운영되는 조직으로, 스마트 계약을 통해 의사결정을 자동화합니다.
- Application Logic Contracts(DApps): 특정 애플리케이션의 논리를 처리하는 계약으로, 다양한 기능을 자동화합니다.

그림 2-16 스마트 계약의 유형

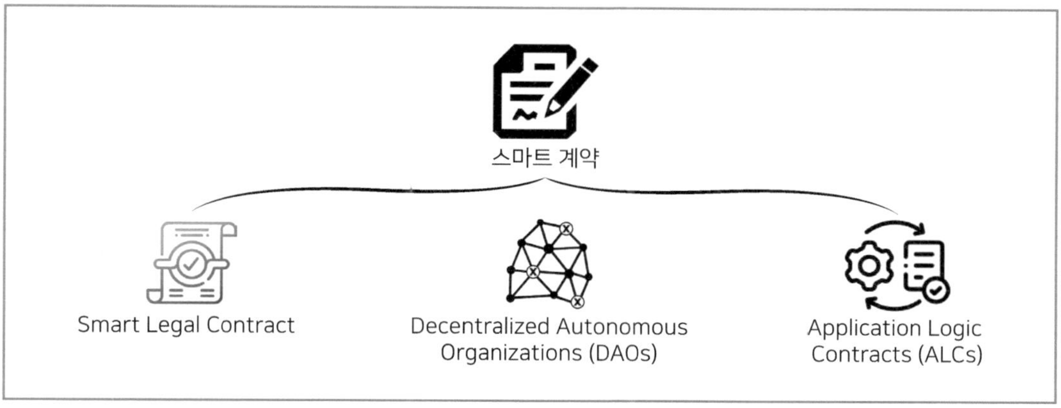

스마트 계약은 이러한 기능과 유형을 통해 블록체인 기술의 가능성을 극대화하고, 다양한 산업에서 혁신적인 변화를 이끌어낼 수 있는 중요한 도구로 자리 잡고 있습니다.

스마트 법률 계약

스마트 법률 계약(Smart Legal Contract)은 법적 보장을 갖춘 계약으로, "이런 일이 발생하면 이런 일이 발생한다"는 형식을 따릅니다. 이러한 계약은 블록체인에 저장되며 변경이 불가능하기 때문에 기존 문서보다 계약 당사자 간에 더 높은 개방성을 제공합니다. 계약은 디지털 서명을 통해 당사자에 의해 실행되며, 특정 조건이 충족되거나 미리 정해진 날짜가 도래하면 자동으로 작동합니다.

스마트 법률 계약을 준수하지 않을 경우 심각한 법적 결과가 따를 수 있습니다. 이러한 계약은 일반적으로 법원에서 유지될 수 있으며, 기술적 요소에 대한 깊은 이해 없이도 당사자 간의 준수를 보장하는 법적 구제책을 포함합니다. 그러나 블록체인에서 스마트 계약의 법적 지위는 여전히 불확실하며, 많은 관할권에서 법적으로 충분히 뒷받침되지 않고 있습니다. 규칙이 마련되면 스마트 계약은 금융 및 부동산 거래, 정부 보조금, 국제 무역 등 엄격한 규제가 필요한 절차를 간소화할 수 있습니다.

애플리케이션 로직 계약

애플리케이션 로직 계약(Application Logic Contracts, ALC)은 탈중앙화 애플리케이션(DApp) 내에서 특정 기능이나 프로세스를 실행하도록 설계된 스마트 계약입니다. 이러한 계약은

DApp의 핵심 로직과 운영을 관리하며, 원활하고 자율적으로 실행되도록 보장합니다. ALC는 여러 다른 블록체인 계약을 따라잡는 애플리케이션 기반 코드로 구성되어 있습니다.

ALC는 블록체인 기술과 사물 인터넷(IoT)과 결합하여 다양한 장치 간의 통신을 허용합니다. 이는 사람이나 조직 간의 계약이 아니라, 컴퓨터와 기타 계약 간의 상호 작용을 가능하게 합니다. ALC는 다기능 스마트 계약의 필수 구성 요소로, 대부분의 경우 관리 프로그램에 따라 작동합니다. ALC의 지속적인 발전으로 인해 모호한 점이 있을 수 있으나, 그중요성은 날로 증가하고 있습니다.

스마트 계약의 작동

스마트 계약(그림 2-17)은 블록체인에서 보안 코딩이 적용된 디지털 계약으로, 계약에 명시된 조건을 트리거하기 위해 정확한 이벤트 순서를 요구하는 코드와 권한을 포함하고 있습니다. 또한, 계약의 마감 기한을 설정하는 시간 제약도 포함될 수 있습니다. 모든 스마트 계약은 블록체인에 주소를 가지며, 계약이 네트워크에 Broadcast되면 해당 주소를 사용하여 다른 계약과 상호작용할 수 있습니다. 스마트 계약의 기본 아이디어는 매우 간단합니다.

그림 2-17 스마트 계약의 작동

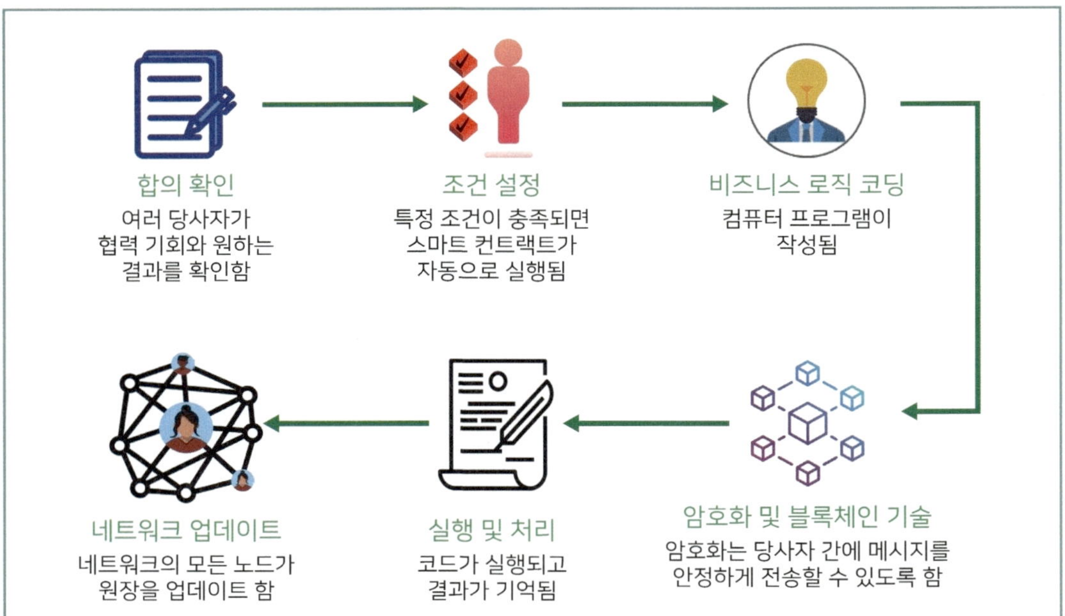

스마트 계약의 작동 단계

- **계약 식별(합의 확인)**: 여러 당사자는 협력 기회와 원하는 결과를 식별합니다. 계약에는 비즈니스 프로세스나 자산 교환 등이 포함될 수 있습니다.
- **조건 설정**: 스마트 계약은 당사자가 직접 시작하거나, 특정 조건이 충족될 때(예: 금융 시장 지수, GPS 위치) 시작될 수 있습니다.
- **비즈니스 로직 코딩**: 조건이 충족되면 자동으로 실행되는 컴퓨터 프로그램이 작성됩니다.
- **암호화 및 블록체인 기술**: 암호화는 스마트 계약과 관련된 당사자 간의 안전한 인증 및 메시지 전송을 제공합니다.
- **실행 및 처리**: 블록체인에서 인증 및 검증이 이루어질 때마다 계약 코드가 실행되고, 그 결과는 규정 준수와 검증을 위해 블록체인에 기록됩니다.
- **네트워크 업데이트**: 스마트 계약이 실행된 후, 네트워크의 모든 노드는 새로운 상태를 반영하도록 원장을 업데이트합니다. 이 기록은 블록체인 네트워크에 게시되고 확인되면 수정할 수 없으며, 이후에 추가적인 정보로만 사용됩니다.

이러한 과정을 통해 스마트 계약은 신뢰성과 투명성을 제공하며, 중개자의 개입 없이도 당사자 간의 거래를 안전하게 자동화할 수 있습니다.

스마트 계약의 응용

스마트 계약은 다양한 분야에서 혁신적인 변화를 이끌어 내고 있습니다. 아래는 몇 가지 주요 응용 사례입니다.

- **부동산**: 스마트 계약을 통해 중개인에게 지급되는 비용을 줄이고, 판매자와 구매자 간의 자산 이전을 직접 관리합니다. 예를 들어, 특정 자원이 판매자의 계정으로 이전된 후 아파트의 소유권이 자동으로 이전되는 방식입니다.
- **차량 소유권**: 차량의 유지 관리 기록과 소유권을 블록체인에 기록하여 추적할 수 있습니다. 이로 인해 차량 소유권의 이전과 관련된 절차가 간소화됩니다.
- **음악 산업**: 음악의 소유권을 블록체인에 기록하고, 스마트 계약을 통해 음악이 상업적으로 사용될 때 로열티를 자동으로 소유자의 계정에 적립할 수 있습니다.
- **정부 선거**: 투표 결과를 블록체인에 기록함으로써 유권자의 신원을 안전하게 보호하고 투표 조작을 방지할 수 있어 신뢰성을 높입니다.

- **관리**: 관리 업무의 블록체인 애플리케이션은 결정을 자동화하고 투명하게 처리할 수 있도록 합니다. 예를 들어, 10톤의 비닐봉지를 생산할 때 원자재 공급을 위해 스마트 계약을 활용할 수 있습니다.
- **의료**: 스마트 계약을 통해 의료 결제 과정을 자동화하면 결제의 신뢰도를 높이고 불법 결제를 예방할 수 있습니다. 모든 처리는 원장에 등록되며, 환자는 병원에서 퇴원하기 전에 청구서를 지불해야 합니다.

스마트 계약의 장점

스마트 계약의 도입은 여러 가지 이점을 제공합니다.

- **기록 보관**: 모든 계약 거래는 블록체인에 시간순으로 저장되어 감사 추적이 가능하며, 개인 정보는 암호화되어 보호됩니다.
- **자율성**: 당사자 간의 직접 거래를 통해 중개인의 필요성이 줄어들고, 고객과의 투명하고 직접적인 관계를 형성할 수 있습니다.
- **사기 감소**: 스마트 계약은 블록체인에 안전하게 저장되므로 사기 행위를 탐지하고 줄이는 데 효과적입니다. 계약 위반 시도는 네트워크의 노드에 의해 감지되고 무효화됩니다.
- **내결함성(Fault-Tolerant Pattern)**: 스마트 계약은 분산 네트워크에서 운영되므로, 하나의 노드가 분리되더라도 계약은 계속 유지됩니다.
- **향상된 신뢰**: 비즈니스 계약이 자동으로 실행되고 시행되며, 계약 내용이 변경될 수 없으므로 신뢰성이 높아집니다.
- **비용 효율성**: 스마트 계약을 사용하면 중개인 비용이 줄어들고, 서류작업도 줄여서 비용을 절감할 수 있습니다.

스마트 계약의 과제

블록체인 스마트 계약은 혁신적인 기술이지만, 여러 문제점이 존재합니다. 이러한 문제점과 그 해결책을 아래와 같이 정리할 수 있습니다.

- **법적 규제 부족**
  - **문제점**: 스마트 계약에 대한 명확한 법적 규제가 없어서, 계약 이행 시 법적 책임이 불확실해집니다. 이는 분쟁 발생 시 해결이 어렵게 만듭니다.

- **해결책**: 각국 정부와 국제기구가 스마트 계약 관련 법적 프레임워크를 개발하고 표준을 마련해야 합니다. 이를 통해 사용자와 제공자가 권리와 의무를 명확히 이해할 수 있도록 해야 합니다.

● **기술적 복잡성**

- **문제점**: 스마트 계약의 개발과 실행은 기술적으로 복잡하여, 개발자뿐 아니라 일반 사용자도 이해하기 어렵습니다.
- **해결책**: 사용자 친화적인 개발 도구와 인터페이스를 제공하고, 교육 프로그램을 통해 스마트 계약에 대한 이해를 높이는 것이 필요합니다.

● **불변성**

- **문제점**: 스마트 계약은 한 번 배포되면 수정이 불가능하므로, 변경이 필요한 경우 새로운 계약을 생성해야 하는 불편함이 있습니다.
- **해결책**: "업그레이드 가능한 계약" 구조를 도입하여 특정 조건이나 부분을 수정할 수 있는 기능을 포함하는 방안을 고려할 수 있습니다.

● **보안 문제**

- **문제점**: 스마트 계약은 해킹이나 취약점 공격의 대상이 될 수 있습니다. 과거에도 여러 차례 보안 사건이 발생했습니다.
- **해결책**: 코드를 철저히 감사하고 테스트하며, 보안 프로토콜을 강화하는 것이 중요합니다. 또한, 보안 전문가와 협력하여 지속적으로 시스템을 점검해야 합니다.

● **실행의 불확실성**

- **문제점**: 스마트 계약의 조건이 명확하지 않거나 해석의 여지가 있을 경우, 계약이 의도한 대로 실행되지 않을 수 있습니다.
- **해결책**: 계약의 조건을 명확하게 정의하고, 다양한 시나리오에 대한 테스트를 수행하여 계약의 실행 가능성을 높여야 합니다.

● **상호 운용성 부족**

- **문제점**: 다양한 블록체인 플랫폼 간의 상호 운용성이 부족하여, 서로 다른 시스템 간의 통합이 어렵습니다.
- **해결책**: 표준화된 프로토콜을 개발하여 서로 다른 블록체인 간의 상호 운용성을 높이고, 다양한 플랫폼에서 스마트 계약을 실행할 수 있도록 해야 합니다.

● **에너지 소모**

- **문제점**: 블록체인 네트워크의 운영에 따라 높은 에너지 소모가 발생할 수 있으며, 이는 환

경 문제로 이어질 수 있습니다.

- **해결책**: 에너지 효율적인 합의 알고리즘을 사용하는 블록체인을 선택하고, 지속 가능한 방식으로 시스템을 운영하는 방안을 모색해야 합니다.

이러한 문제점들을 해결하기 위해서는 기술적, 법적, 교육적 노력이 필요하며, 이를 통해 블록체인 스마트 계약의 활용성을 높이고 신뢰성을 강화할 수 있습니다.

블록체인의 Hyperledger Fabric

Lesson 05

Hyperledger Fabric은 Hyperledger 프로젝트의 일부로, 블록체인 기술을 활용하여 기업용 분산 원장 시스템을 구축할 수 있도록 설계된 오픈소스 플랫폼으로, Hyperledger Fabric은 주로 기업 환경에서 사용되며, 확장성, 보안성, 개인 정보 보호 및 신뢰성 있는 거래 환경을 제공하는 것이 특징입니다. Lesson 05는 **블록체인의 Hyperledger** 에 대하여 다루도록 하겠습니다.

Hyperledger Fabric은 분산 원장 솔루션을 구축하기 위한 오픈소스 플랫폼으로, 여러 산업 분야에서 활용될 수 있도록 설계되었습니다. 이 플랫폼은 높은 기밀성, 유연성, 회복성 및 확장성을 제공하는 모듈형 아키텍처를 특징으로 합니다. Hyperledger Fabric은 Linux Foundation의 관리 하에 개발되며, 비공식적이고 기밀한 블록체인 프레임워크로 분류(그림 2-18)됩니다.

Hyperledger Fabric의 주요 특징은 다음과 같습니다.

- **모듈형 아키텍처**: Hyperledger Fabric은 사용자의 필요에 맞게 구성할 수 있는 모듈형 설계를 채택하고 있어, 다양한 비즈니스 요구 사항에 맞춰 최적의 솔루션을 개발할 수 있습니다.
- **프라이버시 및 기밀성**: 거래 데이터는 기본적으로 비공개로 설정할 수 있어, 특정 참여자만이

그림 2-18　Hyperledger 5개 프레임 워크

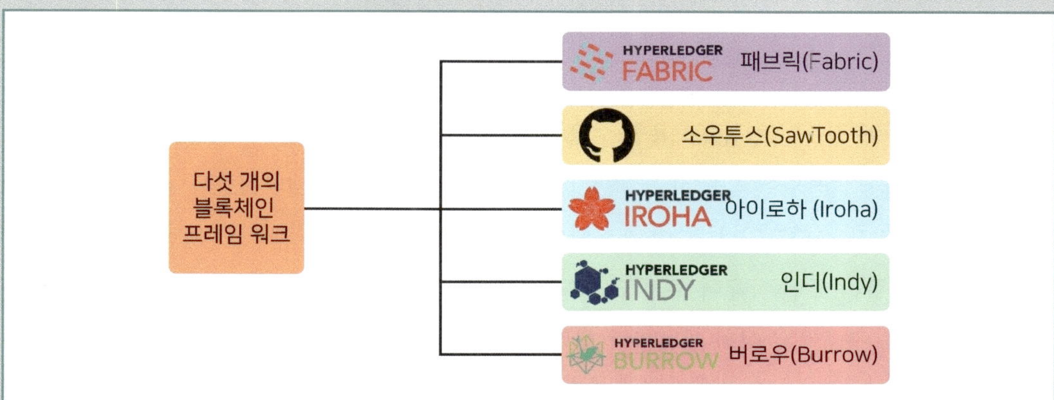

거래 정보를 볼 수 있도록 할 수 있습니다. 이는 기업 환경에서 중요한 기밀성을 유지하는 데 큰 도움이 됩니다.

- **스마트 계약**: Hyperledger Fabric에서는 '체인코드'라는 스마트 계약을 사용하여 자동화된 프로세스를 구현할 수 있습니다. 체인코드는 특정 조건이 충족될 때 자동으로 실행되는 프로그램으로, 비즈니스 로직을 코드로 작성할 수 있습니다.
- **확장성 및 성능**: 이 플랫폼은 높은 처리 속도를 제공하며, 수천 개의 트랜잭션을 동시에 처리할 수 있습니다. 이러한 성능은 대규모 기업 환경에서 특히 유용합니다.
- **다양한 합의 알고리즘**: Hyperledger Fabric은 다양한 합의 메커니즘을 지원하여 사용자가 필요에 따라 적절한 방식으로 거래를 검증할 수 있도록 합니다. 이는 각 산업별 요구 사항에 따라 유연하게 적용할 수 있습니다.
- **생태계**: Hyperledger Fabric은 다양한 산업에서 이미 사용되고 있으며, 이로 인해 풍부한 생태계와 커뮤니티가 형성되어 있습니다. 개발자와 기업은 다양한 자원과 지원을 통해 솔루션을 개발하고 개선할 수 있습니다.

Hyperledger Fabric은 금융 서비스, 공급망 관리, 의료, 정부 등 다양한 분야에서 실제로 사용되고 있으며, 이러한 플랫폼의 채택은 블록체인 기술의 활용 가능성을 더욱 확장하고 있습니다. 이러한 특성 덕분에 Hyperledger Fabric은 복잡한 비즈니스 요구를 충족할 수 있는 유용한 도구로 자리잡고 있습니다.

Hyperledger Fabric이란

Hyperledger Fabric은 엔터프라이즈 수준의 애플리케이션을 위해 설계된 오픈소스 블록체인 플랫폼입니다. 이 플랫폼은 모듈형 아키텍처, 허가형 네트워크, 그리고 '체인코드'로 알려진 스마트 계약 기능을 특징으로 하며, Linux Foundation에서 호스팅하는 Hyperledger 프로젝트의 일환입니다. Hyperledger Fabric(그림 2-19)은 허가된 블록체인 네트워크를 제공하여 승인된 참여자만 블록체인에 접근하고 상호작용할 수 있도록 합니다.

Hyperledger Fabric은 다양한 산업에 적용 가능한 모듈성과 다재다능함을 제공하는 엔터프라이즈급 분산 원장 플랫폼입니다. 이 플랫폼의 모듈형 아키텍처는 컨센서스, 개인 정보 보호, 멤버십 서비스 등 플러그 앤 플레이 구성 요소를 통해 다양한 비즈니스 요구 사항을 수용할 수 있습니다. 예를 들어, 구매자는 여러 판매자와 협력하여 동일한 제품을 판매할 수 있으며, 이 경우 각 판매자와의 거래 관계는 비공개로 유지됩니다.

그림 2-19 하이퍼레저 페블릭 프레임워크 및 도구들

이러한 기능은 Hyperledger Fabric의 '채널' 기능을 통해 가능하며, 거래 데이터를 비공식적으로 유지하면서도 원장에는 해시를 공유함으로써 거래의 증거를 확보할 수 있습니다. Fabric은 개방형 무허가 시스템이 아닌 개인 거래와 기밀 계약을 지원하는 안전하고 확장 가능한 플랫폼을 제공합니다.

Hyperledger Fabric의 설계는 엔터프라이즈용으로 처음부터 계획되었으며, 다양한 산업에 맞춤형 솔루션을 제공하여 비즈니스의 신뢰성, 투명성, 책임성을 높일 수 있습니다. 또한, 이 플랫폼은 다음과 같은 주요 특징을 갖추고 있습니다.

- **모듈형 아키텍처**: 합의 메커니즘, 스토리지 시스템, ID 관리 등의 플러그형 구성 요소를 통해 특정 사용 사례에 맞게 사용자 정의할 수 있습니다.
- **허가된 네트워크**: 참여자는 사전 검증되며, 데이터와 거래에 대한 세분화된 액세스 제어가 제공됩니다.
- **스마트 계약(체인코드)**: 체인코드는 비즈니스 로직을 정의하고 실행하는 데 사용되며, 거래를 시뮬레이션하고 규칙을 시행합니다.
- **채널 지원**: 채널을 통해 특정 거래에 대한 기밀성과 보안을 유지하면서 격리된 통신이 가능합니다.
- **신원 관리**: 디지털 인증서를 통해 참가자의 신원과 권한을 안전하게 관리합니다.

Hyperledger Fabric은 높은 수준의 보안, 개인 정보 보호 및 확장성을 제공하며, 금융, 공급망, 의료 등 다양한 산업 분야에 적합한 블록체인 솔루션 개발을 지원합니다. 이 플랫폼은 노드 네트워크로 작동하며, 각 노드는 거래 검증, 원장 유지 관리, 체인코드 실행 등 특정 기능을 수행합니다. 거래는 합의 메커니즘을 통해 검증되고 정렬되며, 이를 통해 원장의 무결성과 일관성을 보장합니다.

Hyperledger Fabric의 핵심 구성 요소

Hyperledger Fabric의 핵심 구성 요소는 다음과 같습니다.

- **피어(Peer)**: 원장과 상태 데이터베이스를 유지하며, 체인코드(스마트 계약)를 실행하고 거래를 검증하는 노드입니다. 피어는 두 가지 유형으로 나뉩니다:
    - Endorsing Peers: 체인코드를 실행하고 거래에 대한 보증을 제공합니다.
    - Committing Peers: 거래를 검증하고 원장에 커밋합니다.
- **Orderer**: 거래를 블록으로 정렬하고 이 블록을 피어에게 전달하는 노드입니다. Orderer는 네트워크 전체에서 일관된 트랜잭션 순서를 보장하며, Raft 및 Kafka와 같은 다양한 합의 알고리즘을 사용하여 트랜잭션 순서에 대한 합의를 이룹니다.
- **채널(Channel)**: 채널은 거래와 데이터가 특정 조직 간에 공유되는 비공개적이고 고립된 하위 네트워크입니다. 채널은 기밀성을 제공하고 참여자 간의 데이터를 분리하며, 각 채널에는 자체 원장과 보증 정책이 존재합니다.
- **체인코드(Chaincode)**: 거래에 대한 비즈니스 로직과 규칙을 정의하는 프로그램입니다. 체인코드는 승인 피어에서 거래를 시뮬레이션하고 검증하는 데 사용되며, Go, JavaScript 또는 Java와 같은 언어로 작성할 수 있습니다.
- **원장(Ledger)**: 모든 거래를 기록하고 변경 내역을 유지하는 분산형 데이터베이스입니다. 원장은 데이터의 불변성과 투명성을 보장하며, 블록체인과 상태 데이터베이스의 두 부분으로 구성됩니다.
- **상태 데이터베이스(State Database)**: 상태 데이터베이스는 블록체인 원장의 현재 상태를 저장합니다. 이는 체인코드와 거래를 실행하는 데 필요한 최신 상태 데이터를 빠르게 검색할 수 있도록 합니다.
- **인증 기관(Certification Authority, CA)**: CA는 네트워크 참여자의 신원 및 인증서 발급을 관리합니다. 이를 통해 사용자와 장치의 인증을 수행하여 네트워크 내에서 안전한 상호 작용

을 보장합니다.

- **네트워크 구성(Network Configuration)**: 네트워크 구성은 인증 정책, 채널 구성, 액세스 제어 등을 포함하여 네트워크의 정책과 매개변수를 정의합니다. 이를 통해 네트워크의 운영과 보안을 관리합니다.

Hyperledger Fabric을 위한 상위 수준 트랜잭션 흐름 다이어그램

Hyperledger Fabric의 상위 수준 트랜잭션 흐름 다이어그램(그림 2-20)은 거래가 원장에서 시작부터 최종 커밋까지 어떻게 진행되는지를 시각적으로 나타냅니다. 이 다이어그램에는 다음과 같은 구성 요소와 단계가 포함됩니다:

- **클라이언트 애플리케이션**: 거래를 요청하는 클라이언트 애플리케이션은 블록체인 네트워크에 트랜잭션 요청을 시작하고, 거래 제안을 생성하여 승인 피어에게 전송합니다.
- **거래 제안**: 거래 클라이언트 제안에는 실행할 체인코드 함수와 그 인수 등 거래에 대한 세부 정보가 포함되어 있습니다. 이 제안은 승인 피어에게 배포되어 실행 및 승인을 받습니다.

그림 2-20 Fabric을 위한 상위 수준 트랜잭션 흐름 다이어그램

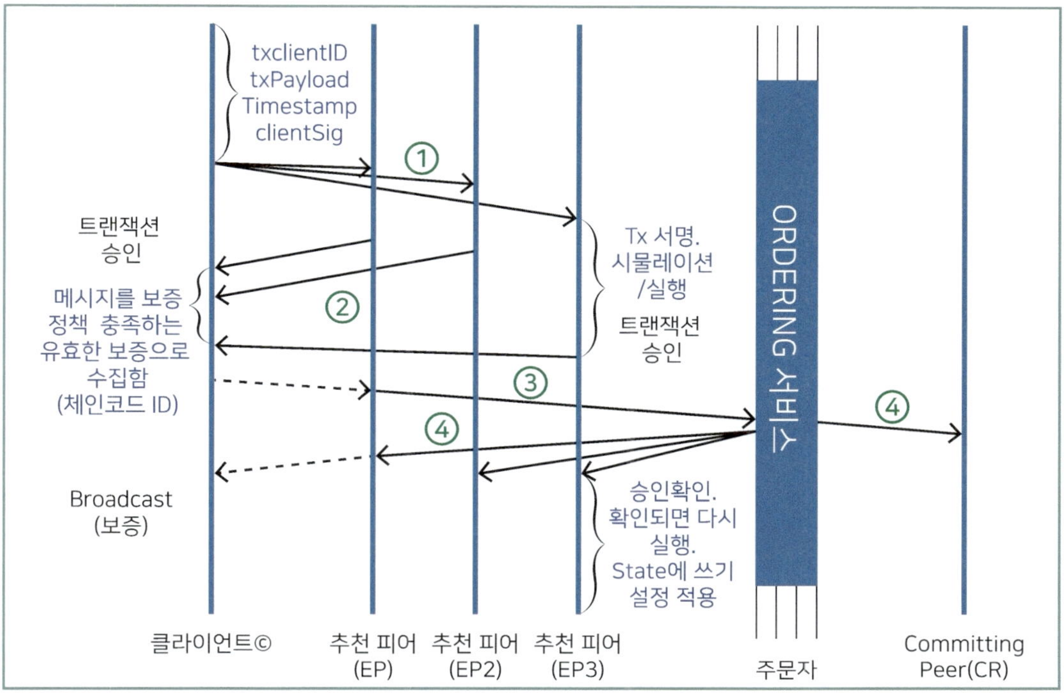

- **지지 피어(Endorsing Peer)**: 지지 피어는 거래 제안을 실행하고 이를 지지하기 위해 지정된 피어입니다. 이들은 체인코드를 실행하여 거래를 시뮬레이션하고, 읽기-쓰기 세트와 기타 세부 정보가 포함된 응답을 생성합니다.
- **지지 수집**: 클라이언트 애플리케이션은 필요한 수의 지지 피어로부터 지지를 수집하여 지지 정책을 충족합니다. 모든 필수 지지를 확보하는 과정입니다.
- **주문 서비스(Orderer)**: Orderer는 보증된 거래를 수집하여 블록을 생성하는 역할을 합니다. 보증된 거래를 수신한 후 이를 블록으로 정렬하고 모든 피어에게 해당 블록을 브로드캐스트합니다.
- **커미터 피어(Committing Peer)**: 커미터 피어는 수신된 블록에서 거래를 검증하고 원장에 커밋하는 피어입니다. 이들은 블록 내의 거래를 검증하고, 인도스먼트 및 기타 규칙을 확인하여 원장에 거래를 적용하고 상태 데이터베이스를 업데이트합니다.
- **원장 및 상태 데이터베이스**: 원장은 모든 커밋된 거래를 기록하며, 상태 데이터베이스는 현재 상태를 반영합니다. 원장은 거래의 연대순 기록을 유지하고, 상태 데이터베이스는 거래에 따라 업데이트됩니다.
- **클라이언트 애플리케이션에 대한 확인**: 거래가 커밋된 후, 클라이언트 애플리케이션은 이를 확인받습니다. 이 확인을 처리한 후, 후속 애플리케이션 로직을 진행합니다.

이와 같은 흐름은 Hyperledger Fabric이 트랜잭션을 안전하고 효율적으로 처리할 수 있도록 지원합니다.

거래 흐름의 가정

Hyperledger Fabric에서 기능과 무결성을 보장하기 위한 거래 흐름의 기본 가정은 다음과 같습니다.

- **일관된 지지 정책**: 각 체인코드(스마트 계약)에는 거래 제안이 커밋되기 전에 어떤 피어가 지지해야 하는지를 지정하는 미리 정의된 지지 정책이 존재합니다. 이러한 정책은 네트워크 전체에서 일관되고 올바르게 구성되어 있다고 가정합니다.
- **지지 피어**: 특정 피어는 거래를 시뮬레이션하고 지지를 제공하는 책임을 지닌 지지 피어로 지정됩니다. 이들 피어는 신뢰할 수 있으며 체인코드 논리를 올바르게 구현한다고 가정합니다.
- **피어 커밋**: 거래의 검증과 커밋을 담당하는 피어는 합의 규칙을 준수하며 거래를 원장에 일관되게 적용한다고 간주됩니다.

- **유효한 제안**: 클라이언트 애플리케이션에서 보낸 거래 제안은 올바른 형식으로 작성되었으며 승인을 위한 모든 필수 정보가 포함되어 있다고 가정합니다.
- **서명 검증**: 승인 피어는 거래 제안서에 포함된 서명과 승인을 검증하여 신뢰성과 승인 정책 준수 여부를 확인하는 것으로 간주됩니다.
- **신뢰할 수 있는 주문**: 주문 서비스(Orderer)는 거래의 주문 및 블록 생성을 포함한 모든 작업에서 안정적이고 일관성이 있다고 가정합니다.
- **합의 메커니즘**: 주문 서비스는 Raft 또는 Kafka와 같은 합의 메커니즘을 사용하여 트랜잭션이 네트워크 전체에서 일관되게 정렬되도록 보장한다고 가정합니다.

이러한 가정들은 Hyperledger Fabric이 안전하고 효율적인 거래 흐름을 유지하는 데 필수적입니다.

Hyperledger Fabric에서의 트랜잭션 흐름

Hyperledger Fabric의 트랜잭션 흐름은 다음과 같은 단계로 구성됩니다.

1. **거래 제안 단계(그림 2-21)**
   - **클라이언트 애플리케이션 요청**: 클라이언트 애플리케이션이 블록체인 네트워크에 거래 제안을 전송함으로써 트랜잭션 요청이 시작됩니다.
   - **거래 제안 생성**: 거래 제안은 호출할 함수와 매개변수 등 실행할 거래의 세부 정보를 포함합니다.
   - **지지 수집**: 지정된 지지 피어가 거래 제안을 실행하고, 시뮬레이션된 거래 결과를 포함한 응답을 생성하여 클라이언트 애플리케이션으로 반환합니다.

그림 2-21 거래 제안 단계

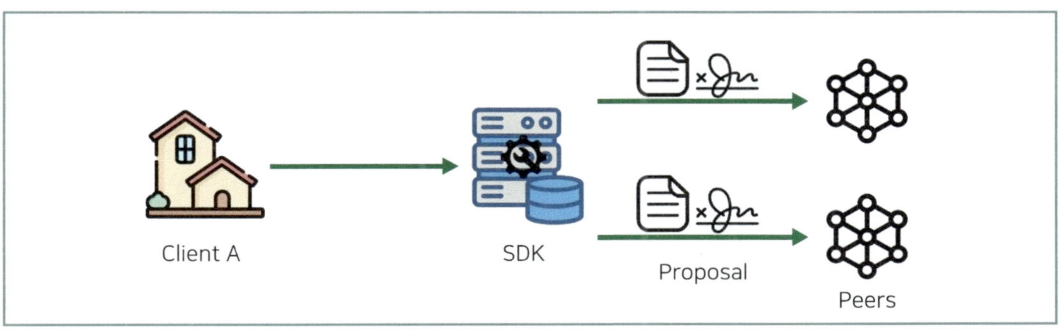

그림 2-22 지지자의 역활

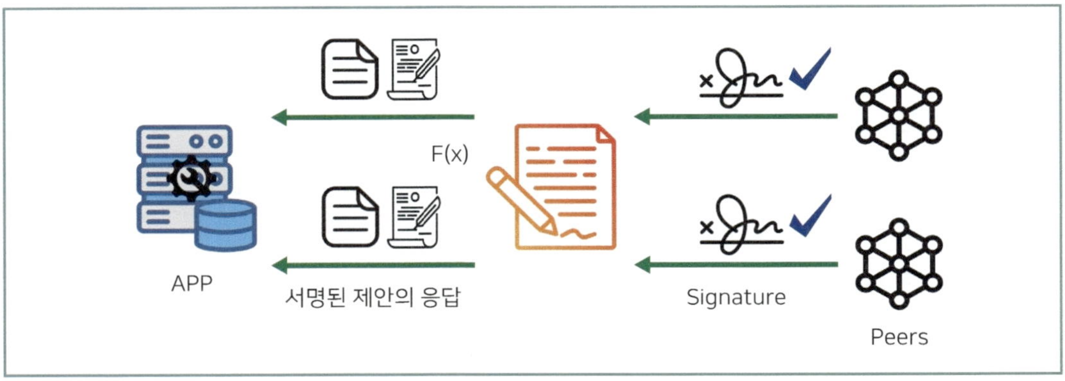

그림 2-23 거래 검증 단계

2. **거래 검증 단계(그림 2-22, 2-23)**
    - **지지자의 역할**: 지지 피어는 거래 제안이 지지 정책을 준수하는지 확인하고, 준수하는 경우 읽기-쓰기 세트를 포함한 거래 제안 응답을 생성합니다.
    - **제안 검증**: 그림 2-23은 클라이언트 애플리케이션은 수집된 응답이 모든 필수 승인을 포함하고 있는지 확인합니다.
    - 거래 제안 응답 생성: 모든 지지가 수집되면 클라이언트는 이를 조합하여 주문 서비스에 제출할 준비를 합니다.
3. **거래 주문 단계(그림 2-24, 2-25)**
    - **승인된 거래 전송**: 승인된 거래는 주문 서비스(Orderer)로 전송되며, 주문자는 거래를 블록으로 정렬하는 역할을 수행합니다.
    - **Orderer의 역할**: Orderer는 거래를 수신하고, 이를 정렬하여 블록을 생성하고, 생성된 블

그림 2-24 거래 검증 단계

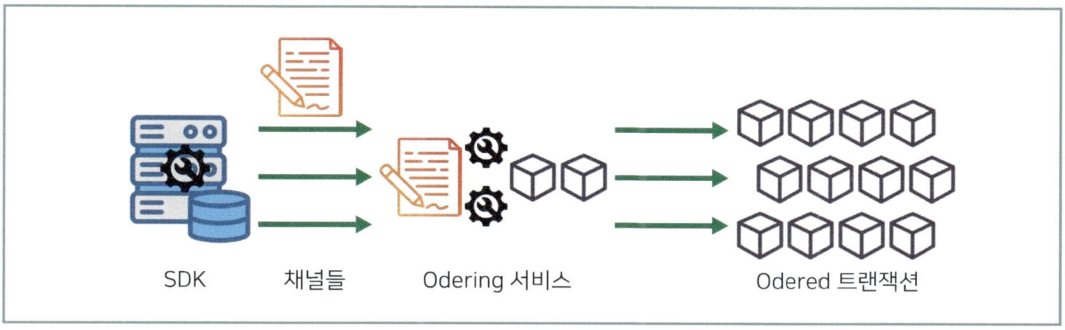

그림 2-25 거래 주문 단계

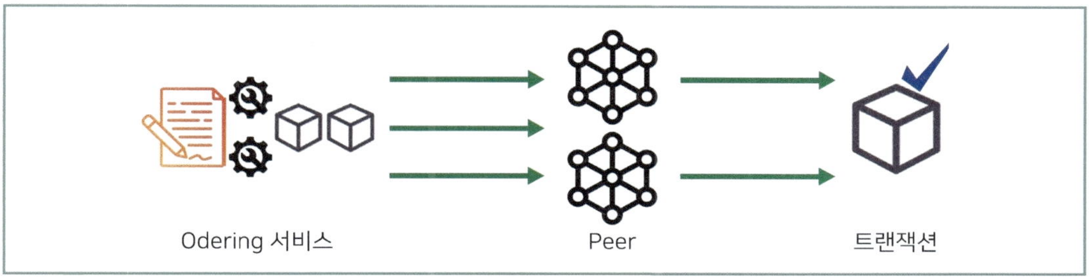

록을 네트워크의 모든 피어에게 전송합니다.

- **블록 생성**: 주문 서비스는 사용 중인 합의 메커니즘에 따라 블록이 일관되게 생성되도록 보장합니다.

5. **트랜잭션 커밋 단계(그림 2-26)**
   - **블록 전파**: 주문자가 생성한 블록은 모든 커밋 피어에게 배포됩니다.
   - **블록 내 거래 검증**: 커밋 피어는 승인을 확인하고, 거래가 승인 정책을 충족하며 변조되지 않았는지 검증합니다.
   - **원장에 거래 적용**: 검증이 완료되면 거래가 원장에 적용되고 상태 데이터베이스가 업데이트되어 변경 사항이 반영됩니다.
   - **상태 데이터베이스 업데이트**: 상태 데이터베이스는 거래로 인해 발생한 새로운 상태로 업데이트되어 원장이 블록체인의 현재 상태를 반영하도록 합니다.

그림 2-26 거래(트랜잭션) 커밋 단계

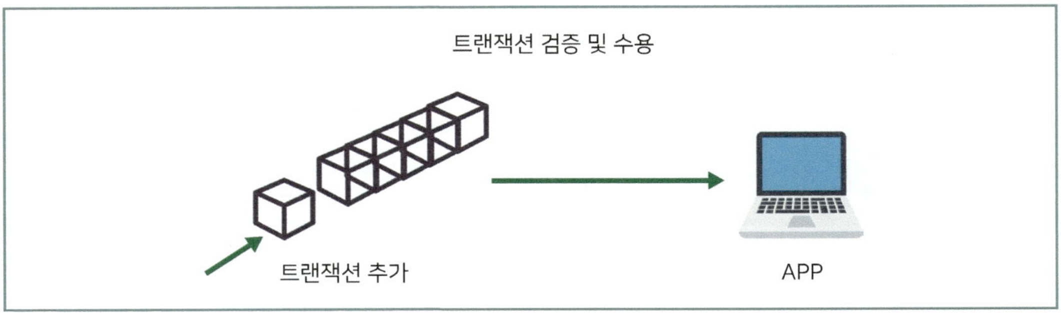

트랜잭션 흐름에서의 오류 처리

- **오류 유형**
  - **제안 오류**: 잘못된 매개변수나 체인코드 오류 등 거래 제안과 관련된 문제.
  - **추천 오류**: 지지가 부족하거나 지지 정책 위반 등 지지 관련 문제.
  - **주문 오류**: 블록 생성 문제나 네트워크 통신 문제 등 주문 서비스의 오류.
  - **커밋 오류**: 잘못된 거래나 원장 불일치 등 거래 검증 또는 커밋 중 발생하는 오류.
- **오류 감지**
  - **클라이언트 측**: 제안 실패나 지지 수집 실패가 감지됩니다.
  - **피어 측**: 피어를 지지하거나 커밋하면서 발생하는 오류가 감지되어 기록되고 보고됩니다.
- **오류 보고**
  - **로그 및 알림**: 문제 진단에 도움이 되는 자세한 로그와 알림 제공.
  - **오류 코드**: Hyperledger Fabric은 특정 오류 코드와 메시지를 통해 문제를 식별할 수 있게 합니다.
- **오류 복구**
  - **재시도 메커니즘**: 클라이언트 애플리케이션은 오류 유형에 따라 실패한 제안이나 승인을 재시도할 수 있습니다.
  - **재구성**: 지속적인 문제의 경우, 지지 정책이나 네트워크 설정을 조정해야 할 수 있습니다.

트랜잭션 흐름에서의 트랜잭션 재시도

- **클라이언트 측 재시도**: 클라이언트 애플리케이션은 일시적인 오류를 처리하기 위해 재시도 논리를 구현할 수 있습니다. 거래 제안을 다시 보내거나 지지를 수집하기 위해 재시도하는 방

법을 포함합니다. 네트워크가 과부하되지 않도록 지수 백오프 전략을 사용할 수 있습니다.

- **충돌 처리**: 재시도가 동시 트랜잭션에 의해 발생할 수 있는 충돌을 처리하도록 합니다. 고유한 트랜잭션 ID를 사용하여 재시도를 식별하고 중복 처리를 방지합니다.
- **로깅 및 모니터링**: 재시도 시도를 모니터링하고 로깅하여 패턴을 이해하고 반복되는 문제를 해결합니다. 빈번한 재시도나 오류에 대한 알림을 설정하여 기본 문제를 식별할 수 있습니다.
- **오류 해결**: 지속적인 문제의 경우, 네트워크 문제, 구성 오류 또는 체인코드 문제와 같은 근본 원인을 조사하고 해결합니다. 오류 패턴과 재시도 결과에 따라 지지 정책 또는 네트워크 구성을 조정해야 할 수 있습니다.

이러한 단계와 절차들은 Hyperledger Fabric이 안전하고 효율적인 트랜잭션 처리를 유지하는 데 필수적입니다.

Hyperledger Fabric 작동 방법

구성 요소

- **엔터프라이즈 수준 블록체인**: Hyperledger Fabric은 허가형 블록체인 네트워크로, 서로 상호 작용하는 다양한 조직(멤버)으로 구성됩니다. 이러한 조직은 은행, 금융 기관, 공급망 네트워크 등 특정 목적을 위해 협력합니다. 각 조직은 식별되고 Fabric 인증 기관을 통해 인증됩니다.
- **승인된 피어**: 각 멤버는 Fabric 인증 기관을 사용하여 네트워크에 참여할 하나 이상의 승인된 피어를 설정할 수 있습니다. 모든 피어는 적절하게 승인되어야 합니다.
- **클라이언트 애플리케이션**: 네트워크에 연결된 클라이언트 측 애플리케이션은 특정 프로그래밍 언어의 소프트웨어 개발 키트(SDK)로 작성됩니다.

작업 흐름

패브릭의 각 거래는 다음과 같은 단계로 진행(그림 2-27)됩니다.

- **제안서 작성**: 예를 들어, 스마트폰 제조업체와 스마트폰 딜러 간의 거래를 생각해 보세요. 거래는 클라이언트 애플리케이션이나 포털을 통해 거래 요청이 제안될 때 시작됩니다. 클라이언트 애플리케이션은 각 조직의 피어에게 제안서를 보내 승인을 요청합니다.
- **거래 승인**: 제안이 승인 피어에 도달하면, 해당 피어는 요청한 멤버의 Fabric 인증 기관과 거

그림 2-27 패브릭 거래 단계 다이어그램

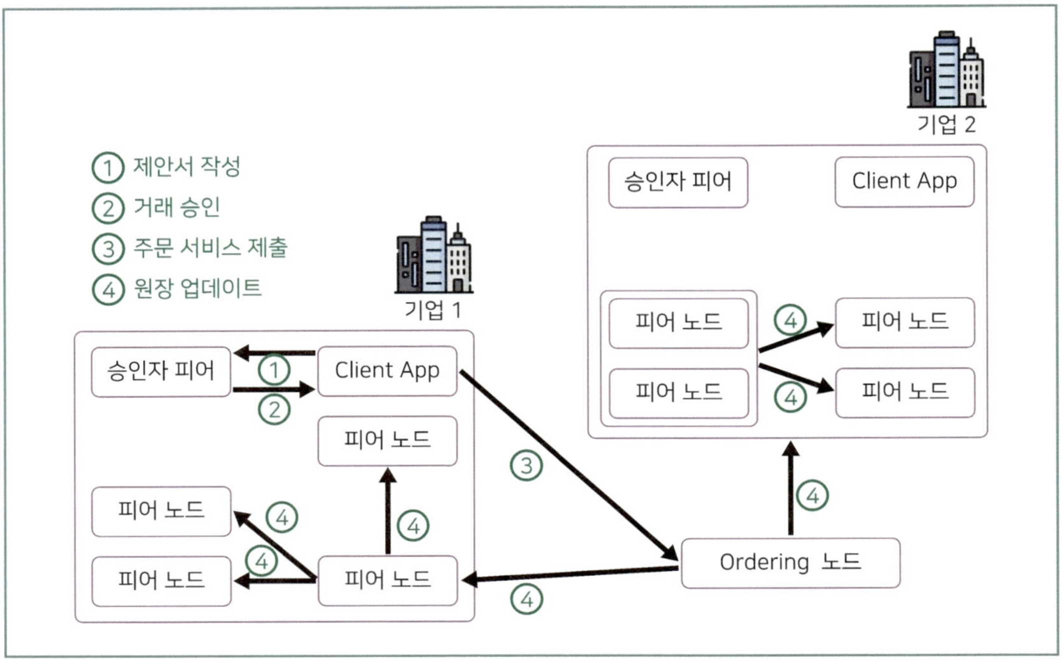

래 인증에 필요한 기타 세부 정보를 확인합니다. 이후 체인코드(Go, Java 등으로 작성된 코드 조각)를 실행하고 응답을 반환합니다. 이 응답은 거래의 승인 또는 거부를 나타내며, 클라이언트 애플리케이션에 전달됩니다.

- **주문 서비스에 제출**: 승인된 거래는 클라이언트 애플리케이션에 의해 주문 서비스로 전송됩니다. 주문 서비스를 담당하는 피어는 거래를 특정 블록에 포함시키고, 이를 네트워크의 다른 멤버의 피어 노드로 전송합니다.
- **원장 업데이트**: 블록을 수신한 각 조직의 피어 노드는 로컬 원장을 업데이트하여 새로운 거래를 커밋합니다.

이러한 단계들은 Hyperledger Fabric이 효율적이고 안전한 거래를 처리하는 방식입니다.

Hyperledger Fabric 합의 알고리즘

Hyperledger Fabric은 네트워크 참여자 간에 공유 원장의 내용을 합의하기 위해 다양한 합의 알고리즘을 사용합니다. Fabric의 합의 알고리즘은 플러그형으로 설계되어 필요에 따라 다른 알고리즘으로 쉽게 대체할 수 있습니다. 다음은 Hyperledger Fabric에서 일반적으로 사용되는 합의 알고리즘입니다.

- **Practical Byzantine Fault Tolerance(PBFT)**: PBFT는 신뢰할 수 있는 참여자 수가 제한된 네트워크에 적합하며, 장애 허용성과 신뢰성을 제공합니다. 이 알고리즘은 특히 소규모, 신뢰할 수 있는 참여자 간의 합의에 유리합니다.
- **RAFT**: RAFT는 여러 노드 간에 일관된 상태를 유지하는 데 사용되는 합의 알고리즘입니다. 이 알고리즘은 참여자가 불확실하고 잠재적으로 신뢰할 수 없는 네트워크에 적합합니다.
- **Solo**: Solo는 단일 노드 네트워크에서 테스트 목적으로만 사용되는 합의 알고리즘입니다. 생산 환경에서는 적합하지 않습니다.

Hyperledger Fabric의 산업 사용 사례

- **공급망**: Hyperledger Fabric 네트워크는 공급망 내 거래의 명확성과 추적성을 높여 거래 프로세스를 개선할 수 있습니다. 원장에 액세스할 수 있는 인증된 기업은 이전 거래 데이터를 확인할 수 있어 책임이 강화되고 거래 위조 위험이 줄어듭니다. 실시간 생산 및 배송 업데이트를 통해 제품 상태를 더 간단하고 효율적으로 추적할 수 있습니다.
- **거래 및 자산 이전**: 수출·입업체, 은행, 중계자와 같은 다양한 조직이 협력하는 거래 및 자산 이전 과정에서 Hyperledger Fabric을 사용하면 서류 작업 없이 거래할 수 있습니다. 신뢰할 수 있는 기관에서 서명한 문서와 동일한 신뢰 계층을 추가하여 시스템 성능을 향상시킬 수 있습니다. 또한, Hyperledger Fabric을 통해 자산을 블록체인 네트워크에서 디지털화하여 이해관계자가 언제든지 거래할 수 있도록 지원합니다.
- **보험**: 보험 산업은 보험 사기와 허위 청구를 방지하기 위해 막대한 비용을 지출합니다. Hyperledger Fabric은 원장에 저장된 거래 데이터를 참조하여 보험 청구 처리를 빠르게 하고 자동화할 수 있습니다. 이는 다자 대위 청구 처리에서도 유용하며, KYC(고객 알기) 프로세스를 간소화할 수 있습니다.

Hyperledger Fabric의 이점

- **오픈 소스**: Hyperledger Fabric은 Linux Foundation에서 호스팅하는 오픈 소스 블록체인 프레임워크로, 활발한 개발자 커뮤니티가 존재합니다. 모든 사용자는 코드를 보고, 수정하며,

배포할 수 있습니다.

- **비공개 및 기밀성**: Hyperledger Fabric은 모든 참여 멤버의 신원을 인증하고, 원장은 인증된 멤버에게만 노출됩니다. 이는 고객 데이터 비공개를 요구하는 산업에 특히 유용합니다.
- **액세스 제어**: Hyperledger Fabric은 데이터 노출을 제한할 수 있는 가상 블록체인 네트워크를 제공합니다. 관련 당사자만 데이터를 볼 수 있도록 제어할 수 있습니다.
- **체인코드 기능**: Hyperledger Fabric은 시스템의 비즈니스 규칙을 정의하는 스마트 계약인 체인코드를 지원하여 자산 소유권 변경 등의 거래를 효과적으로 처리합니다.
- **성능**: 개인 블록체인 네트워크이므로 거래 검증 과정을 거치지 않아 더 빠른 거래 속도와 높은 성능을 자랑합니다.

Hyperledger Fabric의 한계

Hyperledger Fabric은 강력하고 유연한 플랫폼이지만 다음과 같은 한계가 있습니다.

- **확장성**: 허가형 네트워크로 설계되어 대규모 퍼블릭 네트워크에 대해 확장성이 제한될 수 있습니다.
- **성능**: 네트워크 크기, 구성, 체인코드의 복잡성에 따라 성능이 저하될 수 있습니다.
- **복잡성**: 네트워크 설정과 구성은 복잡할 수 있으며, 이를 위해 기술에 대한 깊은 이해가 필요합니다.
- **호환성**: 특정 프로그래밍 언어(Go, JavaScript 등)와의 호환성이 제한될 수 있습니다.
- **비용**: Hyperledger Fabric 네트워크를 운영하는 데 필요한 인프라와 리소스가 추가 비용을 발생시킬 수 있습니다.
- **상호 운용성**: 다른 블록체인 플랫폼과의 상호 운용성이 제한적입니다.

거래 흐름을 이해하는 것의 중요성

- **최적화된 성능**: 거래 흐름을 이해하면 적절한 합의 메커니즘 선택 및 승인 정책 조정으로 성능을 최적화할 수 있습니다.
- **리소스 관리**: 거래 이동 경로를 파악하면 리소스를 효율적으로 할당할 수 있습니다.
- **오류 해결**: 거래 흐름에 대한 이해는 거래 실패 및 승인 문제를 신속하게 식별하고 해결하는 데 도움이 됩니다.
- **디버깅**: 문제 발생 위치를 정확히 찾아내어 수정 사항을 적용하고 네트워크 안정성을 개선할

수 있습니다.

- **규정 준수**: 거래 흐름을 명확히 이해함으로써 감사 가능성을 높이고 규제 요구 사항을 준수할 수 있습니다.
- **감사 추적**: 거래 로그와 내역이 올바르게 기록되었는지 확인하여 감사와 추적을 용이하게 합니다.

주요 프로젝트

Hyperledger Fabric

- **유형**: 분산 원장 소프트웨어

Hyperledger Fabric은 모듈형 아키텍처를 가진 분산 원장 플랫폼으로, 다양한 애플리케이션 및 솔루션 개발의 기반 역할을 수행합니다. 이 플랫폼은 교체 가능한 구성 요소를 통해 플러그 앤 플레이 환경을 제공하여, 사용자들이 필요에 맞게 시스템을 쉽게 조정할 수 있도록 설계되었습니다.

Hyperledger Fabric은 다양한 산업의 요구를 충족할 수 있도록 설계되었으며, 특히 보안과 개인 정보 보호를 강조합니다. 이 플랫폼은 참여자 간의 신뢰를 바탕으로 거래를 처리하며, 유연한 합의 메커니즘을 통해 확장 가능한 성능을 지원합니다.

또한, Hyperledger Fabric은 다른 여러 프로젝트 및 연구실과 연결되어 있으며, 이는 사용자들이 솔루션을 보다 효율적으로 배포하고 활용할 수 있도록 돕습니다. 이러한 통합은 다양한 산업에서의 적용 가능성을 높이며, 특히 공급망 관리, 금융 서비스, 헬스케어 등 다양한 분야에서 활용되고 있습니다.

결론적으로, Hyperledger Fabric은 기업들이 블록체인 기술을 활용하여 혁신적인 솔루션을 개발하고, 데이터 보안 및 개인 정보 보호를 강화하는 데 기여하는 강력한 플랫폼입니다.

Hyperledger Iroha

- **유형**: 분산 원장 소프트웨어

Hyperledger Iroha는 분산 원장 기술을 필요로 하는 인프라 또는 IoT 프로젝트에 간편하게 통합할 수 있도록 설계된 플랫폼입니다. 이 시스템은 모듈형 도메인 기반의 간단한 C++ 구조를 갖추고 있으며, 클라이언트 애플리케이션 개발에 중점을 두고 있습니다. 또한, 충돌 내결함성 합의 알고리즘인 YAC(Yet Another Consensus)를 특징으로 하여 안정성과 효율성을 보장합니다.

Iroha의 주요 기능은 다음과 같습니다.

- **간단한 배포 및 유지 관리**: Iroha는 사용자 친화적인 인터페이스와 명확한 문서화를 통해 쉽게 배포하고 관리할 수 있도록 설계되었습니다.
- **개발자를 위한 다양한 라이브러리**: 플랫폼은 다양한 프로그래밍 언어에 대한 라이브러리를 제공하여 개발자들이 쉽게 애플리케이션을 구축할 수 있도록 지원합니다.
- **역할 기반 액세스 제어**: Iroha는 사용자 역할에 따라 권한을 세분화하여 보안을 강화하고 데이터 접근을 관리할 수 있는 기능을 제공합니다.
- **명령어-쿼리 분리 원칙**: 모듈형 설계 원칙에 따라 명령어와 쿼리를 분리하여 시스템의 확장성과 유연성을 높입니다.
- **자산 및 신원 관리**: Iroha는 자산의 생성 및 관리, 사용자 신원 확인을 간편하게 수행할 수 있는 기능을 제공합니다.

Hyperledger Iroha는 다음과 같은 품질 모델을 통해 지속적으로 개선하고 있습니다.

- **안정성**: 내결함성과 복구 가능성을 강조하여 시스템의 신뢰성을 보장합니다.
- **성능 효율성**: 시간 행동과 리소스 활용을 최적화하여 성능을 극대화합니다.
- **사용성**: 사용자가 쉽게 배울 수 있도록 하고, 오류를 방지하며, 적절성을 인식할 수 있는 디자인을 제공합니다.

현재 Hyperledger Iroha v1에 대한 개발은 중단되었으며, 지원 또한 제한적입니다. 핵심 개발팀은 러스트로 Iroha를 완전히 재작성한 Hyperledger Iroha v2에 집중하고 있어, 새로운 기능과 개선 사항이 포함될 예정입니다. Hyperledger Iroha v2는 더욱 향상된 성능과 보안 기능을 제공하여, 다양한 산업에서의 활용 가능성을 높일 것으로 기대됩니다.

Hyperledger Indy

- **유형**: 분산 원장 소프트웨어

Hyperledger Indy는 블록체인 또는 기타 분산 원장을 기반으로 디지털 ID를 제공하기 위한 도구, 라이브러리, 및 재사용 가능한 구성 요소를 제공합니다. 이 플랫폼은 관리 도메인, 애플리케이션, 그리고 기타 사일로 간의 상호 운용성을 촉진하여 신원을 분산화할 수 있도록 설계되었습니다. Indy는 다른 블록체인과의 상호 운용이 가능하거나 독립적으로 사용할 수 있습니다.

주요 특성은 다음과 같습니다.

- **탈중앙화 신원**: Hyperledger Indy는 탈중앙화 신원을 위해 특별히 구축된 분산 원장으로, 중앙 집중식 해결 권한 없이도 글로벌하게 고유한 식별자를 제공합니다. 이를 통해 사용자들은 자신의 신원을 안전하게 관리할 수 있습니다.
- **상관관계 방지 설계**: 설계 단계에서부터 사용자의 개인 정보와 신원 간의 상관관계를 방지하여, 데이터 보호 및 개인 정보를 강화합니다.
- **탈중앙화 식별자(DID)**: Indy는 중앙 집중식 기관 없이도 고유한 DID를 생성하고 관리할 수 있게 해줍니다. 이러한 DID는 분산 원장을 통해 안전하게 해결됩니다.
- **쌍별 식별자**: 두 개체 간에 안전한 1:1 관계를 형성하여, 서로 간의 신뢰를 구축할 수 있도록 돕습니다.
- **검증 가능한 클레임**: Hyperledger Indy는 W3C에서 표준화된 검증 가능한 클레임 형식을 지원합니다. 이는 디지털 신원 속성과 관계를 상호 운용 가능한 형태로 교환할 수 있게 해줍니다.
- **제로 지식 증명**: 사용자는 자신의 신원을 포함한 추가 정보를 공개하지 않고도 클레임의 진위를 증명할 수 있는 제로 지식 증명을 제공합니다. 이를 통해 필요한 정보만을 안전하게 공유하면서도 신뢰성을 확보할 수 있습니다.

Hyperledger Indy는 디지털 신원 관리의 새로운 패러다임을 제공하여, 개인 사용자는 물론 기업과 조직이 안전하고 효율적으로 신원을 관리하고 상호 작용할 수 있도록 지원합니다. 이 플랫폼은 특히 개인 정보 보호가 중요한 분야에서 강력한 솔루션으로 자리잡고 있습니다.

Hyperledger IDENUTS

◆ **유형**: 애플리케이션 플랫폼

Hyperledger IDENUTS는 널리 알려진 자기주권 정체성(Self-Sovereign Identity, SSI) 표준을 준수하는 탈중앙화 정체성 솔루션을 개발하기 위한 다양한 구성 요소를 제공합니다. 이 플랫폼은 완전한 DID(탈중앙화 식별자) 및 검증 가능한 자격 증명 기능을 지원하며, 기존 및 새로운 워크플로에 탈중앙화 신원 솔루션을 통합하는 과정을 간소화합니다.

주요 특성은 다음과 같습니다.

- **오픈 표준 준수**: Hyperledger IDENUTS는 W3C의 탈중앙화 식별자(Decentralized Identifier, DID) 사양, W3C JWT(JSON Web Tokens), Hyperledger AnonCreds, DIDcom v2 등 다양한 오픈 표준 및 프로토콜을 기반으로 합니다. 이러한 표준은 기술의 호

환성과 상호 운용성을 높이고, 협업과 혁신을 촉진합니다.

- **데이터 이동성**: 개방형 표준을 사용함으로써 Hyperledger IDENUTS는 다양한 플랫폼과 디바이스에서 데이터와 애플리케이션이 원활하게 이동할 수 있도록 하여 사용자 경험을 향상시킵니다. 사용자는 유사한 경험을 통해 다양한 환경에서 쉽게 작업할 수 있습니다.
- **검증 가능한 자격 증명**: 이 플랫폼은 사용자가 자격 증명을 안전하게 생성, 저장 및 공유할 수 있는 기능을 제공합니다. 검증 가능한 자격 증명은 신뢰성을 높이며, 신원 확인 프로세스를 간소화합니다.
- **자기주권 신원 관리**: Hyperledger IDENUTS는 사용자가 자신의 신원을 완전히 제어할 수 있도록 설계되어 있습니다. 사용자는 자신의 데이터에 대한 소유권을 가지고, 필요할 때만 정보를 공유할 수 있습니다.
- **워크플로 통합**: 기존 시스템과의 통합이 용이하여, 다양한 비즈니스 프로세스에서 탈중앙화 신원 솔루션을 쉽게 도입할 수 있도록 지원합니다. 이를 통해 기업은 새로운 기술을 신속하게 채택하고, 운영 효율성을 높일 수 있습니다.

Hyperledger IDENUTS는 디지털 신원 관리의 혁신적인 접근 방식을 제공하며, 개인과 조직이 안전하고 유연하게 신원을 관리할 수 있는 솔루션을 제공합니다. 이 플랫폼은 특히 신원 관리와 관련된 다양한 요구를 충족할 수 있는 강력한 도구입니다.

Hyperledger Aries

◆ **유형**: 라이브러리

Hyperledger Aries는 탈중앙화 신원 솔루션과 디지털 신뢰를 위한 포괄적인 툴킷입니다. 이 플랫폼은 정보 보호를 극대화하면서 검증 가능한 자격 증명을 발급, 저장 및 제시하는 기능을 제공하며, 기밀한 지속적인 커뮤니케이션 채널을 구축할 수 있습니다. 다양한 프로토콜, 자격 증명 유형, 원장 및 레지스트리를 지원하며, 여러 개발 언어를 위한 프레임워크와 상호 운용성 도구를 갖추고 있어 모든 구성 요소가 원활하게 작동합니다.

주요 특성은 다음과 같습니다.

- **사생활 보호**
  - **탈중앙화된 자격 증명 확인**: 사용자는 '전화 집' 없이 정보를 통제할 수 있으며, 탈중앙화된 연결을 통해 보안이 강화됩니다.
  - **선택적 공개**: 보유자는 필요한 최소한의 정보만 공유할 수 있어 개인 정보 보호가 가능합

니다.

- **제로 지식 증명(ZKP)**: 사용자는 생년월일과 같은 기본 정보를 공개하지 않고도 특정 조건(예: 특정 연령 이상)을 증명할 수 있습니다.

● **기밀, 지속적인 연결**

- **PEER TO PEER 메시징**: DIDComm 프로토콜을 사용하여 암호화되고 탈중앙화된 지속적인 기밀 관계를 통해 당사자 간의 안전한 통신을 지원합니다.
- **자격 증명 관리**: 발급 및 제시를 넘어, 취소된 자격 증명이나 교환 메시지 등을 보유자에게 사전에 통지하는 기능도 포함되어 있습니다.

● **간편한 배포**

- 다양한 언어(Python, Rust, Go, JavaScript 등)에서 사용할 수 있는 에이전트 프레임워크를 통해 손쉽게 시작할 수 있습니다.
- Aries 모바일 에이전트인 Bifold와 같은 여러 동반 프로젝트를 기반으로 빠른 배포가 가능합니다.

● **유연성**

- 고급 API를 활용하여 향후 솔루션을 쉽게 조정할 수 있으며, 다양한 자격 증명 유형(Hyperledger AnonCreds 및 W3C VC 등)을 지원합니다.

● **커뮤니티**

- 개인부터 대규모 조직에 이르기까지 다양한 기여자가 활발히 참여하는 탄탄한 커뮤니티를 통해 지속적인 지원과 혁신을 제공합니다.

Hyperledger Aries는 디지털 신원 관리에 필요한 다양한 기능과 유연성을 제공하며, 개인과 조직이 자신의 신원을 안전하고 효율적으로 관리할 수 있도록 돕는 강력한 도구입니다. 이 플랫폼은 상호 운용성이 뛰어나며, 다양한 산업에 걸쳐 활용될 수 있는 잠재력을 가지고 있습니다.

Hyperledger Besu

HYPERLEDGER BESU

◆ **유형**: 분산 원장 소프트웨어

하이퍼레저 베수(Hyperledger Besu)는 공개 및 비공식 허가 네트워크 사용 사례 모두에 적합하도록 설계된 기업 친화적인 이더리움 클라이언트입니다. 이 클라이언트는 이더리움 가상 머신(EVM)을 구현하여 다양한 블록체인 환경에서 활용될 수 있습니다. Hyperledger Besu는 세폴리아, 괴를리와 같은 테스트 네트워크에서도 운영할 수 있으며, 지분 증명(PoS), 작업 증명(PoW), 그리고 여러 권한 증명 합의 알고리즘(IBFT 2.0, QBFT, Clique)을 지원합니다.

하이퍼레저 베수는 아파치 2.0 라이선스 하에 개발된 오픈 소스 소프트웨어로, 자바로 작성되어 있으며, 이더리움 퍼블릭 네트워크 및 개인 허가 네트워크에서 실행 가능합니다.

이더리움 클라이언트는 이더리움 프로토콜을 구현하는 소프트웨어입니다. Hyperledger Besu는 이더리움의 여러 클라이언트 중 하나로, 트랜잭션 실행 및 데이터 저장을 위한 실행 환경을 제공하고, PEER TO PEER 네트워킹을 통해 다른 이더리움 노드와 통신하여 애플리케이션 개발자가 블록체인과 상호작용할 수 있도록 합니다.

Hyperledger Besu의 주요 기능은 다음과 같습니다.

- **이더리움 가상 머신(EVM)**: EVM은 이더리움 블록체인 내에서 스마트 계약을 배포하고 실행할 수 있는 튜링 완전한 가상 머신입니다.
- **합의 알고리즘**: Hyperledger Besu는 다양한 합의 알고리즘을 구현하여 트랜잭션 및 블록 검증, 블록 생산에 기여합니다. 주요 알고리즘은 다음과 같습니다:
  - **권한 증명(Proof of Authority)**: 신뢰할 수 있는 참가자가 서로 알고 있는 허가된 네트워크에서 사용됩니다.
  - **IBFT 2.0**: 검증자로 알려진 승인된 계정이 트랜잭션과 블록을 검증합니다. 검증자는 번갈아 가며 다음 블록을 생성하고, 기존 검증자는 검증자를 추가하거나 삭제하는 것을 제안하고 투표합니다. 즉각적인 최종성을 제공하며, 유효한 모든 블록이 메인 체인에 포함됩니다.
  - **Clique**: IBFT 2.0보다 더 높은 내결함성을 제공하며, 최대 절반의 검증자 실패를 허용합니다. 그러나 즉각적인 최종성이 없고, 포크와 체인 재구성이 발생할 수 있습니다.
  - **작업 증명(Ethash)**: 메인넷 이더리움에서 채굴 활동에 사용됩니다.
- **스토리지**: Hyperledger Besu는 RocksDB 키-값 데이터베이스를 사용하여 체인 데이터를 로컬로 유지합니다. 이 데이터는 블록 헤더, 블록 바디, 트랜잭션 영수증 등으로 구성되며, 블록체인 상태를 암호화적으로 확인하는 데 사용됩니다.
- **PEER TO PEER 네트워킹**: Hyperledger Besu는 클라이언트 간의 통신을 위한 이더리움의 devPEER TO PEER 네트워크 프로토콜과 IBFT2를 위한 추가 하위 프로토콜을 구현합니다. 여기에는 네트워크에서 피어를 찾기 위한 UDP 기반 검색 프로토콜과 TCP 기반 RLPx 프로토콜이 포함됩니다.
  - **ETH 하위 프로토콜**: 블록체인 상태를 동기화하고 새로운 트랜잭션을 전파하는 데 사용됩

니다.

- **IBF 하위 프로토콜**: IBFT2 합의 프로토콜에서 합의 결정을 용이하게 합니다.

- **사용자 대면 API**: Hyperledger Besu는 HTTP 및 웹소켓 프로토콜을 통해 메인넷 이더리움 및 EEA JSON-RPC API, 그래프QL API를 제공합니다.

하이퍼레저 베수는 유연한 구조와 강력한 기능을 통해 다양한 산업의 요구를 충족시키며, 기업 환경에서도 손쉽게 활용할 수 있는 이더리움 클라이언트입니다.

Hyperledger Cacti

◆ **유형**: 다면적 상호운용성 플랫폼

하이퍼레저 캑티(Hyperledger Cacti)는 하이퍼레저 캑티와 하이퍼레저 랩인 위버의 두 시스템(아키텍처와 코드 베이스)을 통합하여 개발된 혁신적인 상호운용성 플랫폼입니다. 이 플랫폼은 다양한 이기종 분산 원장 기술을 연결하고 여러 네트워크에 걸쳐 트랜잭션을 실행할 수 있는 플러그형 프레임워크를 제공합니다.

Hyperledger Cacti는 DLT(분산 원장 기술) 생태계가 서로 고립된 여러 독립 네트워크로 세분화되어 있다는 관찰에서 출발했습니다. 이들 네트워크는 종종 허가되어 있지만, 비즈니스 프로세스와 자산의 이동에 있어 제약을 받는 경우가 많습니다. 예를 들어, 무역 물류 네트워크(예: TradeLens)에서 배송 선하증권은 신용장 결제 의무를 수행하는 데 필요한 중요한 정보입니다. 그러나 이 정보를 안전하게 공유할 수 있는 제도적 장치가 없다면, 무역 금융 네트워크는 신뢰할 수 없는 화주에게 의존하게 됩니다.

이와 같은 문제를 해결하기 위해 Hyperledger Cacti는 여러 네트워크 간에 원장 상태를 공유하고 자산을 이동시키며, 상호 운용성을 확보하는 솔루션을 제공합니다. 이는 네트워크가 통합된 글로벌 체인에 가입하거나 새로운 합의 프로토콜을 만들어야 할 필요 없이 가능하게 합니다.

Hyperledger Cacti의 주요 설계 원칙은 기존 DLT 스택을 수정할 필요가 없으며, 계약 및 애플리케이션 계층(또는 레이어 2)에서만 작동한다는 점입니다. 이를 통해 Cacti는 기존 DLT를 기반으로 구축된 네트워크뿐만 아니라 아직 등장하지 않은 새로운 DLT에도 적용할 수 있습니다.

- **유연성**: Cacti는 다양한 DLT와 연결할 수 있는 기능을 제공하며, 기존 네트워크와의 호환성을 유지하면서도 새로운 네트워크를 통합할 수 있습니다.
- **탈중앙화된 거래**: 각 네트워크는 독립성을 유지하면서 필요에 따라 거래를 수행할 수 있어, 비즈니스의 자율성을 보장합니다.

- **모듈형 아키텍처**: 다양한 분산 원장 기술과의 통합을 위해 모듈형 디자인을 채택하여, 필요에 따라 새로운 기능을 쉽게 추가할 수 있습니다.

Hyperledger Cacti의 초기 출시는 다양한 DLT(총 9개)에 대한 상호 운용성 및 연결 기능을 제공할 예정입니다. 유지보수 업체는 캑터스와 위버의 코드 베이스를 하나의 깃허브 저장소로 통합할 계획이며, 현재는 기존 저장소에서 각 문서를 참조하고 기능을 테스트할 수 있습니다.

이 플랫폼은 기업 및 비즈니스 컨소시엄에서 필요로 하는 다양한 요구를 충족시키며, 다면적 상호운용성을 통해 미래의 DLT 생태계에서의 활용 가능성을 극대화할 것입니다. Hyperledger Cacti는 상호 연결된 DLT 환경에서의 혁신을 주도하고(그림 2-28), 기업들이 보다 효율적으로 운영될 수 있도록 지원합니다.

Hyperledger Besu
Hyperledger Fabric
Hyperledger Indy
Hyperledger Iroha
Hyperledger Sawtooth

그림 2-28 DLT에 대한 상호 운용성 지원은 향후 프로젝트 로드맵

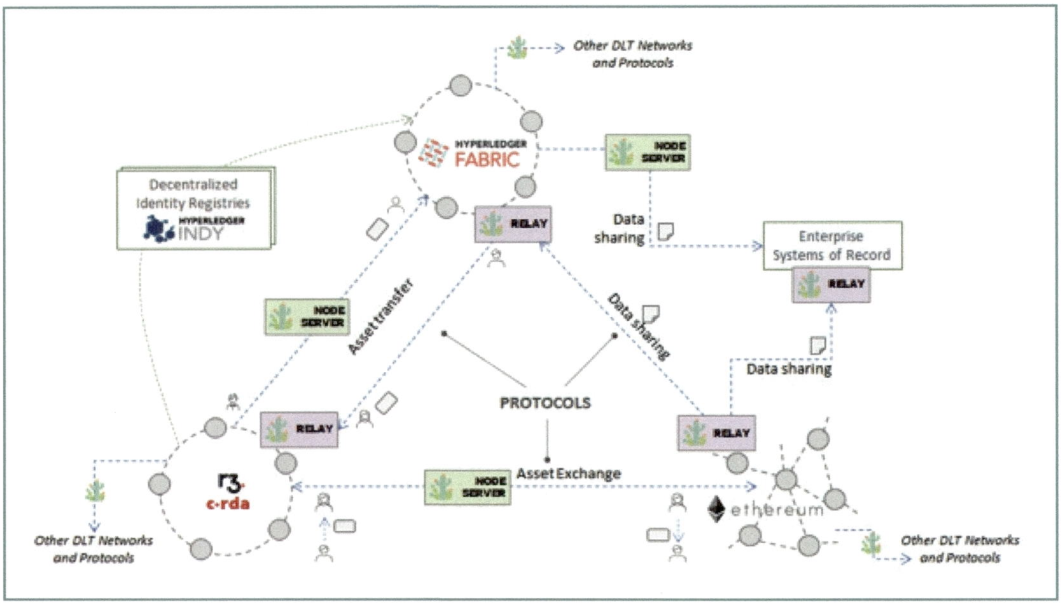

출처: Hyperledger Cacti

R3 Corda

Go-Ethereum

Quorum

Xdai

Hyperledger Cacti의 아키텍처는 하이퍼레저 캑터스와 위버 랩스 프레임워크의 기존 구조를 기반으로 하여, 유사하거나 동일한 기능을 가진 구성 요소를 통합하고 서로 다른 구성 요소를 결합함으로써 광범위한 신뢰와 사용성을 제공하는 다양한 기능을 갖추고 있습니다.

Cacti의 플러그인 아키텍처는 최소한의 구성 오버헤드로 온디맨드 방식으로 선택적으로 활성화할 수 있는 다양한 기능과 프로토콜 구현의 공존을 지원합니다. 사용자는 Cacti에서 상속받은 노드 서버와 Weaver에서 제공하는 플러그 가능한 네트워크 중심 릴레이(또는 게이트웨이)를 조합하여 자신이 필요로 하는 탈중앙화 수준을 맞춤 설정할 수 있습니다. 아래의 그림은 서로 다른 원장에서 실행되는 분산 애플리케이션이 중앙 집중식 노드 서버를 통해 또는 릴레이를 사용하여 P2P 방식으로 네트워크 간 트랜잭션을 트리거할 수 있는 방법을 보여 줍니다. 애플리케이션은 독립형 레거시 방식으로 배포되거나 노드 서버에 '플러그인'될 수 있으며, 개발자와 관리자는 자신의 요구에 가장 적합한 옵션을 선택할 수 있습니다. Hyperledger Cacti에 구현된 모든 크로스 릴레이 통신 프로토콜은 DLT에 구애받지 않으며 새로운 표준을 준수합니다.

증명 검증 및 잠금 관리는 핵심 상호 운용성 기능으로, 사용자는 지정된 검증자 풀을 활용하거나 핵심 네트워크에 스마트 계약 및 디앱을 직접 설치하여 수행할 수 있습니다. 이때 사용자는 필요한 신뢰 수준과 관리 오버헤드를 수용할 수 있는 수준에 따라 이러한 옵션을 선택할 수 있습니다. Cacti는 이러한 기능을 통해 공통의 클라이언트 SDK 및 API를 제공하며, 필요한 기능을 선택하고 활성화할 수 있는 유연성을 보장(그림 2-29)합니다.

또한, 이기종 DLT 간의 상호 운용성을 위한 기반을 마련하기 위해, Cacti는 다중 원장 거래 맥락에서 특정 원장의 작업을 위한 진입점 역할을 하는 DLT 및 버전 특정 커넥터 또는 드라이버 풀을 유지 관리합니다. 이를 통해 다양한 DLT 환경에서의 상호 운용성을 지원합니다.

Hyperledger Solang

◆ **유형**: 도구

Hyperledger Solang은 Solidity 소스 코드를 다양한 블록체인 플랫폼을 대상으로 컴파일하는 도구입니다. 이 아이디어는 하이퍼레저 버로우에 대한 초기 연구에서 출발하였으며, 기존 이더

그림 2-29 Cacti SDK, API 다이어그램

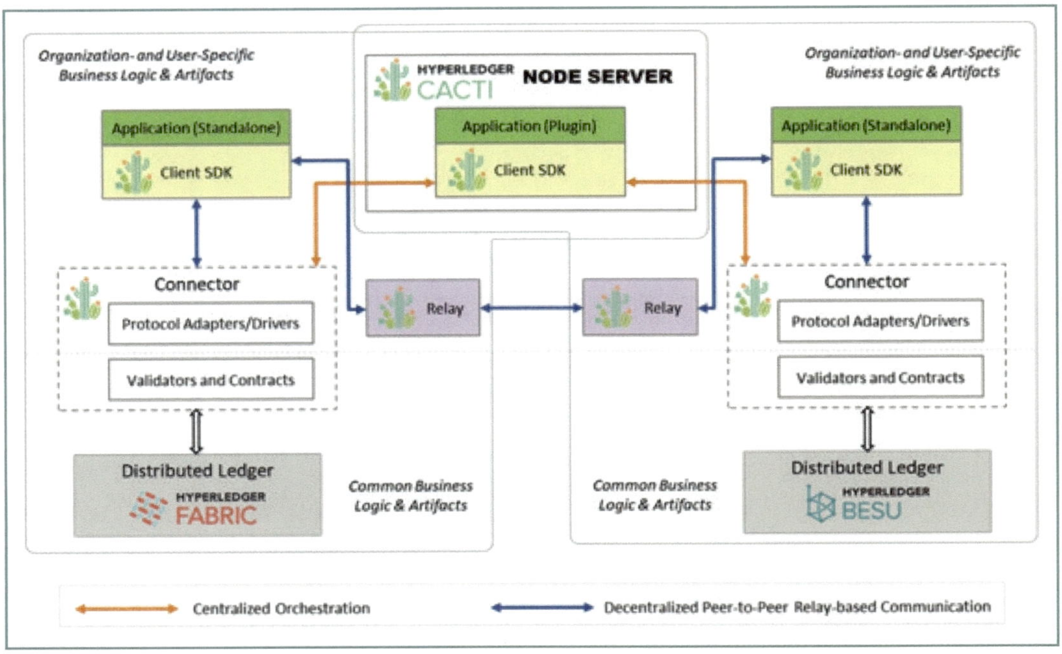

출처: Hyperledger Cacti

리움 Solidity 컴파일러가 갖고 있는 한계를 극복하기 위해 개발되었습니다. 기존 컴파일러는 이더리움에 특화되어 있어 하이퍼레저 버로우와 같은 다양한 블록체인 플랫폼을 지원할 수 없었습니다. 이러한 문제를 해결하기 위해 만들어진 Hyperledger Solang은 여러 블록체인 환경에서 유연하게 사용할 수 있는 휴대용 Solidity 컴파일러입니다.

Solidity는 스마트 계약 개발에 가장 인기 있는 프로그래밍 언어이며, 다양한 블록체인 플랫폼이 이를 지원하고자 많은 노력을 기울이고 있습니다. 그러나 일부 블록체인은 EVM(이더리움 가상 머신) 환경을 모방하더라도, 블레이크2와 같은 암호화 기능, 제로 지식 증명, 네이티브 계약 호출 등 이더리움의 고유한 기능에 접근할 수 없는 한계가 있습니다. Hyperledger Solang은 이러한 제한을 극복하고 Solidity를 EVM 이외의 네이티브 실행 환경으로 컴파일할 수 있는 기능을 제공합니다. 이를 통해 Solidity 언어의 새로운 가능성과 혁신을 실현할 수 있게 됩니다. 현재 Hyperledger Solang은 Solana와 Polkadot(서브스트레이트)를 지원하고 있습니다.

Hyperledger Solang은 Solidity 계약서와 해당 메타데이터 파일을 컴파일하여 생성합니다. 컴파일된 계약서를 배포하기 위해서는 해당 블록체인 플랫폼에 맞는 도구가 필요합니다. 이를 통해 다양한 블록체인 환경에서 Solidity로 작성된 스마트 계약을 활용할 수 있습니다.

Hyperledger FireFly

◆ **유형**: 도구

Hyperledger FireFly는 기업이 보안 웹3.0 애플리케이션을 신속하게 구축하고 확장할 수 있도록 지원하는 최초의 오픈 소스 슈퍼노드입니다. 이 플랫폼은 디지털 자산, 데이터 흐름, 블록체인 트랜잭션을 처리하기 위한 FireFly API를 제공하여 인기 있는 블록체인과 프로토콜에서 프로덕션 준비 애플리케이션을 보다 효율적으로 개발할 수 있게 합니다.

FireFly의 아키텍처(그림 2-30)는 완전히 모듈식이며 '플러그 가능' 구조를 가지고 있어, 데이터베이스부터 블록체인 자체까지 시스템의 거의 모든 구성 요소를 다른 구현으로 교체할 수 있습니다. 오픈 소스 커뮤니티의 성장과 함께, FireFly를 위한 새로운 플러그인이 계속 개발될 것으로 기대됩니다.

하이퍼레저 랩스는 FireFly를 새로운 오픈 소스 프로젝트로 시작하며, 지난 6월부터 하이퍼레저 베수와 하이퍼레저 패브릭을 지원하는 등 많은 주요 기능을 추가했습니다. 랩스에서의 작업 중 주요 초점은 FireFly를 중심으로 한 오픈 소스 커뮤니티 구축이었습니다. FireFly에 대한 관심은 큰 반향을 일으켰고, 매주 더 많은 개발자들이 커뮤니티에 합류하여 FireFly에서 애플리케이션을 개발하고 있습니다. 예를 들어, 하이퍼레저 기빙 체인 프로젝트와 같은 여러 프로젝트가 진행되고 있

그림 2-30 FireFly의 아키텍처

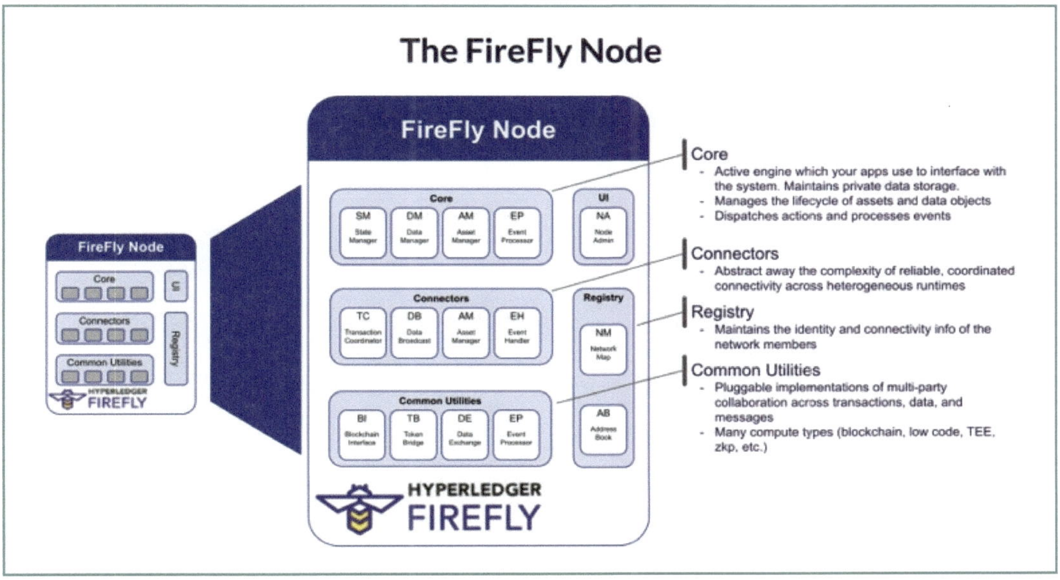

출처: Hyperledger FireFly

으며, 메인넷, 디파이(DeFi), 기타 금융 서비스 사례에 기여하고 있습니다. 이러한 노력은 주요 기업 컨소시엄 구성원 간의 탈중앙화 애플리케이션 구축을 표준화하는 데 기여하고 있습니다.

Hyperledger FireFly는 기업의 웹3.0 애플리케이션 개발을 가속화하고, 다양한 블록체인 기술과의 통합을 통해 혁신적인 솔루션을 제공하는 플랫폼으로 자리 잡고 있습니다.

Hperledger Cello

Hyperledger CELLO

- **유형**: 도구

Hyperledger Cello는 블록체인의 생성, 관리 및 운영에 필요한 작업을 줄이기 위한 운영 대시보드 역할을 합니다. 이 도구는 블록체인을 서비스형(SaaS)으로 쉽게 구축할 수 있도록 지원하며, 사용자에게 직관적인 관리 인터페이스를 제공합니다.

Cello는 베어메탈 서버, 가상 머신, 다양한 컨테이너 플랫폼 등 다양한 인프라 환경에서 블록체인을 효율적으로 실행하고 관리할 수 있는 기능을 갖추고 있습니다. 이를 통해 개발자는 복잡한 인프라 설정 없이도 블록체인 네트워크를 쉽게 배포하고 운영할 수 있습니다.

이 플랫폼은 사용자가 필요로 하는 블록체인 서비스를 신속하게 설정하고 관리할 수 있도록 도와주며, 기업이 블록체인 기술을 더 쉽게 도입하고 활용할 수 있도록 지원합니다. Hyperledger Cello는 블록체인 운영의 효율성을 높이고, 개발자와 기업이 블록체인 솔루션을 보다 간편하게 구축할 수 있는 환경을 제공합니다.

Hyperledger Caliper

Hyperledger CALIPER

- **유형**: 도구

Hyperledger Caliper는 블록체인 벤치마킹 도구로, 사용자가 미리 정의된 일련의 사용 사례를 통해 다양한 블록체인 구현의 성능을 측정할 수 있게 해줍니다. 이 도구는 Hyperledger Besu, 이더리움, Hyperledger Fabric과 같은 블록체인 솔루션의 성능을 평가하며, 이를 기반으로 여러 성능 지표가 포함된 보고서를 생성합니다.

블록체인 솔루션의 성능은 사용자에게 중요한 요소 중 하나입니다. 그러나 현재로서는 다양한 블록체인 솔루션에 대한 성능 평가를 제공하는 중립적이고 일반적으로 인정되는 도구가 부족합니다. 일부 보고서는 특정 시나리오에서 블록체인 구현의 성능을 다루고 있지만, 일반적인 벤치마킹 도구는 존재하지 않습니다.

Hyperledger Caliper는 이러한 필요성을 충족시키기 위해 설계된 도구로, TPS(초당 트랜잭션 수), 트랜잭션 지연 시간, 리소스 활용률 등 다양한 성과 지표를 기반으로 한 보고서를 제공합니다. Caliper의 결과는 다른 Hyperledger 프로젝트에서 프레임워크를 구축할 때 참고 자료로 사용될 수 있으며, 사용자에게 적합한 블록체인 구현을 지원하는 데 기여합니다.

벤치마킹 도구의 필요성은 다음과 같습니다.

- **성능 비교**: 다양한 블록체인 솔루션 간 성능 비교를 가능하게 하여 사용자가 최적의 선택을 할 수 있도록 지원합니다.
- **표준화된 평가**: 블록체인 솔루션에 대한 성능 평가의 표준화를 통해 사용자와 개발자가 공통된 기준으로 솔루션을 이해하고 선택할 수 있게 합니다.
- **개선 방향 제시**: 벤치마킹 결과를 바탕으로 각 블록체인 솔루션의 개선 방향을 제시하여, 기술 발전을 촉진합니다.

이와 같은 이유로 Hyperledger Caliper는 블록체인 생태계에서 필수적인 도구로 자리 잡고 있습니다.

Hyperledger Bevel

- **유형**: 도구

Hyperledger Bevel은 개발자가 안전하고 확장 가능하며 프로덕션에 적합한 분산 원장 기술(DLT) 네트워크를 신속하게 설정하고 배포할 수 있도록 지원하는 액셀러레이터입니다. 이 도구는 새로운 조직이 네트워크에 쉽게 온보딩될 수 있는 기능을 제공합니다.

Bevel의 주요 기능 및 이점은 다음과 같습니다.

- **배포 가속화**: Bevel은 DLT 네트워크의 배포 과정을 간소화하여 개발자가 환경 구축에 소모하는 시간을 최소화합니다. 이를 통해 개발자는 블록체인 애플리케이션의 구축에 더 많은 시간을 집중할 수 있습니다.
- **확장성 보장**: 네트워크가 확장 가능하도록 설계되어, 생산 요구 사항을 충족할 수 있는 안정적인 인프라를 제공합니다. 개발자는 네트워크가 커져도 안정적으로 운영될 것이라는 걱정을 덜 수 있습니다.
- **온보딩 지원**: 새로운 조직이 DLT 네트워크에 쉽게 참여할 수 있도록 함으로써, 네트워크의 유연성과 확장성을 더욱 높입니다. 이는 여러 참가자가 원활하게 협력할 수 있는 기반을 마련합니다.

Hyperledger Bevel은 이러한 기능들을 통해 개발자가 블록체인 솔루션을 효율적으로 개발하고 배포할 수 있도록 돕는 중요한 도구입니다.

Hyperledger AnonCreds

◆ **유형**: 도구

Hyperledger AnonCreds는 '익명의 자격 증명'을 의미하는 도구로, 전 세계에서 가장 일반적으로 사용되는 검증 가능한 자격 증명(Verifiable Credential, VC) 형식입니다. 이 도구는 원장에 구애받지 않으며, 공식적인 개방형 사양을 통해 개인 정보 보호와 관련된 제로 지식 증명(ZKP) 기능을 포함하여 VC 보증을 강화합니다.

AnonCreds는 주요 기능 및 이점은 다음과 같습니다.

- **개인 정보 보호**: AnonCreds는 사용자가 특정 데이터를 검증자에게 제시할 때, 관련 식별자가 필요하지 않아 사용자의 프라이버시를 보호합니다. 이로 인해 데이터는 최소한으로 공유되며, 불필요한 정보 노출을 방지할 수 있습니다.
- **검증자 보증**: 자격 증명은 보유자에게 구속되어, 검증자는 제시된 모든 자격 증명이 동일한 보유자에게 발급되었음을 확인할 수 있습니다. 이는 자격 증명의 신뢰성을 높입니다.
- **최소한의 데이터 공유**: 사용자는 필요한 데이터만 선택적으로 공개할 수 있으며, ZKP를 통해 자격 증명 및 프레젠테이션을 W3C VC 데이터 모델 표준 형식으로 제공할 수 있습니다.

Hyperledger AnonCreds는 25개 이상의 스폰서와 함께 하이퍼레저 생태계에 통합되어 있으며, 이로 인해 더 많은 사람들이 개인 정보 보호 기능을 활용할 수 있게 되었습니다. 또한, 기본 암호화 기능은 계속 발전하면서도 이러한 개인 정보 보호 기능에 영향을 미치지 않습니다.

Hyperledger AnonCreds는 다음과 같이 구성됩니다.

- **사양 워킹 그룹**: AnonCreds 사양은 적절한 표준 조직의 원장이나 검증 가능한 데이터 레지스트리에 구애받지 않고 관리됩니다. 이 사양은 하이퍼레저 양자리 및 비양자리 에이전트 가이던스와 함께 사용되며, 비즈니스 사용자부터 암호학자까지 다양한 오디언스를 위한 문서를 작성하는 데 기여합니다.
- **상호 운용성 검증**: AnonCreds 구현의 상호 운용성을 검증하기 위해 테스트 제품군 A를 통해 사양의 준수 여부를 평가합니다.

향후 계획으로는 기존 AnonCreds의 Rust 구현을 Indy 외의 검증 가능한 데이터 레지스트리(VDR)와의 호환성을 높이고, v1.0 사양을 마무리하며, W3C 검증 가능한 자격 증명 데이터 모델

표준을 준수하는 방향으로 발전할 것입니다.

Hyperledger AnonCreds는 검증 가능한 자격 증명의 새로운 가능성을 열어주는 강력한 도구로, 개인 정보 보호와 보안이 중요한 현대 사회에서 그 필요성이 더욱 부각되고 있습니다.

Hyperledger Web3j

◆ **유형**: 이더리움 통합 라이브러리

Hyperledger Web3j는 스마트 계약과 상호작용하고 이더리움 네트워크의 클라이언트(노드)와 통합하기 위해 설계된 고도로 모듈화되고 반응성이 뛰어난 Java 및 Android 라이브러리입니다. 이 라이브러리를 통해 개발자들은 직접 통합 코드를 작성하지 않고도 이더리움 블록체인에서 작업할 수 있습니다.

Web3j는 2016년 웹3랩의 설립자인 코너 스벤슨에 의해 개발되었습니다. 이 프로젝트는 기업 개발자들이 이더리움 호환 블록체인과 효율적으로 협력할 수 있도록 지원하기 위해 만들어졌습니다. 지난 20년간 많은 대기업들이 Java 가상 머신(JVM) 플랫폼(그림 2-31)에 막대한 투자를 해왔지만, 기존의 공공 블록체인 네트워크는 기업 사용자를 위해 설계되지 않았습니다. Web3j는 이러한 기업들이 이더리움 기술과 통합할 수 있는 간편한 경로를 제공하는 것을 목표로 하고 있습니다.

주요 특징 및 장점은 다음과 같습니다.

● **기존 시스템과의 간편한 통합**: Hyperledger Web3j는 가볍고 모듈성이 뛰어난 Java 라이브

그림 2-31 Web3j 이더리움 JVM

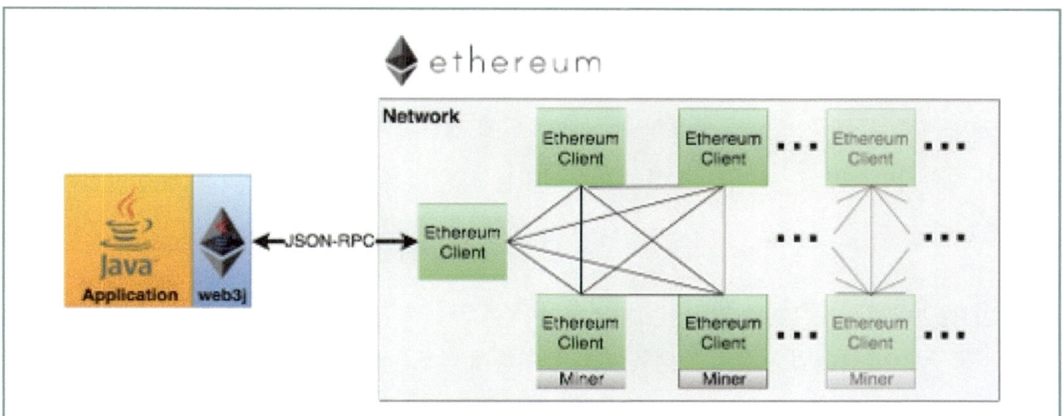

출처: Web3j

러리로, 기존 엔터프라이즈 시스템에 쉽게 통합할 수 있습니다. 이를 통해 기업은 현재 인프라를 변경하지 않고도 블록체인 기술을 채택할 수 있습니다.

- **포괄적인 이더리움 지원**: Web3j는 스마트 계약 배포, 거래 서명, 지갑 생성 및 관리, 블록체인 데이터 쿼리 등 다양한 이더리움 구성 요소와 생태계를 지원합니다. 이는 엔터프라이즈 블록체인 애플리케이션 개발에 다용도로 사용할 수 있는 도구입니다.
- **고도로 모듈화된 구조**: 라이브러리는 사용자가 필요한 구성 요소를 선택할 수 있도록 설계되었습니다. 사용자는 스마트 계약 기능을 포함하거나, 단순히 노드 쿼리에 필요한 RPC 기능만 사용할 수도 있습니다.
- **강력한 빌드 도구**: Web3j는 개발자가 JVM 환경을 유지하면서 Solidity 코드 컴파일 및 테스트를 처리할 수 있도록 돕는 강력한 빌드 도구를 제공합니다.
- **스마트 계약 포장지**: 이 라이브러리는 Java 스마트 계약 포장지를 생성하여 스마트 계약과의 상호작용을 간소화합니다. 이를 통해 엔터프라이즈 개발자는 스마트 계약을 자바 객체처럼 다룰 수 있어 개발 시간을 단축하고 학습 곡선을 완화할 수 있습니다.
- **반응형 기능 프로그래밍**: Web3j는 반응형 기능 프로그래밍을 지원하여 개발자가 과거 및 실시간 블록체인 데이터를 쉽게 수집할 수 있도록 합니다. 이는 대량의 데이터를 처리하는 기업에 특히 유용합니다.
- **보안 트랜잭션 관리**: Web3j는 오프라인 트랜잭션 서명을 포함한 안전한 트랜잭션 관리 기능을 제공하여 개인 키를 안전하게 유지할 수 있습니다. 이는 엔터프라이즈 애플리케이션에서 중요한 요소입니다.
- **인기 있는 Java 도구와의 호환성**: 이 라이브러리는 스프링 부트와 같은 인기 있는 Java 도구 및 프레임워크와 호환되어, Java 개발자가 기존 워크플로우를 쉽게 채택하고 통합할 수 있게 돕습니다.
- **활발한 커뮤니티 및 지원**: Hyperledger Web3j는 강력하고 활발한 커뮤니티를 보유하고 있으며, 이를 통해 기업들이 풍부한 지식과 지원에 접근할 수 있도록 하고 있습니다. 커뮤니티의 지속적인 개발 노력 덕분에 이 라이브러리는 최신 블록체인 혁신에 맞춰 계속 발전하고 있습니다.

Hyperledger Web3j는 기업이 이더리움 블록체인 기술을 효과적으로 활용할 수 있도록 돕는 강력한 도구로, 블록체인 기술의 채택을 더욱 용이하게 만드는 역할을 하고 있습니다.

Solidity

Lesson
06

Solidity는 **이더리움(Ethereum)**과 같은 블록체인 플랫폼에서 스마트 계약(Smart Contract)을 작성하기 위해 고안된 **프로그래밍 언어**로, 스마트 계약은 블록체인 네트워크 내에서 자동으로 실행되는 계약으로, 중앙 관리자가 없이도 프로그래밍된 대로 자율적으로 실행됩니다. Solidity는 이 스마트 계약을 작성하는 데 사용되는 주된 언어로, 이더리움의 스마트 계약 및 분산 애플리케이션(DApp)을 개발하는 데 널리 사용되며, Lesson 06에서는 Ethereum Solidity에 대하여 다루도록 하겠습니다.

Solidity는 다양한 블록체인 플랫폼, 특히 이더리움에서 스마트 컨트랙트를 구현하기 위한 프로그래밍 언어입니다. 솔리디티는 GNU 일반 공중 사용 허가서 v3.0에 따라 라이선스되었습니다. Solidity는 개빈 우드가 설계하고 크리스찬 라이트위스너, 알렉스 베레가스지 및 여러 전직 이더리움 핵심 기여자들이 개발했습니다. 솔리디티의 프로그램은 이더리움 가상 머신 또는 호환되는 가상 머신에서 실행됩니다.

Solidity란

SOLIDITY

웹3.0 산업이 급속도로 성장하면서, 개발자들은 다양한 웹3.0 프로그래밍 언어를 선택할 수 있는 기회를 가지게 되었습니다. 이 과정에서 각 언어는 스마트 계약 작성에 대한 다양한 혜택과 절충점을 제공하도록 설계되었습니다. 특정 언어는 특정 블록체인을 지원하는 데 최적화되어 있으며, 속도, 가독성, 보안 등의 측면에서도 차별화된 특성을 가지고 있습니다.

Solidity는 특히 이더리움 블록체인에서 스마트 계약을 구현하기 위해 개발된 프로그래밍 언어(그림 2-32)로, 현재 블록체인 생태계에서 가장 큰 개발자 커뮤니티를 지원합니다. Solidity는 강력하고 유연한 프로그래밍 언어로서, 탈중앙화 애플리케이션(DApp)을 구축하는 데 필수적인 도구로 자리 잡고 있습니다. 개발자들은 Solidity를 사용하여 다양한 비즈니스 로직을 스마트 계약으로 구현하고, 이를 통해 이더리움 블록체인에서 직접 실행할 수 있습니다.

그림 2-32 솔라디티 프로그래밍 구조

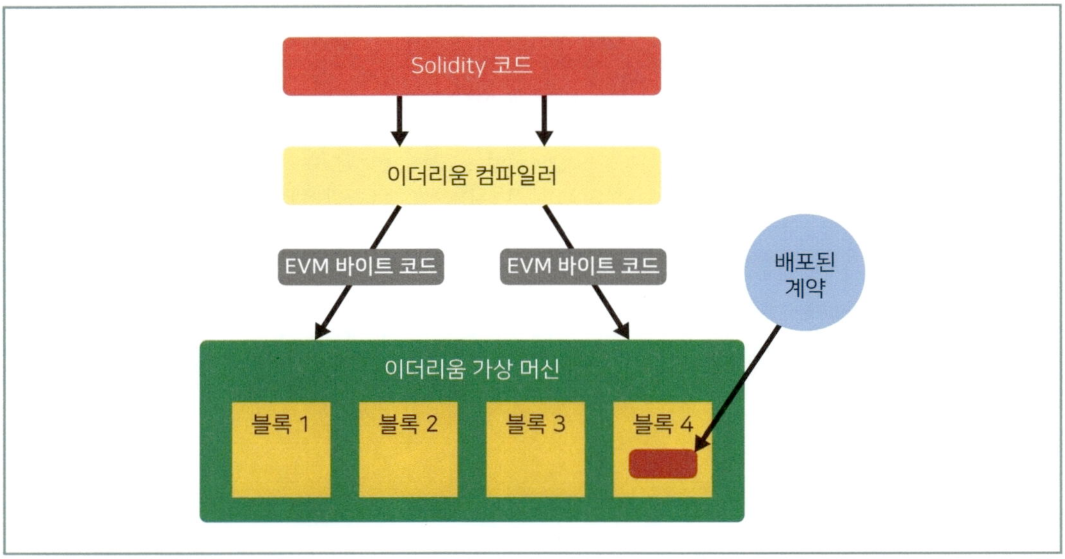

Solidity의 역사

Solidity는 2014년 이더리움의 공동 창립자인 개빈 우드(Gavin Wood)에 의해 제안되었습니다. 그는 스마트 계약 작성을 위한 튜링 완전 프로그래밍 언어가 필요하다는 인식에서 출발하여, Solidity를 설계했습니다. 이더리움의 창시자인 비탈릭 부테린(Vitalik Buterin)의 비전은 블록체인 기술을 활용하여 탈중앙화된 애플리케이션을 개발할 수 있는 플랫폼을 만드는 것이었습니다. 이러한 비전 속에서 Solidity는 이더리움의 스마트 계약 생태계를 위한 핵심 언어로 발전해왔습니다.

언어적 영향 및 특성

Solidity는 C++, 자바스크립트, Python 등 여러 프로그래밍 언어에서 영향을 받아 설계되었습니다. 객체 지향적이고 고급 프로그래밍 언어의 특성을 가지며, 개발자는 복잡한 시스템 수준의 정보를 직접 다루지 않고도 스마트 계약을 생성할 수 있습니다. 이러한 고급 언어의 특성 덕분에 Solidity는 개발자가 직관적으로 사용할 수 있도록 설계되었습니다.

또한, Solidity는 이더리움 가상 머신(EVM)에서 실행되며, 이는 스마트 계약의 배포와 실행을 가능하게 합니다. 튜링 완전성 덕분에 Solidity는 모든 가능한 계산을 수행할 수 있는 능력을 가지며, 이를 통해 개발자는 다양한 기능을 갖춘 스마트 계약을 작성할 수 있습니다.

사용법 및 개발 환경

Solidity는 이더리움 네트워크에서의 스마트 계약 배포와 실행을 위해 널리 사용됩니다. 개발자는 Solidity를 통해 자산 전송, 탈중앙화 금융(DeFi) 애플리케이션 구축, DAO(탈중앙화 자율 조직) 설계 등 다양한 용도로 스마트 계약을 구현할 수 있습니다. 개발 환경은 Remix IDE와 같은 웹 기반 도구부터 Truffle, Hardhat과 같은 로컬 개발 프레임워크에 이르기까지 다양합니다.

학습 리소스 및 커뮤니티

Solidity를 배우고자 하는 개발자를 위해 여러 무료 코스와 온라인 리소스가 제공되고 있습니다. Ethereum Foundation의 공식 문서, Coursera, Udemy와 같은 플랫폼에서 Solidity 관련 강좌를 찾아볼 수 있습니다. 이러한 자료들은 스마트 계약의 기초부터 고급 기술까지 다양한 주제를 포괄하고 있습니다.

또한, Solidity의 커뮤니티는 매우 활발하며, GitHub, Stack Overflow와 같은 플랫폼에서 개발자들 간의 지식 공유와 지원이 이루어지고 있습니다. 이러한 커뮤니티는 최신 블록체인 혁신과 기술 발전에 대한 정보와 도움을 제공합니다.

Solidity의 개발

2014년, 이더리움의 CTO인 개빈 우드(폴카닷 설립자, 그림 2-32)는 스마트 컨트랙트 작성을 위한 튜링 완전 프로그래밍 언어에 대한 이더리움의 요구를 충족시킬 수 있는 언어로 Solidity를 고안했습니다.

그림 2-33 이더리움 CTO 개빈 우드

출처: 구글 Image

이더리움의 창시자 비탈릭 부테린은 비트코인이 개척한 블록체인 기능과 스마트 컨트랙트의 기능을 확장하는 프로토콜로 이더리움을 제안했습니다. 그의 비전에 따르면 이더리움은 분산된 글로벌 컴퓨터 네트워크에서 실행되는 코드 조각을 조건부로 실행하는 정교한 스마트 컨트랙트 네트워크를 실행할 수 있을 것입니다. 스마트 컨트랙트를 통해 개발자가 새로운 암호화폐를 만들고, 탈중앙 금융 앱을 구축하는 등 다양한 작업을 수행할 수 있습니다. 솔리디티 프로젝트 팀은 크리스찬 리츠너가 이끌었으며, 스마트 컨트랙트를 구현하기 위한 튜링 완성형 객체 지향 프로그래밍 언어를 만드는 데 성공했습니다. 고급 언어라는 것은 개발자가 계산을 수행하기 위해 메모리(Memory)나 바이트코드와 같은 시스템 수준의 정보를 조작할 필요 없이 스마트 컨트랙트를 생성한다는 것을 의미합니다. 튜링 완전성이란 데이터 조작 시스템(이 경우 프로그래밍 언어)이 튜링 머신의 동작을 시뮬레이션할 수 있는 능력을 말합니다. 이론적으로 Solidity는 개발자가 요구할 수 있는 모든 계산을 수행할 수 있어야 했습니다.

Solidity의 구성 및 이더리움 네트워크에서 스마트 계약 배포

Solidity는 이더리움 네트워크에서 스마트 계약을 작성하고 배포하기 위해 설계된 프로그래밍 언어입니다. Solidity를 활용한 스마트 계약의 배포 과정은 여러 단계로 이루어지며, 각 단계는 이더리움 블록체인 생태계의 핵심 구성 요소와 밀접하게 연결되어 있습니다. 아래에서는 Solidity의 주요 구성 요소와 함께 스마트 계약 배포 과정을 자세히 설명하겠습니다.

Solidity의 기본 구성 요소

- **문법**: Solidity는 C++, 자바스크립트 및 Python의 문법에서 영감을 받았으며, 객체 지향적이며 정적 타입 언어입니다. 함수, 상태 변수, 수정자, 이벤트 등의 개념을 사용하여 계약을 설계합니다.
- **데이터 타입**: Solidity는 다양한 데이터 타입을 지원합니다. 기본 데이터 타입(정수, 부동 소수점, 불리언 등)부터 복합 데이터 타입(구조체, 매핑 등)까지 다양합니다. 이러한 데이터 타입은 계약의 상태를 정의하는 데 사용됩니다.
- **함수**: 스마트 계약의 핵심 로직은 함수로 구성됩니다. 함수는 계약의 특정 동작을 정의하며, 외부에서 호출할 수 있는 public, 내부에서만 호출할 수 있는 internal, 오직 계약 내에서만 사용되는 private 등의 접근 제어자를 가집니다.
- **상태 변수**: 스마트 계약의 상태는 상태 변수를 통해 저장됩니다. 이러한 변수는 계약의 저장소에 영구적으로 저장되며, 블록체인 상에서의 상태를 나타냅니다.
- **수정자**: 수정자는 함수의 실행 조건을 정의하는 데 사용됩니다. 특정 조건이 충족되었을 때만 함수가 실행되도록 제어할 수 있습니다.

- **이벤트**: 이더리움 네트워크에서는 특정 동작이 발생했을 때 로그를 기록하기 위해 이벤트를 사용합니다. 이는 외부 애플리케이션이 스마트 계약의 상태 변경을 모니터링하는 데 유용합니다.

스마트 계약 작성 및 테스트

- **IDE 사용**: Solidity로 스마트 계약을 작성하는 데 가장 많이 사용되는 도구 중 하나는 Remix IDE입니다. 웹 기반의 Remix IDE를 사용하면 코드 작성, 컴파일, 배포 및 테스트를 쉽게 수행할 수 있습니다.
- **테스트 네트워크**: 스마트 계약을 메인넷에 배포하기 전에, 개발자는 Rinkeby, Ropsten과 같은 테스트 네트워크를 사용하여 계약을 테스트합니다. 이러한 테스트 네트워크는 실제 이더를 사용하지 않고도 계약의 작동을 검증할 수 있는 환경을 제공합니다.

스마트 계약 컴파일

- **컴파일러**: 작성된 Solidity 코드는 solc(Solidity Compiler)와 같은 컴파일러를 통해 바이트코드로 변환됩니다. 이 바이트코드는 이더리움 가상 머신(EVM)에서 실행될 수 있는 형식입니다.
- **ABI(Application Binary Interface)**: 컴파일 과정에서 생성되는 ABI는 계약의 함수 및 이벤트에 대한 메타데이터를 포함합니다. 이 정보를 통해 외부 애플리케이션이 스마트 계약과 상호작용할 수 있습니다.

스마트 계약 배포

- **배포 트랜잭션**: 컴파일된 바이트코드는 이더리움 네트워크에 배포되기 위해 트랜잭션으로 전송됩니다. 이 과정에서 배포자는 가스를 지불해야 하며, 이는 트랜잭션 처리 비용을 의미합니다.
- **계약 주소**: 배포가 완료되면 이더리움 네트워크는 스마트 계약에 대한 고유한 주소를 생성합니다. 이 주소를 통해 사용자는 해당 계약과 상호작용할 수 있습니다.

스마트 계약 실행

- **상호작용**: 스마트 계약이 배포되면, 외부 애플리케이션 또는 사용자는 계약의 함수에 접근하여 호출할 수 있습니다. 이러한 호출은 트랜잭션으로 처리되며, 계약의 상태를 변경하거나 데

이터를 반환할 수 있습니다.

- **상태 변경 및 이벤트**: 계약의 함수 호출이 완료되면 상태가 변경되며, 필요한 경우 이벤트가 발생하여 로그가 기록됩니다. 이는 외부 시스템이 계약의 상태 변경을 감지하고 대응할 수 있도록 돕습니다.

보안 및 최적화

- **보안 검사**: 스마트 계약은 코드 작성 시 보안에 주의해야 합니다. 재진입 공격, 오버플로우 및 언더플로우와 같은 다양한 공격에 대비하기 위해 개발자는 보안 모범 사례를 따라야 합니다.
- **최적화**: 배포 비용을 최소화하기 위해 계약의 가스를 최적화하는 것이 중요합니다. 불필요한 계산을 피하고, 상태 변수를 효율적으로 관리함으로써 비용을 절감할 수 있습니다.

결론

Solidity는 이더리움 네트워크에서 스마트 계약을 작성하고 배포하는 데 필수적인 언어입니다. 그 구조와 작동 방식을 이해하면 개발자는 안전하고 효율적인 블록체인 애플리케이션을 구축할 수 있습니다. 스마트 계약 작성부터 배포, 실행, 보안 검사까지의 과정을 숙지함으로써 블록체인 개발의 복잡성을 효과적으로 관리할 수 있습니다

Solidity의 기본 구성 요소와 개발 프로세스

Solidity는 이더리움 플랫폼에서 스마트 계약을 작성하기 위한 주요 프로그래밍 언어로, 개발자는 이 언어를 사용하여 다양한 탈중앙화 애플리케이션(DApp)을 구현할 수 있습니다. Solidity의 기본 구성 요소와 이를 바탕으로 한 개발 프로세스는 다음과 같습니다.

기본 구성 요소

- **스마트 계약**: Solidity의 가장 기본 단위로, 계약의 로직과 상태를 정의합니다. 스마트 계약은 클래스와 유사한 개념으로, 데이터와 함수를 포함합니다.
- **상태 변수**: 스마트 계약의 상태를 저장하는 변수입니다. 블록체인에 영구적으로 저장되며, 계약의 데이터 구조를 형성합니다.
- **함수**: 계약의 동작을 정의합니다. 함수는 입력값을 받아 특정 작업을 수행하고, 결과를 반환할 수 있습니다. 외부에서 호출할 수 있는 public, 내부에서만 사용할 수 있는 internal, 오직

계약 내에서만 사용되는 private 접근 제어자를 가집니다.

- **수정자**: 함수의 실행 조건을 정의합니다. 특정 조건이 충족될 때만 함수가 실행되도록 제어할 수 있습니다. 예를 들어, 함수 호출자가 계약의 소유자여야 하는 조건을 추가할 수 있습니다.
- **이벤트**: 계약 내에서 특정 동작이 발생했음을 로그로 기록하는 데 사용됩니다. 이는 외부 애플리케이션이 스마트 계약의 상태 변경을 모니터링하는 데 유용합니다.
- **오류 처리**: Solidity는 require, assert, revert와 같은 키워드를 사용하여 오류를 처리합니다. 이를 통해 계약의 상태를 안전하게 유지하고 잘못된 동작을 방지할 수 있습니다.

개발 프로세스

- **1단계: 요구 사항 분석**
  - 개발자는 스마트 계약의 목적과 기능을 정의하는 요구 사항을 분석합니다. 어떤 기능이 필요한지, 계약의 작동 방식, 상호작용할 다른 시스템이나 계약은 무엇인지 명확히 해야 합니다.
- **2단계: 스마트 계약 설계**
  - **계약 구조 설계**: 필요한 상태 변수와 함수의 목록을 작성합니다. 데이터 구조를 정의하고, 계약의 흐름을 설계합니다.
  - **보안 고려**: 계약의 보안 요구 사항을 검토합니다. 잠재적인 취약점과 공격 벡터를 미리 식별하고, 이를 방지하기 위한 설계를 진행합니다.
- **3단계: 코드 작성**
  - **IDE 선택**: Solidity 코드를 작성하기 위해 Remix, Truffle 또는 Hardhat과 같은 통합 개발 환경(IDE)을 사용합니다.
  - **코딩**: 설계한 구조에 따라 Solidity 코드를 작성합니다. 상태 변수, 함수, 수정자 및 이벤트를 구현합니다.

```
pragma solidity ^0.8.0;
contract SampleContract {
    uint public value;
    event ValueChanged(uint newValue);
    function setValue(uint _value) public {
        value = _value;
        emit ValueChanged(_value);
```

```
        }
    }
```

- **4단계: 테스트**
  - **단위 테스트**: 작성한 스마트 계약의 기능을 검증하기 위해 단위 테스트를 수행합니다. Truffle이나 Hardhat을 사용하여 다양한 시나리오를 테스트합니다.
  - **테스트 네트워크**: Ropsten, Rinkeby와 같은 테스트 네트워크에서 계약을 배포하고 실제 작동을 확인합니다. 이를 통해 메인넷에 배포하기 전에 계약의 안전성과 기능을 점검할 수 있습니다.
- **5단계: 배포**
  - **배포 준비**: 계약이 성공적으로 테스트되면, 배포를 위한 최종 준비를 합니다. 컴파일된 바이트코드와 ABI(Application Binary Interface)를 확보합니다.
  - **트랜잭션 생성**: 이더리움 네트워크에 계약을 배포하기 위한 트랜잭션을 생성합니다. 이 과정에서 가스 요금을 지불해야 합니다.
  - **배포 실행**: 메인넷이나 개인 네트워크에 계약을 배포합니다. 배포 후, 계약 주소를 확인하고, 이를 통해 계약과 상호작용할 수 있습니다.
- **6단계: 유지 보수**
  - **모니터링**: 배포 후 계약의 동작을 모니터링합니다. 발생하는 이벤트 로그와 상태 변화를 확인하여 계약이 정상적으로 작동하는지 점검합니다.
  - **업데이트 및 패치**: 필요한 경우 계약의 기능을 개선하거나 버그를 수정합니다. 하지만 이더리움 블록체인에서는 이미 배포된 계약을 수정할 수 없으므로, 새로운 계약을 배포하는 방식으로 버전을 관리해야 합니다.

Solidity의 기본 구성 요소와 개발 프로세스를 이해하면 이더리움 플랫폼에서 효과적이고 안전한 스마트 계약을 구축할 수 있으며, 각 단계에서 요구 사항을 명확히 하고, 설계와 코딩, 테스트 및 배포 과정을 철저히 수행함으로써 높은 품질의 블록체인 애플리케이션을 개발할 수 있습니다.

CHAPTER

3

BlockChain 암호화

블록체인(Blockchain) 암호화는 디지털 정보의 안전한 저장과 거래를 가능하게 하는 기술로, 기본적으로, 블록체인은 정보를 '블록'이라고 하는 단위로 저장하고, 이를 '체인'처럼 연결하는 구조입니다. 이 기술의 핵심은 보안, 투명성, 변조 불가능성으로 CHAPTER 3에서는 블록체인에서 암호화 기술 및 유형과 해시함수 및 블록 Hashing, 디지털 서명 알고리즘과 머클트리, 그리고 블록체인 암호화의 핵심인 타원 곡선 암호화에 대하여 설명하도록 하겠습니다.

암호화 및 유형

Lesson 01

암호화는 데이터를 보호하고 안전하게 전송하기 위한 기술로, 다양한 방식으로 적용되며, 암호화 유형은 크게 **대칭키 암호화**, **비대칭키 암호화**, **해시 함수**로 나눌 수 있습니다. 각 유형은 서로 다른 방식으로 데이터 보호를 제공하며, Lesson 01에서는 암호화와 유형에 대하여 다루도록 하겠습니다.

암호학은 초기 문명에서도 중요한 역할을 했으며, 역사를 거슬러, 기원전 1900년경 고대 이집트에서는 크눔호텝 2세의 무덤 본실에 새겨진 비문에서 암호화의 초기 흔적을 찾을 수 있습니다. 사용된 상형문자는 일반적인 상형문자와 다르게, 더 품위 있는 글쓰기 형식을 채택하여 정보의 은밀함을 강조했으며, 이 상형문자는 반드시 비밀 코드라기보다는 그 자체로 장식적이고 고귀한 느낌을 주기 위한 의도로 사용되었을 가능성이 큽니다.

기원전 1500년, 메소포타미아에서는 한 필경사가 도자기 유약의 공식을 숨기기 위해 암호학을 사용한 기록이 있으며, 이는 암호학이 비밀 정보를 보호하는 수단으로 사용된 최초의 사례 중 하나로, 정보의 기밀성을 지키기 위해 암호화가 필요했던 첫 번째 예로 평가됩니다. 또한, 초기 문명들에서는 암호학을 사용한 다양한 사례가 존재하며, 예를 들어, 인도의 고대 국가기술서인 '아르타샤슈트라'에서 차낙야(또는 카우틸리아)가 스파이와 첩보 활동에 대해 언급하며, 이때 암호학이 사용된 것으로 보입니다. 차낙야는 스파이들에게 암호화된 메시지를 전달하는 방법을 설명하며, 정보의 보호와 전략적 우위를 강조했습니다.

고대 그리스에서는 암호화와 해독을 위한 알고리즘이 사용되었으며, 기원전 100년경, 줄리어스 시저는 군사 작전 중 비밀 메시지를 주고받기 위해 시저 암호를 사용했으며, 시저 암호는 가장 잘 알려진 대체 암호 방식으로, 메시지의 각 문자가 일정한 규칙에 따라 다른 문자로 대체됩니다. 예를 들어, 각 문자를 3자리씩 이동시켜 암호화하는 방식인데, 'A'는 'D', 'B'는 'E', 'C'는 'F'와 같이 변환되며, 이 방식은 간단하지만, 비밀 메시지를 안전하게 전달하는 데 유용했습니다.

16세기에는 비게네르 암호가 등장했으며, 이 암호화 방법은 시저 암호를 확장한 형태로, 키워드의 문자를 이용하여 다수의 시저 암호를 조합하여 메시지를 암호화하는 방식으로, 시저 암호

그림 3-1 치환 암호

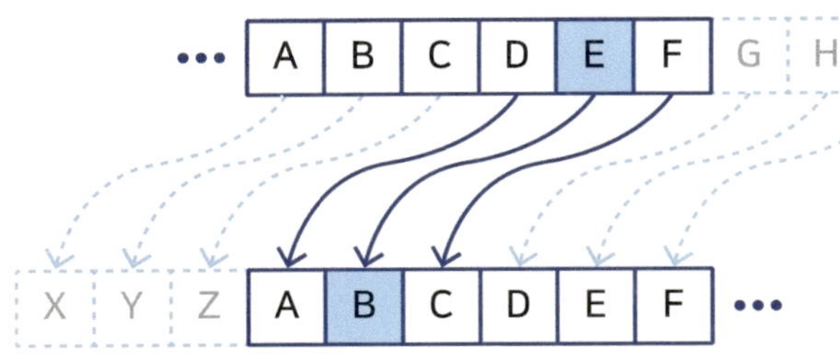

(또는 카이사르 암호, Caesar cipher)는 간단한 치환 암호(그림 3-1)라고 하며, 하나의 문자에 여러 가지 다른 문자가 대응되도록 만들어 보안을 강화했고, 지오반 바티스타 벨라소가 1553년에 이 방법을 처음 설명했으며, 19세기에는 블레즈 드 비게네르가 이 암호 방식의 공로를 인정받았습니다. 비게네르 암호는 시저 암호보다 훨씬 더 안전했으며, 많은 사람들이 유사한 암호화 시스템을 구현하기도 했습니다. 그러나 1863년 프리드리히 카시스키가 비게네르 암호를 해독하면서 이 암호도 취약점을 드러내게 되었고, 카시스키는 암호문에서 반복되는 패턴을 발견하고 이를 통해 암호를 해독하는 방법을 개발했으며, 이로 인해 비게네르 암호는 더 이상 안전한 방식으로 사용될 수 없게 되었습니다. 이처럼 암호학은 고대부터 현대에 이르기까지 시대마다 발전을 거듭하며, 정보 보호와 전략적 커뮤니케이션을 위해 중요한 역할을 해왔습니다.

헤번 회전 기계(그림 3-2)는 1917년, 일리노이주의 에드워드 헤번(Edward Hebern)에 의해 개발된 암호화 장치로, 기계적 부품과 전기 부품을 결합한 최초의 암호화 기계였는데, 이 기계는 타자기의 기계적 부품과 전기 타자기의 전기 부품을 융합하여 전기 회로를 사용한 암호 장치로서 중요한 발전을 이뤘습니다. 헤번 기계의 핵심은 스크램블러로, 디스크(로터) 두 개가 전기 접점을 통해 연결되어 각 문자를 무작위 방식으로 반대편의 다른 문자와 연결시켰으며, 이를 통해 단일 대체 알파벳을 생성하여 메시지를 암호화할 수 있었습니다. 암호학은 제1차 세계대전과 제2차 세계대전에서 중요한 역할을 했습니다. 특히 1918년, 독일 엔지니어 아서 셰리버스는 에니그마 머신을 발명했으며,

그림 3-2 헤번 회전 전기 코드 머신

출처: Google Image

이는 제2차 세계대전 중 나치 독일군에 의해 정기적으로 사용되었고, 에니그마는 세 개 이상의 회전기를 사용해 26개의 알파벳을 스크램블하고, 각 회전기는 서로 다른 속도로 회전하며 암호문을 생성했습니다. 이 기계는 매우 복잡한 암호화 방식을 제공했으며, 당시에 매우 강력한 보안을 자랑했습니다. 하지만 에니그마는 결국 폴란드의 암호학자들에 의해 균열이 발견되었으며, 이후 영국은 봄베라는 장치를 개발하여 에니그마의 휠 순서와 로터의 초기 설정을 식별하는 데 중요한 역할을 했으며, 이를 통해 연합군은 에니그마의 암호를 해독할 수 있었고, 전쟁의 판도를 바꾸는 중요한 전환점을 맞이하게 되었습니다.

하지만 암호화 기술의 발전은 전쟁 목적에만 국한되지 않았으며, 1970년대, IBM은 루시퍼라는 암호를 개발했으며, '루시퍼'는 블록 암호로, 고정 길이의 비트 그룹인 블록을 사용하여 데이터를 암호화합니다. 이 블록 암호는 대칭 키 알고리즘을 사용하여 평문 암호화와 암호문 해독에 동일한 암호 키를 사용하는데, 루시퍼는 전치 암호화와 대체 암호화를 결합하여, 후에 데이터 암호화 표준(Data Encryption Standard, DES)(그림 3-3)으로 알려지게 되었습니다.

데이터 암호화 표준는 대칭 키 알고리즘을 사용하며, 56비트 키를 사용하여 데이터를 암호화합니다. 그러나 키 길이가 짧아서 응용 프로그램에서 사용하기에 불안정한 것으로 간주되었으며, DES는 암호화 기술의 발전에 큰 영향을 미친 중요한 표준이었습니다.

DES는 민감한 전자 정부 데이터를 보호하기 위해 미국의 국립표준국(NBS, National

그림 3-3 DES 구조

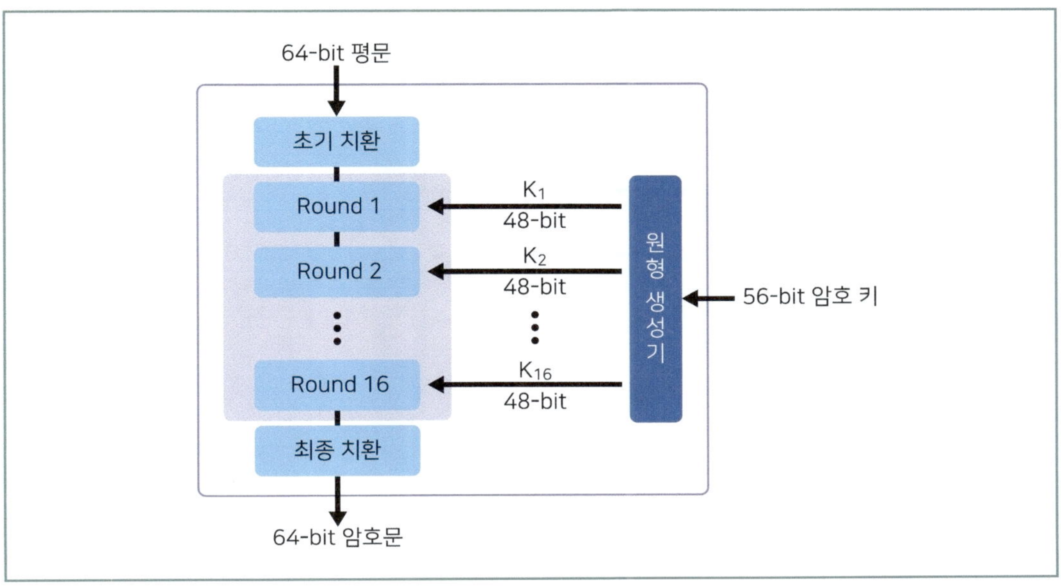

Bureau of Standards, 현 NIST)에 제출되었으며, 1976년에 수정된 버전이 승인되었고, 1977년에는 미국의 공식 연방 정보 처리 표준(Federal Information Processing Standard, FIPS)로 채택되어 널리 사용되기 시작했습니다. 하지만 DES는 시간이 지나면서 보안성이 떨어진다고 평가되었는데, 가장 큰 문제는 키 크기가 56비트로, 무차별 공격(brute-force attack)에 취약하다는 점으로, 무차별 공격이란 공격자가 가능한 모든 비밀번호 조합을 시도하여 정확한 값을 맞출 때까지 반복하는 방식입니다. 그 결과, DES는 점차 안전하지 않다고 여겨지기 시작했으며, 1997년에는 이미 해독이 가능해졌으며, 1999년에는 22시간 15분 만에 해독되는 기록을 세우기도 했습니다. 이는 DES가 쉽게 해독될 수 있음을 증명했으며, 그 후로 더 강력한 암호화 기술이 필요하다는 인식이 확산되었고, 결국 DES는 보안의 한계를 드러내었고, 새로운 암호화 표준인 고급 암호화 표준(Advanced Encryption Standard, AES)(그림 3-4)가 등장하게 되었습니다.

2001년, 미국 국립표준기술연구소(National Institute of Standards and Technology, NIST)는 데이터 암호화 표준(DES)의 보안 취약점을 해결하기 위해 고급 암호화 표준(AES)을 새로운 표준으로 선정했으며, AES는 대칭 키 알고리즘을 사용하며, 리잔델(Rijndael) 블록 암호를 기반으로 합니다. 이 암호화 표준은 128비트, 192비트, 256비트의 더 큰 키 길이와, 128비트의 블록 크기를 사용하여 보안성을 크게 강화했습니다.

2002년, 미국 정부는 상무부 장관의 승인을 받아 AES를 연방 정부 표준으로 채택했으며, AES는 그 후 기밀 기밀 정보 보호를 위해 공개적이고 접근 가능한 암호화 방법으로 사용되었으며,

그림 3-4 ASE 구조

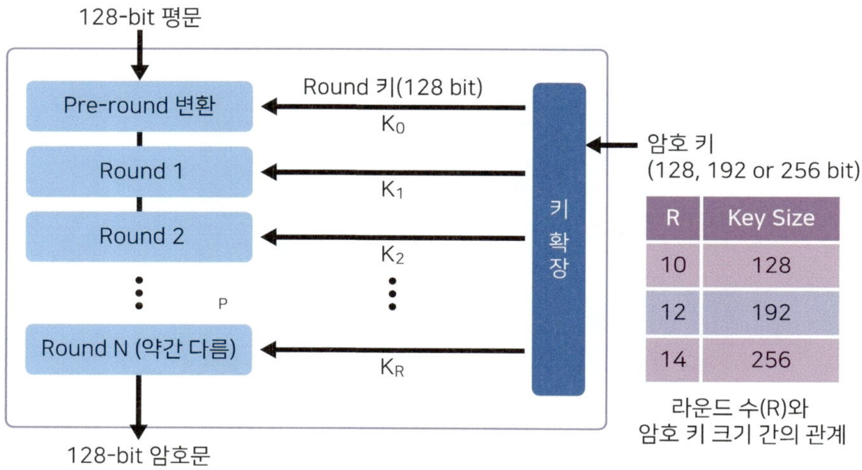

R	Key Size
10	128
12	192
14	256

국가안보국(NSA)의 승인을 받은 첫 번째이자 유일한 암호로 자리잡았습니다. AES는 그 보안성과 효율성 덕분에 오늘날까지도 전 세계적으로 널리 사용되는 표준 암호화 방식으로 자리매김하고 있습니다. 오늘날 암호화는 수십억 건의 온라인 거래, 민감한 데이터, 개인 메시지 등을 안전하게 보호하는 중요한 역할을 하며, 이러한 보안을 보장하는 주요 기술 중 하나는 TLS/SSL입니다.

TLS(Transport Layer Security, 전송 계층 보안, 그림 3-5)는 민감한 정보를 안전하게 전송할 수 있도록 지원하며, 예를 들어, 웹 서버와 브라우저 간, 또는 메일 서버와 메일 클라이언트 간에 TLS를 사용하면 데이터를 안전하게 주고받을 수 있으며, 이러한 안전한 연결을 설정하려면 브라우저와 서버 모두 TLS 인증서가 필요합니다. 웹사이트가 https로 시작하면, 해당 사이트는 TLS 인증서를 통해 보안이 유지된다는 의미입니다.

이 모든 과정은 비대칭 암호화(또는 공개 키 암호화)와 대칭 암호화를 사용한 암호화 덕분에 가능하며, 이를 통해 공개 키와 개인 키를 사용해 안전한 데이터 전송이 이루어지며, 이 방식은 다양한 암호화 알고리즘에 의해 뒷받침됩니다. 현재의 슈퍼컴퓨터조차 이러한 암호화된 데이터를 해독하기에는 매우 어려운 상황으로 이와 더불어, 공개 키 인프라(Public Key Infrastructure, PKI)는 TLS를 넘어서 다양한 분야에서 데이터 보호를 위한 시스템을 제공합니다. PKI는 사용자, 신원, 장치, 파일, 메시지 등을 보호하며, 웹사이트의 보안을 넘어서는 기능을 수행하며, 예를 들어, PKI는 파일 암호화, 이메일 인증 및 암호화, 무선 네트워크 인증, VPN 연결 인증, IoT 장치 인증 등 다양한 용도로 사용됩니다. PKI는 이처럼 여러 보안 프로세스를 통합하여 신뢰성과 보안을 제공하는 중요한 역할을 합니다.

그림 3-5 전송 계층 보안 구조

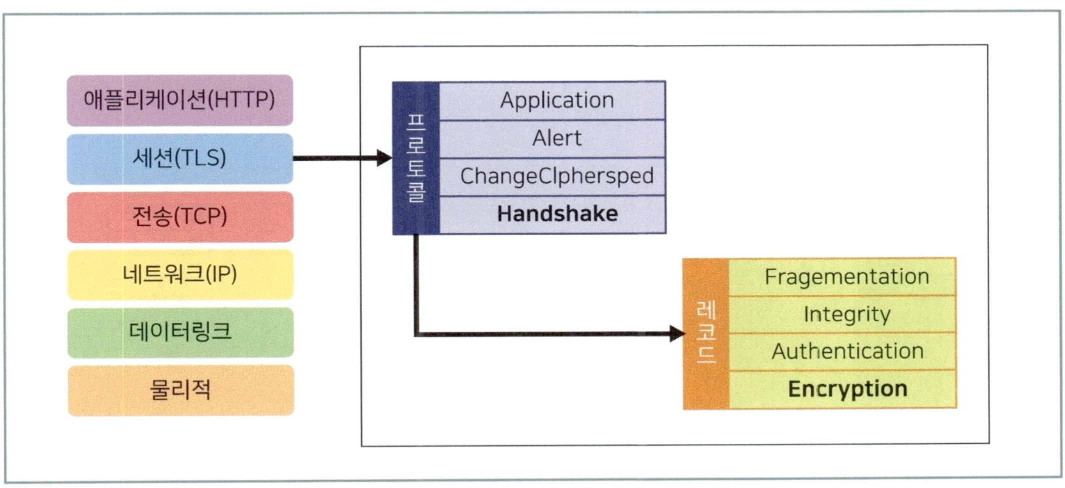

암호학은 정보를 안전하게 보호하기 위해 평문(읽을 수 있는 형태의 데이터)을 암호문(읽을 수 없는 형태로 변환된 데이터)으로 변환하는 기술입니다. 이 과정은 데이터의 기밀성, 무결성, 인증 및 부인 방지를 보장하는 데 중요한 역할을 합니다.

암호화의 주요 목적은 정보의 안전한 전송과 저장을 통해 외부 공격자로부터 데이터를 보호하는 것입니다. 이를 위해 다양한 알고리즘과 프로토콜이 사용되며, 암호화는 주로 두 가지 방식으로 나눌 수 있습니다.

- **대칭 키 암호화**: 송신자와 수신자가 동일한 키를 사용하여 데이터를 암호화하고 복호화합니다. AES(Advanced Encryption Standard)와 DES(Data Encryption Standard)가 대표적인 예입니다. 이 방식은 속도가 빠르지만, 키를 안전하게 전달하는 것이 어려운 단점이 있습니다.
- **비대칭 키 암호화**: 두 개의 키(공개 키와 개인 키)를 사용하여 데이터의 암호화와 복호화를 수행합니다. 공개 키는 누구나 사용할 수 있지만, 개인 키는 소유자만 알고 있습니다. RSA(Rivest-Shamir-Adleman) 알고리즘(그림3-6)이 일반적으로 사용되며, 보안성이 높지만 대칭 키 암호화보다 속도가 느립니다.

이 외에도 해시 함수, 디지털 서명, SSL/TLS 프로토콜 등 다양한 암호학적 기법이 존재합니다. 이러한 기법들은 정보의 무결성을 확인하고, 데이터가 전송 중에 변경되지 않았음을 보장하는 데 기여합니다.

결론적으로, 암호학은 현대 정보 사회에서 필수적인 기술로 자리 잡고 있으며, 지속적인 발전과 연구가 이루어지고 있습니다. 이를 통해 데이터 보안의 새로운 기준이 설정되고, 사용자와 조직의 정보를 안전하게 보호하는 데 기여하고 있습니다.

그림 3-6 RSA 알고리즘

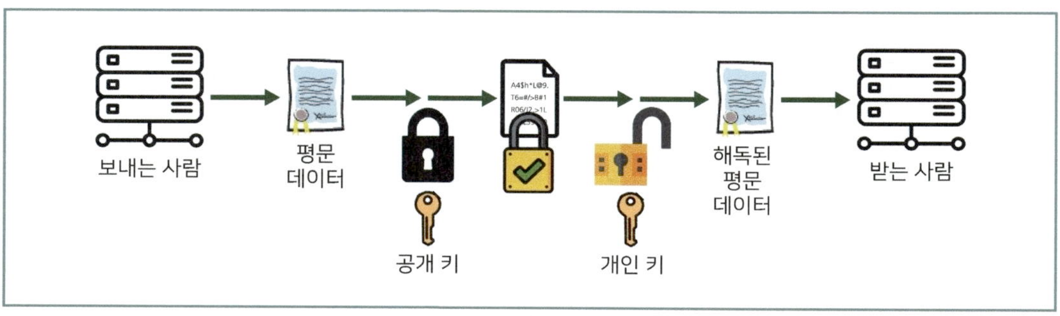

그림 3-7 암화화

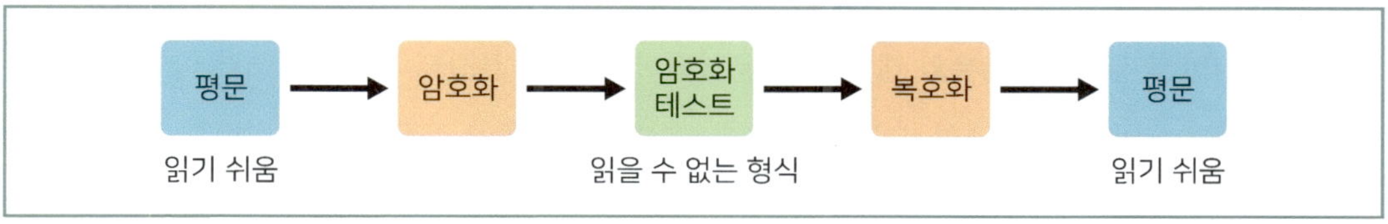

암호학이란

암호학은 정보를 의도한 수신자만 이해하고 처리할 수 있도록 특정 코드를 사용하는 기술로, 정보와 통신의 보안을 확보하는 데 중점을 둡니다. 〈그림 3-7〉과 같이 암호화 과정은 무단 접근을 방지하여 정보의 기밀성을 유지합니다. 'crypt'는 '숨겨져 있다'는 의미를, 'graphy'는 '쓰다'라는 의미를 가지고 있어, 암호학의 본질은 정보를 안전하게 숨기고 전달하는 데 있습니다.

암호학에서 정보를 보호하는 기술은 수학적 원리와 복잡한 알고리즘을 기반으로 합니다. 이 알고리즘은 메시지를 해독하기 어렵게 변환하는 일련의 규칙으로 구성되어 있습니다. 이러한 암호화 기법은 데이터 프라이버시를 보호하고, 안전한 인터넷 웹 브라우징, 신용 카드 및 직불 카드 거래와 같은 기밀 거래를 보호하는 데 필수적입니다. 특히, 암호학은 다음과 같은 핵심 기술을 포함합니다.

- **암호 키 생성**: 안전한 통신을 위해 고유한 키를 생성합니다.
- **디지털 서명**: 데이터의 출처를 인증하고 무결성을 확인하는 방법으로, 전자 문서의 진위를 보장합니다.
- **검증**: 수신자가 수신한 메시지가 변조되지 않았음을 확인합니다.

결론적으로, 암호학은 현대 정보 사회에서 개인 및 조직의 정보를 보호하는 데 필수적인 역할을 하며, 계속해서 발전하고 있는 분야입니다. 이러한 기술들은 온라인 거래와 정보 전송의 안전성을 높이는 데 기여하며, 디지털 시대에 있어서 정보 보호의 중요한 기반이 됩니다

블록체인의 암호화 기본 요소

블록체인은 분산된 탈중앙화 원장으로, 서로 연결된 블록들로 구성되어 있습니다. 각 블록은 거래 정보와 고유한 해시값 등을 포함하고 있으며, 블록체인의 교환 매체는 암호화폐(Cryptocurrency)입니다.

암호화 기본 요소란

블록체인은 제3자나 정부의 개입 없이 운영되며, 완전히 분산된 네트워크에서 다양한 거래가 이루어집니다. 이러한 환경에서 보안은 매우 중요합니다. 암호화 기본 요소는 강력한 보안 네트워크를 구축하기 위해 필요한 암호화 프로토콜을 형성하는 데 사용되는 저수준 알고리즘입니다. 이들은 암호 시스템의 기본 구성 요소로, 프로그래머는 이들 요소를 활용하여 새로운 암호화 알고리즘을 개발합니다.

암호화 기본 요소의 중요성

암호화 기본 요소는 블록체인 보안 프로토콜 개발에 필수적인 요소입니다. 그중요성은 다음과 같습니다.

- **보안**: 네트워크 내에서 거래와 기밀 정보를 보호하기 위해 강력한 암호화가 필요합니다. 암호화 기본 요소는 이러한 고수준 알고리즘을 개발하는 데 기여합니다.
- **암호화 및 복호화**: 암호화 알고리즘은 데이터를 안전하게 변환하고, 복호화 알고리즘은 필요시 원래의 데이터를 복원합니다.
- **검증**: 데이터 검증은 디지털 서명을 통해 이루어집니다. 이 디지털 서명은 수신자가 메시지의 진위를 확인하는 데 사용하는 공개 키 암호화 기술을 기반으로 합니다.
- **구체성**: 암호화 기본 요소는 특정 기능에만 초점을 맞춘다는 점에서 매우 구체적입니다. 예를 들어, 특정 암호화 기본 요소는 텍스트 암호화에만 사용되고, 해시 또는 복호화 작업에는 사용되지 않습니다.

암호화 기본 요소의 결합

암호화 기본 요소는 각각 특정 기능에 집중하고 있어 오류 발생 가능성이 높으며, 복잡한 수학적 분석이 필요합니다. 따라서 전문가조차도 새로운 암호화 기본 요소를 개발하기 어렵습니다.

암호화 설계자는 여러 암호화 기본 요소를 결합하여 강력한 보안 프로토콜을 만듭니다. 예를 들어, SHA-256 해시 알고리즘은 공개 키 알고리즘과 함께 사용되어 데이터를 안전하게 암호화하고 결함을 탐지하며 제거하는 데 도움을 줍니다. 이러한 결합은 블록체인에서 데이터의 신뢰성을 더욱 높이는 데 중요한 역할을 합니다.

결론적으로, 암호화 기본 요소는 블록체인의 보안과 신뢰성을 유지하는 데 필수적인 요소로, 이러한 기술들의 결합이 블록체인 네트워크의 안전성을 보장합니다.

암호학의 종류

암호학은 다양한 방식으로 정보를 보호하는 기술로, 주로 대칭 키 암호, 비대칭 키 암호, 해시 기능 등의 형태로 나뉩니다. 각 방식은 특정 용도와 보안 요구 사항에 맞춰 설계되었습니다. 〈표 3-1〉은 대칭 키 암호화와 비대칭 키 암호화의 장점과 단점을 비교한 표입니다. 이 표는 대칭 키 암호화와 비대칭 키 암호화의 주요 장점과 단점을 간결하게 비교합니다. 각 방법의 특성과 사용 목적에 따라 적절한 방식을 선택하는 것이 중요합니다.

대칭 키 암호

대칭 키 암호(그림 3-8)는 메시지의 발신자와 수신자가 동일한 키를 사용하여 메시지를 암호화하고 복호화하는 시스템입니다. 이 방식은 속도가 빠르고 구현이 간단하지만, 발신자와 수신자가 안전하게 키를 교환해야 한다는 단점이 있습니다. 대칭 키 암호화는 비밀 키 암호화라고도 불리며, 안전한 웹사이트 연결이나 데이터 암호화에 널리 사용됩니다. 대표적인 대칭 키 암호 시스템으로는 DES(Data Encryption Standard)와 AES(Advanced Encryption Standard)가 있습니다.

비대칭 키 암호

비대칭 키 암호(그림 3-9)에서는 한 쌍의 키(공개 키와 개인 키)를 사용하여 정보를 암호화하고 복호화합니다. 수신자의 공개 키는 암호화에 사용되며, 개인 키는 복호화에 사용됩니다. 공개 키가 모든 사람에게 알려지더라도, 개인 키는 오직 수신자만 알고 있기 때문에 안전하게 정보를 보호할 수 있습니다. 비대칭 키 암호화의 대표적인 알고리즘으로는 RSA(Rivest-Shamir-Adleman), ECC(Elliptic Curve Cryptography), DSS(Digital Signature Standard) 등이 있습니다.

표 3-1 대칭 키 암호화와 비대칭 키 암호화 장·단점 비교

구분	대칭 키 암호화	비대칭 키 암호화
장점	• 암호화 및 복호화 속도가 빠름 • 구현이 간단함 • 적은 컴퓨팅 자원 소모 • 효율적인 데이터 암호화 가능	• 키 관리가 용이 (공개 키 사용) • 키 분배 문제 해결 • 데이터의 기밀성 및 무결성 보장 • 전자 서명 및 인증 기능 제공
단점	• 키 교환 문제 (안전한 방법 필요) • 키가 유출될 경우 보안 위협 • 키 길이에 따라 보안 수준 제한	• 암호화 및 복호화 속도가 느림 • 복잡한 키 관리 시스템 필요 • 더 많은 자원과 계산 필요 • 공개 키가 모두에게 알려지지만 개인 키는 비밀로 유지해야 함

그림 3-8 대칭 키 암호화

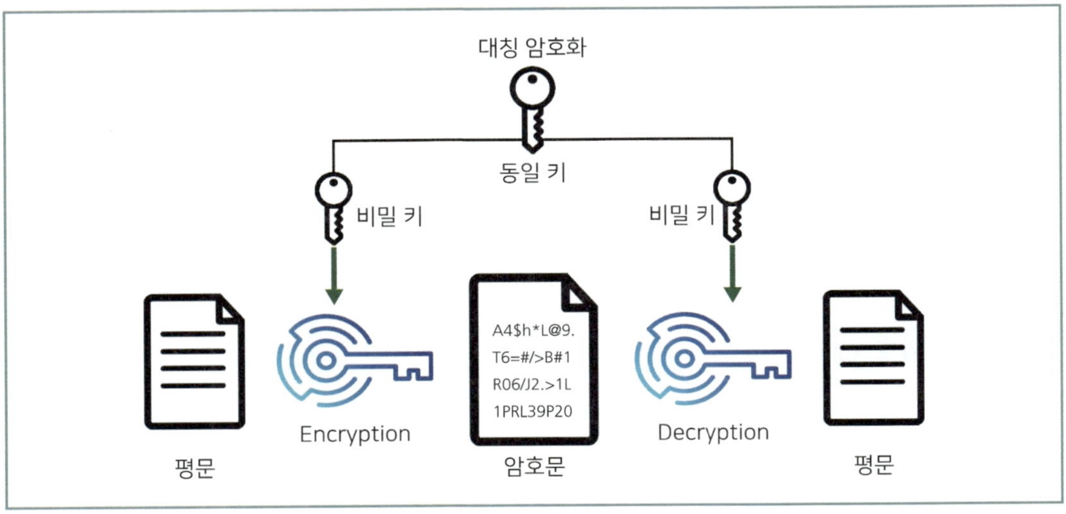

그림 3-9 비대칭 키 암호화

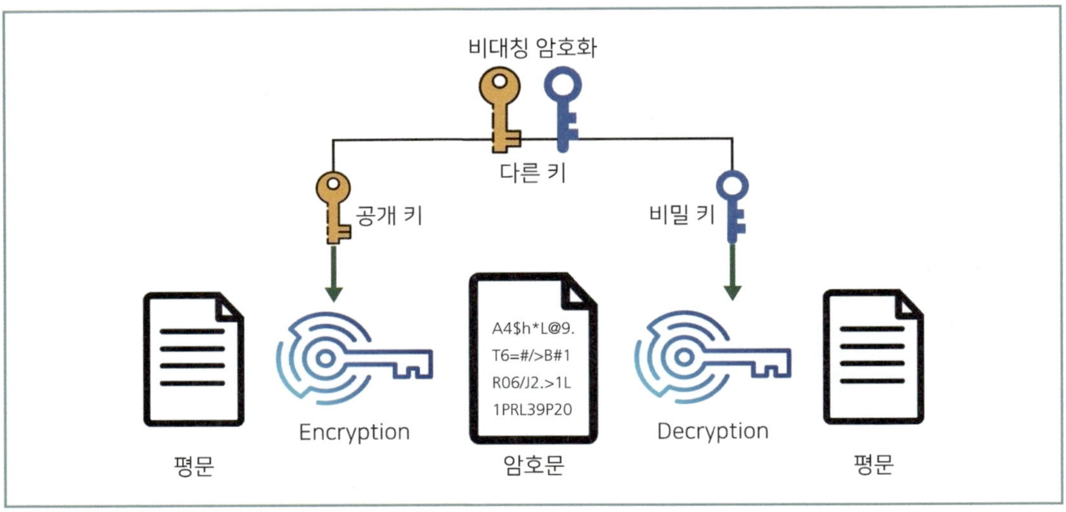

해시 기능

해시 기능은 입력 데이터를 고정된 길이의 해시 값으로 변환하는 과정이며, 이 과정에서 키를 사용하지 않습니다. 해시 함수는 평문 내용을 복구할 수 없으며, 주로 비밀번호 암호화에 사용됩니다.

- **단방향 해시 함수**: 입력 데이터를 고정 길이의 이진 데이터로 암호화하는 수학적 함수로, 한번 변환되면 원래 데이터를 되돌릴 수 없습니다. SHA-256과 같은 해시 함수가 대표적입니다.
- **무작위 알고리즘**: 암호화를 위해 무작위로 생성된 암호문을 사용하는 알고리즘으로, 안전성을 높이는 데 기여합니다.
- **믹스 네트워크**: 공개 키 암호화를 사용하여 데이터를 암호화하는 라우팅 알고리즘으로, 메시지를 섞어 통신의 추적을 어렵게 합니다.
- **개인 정보 검색**: 사용자가 데이터베이스에서 정보를 익명으로 검색할 수 있도록 돕는 프로토콜입니다.
- **초기화 벡터**: 암호화 과정에서 키와 함께 사용되는 숫자로, 동일한 평문이 반복될 경우 생성되는 암호문의 중복을 방지합니다.

암호학의 응용

암호학은 다양한 분야에서 활용되며, 다음과 같은 주요 응용 프로그램이 있습니다.

- **컴퓨터 비밀번호**: 사용자가 로그인할 때 비밀번호를 해시하여 안전하게 저장합니다.
- **디지털 화폐**: 비트코인과 같은 디지털 통화는 거래의 보안을 위해 암호화를 사용합니다.
- **보안 웹 브라우징**: SSL(Secure Sockets Layer) 및 TLS(Transport Layer Security) 프로토콜을 통해 웹 서버와 클라이언트 간의 데이터가 안전하게 암호화됩니다.
- **전자 서명**: 문서에 디지털 서명을 추가하여 무결성과 진위를 검증합니다.
- **인증**: 사용자 신원을 확인하고 리소스 접근 권한을 검증하는 데 사용됩니다.
- **엔드 투 엔드 암호화**: 인스턴트 메시징 및 이메일과 같은 통신을 보호하여 의도된 수신자만 메시지를 읽을 수 있도록 합니다.

암호화 알고리즘의 종류

- AES(Advanced Encryption Standard): 대칭 블록 암호 알고리즘으로, 블록 크기가 128비트, 192비트 또는 256비트입니다. DES를 대체하여 널리 사용됩니다.
- DES(Data Encryption Standard): 64비트 평문 데이터를 암호화하는 오래된 알고리즘으로, 현재는 다소 구식이지만 기본 개념을 이해하는 데 유용합니다.
- RSA: 두 개의 키를 사용하는 비대칭 암호 알고리즘으로, 데이터의 암호화와 복호화에 사용됩니다.

- **SHA**: 해시 함수로, 입력 데이터의 고유한 디지털 지문을 생성하여 데이터의 무결성을 보장합니다. SHA-2 및 SHA-3 변형이 일반적으로 사용됩니다.

암호학의 장점

암호학은 다음과 같은 여러 가지 장점을 제공합니다.

- **액세스 제어**: 올바른 권한을 가진 사용자만 리소스에 접근할 수 있도록 합니다.
- **보안 통신**: 개인 정보 보호를 위한 안전한 데이터 전송 메커니즘을 제공합니다.
- **공격에 대한 보호**: 다양한 공격으로부터 시스템을 방어하고 이를 탐지하는 전략을 제공합니다.
- **법적 요구 사항 준수**: 데이터 보호 및 개인 정보 보호 법률을 충족하는 데 기여합니다.

결론적으로, 암호학은 기밀성, 무결성, 진정성, 부인 방지를 유지하며, 컴퓨터 보안, 디지털 통화, 안전한 웹 브라우징 및 전자 서명과 같은 다양한 응용 프로그램에서 필수적인 역할을 합니다. 암호학은 무단 접근 및 공격에 대한 강력한 보호를 제공하고, 새로운 보안 위험과 기술 발전에 적응하기 위해 지속적으로 발전하고 있습니다.

블록체인의 암호화

Lesson 02

블록체인의 암호화는 블록체인 기술에서 데이터의 보안과 무결성을 유지하기 위해 사용하는 다양한 암호화 기법을 의미하며, 블록체인 시스템에서 암호화는 주로 두 가지 중요한 역할을 하며, **데이터 보호**와 **거래의 인증** 등 암호화는 블록체인의 주요 특성인 탈중앙화와 분산된 네트워크에서도 안전하고 신뢰할 수 있는 환경을 제공합니다. Lesson 02에서는 블록체인의 암호화가 무엇이지 다루도록 하겠습니다

블록체인에 대해 우리가 항상 떠올리는 중요한 질문 중 하나는 '어떻게 안전한가?'로, 블록체인의 보안은 주로 두 가지 핵심 개념, 즉 암호화와 해싱(그림 3-10)에 기반하고 있습니다. 블록체인은 분산 원장 기술로, 데이터를 여러 노드에 복제하여 저장하며, 이 구조는 중앙 집중식 시스템보다 해킹이나 데이터 변조의 위험을 줄여 줍니다. 그러나 이러한 보안의 기초는 암호화와 해싱 기술에 의해 더욱 강화됩니다.

암호화는 정보를 안전하게 보호하는 기술로, 데이터가 전송되거나 저장될 때 그 내용을 숨기는 역할을 합니다. 블록체인에서는 주로 대칭 키와 비대칭 키 암호화 방법이 사용됩니다. 이를 통해 사용자와 거래의 기밀성을 유지하고, 데이터의 무결성을 보장합니다. 예를 들어, 개인 키와 공

그림 3-10　해싱

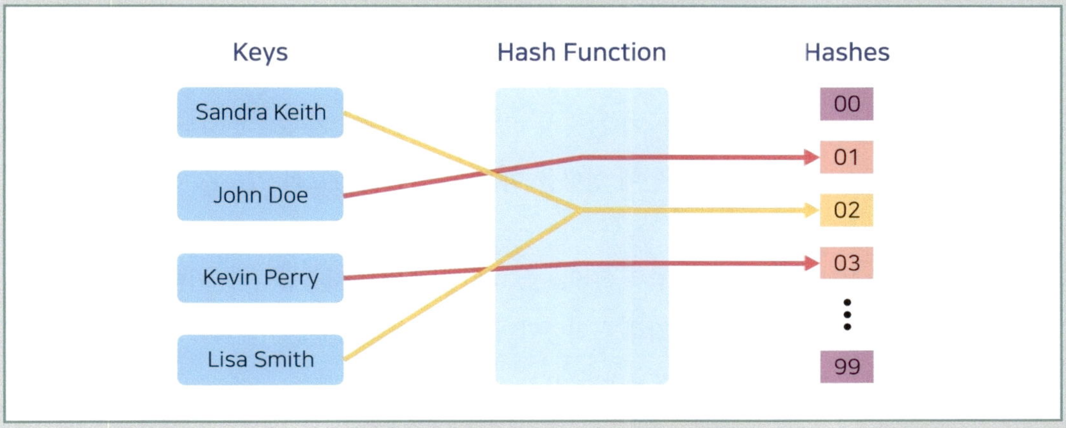

개 키를 사용하여 거래를 안전하게 서명하고 검증하는 과정이 있습니다. 이러한 암호화 방식은 외부의 공격자가 데이터에 접근하거나 변조하는 것을 어렵게 만듭니다.

해싱은 입력 데이터를 고정된 길이의 해시 값으로 변환하는 과정을 의미합니다. 블록체인에서는 각 블록이 이전 블록의 해시 값을 포함하고 있어, 블록 간의 연결성을 유지합니다. 이 연결은 데이터의 변조를 방지하는 데 중요한 역할을 합니다. 만약 블록의 내용이 변경된다면, 해당 블록의 해시 값이 달라지고, 이로 인해 모든 후속 블록의 해시 값도 달라지게 됩니다. 이러한 특성 덕분에 블록체인은 데이터의 일관성과 무결성을 유지할 수 있습니다.

결론적으로, 블록체인의 안전성은 암호화와 해싱이라는 두 가지 기초 기술에 크게 의존하고 있습니다. 이러한 기술들은 블록체인이 신뢰할 수 있는 정보 저장 및 전송 수단으로 자리 잡게 만드는 중요한 요소입니다. 블록체인의 분산 구조와 결합된 암호화 및 해싱은 데이터 보안과 무결성을 강화하며, 이를 통해 블록체인이 안전한 환경을 제공하는 것입니다.

블록체인에서 암호화의 역할

블록체인은 다양한 암호화 개념을 바탕으로 개발되었으며, 이러한 기술의 발전은 블록체인의 기능 확장에 중요한 기여를 합니다. 블록체인에서 암호화는 주로 사용자 개인 정보와 거래 정보를 보호하고, 데이터의 일관성을 보장하는 데 활용됩니다.

암호화의 주요 역할

- **개인 정보 보호**: 블록체인은 공개된 네트워크에서 운영되기 때문에, 사용자와 거래의 개인 정보 보호가 필수적입니다. 암호화 기술을 통해 개인 정보는 안전하게 숨겨져 외부의 무단 접근을 방지합니다.
- **거래 정보 보호**: 모든 거래는 암호화되어 저장되며, 이는 거래의 기밀성과 안전성을 보장합니다. 사용자는 자신의 거래가 안전하게 처리되고 있음을 확신할 수 있습니다.
- **데이터 일관성 보장**: 블록체인은 각 블록이 이전 블록의 해시 값을 포함하는 구조로 되어 있어, 데이터가 변조되면 전체 체인에 영향을 미치게 됩니다. 암호화 기술은 이러한 구조의 신뢰성을 높여 줍니다.
- **디지털 서명**: 비대칭 암호화는 검증 목적으로 디지털 서명을 사용합니다. 거래를 보낸 사용자는 자신의 개인 키로 서명하여 거래를 인증합니다. 이 서명은 해당 거래가 발신자로부터 왔으며, 데이터가 손상되지 않았음을 보장합니다.

- **공공 네트워크의 안전성**: 암호화는 블록체인 네트워크의 보안을 강화하는 데 중요한 역할을 합니다. 공공 네트워크에서 사용자 간의 신뢰를 구축하고, 데이터의 무결성을 유지하는 데 필수적입니다.

결론적으로, 암호화는 블록체인의 핵심 요소로서 사용자 개인 정보 및 거래 정보를 보호하고, 데이터 일관성을 보장합니다. 대칭 및 비대칭 암호화 기술은 블록체인에서 중요한 역할을 하며, 디지털 서명과 결합되어 전체 네트워크의 보안성을 높이고 있습니다. 이러한 암호화 기술 덕분에 블록체인은 안전하고 신뢰할 수 있는 정보 저장 및 전송 시스템으로 자리매김하고 있습니다.

블록체인의 암호화 및 보안 메커니즘

암호화는 블록체인에서 디지털 자산을 안전하게 보호하는 중요한 과정입니다. 이는 승인된 당사자만 디지털 파일이나 자산에 접근할 수 있도록 데이터를 인코딩하는 기술입니다. 블록체인에서 보호되는 디지털 자산은 메시지, 오디오 및 비디오 파일, 전자 현금(암호화폐) 또는 문서 등 다양합니다.

암호화의 중요성

암호화된 디지털 자산이 잘못된 손에 들어가더라도, 해독이 불가능한 상태로 남게 됩니다. 해독은 암호화된 정보를 원래의 상태로 되돌리는 과정으로, 암호화는 디지털 자산을 주고받을 때 안전한 방법을 제공합니다.

예를 들어, 일본은 1500년대부터 메이지 시대(1868~1912)까지 8개의 'i-ro-ha' 알파벳과 1-7 '체커보드' 암호를 사용했습니다. 외국인이 이 체커보드 시스템을 이해하지 못하면 암호화된 메시지를 해독할 수 없습니다.

해싱 기능

블록체인의 모든 디지털 자산은 고유한 해시 값을 통해 식별됩니다. 암호화 해시 함수는 이러한 고유한 속성을 가진 특별한 함수입니다. 모든 디지털 자산에는 해시 값이 있으며, 자산의 내용이 불변할 때 해시 값도 동일하게 유지됩니다. 자산 내용이 변경되면 해시 값은 즉시 변하고, 이를 **애벌랜치 효과**라고 합니다. 해시 값의 충돌을 방지하기 위해 해싱 알고리즘은 충돌 저항성을 갖춰야 합니다.

예를 들어, 해시 알고리즘을 적용하여 'file.txt'라는 파일을 64비트 16진수 해시 값으로 변환하고 블록체인을 통해 전송할 수 있습니다. 또한, 해싱 알고리즘을 통해 컴퓨터가 거래를 처리하기 위해 풀어야 하는 수학 퍼즐을 생성할 수도 있습니다. 이 퍼즐을 푸는 과정은 거래를 처리하는 데 필요한 컴퓨터 선택을 도와 줍니다.

머클 트리와 경량 지갑

머클 트리는 방대한 데이터의 해시 키를 작은 조각으로 나누어, 모바일 장치와 같은 하드웨어 장치를 제한하는 경량 지갑에 유용합니다. 블록체인 기술에서 사이버 보안, 기밀성, 무결성 및 가용성의 트라이어드는 중요한 개념으로 자리 잡고 있습니다.

- **기밀성**: 디지털 정보나 데이터를 권한이 없는 사람에게 숨기는 것을 의미합니다.
- **무결성**: 정보나 데이터가 무단으로 변조되지 않도록 보호하는 것입니다.
- **가용성**: 데이터에 대한 신속하고 안정적인 접근을 보장합니다.

CIA 보안 트라이어드 모델

블록체인을 위한 CIA 보안 트라이어드 모델의 통합은 다음을 포함합니다.

- 거래 내역과 세부 정보를 타사의 접근 권한으로부터 보호합니다.
- 보안 목적으로 암호화폐 결제 시스템을 채택하는 비즈니스 거래를 마스킹합니다.
- 구성 오류, 소프트웨어 버그, 스파이 활동 등으로부터 디지털 자산을 보호합니다.
- 모든 거래 기록을 사용할 수 있도록 하여, 비즈니스 활동, 자산 항목, 공급망 관리 기록 등을 포함합니다.

이러한 암호화 및 보안 메커니즘은 블록체인이 안전하고 신뢰할 수 있는 정보 저장 및 전송 시스템으로 기능하도록 지원합니다.

블록체안 지갑과 디지털 서명

블록체인 지갑은 사용자의 거래 정보와 개인 정보를 안전하게 보관하는 특수한 소프트웨어 또는 하드웨어 장치입니다. 중요한 점은 블록체인 지갑 자체에 실제 통화가 포함되지 않는다는 것입니다. 대신, 지갑은 개인 키를 저장하고, 거래 잔액을 관리하는 데 사용됩니다. 이는 지갑이 다른 사용자와 거래를 수행하기 위해 필요한 통신 도구로 기능하는 것임을 의미합니다. 실제 데이터나 통화는 블록체인의 블록에 저장되므로, 지갑은 이를 접근하고 관리하는 수단에 불과합니다.

디지털 서명의 역할

디지털 서명은 사용자가 블록체인 네트워크에서 거래를 수행할 합법적인 노드임을 증명하는 역할을 합니다. 거래를 시작하기 전에, 사용자는 특수 알고리즘을 이용해 거래 데이터와 자신의 개인 키를 결합하여 고유한 디지털 서명을 생성해야 합니다. 이 과정은 두 가지 주요 목적을 달성합니다.

- **노드의 신뢰성 보장**: 디지털 서명을 통해 사용자가 진정한 거래 발신자임을 증명할 수 있습니다. 이는 네트워크의 다른 노드들이 해당 거래의 유효성을 확인하는 데 도움이 됩니다.
- **데이터 무결성 유지**: 거래 데이터가 전송되는 동안 변경되지 않았음을 보장합니다. 디지털 서명이 생성된 후, 원본 데이터가 수정되면 서명이 무효화되므로, 수신자는 데이터의 신뢰성을 확인할 수 있습니다.

이러한 방식으로 블록체인 지갑과 디지털 서명은 블록체인 생태계에서 보안과 신뢰를 제공하는 중요한 요소입니다. 블록체인 지갑은 사용자 자산의 관리와 거래의 편리함을 제공하며, 디지털 서명은 거래의 안전성을 강화하는 역할을 합니다. 이 두 가지 요소가 결합되어 블록체인은 신뢰할 수 있는 분산 네트워크로 기능할 수 있게 됩니다.

암호화 해시의 속성

암호화 해시는 여러 가지 중요한 속성을 가지고 있으며, 이 속성들은 데이터 보안과 무결성을 유지하는 데 핵심적인 역할을 합니다. 주요 속성은 다음과 같습니다.

- **불변성**: 특정 메시지의 해시 값은 해당 메시지에 대해 항상 동일하게 유지됩니다. 즉, 같은 입력에 대해 같은 해시 값을 생성하므로, 데이터의 신뢰성을 확인하는 데 유용합니다.
- **민감성**: 데이터의 사소한 변경이 해시 값의 큰 변화를 초래합니다. 이는 '눈사태 효과'로 알려져 있으며, 원본 데이터가 조금만 변경되어도 해시 값이 완전히 달라지므로, 데이터의 변조를 쉽게 감지할 수 있습니다.
- **비가역성**: 해시 값에서 원래 입력 값을 추측할 수 없습니다. 해시 함수는 단방향 함수로 설계되어 있어, 해시 값을 기반으로 원본 데이터를 재구성하는 것이 불가능합니다. 이 특성은 데이터의 기밀성을 보장하는 데 중요합니다.
- **효율성**: 해시 함수는 주로 비트 연산에 의존하기 때문에 계산이 빠르고 효율적입니다. 이는

대량의 데이터를 처리하거나 실시간으로 해시 값을 생성해야 하는 응용 프로그램에서 특히 유리합니다.

이러한 속성들은 암호화 해시가 데이터의 무결성을 유지하고, 변조를 방지하며, 기밀성을 제공하는 데 필수적입니다. 해시는 디지털 서명, 데이터 검증, 블록체인 기술 등 다양한 분야에서 널리 활용되고 있으며, 안전한 데이터 처리를 위한 중요한 기술로 자리잡고 있습니다

블록체인에서 해시 함수의 이점

블록체인 기술에서 해시 함수는 여러 가지 중요한 이점을 제공합니다. 이러한 이점들은 블록체인의 보안성과 효율성을 강화하는 데 핵심적인 역할을 합니다. 주요 이점은 다음과 같습니다.

- **데이터 무결성 보장**: 해시 함수는 각 블록에 포함된 데이터의 고유한 식별자를 생성합니다. 이 식별자는 블록체인 내의 모든 블록과 연결되어 있으므로, 블록의 내용이 변경되면 해시 값이 즉시 변경되어 데이터의 변조를 쉽게 감지할 수 있습니다.
- **불변성 유지**: 블록체인에 기록된 데이터는 변경이 불가능하다는 특성이 있습니다. 해시 값이 블록의 고유 식별자로 작용하여, 한 블록이 수정되면 이후 블록의 해시 값도 영향을 받기 때문에 블록체인의 모든 데이터가 연결되어 있습니다. 이로 인해 데이터의 신뢰성을 더욱 강화할 수 있습니다.
- **보안 강화**: 해시 함수는 비가역적이며, 원래 데이터를 복원할 수 없기 때문에 해커가 해시 값을 알아내더라도 원본 데이터를 유추하기 어렵습니다. 이는 데이터의 기밀성을 높이는 데 기여합니다.
- **효율적인 저장**: 해시 함수를 사용하면 대량의 데이터를 간략하게 표현할 수 있습니다. 해시 값은 고정 길이의 출력으로 생성되므로, 데이터 저장 공간을 절약할 수 있으며, 데이터베이스에서의 검색 및 검증 속도도 향상됩니다.
- **신뢰성 있는 거래 처리**: 블록체인에서 거래가 발생할 때마다 해당 거래의 해시 값이 생성됩니다. 이 해시 값은 거래의 진위를 검증하는 데 사용되며, 이를 통해 중간자 없이도 거래의 신뢰성을 확보할 수 있습니다.

이러한 이점들은 블록체인 기술의 핵심 요소로 작용하며, 데이터의 안전한 저장 및 전송을 가능하게 합니다. 해시 함수는 블록체인의 구조적 안정성을 유지하고, 사용자에게 안전한 디지털 환경을 제공합니다.

암호화 해시 함수 사용

블록체인은 모든 사용자에게 공개된 시스템이기 때문에 데이터 보호와 사용자 정보의 안전성이 매우 중요합니다. 이러한 보호를 위해 암호화 해시 함수가 효과적으로 활용됩니다.

- **거래 검증 및 추가**: 해시 알고리즘을 사용하여 거래가 검증되면, 해당 거래는 블록체인에 추가됩니다. 거래가 확인되면 블록체인 네트워크에 새 블록으로 형성되며, 이는 거래의 불변성을 보장합니다.
- **데이터의 안전한 전송**: 암호화는 수학적 코드를 사용하여 데이터를 보호합니다. 이를 통해 데이터를 수신한 사용자는 거래를 읽고 처리할 수 있는 권한을 부여받습니다. 암호화는 정보를 안전하게 전달하는 중요한 수단입니다.
- **새로운 도구와 기술의 발전**: 수년에 걸쳐 다양한 기능을 갖춘 블록체인에 암호화를 적용하기 위한 많은 새로운 도구와 기술이 개발되었습니다. 이러한 도구들은 보안성과 효율성을 높이며, 블록체인의 사용 사례를 확장하는 데 기여하고 있습니다.

이러한 방식으로 암호화 해시 함수는 블록체인 기술의 핵심 요소로 자리잡고 있으며, 사용자 데이터의 안전성과 시스템의 무결성을 보장하는 데 필수적인 역할을 수행하고 있습니다. 이를 통해 블록체인은 보다 안전하고 신뢰할 수 있는 디지털 환경을 제공합니다.

블록체인의 암호화의 이점

블록체인 암호화는 다양한 이점을 제공합니다. 주요 이점은 다음과 같습니다.

- **암호화**: 비대칭 암호화를 통해 블록체인 네트워크에서 이루어지는 거래의 정보와 통신을 무단 공개 및 정보 접근으로부터 보호합니다. 이를 통해 사용자는 안전하게 거래를 진행할 수 있습니다.
- **불변성**: 블록체인의 불변성은 암호화의 핵심 특징으로, 블록이 다른 블록과 안전하게 연결되어 데이터의 신뢰성을 보장합니다. 이로 인해 공격자는 이전 쿼리와 관련된 유효한 서명을 도출할 수 없으며, 이는 데이터의 변조를 방지합니다.
- **보안**: 암호화는 공개 키와 개인 키를 사용하여 데이터에 접근할 수 있는 권한을 설정하고, 거래 기록을 안전하게 유지합니다. 또한, 암호화 해시는 데이터를 변조할 수 없도록 하여 블록체인의 보안을 강화합니다.

- **확장성**: 암호화는 거래가 되돌릴 수 없도록 하여 모든 사용자가 디지털 원장의 정확성을 신뢰할 수 있게 합니다. 이로 인해 무제한 거래를 네트워크에 안전하게 기록할 수 있습니다.
- **부인 방지**: 디지털 서명은 보낸 사람이 전달한 메시지의 거부를 방지합니다. 각 입력 값에는 고유한 해시가 있어, 전송된 메시지 간의 충돌이 발생하지 않으며, 이를 통해 메시지를 쉽게 구별할 수 있습니다.
- **해커 방지**: 디지털 서명은 데이터 변경을 방지합니다. 데이터가 변경되면 디지털 서명이 무효화되므로, 해커는 데이터를 변경하기 어렵습니다. 이러한 암호화의 도움으로 블록체인은 해킹에 대한 강력한 방어 수단을 갖추게 됩니다.

이러한 이점들은 블록체인이 안전하고 신뢰할 수 있는 거래 플랫폼으로 자리 잡는 데 기여하며, 사용자와 기업 모두에게 높은 수준의 보안과 데이터 보호를 제공합니다.

블록체인의 암호화 한계

블록체인의 암호화는 여러 가지 이점을 제공하지만, 다음과 같은 한계도 존재합니다.

- **접근하기 어려운 정보**: 강력하게 암호화되고 디지털 서명된 정보는 때때로 정당한 사용자조차도 접근하기 어려울 수 있습니다. 특히 네트워크가 공격을 받아 작동이 중단될 경우, 필요한 정보를 신속하게 얻지 못할 수 있습니다.
- **고가용성 문제**: 정보 보안의 중요한 요소 중 하나인 고가용성은 암호화만으로 보장되지 않습니다. 서비스 거부 공격이나 정보 시스템의 완전한 고장이 발생할 경우, 이를 방지하기 위해 다른 보안 대책이 필요합니다.
- **취약성에 대한 보호 부족**: 암호화는 프로토콜, 절차, 시스템 설계의 취약성을 해결하지 못합니다. 이러한 취약성은 방어 인프라의 적절한 설계를 통해 해결해야 하며, 단순히 암호화 기술에 의존해서는 안 됩니다.
- **비용**: 암호화 기술에는 상당한 시간과 비용이 소요됩니다. 특히 공개 키 암호화 시스템은 공개 키 인프라를 설정하고 유지 관리하는 데 많은 자원을 요구합니다. 암호화를 추가하면 메시지를 전송하고 정보를 처리하는 과정에서 지연이 발생할 수 있습니다.
- **취약성 문제**: 암호화 기술의 보안은 수학적 문제의 복잡성에 의존합니다. 만약 이러한 수학적 문제를 해결하는 데 있어 획기적인 발전이 이루어진다면, 현재의 암호화 기술은 취약해질 수 있습니다.

이러한 한계를 해결하기 위한 몇 가지 접근 방식은 다음과 같습니다.

- **복구 시스템 구축**: 네트워크 공격이나 시스템 장애 시에도 정보에 접근할 수 있도록 백업 및 복구 시스템을 구축해야 합니다. 이를 통해 사용자들은 필요한 정보를 신속하게 복구할 수 있습니다.
- **다중 보안 조치 도입**: 암호화 외에도 방화벽, 침입 탐지 시스템(IDS), 정기적인 보안 감사 등의 다양한 보안 대책을 통합하여 고가용성을 유지할 수 있습니다.
- **보안 프로토콜 강화**: 암호화 기술 외에도 시스템 설계를 강화하여 취약성을 줄이는 방법을 모색해야 합니다. 코드 리뷰, 보안 테스트 등을 통해 시스템의 안전성을 높일 수 있습니다.
- **비용 효율적인 암호화 솔루션 탐색**: 최신 암호화 기술을 활용하여 비용을 절감하고 성능을 개선할 수 있는 방법을 모색합니다. 예를 들어, 경량 암호화 알고리즘이나 클라우드 기반 암호화 서비스를 고려할 수 있습니다.
- **수학적 문제 연구 및 대응**: 암호화 기술이 진화함에 따라, 이를 연구하고 새로운 알고리즘을 개발하여 지속적으로 보안을 강화해야 합니다. 양자 컴퓨팅 등 미래의 기술 발전에 대한 대비도 필요합니다.

이러한 해결책을 통해 블록체인의 암호화 한계를 극복하고, 보다 안전하고 신뢰할 수 있는 시스템을 구축할 수 있습니다.

Lesson 03

블록체인 해시 함수

블록체인에서 **해시 함수(Hash function)**는 데이터의 무결성과 보안을 유지하는 중요한 역할을 하며, 주어진 데이터를 고정된 크기의 고유한 값(해시 값)으로 변환하는 수학적 알고리즘입니다. 블록체인에서 주로 사용되는 해시 함수는 SHA-256(Secure Hash Algorithm 256-bit)와 같은 강력한 암호화 해시 함수로 Lesson 03에서는 해시의 종류화 함수에 대하여 알아보도록 하겠습니다.

해시 함수는 다양한 길이의 입력 문자열을 받아 고정 길이의 출력 문자열로 변환하는 수학적 함수입니다. 이 출력 문자열을 해시 값이라고 하며, 블록체인과 같은 보안 시스템에서 중요한 역할을 합니다. 암호학적으로 안전하고 유용한 해시 함수는 다음과 같은 여러 가지 속성을 가져야 합니다.

- **충돌 저항성**: 두 개의 서로 다른 메시지 m1과 m2가 있을 때, hash(k,m1)=hash(k,m2)와 같은 해시 값을 찾는 것이 매우 어려워야 합니다. 즉, 서로 다른 입력이 동일한 해시 값을 생성하는 상황을 방지해야 합니다.
- **사전 이미지 저항성**: 해시 값 h가 주어졌을 때, h=hash(k,m) 가 되는 메시지 m을 찾는 것이 어려워야 합니다. 이를 통해 해시 값으로부터 원래 입력 값을 추론하는 것을 방지할 수 있습니다.
- **두 번째 원상 저항성**: 특정 메시지 m1이 주어졌을 때, hash(k,m1)=hash(k,m2)가 되는 다른 메시지 m2를 찾는 것이 어려워야 합니다. 이는 해시 함수의 보안을 더욱 강화합니다.
- **큰 출력 공간**: 해시 충돌을 찾는 유일한 방법은 무차별 대입 검색입니다. 따라서 해시 함수는 가능한 출력값의 범위를 최대한 넓혀야 하며, 이를 통해 충돌 가능성을 줄일 수 있습니다.
- **결정적**: 해시 함수는 결정적이어야 하며, 동일한 입력에 대해서는 항상 동일한 해시 값을 반환해야 합니다. 이는 데이터 무결성을 확인하는 데 필수적입니다.
- **눈사태 효과**: 입력 데이터에 작은 변화가 있더라도 출력 해시 값은 크게 달라져야 합니다. 이는 해시 함수의 민감성을 나타내며, 데이터 변조를 감지하는 데 도움이 됩니다.

- **퍼즐 친화성**: 해시 함수는 특정 길이의 입력에 대해 일부만 알더라도 나머지를 예측하거나 추측할 수 없도록 설계되어야 합니다. 이는 보안성을 높이는 중요한 특성입니다.
- **고정 길이 매핑**: 해시 함수는 모든 입력에 대해 항상 고정된 길이의 출력을 생성해야 합니다. 이를 통해 다양한 길이의 데이터에 대해 일관된 해시 값을 제공할 수 있습니다.

이러한 속성들은 해시 함수가 데이터 보안에 있어 중요한 역할을 할 수 있도록 보장합니다.

이러한 속성들은 블록체인과 같은 분산 시스템에서 해시 함수의 안전성과 신뢰성을 보장하는 데 필수적입니다. 블록체인에서 해시 함수는 거래의 무결성을 확인하고, 데이터 변조를 방지하며, 전체 시스템의 보안을 유지하는 중요한 역할을 수행합니다.

해시 함수의 작동

해시 함수는 가변 길이의 입력 데이터를 받아 고정 길이의 출력을 생성하는 수학적 알고리즘입니다. 이러한 방식은 블록체인과 같은 시스템에서 매우 중요합니다. 암호화 해시 함수는 주로 거래 데이터를 입력으로 사용하며, 이를 통해 고정 크기의 해시 값을 생성합니다.

해시 함수의 작동 방식(그림 3-11)은 다음과 같이 요약할 수 있습니다.

그림 3-11 해시 작동 방식

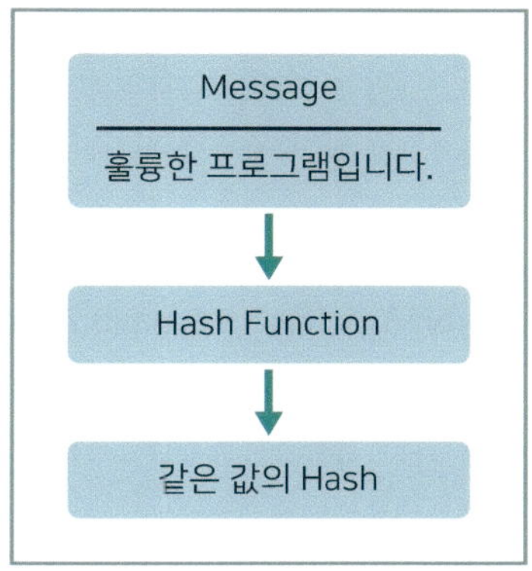

- **입력 데이터 수집**: 해시 함수는 거래 정보, 사용자 데이터 또는 기타 데이터와 같은 가변 길이의 입력을 수집합니다.
- **해시 알고리즘 적용**: 수집된 입력 데이터는 특정 해시 알고리즘에 의해 처리됩니다. 이 알고리즘은 입력 데이터를 분석하고 변환하여 고유한 해시 값을 생성합니다.
- **고정 길이 출력 생성**: 해시 알고리즘은 항상 동일한 길이의 출력을 생성합니다. 예를 들어, SHA-256 알고리즘은 항상 256비트 길이의 해시 값을 생성합니다.
- **출력 해시 값 활용**: 생성된 해시 값은 데이터 무결성을 검증하고, 데이터 변조를 감지하는 데 사용됩니다. 해시 값이 동일하면 입력 데이터가 동일하다는 것을 확인할 수 있으며, 작은 변화가 발생하면 해시 값이 크게 달라집니다.

이 과정은 아래 다이어그램을 통해 시각적으로 표현할 수 있습니다.

[입력 데이터] → [해시 알고리즘] → [고정 길이의 해시 값]

해시 함수는 블록체인 기술의 핵심 요소로, 거래의 신뢰성을 높이고 시스템의 보안을 강화하는 역할을 합니다. 각 거래는 고유한 해시 값을 가지므로, 데이터가 변경되면 해시 값도 변화하게 되어 데이터 무결성을 쉽게 확인할 수 있습니다. 이러한 특성 덕분에 해시 함수는 블록체인의 안전성과 신뢰성을 확보하는 데 필수적인 요소입니다.

암호화 해시 함수의 종류

암호화 해시 함수는 여러 가지 유형으로 나뉘며, 각각의 특성과 용도에 따라 다르게 사용됩니다. 다음은 가장 일반적으로 사용되는 해시 함수의 몇 가지 클래스입니다.

- MD5 (Message-Digest Algorithm 5)
  - MD5는 널리 사용되는 해시 함수로, 128비트 길이의 해시 값을 생성합니다.
  - 빠른 속도로 데이터를 해시할 수 있지만, 충돌 저항성이 약해 보안성이 떨어지는 경향이 있습니다.
  - 현재는 보안 목적으로 사용하기에 적합하지 않다고 여겨집니다.
- SHA-1 (Secure Hash Algorithm 1)
  - SHA-1은 160비트 길이의 해시 값을 생성하며, 보안성이 MD5보다 높습니다.
  - 그러나 SHA-1 역시 충돌 공격에 취약하다는 것이 밝혀져, 보안이 중요한 환경에서는 사용이 권장되지 않습니다.
- SHA-2 (Secure Hash Algorithm 2)
  - SHA-2는 여러 버전으로 나뉘며, SHA-224, SHA-256, SHA-384, SHA-512 등의 다양한 해시 길이를 제공합니다.
  - SHA-256과 SHA-512는 특히 블록체인 기술에서 많이 사용되며, 높은 보안성을 자랑합니다.
  - 현재까지 알려진 공격이 없고, 보안성이 뛰어난 선택으로 평가받고 있습니다.
- SHA-3 (Secure Hash Algorithm 3)
  - SHA-3는 SHA-2의 후속으로, 다양한 출력 크기를 지원하며, 새로운 구조를 가지고 있습니다.
  - SHA-3는 Keccak 알고리즘을 기반으로 하며, 이전 해시 함수들과는 다른 접근 방식을 취

합니다.
  - 보안성이 매우 높고, 유연성 또한 뛰어납니다.
- BLAKE2
  - BLAKE2는 빠른 속도와 높은 보안성을 가진 해시 함수로, 다양한 길이의 해시 값을 지원합니다.
  - 해시 계산 속도가 빠르며, 성능 면에서 SHA-2보다 우수한 성능을 보입니다.
  - 보안성이 뛰어나면서도 사용하기 쉽고 효율적입니다.

이 외에도 다양한 해시 함수들이 존재하지만, 각 해시 함수는 특정 상황이나 요구 사항에 맞추어 선택되어야 합니다. 보안성과 성능의 균형을 고려하여 적절한 해시 함수를 선택하는 것이 중요합니다.

RIPE Message Digest (RIPEMD)

RIPEMD(RACE Integrity Primitives Evaluation Message Digest)는 1992년 Hans Dobbertin, Antoon Bosselaers, Bart Preneel에 의해 개발된 해시 함수 그룹입니다. RIPEMD는 본래 약한 해시 함수인 MD4를 기반으로 개발되었으며, 주로 32비트 프로세서에서 효율적으로 작동하도록 설계되었습니다. 이 해시 함수 그룹에는 RIPEMD, RIPEMD-128, RIPEMD-160(그림 3-8), RIPEMD-256, RIPEMD-320의 다양한 버전이 포함됩니다.

- **RIPEMD-160**: 이 알고리즘은 RIPEMD(그림 3-12)의 가장 일반적인 버전으로, 160비트의 해시 값을 생성하여 보안성이 우수합니다. RIPEMD-160은 보안 수준을 높이기 위해 설계된 차기 버전으로, MD4, MD5, RIPEMD-128과 같은 이전 해시 함수를 대체하는 것을 목표로 합니다.
- **RIPEMD-128**: 원래 RIPEMD-128은 MD4에 사용된 설계 원칙에 기반하고 있으며, 출력 크기가 128비트로 보안성이 떨어지는 경향이 있습니다. 이 해시 함수는 설계 결함이 있었고, 이로 인해 몇 가지 보안 문제가 발생하였습니다.
- **RIPEMD-256 및 RIPEMD-320**: 이 두 버전은 RIPEMD-128의 확장판으로, 더 큰 해시 값을 제공하도록 설계되었습니다. 그러나 이들 버전은 RIPEMD-160과 동일한 보안 수준을 유지합니다. 출력 크기가 커지면서 우발적 충돌의 가능성이 줄어들지만, 보안성을 크게 높이지는 않습니다.

그림 3-12 RIPEME-160 다이어그램

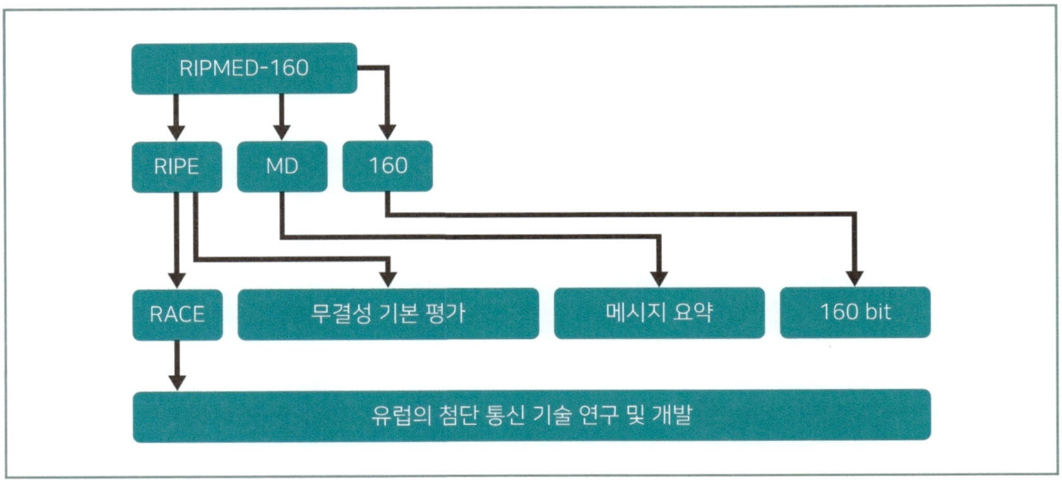

RIPEMD의 초기 버전은 여러 설계 결함으로 인해 신뢰성이 낮았고, 128비트의 출력 크기 때문에 공격에 취약하였습니다. 하지만 RIPEMD-160은 출력 길이를 160비트로 늘려 보안성을 강화하였고, 현재 다양한 애플리케이션에서 사용되고 있습니다.

RIPEMD 해시 함수는 특히 보안과 성능 간의 균형을 고려해야 하는 환경에서 유용하며, 다양한 해시 값을 제공함으로써 특정 용도에 맞춘 선택이 가능합니다

Message Digest Algorithm

Message Digest 알고리즘 패밀리는 여러 해시 함수로 구성되어 있으며, 대표적으로 MD2, MD4, MD5 및 MD6가 있습니다. 이들 중 **MD5**(그림3-13)는 가장 널리 사용되는 암호화 해시 함수입니다.

MD5는 모든 입력 데이터에 대해 고정 크기(128비트)의 출력 해시 값을 생성하는 암호화 해시 함수입니다. 1991년 리베스트 리베스트(Rivest) 박사에 의해 개발되었습니다. MD5는 512비트의 메시지 블록을 처리하며, 각 블록에는 일련의 논리 연산과 모듈 산술 연산을 적용하여 최종적으로 128비트 해시 값을 생성합니다.

MD5는 그 속도와 효율성 덕분에 한때 매우 인기 있었지만, 시간이 지나면서 몇 가지 보안상의 약점이 발견되었습니다. 특히, 서로 다른 두 입력 메시지가 동일한 해시 값을 생성할 수 있는 충돌 공격에 취약한 것으로 밝혀졌습니다. 이러한 취약성으로 인해 MD5는 현재 암호화 애플리케이션에서 더 이상 추천되지 않으며, 보다 안전한 해시 함수로 대체되고 있습니다.

그림 3-13 MD5 Hashing 알고리즘

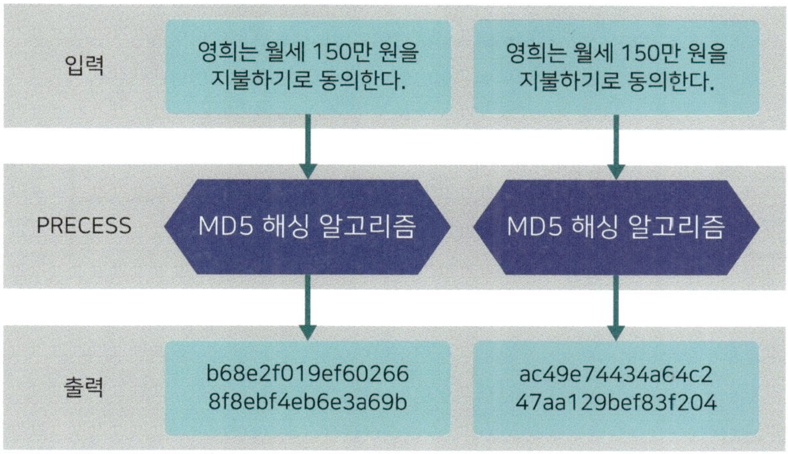

MD5는 본래 디지털 서명 검증을 위한 용도로 설계되었으나, 그 보안성이 낮아 현재는 암호학적으로 안전한 방법으로 간주되지 않습니다. 따라서 현대의 보안 시스템에서는 MD5를 사용해서는 안 되며, SHA-2와 같은 더 강력한 해시 함수를 사용하는 것이 권장됩니다.

결론적으로, MD5는 속도와 효율성을 제공하는 해시 함수였으나, 보안 취약점으로 인해 그 사용은 크게 제한되고 있으며, 보안이 중요한 환경에서는 다른 대안을 찾아야 합니다.

BLAKE

BLAKE는 대니얼 J. 번스타인(Daniel J. Bernstein)이 개발한 암호화 해시 함수로, 차차(ChaCha) 스트림 암호(그림 3-14)를 기반으로 하고 있습니다. BLAKE는 입력 블록의 순열 복사본을 각 차차 라운드 앞에 추가하여 라운드 상수와 XOR 연산을 수행하는 구조를 가지고 있습니다. 이 해시 함수는 SHA-2와 유사하게 두 가지 변형이 존재하며, 각각의 변형은 서로 다른 단어 크기를 사용합니다.

BLAKE는 4×4 단어 배열을 기반으로 작동하며, 8개의 단어로 이루어진 해시 값을 16개의 메시지 단어와 반복적으로 결합하여 차차의 결과를 잘라 다음 해시 값을 생성합니다.

- **BLAKE-256**과 **BLAKE-224**는 32비트 워드를 사용하여 각각 256비트와 224비트의 해시 값을 생성합니다.
- **BLAKE-512**와 **BLAKE-384**는 64비트 워드를 사용하며, 각각 512비트와 384비트의 해시 값

그림 3-14 스트림 암호 알고리즘

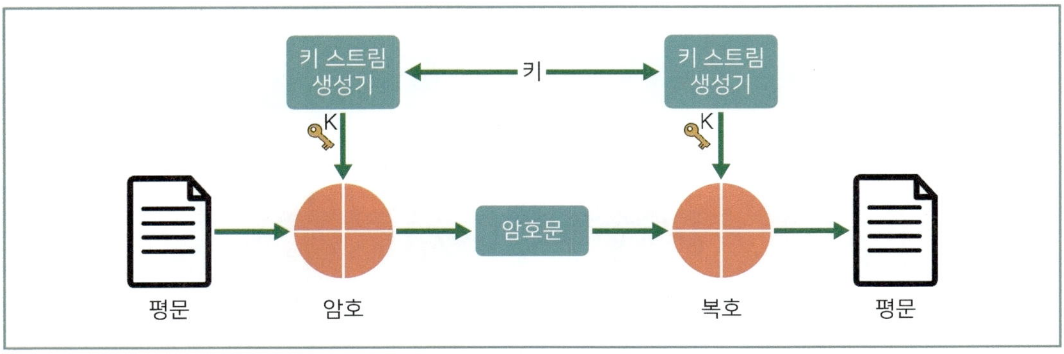

을 제공합니다.

BLAKE2는 2012년 12월 21일에 발표된 BLAKE를 기반으로 하는 암호화 해시 함수입니다. 이는 MD5와 SHA-1 알고리즘을 대체하기 위해 설계되었으며, 소프트웨어에서 고성능을 요구하는 애플리케이션에 적합합니다. BLAKE2는 SHA-2보다 더 나은 보안을 제공하며, SHA-3와 유사한 특징을 가집니다. BLAKE2는 다음과 같은 주요 기능을 갖추고 있습니다.

- 길이 확장에 대한 면역성을 제공합니다.
- 메시지 단어에 상수를 추가하는 기능을 제거하여 보안성을 강화합니다.
- 패딩을 단순화하고 라운드 수를 16에서 12로 줄여 성능을 개선합니다.

BLAKE3는 2020년 1월 9일에 발표된 BLAKE2를 기반으로 한 최신 암호화 해시 함수입니다. BLAKE3는 BLAKE2보다 몇 배 더 빠르며, 병렬 처리 및 XOF(확장 가능한 출력 함수), KDF(키 유도 함수)와 같은 다양한 기능을 제공합니다. 이러한 특징 덕분에 BLAKE3는 현대의 요구에 부합하는 효율적이고 안전한 해시 함수로 자리 잡고 있습니다.

BLAKE 계열의 해시 함수들은 모두 높은 보안성과 빠른 속도를 결합하여, 다양한 암호화 및 데이터 보호 애플리케이션에 적합한 선택이 되고 있습니다.

Whirlpool

Whirlpool(그림 3-15)은 Vincent Rijmen과 Paulo S.L.M. Barreto가 개발한 반복 암호화 해시 함수로, 2000년에 처음 발표되었으며, 이후 2001년과 2003년에 개정되었습니다. 이 해시 함수는 정사각형과 Advanced Encryption Standard(AES)에서 파생된 구조를 가지고 있으

그림 3-15 whirlpool 다이아그램

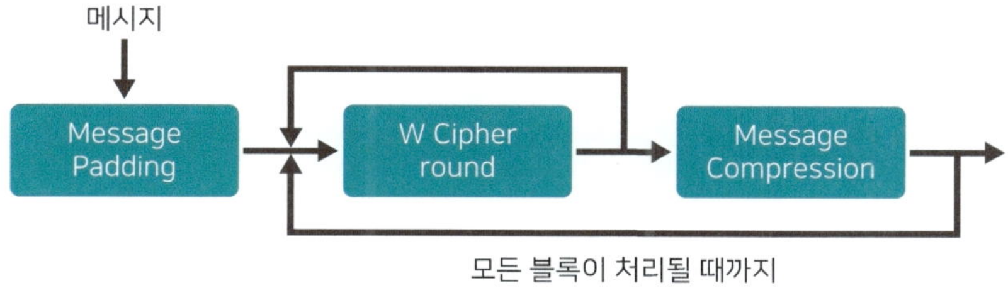

며, 블록 암호 해시 함수의 일종으로, Whirlpool은 2^256비트 길이의 입력을 받아 512비트의 해시 값으로 변환합니다. 초기 버전은 **Whirlpool-0**으로 명명되었으며, 2001년의 첫 개정 이후 **Whirlpool-T**로 변경되었으며, 이 개정 버전에서는 S-박스의 구조가 수정되어 하드웨어에서의 사용이 용이해졌습니다.

그러나 2002년에 Whirlpool-0의 확산 행렬에서 취약점이 발견되었고, 이를 해결하기 위해 행렬이 수정되었습니다. 그 결과, 이름이 Whirlpool-T에서 단순히 **Whirlpool**로 변경되었습니다. Whirlpool의 해시 함수는 모든 블록을 8×8 행렬로 구성하며, 함수의 상태는 매 라운드마다 4가지 연산을 통해 변경되며, 이러한 연산은 암호화 과정에서 보안성을 높이기 위한 것으로, 각 라운드에서 데이터의 혼합과 확산을 효과적으로 수행합니다.

Whirlpool 해시 함수의 8×8 행렬에서 매 라운드마다 적용되는 네 가지 연산의 변화를 〈표 3-2〉에 정리하였습니다. 이 표는 Whirlpool 해시 함수의 각 라운드에서 데이터가 어떻게 처리되는지를 나타내며, 각 연산이 보안성을 높이는 데 기여하는 방식을 설명합니다.

표 3-2 Whirlpool 해시 함수

연산	설명
Substitution	S-박스를 사용하여 8x8 행렬의 각 바이트를 대체합니다. 이 과정은 데이터 를 비선형적으로 변화시켜 보안성을 높입니다.
Permutation	재배치를 통해 행렬의 위치를 변경합니다. 이로 인해 데이터의 확산이 다루어 져, 이전 데이터와의 연관성을 감소시킵니다.
MixColumns	각 열의 바이트를 혼합하여 새로운 값으로 생성합니다. 이 과정은 데이터의 혼합을 통해 해시 충돌 가능성을 줄입니다.
AddRoundKey	현재 상태의 행렬에 라운드 키를 XOR 연산하여 추가합니다. 이를 통해 키의 영향을 반영하여 보안을 강화합니다.

Whirlpool은 그 보안성과 효율성 덕분에 다양한 암호화 애플리케이션에서 널리 사용되고 있으며, 특히 데이터 무결성과 기밀성을 유지하는 데 중요한 역할을 합니다.

SHA-256은 블록체인 기술에서 광범위하게 사용되기 때문에 모든 암호화 해시 함수 중 가장 유명합니다. SHA-256 Hashing 알고리즘은 2001년 국가안보국(NSA)에서 개발했습니다.

Secure Hashing Algorithms (SHAs)

SHA(보안 해싱 알고리즘, 그림 3-16)는 데이터를 안전하게 보호하도록 설계된 암호화 기능의 제품군입니다. 이 알고리즘은 비트 단위 연산, 모듈 덧셈, 그리고 압축 기능을 사용하여 데이터를 변환합니다. 해시 함수는 원본 데이터와는 전혀 다른 고정 크기의 문자열을 생성하며, 이러한 함수는 단방향으로 설계되어 원본 데이터로 다시 변환하는 것이 사실상 불가능합니다.

가장 널리 알려진 SHA 알고리즘으로는 SHA-1, SHA-2, SHA-3가 있으며, 이들 알고리즘은 해커 공격에 대응하기 위해 점진적으로 더 강력한 암호화를 제공합니다. 예를 들어, SHA-0은 취약점이 발견되어 현재는 사용되지 않습니다.

SHA 알고리즘의 일반적인 응용 프로그램 중 하나는 비밀번호를 암호화하는 것입니다. 서버 측에서 실제 비밀번호를 저장하는 대신 해당 비밀번호의 해시 값만 추적하므로, 공격자가 데이터베이스를 해킹하더라도 실제 비밀번호는 보호받습니다. 해시 값을 입력하면 해당 해시가 다른 문자열로 변환되어 접근이 거부되기 때문에 보안성이 강화됩니다. 또한, SHA는 입력 데이터의 극소수 변경이 출력에 큰 변화를 초래하는 '눈사태 효과'를 나타냅니다. 이 효과 덕분에 해시 값은 원본 입력 문자열에 대한 정보를 제공하지 않으며, 수정된 파일의 해시 값이 원래 파일의 해시 값과 다르게 나타나므로 데이터 변조를 쉽게 감지할 수 있습니다.

SHA는 SSL/TLS 연결을 위한 모든 디지털 서명 및 인증서에 사용되며, IPSec, SSH, S-MIME(보

그림 3-16 보안 해싱 알고리즘

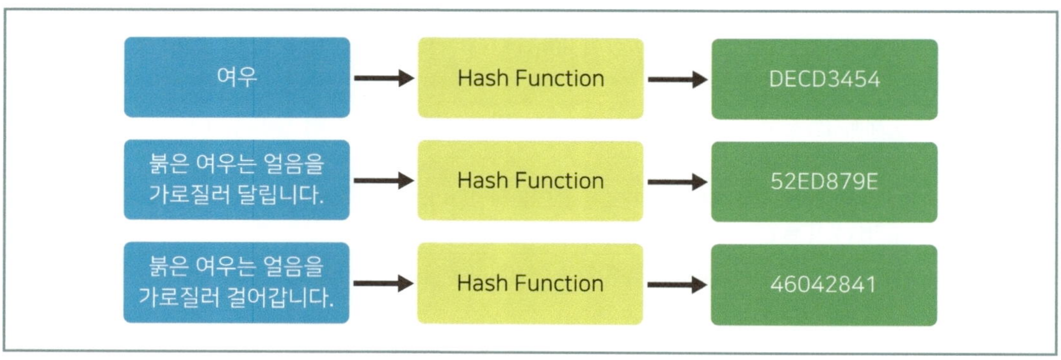

표 3-3 SHA-1, SHA-2, SHA-3의 주요 차이점과 특징

특성	SHA-1	SHA-2	SHA-3
발표 연도	1995	2001	2012
해시 길이	160비트	224, 256, 384, 512비트	224, 256, 384, 512비트
알고리즘 구조	Merkle-Damg?rd 구조	Merkle-Damg?rd 구조	Keccak 구조
보안성	충돌 공격에 취약 (2005년 발견)	SHA-1보다 더 강력하나 일부 변형은 취약	최신 알고리즘으로 현재 가장 강력한 보안
주 용도	비밀번호 해싱, 디지털 서명	디지털 서명, 인증서, SSL/TLS 등	디지털 서명, 인증서, 해시 체계 등
속도	상대적으로 빠름	SHA-1보다 느리지만 강력 한 보안 제공	SHA-2보다 빠름
유연성	고정된 출력 길이 (160비트)	여러 출력 길이를 지원	여러 출력 길이를 지원
표준화 상태	더 이상 권장되지 않음	여전히 사용되지만 SHA-1 보다 더 안전함	최신 표준으로 권장됨

안/다목적 인터넷 메일 확장)와 같은 다양한 프로그램에서도 활용됩니다. 비밀번호 해싱을 통해 서버는 실제 비밀번호 대신 해시 값만 기억함으로써, 데이터베이스가 도난당하더라도 공격자는 직접적인 접근 없이 해시를 깨는 방법을 찾아야 합니다. 또한, SHA는 파일의 일관성을 나타내는 마커 역할도 수행합니다.

〈표 3-3〉은 SHA-1, SHA-2, SHA-3의 비교입니다.

블록체인에서 해시 포인터

해시 포인터(그림 3-17)는 블록체인 데이터 구조에서 중요한 역할을 하는 요소로, 두 가지 주요 구성 요소로 이루어져 있습니다. 데이터 주소와 데이터 해시입니다. 이러한 구조는 블록체인에서 데이터의 무결성을 보장하고 데이터 조작을 방지하는 데 기여합니다.

해시 포인터는 실제 데이터 저장소가 아닌 안전한 위치에 저장됩니다. 이는 트랜잭션 데이터의 변조를 방지하는 데 중요한 역할을 합니다. 시스템은 실제 저장된 데이터의 해시 값을 재계산한 후, 주어진 주소에 대한 데이터의 해시와 비교하여 변조 여부를 확인할 수 있습니다. 만약 해시 값이 일치하지 않는다면, 이는 데이터가 원래 저장된 내용과 다르다는 경고 신호로 작용합니다.

해시 포인터는 계정 주소를 생성하는 데에도 사용됩니다. 이를 통해 블록체인 내에서 고유한 주소와 데이터의 연결성을 강화할 수 있습니다.

그림 3-17 해시 포인터

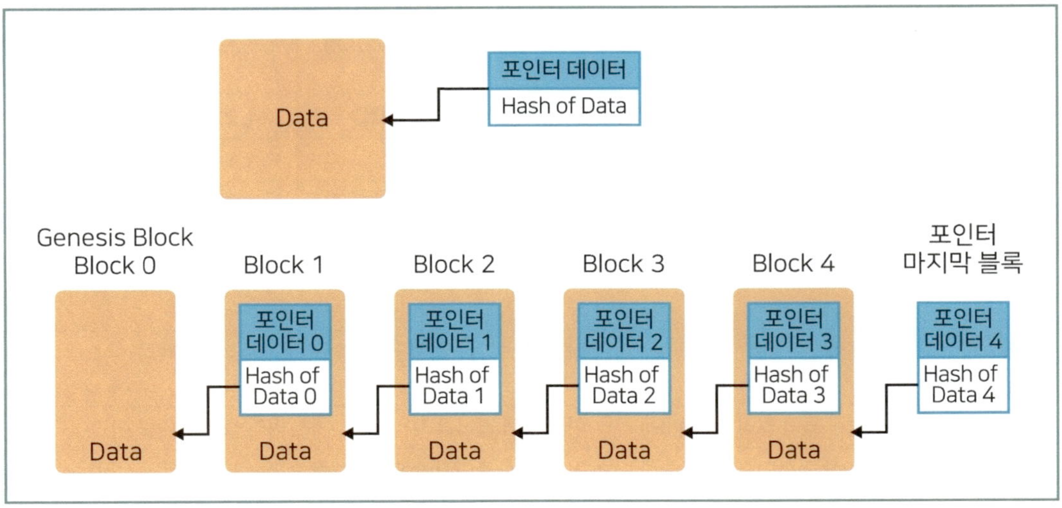

블록체인에서의 해시 함수의 활용

블록체인에서는 해시 함수가 여러 중요한 용도로 활용됩니다. 가장 일반적인 용도는 다음과 같습니다.

- **머클 트리**: 해시 함수를 통해 두 개의 머클 트리가 동일한 루트 해시를 가지는 것이 불가능하도록 설계되어 있습니다. 이는 블록 헤더 내에 루트 해시를 저장함으로써 블록의 무결성과 트랜잭션의 신뢰성을 보호합니다.
- **작업 증명 합의**: 이 알고리즘은 블록 헤더의 해시 값이 특정 임계값보다 작은 경우 해당 블록을 유효한 블록으로 정의합니다. 이를 통해 블록체인 네트워크의 보안과 안정성을 높입니다.
- **디지털 서명**: 해시 함수는 데이터의 무결성을 보장하는 데 필수적인 요소로, 블록체인 거래의 인증 과정에 사용됩니다. 디지털 서명을 통해 거래의 신뢰성을 높일 수 있습니다.
- **블록의 사슬**: 각 블록 헤더는 이전 블록 헤더의 해시를 포함하고 있습니다. 이를 통해 블록체인 내의 단일 블록을 감지하지 않고 변경하는 것이 불가능하게 됩니다. 한 블록을 수정하려면 후속 블록의 새 버전을 모두 생성해야 하므로, 이는 데이터 변조를 어렵게 만듭니다.

결론적으로, 해시 함수는 블록체인에 저장된 데이터의 무결성과 불변성을 보호하는 데 필수적인 기술적 요소로 작용하며, 블록체인 시스템의 안전성과 신뢰성을 강화하는 데 기여하고 있습니다.

블록체인 블록 해싱

Lesson 04

블록체인에서 **블록 해싱(Block Hashing)**은 각 블록의 고유한 식별자를 생성하고, 블록체인의 보안성과 무결성을 유지하는 중요한 과정으로, 블록체인에서는 모든 블록이 해시 값을 기반으로 연결되며, 해시 함수는 이 연결을 강화하는 핵심적인 역할을 합니다. Lesson 04에서는 블록체인의 블록 Hashing에 대하여 알아보도록 하겠습니다.

블록체인은 디지털 암호화폐인 비트코인의 핵심 기술로, 모든 거래 및 디지털 이벤트의 기록을 분산된 데이터베이스에 저장하는 시스템입니다. 이 시스템에서는 각 거래가 참여자 대다수에 의해 검증되며, 모든 거래의 세부 기록이 포함됩니다. 블록체인이 어떻게 작동하는지를 이해하기 위해서는 해싱 개념을 깊이 있게 이해하는 것이 필수적입니다.

블록체인 네트워크는 세 가지 주요 구성 요소로 이루어져 있습니다.

- **노드/블록**: 블록체인의 기본 구성 요소로, 모든 거래와 관련된 정보를 저장하는 데이터베이스 역할을 합니다. 각 블록의 크기, 저장 기간, 트리거 이벤트는 블록체인마다 다를 수 있으며, 각 노드에는 해당 블록체인에 기록된 모든 거래의 전체 기록이 포함됩니다.
- **네트워크**: 이 네트워크는 '전체 노드'로 구성되어 있습니다. 전체 노드는 블록체인 네트워크의 보안을 강화하는 알고리즘을 실행하는 컴퓨터들로, 이들 간의 협력을 통해 데이터의 무결성을 유지합니다.
- **해시**: 해시는 한 블록을 다른 블록에 연결하는 역할을 하며, 수학적으로 모든 블록을 '체인으로 묶는' 기능을 수행합니다. 블록체인의 해시는 이전 블록의 데이터에서 생성되므로, 각 블록은 이전 블록의 정보를 포함하는 형태로 연결됩니다. 이는 블록의 데이터에 대한 고유한 지문을 생성하고, 블록의 순서와 시간을 잠그는 역할을 합니다.

블록체인에서 해시는 매우 중요한 개념으로, 블록 간의 신뢰를 구축하고 네트워크의 프라이버시 및 보안을 유지하는 데 기여합니다. 해시는 각 블록의 고유성을 보장하며, 데이터의 변조를 방지하는 데도 중요한 역할을 합니다. 예를 들어, 한 블록의 데이터가 변경되면 해당 블록의 해시 값이 바뀌고, 이는 이후 블록의 해시 값에도 영향을 미치게 되어 전체 체인에서 불일치가 발생합니다. 이로 인해 해시 값의 변동은 데이터 변조의 신호로 작용하며, 블록체인의 무결성을 보장합니다.

결론적으로, 블록체인 블록 해싱은 블록체인의 기본 원칙과 작동 방식을 이해하는 데 중요한 역할을 하며, 데이터의 신뢰성과 보안을 유지하는 핵심 요소로 작용합니다.

블록체인의 Hashing

간단히 말해서, 해싱(Hashing)은 다양한 길이의 입력 데이터를 받아 고정된 길이의 출력값을 생성하는 프로세스를 의미합니다. 예를 들어, 비트코인과 같은 온라인 거래에서 블록체인을 활용할 때, 서로 다른 길이의 거래 데이터가 주어지면 해싱 알고리즘을 통해 처리되어 모두 고정된 길이의 출력을 제공합니다. 이 출력은 입력 거래의 길이와는 관계없이 일정한 크기를 유지합니다.

- **SHA-256(Secure Hash Algorithm 256)**: 이 해싱 알고리즘은 입력 거래의 크기에 상관없이 항상 고정된 길이인 256비트(32바이트)의 출력을 생성합니다. 예를 들어, 1기가바이트의 영화 파일과 5킬로바이트의 이미지 파일을 SHA-256으로 해싱하면, 두 경우 모두 출력 해시의 길이는 동일하게 256비트가 됩니다. 이 두 해시의 유일한 차이점은 해시 패턴입니다. 현재 SHA-256 알고리즘은 비트코인 네트워크에서 광범위하게 사용되고 있습니다.
- **Keccak-256**: 이 해싱 알고리즘 역시 고정된 길이의 256비트 출력을 제공합니다. Keccak-256은 현재 이더리움 네트워크에서 사용되며, SHA-256과 마찬가지로 입력의 크기에 관계없이 일정한 길이의 해시 값을 생성합니다. Keccak은 SHA-3 표준으로 채택된 알고리즘으로, 더욱 강화된 보안성과 효율성을 제공합니다.

이처럼 해싱은 블록체인 기술의 핵심적인 요소로, 데이터의 무결성을 유지하고 트랜잭션을 안전하게 처리하는 데 중요한 역할을 합니다. 해시 값은 원본 데이터에 대한 고유한 지문을 제공하여 데이터 변조를 방지하고, 네트워크의 보안성을 높이는 데 기여합니다.

해시 함수

해싱(Hashing)은 주어진 키나 문자열을 다른 값으로 변환하는 과정입니다. 이 과정은 일반적으로 원래 문자열을 쉽게 다룰 수 있는 더 짧고 고정된 길이의 값이나 키로 표현됩니다. 해싱의 가장 인기 있는 사용 사례 중 하나는 해시 테이블을 설정하는 것입니다. 해시 테이블은 인덱스를 통해 접근할 수 있는 키-값 쌍을 저장하는 데이터 구조입니다. 해시 함수는 이러한 키를 테이블의 크기로 매핑하여 해시 값이 특정 요소의 인덱스 역할을 하도록 합니다.

해시 함수는 수학적 해싱 알고리즘을 사용하여 새로운 값을 생성하며, 이 값을 해시 값 또는 간단히 해시라고 부릅니다. 좋은 해시는 원래 키로 다시 변환하는 것을 방지하기 위해 항상 일방향 해싱 알고리즘을 사용합니다. 이는 데이터의 보안성을 높이고, 해시 값을 통해 원본 데이터를 추정할 수 없도록 합니다.

누군가 개인 키로 디지털 서명을 만들어 암호화하면 해시 데이터도 만들어 암호화한다. 서명자의 공개 키는 수신자가 서명을 해독할 수 있게 합니다.

해싱은 데이터 인덱싱 및 검색, 디지털 서명(그림 3-18), 사이버 보안, 암호화 등 다양한 분야에서 활용됩니다. 예를 들어, 디지털 서명에서는 데이터 무결성을 보장하기 위해 해시 값을 사용하고, 사이버 보안에서는 해시 값을 통해 비밀번호와 같은 민감한 정보를 안전하게 저장합니다. 이 외에도 해싱은 데이터베이스에서 데이터의 효율적인 접근을 가능하게 하고, 데이터 변조를 방지하는 데 중요한 역할을 합니다.

이처럼 해시 함수는 현대 정보 기술에서 필수적인 요소로, 데이터의 신뢰성과 보안을 확보하는 데 기여합니다.

Hashing의 작동 요소

해싱(Hashing) 프로세스는 세 가지 주요 구성 요소로 이루어져 있습니다.

- **입력**: 해싱 과정의 첫 번째 단계는 입력 데이터입니다. 입력은 어떤 길이와 형식을 가질 수 있

그림 3-18 디지털 서명 과정

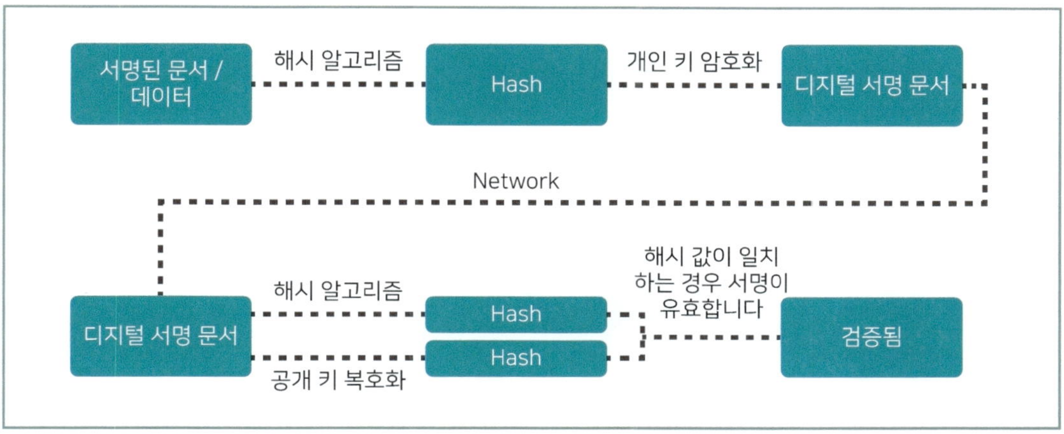

으며, 예를 들어 텍스트, 이미지, 음악 파일 또는 문서 등 다양한 형태의 데이터가 될 수 있습니다. 이 입력 데이터는 해시 함수에 의해 처리되어 단일 출력으로 변환됩니다.

- **해시 함수**: 해싱 과정의 핵심은 해시 함수입니다. 이 함수는 입력 데이터를 받아 여러 가지 수학적 연산을 적용하여 고정된 길이의 해시 값을 생성합니다. 해시 함수는 입력 데이터의 작은 변화라도 상당히 다른 해시 값을 만들어내도록 설계되어 있습니다. 즉, 두 입력이 극히 유사하더라도 해시 값은 전혀 다른 결과를 생성할 수 있습니다. 이러한 특성은 데이터의 무결성을 보장하는 데 매우 중요합니다.
- **해시 출력**: 해싱 과정의 결과물인 해시 출력 또는 해시 값은 고정된 길이를 가집니다. 해시 값은 원래 입력 데이터의 길이나 형식에 관계없이 항상 일정한 길이를 유지합니다. 이로 인해 해시 값을 통해 원래 입력의 길이나 내용을 추측하기 어려워집니다. 해시 값은 일반적으로 알파벳과 숫자로 이루어진 문자열로, 개인 정보를 비공식적으로 유지하는 데 도움을 줍니다. 각 해시 값이 고유하게 생성되기 때문에 해시 값은 종종 '지문'이라고도 불립니다.

이러한 해싱의 구조는 데이터의 보안성을 높이고, 데이터 무결성을 유지하며, 효율적인 데이터 관리를 가능하게 합니다. 해싱은 암호화 및 데이터 보호 분야에서 필수적인 기술로 자리 잡고 있습니다.

Hashing의 이점

Hashing(그림 3-19)은 암호학, 컴퓨터 과학, 데이터 관리 등 다양한 분야에서 광범위하게 응용됩니다. 아래는 Hashing의 일반적인 사용 사례와 그 이점입니다.

이것은 키 값을 인덱스로 변환하는 과정을 보여 줍니다.

그림 3-19 해시 테이블 예제

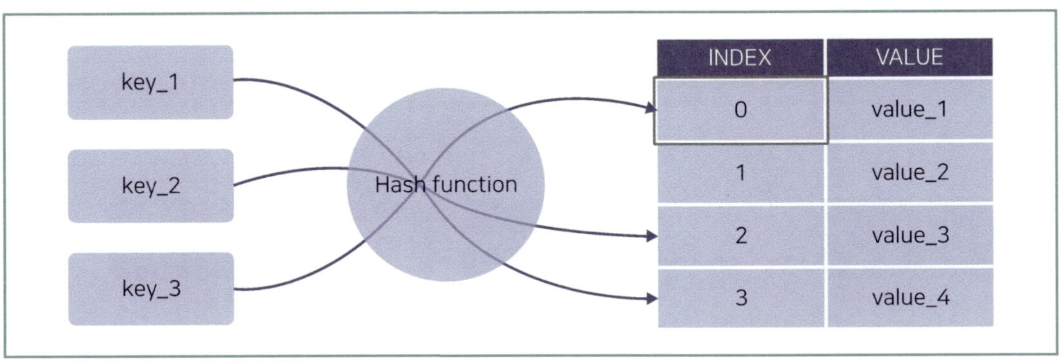

- **데이터 무결성**: Hashing은 데이터 무결성을 보장하는 데 매우 유용합니다. 파일이나 메시지와 같은 데이터에 대한 해시 값을 생성함으로써, 사용자는 수신된 데이터의 해시 값을 비교하여 전송 중 변경이나 손상이 발생했는지를 확인할 수 있습니다.
- **효율적인 데이터 검색**: Hashing은 대규모 데이터 세트를 다룰 때 해시 테이블을 사용하여 효율적인 데이터 검색을 가능하게 합니다. 해시 함수는 객체 데이터를 대표하는 정수 값으로 매핑하여, 해당 데이터를 빠르게 찾을 수 있도록 합니다. 해시 테이블에서는 데이터를 키와 값의 쌍으로 저장하며, 키는 해시 함수의 입력으로 작용하여 해시 코드를 생성합니다. 이러한 구조는 데이터의 삽입, 검색, 삭제를 빠르게 수행할 수 있게 합니다.
- **디지털 서명**: Hashing은 메시지 발신자와 수신자를 인증하는 데 사용되는 디지털 서명을 생성하고 검증하는 데 필수적입니다. 해시 함수는 메시지의 해시 값을 생성하여 서명과 함께 전송하며, 수신자는 동일한 해시 함수를 사용해 서명에서 해시 값을 도출하고 이를 비교하여 메시지의 무결성을 검증합니다.
- **비밀번호 저장**: Hashing은 비밀번호를 안전하게 저장하는 데 널리 사용됩니다. 원래 비밀번호 대신 해시 값을 저장함으로써, 해시 값이 유출되더라도 원래 비밀번호를 복원하기가 매우 어려워집니다. 이는 추가적인 보안층을 제공합니다.
- **빠른 검색**: Hashing 알고리즘은 데이터를 쉽게 검색할 수 있도록 구성된 버킷으로 데이터를 정리합니다. 이는 특정 데이터를 찾는 속도를 빠르게 하여, 데이터베이스와 검색 엔진 등에서 빠른 결과를 필요로 하는 응용 프로그램에 유용합니다.
- **효율적인 캐싱**: 해시 테이블은 캐싱 시스템 구성에 적합합니다. 해시 값을 키로 사용함으로써, 캐시 메모리에서 데이터를 빠르게 검색할 수 있어 느린 저장 시스템에 접근할 필요를 줄이고, 전체 시스템의 성능을 향상시킵니다.
- **암호화 응용 프로그램**: Hashing은 다양한 암호화 알고리즘에서 중요한 역할을 합니다. 예를 들어, SHA-2와 같은 보안 해시 알고리즘은 디지털 서명 생성, 메시지 인증 및 데이터 무결성 보장 등에 사용됩니다.
- **공간 효율성**: 해시 값은 일반적으로 원본 데이터보다 짧기 때문에 저장 공간을 효율적으로 사용할 수 있습니다. 이는 대규모 데이터 세트나 제한된 저장 리소스를 다룰 때 특히 유익합니다.
- **블록체인 기술**: Hashing은 블록체인, 특히 비트코인과 같은 암호화폐에서 필수적입니다. 블록체인은 거래 데이터를 저장하는 디지털 원장으로, 각 블록에 저장된 데이터의 무결성과 불변성을 보장하기 위해 해시를 사용합니다.

- **데이터 압축**: Hashing은 허프만 코딩과 같은 무손실 압축 알고리즘을 통해 데이터를 효율적으로 인코딩하는 데 사용될 수 있습니다.
- **데이터베이스 관리**: 대규모 데이터 세트를 관리할 때, 해싱은 인덱스 구조 없이도 검색 키와 해시 함수를 사용해 데이터 레코드를 효율적으로 검색할 수 있게 합니다. 해시 파일은 데이터를 버킷으로 구성하고, 해시 함수는 주어진 버킷 내의 레코드 위치를 정확히 매핑합니다.

이러한 다양한 이점 덕분에 Hashing은 데이터 보호와 효율성을 높이는 데 중요한 역할을 합니다.

Hashing의 단점

Hashing은 많은 이점을 제공하지만, 다음과 같은 몇 가지 단점과 한계도 존재합니다.

- **충돌 위험**: Hashing에서는 서로 다른 입력이 동일한 해시 값을 생성하는 충돌이 발생할 수 있습니다. 이는 특히 충돌이 자주 발생하는 경우 성능 저하와 조회 시간 증가로 이어질 수 있습니다. 충돌을 처리하기 위한 기술인 체이닝이나 개방 주소 지정이 존재하지만, 이들 기술은 추가적인 복잡성을 도입할 수 있습니다. 예를 들어, 체이닝에서는 연결 리스트를 사용하기 때문에 캐시 성능이 저하될 수 있습니다.
- **되돌릴 수 없음**: 해시 함수는 단방향 함수로 설계되어 원래 입력 데이터를 복원하는 것이 사실상 불가능합니다. 따라서 데이터의 원래 값을 필요로 하는 경우, 이는 큰 단점이 될 수 있습니다.
- **제한된 정렬 기능**: Hashing은 데이터를 특정 순서로 정렬해야 할 때 이상적이지 않습니다. 해시 테이블은 빠른 조회와 검색을 위해 설계되었지만, 정렬 작업에 대한 내장 지원은 제공하지 않습니다. 데이터의 정렬이 중요한 경우, 균형 잡힌 검색 트리와 같은 다른 데이터 구조를 고려하는 것이 좋습니다.
- **공간 오버헤드**: Hashing은 해시 값과 관련 데이터를 저장하기 위해 일반적으로 더 많은 저장 공간을 필요로 합니다. 이 공간 오버헤드는 특히 대규모 데이터 세트를 다룰 때 상당할 수 있으며, 저장 자원이 제한된 환경에서는 우려의 원인이 될 수 있습니다.
- **키의 고유성 의존성**: Hashing은 효율적인 데이터 검색을 보장하기 위해 키의 고유성에 의존합니다. 키가 고유하지 않으면 충돌이 자주 발생하여 성능 저하를 초래할 수 있습니다. 따라서 키를 신중하게 선택하거나 설계하는 것이 매우 중요합니다.
- **설정의 복잡성**: 해시 테이블이나 Hashing 알고리즘을 구성하는 것은 다른 데이터 구조에 비

해 더 복잡할 수 있습니다. 충돌 처리, 해시 테이블 크기 조정, 효율적인 성능 유지를 위해 신중한 고려와 계획이 필요합니다. 이러한 설정 과정은 초보자에게는 어려울 수 있습니다.

이러한 단점에도 불구하고 Hashing은 여전히 많은 분야에서 유용하게 사용되며, 각 사용 사례에 따라 적절한 방법론을 선택하는 것이 중요합니다.

데이터 구조에서 Hashing

Hashing은 데이터 구조에서 데이터를 효율적으로 저장하고 검색하는 기법입니다. 이 개념은 도서관에서 책을 주제에 따라 정리하고 저장하는 듀이 십진법과 유사하게, 데이터베이스와 소프트웨어 시스템에서도 효과적으로 작동합니다.

듀이 십진법은 기본적으로 세 자리 숫자를 사용하여 각 주제를 분류합니다. 주제는 10개의 주요 범주로 나뉘며, 각 범주는 다시 하위 주제로 세분화됩니다. 주요 범주는 다음과 같습니다.

> **듀이 십진법**
> 듀이 십진법(Dewey Decimal Classification, DDC)은 도서관에서 책과 자료를 체계적으로 분류하기 위해 개발된 분류 체계입니다. 이 시스템은 1876년 멜빌 듀이(Melvil Dewey)에 의해 처음 제안되었으며, 현재까지도 전 세계적으로 널리 사용되고 있습니다. 듀이 십진법은 주제별로 자료를 정리하고 쉽게 접근할 수 있도록 도와 줍니다.

소프트웨어 엔지니어들은 원본 데이터와 입력 문자열을 짧은 영숫자 해시 키로 변환함으로써 파일 공간과 검색 시간을 모두 절약할 수 있습니다. 이렇게 생성된 해시 키는 데이터의 인덱스 역할을 하여, 특정 데이터를 찾는 과정을 간소화합니다.

예를 들어, 사용자가 데이터 맵에서 항목을 찾고자 할 때 Hashing은 검색 범위를 좁혀 주며, 이는 데이터베이스에서 정보를 인덱싱하고 검색하는 데 매우 유용합니다. 원래 값보다 짧은 해시 키를 사용함으로써, 항목을 찾는 과정이 훨씬 더 용이해집니다. 해시 키는 효율적인 데이터 검색을 가능하게 하고, 전체 시스템의 성능을 향상시키는 데 기여합니다.

Hashing은 또한 데이터 무결성을 확인하는 데도 사용되며, 이를 통해 데이터의 변경 여부를 쉽게 검증할 수 있습니다. 따라서 Hashing은 현대 데이터 구조에서 필수적인 구성 요소로 자리잡고 있습니다.

사이버 보안에서 Hashing

Hashing은 사이버 보안에서 중요한 역할을 하며, 데이터의 무결성과 안전성을 보장하는 데 사용됩니다. MD5, SHA-256, SHA-512 및 Bcrypt와 같은 다양한 암호화 알고리즘이 있으며, 각 알고리즘은 고유한 특성과 보안 수준을 제공합니다. 애플리케이션의 요구 사항에 따라 적절한 해시 알고리즘을 선택하는 것이 중요합니다.

해시 알고리즘의 특징은 다음과 같습니다.

- **MD5**: 빠르고 간단한 해시 함수지만, 충돌 취약성이 있어 보안에 적합하지 않습니다. 현재는 비밀번호 저장에는 권장되지 않습니다.
- **SHA-256**: SHA-2 계열에 속하며, 256비트 해시 값을 생성합니다. 안전성이 뛰어나며, 현재 많은 보안 애플리케이션에서 사용됩니다.
- **SHA-512**: SHA-2 계열의 또 다른 버전으로, 512비트 해시 값을 생성합니다. 더 높은 보안 수준을 제공하지만, 계산 비용이 더 크기 때문에 성능 고려가 필요합니다.
- **Bcrypt**: 비밀번호 해시에 특화된 알고리즘으로, 느린 해시 함수를 사용하여 무차별 대입 공격에 대한 저항력을 높입니다.

해시된 문자열과 원본 입력 데이터는 해독 키가 없는 해커에게는 무의미합니다. 예를 들어, 해커가 데이터베이스에 침입하여 '존 도, 사회보장번호 273-76-1989'와 같은 민감한 정보를 찾더라도, 이를 해시화하면 'a87b3'와 같은 해시 값이 생성됩니다. 이 해시 값은 해커가 원본 정보를 알지 못하는 한, 해독할 방법이 없습니다.

이러한 특성 덕분에 Hashing은 데이터베이스에 저장된 비밀번호와 같은 민감한 정보를 안전하게 보호하는 데 필수적입니다. 사용자가 로그인할 때 입력한 비밀번호는 해시 처리되어 데이터베이스와 비교되며, 이는 비밀번호의 원본을 직접적으로 저장하지 않음으로써 보안성을 높입니다.

Hashing은 사이버 보안에서 데이터를 보호하는 효과적인 수단으로, 비밀번호 저장, 데이터 무결성 검증 및 다양한 보안 애플리케이션에 필수적으로 활용됩니다. 적절한 해시 알고리즘을 선택함으로써 데이터의 안전성을 강화하고, 잠재적인 위협으로부터 보호할 수 있습니다.

암호학에서 Hashing의 역할

암호학에서 Hashing의 주요 목적은 데이터의 독특하고 되돌릴 수 없는 표현을 제공하는 것입니다. 해시 함수는 입력 데이터를 고정된 길이의 해시 값으로 변환하여, 원본 데이터와 해시 값을 비교하는 방식으로 데이터 무결성을 검증할 수 있습니다. 이 과정은 데이터 보호와 보안에 매우 중요합니다.

해시 함수는 주어진 입력에 대해 고정된 길이의 해시 값을 생성하는 수학적 알고리즘입니다.

이 과정에서 다음과 같은 특징을 가집니다.

- **단방향성**: 해시 함수는 원본 데이터를 복원할 수 없도록 설계되어 있어, 해시 값을 통해 원본 데이터를 알아내는 것이 사실상 불가능합니다.
- **충돌 저항성**: 서로 다른 입력이 동일한 해시 값을 생성하는 경우(충돌)가 발생할 가능성이 낮습니다. 이는 해시 함수의 신뢰성을 높이는 중요한 요소입니다.
- **고정 길이 출력**: 입력 데이터의 길이와 관계없이 항상 일정한 길이의 해시 값을 생성합니다. 이는 데이터 무결성을 검증하고 관리하는 데 유용합니다.

암호학에서 Hashing은 데이터 보호와 무결성을 보장하는 중요한 기술입니다. 다양한 해시 알고리즘이 존재하며, 각 알고리즘은 보안 요구 사항에 따라 적절히 선택되어 사용됩니다. 해시 함수는 단방향성, 충돌 저항성 및 고정 길이 출력을 통해 데이터의 안전성을 강화하며, 디지털 서명 및 데이터 검증 등 다양한 응용 분야에서 필수적으로 활용됩니다.

Hashing 충돌이란

Hashing에서 **충돌**은 두 개의 서로 다른 입력이 동일한 해시 값을 생성하는 현상을 의미합니다. 사이버 보안에서 Hashing은 단방향 해시 알고리즘을 사용하여 원본 데이터를 복원할 수 없도록 설계되었지만, 충돌이 발생할 경우 데이터의 무결성이 저해될 수 있습니다.

- **해시 함수의 특성**: 좋은 해시 함수는 서로 다른 두 입력에 대해 항상 다른 해시 값을 생성해야 합니다. 이는 충돌에 강한 해시 함수로 간주되며, 안전한 암호화 및 데이터 무결성을 보장하는 데 필수적입니다.
- **충돌 처리 방법**: 충돌이 발생했을 때 이를 처리하는 방법으로 **오픈 어드레싱**과 **별도의 체이닝**이 있습니다.
  - **오픈 어드레싱**: 해시 테이블 자체에 모든 데이터를 저장하며, 충돌이 발생한 경우 알고리즘이 생성한 다른 위치에서 데이터의 가용성을 찾습니다. 이 방법에는 더블 해싱, 선형 탐사, 이차 탐사 등이 포함됩니다.
  - **별도의 체이닝**: 해시 테이블의 각 셀이 동일한 해시 값을 가진 레코드의 연결 리스트를 가리키도록 하여 충돌을 방지합니다. 이 방식은 충돌이 발생할 때 데이터를 쉽게 추가할 수 있는 장점이 있습니다.

- **염장법(Salting)**
  - 사이버 보안 전문가는 해시 함수에 랜덤 데이터를 추가하여 출력의 고유성을 더욱 보장할 수 있습니다. 이 과정을 **염장법**이라고 하며, 동일한 입력에 대해서도 서로 다른 해시 값을 생성합니다.
  - 염장은 사용자가 비밀번호를 재사용할 경우에도 각 해시 값이 고유하게 만들어, 공격자가 비밀번호를 유추하는 것을 어렵게 합니다. 이는 무지개 테이블 공격을 방지하는 데 유용합니다.

Hashing의 응용

Hashing은 파일의 무결성을 분석하거나 보장하는 데에도 활용됩니다. 원본 파일은 해시를 생성하여 해당 해시를 함께 저장합니다. 수신자가 파일과 함께 해시를 수신하면, 해시를 비교하여 파일이 변경되었는지 확인할 수 있습니다. 만약 누군가 파일을 조작하면 해시는 그 변경을 반영하게 되어, 데이터의 무결성을 검증할 수 있습니다.

Hashing에서 충돌은 데이터 무결성과 보안에 큰 영향을 미치는 중요한 요소입니다. 좋은 해시 함수는 충돌을 최소화하여 안전성을 높이며, 다양한 충돌 처리 기법과 염장법을 통해 추가적인 보안을 제공합니다. Hashing은 데이터 보호와 검증에서 핵심적인 역할을 하며, 파일 변조 방지 및 암호화에 널리 사용됩니다.

Hashing 대 암호화

Hashing과 암호화는 데이터를 보호하기 위해 사용되는 두 가지 주요 기술이지만, 각각의 목적과 특성이 뚜렷하게 다릅니다.

Hashing은 해시 함수를 사용하여 데이터를 고정 길이의 해시 값으로 변환하는 일방향 프로세스입니다. Hashing의 주요 목적은 데이터 무결성을 보장하고 원본 데이터를 검증하는 것입니다. 이를 통해 데이터가 전송 중에 변경되었는지를 확인할 수 있습니다. Hashing의 특징은 다음과 같습니다.

- 해시 함수는 빠르고 효율적으로 작동하여 각 입력에 대해 고유한 해시 값을 생성합니다.
- Hashing은 되돌릴 수 없는 특성을 가지고 있어, 해시 값에서 원본 데이터를 복구하는 것은 계산적으로 불가능합니다.
- 주로 비밀번호를 안전하게 저장하고, 디지털 서명을 생성하며, 데이터 무결성을 검증하는 데

사용됩니다.

해싱 알고리즘의 예로는 MD5, SHA-1, SHA-256, SHA-3 등이 있습니다.

암호화는 암호화 알고리즘과 키를 사용하여 데이터를 읽을 수 없는 형태, 즉 암호문으로 변환하는 두 단계 절차입니다. 암호화의 기본 목적은 데이터 비밀을 보장하고 민감한 정보를 무단 접근으로부터 보호하는 것입니다. 이를 통해 데이터의 기밀성을 유지할 수 있습니다. 암호화의 특징은 다음과 같습니다.

- 암호화는 평문과 암호문 사이의 변환을 위해 암호화 키와 복호화 키 모두를 필요로 합니다.
- 암호화 알고리즘은 안전하고 공격에 저항하기 위해 설계되었으며, 허가받지 않은 당사자가 올바른 키 없이 암호문을 해독하는 것은 불가능합니다.
- 암호화는 안전한 통신, 데이터 저장 및 민감한 정보 보호에 널리 사용됩니다.

암호화 알고리즘의 예로는 RSA (Rivest-Shamir-Adleman), 고급 암호화 표준 (AES), Blowfish 등이 있습니다.

결론으로 Hashing과 암호화는 각각 데이터의 무결성 보장과 기밀성 유지를 위해 설계된 기술로, 서로 다른 요구 사항을 충족합니다. Hashing은 데이터 무결성을 검증하는 데 중점을 두고 있으며, 암호화는 데이터를 안전하게 보호하는 데 초점을 맞추고 있습니다. 이 두 기술을 적절히 활용함으로써 데이터 보호의 전반적인 수준을 향상시킬 수 있습니다.

Lesson

05

디지털 서명 알고리즘

디지털 서명(Digital Signature) 알고리즘은 전자 서명 기술의 핵심적인 요소로, 디지털 환경에서 데이터를 인증하고 무결성을 확인하는 데 사용되며, 주로 공개 키 암호화 시스템(Public Key Cryptography)을 기반으로 하며, 이를 통해 송신자가 보낸 메시지가 변경되지 않았고, 송신자가 해당 메시지를 실제로 보냈다는 것을 증명할 수 있습니다. 디지털 서명 알고리즘은 **메시지 인증**, **위조 방지**, **소유자 인증** 등의 기능을 제공하며, 블록체인, 전자 상거래, 이메일 보안 등 다양한 분야에서 사용되며, Lesson 04에서는디지털 서명 알고리즘의 관련된 내용을 알아보도록 하겠습니다.

디지털 서명 알고리즘(Digital Signature Algorithm, DSA)은 디지털 서명을 생성하고 검증하기 위한 연방 정보 처리 표준으로, 메시지, 소프트웨어, 디지털 문서의 무결성과 유효성을 보장하는 데 사용되며, 미국 국립표준기술원(National Institute of Standards and Technology, NIST)은 1991년 8월 디지털 서명 표준(Digital Signature Standard, DSS)에서 DSA를 제안하였습니다. 디지털 서명은 기밀성을 제공하지 않으므로, 메시지와 서명을 보호하기 위해 비밀 키 또는 공개 키 암호 시스템을 사용하여 추가적으로 암호화해야 하며, 이러한 보안 계층은 디지털 서명 체계에 통합될 수 있습니다.

디지털 서명 프로세스

〈그림 3-20〉의 상황을 가정해 봅시다. 공개 키 암호화(비대칭 암호화)에서의 통신 과정은 다음과 같습니다.

1. 철수는 밥의 공개 키를 사용하여 메시지를 암호화합니다.
2. 암호화된 메시지는 밥에게 전달됩니다.
3. 영수은 자신의 개인 키를 사용하여 앨리스가 보낸 메시지를 해독합니다.

이제 앨리스가 밥에게 메시지를 보낼 때, 밥은 메시지가 진짜 앨리스에 의해 보내졌는지 확인하고자 합니다. 이를 위해 밥은 앨리스에게 메시지에 서명하도록 요청할 수 있습니다. 이렇게 생성된 전자 서명이 앨리스가 실제로 메시지를 보낸 사람임을 증명합니다. 이러한 서명을 디지털 서명이라고 합니다.

그림 3-20 디지털 서명 프로세스

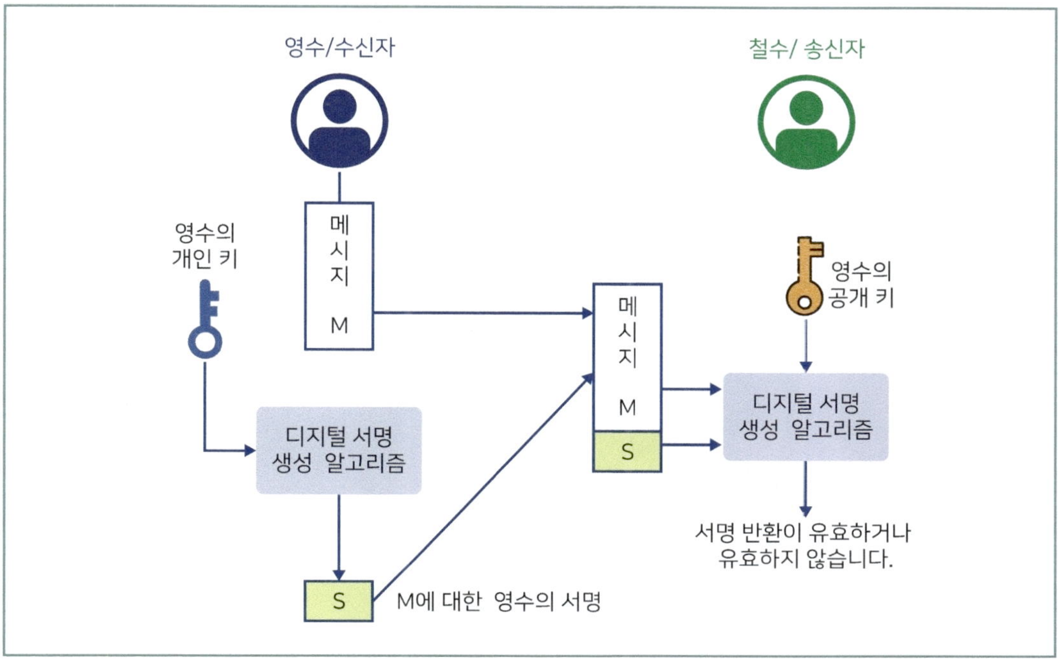

디지털 서명 방법

디지털 서명을 구현하는 표준 접근 방식은 다음 두 가지입니다.

- 리베스트-샤미르-아들레만(RSA):
  - 메시지는 먼저 해시 함수에 입력되어 고정 길이의 보안 해시 코드를 생성합니다.
  - 발신자의 개인 키를 사용하여 이 해시 코드를 암호화하여 서명을 생성합니다.
  - 서명과 메시지를 수신자에게 전송합니다.
  - 수신자는 메시지를 수신한 후, 해시 코드를 계산하고 발신자의 공개 키를 사용하여 서명을 해독합니다. 해독된 서명이 수신자가 생성한 해시 코드와 일치하면, 서명이 유효하다고 간주됩니다.

이 과정에서 발신자만 개인 키에 접근할 수 있으므로, 발신자만 유효한 서명을 생성할 수 있습니다. 이러한 디지털 서명 방식은 데이터의 무결성과 신뢰성을 보장하는 중요한 수단으로 사용됩니다.

RSA에 대한 아래 다이어그램(그림 3-21)을 참조할 수 있습니다.

그림 3-21 RSA 다이어그램

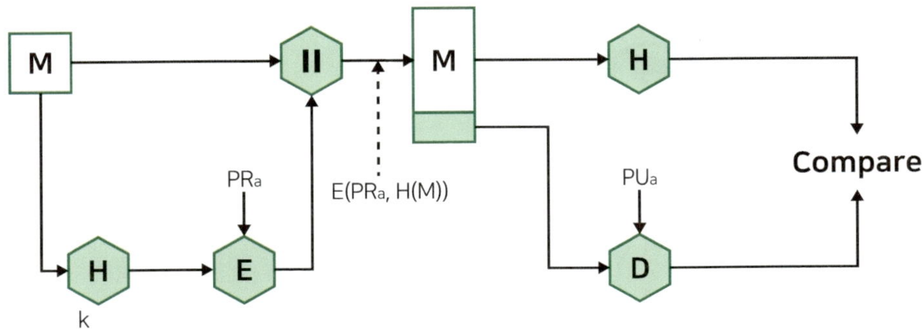

M = 메시지 또는 일반 텍스트
H = 해시 함수
II = plantext와 hash 함수(hash digest)를 묶습니다.
E = 암호화 알고리즘
D = 복호화 알고리즘
PUa = 발신자의 공개키
PRa = 보낸 사람의 개인키

디지털 서명 알고리즘(DSA)

디지털 서명 알고리즘(DSA)은 메시지의 무결성과 출처를 검증하기 위해 해시 함수를 사용하는 방식입니다. DSA 접근 방식은 RSA와 유사하지만, 해시 코드를 생성하는 과정에서 난수로 생성된 숫자 kkk를 사용하여 서명 함수를 정의합니다.

DSA 서명 생성 과정

1. **해시 코드 생성**: 송신자는 먼저 메시지 M에 대해 해시 함수를 적용하여 해시 코드를 생성합니다. 이 해시 코드는 메시지의 고유한 요약을 제공합니다.
2. **서명 함수**: 서명 함수는 송신자의 개인 키 PRa와 통신 주체 그룹에 알려진 매개변수 집합(글로벌 공개 키 PUG)을 사용하여 서명을 생성합니다. 이 서명은 두 개의 구성 요소 s와 r로 이루어집니다.
3. **서명 결합**: 생성된 해시 코드는 서명과 결합되어 최종 서명이 형성됩니다.

DSA 서명 검증 과정

1. **메시지 수신**: 수신자는 송신자로부터 메시지와 서명을 수신합니다.
2. **해시 코드 생성**: 수신자는 수신한 메시지에 대해 동일한 해시 함수를 적용하여 해시 코드를 생성합니다.
3. **검증 함수**: 이 해시 코드는 서명과 결합되어 검증 함수에 입력됩니다. 검증 함수는 송신자의 공개 키 PUa와 글로벌 공개 키 PUG를 참조하여 서명이 유효한지 확인합니다.
4. **서명 유효성 확인**: 검증 함수의 출력이 서명의 구성 요소 r과 동일한 값을 반환하면 서명이 유효한 것으로 간주됩니다. 이는 개인 키를 알고 있는 송신자만 유효한 서명을 생성할 수 있도록 보장합니다.

DSA 구성 요소 다이어그램

다음은 DSA의 주요 구성 요소(그림 3-22)를 나타낸 다이어그램입니다.

- M: 메시지 또는 일반 텍스트
- H: 해시 함수
- **||**: 일반 텍스트와 해시 함수를 결합하는 연산자
- E: 암호화 알고리즘
- D: 복호화 알고리즘
- PUa: 송신자의 공개 키
- PRa: 송신자의 개인 키
- Sig: 서명 함수
- Ver: 검증 기능
- PUG: 글로벌 공개 키

이러한 과정을 통해 DSA는 메시지의 무결성과 출처를 효과적으로 보장하는 중요한 수단으로 자리잡고 있습니다.

기본 용어

- **사용자의 개인 키(PR)**: 이 키는 비밀로 유지해야 하며, 사용자가 소유한 독점적인 암호화 키입니다. 개인 키는 DSA 알고리즘에서 디지털 서명을 생성하는 데 사용됩니다. 해당 개인 키

그림 3-22 DSA 다이어그램

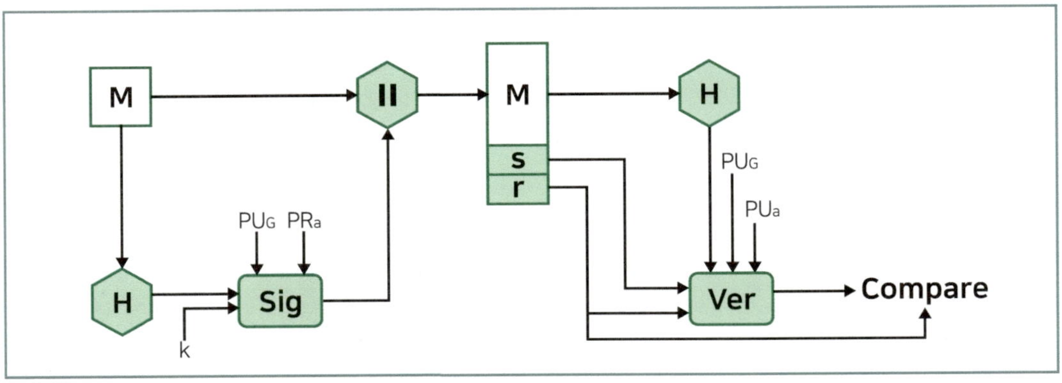

로 생성된 서명은 나중에 검증할 수 있습니다.

- **사용자의 공개 키(PU)**: 공개적으로 알려진 키로, 누구와도 공유할 수 있습니다. 이 키는 사용자의 개인 키로 생성된 디지털 서명을 확인하는 데 사용됩니다. 사용자는 자신의 공개 키를 통해 다른 사용자에게 자신의 정체성을 증명할 수 있습니다.
- **서명(Sig)**: 사용자의 개인 키를 활용하여 디지털 서명을 생성하는 과정입니다. DSA에서는 서명 생성 시 해당 메시지에 대한 고유한 서명이 만들어집니다.
- **확인(Ver)**: 디지털 서명이 위조되지 않았는지 확인하는 과정입니다. DSA에서는 암호화된 서명과 원본 메시지 간의 해시 비교를 통해 서명의 유효성을 검증합니다.

서명

사용자가 디지털 서명을 생성(그림 3-23)하기 위해서는 다음과 같은 요소들이 필요합니다.

- **공개 키 구성 요소**: 소수 p, q, g
- **메시지의 해시 코드**: H(M)
- **사용자의 개인 키**: x

또한, 각 서명에 대해 무작위로 또는 의사난수적으로 생성된 고유한 정수 kkk가 필요합니다. 이 kkk는 다음의 조건을 만족해야 합니다.

$$0 < k < q$$

그림 3-23 디지털 서명 생성 프로세스

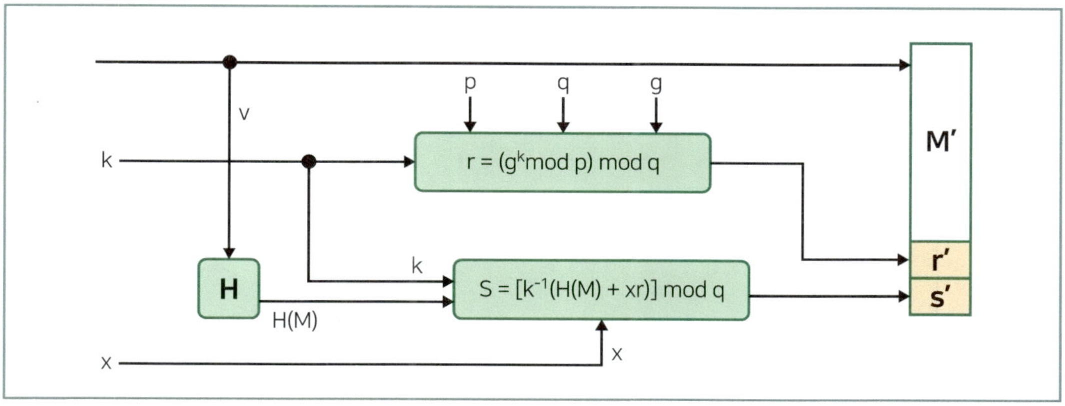

이제, k를 기반으로 두 개의 수량 r과 s를 계산하여 서명을 완성할 수 있습니다. 이러한 과정을 통해 생성된 서명은 메시지의 무결성을 보장하고 송신자의 신원을 확인할 수 있게 합니다.

검증

M′, r′, s′이 각각 M, r, s의 수신된 버전이 되도록 해 봅시다. 검증(그림 3-24)은 아래에 표시된 공식을 사용하여 수행됩니다.

- w = (s′) -1 mod q
- u1 = [H(M′)w] 모드 q
- u2 = (r′)w 모드 q
- v = [(gu1 yu2) mod p] mod q

수신자는 공개 키 구성 요소, 발신자의 공개 키, 메시지의 해시 코드의 함수인 양 v를 생성해야 합니다. 이 값이 서명의 r 값과 일치하면 서명이 유효한 것으로 간주됩니다.

테스트: v = r′

마지막에 값 r에 대한 테스트를 실시하고, r은 위에서 언급한 대로 k와 세 개의 글로벌 공개 키 구성 요소의 함수이기 때문에 메시지나 평문에 의존하지 않습니다. 메시지 해시 코드와 사용자의 개인 키를 입력으로 갖는 함수에 전달될 때 k의 곱셈 역수(mod q). 이 함수의 구조는 수신자가 수신 메시지와 서명, 사용자의 공개 키, 글로벌 공개 키를 사용하여 r을 복구할 수 있도록 되어 있

그림 3-24 디지털 서명 검증 프로세스

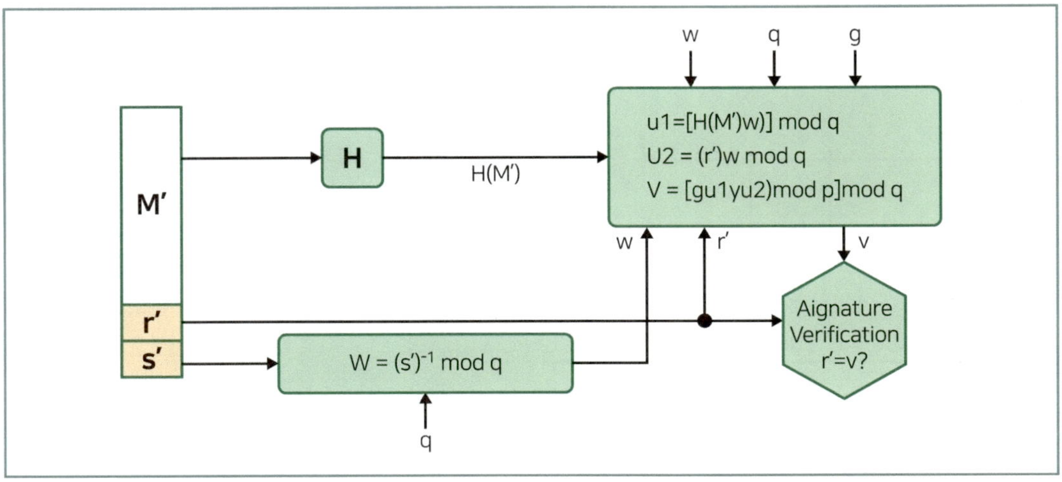

습니다.

이산 대수를 취하는 데 어려움이 있으므로 공격자가 r에서 k를 복구하거나 s에서 x를 복구하는 것은 불가능합니다. 서명 생성에서 유일하게 계산적으로 요구되는 작업은 지수 계산 g k mod p입니다.이 값은 서명할 메시지에 따라 달라지지 않으므로 미리 계산할 수 있습니다.실제로 사용자는 필요에 따라 문서에 서명하는 데 사용할 r의 여러 값을 미리 계산할 수 있습니다.다소 요구되는 다른 유일한 작업은 곱셈 역수 k-1을 결정하는 것입니다 .

DSA가 제공하는 서비스

- **메시지 인증**: DSA는 안전한 디지털 서명을 통해 메시지의 출처를 인증합니다. 수신자(Bob)는 송신자의 공개 키를 사용하여 서명을 검증함으로써, 해당 메시지가 송신자(Alice)에 의해 전송되었음을 확인할 수 있습니다. 따라서 DSA는 메시지 인증을 제공합니다.
- **메시지 무결성**: DSA는 전체 메시지에 서명함으로써 메시지가 변경되었는지 여부를 확인할 수 있게 합니다. 해시 함수를 사용하여 메시지의 무결성을 보장하며, 동일한 서명을 다시 얻을 수 없기 때문에 메시지의 변조를 방지합니다.
- **부인 방지**: Alice가 메시지에 서명한 후, 나중에 서명을 부인할 수 없도록 보장합니다. 만약 Alice가 서명하지 않았다고 주장하면, Bob은 서명된 메시지를 제시하여 Alice의 서명을 입증할 수 있습니다. 이 과정에서 신뢰할 수 있는 제3자를 포함하여 메시지의 진위성을 검증하고

분쟁을 해결할 수 있습니다.

DSA의 장점

- **인증**: DSA는 발신자의 신원을 강력하게 인증합니다.
- **무결성**: 서명이 생성된 이후 콘텐츠가 변경되면 무효화됩니다.
- **부인 불가**: 서명자는 사후에 해당 문서의 작성을 부인할 수 없습니다.
- **효율성**: 디지털 서명 프로세스를 자동화하여 신속한 온라인 거래를 가능하게 합니다.
- **보안**: 잘 설계된 DSA 프로세스는 위조를 방지합니다.
- **전 세계적 수용**: 법률적 조건을 충족하는 디지털 서명이 널리 인정받고 있습니다.
- **타임스탬프**: 추가 보안 계층을 제공하여 서명의 신선도를 보장합니다.
- **비용 절감**: 물리적 문서 운반이 필요 없어 비용이 절감됩니다.

DSA의 단점

- **키 관리 복잡성**: 키를 안전하게 관리하고 해지를 처리하는 것은 복잡합니다.
- **인프라 의존성**: DSA는 공개 키 인프라(PKI)와 인증 기관에 의존합니다.
- **법률 및 규제 과제**: 지역 법률 및 표준에 대한 준수가 중요합니다.
- **초기 설정 비용**: 디지털 인증서를 위한 비용이 발생할 수 있습니다.
- 오프라인 사용성: 개인 키에 접근할 수 없는 경우 사용이 제한될 수 있습니다.
- 사용자 교육: 사용자가 DSA의 적절한 적용을 이해하고 교육받아야 합니다.
- 키 침해에 대한 취약성: 개인 키가 침해되면 부정 사용이 발생할 수 있습니다.

결론

디지털 서명 알고리즘(DSA)은 메시지의 진위성, 무결성 및 부인 방지를 보장하는 신뢰할 수 있는 메커니즘입니다. 다양한 이점을 제공하는 DSA는 그러나 키 관리와 인프라에 대한 의존성 같은 단점도 가지고 있습니다. 이러한 제약을 이해하고 극복하는 것이 DSA를 효과적으로 활용하는 데 중요합니다.

Lesson
06

머클 트리 소개

머클 트리(Merkle Tree)는 데이터 구조의 일종으로, 데이터의 무결성을 효율적으로 검증하기 위해 주로 **블록체인**과 **분산 시스템**에서 사용되며, **해시 함수**를 기반으로 여러 데이터 항목을 하나의 작은 크기의 요약 값으로 결합할 수 있게 해 줍니다. 또한, 각 데이터 항목의 변경 여부를 빠르고 안전하게 검증할 수 있는 방법을 제공합니다. Lesson 05에서는 머클트리에 대하여 간략히 소개하도록 하겠습니다.

머클 트리(해시 트리라고도 알려짐)는 데이터 검증 및 동기화에 사용되는 효율적인 데이터 구조로 각 Verify Node는 자신의 자식 노드들의 해시 값을 나타내며, 모든 Leaf Node는 동일한 깊이에 있으며, 가능한 한 왼쪽에 위치하여 트리의 균형을 유지합니다.

머클 트리는 데이터 무결성을 유지하기 위해 해시 함수를 사용하며, 해시 함수를 통해 데이터 블록의 고유한 식별자를 생성함으로써, 데이터의 변조 여부를 쉽게 검증할 수 있으며, 트리의 최상단에 위치한 루트 해시는 모든 리프 노드의 해시 값들을 통해 계산되며, 이 해시 값이 변하지 않으면 하위 데이터 블록이 변경되지 않았음을 보장합니다.

이러한 구조는 여러 가지 장점을 제공합니다.

- **효율적인 검증**: 사용자는 특정 데이터 블록의 무결성을 검증하기 위해 전체 데이터 세트를 다운로드할 필요 없이, 해당 블록과 루트 해시만으로 검증할 수 있습니다.
- **데이터 동기화**: 머클 트리는 분산 시스템에서 데이터의 동기화와 일관성을 유지하는 데 유용합니다. 각 노드는 자신의 자식 노드의 해시를 포함하고 있어, 변경 사항이 발생하면 상위 노드의 해시 값이 자동으로 업데이트됩니다.
- **에러 검출**: 머클 트리를 사용하면 데이터 전송 중 발생할 수 있는 에러를 쉽게 감지할 수 있습니다. 데이터의 일부가 손상되거나 변조되었을 경우, 루트 해시가 달라지기 때문에 문제가 발생한 부분을 식별할 수 있습니다.

머클 트리는 블록체인, P2P 네트워크, 파일 공유 시스템 등 다양한 분야에서 널리 활용되며, 데이터의 안전성과 효율성을 보장하는 중요한 도구로 자리 잡고 있으며, 이러한 특성 덕분에 머클 트리는 데이터 관리와 보호의 필수적인 요소로 인식되고 있습니다.

해시 함수

머클 트리가 어떻게 작동하는지 이해하기 위해서는 해시 함수의 원리를 먼저 알아야 하며, 해시 함수는 임의의 길이의 입력 데이터를 고정된 길이의 출력 값으로 변환하며, 이 출력 값을 해시라고 부르며, 해시는 각 입력에 대해 고유하게 생성되며, 이를 통해 데이터의 지문을 만들 수 있습니다. 따라서 대량의 데이터를 해시를 통해 쉽게 식별할 수 있습니다.

머클 트리(그림 3-25)는 이진 트리 구조로 구성되어 있으며, 최상위 해시는 전체 트리의 해시를 나타내며, 이 구조는 방대한 데이터를 효율적으로 매핑하는 데 도움을 주며, 데이터에 적용된 작은 변경 사항도 쉽게 감지할 수 있습니다.

데이터 변경이 발생한 위치를 파악하고자 할 경우, 데이터가 루트 해시와 일관성이 있는지 확인하면 되며, 이를 통해 전체 구조를 탐색할 필요 없이, 구조의 작은 부분만 검토하여 변경된 부분을 찾아낼 수 있으며, 루트 해시는 전체 데이터의 지문 역할을 수행하며, 이는 데이터 무결성을 검증하는 데 중요한 역할을 합니다.

- **공간 복잡도(O(n))**: 전체 데이터 양에 비례하여 필요한 저장 공간이 증가합니다.

그림 3-25 머클 트리

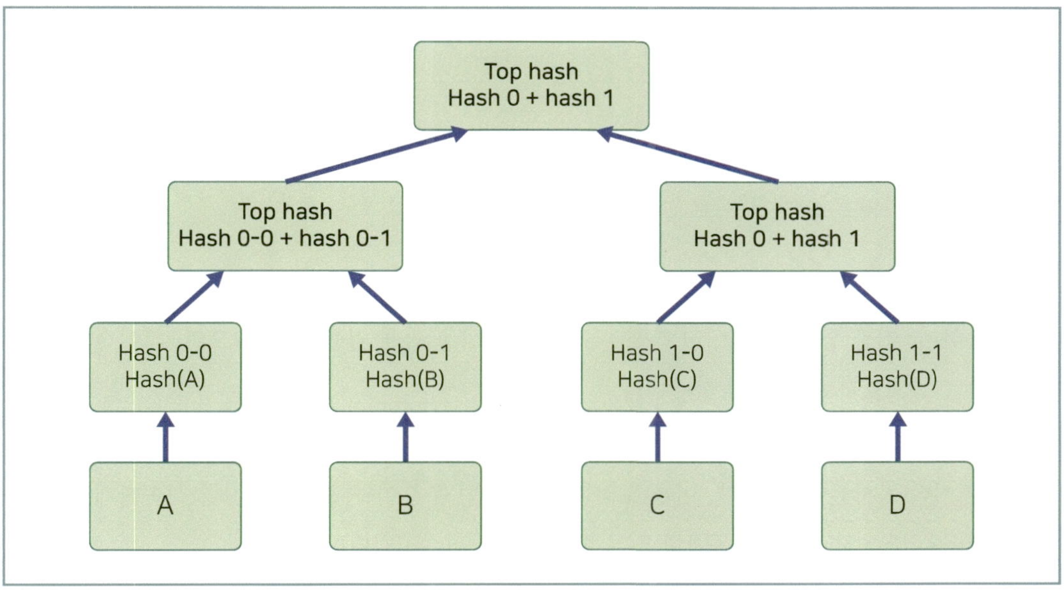

표 3-4 이진 머클 트리의 복잡성

운영(Operation)	복잡성(Complexity)
공간(Space)	O(n)
검색(Searching)	O(logn)
색(Traversal)	O(n)
삽입(Insertion)	O(logn)
삭제(Deletion)	O(logn)
동기화(Synchronization)	O(logn)

- **검색 복잡도(O(log n))**: 이진 트리 구조 덕분에 데이터 검색이 효율적입니다.
- **탐색 복잡도(O(n))**: 모든 노드를 탐색해야 할 경우, 최악의 경우 전체 데이터를 확인해야 할 수 있습니다.
- **삽입 및 삭제 복잡도(O(log n))**: 이진 트리 구조를 유지하면서 삽입 및 삭제를 수행할 수 있어 효율적입니다.
- **동기화 복잡도(O(log n))**: 데이터 변경 시 관련된 해시 값들을 빠르게 동기화할 수 있습니다.

결론적으로, 해시 함수는 데이터의 무결성을 유지하고, 머클 트리는 이를 효율적으로 관리하는 구조를 제공하고, 이러한 특성 덕분에 머클 트리는 블록체인 및 다양한 데이터 관리 시스템에서 중요한 역할을 수행하고 있습니다.

응용 프로그램

머클 트리는 여러 분야에서 유용하게 활용되며, 특히 분산 시스템에서 그 가치가 두드러지며, 다음은 머클 트리의 주요 응용 프로그램입니다.

- **분산 시스템**: 머클 트리는 동일한 데이터가 여러 곳에 존재해야 하는 분산 시스템에서 매우 유용하며, 이를 통해 각 데이터 복사본 간의 무결성을 쉽게 검증할 수 있으며, 데이터의 불일치를 효과적으로 확인할 수 있습니다.
- **불일치 검증**: 머클 트리는 데이터의 불일치를 확인하는 데 활용될 수 있으며, 예를 들어, 두 개의 데이터 복사본이 있을 때, 머클 트리를 통해 어떤 부분이 변경되었는지를 신속하게 식별할 수 있습니다. 이는 데이터 동기화와 무결성 유지에 필수적입니다.

- **Apache Cassandra**: 데이터베이스 관리 시스템인 Apache Cassandra는 머클 트리를 사용하여 전체 데이터베이스 복제본 간의 불일치를 감지하며, 이로 인해 데이터의 일관성을 유지하고, 각 노드 간의 동기화 과정을 효율적으로 관리할 수 있습니다.
- **비트코인 및 블록체인**: 머클 트리는 비트코인과 블록체인 기술에서도 중요한 역할을 하며, 블록체인 내의 각 블록은 거래의 집합을 포함하고 있으며, 이 거래들은 머클 트리를 통해 구조화되어 있습니다. 이를 통해 거래의 무결성을 검증하고, 블록체인 네트워크에서의 효율적인 데이터 처리를 가능하게 합니다.

결론적으로, 머클 트리는 데이터 검증과 동기화, 불일치 감지 등 다양한 응용 분야에서 필수적인 도구로 자리 잡고 있으며, 특히 분산 시스템과 블록체인 기술에서 그중요성이 더욱 부각되고 있으며, 이러한 특성 덕분에 머클 트리는 데이터 관리의 신뢰성과 효율성을 높이는 데 기여하고 있습니다.

Lesson 07

블록체인 타원 곡선 암호화

블록체인에서 타원 곡선 암호화(ECC, Elliptic Curve Cryptography) 는 보안성 높은 암호화 알고리즘 중 하나로, 블록체인 기술과 함께 널리 사용되며, 타원 곡선 암호화는 대수학적으로 타원 곡선 방정식에 기반한 수학적 구조를 활용하여 데이터를 안전하게 보호하는 방법입니다. Lesson 07에서는 ECC의 주요 개념과 블록체인에서의 활용에 대해 설명하겠습니다.

블록체인의 기본 구성 요소는 트랜잭션 카운터와 트랜잭션으로 이루어져 있으며, 블록에 포함될 수 있는 최대 트랜잭션 수는 블록 크기와 각 트랜잭션의 크기에 따라 결정되며, 블록체인은 비대칭 암호 메커니즘을 사용하여 트랜잭션의 인증과 검증을 수행합니다. 이 비대칭 암호에 기반한 디지털 서명은 신뢰할 수 없는 환경에서도 안전하게 사용될 수 있도록 설계되었습니다.

각 사용자는 개인 키와 공용 키의 쌍을 소유하게 됩니다. 비밀 유지가 필요한 개인 키는 거래에 서명하는 데 사용되며, 디지털 서명된 트랜잭션은 전체 네트워크를 통해 브로드캐스트됩니다. 일반적인 디지털 서명 과정은 다음 두 단계로 이루어집니다.

1. **서명 단계**: 사용자 A가 사용자 B에게 메시지를 보내고자 할 때, A는 자신의 개인 키로 데이터를 암호화하고, 암호화된 결과와 원본 데이터를 B에게 전송합니다.
2. **검증 단계**: B는 A의 공용 키를 사용하여 값을 검증합니다. 이 과정을 통해 데이터가 변조되었는지 여부를 쉽게 확인할 수 있습니다.

블록체인에서 사용되는 일반적인 디지털 서명 알고리즘 중 하나는 타원 곡선 디지털 서명 알고리즘(Elliptic Curve Digital Signature Algorithm, ECDSA)(그림 3-26)으로. 이 알고리즘은 높은 보안성과 효율성을 제공하여 블록체인 네트워크에서 널리 사용되고 있습니다.

암호화는 적대적인 행동이 있을 때 안전한 통신을 위한 기술을 연구하는 분야로, 알고리즘을 사용하여 데이터를 암호화하고 비밀 키를 통해 이를 해독하는 과정을 포함합니다. 암호화는 크게 두 가지 유형으로 나눌 수 있습니다.

그림 3-26 타원 곡선 디지털 서명 알고리즘

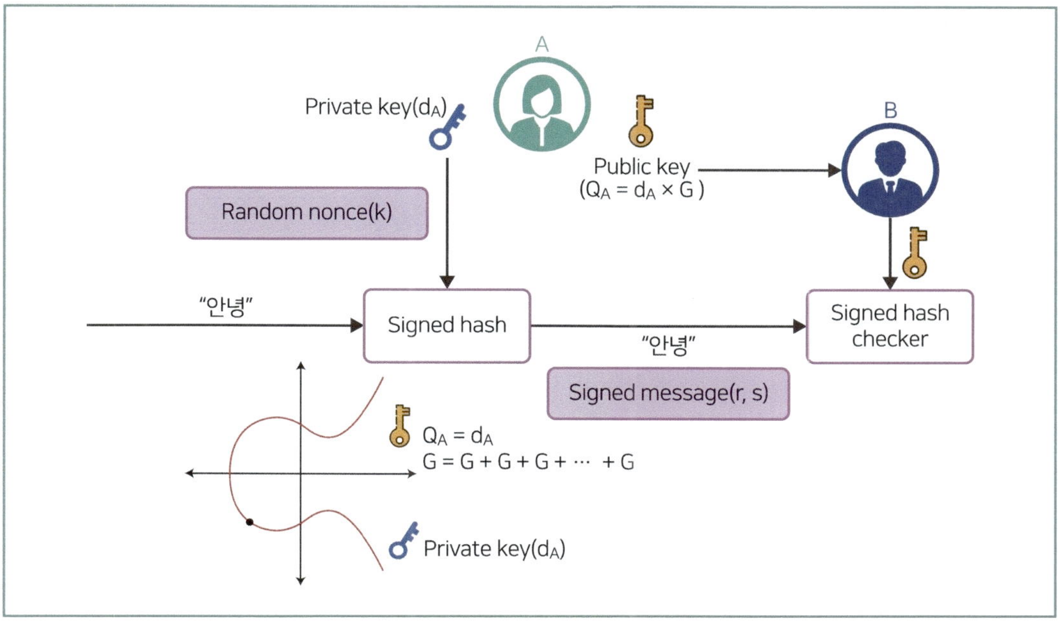

출처: 블록체인 기반공급사슬관리 도입의 결정요인 연구, 권영식.

- **대칭 키 암호화**: 대칭 키 알고리즘은 일반 텍스트 암호화와 암호 텍스트 복호화에 동일한 암호화 키를 사용하는 방법입니다. 이 방식에서는 키가 동일할 수도 있고, 키 사이에 간단한 전환이 있을 수도 있습니다.
- **비대칭 키 암호화**: 비대칭 키 알고리즘은 한 쌍의 관련 키(공개 키 1개와 개인 키 1개)를 사용하여 메시지를 암호화하고 해독합니다. 이를 통해 무단 액세스나 사용으로부터 메시지를 보호할 수 있습니다.

이와 같이 블록체인 타원 곡선 암호화는 데이터의 무결성을 보장하고, 안전한 통신을 가능하게 하여 블록체인 기술의 핵심 요소로 자리 잡고 있습니다.

타원 곡선 암호화 소개

타원 곡선 암호화(Elliptic Curve Cryptography, ECC)는 유한 필드 위에서 정의된 타원 곡선의 대수적 구조를 활용하는 비대칭 암호화 알고리즘입니다. ECC는 RSA와 유사하게 공개 키 암호화를 가능하게 하지만, 보안의 기초가 되는 수학적 원리가 다릅니다.

RSA는 거대한 소수의 곱셈에 의존하여 보안을 유지하는 반면, ECC는 타원 곡선의 수학적 이론을 활용하여 훨씬 더 작은 키 크기로 동일한 수준의 보안을 제공합니다. 이로 인해 ECC는 성능과 자원 소모 측면에서 매우 효율적입니다.

1980년대 중반, Victor Miller와 Neal Koblitz는 각각 타원 곡선 암호화의 개념을 제안하였으며, 이후 ECC는 현대 암호 시스템에서 중요한 기술로 자리 잡게 되었습니다.

높은 수준에서 보면, ECC는 모듈러 연산이 타원 곡선 연산으로 대체되는 공개 키 암호화 시스템의 변형입니다. 이러한 구조 덕분에 ECC는 더 적은 계산 자원으로도 강력한 보안을 제공할 수 있으며, 특히 모바일 기기와 같은 자원 제약이 있는 환경에서도 효과적으로 사용될 수 있습니다.

결론적으로, 타원 곡선 암호화는 안전하고 효율적인 데이터 보호를 위한 현대적인 암호화 방법으로, 다양한 응용 분야에서 널리 활용되고 있습니다.

타원 곡선 암호화의 역사

타원 곡선 암호화(Elliptic Curve Cryptography, ECC)는 1985년에 Neal Koblitz와 Victor S. Miller가 독립적으로 암호화 분야에 타원 곡선을 적용할 것을 제안하면서 시작되었습니다. 2004년부터 2005년까지 ECC는 널리 사용되기 시작하였으며, 이후 공개 키 암호화 시스템에서 중요한 역할을 하게 되었습니다.

1980년대 중반, 연구자들은 타원 곡선을 탐구함으로써 어려운 수학적 문제의 새로운 원인을 발견할 수 있다는 사실을 확인하였습니다. ECC는 공개 키 암호화 시스템에 새로운 수준의 보안을 도입하며, 암호화 및 디지털 서명 서비스가 결합된 솔루션을 제공합니다. 모든 공개 키 암호화 시스템과 마찬가지로, ECC의 보안은 특정 어려운 수학적 문제에 기반하고 있습니다. 예를 들어, 두 개의 타원 곡선 점 G와 Y가 주어졌을 때, Y = kG라는 관계를 통해 보안이 유지됩니다.

'타원 곡선'이라는 용어는 타원에서 유래되었습니다. 타원 곡선은 17세기 이후 디오판토스 방정식의 형태로 발견되었으며, 타원의 표면을 계산하는 것은 상대적으로 간단하지만, 타원의 둘레를 계산하는 것은 어려운 문제로 알려져 있습니다. 이 방정식은 적분을 통해 단순화될 수 있습니다.

타원 곡선 암호화의 주요 구성 요소는 다음과 같습니다.

- **개인 키**: ECC 암호화에서 개인 키는 특정 범위의 임의의 정수를 생성하여 매우 빠르게 생성됩니다. 필드 내의 모든 정수는 유효한 ECC 개인 키로 사용될 수 있습니다.
- **공개 키**: ECC의 공개 키는 곡선 위에 있는 정수 좌표 (x, y)의 쌍으로 나타나는 EC 점입니다. EC 점은 고유한 특성 덕분에 단일 좌표와 1비트(홀수 또는 짝수)로 압축될 수 있으며, 이로 인

해 압축된 공개 키는 256비트 ECC에 해당합니다.

- **생성 포인트**: ECC 암호 시스템은 유한 필드 위의 타원 곡선에 대해 사전 정의된 특별한 EC 점인 생성기점 G(기준점)를 설정합니다. 이 생성 포인트는 순환 하위 그룹의 '순서'를 나타내는 숫자 r을 포함합니다. 일반적으로 타원 곡선 하위 그룹에는 여러 개의 생성 지점이 있지만, 암호학자는 성능 최적화를 위해 그중 하나를 신중하게 선택합니다. 이 점이 바로 'G' 생성기입니다.

타원 곡선 암호화는 강력한 보안성과 효율성을 제공하는 현대의 암호화 방법으로, 다양한 디지털 환경에서 안전한 데이터 전송과 보호를 위해 널리 활용되고 있습니다

타원 곡선 암호화 알고리즘

타원 곡선 암호화(Elliptic Curve Cryptography, ECC)는 유한 필드에 대한 타원 곡선의 산술을 기반으로 하여 다양한 알고리즘 세트를 제공합니다. 이 중 가장 잘 알려진 것이 타원 곡선 디지털 서명 알고리즘(Elliptic Curve Digital Signature Algorithm, ECDSA)입니다.

ECDSA는 블록체인 기술, 특히 비트코인(Bitcoin)과 같은 가상 화폐의 핵심 요소로 사용됩니다. 블록체인은 모든 거래나 디지털 이벤트에 대한 기록을 저장하고, 이를 참여자 간에 공유하는 분산 데이터베이스입니다. 시스템의 대부분 참가자는 각 거래를 검증하여 무결성을 보장합니다. 블록체인의 몇 가지 유형은 다음과 같습니다.

- Public Blockchain(**공개 블록체인**): 누구나 가입하고 거래할 수 있는 무허가 공개 원장입니다. 각 피어는 원장의 사본을 가지고 있으며, 인터넷에 접속할 수 있는 누구나 이 블록체인에 연결할 수 있습니다. 비트코인은 이러한 공개 블록체인의 대표적인 예입니다.
- Private Blockchain(**프라이빗 블록체인**): 제한된 네트워크에서 운영되는 블록체인으로, 단일 ID로 관리됩니다. 일반적으로 회사나 조직 내부에서 운영되며, 컴퓨팅 자원을 기부하려는 사람들이 아닌 특정 사용자만 접근할 수 있습니다.
- Hybrid Blockchain(**하이브리드 블록체인**): 공개와 비공개 블록체인의 장점을 모두 통합한 모델입니다. 기업은 하이브리드 블록체인을 사용하여 공개 시스템과 함께 프라이빗 인증 시스템을 구축함으로써, 특정 데이터에 대한 접근 권한을 가진 사람을 선택할 수 있습니다.
- Consortium Blockchain(**컨소시엄 블록체인**): 합의 절차가 미리 결정된 노드에 의해 제어됩니다. 검증인 노드는 거래를 시작하고 수집하며, 검증을 담당합니다. 멤버 노드는 거래를 시

작하거나 수신할 수 있는 권한이 있습니다.

이처럼 타원 곡선 암호화와 블록체인은 현대 디지털 경제의 기반을 형성하며, 보안성과 효율성을 높이는 데 중요한 역할을 하고 있습니다. ECDSA는 이러한 시스템에서 거래의 신뢰성과 무결성을 확보하는 핵심 요소로 자리 잡고 있습니다.

ECDSA란

타원 곡선 디지털 서명 알고리즘(Elliptic Curve Digital Signature Algorithm, ECDSA, 그림 3-27)은 타원 곡선 암호화(elliptic curve cryptography) 키를 사용하는 디지털 서명 알고리즘(Digital Signature Algorithm, DSA)입니다. 이 알고리즘은 공개 키 암호화를 기반으로 하여 매우 효율적이고 안전한 서명 방식을 제공합니다.

ECDSA는 많은 보안 시스템에서 널리 활용되며, 암호화된 메시징 애플리케이션과 비트코인 보안의 핵심 요소로 자리 잡고 있습니다. 특히 비트코인에서는 사용자의 '주소'가 공개 키 역할을 하여, 거래의 무결성을 보장하는 데 기여합니다.

최근에는 정수 인수분해 암호 시스템 및 이산 로그 문제를 기반으로 하는 기존 표준 암호 시

그림 3-27 타원 곡선 디지털 서명 알고리즘

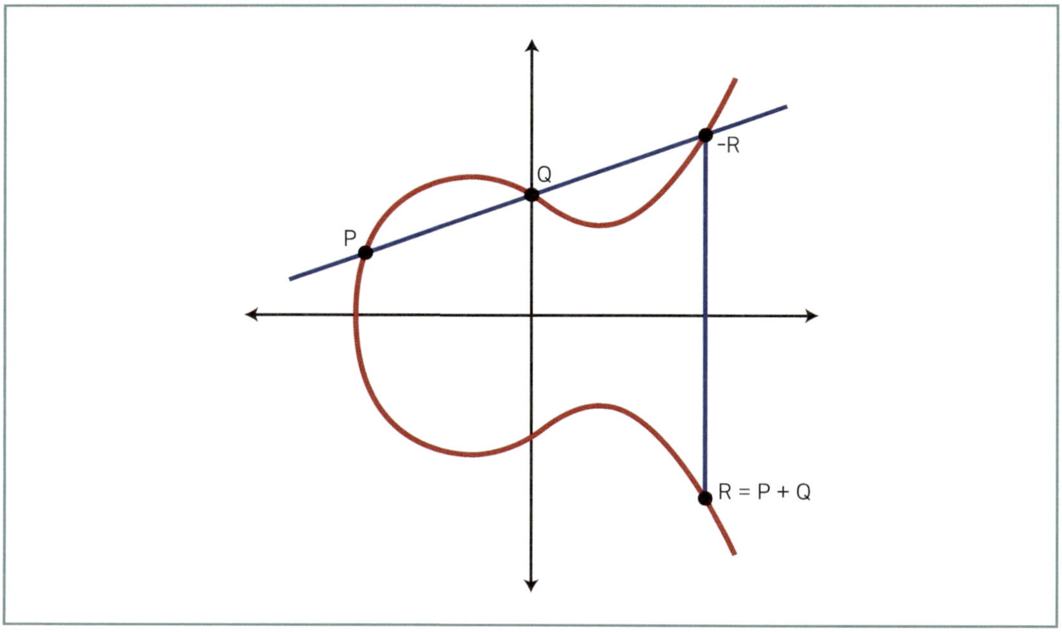

스템의 대안으로서 ECDSA가 많은 관심을 받고 있습니다. 이는 특히 보안 애플리케이션에서 암호화 알고리즘이 필수적인 기본 도구로 작용한다는 점에서 중요합니다.

ECDSA의 작동 방식은 다음과 같습니다.

1. **서명 단계**: 밥(Bob)은 자신의 개인 키를 사용하여 메시지의 해시값에 서명합니다. 이 과정에서 무작위 논스(nonce) 값도 사용되어 서명에 추가적인 보안을 제공합니다.
2. **검증 단계**: 앨리스(Alice)는 밥의 공개 키를 사용하여 서명을 검증합니다. 이를 통해 메시지가 변조되지 않았음을 확인할 수 있습니다.

이러한 과정을 통해 ECDSA는 고도의 보안성을 유지하면서도 효율적인 디지털 서명을 가능하게 합니다.

다음은 ECDSA의 개요(그림 3-28)로, 이를 통해 밥은 개인 키로 메시지 해시에 서명한 다음 앨리스는 공개 키로 증명합니다. Bob은 서명(k)에 무작위 논스 값도 사용합니다.

ECDSA에서 앨리스는 개인 키로 메시지에 서명한 다음 Bob은 공개 키 사용하여 메시지에 서명했는지 확인(그림 3-29)합니다.

그림 3-28 ECDSA의 개요

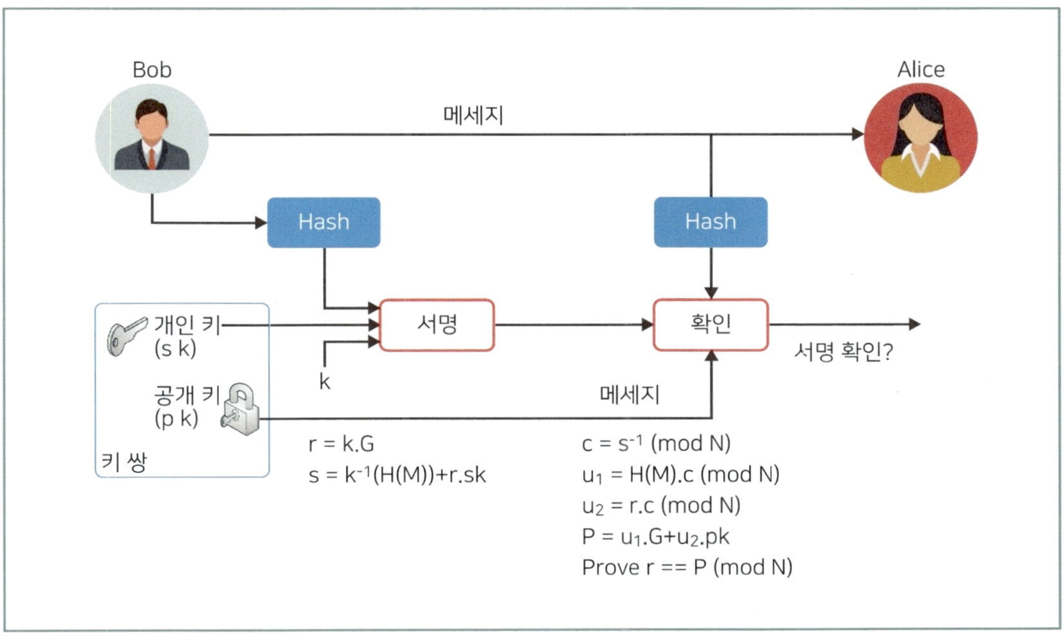

그림 3-29 타원 곡선 디지털 서명

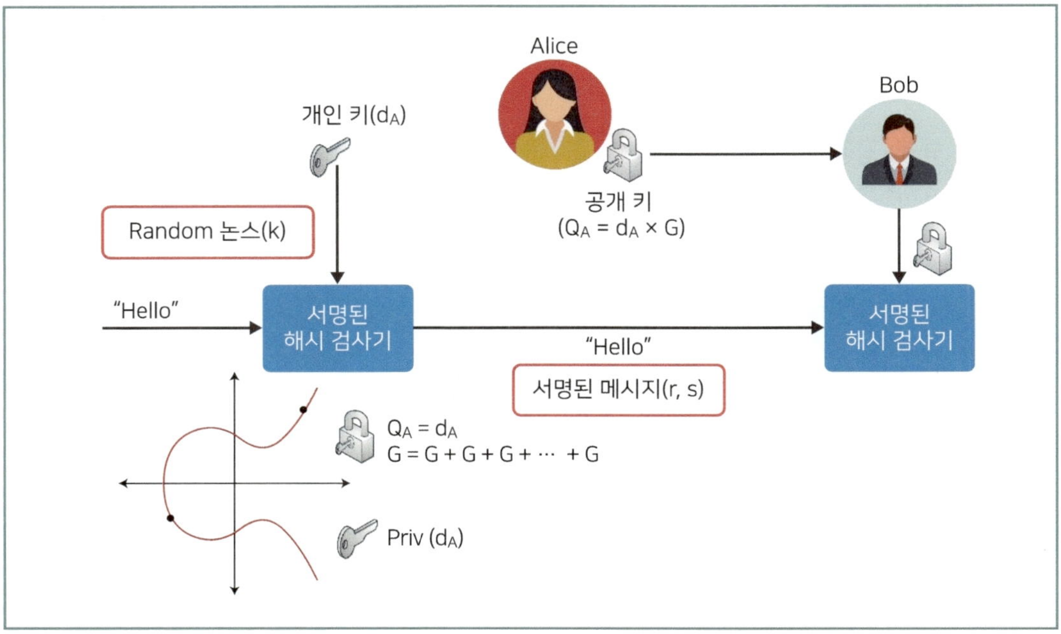

ECDSA의 디지털 서명

ECDSA(Elliptic Curve Digital Signature Algorithm, 타원 곡선 디지털 서명 알고리즘) 디지털 서명은 수신자가 메시지가 실제로 발신인에 의해 전송되었음을 제3자에게 입증할 수 있도록 하는 전자적 서명입니다. 이는 자필 서명과 유사한 기능을 수행하지만, 디지털 서명은 보안 수준이 훨씬 높습니다. 자필 서명은 상대적으로 쉽게 위조될 수 있는 반면, 디지털 서명은 어떤 방식으로도 위조될 수 없습니다.

디지털 서명의 또 다른 중요한 장점은 메시지 전체에 적용된다는 것입니다. 서명 키의 영향을 받는 모든 부분이 메시지와 함께 연관되어 있기 때문에, 메시지의 일부라도 변경되면 서명이 무효화됩니다. 반면에 자필 서명은 문서의 하단에 위치하며, 서명된 문서의 내용이 변경되더라도 서명이 여전히 유효하게 남아 있을 수 있습니다. 이러한 점에서 디지털 서명은 메시지의 무결성을 보장하는 데 강력한 수단이 됩니다.

현재의 디지털 서명 방법은 보안의 기초를 제공하는 수학적 문제를 기반으로 세 가지 주요 범주로 분류됩니다.

- **정수 인수분해 방식(Integer Factorization (IF) Schemes)**: 이 방법은 정수 인수분해 문제의

난해성에 의존하며, RSA 서명 체계가 대표적인 예입니다.

- **이산 로그 방식**(Discrete Logarithm (DL) Schemes): 이 방식의 보안은 유한 필드 내의 이산 로그 문제의 복잡성에 기반합니다. 이러한 구조는 이산 로그 문제를 해결하는 데 어려움을 겪게 만듭니다.
- **타원 곡선 방식**(Elliptic Curve (EC) Schemes): 이 방식은 타원 곡선 이산 로그 문제의 난해성을 기반으로 합니다. ECDSA가 이 범주에 속하며, 최근의 많은 설계 중에서 가장 현대적이고 효율적인 방법으로 평가받고 있습니다.

ECDSA는 이러한 수학적 원리를 바탕으로 디지털 서명을 생성하고 검증하여 높은 수준의 보안을 제공합니다.

ECDSA의 도메인 매개변수

ECDSA에서 도메인 매개변수는 타원 곡선의 정의와 보안을 결정짓는 중요한 요소입니다. 이 매개변수는 특정 특성을 갖는 유한 필드 FqF에서 정의된 타원 곡선 E와 관련이 있으며, 이는 엔터티 그룹에 의해 배포되거나 특정 사용자에게 고유할 수 있습니다.

도메인 매개변수 생성 방법

안전한 도메인 매개변수를 생성하는 방법은 다음과 같습니다.

1. **무작위 계수 선택**: 검증 가능한 유한 필드 FqF에서 계수 a와 b를 무작위로 선택합니다.
2. **숫자 NNN 계산**: 타원 곡선에 관련된 숫자 N의 값을 계산합니다.
3. **소수 나누기 확인**: N이 큰 소수로 나누어지는지 확인합니다. 만약 그렇지 않으면 1단계로 돌아갑니다.
4. **배수 확인**: 각 k에 대해 N이 qk−1로 나누어지지 않는지 확인합니다. k의 범위는 1부터 20까지입니다.
5. **비교 확인**: N이 q와 같지 않은지 확인합니다. 만약 같다면 1단계로 돌아갑니다.
6. **점 선택**: 임의의 점 G′∈Nq를 선택하고 G=N/n으로 설정합니다.

도메인 매개변수 검증

도메인 매개변수의 유효성을 검증하는 것은 매우 중요합니다. 검증 과정은 다음과 같은 두 가지 주요 이유로 수행됩니다.

- **의도적인 공격 방지**: 잘못된 도메인 매개변수를 의도적으로 삽입하는 공격을 방지합니다.
- **오류 탐지**: 의도하지 않은 코딩이나 전송 실수를 감지합니다.

부적절한 도메인 매개변수를 사용할 경우 의도한 모든 보안 속성이 무효화될 수 있으며, 서명 체계에 대한 도메인 매개변수 검증이 수행되지 않은 경우 발생할 수 있는 여러 공격 사례가 보고되었습니다. 특히 ElGamal 서명 기술을 사용하는 주요 계약 프로토콜에서 이러한 문제가 발생할 수 있습니다.

도메인 매개변수 검증 단계

도메인 매개변수의 검증 단계는 다음과 같습니다.

1. **명시적 검증 수행**: 특정 알고리즘을 사용하여 도메인 매개변수의 명시적 검증을 수행합니다.
2. **신뢰할 수 있는 시스템 활용**: 도메인 매개변수 D는 신뢰할 수 있는 시스템에 의해 생성됩니다.
3. **인증 확인**: 생성된 도메인 매개변수 D에 대해 신뢰할 수 있는 당사자 T로부터 확인을 받습니다. T 는 지정된 알고리즘을 사용하여 D의 명시적 도메인 매개변수를 검증했음을 증명합니다.
4. **보증 확보**: 마지막으로, A는 신뢰할 수 있는 제3자 T 로부터 D가 신뢰할 수 있는 시스템을 사용하여 생성되었다는 보증을 확보합니다.

이러한 과정은 ECDSA의 보안을 강화하고 신뢰할 수 있는 디지털 서명을 생성하기 위해 필수적입니다.

ECDSA 키 쌍

ECDSA 키 쌍은 특정 타원 곡선(EC) 도메인 매개변수 집합에 연결되어 있으며, 이 매개변수들은 키의 생성 및 사용에 필수적입니다. 공개 키는 무작위로 생성된 기준점의 배수이며, 개인 키는 이 기준점을 생성하는 데 사용되는 정수입니다.

키 쌍 생성

엔터티 A의 키 쌍은 특정 EC 도메인 매개변수 세트 D = (q, FR, a, b, G, n, h)와 관련이 있습니다. 이 관계는 암호화 방식(예: 인증서 사용)이나 상황에 따라(예: 모든 조직에서 동일한 도메인 매개변수 사용) 보장됩니다. 키를 생성하기 전에 엔터티 A는 도메인 매개변수가 올바른지 확인해야 합니다.

ECDSA 키 쌍 생성 과정은 다음과 같습니다.

1. **무작위 정수 선택**: 엔터티 A는 [1, n-1] 범위 내에서 무작위 정수 d를 선택합니다.
2. **공개 키 계산**: 공개 키 Q는 Q=dG로 계산됩니다.
3. **키 할당**: A의 개인 키는 d이며, A의 공개 키는 Q입니다.

이 과정은 간단하면서도 안전하게 키 쌍을 생성하는 데 필요한 절차입니다.

ECDSA 공개 키의 명시적 검증을 위한 알고리즘

공개 키 Q의 유효성을 검증하기 위한 알고리즘은 다음과 같은 입력과 출력을 갖습니다.

- **입력**: 유효한 도메인 매개변수 (q,FR,a,b,G,n,h)와 관련된 공개 키 Q=(xQ,yQ)입니다.
- **출력**: h의 유효성에 대한 승인 또는 거부입니다.

알고리즘의 단계는 다음과 같습니다.

1. **영점 확인**: Q가 무한대 점 O와 같지 않은지 확인합니다.
2. **유효한 좌표 확인**: xQ와 yQ가 Fq의 요소로 적절히 표현되었는지 확인합니다. 즉, xQ와 yQ는 0에서 q-1 사이의 정수여야 합니다.
3. **타원 곡선 확인**: h가 a와 b로 정의된 타원 곡선 위에 있는지 검증합니다.
4. **점의 유효성 확인**: nQ=O인지 확인합니다. 이는 Q가 올바른 곱셈의 결과인지 확인하는 과정입니다.
5. **결과 판단**: 위 검사가 실패하면 Q는 유효하지 않다고 판단하고, 모든 검사가 통과하면 Q는 유효합니다.

이 검증 과정은 ECDSA의 보안을 강화하고, 키의 신뢰성을 확보하기 위한 필수 단계입니다.

개인 키 소유 증명

조직은 다른 엔터티의 공개 키가 자신에게 속한다고 인증할 수 있는 경우, 서명된 메시지가 해당 조직에서 발신되었다고 주장할 수 있습니다. 그러나 이를 방지하기 위해 인증 기관(CA)은 모든 엔터티가 자신의 공개 키와 일치하는 개인 키의 소유권 증명을 제시하도록 요구해야 합니다. 이는 공개 키가 실제로 특정 엔터티에 귀속되었다는 것을 확인하기 위한 중요한 절차입니다.

개인 키 소유 증명은 공개 키 확인과는 별개의 보장을 제공합니다. 첫째, 공개 키 확인은 개인 키가 잘못된 공개 키와 연결될 수 있는 상황에서도, 사용자가 해당 개인 키를 소유하고 있음을 증명합니다. 둘째, 개인 키 소유 증명은 공개 키가 적법하더라도, 그에 연관된 개인 키를 소유하지 않음을 증명할 수 있습니다. 이러한 두 가지 증명 모두 높은 수준의 보증을 제공하여, 거래의 신뢰성을 강화하고 보안을 높이는 데 기여합니다.

따라서 개인 키의 소유를 확인하는 절차는 디지털 서명의 신뢰성을 확보하는 데 필수적이며, 조직 간의 신뢰 구축에도 중요한 역할을 합니다.

ECDSA 서명 생성

ECDSA를 사용하여 서명을 만들고 확인하는 단계가 설명되어 있습니다. 도메인 속성 D=(q, FR, a, b, G, n, h) 및 관련 키 쌍(d, Q)을 가진 엔터티 A는 메시지 m에 서명하기 위해 다음 작업을 수행합니다.

- 무작위 또는 의사 난수 정수 k를 선택합니다. 여기서 k의 범위는 1에서 nc − 1입니다.
- kG = (x 1 , y 1)을 계산하여 x 1을 정수로 변환합니다 .
- r = x 1 mod n을 계산하고 r = 0이면 1단계로 이동합니다.
- k - 1 mod n을 계산합니다.
- s = k − 1(e + dr) mod n을 계산합니다. s가 0이면 1단계를 따릅니다.
- 메시지 m에는 A. (r,s)의 서명이 포함됩니다.

ECDSA 서명 확인

B는 m에 대한 A의 서명(r, s)을 검증하기 위해 A의 도메인 매개변수 D = (q, FR, a, b, G, n, h) 및 관련 공개 키 Q의 실제 복사본을 받습니다. B는 D와 Q도 검증하는 것이 좋습니다. 다음으로 B는 다음을 수행합니다.

- 정수 r과 s가 [1, n − 1] 범위 내에 속하는지 확인합니다.
- 비트열을 숫자 e로 변환하고 SHA − 1(m)을 수행합니다.
- w = s -1 mod n을 계산합니다.

- u 1 = ew mod n 및 u 2 = rw mod n을 계산합니다.
- X = u 1 G + u 2 Q를 계산합니다.
- X = O이면 서명을 거부합니다. 그렇지 않은 경우 v = x 1 mod n을 계산하고 X의 x 좌표 x1을 정수로 변환합니다.
- v = r인 경우에만 서명을 수락합니다.

보안 고려 사항

2013년 8월, 특정 Java 클래스인 Secure Random의 구현 오류로 인해 ECDSA에서 k 값이 충돌하는 문제가 발견되었습니다. 이 취약점을 통해 해커들은 특정 Android 앱에서 PS3 서명 키를 노출시키는 데 성공하였으며, 이를 통해 비트코인 트랜잭션에 대해 합법적인 키 소유자와 동일한 권한을 가진 개인 키를 추출할 수 있었습니다.

- **ECDSA의 보안 목표**: ECDSA의 주요 목표는 선택된 메시지 공격에 대해 실질적으로 위조할 수 없는 상태를 유지하는 것입니다. 공격자는 특정 메시지 A에 대해 유효한 서명을 얻는 것을 목표로 하며, 이 서명이 합법적인 기업에 대한 공격에 사용될 수 있습니다.
- **보안 전제**: Brown은 기본 그룹이 일반 그룹이고, 사용된 해시 함수가 충돌 방지 기능을 갖춘다는 가정 하에 ECDSA 자체가 안전하다는 것을 증명하였습니다. 이를 통해 ECDSA의 안전성을 평가할 수 있는 기준이 마련되었습니다.

이러한 보안을 위해 잠재적인 ECDSA 공격은 다음과 같은 범주로 그룹화될 수 있습니다.

- **타원 곡선의 이산 로그 문제에 대한 공격**: ECDSA의 보안은 이산 로그 문제의 난이도에 의존하므로, 이를 이용한 공격은 매우 심각한 위협이 될 수 있습니다.
- **사용된 해싱 알고리즘에 대한 공격**: 해시 함수의 취약점을 악용하여 ECDSA 서명을 위조할 수 있는 가능성이 존재합니다. 따라서 안전한 해시 알고리즘을 사용하는 것이 필수적입니다.
- **기타 유형의 공격**: 구현 취약점, 중복 서명 키 선택, 타이밍 공격 등 다양한 공격 방식이 ECDSA에 영향을 미칠 수 있으며, 이에 대한 대비가 필요합니다.

이러한 고려 사항들은 ECDSA를 사용하는 시스템의 설계와 구현에 있어 보안성을 높이기 위해 반드시 숙지해야 할 요소들입니다.

타원 곡선의 이산 로그 문제에 대한 공격

타원 곡선의 이산 로그 문제는 ECDSA의 보안 기반이 되는 중요한 수학적 문제로, 다양한 공격 방법이 존재합니다.

- **Baby Step Giant Step 알고리즘**: 이 알고리즘은 효율적인 탐색 기술로, 시간 복잡도는 $O(\sqrt{n})$이며, 저장 공간은 약 O(n)이 필요합니다. 이 알고리즘은 이산 로그 문제를 해결하기 위해 입력 값을 미리 계산하여 저장한 후, 두 가지 단계에서 검색을 수행합니다.
- **병렬화된 폴라드의 RHO 알고리즘**: 이 알고리즘은 Van Oorschot와 Wiener가 설명한 대로 병렬화가 가능하여, H개의 프로세서에서 동시에 실행될 수 있습니다. 이 경우 예상 실행 시간은 약 $O(\sqrt{n})$로, H개의 프로세서를 사용함으로써 성능이 H배로 향상됩니다.
- **Semaev-Smart-Satoh-Araki 공격**: 이 공격은 특정 클래스의 타원 곡선에서만 유효하며, 공격 대상 타원 곡선의 점 수가 기본 필드의 특성과 다를 경우 이 공격이 적용되지 않음을 간단히 확인할 수 있습니다.

해싱 알고리즘에 대한 공격

- **SHA-1의 사전 이미지 공격**: SHA-1이 사전 이미지 방지 기능을 갖추지 못할 경우, 공격자 E는 A의 서명을 위조할 수 있습니다. E는 무작위로 선택한 난수 l을 사용해 r을 계산하고, s를 설정하여 유효한 서명을 생성할 수 있습니다.
- **SHA-1의 충돌 공격**: SHA-1의 충돌을 찾는 것은 ECDSA를 공격하는 가장 빠른 방법으로 알려져 있습니다. 이 공격은 ECDSA의 보안 수준에 한계를 설정할 수 있으므로, SHA-1의 취약점을 고려할 때 주의가 필요합니다.
- **H1 충돌 발견**: H1에 대한 충돌을 찾고 ECDLP를 해결하여 ECDSA를 공격하는 데 걸리는 시간은 거의 동일합니다. 현재 새로운 해싱 알고리즘은 256, 384, 512비트 출력 길이를 제공하여 보안을 강화하고 있습니다.

다른 유형의 공격

- **중복 서명 키 선택(Duplicate-Signature Key Selection)**: 도메인 매개변수 생성 중에 생성 지점을 무작위로 선택해야 하는 경우, ECDSA는 더 이상 DSKS 속성을 유지하지 않을 수 있습니다. DSKS 특성을 가진 서명 체계가 안전하지 않다는 것을 의미하지는 않으므로 주의가

필요합니다.

- **구현 공격(Implementation Attacks)**: 타이밍 공격, 차등 오류 분석, 차등 전력 분석과 같은 다양한 공격 방법이 ECDSA의 구현에 적용될 수 있습니다. 이러한 공격은 ANSI X9.62에서는 다루지 않으며, 실질적인 보안 위협을 초래할 수 있습니다.

이러한 공격들은 ECDSA 및 타원 곡선 암호화의 보안성을 이해하고 강화하기 위해 고려해야 할 중요한 요소들입니다.

CHAPTER

4

블록체인의 합의 알고리즘

블록체인에서 합의 메커니즘(Consensus Mechanism)은 분산 네트워크에서 참여자들이 서로 신뢰를 구축하고, 새로운 트랜잭션이 블록체인에 추가될 때 그 진위를 검증하는 방법입니다. 합의 메커니즘은 중앙 권한이 없이 분산된 참여자들이 동일한 상태로 블록체인 기록을 유지할 수 있게 해 주며, 이 메커니즘은 블록체인 네트워크의 **신뢰성**, **보안성**, **확장성**을 결정짓는 핵심 요소로 작용합니다.

CHAPTER 04에서는 합의 메커니즘의 작업중명, 지연 작업증명, 지분 증명, 위임지분 증명, 경과 시간 증명, 비잔티 장군의 문제와 소각, 역사, 용량, 공간 증명 그리고 하이브리드 PoW. PoS 합의에 대하여 다루도록 하겠습니다.

블록체인 합의 메커니즘

Lesson 01

블록체인 합의 메커니즘(Consensus Mechanism)은 분산 네트워크에서 참가자들이 데이터를 검증하고 블록체인에 추가할 새로운 거래를 승인하는 방식으로 이는 중앙 권한 없이도 네트워크의 참가자들이 신뢰를 구축하고, 동일한 정보를 유지할 수 있도록 합니다. 다양한 합의 메커니즘이 존재하며, 각기 다른 방식으로 블록체인의 신뢰성과 보안을 보장합니다. Lesson 01에서는 합의 메커니즘이 무엇인지 설명하도록 하겠습니다.

합의 메커니즘은 분산형 컴퓨터 네트워크에서 합의, 신뢰 및 보안을 달성하기 위해 사용되는 알고리즘입니다. 이러한 프로토콜은 모든 노드가 서로 동기화되고, 합법적인 거래가 블록체인에 추가되도록 동의하도록 돕습니다. 합의 알고리즘은 분산 프로세스 또는 시스템 간에 단일 데이터 값에 대한 합의를 이끌어 내는 컴퓨터 과학의 핵심 프로세스입니다.

이러한 알고리즘은 여러 사용자 또는 노드가 포함된 네트워크에서 신뢰성을 확보하도록 설계되었으며, '합의 문제'라고 알려진 이 문제를 해결하는 것은 암호화폐 블록체인 네트워크와 같은 분산 컴퓨팅 및 다중 에이전트 시스템에서 매우 중요합니다.

합의 메커니즘의 주요 역할은 다음과 같습니다.

1. **신뢰성 구축**: 모든 노드가 동일한 데이터에 대해 동의함으로써, 네트워크의 신뢰성을 강화합니다. 이를 통해 사용자들은 거래의 유효성을 확신할 수 있습니다.
2. **데이터 무결성 보장**: 거래가 블록체인에 추가되기 전에 검증 과정을 통해 데이터의 무결성을 유지합니다. 이는 잘못된 데이터나 공격으로부터 블록체인을 보호하는 데 필수적입니다.
3. **탈중앙화 지원**: 중앙 기관 없이 여러 노드 간의 협력을 통해 거래를 검증함으로써, 탈중앙화된 시스템의 장점을 실현합니다.
4. **정의된 규칙 준수**: 각 합의 메커니즘은 고유한 규칙과 절차를 가지고 있으며, 이를 통해 노드 간의 일관성을 유지합니다. 예를 들어, 비트코인의 작업 증명(Proof of Work)이나 이더리움의 지분 증명(Proof of Stake) 방식은 각각 특정한 방식으로 거래를 검증하고 블록을 추가합니다.

그림 4-1 블록체인 합의 메커니즘

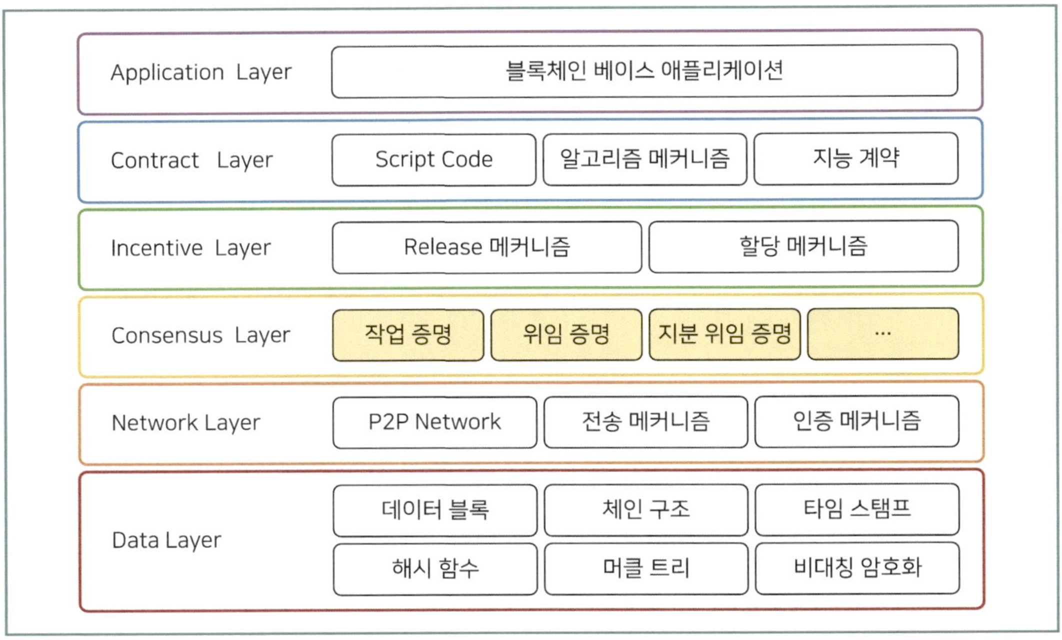

결국, 합의 메커니즘은 블록체인 기술의 핵심 구성 요소로, 네트워크의 안정성과 신뢰성을 보장하며, 사용자 간의 원활한 거래를 가능하게 합니다.

합의 메커니즘이란

합의 메커니즘(Consensus Mechanism)은 분산형 네트워크에서 모든 참가자가 동일한 데이터 상태에 대해 동의할 수 있도록 하는 알고리즘과 프로세스입니다. 블록체인과 같은 분산형 시스템에서는 모든 참가자가 신뢰할 수 있는 중앙 권한 없이도 거래의 유효성을 검증하고 데이터의 무결성을 유지해야 합니다. 이러한 합의를 도출하는 방법을 정의하는 것이 바로 합의 메커니즘입니다.

합의 메커니즘은 분산형 네트워크에서 모든 참여자가 특정 데이터 값이나 상태에 동의하도록 유도하는 절차적 시스템입니다. 이 용어는 '합의'와 '메커니즘'의 두 요소로 구성되어 있습니다. '합의'는 여러 사람들이 동의하는 상태를 의미하고, '메커니즘'은 그 합의에 도달하기 위한 규칙이나 절차를 나타냅니다.

그림 4-2 합의 메커니즘 개념

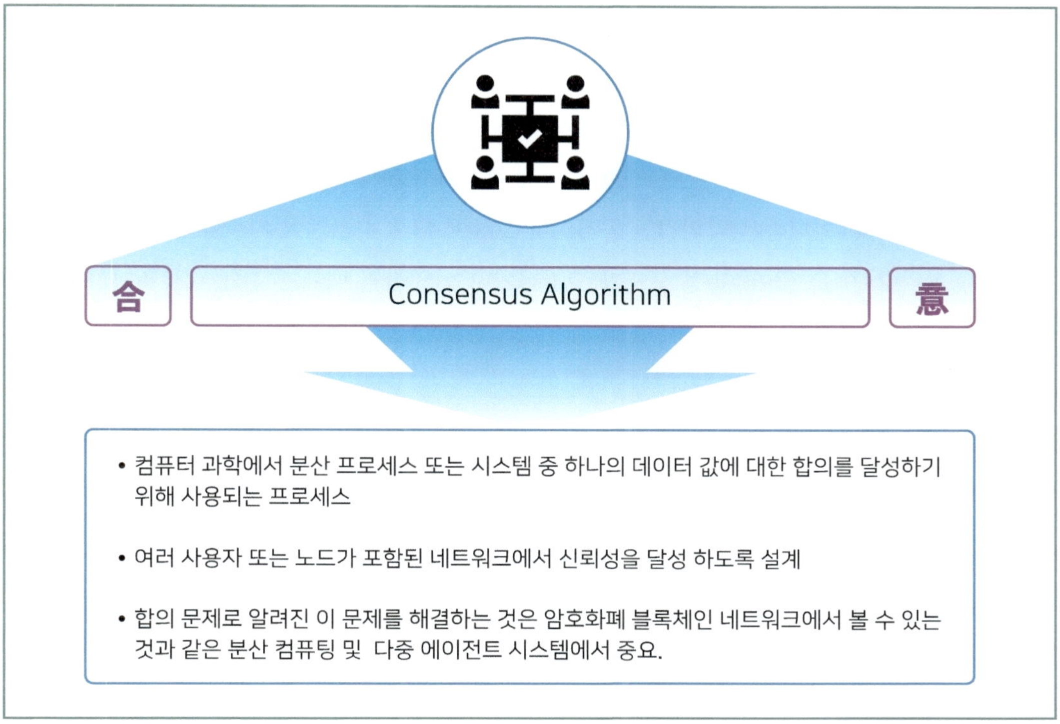

합의 메커니즘의 주요 역할

- **거래 검증**: 분산형 네트워크에서 거래의 유효성을 확인하는 것은 매우 중요합니다. 합의 메커니즘은 네트워크의 모든 노드가 특정 거래가 유효한지를 확인하고 동의하도록 합니다. 이를 통해 부정행위나 이중 지불 같은 문제를 방지합니다.
- **블록체인 보안 유지**: 합의 메커니즘은 블록체인의 무결성을 보장하는 중요한 요소입니다. 모든 참여자가 동일한 데이터에 대해 동의함으로써, 데이터의 변조나 해킹으로부터 보호할 수 있습니다. 네트워크의 분산 특성 덕분에, 하나의 노드가 공격을 받아도 전체 시스템의 신뢰성을 해치지 않습니다.

합의 메커니즘의 필요성

- **신뢰성 구축**: 분산형 네트워크에서는 중앙 집중형 기관이 없기 때문에, 참가자들 간의 신뢰를 구축하기 위해서는 합의 메커니즘이 필수적입니다. 모든 참가자가 거래의 유효성을 검증하고 동일한 데이터를 유지함으로써, 신뢰를 형성할 수 있습니다.

- **무결성 유지**: 데이터의 무결성을 보장하기 위해서는 네트워크의 모든 참여자가 동일한 데이터 사본을 갖고 있어야 하며, 데이터가 변경되거나 위조되지 않도록 해야 합니다. 합의 메커니즘은 이러한 목표를 달성하는 데 기여합니다.
- **탈중앙화**: 합의 메커니즘은 중앙 권한이 없이도 여러 참여자들이 협력하여 결정을 내릴 수 있게 합니다. 이를 통해 블록체인 시스템이 더 민주적이고 투명하게 운영됩니다.
- **저항성**: 합의 메커니즘은 악의적인 공격이나 오류에 대해 시스템이 저항할 수 있도록 설계되어야 합니다. 예를 들어, 특정 노드가 고장나거나 악의적일 때에도 전체 네트워크가 영향을 받지 않도록 해야 합니다.

합의 메커니즘의 작동 원리

합의 메커니즘은 주로 다음과 같은 단계를 통해 작동(그림 4-3)합니다.

1. **거래 제출**: 참가자는 블록체인 네트워크에 새로운 거래를 제출합니다.
2. **거래 검증**: 제출된 거래는 네트워크의 여러 노드에 의해 검증됩니다. 이 과정에서 노드들은 거래의 유효성을 확인합니다.
3. **블록 생성**: 검증된 거래는 블록에 추가됩니다. 이때 어떤 노드가 블록을 생성할지 결정하는 과정이 필요합니다.

그림 4-3 합의 메커니즘 작동 원리

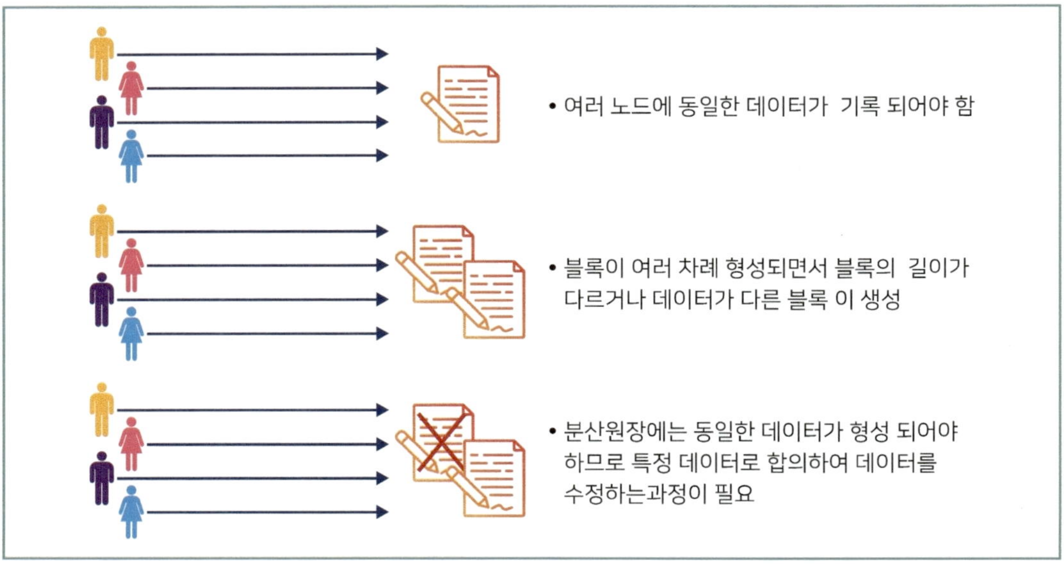

4. **합의 도달**: 모든 참여자는 생성된 블록이 유효하다고 동의해야 합니다. 이 과정이 합의 메커니즘을 통해 이루어집니다.
5. **블록 체인에 추가**: 합의에 도달한 블록은 블록체인에 추가되어 영구적으로 기록됩니다.
6. **상태 업데이트**: 모든 노드는 블록체인이 업데이트되면 자신의 상태를 동기화합니다.

주요 유형의 합의 메커니즘

합의 메커니즘은 여러 유형으로 나뉘며, 각 메커니즘은 특정한 환경과 요구 사항에 맞춰 설계되었습니다.

1. **작업 증명(Proof of Work, PoW)**: 노드가 수학 문제를 해결하여 블록을 생성하고 거래를 검증합니다. 높은 보안성을 제공하지만 에너지 소모가 큽니다.
2. **지분 증명(Proof of Stake, PoS)**: 참가자의 자산에 따라 블록 생성 권한을 결정합니다. 에너지 효율적이고 빠른 거래 처리가 가능합니다.
3. **위임 지분 증명(Delegated Proof of Stake, DPoS)**: 일부 대표 노드가 거래를 검증하는 방식으로, 빠르고 효율적인 거래 처리가 가능합니다.
4. **비잔틴 장애 허용(Practical Byzantine Fault Tolerance, PBFT)**: 일부 노드가 악의적일 수 있음을 가정하고, 다수의 동의가 필요합니다. 주로 허가형 블록체인에서 사용됩니다.
5. **혼합형 합의(Mixed Consensus)**: 여러 합의 메커니즘을 결합하여 각각의 장점을 활용합니다. 예를 들어, PoW와 PoS를 혼합하여 보안성과 효율성을 모두 추구할 수 있습니다.

합의 메커니즘은 블록체인과 같은 분산형 시스템의 핵심 요소로, 데이터의 무결성, 신뢰성, 보안성을 확보하는 데 필수적입니다. 다양한 유형의 합의 메커니즘이 존재하며, 각기 다른 특성과 장단점을 가지고 있습니다. 이들은 네트워크의 목표와 요구에 따라 적절히 선택되어 사용됩니다. 합의 메커니즘을 통해 블록체인 네트워크는 탈중앙화되고, 투명하며, 안전한 환경을 제공합니다.

합의 메커니즘의 역사

합의 메커니즘의 역사는 수십 년에 걸쳐 발전해 왔으며, 분산 시스템에서 여러 노드가 공통의 목표를 달성하기 위해 협력하고 조정하는 문제에 대한 연구에서 시작되었습니다. 이 과정에서 여러 이론과 알고리즘이 개발되었으며, 블록체인 기술의 발전과 함께 합의 메커니즘이 더욱 중요해졌습니다.

초기 연구 (1970년대)

1970년대, 분산 컴퓨팅에 대한 연구가 활발해지면서 합의 문제에 대한 이론적 기초가 마련되었습니다. 이 시기에 주목할 만한 연구로는 **비잔틴 장군 문제**가 있는데, 이는 Leslie Lamport, Robert Shostak, Marshall Pease가 1982년에 발표한 비잔틴 장군 문제는 분산 시스템에서 일부 노드가 신뢰할 수 없을 때, 나머지 노드들이 어떻게 합의에 도달할 수 있는지를 다루었습니다. 이 연구는 나중에 비잔틴 장애 허용(Byzantine Fault Tolerance, BFT) 알고리즘의 기초가 되었습니다.

합의 알고리즘의 발전 (1990년대)

1990년대에는 합의 메커니즘이 실용화되기 시작했습니다. 이 시기에 몇 가지 중요한 알고리즘이 등장했습니다.

- **Paxos**: Leslie Lamport가 개발한 Paxos 알고리즘(그림 4-4)은 고가용성을 유지하면서도 분산 시스템에서 합의에 도달할 수 있는 방법을 제시했으며, Paxos는 다양한 분산 시스템에서 널리 사용되며, 기업 환경에서 안정성과 신뢰성을 보장하는 데 기여했습니다.
- **Raft**: 2013년, Diego Ongaro와 John Ousterhout에 의해 발표된 Raft 알고리즘(그림 4-5)은 Paxos보다 이해하기 쉽고 구현하기 쉬운 합의 알고리즘으로, 분산 시스템에서의 합의 과정을 명확하게 설명합니다.

그림 4-4 Paxos 분산 합의 컨센서스

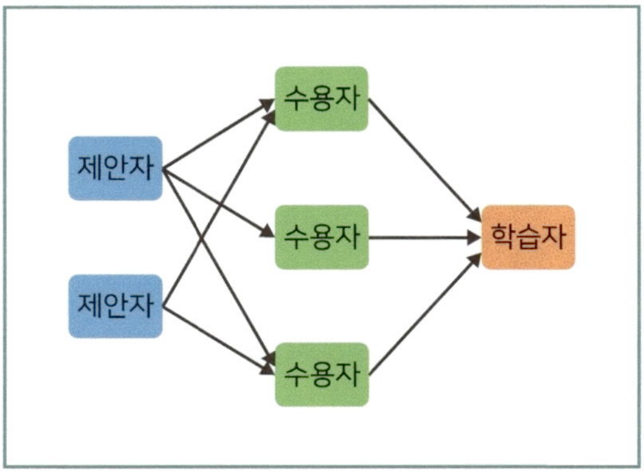

그림 4-5 Raft 합의 알고리즘

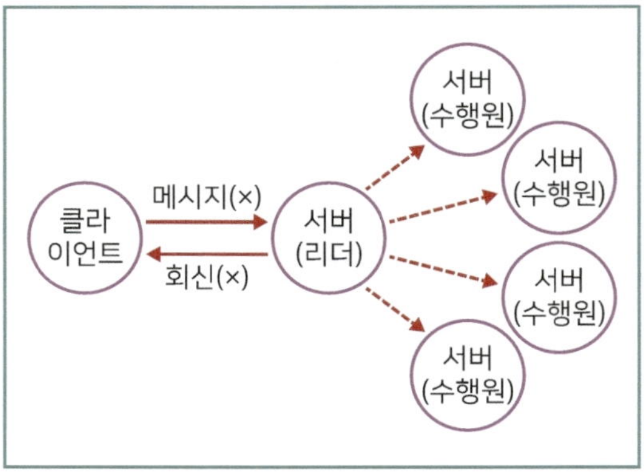

블록체인의 부상 (2008년~현재)

2008년, 사토시 나카모토가 비트코인 백서에서 '작업 증명(Proof of Work, PoW)'이라는 합의 메커니즘을 도입하면서 블록체인 기술이 부상하게 되었습니다. PoW는 노드가 복잡한 수학 문제를 해결하여 블록을 생성하고 거래를 검증하는 방식으로, 비트코인의 보안성과 탈중앙화를 보장하는 핵심 요소로 자리잡았습니다.

이후 블록체인 기술이 발전함에 따라 다양한 합의 메커니즘이 등장하였습니다.

- **지분 증명(Proof of Stake, PoS)**: PoW의 단점을 보완하기 위해 고안된 PoS는 참가자의 자산에 따라 블록 생성 권한을 결정하며, 에너지 효율성을 높입니다. 이 알고리즘은 이더리움 2.0과 같은 플랫폼에서 사용되고 있습니다.
- **위임 지분 증명(Delegated Proof of Stake, DPoS)**: 특정 노드가 블록을 생성하는 권한을 위임받는 방식으로, 빠른 거래 처리를 가능하게 합니다.
- **하이브리드 합의 메커니즘**: 여러 합의 메커니즘을 결합하여 각각의 장점을 활용하는 방안도 개발되었습니다. 예를 들어, PoW와 PoS를 결합하여 보안성과 효율성을 동시에 추구하는 방법입니다.

합의 메커니즘은 분산 시스템과 블록체인 기술의 발전과 함께 지속적으로 발전해 왔습니다. 초기 이론적 연구에서 시작하여, 블록체인의 등장으로 실용적인 응용으로 발전하였으며, 현재도 새로운 알고리즘과 접근법이 연구되고 있습니다. 앞으로의 기술 발전에 따라 합의 메커니즘의 역할은 더욱 중요해질 것으로 예상됩니다

합의 메커니즘의 목표

합의 메커니즘은 분산 네트워크에서 신뢰성과 보안을 보장하기 위해 설계된 알고리즘으로, 다음과 같은 주요 목표를 가지고 있습니다.

- **합의**: 합의 메커니즘은 네트워크의 모든 노드가 원장(블록체인)의 내용과 거래 순서에 대해 동의하도록 보장합니다. 이를 통해 모든 참여자가 동일한 데이터를 기반으로 작업할 수 있게 하여, 거래의 일관성과 신뢰성을 확보합니다.
- **보안**: 네트워크를 공격, 사기, 조작으로부터 보호하는 것이 합의 메커니즘의 중요한 목표입니다. 이는 유효한 거래만 블록체인에 추가되도록 보장하여, 악의적인 활동이나 데이터 위변조

를 방지합니다. 보안은 특히 금융 거래와 같은 민감한 정보가 포함된 블록체인에서 매우 중요합니다.

- **분산화**: 합의 메커니즘은 중앙 기관의 필요성을 없애고, 신뢰할 수 없는 환경에서도 분산된 거래 검증이 가능하도록 합니다. 분산화는 단일 실패 지점을 제거하고, 시스템의 신뢰성을 향상시킵니다.
- **무결성**: 합의 메커니즘은 블록체인의 불변성과 정확성을 보장합니다. 기록된 데이터의 변조나 변경을 방지하여, 모든 거래가 정당하게 이루어졌음을 입증합니다. 이는 특히 법적 및 규제 요구 사항을 충족하는 데 중요합니다.
- **장애 허용성**: 장애가 발생하거나 악의적인 노드가 존재하더라도 네트워크가 정상적으로 작동할 수 있도록 하는 능력을 말합니다. 장애 허용성을 통해 네트워크는 보다 강력하게 운영될 수 있으며, 지속적인 서비스 제공이 가능합니다.
- **확장성**: 합의 메커니즘은 네트워크가 점점 늘어나는 거래와 참여자를 효과적으로 처리할 수 있는 능력을 지원합니다. 이는 블록체인이 대규모로 운영될 수 있도록 보장하며, 사용자 수나 거래량의 증가에 능동적으로 대응할 수 있게 합니다.
- **신뢰 불필요성**: 합의 메커니즘은 참가자 간의 신뢰를 요구하지 않습니다. 즉, 서로 신뢰하지 않는 상황에서도 네트워크가 원활하게 작동할 수 있도록 설계되었습니다. 이는 블록체인이 다양한 환경에서 활용될 수 있는 기반을 제공합니다.
- **경제적 인센티브**: 합의 메커니즘은 네트워크의 보안과 운영을 지원하기 위해 참여자들의 이익을 일치시킵니다. 경제적 인센티브는 사용자와 노드 운영자가 네트워크에 적극적으로 참여하도록 유도하며, 전체 시스템의 안정성을 높이는 데 기여합니다.

합의 메커니즘은 이러한 목표를 통해 블록체인 네트워크의 신뢰성과 효율성을 보장하며, 분산 시스템의 성공적인 운영을 가능하게 합니다. 각 목표는 상호 연결되어 있으며, 성공적인 합의 메커니즘은 이러한 모든 요소를 균형 있게 충족해야 합니다.

합의 알고리즘의 작동 방식

합의 알고리즘은 대규모 내결함성 시스템에서 필수적인 요소로, 여러 분산 또는 복제된 머신 및 서버가 일관된 그룹으로 작동하도록 합니다. 이러한 알고리즘은 시스템에 장애나 중단이 발생하더라도 상태에 대한 합의를 이룰 수 있도록 설계되어 있습니다.

- **합의 도달 방법**: 합의 알고리즘은 임계값을 설정하여 합의에 도달해야 하는 노드의 수를 정의합니다. 예를 들어, 알고리즘은 최소 51%의 노드가 응답해야 합의에 도달할 수 있도록 요구할 수 있습니다. 이는 네트워크의 신뢰성을 보장하고, 가능한 오류나 실패를 감안하더라도 안정적인 결정을 내릴 수 있게 합니다.
- **실패 및 통신 손실에 대한 가정**: 합의 알고리즘은 일부 프로세스나 시스템이 사용할 수 없거나 응답하지 않는 상황을 고려합니다. 또한, 통신 중 일부 데이터가 손실될 수 있다는 점을 감안하여 설계됩니다. 이러한 가정은 알고리즘이 실제 환경에서 발생할 수 있는 문제를 견딜 수 있도록 돕습니다.
- **최소한의 리소스로 합의 달성**: 합의 알고리즘은 오류가 있는 노드나 사용할 수 없는 리소스가 존재하더라도 최소한의 리소스로 합의를 이룰 수 있는 능력을 갖추고 있습니다. 이는 시스템이 지속적으로 작동할 수 있도록 보장하며, 분산 네트워크의 유연성을 강화합니다.
- **결정의 무결성 유지**: 합의 메커니즘은 내결함성 시스템에서 합의 노드가 내린 결정의 무결성을 유지합니다. 즉, 합의된 결과가 의도한 대로 정확하게 기록되고, 후속 조치가 이루어질 수 있도록 합니다. 이는 특히 블록체인과 같은 신뢰가 필요한 시스템에서 중요한 역할을 합니다.

합의 알고리즘은 다양한 장애와 통신 손실을 고려하여 설계된 복잡한 프로세스로 이를 통해 네트워크의 신뢰성과 일관성을 유지하며, 최소한의 리소스로도 효율적인 의사결정을 가능하게 합니다. 이러한 작동 방식은 분산 시스템의 운영에서 필수적이며, 합의 알고리즘이 성공적으로 구현될 때 시스템의 전체적인 안정성과 신뢰성을 높일 수 있습니다.

블록체인에서의 합의 알고리즘의 적용

합의 알고리즘은 분산 컴퓨터 네트워크에서 다양한 실제 적용 사례를 가지고 있으며, 그중 가장 두드러진 예시가 블록체인으로 블록체인은 비트코인과 같은 암호화폐와 밀접하게 연결된 분산 원장 기술로, 여러 노드가 협력하여 데이터의 무결성과 보안을 유지합니다.

- **블록체인의 구조와 기능**: 블록체인은 분산된 피어투피어 네트워크에서 공동으로 관리되는 데이터베이스로, 네트워크의 각 노드는 원장의 사본을 유지하여 단일 장애 지점을 방지하고, 모든 거래나 업데이트는 네트워크의 모든 사본에 동시에 반영되며, 이를 통해 데이터의 일관성과 정확성이 보장됩니다.
- **신뢰의 형성**: 블록체인은 중앙 집중화된 신뢰할 수 있는 제3자 없이도 시스템에 대한 신뢰를

구축할 수 있는 기능을 제공합하며, 각 노드는 자신의 사본을 검증하고, 합의 알고리즘을 통해 데이터의 유효성을 확인함으로써 전체 네트워크의 신뢰성을 높입니다.

- **합의 알고리즘의 역할**: 블록체인 네트워크는 다양한 분산 노드 간에 합의에 도달하기 위해 합의 알고리즘에 의존하며, 여기에는 작업 증명(Proof of Work, PoW)과 지분 증명(Proof of Stake, PoS)과 같은 다양한 메커니즘이 포함되고, 이러한 알고리즘은 네트워크를 보호하고, 권한이 없는 사용자가 잘못된 거래를 검증하는 것을 방지합니다.

블록체인에서의 합의 알고리즘은 분산 네트워크의 안전성과 신뢰성을 유지하는 핵심 요소입니다. 이러한 알고리즘을 통해 단일 노드가 아닌 여러 참여자가 거래의 유효성을 검증하고, 네트워크의 무결성을 보장하며, 중앙 집중식 시스템의 필요성을 없애는 데 기여합니다. 결과적으로, 합의 알고리즘은 블록체인의 성공적인 운영과 암호화폐의 보안에 필수적인 역할을 하고 있습니다.

합의 알고리즘의 다른 응용 프로그램

합의 알고리즘은 기본 메커니즘을 기반으로 분산 트랜잭션을 데이터베이스에 허용할지 여부를 결정합니다. 또한 분산 네트워크에서 데이터를 동기화하고 트랜잭션의 일관성과 투명성을 보장하는 데 일반적으로 사용됩니다. 합의 알고리즘은 노드에 리더 상태를 지정하는 데에도 사용됩니다. 합의 알고리즘은 상태 머신 복제본을 동기화하고 이들 간의 일관성을 보장합니다. 블록체인과 같은 분산 컴퓨터 네트워크에서 신뢰와 보안을 달성하는 데 자주 사용되며 기록 보관에 매우 유용합니다.

블록체인과 암호화폐 외에도 이러한 알고리즘은 표 4-1과 같이 많은 실제 컴퓨팅 및 디지털 시스템을 지원합니다.

표 4-1 합의 알고리즘별 채택 시스템 비교

합의 알고리즘	채택 시스템
Proof of Work	Bitcoin Core, 이더리움
Proof od Stake	Ethereum mijin
Paxos	Google Chubby
Raft	RAM Cloud
PBFT	Hyperledger Fabric
Sieve	Hyperledger Fabric2

합의 메커니즘의 작동 방법

합의 메커니즘의 작동 과정은 여러 단계를 통해 이루어지며, 이는 네트워크 내의 모든 노드가 동일한 상태를 유지하고, 거래의 유효성을 검증하며, 블록체인에 기록된 내용을 합의하는 데 중요한 역할을 합니다. 아래는 **합의 메커니즘의 일반적인 과정에 대한 상세한 개요**입니다.

1. 거래 제안 — **참여자 또는 리더의 제안**: 네트워크의 참여자(노드) 또는 리더가 새로운 거래

또는 블록을 제안합니다. 제안된 거래는 블록체인 네트워크의 프로토콜 규칙을 준수해야 합니다.

2. 거래 브로드캐스트 — **네트워크에 전파**: 제안된 거래나 블록은 검증을 위해 네트워크의 다른 노드에 브로드캐스트됩니다. 이를 통해 모든 참여자가 새로운 거래를 인지하게 됩니다.
3. 검증 — **거래 검증**: 각 노드는 미리 정의된 규칙에 따라 제안된 거래나 블록을 검증합니다. 검증 과정에서는 거래의 유효성, 서명 및 규정 준수를 확인합니다.
4. 합의 투표: 노드는 제안된 거래 또는 블록에 대한 합의에 도달하기 위해 서로 통신하며,이 과정에서 투표 또는 합의의 구체적인 방법은 사용하는 합의 메커니즘에 따라 달라집니다.
5. 작업 증명(PoW): 노드(광부)는 계산 퍼즐을 풀기 위해 경쟁하며, 가장 먼저 퍼즐을 푼 노드가 블록을 제안하고 보상을 받으며, 이 방식은 네트워크의 보안을 강화하지만 높은 에너지를 소모합니다.
6. 지분 증명(PoS) — **블록 제안**: 노드(검증자)는 자신이 보유하고 있는 암호화폐의 양과 이를 담보로 "지분"을 제공할 의향에 따라 블록을 제안하고 검증하도록 선택되고, 이 방식은 에너지 효율적이며 더 빠른 거래 처리를 가능하게 합니다.
7. 비잔틴 장애 허용(BFT): 노드는 합의를 이루기 위해 메시지를 교환하며, 이때 프로토콜은 최대 1/3의 결함이 있거나 악의적인 노드를 처리할 수 있도록 설계됩니다. 이를 통해 시스템의 내결함성을 유지합니다.
8. 권한 증명(PoA): 사전 승인된 소수의 노드가 거래를 검증하고 블록을 제안하며, 이 방식은 빠른 거래 처리가 가능하지만, 분산화 수준이 낮아질 수 있습니다.
9. 합의 및 완료: 충분한 수의 노드가 제안된 거래 또는 블록에 합의하면 해당 거래 또는 블록이 블록체인에 추가되며, 이 단계는 블록체인의 불변성을 강화합니다.
10. 전파: 새로운 블록을 포함한 업데이트된 원장은 네트워크의 모든 노드에 전파되어 모든 노드가 블록체인에 대한 동일한 견해를 갖도록 하며, 이를 통해 모든 참여자가 동일한 정보를 공유하고, 블록체인의 일관성을 유지할 수 있습니다.

이와 같이 합의 메커니즘은 다양한 단계와 프로세스를 통해 블록체인의 안전성과 신뢰성을 보장하며, 네트워크의 모든 참여자가 동등하게 정보를 공유하고 검증할 수 있도록 지원합니다.

하이브리드 합의 메커니즘

하이브리드 합의 메커니즘은 여러 합의 알고리즘의 요소를 결합하여 각 알고리즘의 장점을 극대화하고 한계를 보완하는 방식입니다. 이러한 접근 방식은 블록체인 네트워크의 보안, 확장성, 에너지 효율성을 개선하고, 다양한 요구 사항에 맞춘 최적의 성능을 제공하는 것을 목표로 합니다. 하이브리드 합의 메커니즘은 다음과 같은 방식으로 구성될 수 있습니다.

- 보안성과 속도의 균형: 하이브리드 모델에서는 예를 들어 작업 증명(Proof of Work, PoW)과 지분 증명(Proof of Stake, PoS)을 결합하여 보안성과 속도를 동시에 확보할 수 있고, PoW를 사용하여 블록 생성의 보안을 강화하고, PoS를 통해 블록 생성 속도를 높이는 방식입니다. 이를 통해 시스템은 공격에 대한 저항력을 유지하면서도 빠른 거래 처리를 가능하게 합니다.
- 에너지 효율성: 하이브리드 모델은 에너지 소비를 줄이는 데 중점을 두기도 합니다. 예를 들어, PoW와 PoA(Proof of Authority)를 결합하여 대규모 계산 작업을 줄이고, 승인된 노드가 거래를 검증하는 방식으로 에너지를 절약할 수 있습니다. 이렇게 하면 네트워크의 전체적인 에너지 효율성을 높일 수 있습니다.
- 확장성: 하이브리드 합의 메커니즘은 확장성을 개선하는 데 도움을 줄 수 있으며, 예를 들어, 기본적인 합의 알고리즘을 사용하여 초기 거래를 처리한 후, 추가적인 확인을 위해 다른 합의 알고리즘을 사용할 수 있습니다. 이 과정에서 거래 수를 늘리면서도 네트워크의 속도를 저하시키지 않도록 합니다.
- 다양한 참여자 지원: 하이브리드 모델은 다양한 종류의 참여자를 지원하며, 예를 들어, 일반 사용자와 기업 사용자가 서로 다른 방식으로 네트워크에 기여할 수 있도록 설정할 수 있습니다. 이는 각 참여자의 요구와 능력에 따라 최적화된 경험을 제공합니다.

하이브리드 합의 메커니즘은 이러한 다양한 요소들을 통합함으로써 블록체인 네트워크의 전반적인 성능을 향상시키고, 다양한 환경에서의 요구를 충족시킬 수 있도록 설계되었습니다. 이러한 접근은 특히 복잡한 애플리케이션이나 대규모 네트워크에서 효과적이며, 기존의 단일 합의 알고리즘의 한계를 극복하는 데 도움을 줄 수 있습니다.

일반적인 하이브리드 합의 모델은 〈표 4-2〉와 같습니다.

합의 메커니즘 의 이점

합의 메커니즘은 블록체인 네트워크의 성능과 보안을 강화하는 데 중요한 역할을 합니다. 다음은 합의 메커니즘의 주요 이점입니다.

- 분산화: 합의 메커니즘은 네트워크의 검증 프로세스에 모든 참여자가 쉽게 참여할 수 있도록

표 4-2 일반적인 하이브리드 합의 모델

Hybrid Consensus Model	Combination	목적	예시
작업 증명(PoW)과 지분 증명(PoS) 하이브리드	블록 검증을 위해 PoW를 사용하고 추가적인 합의나 거버넌스를 위해 PoS를 사용하는 네트워크입니다.	PoW의 보안성과 PoS의 에너지 효율성을 활용합니다.	Ehereum(Per 2.0 이전) and Decred
지분 증명(PoS) 및 비잔틴 장애 허용(BFT) 하이브리드	PoS는 검증자를 선택하는 데 사용되고, BFT 알고리즘은 블록체인 상태에 대한 합의를 달성하는 데 사용됩니다.	강력한 보안을 보장하는 동시에 확장성과 성능을 향상시킵니다.	Tendermint and
권한 증명(PoA)과 지분 증명(PoS) 하이브리드	PoA는 허가된 환경에서 네트워크 합의에 사용되고, PoS 구성 요소는 추가적인 보안이나 거버넌스를 위해 사용됩니다.	효율성을 위한 중앙집중식 권한과 분산된 제어를 위한 PoS를 결합하여 제공합니다.	Cosmos
작업 증명(PoW)과 공간 증명(PoSpace) 하이브리드	PoW는 최초 블록 생성을 위한 것이고 PoSpace는 지속적인 합의와 검증을 위한 것입니다.	디스크 공간을 리소스로 통합하여 PoW와 관련된 에너지 소비를 줄입니다.	Chia Network

하여 분산화를 촉진합니다. 예를 들어, 작업 증명(Proof of Work, PoW)에서는 필요한 하드웨어와 전력이 있는 누구나 검증자로 참여할 수 있습니다. 이는 검증 권한의 중앙 집중화를 줄이고, 네트워크의 전반적인 신뢰성을 높입니다.

- 보안: PoW는 높은 계산 능력을 요구하기 때문에 매우 안전한 합의 메커니즘으로 여겨집니다. 또한, 비잔틴 장애 허용(Practical Byzantine Fault Tolerance, PBFT) 같은 메커니즘은 사전 선택된 검증자가 거래의 유효성에 동의해야 하므로, 추가적인 보안 레이어를 제공합니다. 이러한 특성 덕분에 네트워크는 악의적인 공격으로부터 강력한 방어를 할 수 있습니다.
- 에너지 효율성: 지분 증명(Proof of Stake, PoS) 방식은 에너지 효율성이 뛰어나며, 검증 과정에서 소모되는 에너지를 크게 줄일 수 있으며, 이는 환경적 영향을 최소화하고, 블록체인 운영의 경제적 부담을 줄이는 데 기여합니다.
- 빠른 거래 처리: 대표 지분 증명(Delegated Proof of Stake, DPoS) 및 PBFT와 같은 합의 메커니즘은 다른 방식에 비해 빠른 거래 처리 시간을 제공하며, 이는 네트워크의 전반적인 효율성을 높이며, 실시간 애플리케이션에서 특히 유용합니다.
- 시빌 공격 완화(Sybil Attack): 합의 메커니즘은 상당한 자원이나 지분을 요구함으로써, 악의적인 행위자가 가짜 노드를 통해 네트워크를 압도하는 것을 방지하며, 이로 인해 네트워크의 안정성이 더욱 강화됩니다.
- 신뢰 강화: 합의 메커니즘은 중앙 기관에 의존하지 않고, 분산된 프로세스를 통해 합의에 도

달하며, 이를 통해 참여자 간의 신뢰할 수 없는 상호작용이 가능해지며, 네트워크의 신뢰성이 높아집니다.

- 변조 방지: 합의 메커니즘은 원장의 무단 변경을 방지하여 기록된 데이터의 신뢰성을 높이며, 모든 참여자가 거래의 유효성을 검증하고 기록에 동의함으로써, 데이터의 변조를 어렵게 만듭니다.

이와 같은 이점들은 합의 메커니즘이 블록체인 기술의 핵심 요소로 자리잡게 만든 중요한 이유입니다. 이를 통해 블록체인 네트워크는 더욱 안전하고 신뢰할 수 있는 환경을 제공할 수 있습니다.

합의 메커니즘의 한계

합의 메커니즘은 블록체인 네트워크의 보안과 효율성을 높이는 중요한 역할을 하지만, 여러 가지 한계점도 존재합니다. 다음은 주요 한계점들입니다.

- 높은 에너지 소비: 작업 증명(Proof of Work, PoW) 방식은 높은 계산 능력을 요구하며, 이는 상당한 양의 에너지를 소모합니다. 이로 인해 환경에 미치는 영향이 우려되고 있으며, 블록체인 운영의 경제적 비용도 증가할 수 있습니다.
- 채굴의 중앙 집중화: 일부 상황에서는 채굴이 대규모 채굴 풀에 집중될 수 있습니다. 이는 네트워크의 분산성을 감소시키고, 소수의 참여자가 네트워크의 지배권을 가지게 될 위험을 초래합니다.
- 검증자의 중앙 집중화 가능성: 지분 증명(Proof of Stake, PoS) 방식은 대규모 검증자가 검증 권한을 과도하게 차지할 수 있는 결과를 초래할 수 있습니다. 이로 인해 네트워크의 분산성이 저하되며, 소수의 참여자가 블록체인 운영에 미치는 영향력이 커질 수 있습니다.
- 스테이크 그라인딩 공격의 위험: 악의적인 검증자는 반복적으로 특정 체인을 선택하여 검증 과정을 조작할 수 있는 스테이크 그라인딩 공격의 위험에 노출됩니다. 이 공격은 네트워크의 신뢰성을 저해할 수 있습니다.
- 51% 및 33% 공격의 취약성: 대표 지분 증명(Delegated Proof of Stake, DPoS) 방식은 단일 엔터티가 검증 권한의 과반수를 차지하는 51% 공격에 취약할 수 있습니다. 마찬가지로, 비잔틴 장애 허용(Practical Byzantine Fault Tolerance, PBFT) 방식은 최대 1/3의 검증자가 악의적일 경우 발생할 수 있는 33% 공격에 취약합니다. 이러한 공격은 네트워크의 무결성과 신

회성을 크게 위협합니다.

- 중앙화의 문제: PBFT는 허가형 합의 메커니즘으로, 사전에 선택된 검증자만 검증 프로세스에 참여할 수 있으며,이로 인해 네트워크의 분산화가 저하되며, 특정 참여자가 네트워크의 운영에 지나치게 많은 권한을 가질 위험이 있습니다.이러한 한계들은 합의 메커니즘의 설계와 구현에서 고려해야 할 중요한 요소이며, 블록체인 기술이 더 발전하기 위해서는 이러한 문제를 해결하는 방안이 필요합니다. 각 합의 메커니즘의 장단점을 이해하고 적절한 환경에서 사용하는 것이 중요합니다.

Lesson 02

블록체인 작업 증명

블록체인 작업 증명(Proof of Work, PoW) 은 블록체인 네트워크에서 트랜잭션의 유효성을 검증하고 새로운 블록을 생성하는 데 사용되는 합의 메커니즘으로, 이 메커니즘은 블록체인에서 **신뢰성**과 **보안성**을 제공하는 핵심적인 방식으로, **비트코인**과 같은 암호화폐에서 널리 사용됩니다. Lesson 02에서는 작업증명(PoW)알고리즘에 대하여 알아보도록 하겠습니다.

작업 증명(Proof-of-Work, PoW) 알고리즘(그림 4-6)은 가장 오래된 합의 알고리즘 중 하나로, 1993년에 처음 제안되었으며, 2008년 비트코인 창시자 사토시 나카모토에 의해 다시 소개되었습니다. PoW의 핵심 아이디어는 노드가 복잡한 수학 퍼즐을 풀고 가능한 한 빨리 많은 추측을 수행하는 것입니다. 이 과정은 블록체인 네트워크에서 거래를 검증하고 새 블록을 추가하는 데 필수적입니다.

PoW 알고리즘을 기반으로 하는 암호화폐 블록체인에서는 채굴자 또는 검증자(참가자 노드라고도 함)가 자신이 수행한 작업을 증명해야 합니다. 이를 위해 특정 블록의 암호화 해시를 찾아내는 복잡한 수학 문제를 풀어야 합니다. 이 과정은 블록 헤더의 데이터를 입력으로 사용하여 암호화 해시 함수를 통해 수행됩니다.

- **Nonce 사용**: 이 작업을 수행할 때마다 'nonce'라는 임의의 숫자를 포함하여 입력 데이터에 작은 변경이 이루어집니다. 이를 통해 채굴자는 다양한 조합을 시도하여 문제의 솔루션을 찾습니다. 이는 '솔루션을 찾기 위한 추측'으로 이해할 수 있습니다.
- **보상**: 채굴자가 합의로 이어지는 솔루션을 찾으면, 그 대가로 암호화폐 보상을 받습니다. 이 보상은 네트워크의 보안을 유지하는 데 기여하며, 채굴자는 자신의 계산 능력을 기반으로 경쟁합니다.
- **계산 능력 소모**: PoW는 상당한 양의 계산 능력을 소모하는 반복 작업이 필요하기 때문에, 비효율적인 합의 메커니즘으로 여겨집니다. 많은 채굴자들이 동시에 경쟁하는 만큼, 높은 에너지를 필요로 합니다.

그림 4-6 블록체인 작업 증명 방식

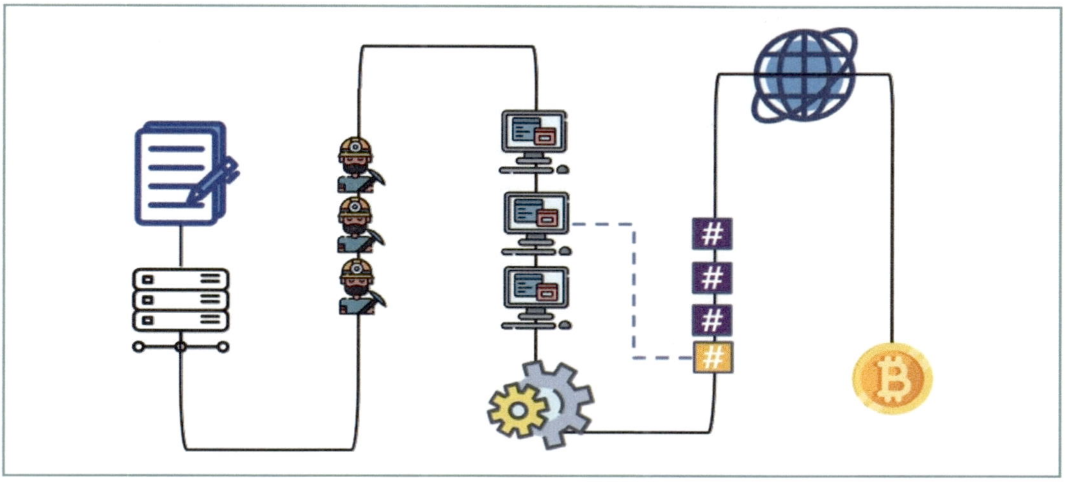

PoW 알고리즘은 네트워크 보안을 유지하는 데 효과적이며, DDoS 공격과 같은 사이버 공격에 강한 특성을 가지고 있습니다. 이러한 이유로 PoW는 여전히 많은 암호화폐에서 널리 사용되고 있습니다. 예를 들어, 비트코인과 라이트코인 같은 암호화폐는 현재 PoW를 기반으로 하고 있습니다. 반면, 이더리움은 PoW 메커니즘을 사용하다가 현재 지분 증명(Proof of Stake, PoS)으로 전환했으며, 작업 증명(Proof-of-work/PoW)에 대한 아이디어는 1993년 신시아 드워크와 모니 나오르가 처음 발표했으며 나중에 사토시 나카모토가 2008년 비트코인 논문에서 적용했습니다. '작업 증명'이라는 용어는 마르쿠스 야콥슨과 아리 쥬엘스가(그림 4-7) 1999년 백서에서 처음 사용

그림 4-7 Markus Jakobsson, Ari Juels의 '찾기 어렵지만 검증하기 쉬운 솔루션' 백서

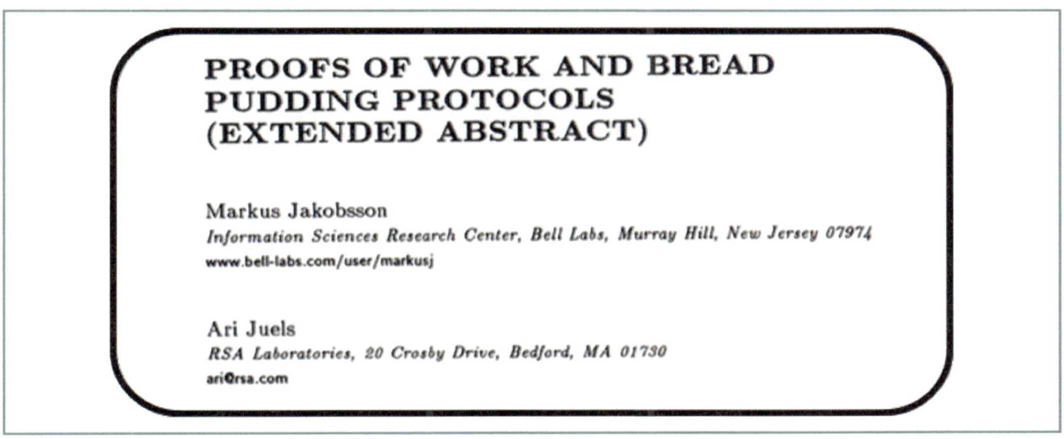

PROOFS OF WORK AND BREAD PUDDING PROTOCOLS (EXTENDED ABSTRACT)

Markus Jakobsson
Information Sciences Research Center, Bell Labs, Murray Hill, New Jersey 07974
www.bell-labs.com/user/markusj

Ari Juels
RSA Laboratories, 20 Crosby Drive, Bedford, MA 01730
ari@rsa.com

했습니다.

PoW의 기본 원칙은 '찾기 어렵지만 검증하기 쉬운 솔루션'입니다. 즉, 특정 해시 값을 찾는 것은 매우 어렵지만, 해당 해시 값을 검증하는 것은 간단합니다. 이 구조는 블록체인의 보안성을 높이고, 모든 참여자가 거래의 유효성을 신뢰할 수 있도록 합니다.

이러한 특성 덕분에 PoW는 블록체인 기술의 발전에 큰 영향을 미쳤습니다.

PoW의 목적

PoW(Proof-of-Work)의 주요 목적은 모든 노드가 합의에 도달하도록 하여 서로를 신뢰할 수 없는 환경에서도 거래의 유효성을 검증하고 블록체인에 새 블록을 추가하는 것입니다. 이러한 합의 메커니즘은 특히 분산형 네트워크에서 각 참여자가 서로를 신뢰하지 않는 상황에서 중요한 역할을 합니다.

합의 형성

- **신뢰 구축**: PoW는 각 노드가 블록체인에 기록된 거래가 유효하다는 것을 신뢰할 수 있도록 돕습니다. 모든 노드가 동일한 거래 기록을 공유하고, 이 기록이 올바르다는 것을 수학적 문제를 통해 검증합니다.
- **블록 검증**: 새 블록의 모든 거래가 검증되면, 이 블록은 블록체인에 추가됩니다. 이 과정에서, 블록체인 네트워크는 가장 긴 체인을 유효한 것으로 간주합니다. 이는 분산 시스템에서 발생할 수 있는 블록체인 포크(fork) 문제를 해결하는 데 도움이 됩니다. 포크는 두 개 이상의 체인이 동시에 존재할 수 있는 상황을 의미하며, PoW는 이러한 상황에서도 안정적인 합의를 유지하는 방법을 제공합니다.
- **채굴자 역할**: 네트워크 내의 특수 컴퓨터인 채굴자(miner)는 복잡한 수학 문제를 풀어 블록을 네트워크에 추가하는 계산 작업을 수행합니다. 이 과정을 '작업 증명'이라고 하며, 이를 통해 채굴자는 네트워크의 보안성과 무결성을 유지하는 데 기여합니다.

문제의 복잡성 증가

시간이 지남에 따라 PoW에서 요구되는 수학적 문제의 난이도는 점점 더 복잡해집니다. 이는 네트워크의 안전성을 강화하기 위한 조치로, 더 많은 계산 능력을 요구하여 악의적인 공격자나 부정 행위자가 블록체인 네트워크를 조작하는 것을 어렵게 만듭니다. 이러한 복잡성은 노드가 합의에 도달하는 데 필요한 계산 작업의 양을 증가시키며, 이는 전체 시스템의 보안성을 높이는 데 기여합니다.

결국, PoW는 분산 네트워크에서 신뢰를 구축하고, 거래의 유효성을 검증하며, 블록체인의 안정성과 무결성을 유지하는 데 필수적인 역할을 수행합니다.

PoW의 특징

PoW(Proof-of-Work) 합의 프로토콜의 널리 인기를 얻은 주요 특징은 두 가지로 요약될 수 있습니다.

- **해결책을 찾는 난이도**: PoW에서 요구되는 수학적 문제는 매우 복잡하고 해결하기 어렵습니다. 이러한 난이도는 네트워크의 보안을 강화하는 중요한 요소로 작용합니다. 공격자가 네트워크를 조작하기 위해서는 상당한 계산 능력과 시간, 자원을 투자해야 하므로, PoW는 악의적인 공격을 어렵게 만듭니다. 이로 인해, 거래의 안전성이 높아지고, 네트워크의 무결성을 유지할 수 있습니다.
- **검증의 용이성**: 반면, 문제의 해결책이 제시되면 그 정확성을 검증하는 것은 상대적으로 간단합니다. 노드는 주어진 해결책을 사용하여 블록의 해시값을 빠르게 계산하고, 이를 통해 해당 블록의 유효성을 확인할 수 있습니다. 이러한 특성 덕분에 네트워크 참여자들은 블록이 올바르게 생성되었음을 쉽게 검증할 수 있으며, 이는 전체 네트워크의 신뢰성을 높이는 데 기여합니다.

종합적 분석

이러한 두 가지 특징은 PoW가 블록체인에서 신뢰를 구축하는 데 효과적인 메커니즘으로 자리 잡도록 만든 요소입니다. 복잡한 문제 해결은 보안을 강화하며, 쉬운 검증 과정은 거래의 신뢰성을 높입니다. 결과적으로, PoW는 분산형 네트워크 환경에서 효과적으로 합의를 이끌어 내고, 블록체인의 안정성을 유지하는 중요한 역할을 합니다

PoW의 작동 방법

PoW(Proof-of-Work) 합의 알고리즘은 거래를 검증하고 새로운 블록을 생성하는 과정에서 채굴 프로세스(그림 4-8)를 중심으로 작동합니다. 이 과정은 복잡한 수학 문제를 풀어야 하며, 이

그림 4-8 PoW 채굴, 보상 프로세스

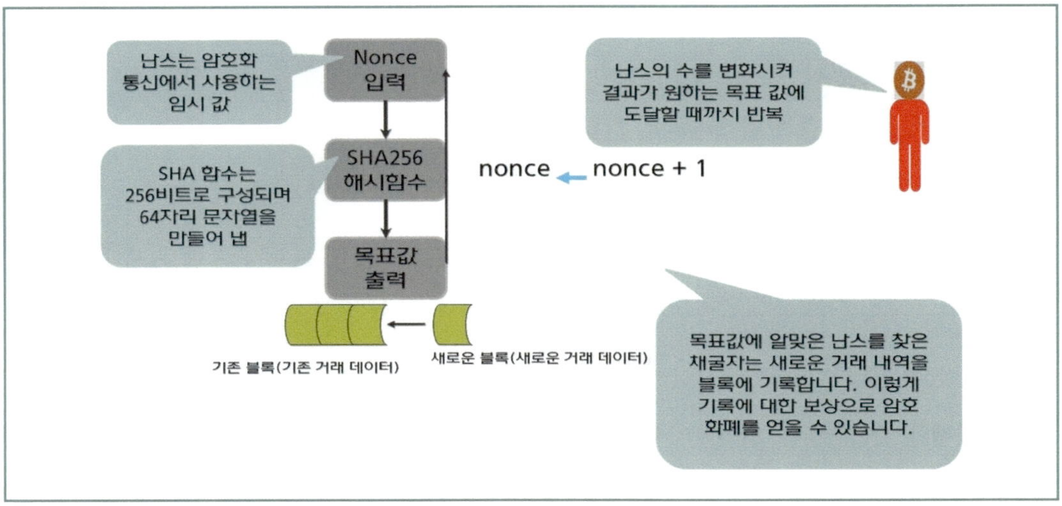

를 통해 블록체인의 보안과 무결성을 유지합니다. 채굴에 참여하는 네트워크의 노드는 '광부(채굴자)'라고 불리며, 이들의 활동은 다음과 같은 두 가지 주요 요소에 기반합니다.

- **채굴 거래의 인센티브**: 채굴자는 블록을 성공적으로 생성할 때마다 경제적 보상을 받습니다. 현재 비트코인에서는 블록 하나를 채굴하면 6.25비트코인과 소액의 거래 수수료를 지급받습니다. 이러한 보상 구조는 광부들이 블록체인 네트워크에 참여하도록 유도하며, 거래 검증의 동기를 제공합니다.
- **보상의 반감기**: 비트코인의 보상은 일정한 주기로 절반으로 줄어드는 '반감기' 메커니즘에 의해 조정됩니다. 이는 초기 보상이 높았던 시기에 비해 시간이 지남에 따라 보상이 점차 감소하게 만듭니다. 이러한 구조는 비트코인의 공급을 제한하여 인플레이션을 방지하고, 장기적으로는 비트코인의 가치를 유지하는 데 기여합니다.

이처럼 PoW 합의 알고리즘은 채굴자에게 경제적 인센티브를 제공함으로써 거래 검증을 활성화하고, 블록체인의 안전성을 강화합니다. 복잡한 수학 문제를 푸는 과정에서 소모되는 계산 자원은 네트워크의 보안성을 높이며, 반감기 메커니즘은 비트코인의 희소성을 유지하는 데 중요한 역할을 합니다. 결과적으로, PoW는 안전하고 신뢰할 수 있는 블록체인 환경을 조성하는 데 기여하고 있습니다.

PoW의 과제

PoW(Proof-of-Work) 합의 알고리즘은 여러 가지 장점을 가지고 있지만, 몇 가지 중요한 과제와 문제점도 내포하고 있습니다.

- **높은 에너지 소비**: PoW 알고리즘의 가장 큰 문제 중 하나는 복잡한 수학 문제를 해결하기 위해 특수한 고성능 컴퓨터가 필요하다는 점입니다. 이러한 컴퓨터는 많은 전력을 소모하며, 이로 인해 전체 네트워크의 에너지 소비가 급증하게 됩니다. 일부 연구자와 환경 운동가들은 이러한 에너지 소비가 환경에 부정적인 영향을 미친다고 우려하고 있습니다.
- **51% 공격의 위험**: PoW 시스템은 51% 공격이라는 잠재적인 위협에 노출되어 있습니다. 이는 단일 채굴자가 네트워크의 해시레이트의 51%를 장악할 경우 발생할 수 있는 공격으로, 공격자는 거래를 차단하거나 이중 지불(double spending) 공격을 수행할 수 있습니다. 이 공격이 성공하면, 공격자는 시스템의 규칙을 일시적으로 위반하고 자신의 이익을 위해 거래 기록을 조작할 수 있는 권한을 갖게 됩니다.
- **중앙 집중화 경향**: PoW의 구조는 채굴 장비에 대한 높은 초기 투자 비용과 운영 비용으로 인해 채굴이 소수의 대규모 채굴 기관이나 풀로 중앙 집중화될 가능성을 높입니다. 이는 네트워크의 분산화와 보안을 저해할 수 있습니다.
- **채굴자 간의 경쟁**: PoW에서는 채굴자 간의 경쟁이 치열합니다. 이 경쟁은 채굴자들이 더 많은 자원을 투입하게 만들며, 이는 결국 에너지 소모를 더욱 가중시킵니다. 결과적으로, 이는 효율성 문제로 이어질 수 있습니다.

이러한 과제들은 PoW 시스템이 지속 가능한 발전을 위해 해결해야 할 중요한 문제들입니다. 따라서 일부 블록체인 프로젝트는 에너지 효율성을 높이고, 중앙 집중화 문제를 해결하기 위해 다른 합의 메커니즘으로의 전환을 고려하고 있습니다

채굴(채굴보상)에서의 에너지 및 시간 소비

채굴 과정은 거래를 검증하고, 이 거래를 블록에 시간순으로 정리한 후, 새로 채굴된 블록을 전체 네트워크에 알리는 복잡한 작업을 포함합니다. 하지만 이 과정 자체는 상대적으로 적은 에너지와 시간을 소모합니다. 에너지를 많이 소모하는 부분은 바로 새 블록을 기존 블록체인에 연결하기 위해 필요한 '어려운 수학 문제'를 푸는 과정입니다.

채굴자가 올바른 솔루션을 찾으면, 그 정보는 전체 네트워크에 동시에 브로드캐스트되어

PoW 프로토콜이 제공하는 암호화폐 보상을 받게 됩니다. 비트코인 네트워크에서는 블록을 성공적으로 채굴한 채굴자에게 6.25(2020년 5월12일) 비트코인이 지급되며, 이 보상은 약 4년마다 반으로 줄어들며, 다음 반감기는 2024년 4월 20일 발생하였으며, 4년 후 반감기는 2028년 3월 또는 4월로 예상됩니다.

채굴자의 수가 많아질수록 새로운 블록을 채굴하는 데 걸리는 시간은 불가피하게 단축됩니다. 이는 새로운 블록이 더 빨리 발견된다는 것을 의미합니다. 비트코인 개발자들은 블록 생성 속도를 일정하게 유지하기 위해, 즉 10분마다 1개의 블록이 생성되도록 난이도 조정을 정기적으로 실시합니다. 이러한 조정은 비트코인의 총 공급량이 2100만 개에 도달할 때까지(현재 속도로는 2140년경으로 예상됨) 새로운 코인의 꾸준하고 감소하는 흐름을 유지하는 데 필요합니다.

결국, 채굴 과정은 에너지와 시간을 많이 소모하게 되며, 이러한 소모는 블록체인 네트워크의 안정성과 보안성 유지에 필수적인 요소로 작용합니다.

블록체인 지연 작업 증명

Lesson 03

블록체인 지연 작업 증명(Proof of Delay, PoD)"이라는 용어는 블록체인 분야에서 흔히 사용되는 표준적인 합의 메커니즘 용어는 아니지만, **지연**과 관련된 **작업 증명** 메커니즘에 대해 이해하려면, **지연**(Delay) 또는 **시간 기반** 메커니즘을 활용하는 시스템을 이해할 필요가 있습니다. Lesson 03에서는 지연 작업 증명(PoD)에 대하여 알아보도록 하겠습니다.

지연 작업 증명(**Delayed Proof of Work**, dPoW)은 오픈 소스 기술 제공업체인 코모도에서 개발한 보안 프로토콜로, 비트코인과 라이트코인과 같은 높은 보안성을 자랑하는 네트워크에서 사용되는 작업 증명(PoW) 기반의 진보된 보안 메커니즘입니다.

dPoW의 중요성과 핵심 원칙을 이해하기 위해서는 먼저 작업 증명(PoW)이 어떻게 작동하며, 왜 탈중앙화 블록체인을 보호하는 데 중요한 역할을 하는지 살펴볼 필요가 있습니다. PoW의 장점뿐만 아니라 보안 접근 방식으로서의 단점과 제약 사항을 철저히 검토하여, dPoW의 필요성과 이점에 대한 통찰을 얻을 수 있습니다.

dPoW는 기존의 PoW 메커니즘을 개선하여 여러 블록체인에서 사용되며, 특히 51% 공격으로부터 블록체인을 보호하기 위해 설계된 2차 보안 합의 메커니즘입니다. 이 메커니즘은 외부 PoW 네트워크의 해시 속도를 통합하여, 해시 속도가 낮은 다른 네트워크의 기존 합의 메커니즘에 적용함으로써, 경제적 공격을 더 어렵게 만듭니다. 코모도는 dPoW를 합의 메커니즘으로 사용하는 최초의 블록체인 플랫폼입니다.

지연 작업 증명(dPoW)의 작동 방식

dPoW는 PoW 알고리즘의 수정된 버전으로, 블록체인 네트워크가 주기적으로 스냅샷을 찍고 이를 공증 프로세스의 일부로 블록체인에 기록함으로써 전체 시스템의 백업을 생성하는 데 도움을 줍니다. dPoW는 새로운 블록에 대한 합의를 달성하는 데 사용되지 않으며, 오히려 단일 엔터티가 네트워크의 해시 속도의 대부분을 차지하고 51% 공격으로 인해 심각한 네트워크 중단이 발생하는 것을 방지하는 보안 메커니즘입니다.

이러한 기능이 가능한 이유는 dPoW가 블록이 공증될 때마다 네트워크의 합의 규칙을 재설정하여, 공증된 블록을 재구성하는 것을 불가능하게 만들기 때문입니다. 결과적으로 dPoW는 '하이브리드 합의 메커니즘'으로 간주되며, 이는 두 개의 블록체인을 사용하여 보안을 강화합니다.

지연 작업 증명(dPoW)은 하나의 블록체인이 보조 블록체인의 해시 파워를 통해 제공되는 보안에 의존하도록 설계되었습니다. 이 시스템은 외부 PoW 네트워크의 해시 속도를 활용하여 기존 합의 메커니즘 위에 추가적인 보안을 제공합니다. dPoW는 PoW 또는 지분 증명(PoS)과 함께 작동하며, 보조 블록체인은 단순히 PoW 합의 메커니즘만 필요로 합니다.

코모도는 PoW 합의 메커니즘의 한계를 인식하고, 시스템의 처리 속도를 포기하지 않고 문제를 해결하고자 dPoW 합의 메커니즘을 개발하였습니다. 이를 통해 dPoW는 기존 블록체인 시스템에 보다 효과적인 보안 솔루션을 제공하게 되었습니다.

지연 작업 증명(dPoW)의 역사

지연 작업 증명(dPoW)의 탄생은 해싱 보안 수준이 낮은 작업 증명 블록체인이 직면할 수 있는 향후 보안 문제에 대한 우려에서 비롯되었습니다. 이러한 우려는 비트코인의 해싱 파워를 활용하여 Cross-chain Atomic Swaps 및 향상된 알트체인 보안을 구현하려는 아이디어로 이어졌습니다. 이를 통해 해싱력이 낮은 대체 블록체인의 보안을 강화하고자 했습니다.

이 아이디어는 2016년에 지연 작업 증명(dPoW)으로 발전하여 암호화폐 커뮤니티에 처음 등장했습니다. 코모도 프로젝트는 dPoW를 최초로 통합한 암호화폐 프로젝트로, 비트코인의 블록체인을 통해 기록 보관을 하여 거래의 변경을 방지하는 지캐시 포크로 알려져 있습니다.

컨센서스 메커니즘은 암호화폐 산업의 근간을 이루며, 수년에 걸쳐 다양한 프로토콜, 팀, 기관에서 여러 변형된 기술이 개발되었습니다. 이 가운데 dPoW는 PoW의 강점을 독특하게 활용하는 방식으로 주목받고 있습니다. dPoW는 블록체인의 보안을 한층 더 강화하여 해싱 파워가 낮은 네트워크를 보호하는 새로운 접근 방식을 제공합니다

지연 작업 증명(dPow) 메커니즘

지연 작업 증명(dPoW)을 이해하기 위해서는 먼저 합의 메커니즘의 중요성을 파악하는 것이 필요합니다. dPoW는 하나의 블록체인이 보조 블록체인의 해싱 파워를 활용하여 보안을 제공하는 방식으로 작동합니다. 이 시스템은 외부의 작업 증명(PoW) 네트워크의 해시 속도를 이용해 기존

의 합의 메커니즘 위에 추가적인 보안을 더합니다.

dPoW는 기본 블록체인이 PoW 또는 지분 증명(PoS) 합의 메커니즘을 사용할 때도 함께 작동합니다. 반면, 보조 블록체인은 오직 PoW 합의 메커니즘만 필요합니다. 코모도는 PoW의 여러 문제점을 인식하고, 처리 속도를 유지하면서도 이러한 문제를 해결하기 위해 dPoW를 처음으로 도입했습니다.

dPoW의 한 가지 중요한 특징(그림 4-9)은 체인의 거래 기록 사본을 메인 체인과는 별도의 위치에 백업으로 저장하는 것입니다. 이를 통해 블록체인은 정상적인 기능을 방해받지 않으면서도 효율적으로 운영될 수 있습니다. 또한, 서로 다른 두 개의 블록체인이 존재하기 때문에 두 명의 채굴자가 동시에 동일한 블록을 검증할 가능성은 매우 낮습니다. 이 경우, 네트워크에서 가장 동기화된 블록이 승자가 되어 거래의 유효성을 인정받게 됩니다.

이러한 방식은 블록체인의 보안을 강화하고, 해싱 파워가 낮은 네트워크에서도 높은 안정성을 유지할 수 있도록 돕습니다.

그림 4-9 지연 작업 합의 메커니즘

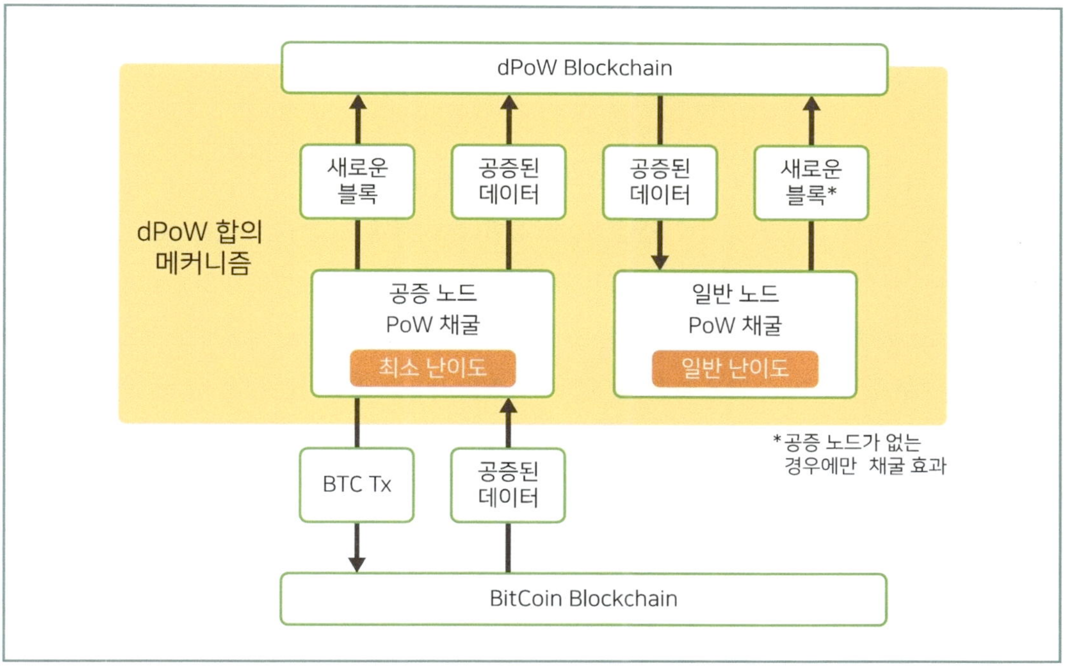

지연 작업 증명을 채택한 암호화폐

지연 작업 증명(dPoW) 합의 메커니즘을 채택한 주요 프로젝트 중 하나는 코모도(Komodo)입니다.

Komodo

코모도 플랫폼은 사용자에게 완전한 익명성을 제공하며 안전한 오픈 소스 엔드투엔드 탈중앙화 블록체인 환경을 지원합니다. 이 플랫폼의 창시자는 JL777이라는 가명으로 알려져 있으며, 이는 그의 신원을 숨기고 프로젝트의 주제에 충실하도록 해 줍니다. 코모도는 2014년 Zcash의 포크로 탄생했으며, dPoW를 합의 메커니즘으로 채택하기로 결정했습니다.

코모도는 비트코인의 해싱 기능을 활용하는 몇 안 되는 플랫폼 중 하나로, 비트코인의 PoW 합의 방식을 통해 발생할 수 있는 다양한 보안 문제를 해결하고 있습니다. dPoW를 통해 코모도는 이 메커니즘을 새로운 차원으로 발전시켰습니다.

이 플랫폼은 블록체인에서 채굴자 간의 의견 충돌이 발생할 때, PoW의 '가장 긴 체인 규칙'을 사용하여 문제를 해결하는 대신, 가장 오래 실행된 체인을 선호하는 접근 방식을 취하고 있습니다. 이러한 방식은 PoW 컨센서스의 효과성을 높이지만, 신규 프로젝트로 인해 51% 공격에 취약해질 수 있습니다. 악의적인 사용자가 이 공격을 통해 체인의 가치를 훼손할 수 있는 위험이 존재합니다.

코모도의 dPoW 합의는 이러한 PoW의 문제를 해결하기 위해 백업을 활용합니다. 이 백업은 운영 체인과는 별도의 공간에 안전하게 저장됩니다. 현재 SmartFi, Pirate Chain, Gleec, Einsteinium 등 여러 플랫폼에서 코모도의 블록체인 보안 서비스를 요청하고 있습니다.

비록 dPoW가 널리 사용되는 합의 알고리즘은 아니며, 대부분의 암호화폐가 지분 증명(PoS)이나 위임 지분 증명(DPoS) 같은 다른 합의 알고리즘을 사용하고 있다는 점은 주목할 필요가 있습니다. 그러나 dPoW 보안 메커니즘을 통해 체인의 안전성을 강화함으로써 공격에 대한 저항력을 높일 수 있습니다. 따라서 코모도와 같은 프로젝트는 추가적인 보안 수준을 확보하고자 하는 혁신적인 솔루션으로 자리 잡고 있습니다.

Lesson 04

블록체인 지분 증명

블록체인 지분 증명(Proof of Stake, PoS)은 작업 증명(Proof of Work, PoW)과는 다른 방식으로 블록체인에서 **트랜잭션을 검증**하고 **블록을 생성**하는 합의 메커니즘으로 PoS는 중앙집중적인 처리 방식인 **채굴** 대신, **지분**을 기반으로 블록을 생성하고 검증하는 방식으로, 에너지 효율성과 **확장성**에서 PoW보다 장점이 있는 것으로 평가됩니다. 따라서 LESSON 04에서는 지분 증명(PoS)에 대하여 알아보도록 하겠습니다

지분 증명(Proof of Stake, PoS)(그림 4-10)은 가장 일반적으로 사용되는 합의 알고리즘 중 하나로, 작업 증명(PoW)의 대안으로 자리 잡고 있습니다. PoS에서는 검증자가 복잡한 수학 퍼즐을 푸는 대신, 암호화폐의 지분을 기반으로 블록 생성 및 검증에 참여합니다. 이 방식은 PoW와 달리 비싼 하드웨어나 소프트웨어 리소스를 거의 필요로 하지 않으며, 대신 암호화폐를 지갑에 잠그거나 특정량을 보유함으로써 진행됩니다.

검증자는 블록체인에 추가할 수 있는 블록을 발견하면 이를 검증하고, 블록체인에 추가된 블록 수에 비례하여 보상을 받습니다. 이 과정에서 검증자는 자신의 지분에 따라 보상을 증가시키는 구조로 되어 있습니다. PoS는 인센티브 기반의 알고리즘이기 때문에 PoW보다 상대적으로 계산 에너지를 덜 소모합니다.

그럼에도 불구하고 PoS 알고리즘은 몇 가지 심각한 단점을 안고 있습니다. 우선, 검증자의 채

그림 4-10 지분 증명 방식

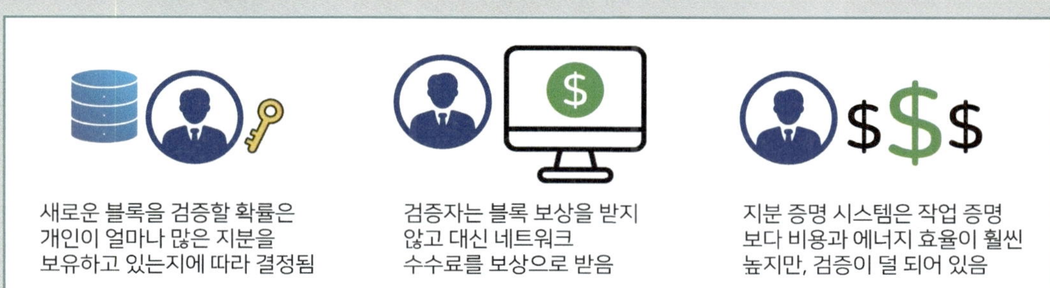

굴 용량은 보유한 코인의 수에 따라 달라지므로, 더 많은 코인을 보유한 채굴자가 시스템의 통제를 더 많이 할 수 있습니다. 이는 일부 채굴자가 대량의 코인을 구매함으로써 메커니즘이 희석되고, 시스템의 분산화 속성이 감소하게 만듭니다.

지분 증명은 특정 코인을 지분으로 잠가 투자하는 방식으로 작동합니다. 모든 검증자는 블록 검증을 시작하며, 자신이 생각하는 유효한 블록에 베팅하여 검증을 수행합니다. 실제로 블록체인에 추가된 블록에 따라 모든 검증자는 자신의 베팅에 비례하여 보상을 받으며, 이에 따라 지분도 증가합니다. 결국, 네트워크에서의 경제적 지분을 기반으로 검증자가 선택되어 새로운 블록을 생성하게 됩니다.

PoS는 블록체인에서 분산 합의를 달성하는 것을 목표로 하는 알고리즘으로, 처음 제안된 것은 Quantum Mechanic에 의해 이루어졌고, 이후 Sunny King과 그의 동료들이 이를 발전시킨 논문을 발표했습니다. 이러한 연구는 PoS 기반의 Peercoin과 같은 암호화폐로 이어졌습니다.

스테이킹(staking)은 특정 결과에 베팅하는 과정을 의미하며, 이는 PoS의 핵심 원칙 중 하나입니다. 스테이크(stake)는 이 과정에서 사용되는 자산 또는 돈을 의미하며, 이러한 개념은 PoS의 작동 방식과 관련하여 나중에 더욱 구체적으로 정의될 것입니다.

지분 증명 선택의 이유

지분 증명(PoS) 합의 메커니즘(그림 4-11)은 네트워크의 노드가 새로운 블록을 검증하고 거래 수수료를 얻기 위해 일정량의 암호화폐를 지분으로 활용하도록 설계되었습니다. 이 과정에서 알고리즘은 후보 풀에서 새로운 블록을 검증할 노드를 선택합니다. 선택 알고리즘은 지분의 양(보

그림 4-11 지분 증명 블록 생성, 검증

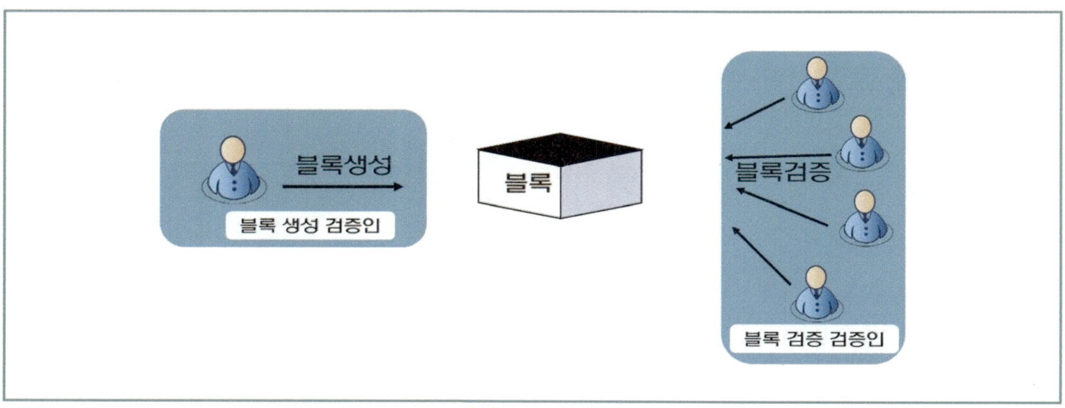

유한 암호화폐의 양)을 바탕으로, 코인의 연령이나 무작위화 프로세스와 같은 여러 요소를 결합하여 모든 네트워크 참여자에게 공정한 선택을 제공합니다.

PoS가 등장하기 전, 분산 합의를 달성하는 가장 널리 사용된 방법은 작업 증명(PoW)으로, 비트코인에서 구현되었습니다. 그러나 PoW는 많은 양의 전기를 소모하고, 계산 리소스가 많은 엔티티가 새로운 블록을 채굴할 가능성이 높아지는 단점이 있습니다. 이러한 문제들로 인해 PoS 기반 메커니즘은 다음과 같은 특징을 가집니다.

- **코인 연령 기반 선택**: PoS 알고리즘은 검증자 후보 노드의 운영 시간을 추적합니다. 오래된 노드는 새로운 검증자가 될 가능성이 높아지며, 이는 네트워크의 안정성을 강화합니다.
- **무작위 블록 선택**: 검증자는 '가장 낮은 해시 값'과 '가장 높은 스테이크'의 조합으로 선택됩니다. 이 조합에서 가장 높은 가중치를 가진 노드가 새로운 검증자로 선정됩니다. 이를 통해 공정한 검증자 선출이 이루어집니다.
- **일반적인 PoS 기반 메커니즘 워크플로**: 노드는 거래를 진행하고, PoS 알고리즘은 모든 거래를 풀에 저장합니다. 다음 블록의 검증자가 되기 위해 경쟁하는 모든 노드는 자신의 지분을 올립니다. 이 지분은 코인 연령이나 무작위 블록 선택과 같은 요소와 결합되어 최종 검증자를 선정합니다. 검증자는 모든 거래를 검증하고 블록을 게시하며, 그의 지분은 여전히 잠겨 있고 보상은 아직 부여되지 않습니다. 이는 네트워크의 다른 노드가 새 블록을 'OK'할 수 있도록 하기 위한 절차입니다.

블록이 'OK'로 판별되면 검증자는 지분과 보상을 되돌려받습니다. 코인 연령 기반 메커니즘이 사용되는 경우, 현재 블록의 검증자는 코인 연령이 0으로 재설정되며, 이는 다음 검증자 선거에서 낮은 우선순위를 차지하게 만듭니다. 만약 블록이 네트워크의 다른 노드에 의해 검증되지 않으면, 검증자는 지분을 잃고 '불량'으로 표시됩니다. 이 과정은 다시 1단계로 돌아가 새 블록을 검증하는 프로세스를 시작합니다.

이러한 구조는 PoS가 기존 PoW 메커니즘의 단점을 보완하며, 보다 에너지 효율적이고 공정한 합의 메커니즘을 제공하는 데 기여합니다.

지분 증명(PoS) 특징

- **고정된 코인의 존재**: 지분 증명(PoS) 네트워크에서는 항상 유통되는 코인의 수가 한정되어 있습니다. 새로운 코인을 생성하는 방식은 존재하지 않으며, 이는 비트코인과 같은 작업 증명

(PoW) 기반 시스템에서 채굴을 통해 새로운 코인이 생성되는 것과 다릅니다. PoS 네트워크는 초기에는 한정된 수의 코인으로 시작하거나, 경우에 따라 '처음에는 PoW로 시작한 다음 PoS로 전환'하는 방식으로 운영됩니다. 이는 PoW를 통해 네트워크에 코인이나 암호화폐를 공급하고, 이후에 PoS 메커니즘으로 전환하여 보다 효율적인 블록 검증 과정을 도입하는 것을 의미합니다.

- **거래 수수료의 역할**: PoS 시스템에서 모든 거래에는 일정 금액의 수수료가 부과됩니다. 이 수수료는 누적되어 새로운 블록을 검증하는 주체, 즉 검증자에게 지급됩니다. 검증자가 위조된 블록을 생성하거나 사기를 저지를 경우, 해당 거래 수수료는 보상되지 않습니다. 이때, 검증자의 지분도 손실되는 결과를 초래하는데, 이를 '슬래싱(slasher)'이라고 부릅니다. 슬래싱은 부정행위를 방지하는 중요한 메커니즘으로, 네트워크의 신뢰성을 높이고 검증자에게 올바른 행동을 유도하는 역할을 합니다.

이러한 특징들은 지분 증명 시스템이 효율성과 안전성을 동시에 확보할 수 있도록 돕고, 기존의 작업 증명 방식의 단점을 보완하는 데 기여합니다.

PoS의 장점

- **에너지 효율성**: 지분 증명(PoS) 시스템에서는 모든 노드가 새 블록을 블록체인에 추가하기 위해 서로 경쟁하지 않습니다. 이로 인해 에너지를 절약할 수 있으며, 복잡한 수학 문제를 해결할 필요가 없기 때문에 추가적인 에너지 소모가 발생하지 않습니다. 이는 작업 증명(PoW) 시스템과 비교했을 때 큰 장점으로, 지속 가능한 블록체인 운영이 가능해집니다.
- **분산화**: PoS 기반 시스템에서는 보상이 지분의 양에 비례하여 선형적으로 분배됩니다. 이와 달리, PoW 시스템에서는 채굴 풀에 가입함으로써 지수적인 보상을 받을 수 있어 블록체인이 중앙화되는 경향이 있습니다. PoS에서는 추가적인 인센티브가 없으므로, 사용자가 채굴 풀에 가입하지 않고도 자신의 지분을 통해 직접 블록 검증에 참여할 수 있습니다. 이로 인해 분산화가 촉진되고, 보다 건강한 생태계가 형성됩니다.
- **보안**: PoS 네트워크에서는 공격자가 네트워크를 지배하기 위해 지분의 51%를 소유해야 합니다. 이는 상당한 비용을 수반하며, 따라서 공격의 경제적 유인이 줄어듭니다. 이러한 특성 덕분에 PoS는 보안성이 높아지고, 네트워크의 안정성과 신뢰성을 보장하는 데 기여합니다.

이러한 장점들은 PoS가 점차 많은 블록체인 프로젝트에서 채택되는 이유를 설명하며, 지속 가능하고 효율적인 암호화폐 운영을 위한 유력한 대안으로 자리 잡고 있습니다.

PoS 메커니즘의 약점

- **대규모 지분 검증자**: 검증자 후보 그룹이 암호화폐의 상당 부분을 소유하게 되면, 그들은 검증자가 될 가능성이 높아집니다. 이로 인해 보상을 더 많이 받을 수 있게 되고, 시간이 지남에 따라 그들의 통화 지분은 계속해서 증가하게 됩니다. 이 현상은 네트워크의 중앙 집중화를 초래할 수 있으며, 결국 소수의 검증자가 네트워크의 권력을 집중하게 될 위험이 있습니다.
- **새로운 기술**: PoS는 비교적 새로운 합의 알고리즘으로, 여전히 발전 중입니다. 결함을 발견하고 이를 수정하기 위한 연구가 진행되고 있으며, 실제 거래가 이루어지는 라이브 네트워크에서의 안정성은 아직 검증되지 않았습니다. 따라서 시스템의 신뢰성과 안전성을 보장하기 위해 추가적인 연구와 개발이 필요합니다.

결론적으로, 지분 증명(PoS)은 거래를 검증하는 데 필요한 컴퓨팅 파워를 줄이는 것을 목표로 합니다. PoS에서는 코인 소유자가 자신의 코인을 담보로 제공하여 거래와 블록을 검증할 수 있는 기회를 얻습니다. 이러한 코인 지분을 가진 사용자들은 '검증자'로 알려지며, 이들은 경쟁 기반 프로세스 없이 무작위로 선택되어 블록을 검증합니다.

예를 들어, 사용자가 이더리움에서 검증자가 되려면 일정량의 코인을 보유해야 하며, 여러 검증자들이 블록의 정확성을 확인한 후 블록이 확정되고 닫히는 방식입니다. PoS는 작업 증명(PoW)에서 발생하는 환경적 문제와 확장성 문제를 해결하기 위해 설계된 프로토콜입니다. PoW에서는 거래 검증을 위한 경쟁적 접근 방식이 적용되므로, 더 많은 컴퓨터 자원을 소유하고자 하는 유인이 커지게 되고 이는 결국 높은 에너지 소비와 부정적인 환경 영향을 초래합니다. 반면, PoS 시스템은 지분을 연산 처리 능력으로 효과적으로 대체하여 이러한 문제를 해결하려고 합니다.

Lesson

05

블록체인 위임 지분 증명

위임된 지분 증명(Delegated Proof of Stake, DPoS)은 지분 증명(Proof of Stake, PoS)의 변형된 형태로, **블록체인에서 트랜잭션을 검증하고 블록을 생성**하는 합의 메커니즘으로 DPoS는 참여자들이 자신의 지분을 다른 노드에게 "위임"하는 방식을 사용하여, 네트워크의 **확장성과 효율성**을 향상시키는 것을 목표로 합니다. 본 LESSON 05에서는 위임지분 증명(DPoS)에 대하여 알아보도록 하겠습니다.

위임 지분 증명(Delegated Proof of Stake, DPoS)은 블록체인에서 블록 검증을 보다 민주적이고 효율적인 방식으로 수행하는 합의 메커니즘(그림 4-12)으로, DPoS는 블록체인 네트워크의 구조를 혁신하여, 단일 노드가 모든 블록을 검증하는 대신 여러 노드가 동시에 참여할 수 있도록 합니다. 이는 비트코인이나 이더리움과 같은 전통적인 시스템에서 한 번에 한 명의 채굴자만 블록을 생성할 수 있는 방식과는 다른 접근으로 DPoS에서는 네트워크 사용자들이 자신이 신뢰하는 검증자에게 투표하여, 이들이 블록 생성 및 검증 과정에 참여할 수 있도록 합니다.

이러한 구조는 블록체인의 보안과 분산성을 크게 향상시키며, 네트워크의 확장성 문제를 해결하는 데 기여하며, DPoS는 여러 검증자가 포함되므로, 네트워크 공격이나 침해의 위험을 줄일 수 있습니다. 또한, DPoS는 위임자 또는 증인에게 투표하는 시스템을 기반으로 하여, 거래를 검증하고 블록체인의 무결성을 유지하는 데 중요한 역할을 수행하고, 각 위임자는 보유한 코인의 수에 비례하여 투표권을 가지며, 이들은 블록체인 네트워크의 안전성을 확보하는 데 기여합니다.

DPoS의 가장 큰 장점 중 하나는 거래 처리 속도입니다. DPoS는 초당 더 많은 거래를 처리할 수 있는 능력을 가지고 있어, PoW(작업 증명)나 PoS(지분 증명)보다 더욱 뛰어난 확장성을 제공합니다. 이로 인해 사용자들은 빠르고 효율적인 거래 경험을 누릴 수 있습니다.

위임 지분 증명 합의 알고리즘은 2014년 다니엘 라리머(Daniel Larimer)에 의해 개발되었습니다. 이 알고리즘은 비트셰어(Bitshares), 스팀(Steem), 아크(Ark), 리스크(Lisk)와 같은 여러 가상 자산 프로젝트에 적용되고 있습니다. DPoS는 코인 보유자들이 자신의 투표를 통해 신뢰할 수 있는 대표를 선출하는 시스템을 채택하며, 사용자는 자신을 대신해 네트워크를 보호할 몇 명의 대표에게 투표할 수 있으며, 이 대표는 새로운 블록의 생성과 검증 과정에서 합의를 도출할 책임이

그림 4-12 위임 지분 증명 방식

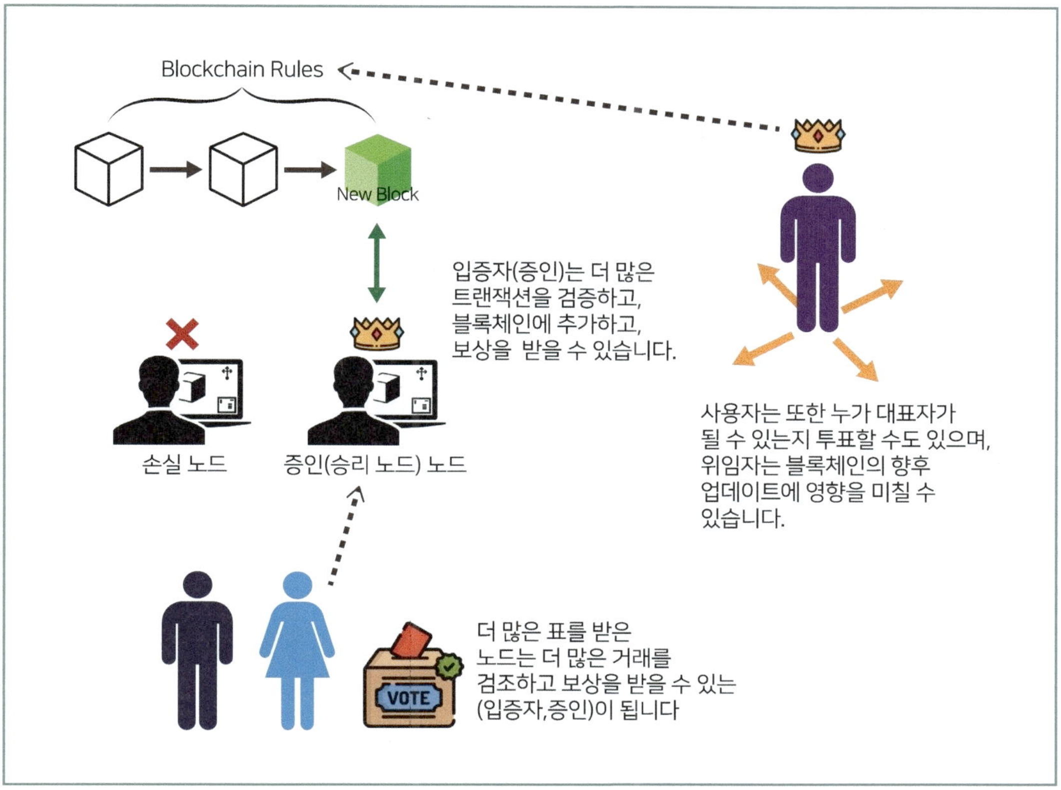

있습니다.

투표 시스템은 각 프로젝트마다 다르게 구성되지만, 일반적으로 대표가 제안하는 사항에 대해 투표를 요청하고, 이 과정에서 대표가 얻는 보상은 해당 투표자의 지분에 비례하여 나누어집니다. 이로 인해 DPoS 시스템은 대표의 평판에 직접적으로 의존하게 되며, 선출된 노드가 비효율적으로 작업하거나 부정 행위를 할 경우, 즉시 퇴출되고 다른 노드로 대체됩니다.

결론적으로, 위임 지분 증명(DPoS) 블록체인은 성능과 효율성 면에서 매우 뛰어나며, PoW와 PoS에 비해 더 많은 초당 트랜잭션을 처리할 수 있는 장점을 제공하며, 시스템은 블록체인의 민주성을 유지하면서도 고속 거래 처리와 안전성을 동시에 실현할 수 있는 혁신적인 솔루션으로 평가받고 있습니다.

위임 지분 증명 vs 지분 증명

지분 증명(Proof of Stake, PoS)과 위임 지분 증명(Delegated Proof of Stake, DPoS)은 모두 암호화폐의 합의 메커니즘으로, 참여자들이 보유한 지분에 따라 블록 검증에 참여하는 방식으로, 두 시스템 사이에는 중요한 차이점이 있습니다.

민주적 참여 방식

지분 증명에서는 모든 코인 보유자가 블록 생성 및 검증에 직접 참여할 수 있으며, 검증자는 자신의 지분에 비례하여 블록을 생성할 기회를 얻고, 그 과정에서 보상을 받습니다. 반면, 위임 지분 증명에서는 코인 보유자들이 자신이 신뢰하는 검증자를 선택하여 투표함으로써 블록 생성자(대표)를 선출하며, 이 시스템은 더 민주적이며, 검증자는 유권자들의 지지를 받아야만 지속적으로 역할을 수행할 수 있습니다. 따라서, 정직하고 효율적인 활동을 하지 않을 경우 즉시 투표에서 제외될 위험이 있습니다.

성능과 확장성

DPoS는 초당 처리할 수 있는 트랜잭션 수에서 PoS보다 우수한 성능을 자랑합니다. DPoS 시스템은 여러 검증자가 동시에 블록을 생성할 수 있는 구조를 가지고 있어, 거래 처리 속도가 빠릅니다. 반면, PoS는 모든 검증자가 직접 블록 생성에 참여하므로, 처리 속도가 느려질 수 있습니다.

보안 메커니즘

두 시스템 모두 보안성을 유지하기 위해 지분의 51%를 보유한 공격자를 방지하는 구조를 갖추고 있지만, DPoS에서는 대표가 부정행위를 할 경우 즉각적인 퇴출이 가능하므로 더욱 역동적인 보안 체계를 갖추고 있습니다. 이는 네트워크의 신뢰성을 높이는 데 기여합니다.

결국, 지분 증명과 위임 지분 증명은 기본적인 원리는 같지만, 블록 생성 방식과 거래 처리 속도, 민주적 참여 방식에서 중요한 차이를 보입니다. DPoS는 보다 효율적이고 분산된 시스템을 제공하며, 네트워크의 안전성과 신뢰성을 높이는 데 기여합니다. 이러한 특성 덕분에 DPoS는 암호화폐 생태계에서 점점 더 많은 관심과 채택을 받고 있습니다

위임 지분 증명 vs 작업 증명

위임 지분 증명(Delegated Proof of Stake, DPoS)과 작업 증명(Proof of Work, PoW)은 블록체

인 네트워크에서 합의에 도달하는 두 가지 주요 방식으로, 각각 고유한 특징과 장단점을 가지고 있습니다.

블록 생산 과정

작업 증명에서는 블록 생성자가 복잡한 수학적 문제를 해결해야 하며, 이를 위해 막대한 컴퓨팅 파워와 에너지를 소모합니다. 이러한 경쟁 기반 접근 방식은 블록체인 네트워크의 보안을 높이는 반면, 많은 전력을 필요로 하여 환경에 부정적인 영향을 미칠 수 있습니다.

반면, 위임 지분 증명은 블록 생산 과정을 간소화합니다. DPoS에서는 코인 보유자들이 신뢰하는 검증자를 선출하고, 이 검증자가 정해진 순서에 따라 블록을 생산합니다. 이는 경쟁을 줄이고, 블록 생성의 속도를 높이며, 트랜잭션 처리가 더욱 신속하게 이루어지도록 합니다.

처리 속도 및 효율성

DPoS는 초당 처리할 수 있는 트랜잭션 수에서 PoW보다 우수한 성능을 발휘합니다. PoW 시스템은 각 블록을 생성하기 위해 모든 마이너가 경쟁해야 하므로, 거래 처리 속도가 느려질 수 있습니다. 반면, DPoS에서는 각 검증자가 차례로 블록을 생성하므로, 거래 확인 시간이 단축됩니다.

보안 및 중앙 집중화

작업 증명은 높은 보안성을 유지하며, 이를 통해 블록체인 네트워크를 공격하기 위한 자원 소모가 막대하므로 안전한 것으로 간주됩니다. 그러나, PoW의 경쟁 구조는 때때로 중앙 집중화 문제를 초래할 수 있습니다. 고성능 하드웨어를 소유한 소수의 마이너가 네트워크를 지배하게 되는 경우가 발생할 수 있습니다.

위임 지분 증명은 대표적인 검증자들에 의한 투표 시스템을 통해 보안을 유지하면서도, 검증자의 행동을 모니터링하여 중앙 집중화의 위험을 줄입니다. 또한, DPoS 시스템에서는 잘못된 행동을 하는 검증자가 즉시 교체될 수 있으므로, 네트워크의 신뢰성을 더욱 강화합니다.

권한 증명(PoA)과의 관계

일부 전문가들은 위임 지분 증명을 권한 증명(Proof of Authority, PoA) 시스템으로 간주하기도 합니다. PoA는 특정 권한을 가진 검증자들이 블록을 생성하는 방식으로, DPoS와 유사한 구조를 가지고 있지만, PoA는 더 제한된 수의 검증자만을 허용합니다. 따라서 DPoS가 더 많은 참여자에게 개방적인 반면, PoA는 특정한 권한을 가진 검증자들로 제한됩니다.

결론적으로, 위임 지분 증명은 작업 증명의 에너지 소모 문제를 해결하며, 블록 생성 과정을 간소화하여 더 빠르고 효율적인 거래 처리를 가능하게 합니다. 그러나 작업 증명은 여전히 보안성과 신뢰성을 제공하는 방식으로, 중요한 자금 전송에 널리 사용되고 있습니다. DPoS와 PoW 각각의 장단점을 이해하고 적절한 상황에 맞춰 사용하는 것이 중요합니다.

블록체인 권한 증명

Lesson

06

블록체인 권한 증명(Proof of Authority, PoA)은 **블록체인에서 트랜잭션을 검증**하고 **블록을 생성**하는 합의 메커니즘 중 하나로 PoA는 **중앙화된 신뢰성**을 바탕으로 하여, 블록체인 네트워크의 보안을 유지하는 방식입니다. 권한 증명에서는 블록 생성자의 **신뢰성**을 중요한 요소로 삼으며, 주로 **미리 선정된 노드**들이 블록을 생성하고 검증하는 방식으로 운영됩니다. LESSON 06에서는 권한 증명(PoA)에 대하여 알아보도록 하겠습니다.

권한 증명(Proof of Authority, PoA) 합의 알고리즘(그림 4-13)은 전력 소모가 많고 확장성이 떨어지는 작업 증명(Proof of Work, PoW) 알고리즘에 대한 효율적이고 확장성이 뛰어난 대안으로 부각되고 있습니다. PoA에서는 블록 검증자가 코인 대신 개인의 평판과 신원을 기반으로 활동하기 때문에, 시스템의 보안성이 강화됩니다.

- **검증자의 역할과 선택**: PoA 기반 블록체인 네트워크는 제한된 수의 검증 노드로 구성되어 있으며, 이들은 사전 승인된 신뢰할 수 있는 참여자들입니다. 이러한 검증 노드는 블록과 거래를 검증하기 위해 임의로 선택되며, 시스템의 관리자 역할을 수행합니다. 검증자의 신원은 투명하게 알려져 있기 때문에 사용자들은 높은 신뢰성을 가지고 거래를 진행할 수 있습니다.

그림 4-13 권한 증명 트랜잭션

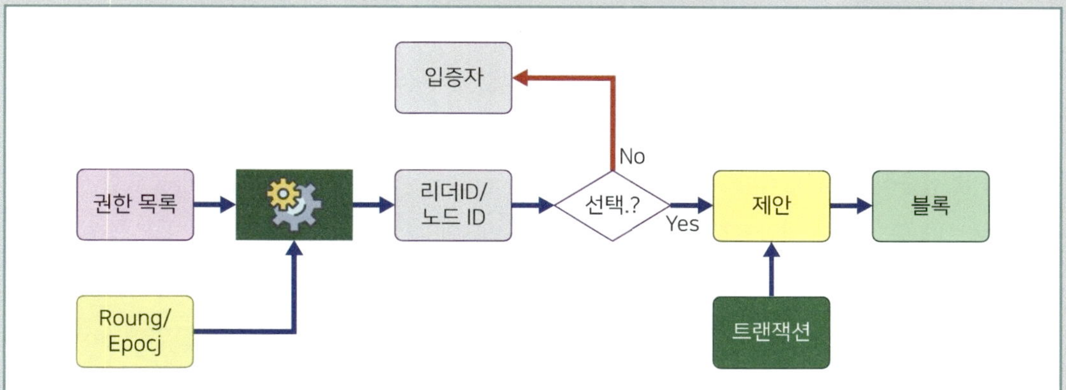

- **효율성과 확장성**: PoA 알고리즘은 PoW보다 뛰어난 확장성을 제공하며, 빠른 거래 처리를 가능하게 합니다. 블록 검증이 검증자의 평판에 기반하므로, 거래의 처리 속도가 빨라져 효율성이 극대화됩니다. 이는 특히 공급망이나 무역 네트워크와 같은 물류 애플리케이션에 적합합니다.
- **PoA의 기원과 발전**: PoA라는 용어는 2017년, 폴카닷과 쿠사마 블록체인의 창시자인 개빈 우드에 의해 처음 사용되었습니다. PoA는 작업 증명 블록체인이 직면한 확장성 문제를 해결할 수 있는 잠재력을 가지고 있어 많은 관심을 받고 있습니다. 검증자 수가 적기 때문에 블록체인은 더욱 신속하게 확장할 수 있습니다.
- **주요 블록체인 프로젝트**: PoA 또는 그 변형을 사용하는 주목할 만한 블록체인 프로젝트에는 BNB 체인, HECO, 크로노스, OKExChain, VeChain 등이 있습니다. 이러한 프로젝트들은 PoA의 장점을 활용하여 빠르고 효율적인 거래를 가능하게 하며, 다양한 산업에서 블록체인 기술을 적용하고 있습니다.

결론적으로, 권한 증명(Proof of Authority, PoA) 합의 알고리즘은 블록체인 기술의 확장성과 효율성을 개선하는 데 중요한 역할을 합니다. 신뢰할 수 있는 검증자의 평판에 의존함으로써 PoA는 안정적인 거래 환경을 제공하며, 다양한 산업에서 효과적으로 활용될 수 있는 잠재력을 지니고 있습니다. PoA와 같은 혁신적인 합의 메커니즘은 블록체인의 미래에 기여할 중요한 요소로 자리 잡고 있습니다.

권한 증명의 장단점

장점

- **더 빠른 확장성**: PoA 블록체인은 하드웨어 집약적인 연산 능력을 필요로 하는 PoW 블록체인보다 더 많은 트랜잭션을 신속하게 실행할 수 있습니다. 이는 제한된 수의 검증 노드가 존재하기 때문에 블록 확인 속도가 상당히 빨라지는 결과를 가져옵니다.
- **중앙 집중식 목적에 적합**: 기업이나 조직이 안전하게 운영할 수 있는 기술이 필요할 때, PoA는 보다 중앙화된 대안으로 적합합니다. PoW와 PoS는 지나치게 탈중앙화된 특성을 가지지만, PoA는 통제력을 유지할 수 있는 환경을 제공합니다.
- **계산 효율성**: PoA는 블록 검증 과정에서 검증자의 신원을 활용합니다. 이로 인해 PoW 블록체인보다 더 적은 에너지를 소모하며, 블록 검증을 위한 운영이 더욱 효율적입니다.

단점

- **탈중앙화에 반대**: PoA는 기업이나 조직에서 활용하기에 적합하지만, 탈중앙화가 부족하다는 단점이 있습니다. PoA 네트워크에서 노드를 운영하려면 블록체인 조직자의 허가가 필요하므로, 데이터 변경이 가능해집니다. 따라서 탈중앙화된 환경을 구축하려는 경우 PoA는 효율적인 합의 방법이 아닐 수 있습니다.
- **공격에 취약함**: 검증자 수가 제한적이라는 점은 보안상의 취약점으로 작용할 수 있습니다. 해커가 특정 노드를 조작할 경우, 해당 노드가 주요 검증자라면 네트워크에 심각한 영향을 미칠 수 있습니다. 이는 전체 시스템의 안전성을 위협하는 요소로 작용할 수 있습니다.

권한 증명(Proof of Authority, PoA)은 블록체인 기술의 효율성과 빠른 거래 처리 속도를 제공하는 유용한 합의 알고리즘입니다. 그러나 탈중앙화와 보안 측면에서는 제한적인 요소가 존재하므로, 활용 목적에 따라 장단점을 신중히 고려해야 합니다. PoA는 특정 환경에서는 효과적일 수 있지만, 탈중앙화된 네트워크를 지향하는 경우에는 다른 합의 알고리즘을 고려하는 것이 바람직합니다.

권한 증명의 작동 원리

권한 증명(Proof of Authority, PoA) 시스템은 제한된 수의 검증자가 참여하는 구조로 설계되어 있습니다. 각 PoA 검증자는 고유하고 검증된 신원을 보유하며, 이들은 서로의 신원을 평가하는 과정을 거칩니다. 이 평판 시스템은 이커머스 웹사이트의 리뷰나 평점 시스템과 유사하게 작동합니다. 검증자의 평판이 높을수록 다음 블록을 확인하도록 선택될 가능성이 커집니다. PoA 합의를 시작하기 위해서는 반드시 한 명의 검증자가 선택되어야 합니다. 지속 가능한 운영을 위해, 이 검증자는 다른 검증자들로부터 신뢰할 수 있는 평가를 받아야 합니다. 건강한 검증자 선택은 네트워크의 원활한 운영을 보장합니다.

PoA 컨센서스는 일반적으로 다음 단계에 따라 작동합니다.

1. 검증자 선택: 블록체인은 블록 검증을 시작하기 위해 하나의 검증자를 기본으로 선택합니다.
2. 트랜잭션 수신 및 검증: 기본 검증자는 새로운 블록의 트랜잭션을 수신하고 이를 검증합니다.
3. 블록 확인: 다른 검증자들은 기본 검증자가 검증한 블록을 확인합니다.
4. 합의 도달: 검증자들이 합의에 도달하면, 체인은 새 블록으로 업데이트됩니다.
5. 평판 평가: 검증자는 블록을 왜곡하지 않을 경우, 그 평판이 유지되거나 향상됩니다. 그러나

블록 검증에서 부정행위가 발생하면 그들의 평판은 손상될 수 있습니다.

이 시스템은 검증자의 신뢰성과 평판에 크게 의존하며, 따라서 높은 품질의 검증자들이 참여해야 네트워크의 안정성과 신뢰성이 유지됩니다. PoA는 이러한 방식으로 신속한 블록 생성과 거래 검증을 가능하게 하여, 효율적이고 안정적인 블록체인 환경을 제공합니다.

블록체인 경과 시간 증명

Lesson
07

블록체인 경과 시간 증명(Proof of Elapsed Time, PoET)은 블록체인 합의 메커니즘 중 하나로, **블록 생성자의 선출**과 **트랜잭션 검증**을 위해 **경과된 시간**을 기준으로 합의를 이루는 방식입니다. PoET는 작업 증명(Proof of Work, PoW)이나 지분 증명(Proof of Stake, PoS)과 같은 기존의 방식들과 달리, **블록 생성자를 랜덤하게 선정**하는 방식으로 **에너지 소비**를 최소화하면서 **공정성**과 **효율성**을 추구하는 시스템입니다. LESSON 07에서는 경과 시간증명(POET)에 대하여 알아보도록 하겠습니다.

경과 시간 증명(Proof of Elapsed Time, PoET) 합의 메커니즘은 2016년 초 인텔 코퍼레이션에 의해 개발되었습니다. 이는 허가된 블록체인 네트워크에서 다음 블록을 생성할 참여자를 공정하게 결정할 수 있는 방법 중 하나로 평가받고 있으며, 인텔은 이 메커니즘을 Hyperledger Sawtooth 프로젝트에 통합하기 위해 Linux Foundation 및 IBM과 협력하여 오픈 소스 솔루션을 제공하였습니다. PoET는 개인 또는 허가된 블록체인 네트워크에서 사용되며, 각 노드에 대해 블록 생성에 필요한 대기 기간을 할당하는 방식으로 작동합니다. 대기 기간이 가장 짧은 노드가 블록 생성의 기회를 얻게 되며, 이 과정은 인텔의 소프트웨어 가드 확장(Software Guard Extensions, SGX)이라는 특수한 CPU 명령어 집합을 활용하여 신뢰할 수 있는 시간 측정을 보장합니다.

PoET는 비잔틴 장애 허용(Byzantine Fault Tolerance, BFT) 모델을 기반으로 하며, 작업 증명(Proof of Work, PoW)에서 발생하는 높은 에너지 소비를 줄이는 것을 목표로 하고 있으며, 또한 Sybil 공격과 같은 다양한 공격에 저항할 수 있도록 설계되어, 노드 간의 신뢰를 높이고 보안을 강화합니다. 이 메커니즘은 PoW에 비해 더 많은 거래와 참여자를 처리할 수 있는 능력을 갖추고 있어, 모든 노드가 새로운 블록을 제안할 동등한 기회를 보장하는데, 결론적으로, PoET는 에너지 효율성을 높이고 공정한 블록 생성 기회를 제공함으로써 블록체인 네트워크의 효율성을 증대시키는 데 기여합니다. 이러한 특징 덕분에 PoET는 특히 허가된 블록체인 환경에서 유용하게 사용될 수 있습니다.

PoET의 주요 특징

경과 시간 증명(Proof of Elapsed Time, PoET)의 주요 기능은 다음과 같습니다.

- **낮은 전력 소비**: PoET는 복잡한 계산을 피함으로써 에너지 사용을 최소화합니다. 합의 과정은 계산 퍼즐을 푸는 대신 대기 기간을 통해 이루어집니다.
- **대량 거래량 처리**: PoET의 설계는 대량의 거래와 참여자를 효율적으로 처리할 수 있도록 되어 있어, 확장 가능한 블록체인 네트워크에 매우 적합합니다.
- **효율적인 리소스 활용**: PoET는 계산 요구 사항이 감소하기 때문에, 작업 증명(Proof of Work, PoW) 기반 시스템에 비해 더 높은 거래 처리량을 지원할 수 있습니다.
- **노드에 대한 동등한 기회**: PoET에서 모든 노드는 블록 제안자로 선택될 동등한 기회를 갖습니다. 이는 블록 생성이 무작위 대기 시간에 기반하기 때문입니다.
- **무작위 선택**: 무작위 대기 시간을 사용함으로써, 블록 생성 기회가 모든 노드에 공평하게 분산되어 있습니다. 이로 인해 블록 생성의 공정성이 보장됩니다.
- **낮은 인프라 비용**: 고성능 컴퓨팅 하드웨어에 대한 필요성이 줄어들면서, PoET 기반 블록체인 네트워크를 운영하는 데 필요한 전체 인프라 비용이 감소합니다. 이러한 특징들은 PoET를 에너지 효율적이고 확장 가능한 블록체인 솔루션으로 만들어, 다양한 애플리케이션에서 효과적으로 활용될 수 있도록 합니다.

PoET의 작동을 위한 세 가지 요소

경과 시간 증명(Proof of Elapsed Time, PoET)이 최적으로 작동하기 위해서는 다음 세 가지 중요한 요소가 필요합니다.

- **안전하고 신뢰할 수 있는 하드웨어**: PoET는 경과 시간의 안전하고 정확한 측정을 보장하기 위해 Intel의 Software Guard Extensions(SGX) 또는 유사한 신뢰할 수 있는 실행 환경(TEE)에 의존합니다. 이러한 안전한 하드웨어가 없다면, 악의적인 행위자가 대기 시간이나 선택 프로세스를 조작할 수 있어, 합의 프로세스의 공정성과 신뢰성이 크게 손상될 수 있습니다.
- **네트워크 참여 및 공정성**: PoET가 효과적으로 기능하려면 충분히 크고 다양한 노드 집합이 네트워크에 참여해야 합니다. 각 노드는 대기 기간 및 블록 제안에 관한 프로토콜을 준수해야 합니다. 만약 소수의 노드만 참여하거나, 노드가 프로토콜을 제대로 따르지 않을 경우, 합의 메커니즘이 편향되거나 불공평해질 수 있으며, 이는 중앙 집중화로 이어질 위험이 있습니다.

- **견고한 무작위화 및 시간 측정**: PoET는 각 노드가 새 블록을 제안할 동등한 기회를 갖도록 무작위 대기 시간 생성에 의존합니다. 이 무작위화 과정에 결함이 있거나 예측 가능성이 있다면, 특정 노드에 불공평한 이점이 주어질 수 있어 합의 프로세스의 공정성을 훼손할 수 있습니다.

이러한 세 가지 요소는 PoET의 공정성과 효율성을 보장하는 데 필수적이며, 블록체인 네트워크의 신뢰성을 유지하는 데 중요한 역할을 합니다.

PoET의 작동 방식

경과 시간 증명(Proof of Elapsed Time, PoET)의 작동 방식(그림 4-14)은 다음과 같은 단계로 구성됩니다.

1. **초기화**: 각 노드는 Intel SGX와 같은 보안 하드웨어를 설정하여 신뢰할 수 있는 실행 환경과 무작위 대기 시간 생성을 활성화합니다.
2. **무작위 대기 시간 생성**: 각 노드는 보안 하드웨어를 통해 무작위 대기 시간을 생성합니다. 이 하드웨어는 노드가 대기 시간을 예측하거나 변경할 수 없도록 보장하여, 선택 프로세스의 공정성을 유지합니다.
3. **대기 기간**: 각 노드는 새로운 블록을 제안하기 전에 임의로 결정된 기간 동안 기다립니다. 이 기간 동안 노드는 어떠한 계산 작업도 수행하지 않으며, 이는 전통적인 작업 증명(PoW) 방식과는 대조적입니다.
4. **블록 제안**: 대기 기간이 종료된 후, 가장 오래 기다린 노드가 다음 블록을 제안할 자격을 부여받습니다. 해당 노드는 제안된 블록을 네트워크에 브로드캐스트합니다.
5. **블록 검증**: 네트워크의 다른 노드는 제안된 블록의 합법성을 검증하고, 제안자가 대기 시간 프로토콜을 준수했는지를 확인합니다. 이 과정에는 제안자의 대기 시간이 실제로 무작위로 생성되었는지, 조작되지 않았는지를 검증하는 작업이 포함됩니다.
6. **합의 달성**: 제안된 블록이 유효하고 네트워크의 합의 규칙을 충족하면, 해당 블록은 블록체인에 추가됩니다. 이후 네트워크는 새 상태에 대한 합의에 도달하고, 각 노드는 다음 라운드의 블록 제안을 위한 새로운 무작위 대기 시간을 생성하여 프로세스를 다시 시작합니다.

이러한 단계들은 PoET가 공정하게 작동할 수 있도록 보장하며, 각 노드가 블록 생성 과정에 동등하게 참여할 수 있는 기회를 제공합니다. PoET는 이 과정을 통해 에너지 소비를 줄이면서도

그림 4-14 PoET 프로토콜

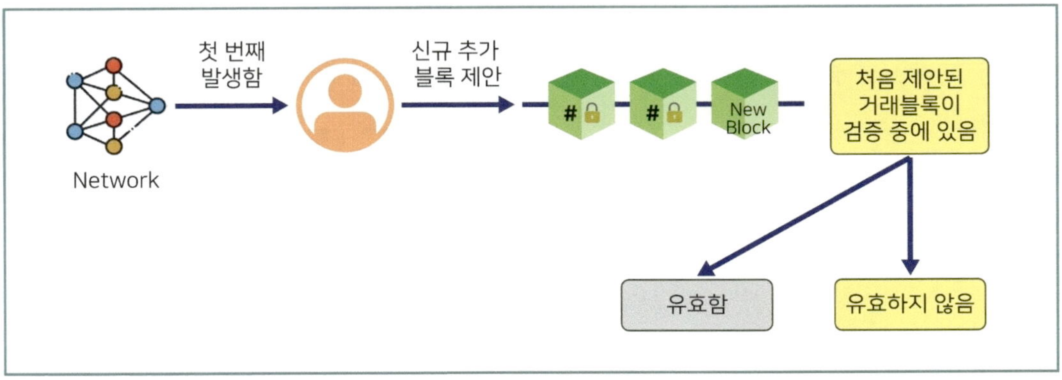

블록체인의 효율성과 신뢰성을 높이는 데 기여합니다

PoET의 아키텍처

경과 시간 증명(Proof of Elapsed Time, PoET)의 전반적인 아키텍처는 여러 구성 요소로 이루어져 있으며, 이들은 함께 작동하여 공정하고 안전한 블록체인 합의 프로세스를 보장합니다. 주요 구성 요소는 다음과 같습니다.

- **보안 하드웨어**: PoET는 Intel의 Software Guard Extensions(SGX)와 같은 신뢰할 수 있는 하드웨어를 활용하여 무작위 대기 시간을 생성하고 적용하는 안전한 실행 환경을 제공합니다. 이 하드웨어는 대기 시간이 안전하게 생성되며 변조되거나 예측될 수 없음을 보장하여, 합의 프로세스의 신뢰성을 높입니다.
- **PoET 소프트웨어 구성 요소**: 이 구성 요소는 PoET 알고리즘을 구현하며, 노드 간 상호작용 및 합의 도달 방식을 관리합니다. 소프트웨어는 각 노드가 효율적으로 작동하고 네트워크의 무결성을 유지할 수 있도록 지원합니다.
- **노드**: PoET 기반 네트워크의 노드는 합의 프로세스에 참여하며, 무작위 대기 시간 생성, 블록 제안 및 거래 검증 등의 역할을 수행합니다. 각 노드는 블록체인의 기능성과 효율성을 보장하는 데 필수적입니다.
- **통신 계층**: 이 계층은 노드 간의 원활한 통신을 지원하여 블록 제안과 거래 정보를 Broadcasting합니다. 통신 계층은 정보 전파의 신속성과 정확성을 보장하여 네트워크의 효율성을 높입니다.

- **네트워크 계층**: 모든 노드를 연결하고 PoET 합의 프로세스에 필요한 통신을 지원하는 기본 네트워크 인프라입니다. 이 계층은 네트워크의 안정성과 확장성을 제공하며, 노드 간의 원활한 상호작용을 촉진합니다.
- **보안 계층**: PoET 프로세스의 무결성과 보안을 보장하는 계층으로, 안전한 대기 시간 생성 및 측정을 포함합니다. 또한, 제안된 블록의 검증을 통해 블록체인 네트워크의 안전성을 강화합니다.

이러한 구성 요소들은 상호 연결되어 PoET의 전체 아키텍처를 형성하며, 공정하고 효율적인 블록체인 합의를 가능하게 합니다. PoET는 이 과정을 통해 에너지 소비를 줄이고, 블록체인의 확장성과 신뢰성을 동시에 향상시키는 데 기여합니다.

Lesson 08

블록체인의 비잔틴 장군 문제

비잔틴 장군 문제(Byzantine Generals Problem)는 분산 컴퓨터 시스템에서의 **신뢰성**과 **합의**를 다룬 문제로, 특히 **블록체인**과 같은 분산 시스템에서 중요한 개념으로, 이 문제는 **부분적으로 신뢰할 수 없는 시스템**에서 **어떻게 일관된 결정을 내릴 수 있는지**에 대한 질문을 제기합니다. 블록체인에서의 **합의 메커니즘**이 바로 이 문제를 해결하기 위한 핵심적인 접근 방식으로 LESSON 08에서는 비잔틴 장군의 문제를 다루도록 하겠습니다.

비잔틴 장군 문제는 1982년 레슬리 램포트, 로버트 쇼스탁, 마셜 피즈에 의해 제안된 개념(그림 4-15)으로, 컴퓨터 공학 및 분산 시스템에서 오랫동안 해결되지 않은 중요한 문제입니다. 이 문제는 "비잔틴 장군의 딜레마"라는 이름으로도 알려져 있으며, 신뢰할 수 있는 중앙 권한 없이 여러 당사자 간의 합의 도달을 어떻게 보장할 수 있는지를 설명합니다.

비잔틴 장군 문제는 다음과 같은 상황으로 추상화됩니다. 여러 장군이 적 도시를 포위하고 있으며, 이들은 메신저를 통해 소통합니다. 이들 중 일부는 배신자일 수 있으며, 충성스러운 장군들이 공통의 전투 계획에 합의해야 합니다. 문제는 배신자가 충성스러운 장군들을 혼란스럽게 만들

그림 4-15 레슬리 램포트 논문

The Byzantine Generals Problem

LESLIE LAMPORT, ROBERT SHOSTAK, and MARSHALL PEASE
SRI International

Reliable computer systems must handle malfunctioning components that give conflicting information to different parts of the system. This situation can be expressed abstractly in terms of a group of generals of the Byzantine army camped with their troops around an enemy city. Communicating only by messenger, the generals must agree upon a common battle plan. However, one or more of them may be traitors who will try to confuse the others. The problem is to find an algorithm to ensure that the loyal generals will reach agreement. It is shown that, using only oral messages, this problem is solvable if and only if more than two-thirds of the generals are loyal; so a single traitor can confound two loyal generals. With unforgeable written messages, the problem is solvable for any number of generals and possible traitors. Applications of the solutions to reliable computer systems are then discussed.

Categories and Subject Descriptors: C.2.4. [**Computer-Communication Networks**]: Distributed Systems—*network operating systems*; D.4.4 [**Operating Systems**]: Communications Management—*network communication*; D.4.5 [**Operating Systems**]: Reliability—*fault tolerance*

General Terms: Algorithms, Reliability

Additional Key Words and Phrases: Interactive consistency

수 있기 때문에, 이들이 합의에 도달할 수 있도록 보장하는 알고리즘을 찾는 것입니다.

비잔틴 장군 문제의 핵심 요소

- **오작동 구성 요소**: 신뢰할 수 없는 메신저 또는 배신자가 존재할 수 있는 환경에서, 충성스러운 장군들이 정보를 올바르게 전달받는 것이 어렵습니다.
- **합의 알고리즘**: 이 문제를 해결하기 위해, 시스템은 충성스러운 장군들이 합의에 도달하도록 돕는 알고리즘을 필요로 합니다. 예를 들어, 충성스러운 장군이 전체의 3분의 2 이상일 경우, 합의가 이루어질 수 있습니다.
- **결함 허용**: 이론적으로, 시스템은 특정 수의 노드가 결함이 있거나 악의적일 때에도 여전히 합의에 도달해야 합니다. 일반적으로 전체 노드 수의 3분의 1까지의 오류 노드를 허용할 수 있습니다.

비잔틴 장애 허용(BFT)

비잔틴 장애 허용(BFT) 합의 메커니즘은 이러한 비잔틴 장군 문제를 해결하기 위해 설계되었습니다. BFT는 다음과 같은 기능을 가지고 있습니다.

- **합의 도달 보장**: 충실한 노드들이 동일한 값이나 블록에 동의하도록 하여, 시스템이 일관되게 운영될 수 있도록 합니다.
- **오류 노드 허용**: BFT 프로토콜은 일정 수의 결함 노드가 존재하더라도 올바르게 작동하고 합의에 도달할 수 있도록 설계되었습니다.
- **신뢰성 유지**: 비록 일부 노드가 악의적이거나 실패하더라도, 전체 네트워크의 안정성을 유지하며 공통의 목표에 도달할 수 있도록 합니다.

비잔틴 군대는 이러한 고전적 문제인 비잔틴 장군 문제(그림 4-16)에서 많은 대대로 나뉘었고, 각 사단은 장군이 지휘했습니다. 장군들은 메신저를 통해 연락하여 모든 대대가 협력하고 모든 방향에서 공격하여 성공을 거두는 공동 행동 계획에 합의합니다. 반역자들이 메시지를 가로채거나 바꾸어 그들의 계획을 방해하려 할 가능성이 높습니다. 결과적으로, 이 도전의 목적은 사기꾼들이 그들의 계획을 방해하지 않고 모든 충실한 지휘관들이 합의에 도달하는 것입니다. 비잔틴 장애 허용(BFT)은 결함이 있거나 악의적인 참여자가 있는 경우에도 네트워크의 분산 노드 간 합의를 이루도록 설계된 합의 메커니즘입니다. 이 문제는 참여자가 실패하거나 사기를 칠 수 있는 시스템에서 합의에 도달하는 것이 얼마나 어려운지를 보여 줍니다. 목표는 이러한 문제에도 불구하고 전

그림 4-16 비잔티움 장군 딜레마 상황

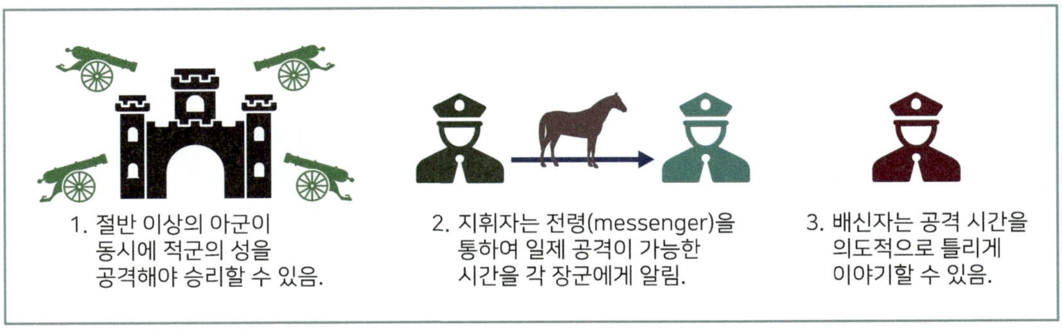

략이나 행동에 대한 합의에 도달하는 것입니다. BFT 프로토콜은 일정 수의 오류 노드(일반적으로 전체 노드의 3분의 1까지)를 허용하면서도 여전히 올바르게 작동하고 합의에 도달할 수 있습니다. BFT는 모든 결함 없는 노드가 동일한 값이나 블록에 동의하고 결함 있는 노드가 있어도 시스템이 일관되고 작동 상태를 유지하도록 보장합니다

결론적으로, 비잔틴 장군 문제는 분산 시스템에서 합의의 복잡성을 설명하며, 신뢰할 수 없는 환경에서도 어떻게 안정적인 합의를 이룰 수 있는지를 탐구하는 중요한 문제입니다. 블록체인 기술은 이러한 문제를 해결하기 위한 다양한 합의 메커니즘을 통해, 분산된 당사자들 간의 신뢰를 구축하고 공정한 거래를 보장하는 데 기여하고 있습니다.

돈과 비잔틴 장군의 문제

돈은 사회에서 가치가 동일해야 하는 중요한 자산으로, 모든 사람이 특정 금액의 가치를 동의해야 합니다. 초기에는 귀금속이나 희귀 상품이 돈으로 선택되었는데, 이는 이들의 가치가 사회적으로 인정받았기 때문입니다. 그러나 귀금속의 경우, 금속의 순도를 확인하기 어렵고 확인 과정이 복잡해 일상적인 거래에서 비효율적이었습니다. 이에 따라, 신뢰할 수 있는 중앙 당사자는 금과 같은 자산을 통해 돈의 시스템을 구축하고 유지하기로 결정했습니다.

하지만 시간이 지나면서, 중앙 당사자가 아무리 자격이 있다 하더라도 데이터 조작이 쉽다는 점이 드러났습니다. 이는 중앙 집중식 시스템이 비잔틴 장군 문제를 효과적으로 해결하지 못한다는 것을 의미합니다. 중앙 집중식 시스템은 투명성을 확보하지 않기 때문에 데이터 손상 가능성이 높습니다. 이러한 시스템은 효율성을 추구하기 위해 투명성을 포기하는 경향이 있으며, 이로 인해 문제가 발생할 경우 이를 적절히 해결하기 어렵습니다.

가장 큰 문제는 중앙 기관이 부패에 취약하다는 점입니다. 중앙 집중형 시스템은 모든 권한을 한 명의 중앙 의사결정권자에게 집중시키기 때문에, 데이터베이스를 제어하는 사람이라면 누구나 데이터를 조작할 수 있습니다. 이러한 중앙 집중형 구조는 데이터의 무결성과 신뢰성을 심각하게 훼손할 수 있습니다.

이에 대한 해결책으로 비트코인은 블록체인을 활용하여 검증 가능하고 위조 불가능하며 신뢰가 필요 없는 분산형 돈 시스템을 만들어냈습니다. 블록체인은 모든 거래를 투명하게 기록하고, 여러 참여자가 동시에 확인함으로써 중앙 기관 없이도 신뢰를 구축할 수 있도록 합니다. 이는 비잔틴 장군 문제를 극복하고, 경제 시스템의 신뢰성을 강화하는 데 중요한 역할을 합니다.

분산형 시스템 과제로서의 비잔틴 장군 문제

비잔틴 장군 문제는 탈중앙화 환경에서 합의를 달성하는 데 따르는 어려움을 잘 설명해 줍니다. 이 문제는 여러 당사자가 시스템의 무결성을 유지하기 위해 합의에 도달해야 하는 상황을 다루며, 특히 블록체인과 같은 분산형 시스템에서 중요한 과제로 인식됩니다.

비유적으로, 비잔틴 장군들은 서로 통신하는 군대의 지휘관들로 상징됩니다. 이들은 각기 다른 메시지를 통해 공격 또는 후퇴라는 공동의 결정을 내려야 합니다. 이 과정에서 충성스러운 장군과 비잔틴(악의적인) 장군이 혼재되어 있으므로, 신뢰할 수 없는 커뮤니케이션 경로를 통해 메시지가 왜곡될 수 있습니다.

그림 4-17은 이러한 군사적 비유를 시각화합니다. 각 원은 장군을 나타내며, 그 색깔에 따라 충성스럽거나 비잔틴적이며 실패한 장군을 구분합니다. 이 원들은 선으로 연결되어 있으며, 이는 장군 간의 커뮤니케이션 채널을 표시합니다. 일부 선은 신뢰할 수 없는 커뮤니케이션을 나타내며, 이는 메시지가 왜곡될 가능성을 암시합니다.

다이어그램에는 각 장군이 다른 장군에게 보내는 투표(공격 또는 후퇴)를 나타내는 화살표가 포함되어 있습니다. 빨간색 화살표는 공격 결정을, 녹색 화살표는 후퇴 결정을 나타냅니다. 별 모양의 아이콘은 해당 결정이 정확했는지 여부를 나타내며, 최종 결정임을 나타냅니다.

이와 같은 시각적 표현은 비잔틴 장군 문제의 복잡성을 명확하게 보여 줍니다. 분산형 시스템에서는 여러 참여자가 시스템 상태에 대한 합의를 이루어야 하며, 이 과정에서 충성스러운 참여자들이 사기꾼이나 실패한 참여자의 간섭으로부터 보호받아야 합니다. 따라서 이러한 문제에 대한 효과적인 해결책을 찾는 것은 분산 시스템의 무결성을 유지하는 데 매우 중요합니다.

그림 4-17 비잔티 장군의 문제 다이어그램

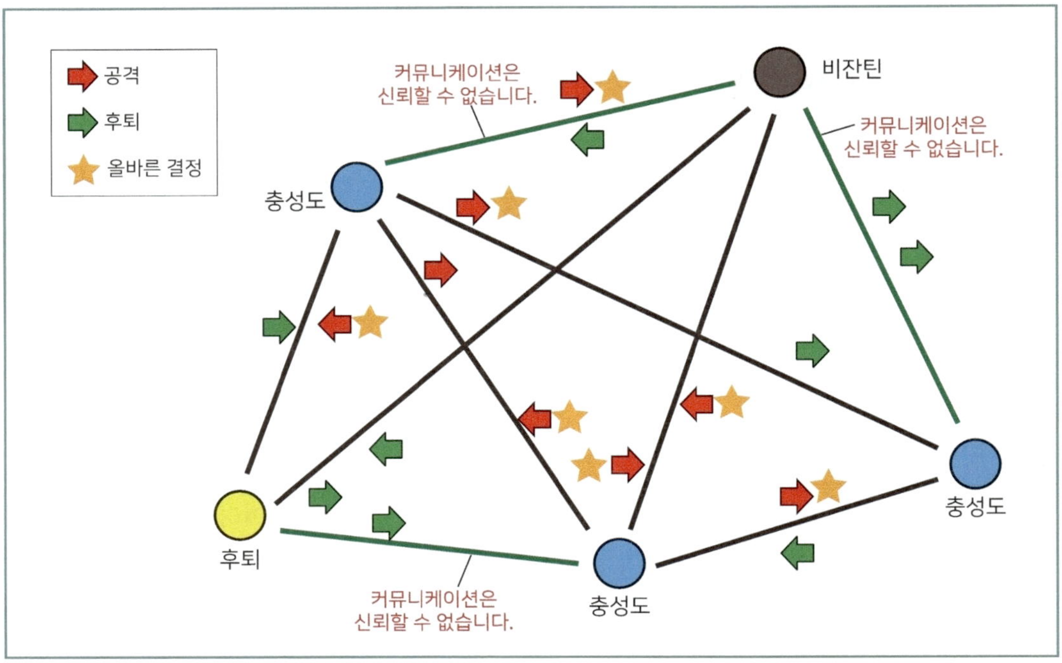

비잔틴 장군 문제가 적용되는 실제 상황

비잔틴 장군 문제는 분산 시스템 및 컴퓨터 과학에서 중요한 개념으로, 여러 실제 상황에서 그 적용 사례를 찾아볼 수 있습니다. 이 문제는 시스템의 신뢰성과 무결성을 확보해야 하는 다양한 도메인에서 나타납니다.

다음의 표 4-1은 비잔틴 장군 문제의 솔루션이 적용되는 주요 도메인과 그에 따른 애플리케이션을 정리한 것입니다 .

이와 같이 비잔틴 장군 문제의 개념은 다양한 분야에서 실제로 응용되며, 특히 분산 시스템의 신뢰성과 안정성을 확보하는 데 중요한 역할을 합니다. 이러한 솔루션은 다양한 환경에서 발생할 수 있는 실패나 공격에 대해 강력한 대응 체계를 구축하는 데 기여합니다.

비잔틴 장군 문제의 주요 부분

비잔틴 장군 문제를 이해하기 위해서는 몇 가지 핵심 요소를 살펴보아야 합니다. 이 문제는 다음과 같은 상황을 다룹니다.

표 4-1 비잔틴 일반 문제 도메인

도메인	응용프로그램
블록체인 기술	탈중앙화 환경에서 합의를 달성하는 문제는 특히 여러 당사자가 시스템의 무결성을 유지하기 위해 시스템 상태에 대한 합의에 도달해야 하는 블록체인 시스템의 맥락과 관련이 있습니다.
분산 데이터베이스	분산 데이터베이스에서 여러 노드가 데이터 상태에 동의해야 하며, 비잔틴 일반 문제는 탈중앙화 환경에서 이러한 합의를 달성하는 데 어려움이 있음을 보여 줍니다.
클라우드 컴퓨팅	클라우드 컴퓨팅에서 여러 당사자가 리소스를 제공하며, 시스템 상태에 대한 합의를 달성하는 문제는 무결성을 유지하는 데 매우 중요합니다.
분산 원장	블록체인과 같은 분산 원장은 여러 당사자가 원장의 상태에 동의해야 하며, 비잔틴 일반 문제는 탈중앙화 환경에서 이러한 합의를 달성하는 데 어려움이 있음을 보여 줍니다.
분산 스토리지	분산 스토리지에서는 여러 당사자가 원장의 상태에 동의해야 하며, 비잔틴 일반 문제는 탈중앙화 환경에서 이러한 합의를 달성하는 데 어려움이 있음을 보여 줍니다.
멀티 에이전트 시스템	다중 에이전트 시스템에서 여러 에이전트가 시스템 상태에 동의하고 의사 결정을 내려야 하며, 비잔틴 일반 문제는 탈중앙화 환경에서 이러한 합의를 달성하는 데 어려움이 있음을 보여 줍니다.
사물인터넷 (IoT)	IoT에서는 여러 디바이스가 시스템 상태에 동의하고 의사 결정을 내려야 하며, 비잔틴 일반 문제는 탈중앙화 환경에서 이러한 합의를 달성하는 데 어려움이 있음을 보여 줍니다.
분산 시스템	비잔틴 일반 문제는 여러 당사자가 시스템 상태에 대해 합의하고 결정을 내려야 하는 모든 분산 시스템에 적용할 수 있으며, 탈중앙화 환경에서 이러한 합의를 달성하는 데 어려움이 있음을 보여 줍니다.

- **탈중앙화 환경**: 당사자들은 중앙 권한에 의존하지 않고 독립적으로 행동해야 하며, 이는 군사 은유에서 장군들이 각기 다른 부대를 이끌며 협력해야 하는 상황에 비유할 수 있습니다.
- **신뢰 부족**: 메시지가 진정한지 확인할 수 없는 상황에서, 각 당사자는 서로를 완전히 신뢰할 수 없으며, 이는 악의적인 행위자(배신자)가 존재할 가능성을 내포하고 있습니다.
- **합의의 어려움**: 각 당사자는 서로의 행동을 조정하기 위해 의사소통에 의존해야 하지만, 의사소통의 신뢰성 부족으로 인해 합의에 도달하는 것이 매우 어려워지며, 이는 비잔틴 장군 문제의 핵심입니다.
- **속임수와 배신 가능성**: 참여자 간의 신뢰 부족은 속임수와 배신의 가능성을 증가시키며, 따라서 합의 메커니즘은 이러한 위험을 견딜 수 있도록 설계되어야 합니다.

요약하자면, 비잔틴 장군 문제는 서로를 신뢰할 수 없는 당사자들이 탈중앙화된 환경에서 의사소통을 통해 행동을 조정해야 하는 상황에서 합의에 도달하는 것이 얼마나 어려운지를 보여 주며, 이러한 문제는 분산 시스템의 설계와 운영에 있어 중요한 고려 사항이 됩니다.

비잔틴 결함 허용(BFT)

비잔틴 결함 허용(BFT)은 비잔틴 장군 문제에서 영감을 받아 개발된 개념으로, 분산 시스템에서의 합의 메커니즘을 보다 견고하게 만들기 위해 고안되었습니다. 다음은 BFT의 주요 특징입니다.

- **핵심 특징**: 비잔틴 결함 허용은 신뢰할 수 있는 블록체인 규칙 및 기능을 개발하는 데 필수적인 요소로, 이는 시스템이 악의적인 참여자나 장애가 있는 상황에서도 안정성을 유지할 수 있도록 합니다.
- **합의 도달**: BFT는 네트워크의 3분의 2 이상이 동일한 결론에 도달했을 때 작동하며, 이러한 조건을 만족할 경우, 시스템은 원활하게 작동하며 모든 결함 없는 노드가 일관된 상태를 유지합니다.
- **합의 프로토콜**: 블록체인 네트워크에서 가장 널리 사용되는 합의 프로토콜인 작업 증명(PoW), 지분 증명(PoS), 권한 증명(PoA) 등은 모두 BFT의 일부 특성을 포함하고 있으며, 이는 이들 프로토콜이 분산된 환경에서 안정적으로 작동할 수 있도록 하는 요소로 작용합니다.
- **필수 요소**: 분산형 네트워크를 구축하기 위해 BFT는 반드시 고려해야 할 요소로, BFT는 시스템의 신뢰성을 보장하고, 다양한 상황에서도 참여자 간의 합의를 가능하게 합니다.

결론적으로, 비잔틴 결함 허용은 분산 시스템의 안전성과 신뢰성을 확보하기 위한 핵심 메커니즘으로, 다양한 블록체인 기술에서 그중요성이 강조되고 있습니다.

비트코인의 비잔틴 장군 문제 해결 방법

비잔틴 장군 문제에서 충성스러운 장군들이 동의해야 하는 변조되지 않은 합의는 블록체인 기술을 통해 실현되며, 블록체인은 모든 거래의 기록을 포함하는 공개 분산 원장으로, 비트코인 네트워크의 모든 사용자가 거래의 순서에 동의할 수 있다면, 중앙 집중화된 권한 없이도 기능하는 신뢰할 수 없는 통화 시스템을 만들 수 있습니다.

블록체인의 분산 특성 덕분에 거래를 검증하기 위해 합의 기술에 크게 의존하며, 이는 사용자에게 투명성과 신뢰를 제공하는 피어 투 피어 네트워크를 가능하게 합니다. 블록체인 기술은 적절한 검증이 필요한 모든 시스템에 적용될 수 있는 강력한 도구입니다.

비잔틴 장군 문제를 해결하기 위해 네트워크는 증명 가능하고 위조 방지 및 신뢰가 필요하며, 비트코인은 작업 증명(Proof of Work, PoW) 기술을 사용하여 블록체인에 대한 명확하고 객관적인 규정을 수립함으로써 비잔틴 장군 문제를 극복했으며, 작업 증명은 암호화폐의 블록체인에 새로운 거래 블록을 추가하는 방법으로, 현재 블록에 대한 원하는 해시와 일치하는 해시를 생성하는 작업으로 구성됩니다.

- **위조 방지**: 작업 증명은 네트워크 참여자가 블록이 유효하다고 간주되도록 하는 유효한 해시 형태의 작업 증명을 제출해야 합니다. 이는 채굴자가 블록을 생성하기 위해 상당한 양의 에너지와 비용을 소모하도록 요구하여, 정확한 정보를 브로드캐스트하고 네트워크를 보호하려는 동기를 제공합니다. 작업 증명은 분산형 네트워크가 통화 시스템의 단일 진실 소스에 동의하는 유일한 방법 중 하나입니다. 규칙이 객관적이기 때문에 블록체인 네트워크의 정보에 대한 의견 불일치나 조작의 가능성이 없습니다. 또한, 어떤 거래가 유효하고 어떤 거래가 무효인지 정의하는 규칙 세트가 마련되어 있습니다.
- **증명 가능**: 블록이 블록체인에 추가되면, 이 데이터는 쉽게 삭제할 수 없기 때문에 비트코인의 기록은 불변성을 가집니다. 결과적으로, 블록체인 네트워크의 참여자는 항상 블록체인의 상태와 그 안의 모든 거래에 대해 동의할 수 있습니다. 각 노드는 블록이 작업 증명 기준을 충족하는지, 거래가 추가 요구 사항을 만족하는지 독립적으로 검증합니다.
- **신뢰 없는**: 네트워크의 구성원이 오해의 소지가 있는 정보를 방송하려고 할 경우, 모든 네트워크 노드는 이를 즉시 감지하고 객관적으로 무효하다고 간주하여 무시합니다. 비트코인 네트워크의 각 노드는 네트워크의 모든 정보를 검증할 수 있기 때문에 다른 네트워크 구성원을 신뢰할 필요가 없으며, 결과적으로 비트코인은 신뢰할 수 없는 시스템으로 설계되었습니다.

이러한 방식으로 비트코인은 비잔틴 장군 문제를 효과적으로 해결하며, 분산화된 통화 시스템의 신뢰성과 안전성을 보장합니다.

비잔틴 장군 문제의 주요 부분

비잔틴 장군 문제를 이해하는 데 중요한 몇 가지 핵심 요소가 있습니다. 이 문제는 여러 독립 당사자(군사 은유에서의 장군)가 중앙 권한에 의존할 수 없는 탈중앙화 환경에서 행동을 조정해야 하는 상황을 설명합니다.

- **중앙 권한의 부재**: 모든 참여자가 독립적으로 운영되기 때문에, 각 당사자는 중앙 집중식 권위나 신뢰할 수 있는 중개자 없이 합의에 도달해야 합니다. 이러한 구조에서는 정보의 진정성을 검증하기 어렵고, 의사소통이 왜곡될 수 있는 가능성이 존재합니다.

- **메시지의 진정성 불확실성**: 각 당사자는 다른 당사자가 보낸 메시지가 진정한 것인지 확인할 수 없습니다. 이로 인해 속임수나 배신의 가능성이 커지며, 서로에 대한 신뢰가 결여된 상태에서 합의에 도달해야 하는 상황이 발생합니다.
- **신뢰 부족**: 각 당사자는 서로를 완전히 신뢰할 수 없는 상황에서 결정을 내려야 합니다. 이는 행동 조정이 더욱 복잡해지고, 합의 도달 과정에서의 어려움을 심화시킵니다.

결론적으로, 비잔틴 장군 문제는 탈중앙화 환경에서 참여자들이 서로를 신뢰할 수 없고, 의사소통에 의존하여 행동을 조정해야 하는 경우 합의에 도달하는 것이 얼마나 어려운지를 명확히 보여 줍니다. 이러한 문제는 블록체인과 같은 분산 시스템의 설계 및 운영에서 중요한 고려사항이 됩니다.

비잔틴 장군 문제에 대한 일반적인 해결책

비잔틴 장군 문제를 해결하기 위해 제안된 여러 가지 방법이 있습니다. 이들 솔루션은 다양한 합의 프로토콜과 알고리즘을 포함하며, 다음과 같은 주요 접근 방식이 있습니다.

- **비잔틴 내결함성(BFT) 알고리즘**: BFT는 결함이 있는 참여자가 존재하더라도, 참여자 그룹이 합의에 도달할 수 있도록 하는 메커니즘입니다. 이 알고리즘에서는 과반수의 참여자가 결정에 동의해야만 그 결정이 시행됩니다.
- **실용적인 비잔틴 내결함성(Practical Byzantine Fault Tolerance, PBFT)**: PBFT는 BFT의 변형으로, 보다 효율적이고 확장성이 뛰어난 특징을 가지고 있습니다. 이 알고리즘은 이더리움과 같은 블록체인 시스템에서 널리 사용되며, BFT의 단점을 개선하기 위해 설계되었습니다.
- **텐더민트 합의 알고리즘(Tendermint Consensus Algorithm)**: 최근에는 BFT의 한 형태인 텐더민트가 개발되었습니다. 텐더민트는 투표와 지분 증명 메커니즘을 결합하여 합의를 달성하며, 코스모스, 테라 등 여러 블록체인 프로젝트에서 활용됩니다. 이 알고리즘은 효율성과 보안성을 동시에 고려하여 설계되었습니다.
- **뗏목 합의 알고리즘(Raft Consensus Algorithm)**: Raft는 이해하기 쉽고 구현이 용이한 분산 합의 알고리즘으로, 당사자 간의 통신 채널에 문제가 발생할 경우를 대비해 네트워크 분할을 처리할 수 있습니다. 이 알고리즘은 대규모 시스템에서도 안정성을 유지하는 데 도움을 줍니다.

- **팍소스 알고리즘(Paxos Algorithm)**: 팍소스 알고리즘은 네트워크 분할을 처리하고 모든 참여자가 단일 결과에 동의하도록 보장하는 방식으로 설계되었습니다. 이 알고리즘은 분산 시스템의 합의 문제를 해결하기 위한 고전적인 접근 방식 중 하나입니다.
- **위임 지분 증명(Delegated Proof of Stake, DPoS)**: DPoS는 특정 위임자에게 블록 생성 권한을 부여하여 효율적으로 합의를 이끌어 내는 메커니즘입니다. 이 방식은 빠른 속도와 높은 효율성을 제공합니다.
- **권한 증명(Proof of Authority, PoA)**: PoA는 신뢰할 수 있는 노드만 블록을 생성할 수 있도록 허용하는 방식으로, 속도와 효율성을 강조하는 합의 프로토콜입니다.
- **하니배저 BFT 알고리즘**: 이 알고리즘은 비잔틴 장애 허용을 위한 새로운 접근 방식으로, 효율성과 안전성을 모두 갖추도록 설계되었습니다.

이러한 알고리즘들은 각기 다른 특성과 장점을 가지고 있으며, 비잔틴 장군 문제를 해결하는 데 있어 중요한 역할을 하고 있습니다. 각 접근 방식은 다양한 분산 시스템의 요구에 따라 선택될 수 있습니다.

Lesson

09

블록체인 소각 증명

블록체인 소각 증명(Proof of Burn, PoB)은 블록체인에서 거래나 자산의 소각(영구적으로 제거)을 통해 **합의**를 이루는 독특한 방식의 **합의 메커니즘**으로 다른 전통적인 합의 메커니즘인 작업 증명(Proof of Work, PoW)이나 지분 증명(Proof of Stake, PoS)과는 다르게, **소각된 자산**을 증명하여 네트워크에서의 **신뢰성**을 구축하는 방법으로 LESSON 09에서는 소각증명(PoB)에 대하여 다루도록 하겠습니다.

소각 증명(Proof of Burn, PoB)(그림 4-18)은 작업 증명(Proof of Work, PoW) 및 지분 증명(Proof of Stake, PoS) 알고리즘에 대한 실행 가능하고 지속 가능한 대안으로 주목받고 있으며, PoB는 PoW와 유사하지만, 훨씬 적은 계산 에너지를 소모합니다. 이는 블록체인에서 블록 검증 과정에 필요한 계산 리소스나 하드웨어가 필요하지 않기 때문입니다. 대신, 채굴자는 코인을 "소각"하거나 투자하여 합의에 도달합니다. 소각된 코인은 회수가 불가능한 주소로 전송되어 영구적

그림 4-18 블록체인 소각 증명 방식

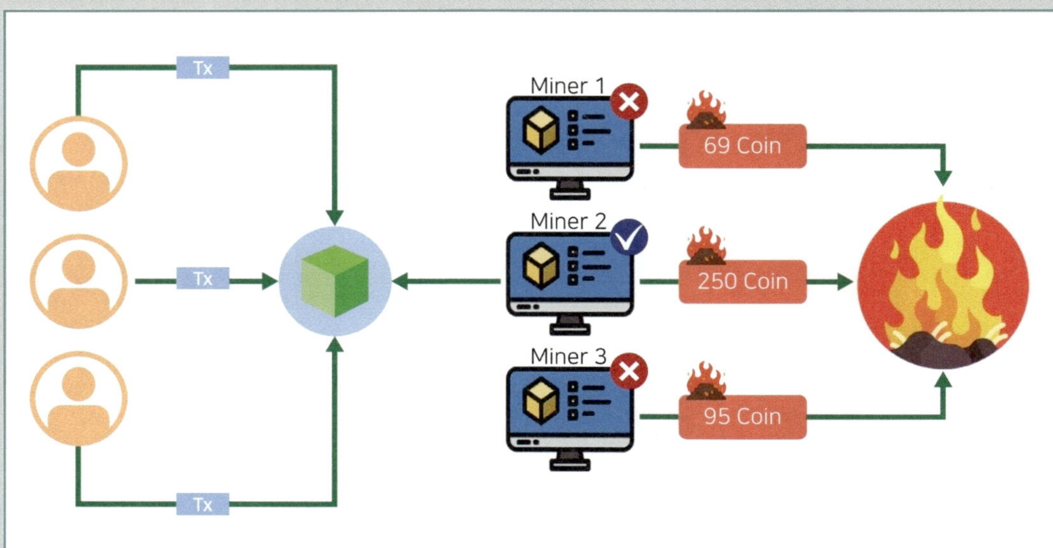

으로 소멸됩니다.

PoB의 원리와 장점

- **네트워크에 대한 헌신**: 채굴자가 소각한 코인은 네트워크에 대한 헌신을 나타내며, 이로 인해 그들은 새로운 코인을 채굴하고 거래를 검증할 수 있는 권한을 부여받습니다.
- **채굴 가능성**: 채굴자는 더 많은 코인을 소각할수록 채굴 능력이 증가하고, 다음 블록 검증자가 될 확률이 높아집니다. 이는 자연스럽게 네트워크에 대한 참여를 유도합니다.
- **공급 감소 및 가치 상승**: 코인을 소각함으로써 전체 코인 공급이 줄어들게 되고, 이는 나머지 코인의 가치를 높이는 효과를 가져옵니다.
- **보안 향상**: 소각된 코인을 투자함으로써 네트워크의 보안성이 강화됩니다.

PoB는 PoW 시스템의 높은 에너지 소비 문제를 해결하기 위한 대안적인 합의 알고리즘으로 자주 언급되며, 에너지를 낭비하지 않는 PoW 시스템으로 간주되기도 하며, 소각 원칙에 따라 작동합니다.

블록체인과 합의 알고리즘

블록체인은 디지털 정보를 분산하고 배포할 수 있는 기술로, 비트코인의 기본 구조를 제공하며, 이 시스템은 불변성, 프라이버시, 보안 및 투명성을 보장합니다. 블록체인에는 중앙 기관이 존재하지 않지만, 모든 거래는 블록체인의 합의 프로토콜에 의해 검증되고 보호되고, 합의 알고리즘은 블록체인 네트워크의 모든 피어가 분산 원장의 현재 상태에 대한 공통의 합의에 도달하도록 돕습니다. 이러한 방식으로 신뢰성을 확보하고, 분산 컴퓨팅 환경에서 알려지지 않은 피어 간의 신뢰를 구축할 수 있습니다.

PoB 구현 방식

PoB는 다음과 같은 방식으로 구현됩니다.

- **코인 소각**: 검증자는 회수가 불가능한 주소로 코인을 보내어 소각합니다.
- **무작위 선택**: 소각된 코인의 수에 따라 검증자는 블록체인에서 채굴할 수 있는 권한을 얻습니다.

- **장기적 헌신**: 코인을 소각하는 행위는 검증자가 단기적인 손실을 감수하면서 장기적인 헌신을 보여 주는 의미를 가집니다.
- **다양한 통화 소각**: PoB는 블록체인 애플리케이션의 기본 통화 또는 비트코인과 같은 대체 체인의 통화를 소각할 수 있습니다.

PoB는 PoW에 대한 흥미로운 대안이지만, 여전히 몇 가지 단점이 존재하며, 채굴 능력이 더 많은 사람들이 소각할 수 있는 자원이 있는 경우, 이 시스템이 불필요한 자원 낭비를 초래할 수 있다는 우려가 제기됩니다. 이러한 점은 PoB의 효율성을 높이기 위한 지속적인 연구와 개발이 필요함을 시사합니다

소각 증명의 필요성

작업 증명(Proof of Work, PoW) 합의 알고리즘은 몇 가지 단점을 안고 있으며, 이로 인해 연구자들은 새로운 합의 알고리즘인 소각 증명(Proof of Burn, PoB)을 개발하게 되었습니다. PoW의 주요 단점은 다음과 같습니다.

- **높은 전력 소모**: PoW는 채굴자가 블록을 생성하기 위해 복잡한 수학 문제를 해결해야 하며, 이 과정에서 막대한 양의 전력이 소모됩니다. 채굴자는 컴퓨팅 파워를 이용해 문제를 해결하고, 그 대가로 보상을 받습니다. 이로 인해 블록체인 네트워크의 에너지 소비가 극도로 증가하며, 환경에 부정적인 영향을 미칠 수 있습니다.
- **높은 자본 투자 요구**: PoW 모델에서는 채굴에 필요한 하드웨어와 전력 비용이 매우 높습니다. 채굴자는 더 많은 컴퓨팅 파워를 확보하기 위해 대규모의 자본 투자를 해야 하며, 이는 소규모 참여자에게 진입 장벽이 될 수 있습니다. 결국, 자본이 풍부한 개인이나 기업만이 채굴 시장에서 유리한 위치를 차지하게 됩니다.

이러한 단점들은 블록체인 기술의 채택과 확산에 장애가 될 수 있으므로, PoB와 같은 대안적 합의 알고리즘의 필요성이 커지고 있습니다. PoB는 에너지 효율성을 높이고, 자본 투자의 장벽을 낮추어 보다 많은 참여자들이 블록체인 네트워크에 기여할 수 있도록 하는 방안을 제공합니다.

PoB는 작동

소각 증명(Proof of Burn, PoB)은 가상 화폐의 맥락에서 특정 코인을 "소각"함으로써 작동합

니다. 여기서 소각된다는 것은 실제로 코인이 파괴되는 것이 아니라, 그 코인이 사용할 수 없는 주소로 보내져 더 이상 접근할 수 없게 만든다는 의미입니다. 이 과정은 다음과 같은 원리로 진행됩니다.

- **소각 과정**: 채굴자는 더 많은 코인을 소각함으로써 블록을 생성할 수 있는 권한을 증가시킵니다. 소각된 코인은 공개 검증 가능 주소로 보내지며, 이 주소는 접근할 수 없고 사용이 불가능합니다. 따라서 이 코인은 블록체인 네트워크에서 영구적으로 제외됩니다.
- **가치 상승**: 코인이 소각되면 유통되는 코인의 수가 감소하게 됩니다. 이는 잠재적으로 남아 있는 코인의 가치를 상승시킬 수 있습니다. 공급이 줄어들면, 수요에 따라 가격이 오르는 경향이 있습니다.
- **헌신의 표시**: 채굴자가 코인을 소각하는 이유는 단기적인 손실을 감수하고 장기적인 이익을 추구하기 때문입니다. 이는 소비자가 화폐에 대한 헌신을 보여 주는 방법으로 해석될 수 있습니다.
- **공정한 채굴**: PoB는 조기 채택자에게 불공정한 이점을 주지 않기 위해, 주기적으로 암호화폐를 소각할 수 있는 방법을 고안했습니다. 새로운 블록이 채굴될 때마다 소각된 코인의 양이 일정 비율로 감소하게 되어, 시간에 따라 채굴 용량이 조정됩니다.
- **디플레이션적 경향**: 이러한 메커니즘은 시간이 지남에 따라 통화의 양이 줄어드는 디플레이션적 경향을 낳습니다. 이는 보유자에게 가치를 증가시키는 효과를 가져옵니다. 반대로, 시간이 지나면서 통화량이 증가하는 시스템은 가치를 잃는 경향이 있습니다.

PoB는 이러한 원리를 통해 PoW보다 더 에너지 효율적이고 접근 가능한 블록체인 생태계를 구축하는 데 기여합니다.

Lesson 10

블록체인 역사 증명

블록체인 역사 증명(Proof of History, PoH)은 블록체인의 **합의 메커니즘** 중 하나로, **시간**을 **증명**하는 방법으로 블록체인의 **트랜잭션 순서와 시간의 흐름**을 기록하고, 그 순서를 검증하는 방식으로, **효율성**과 **속도**를 극대화하는 데 사용됩니다. LESSON 10에서는 역사 증명(PoH)이 무엇인지 알아보도록 하겠습니다.

역사 증명(Proof of History, PoH, 그림 4-19)은 솔라나 블록체인에서 시간 정보를 블록체인에 통합하여 블록 처리 시 네트워크 노드의 부하를 줄이는 혁신적인 방법으로, 기존 블록체인에서는 블록이 생성된 시간에 대한 합의를 얻는 것이 그 블록의 거래에 대한 합의와 마찬가지로 중요합니다. 타임스탬핑은 네트워크와 모든 관찰자에게 거래가 특정 순서로 발생했음을 알려주기 때문에 필수적입니다.

- **기존 방식 vs. PoH**: 전통적인 작업 증명(Proof of Work, PoW) 시스템에서는 블록을 채굴하기 위해 성공적인 채굴자가 적절한 nonce를 찾는 과정에서 상당한 컴퓨터 전력이 소모됩니다. 이에 반해, PoH는 검증 가능한 지연 함수(Verifiable Delay Functions, VDF)를 활용하여 단일 CPU 코어가 특정 연속 단계를 수행해 VDF를 해결하도록 합니다. 이 과정에서 병렬 처리가 허용되지 않기 때문에 각 단계에 걸리는 시간을 쉽게 측정할 수 있습니다.
- **효율성 향상**: PoH는 시간 장벽을 극복하여 블록체인의 처리 무게를 줄임으로써 시스템을 더 가볍고 빠르게 만듭니다. 이는 거래 속도를 높이고 전체 네트워크의 효율성을 개선하는 데 기여합니다.
- **타워 비잔틴 장애 허용(Tower BFT)**: 솔라나는 PoH를 타워 비잔틴 장애 허용 시스템과 결합하여 보안을 강화합니다. 이 시스템에서는 사용자가 자신의 토큰을 스테이킹하여 PoH 해시의 유효성에 대해 투표할 수 있습니다. 이는 네트워크의 무결성과 보안을 유지하는 데 중요한 역할을 합니다.

그림 4-19 PoH의 네트워크 전반의 트랜잭션 흐름

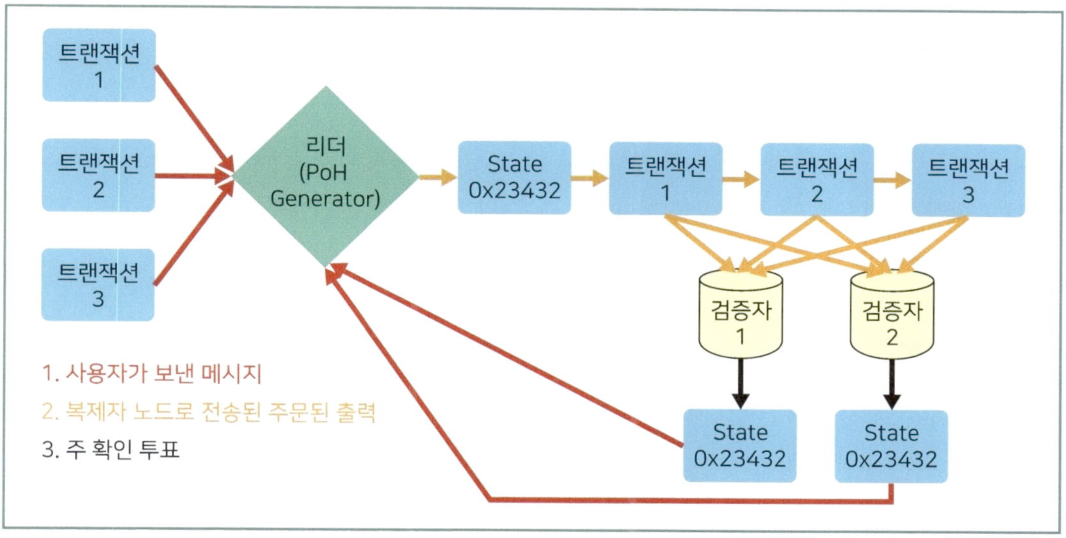

PoH는 블록체인 기술의 진화를 통해 거래 처리 속도를 획기적으로 개선하고, 블록체인의 운영을 더욱 효율적으로 만드는 데 기여하고 있습니다.

역사 증명 합의 아키텍처의 이점

역사 증명(Proof of History, PoH) 합의 아키텍처는 솔라나 블록체인에서 합의를 달성하기 위한 혁신적인 접근법으로, 다음과 같은 주요 이점을 제공합니다.

- **분산형 타임스탬핑**: PoH는 중앙 집중식 타임스탬프 기관 없이도 이벤트를 타임스탬핑할 수 있는 안전하고 분산된 메커니즘을 제공합니다. 이를 통해 데이터의 진위성을 보장하고 네트워크의 신뢰성을 높입니다.
- **높은 처리율**: PoH는 타임스탬프 체인을 통해 병렬 처리와 효율적인 합의를 가능하게 하여 높은 트랜잭션 처리율을 실현합니다. 이는 대량의 거래를 빠르게 처리할 수 있게 해 주며, 전체 시스템의 효율성을 증가시킵니다.
- **보안 및 신뢰성**: PoH는 거래 및 상태 업데이트의 일관되고 검증 가능한 순서를 보장하여 솔라나 블록체인의 보안과 신뢰성을 강화합니다. 이는 사용자와 개발자에게 더 높은 확신을 제공합니다.
- **확장성**: 이 아키텍처는 분산형 애플리케이션(dApp)과 네트워크 참여자의 요구가 증가함에

따라 확장될 수 있도록 설계되었습니다. 다양한 사용 사례를 지원할 수 있는 유연성을 가지고 있습니다.

솔라나가 개발한 PoH 합의 아키텍처는 블록체인 네트워크에서 합의를 달성하는 새로운 접근법을 제시합니다. 암호학적 이벤트를 기반으로 하는 분산형 타임스탬핑 메커니즘을 통합함으로써, PoH는 확장성, 효율성 및 보안성을 향상시키고, 다양한 분산형 애플리케이션을 지원하며 고성능 블록체인 솔루션을 가능하게 합니다.

추가 이점

- **낮은 수수료**: 솔라나는 이더리움과 같은 다른 네트워크에 비해 저렴한 거래 수수료를 제공합니다. 이는 빈번한 거래와 송금에 있어 솔라나를 매력적인 선택으로 만들어 줍니다.
- **빠른 거래 처리**: 솔라나 네트워크의 거래는 매우 빠르게 처리됩니다. 이는 전체 시스템의 확장성을 더욱 높여줍니다.

이러한 이점들은 솔라나 블록체인이 다양한 비즈니스 및 기술적 요구를 충족할 수 있도록 돕습니다.

Proof of History (PoH)의 잠재적 문제점

Proof of History (PoH)는 Proof of Stake에 기반한 합의 메커니즘으로, 시간의 흐름을 과거 이벤트를 사용하여 결정하는 혁신적인 접근법을 채택하고 있습니다. 이 이벤트들은 해시로 변환되며, 이는 오직 이전 이벤트에 의해 생성될 수 있어 위조가 불가능합니다. 솔라나는 PoH 알고리즘을 사용하는 유일한 블록체인으로, 그 결과 초당 최대 60,000개의 거래를 처리할 수 있는 놀라운 확장성을 자랑합니다. PoH는 거래의 타이밍을 결정하는 시간을 대폭 단축시키는 효과를 가지고 있습니다.

하지만, PoH는 여러 가지 잠재적 문제점도 내포하고 있습니다.

- **검증되지 않은 안정성**: PoH는 대규모로 테스트된 경험이 부족하여, 실제로 완벽하게 작동하는지에 대한 확신이 없습니다. 이는 네트워크가 예상치 못한 상황에서 어떻게 반응할지 불확실성을 초래합니다.
- **솔라나의 취약점**: 과거에 솔라나 네트워크에서 여러 취약점과 공격 사례가 발견되었습니다. 이러한 문제들은 일부가 PoH 방식에서 기인했을 가능성이 있습니다. 이는 PoH가 안전한 합

의 메커니즘인지에 대한 신뢰성을 약화시키는 요소입니다.

- **네트워크 중앙화 위험**: PoH가 고속 거래 처리에 최적화되어 있지만, 이는 특정 노드나 참여자가 네트워크의 제어를 과도하게 행사할 수 있는 위험을 내포하고 있습니다. 이로 인해 중앙화가 발생할 수 있으며, 이는 분산형 블록체인의 본질과 상반됩니다.
- **장기적 안정성 문제**: PoH의 구조는 단기적인 거래 속도를 개선하는 데 초점을 맞추고 있지만, 장기적인 운영 안정성에 대한 논의는 부족합니다. 시간이 지남에 따라 시스템의 성능이 어떻게 변화할지에 대한 검토가 필요합니다.

결론적으로, PoH는 혁신적인 합의 메커니즘이지만, 안전성과 신뢰성에 대한 질문이 여전히 남아 있습니다. 향후 PoH의 발전과 더 많은 테스트가 이루어져야 할 것입니다

타임스탬프: 실제 역사 증명 사용 방법

역사 증명(Proof of History, PoH)은 블록체인 세계에서 비교적 새로운 개념으로, 데이터 보호 및 타임스탬핑 방식에 혁신을 가져올 잠재력을 가지고 있습니다. PoH의 실제 응용 사례(그림 4-20)는 다음과 같습니다.

- **처리량이 많은 블록체인**: 솔라나와 같은 블록체인은 PoH를 통해 비트코인과 같은 기존의 작업 증명 블록체인보다 훨씬 빠른 트랜잭션 처리를 실현하고 있으며, 이는 공급망 관리나 소액 결제와 같은 실시간 애플리케이션을 블록체인에서 활용할 수 있는 기회를 제공합니다.
- **보안 타임스탬프**: PoH는 특정 이벤트가 발생한 시점을 기록하여 확인 가능한 정보를 생성하며, 이는 신뢰와 불변성이 중요한 문서 인증, 투표 시스템, 감사 추적 등에서 특히 중요합니다. 타임스탬프 기능은 데이터의 신뢰성을 보장합니다.

그림 4-20 블록체인 역사 증명의 실제 응용 사례

- **사물인터넷(IoT)**: PoH 블록체인은 IoT 디바이스에서 생성된 데이터의 타임스탬프를 찍고 순서를 정리하는 안전하고 효율적인 방법을 제공하고, 이 기능은 물리적 자산의 추적, 센서 데이터 모니터링, 데이터 스트림의 무결성 보장 등에 활용될 수 있습니다.
- **공급망 관리**: PoH는 검증 가능한 이벤트 타임라인을 제공하여 공급망의 투명성과 신뢰성을 향상시킬 수 있으며, 이를 통해 상품의 출처와 이동 경로를 추적하고, 진위를 확인하며 위조를 방지하는 데 도움을 줄 수 있습니다.
- **탈중앙화 애플리케이션(dApp)**: PoH를 통해 활성화되는 더 빠르고 확장 가능한 블록체인은 높은 트랜잭션 처리량과 짧은 지연 시간이 필요한 새로운 유형의 dApp을 지원하며, 이러한 dApp은 금융, 게임, 소셜 미디어 등 다양한 분야에서 혁신적인 애플리케이션으로 발전할 수 있습니다.

PoH는 현재도 개발 중이며, 다양한 산업에 미치는 장기적인 영향은 앞으로의 관찰이 필요합니다. 그러나 블록체인 애플리케이션에서 확장성, 보안 및 효율성을 개선할 수 있는 잠재력은 분명히 존재합니다. PoH는 블록체인의 미래에 중요한 기여를 할 수 있을 것으로 기대됩니다.

PoH의 새로운 컨센서스 메커니즘의 절충안

역사 증명(Proof of History, PoH) 블록체인은 유망한 개념이지만, 몇 가지 중요한 한계를 고려(그림 4-21)해야 합니다.

- **중앙 집중화 우려**: PoH는 작업 증명(PoW)의 에너지 집약적인 채굴 프로세스를 제거하지만, 특정 구현에서는 중앙 집중화를 초래할 수 있으며, 일부 PoH 시스템에서는 단일 노드가 타임스탬프를 생성할 수 있어 신뢰성 문제와 잠재적인 병목 현상이 발생할 수 있습니다. 이러한

그림 4-21 PoH의 새로운 컨센서스 메커니즘

중앙 집중화는 전체 네트워크의 안전성과 효율성에 부정적인 영향을 미칠 수 있습니다.

- **최신 기술**: PoH는 상대적으로 새로운 개념이기 때문에 기존 합의 메커니즘(예: PoW)에 비해 광범위한 테스트와 입증된 보안 기록이 부족하며, 장기적인 보안 영향과 시스템의 안정성을 완전히 이해하기 위해서는 추가적인 연구와 시간이 필요합니다.
- **제한된 채택**: 현재 PoH는 주로 소수의 블록체인에서 사용되고 있으며, 이러한 제한된 채택은 PoH 기반 시스템의 네트워크 효과와 전반적인 보안을 저해할 수 있습니다. 더 많은 참여자가 필요한 상황에서, 초기 채택자의 수가 적으면 보안과 효율성이 저하될 위험이 있습니다.
- **확장성 질문**: PoH는 PoW에 비해 빠른 트랜잭션 처리를 제공하지만, 네트워크 트래픽이 급격히 증가하는 상황에서 얼마나 잘 확장되는지 평가하는 것이 중요하며, 이를 위해서는 PoH의 성능을 다양한 부하와 환경에서 테스트할 필요가 있습니다.
- **모든 블록체인에 적합하지 않을 수 있음**: PoH가 모든 블록체인 애플리케이션에 이상적인 솔루션이 아닐 수 있어 특히 개인 정보 보호 또는 익명성을 중시하는 블록체인에서는 PoH의 내재적 투명성이 오히려 단점으로 작용할 수 있습니다. 이러한 특성을 가진 시스템은 PoH 외의 다른 합의 메커니즘을 고려해야 할 것입니다.

이러한 한계에도 불구하고 PoH는 블록체인에서 데이터를 보호하고 타임스탬프를 찍는 방식에 혁신을 가져올 수 있는 흥미로운 분야로 남아 있습니다. 기술이 성숙하고 널리 채택됨에 따라 이러한 한계는 지속적인 연구와 개발을 통해 해결될 가능성이 높습니다. PoH의 발전은 블록체인 생태계의 더 넓은 응용 가능성을 열어줄 것으로 기대됩니다.

Lesson 11

하이브리드 PoW/PoS 합의

하이브리드 PoW/PoS 합의(Proof of Work/Proof of Stake Hybrid Consensus)는 블록체인에서 **두 가지 합의 메커니즘**, 즉 작업 증명(Proof of Work, PoW)과 지분 증명(Proof of Stake, PoS)을 결합하여 사용하는 방식으로 각 합의 메커니즘의 장점을 결합하여 블록체인의 **보안성**, **효율성**, 그리고 **확장성**을 향상시키는 것을 목표로 합니다. LESSON 11에서 하이브리드 PoW/PoS 합의에 대하여 알아보도록 하겠습니다.

하이브리드 PoW/PoS 합의 알고리즘(Hybrid PoW/PoS consensus)은 작업 증명(Proof of Work, PoW)과 지분 증명(Proof of Stake, PoS)의 장점을 결합하여 블록체인 네트워크에서 블록을 생성하고 검증하는 메커니즘입으로, 이 알고리즘의 작동 방법(그림 4-22)은 다음과 같습니다.

먼저, PoW 채굴자가 복잡한 수학 문제를 해결하여 새로운 블록을 생성하며, 이 과정에서 채굴자는 높은 계산 능력을 요구받으며, 성공적으로 블록을 생성하면 보상을 받습니다. 이후, 생성된

그림 4-22 Hybrid PoW/PoS consensus 알고리즘

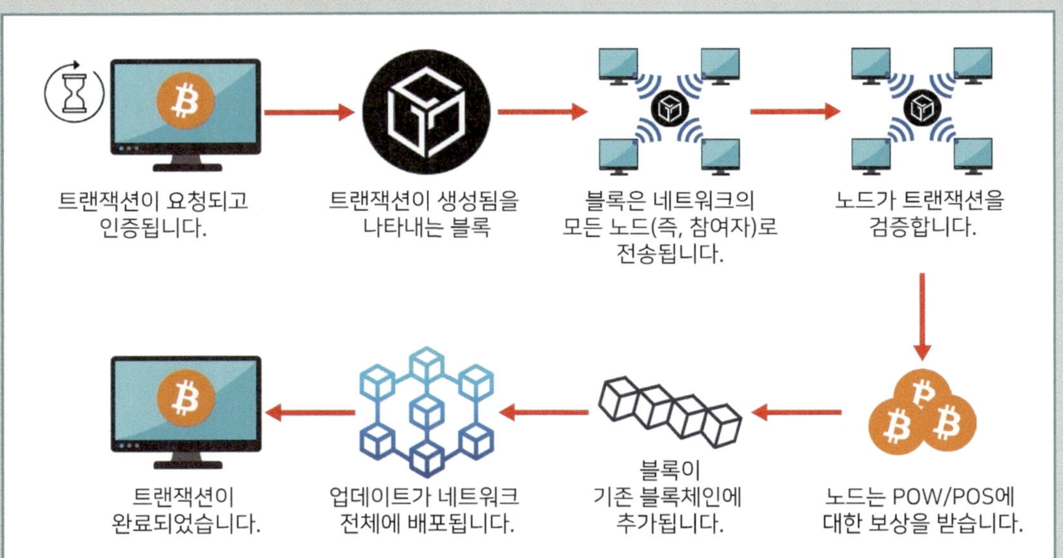

블록은 PoS 채굴자에 의해 검증되며, PoS 채굴자는 자신의 토큰을 지분으로 사용하여 블록을 검증하기 위해 투표하며, 모든 채굴자가 참여하는 대신 무작위로 선택된 5개의 투표 중 3개 이상의 긍정적 투표가 있을 경우 해당 블록은 블록체인에 추가됩니다.

보상 시스템은 PoW 채굴자에게 60%, PoS 채굴자에게 30%가 지급되며, 나머지 10%는 시스템 개선에 사용되며, 이렇게 하이브리드 PoW/PoS 합의 알고리즘은 블록체인의 보안성과 효율성을 동시에 높이며, 다양한 채굴자들이 블록 생성과 검증에 참여하도록 장려하는 특징이 있습니다.

작동 방식

- **블록 생성**: 하이브리드 모델에서는 먼저 PoW 채굴자가 새로운 블록을 생성하며, 이는 기존 PoW 시스템과 유사하게, 채굴자는 복잡한 수학 문제를 해결하여 블록을 생성하고 보상을 받습니다.
- **블록 검증**: 블록이 생성된 후에는 PoS 채굴자가 이를 검증하거나 거부하기 위해 투표하며,이 과정에서 PoS 알고리즘과 마찬가지로, 채굴자는 자신의 토큰을 지분으로 사용합니다.
- **무작위 투표**: 그러나 PoS와의 차이점은 전체 투표 수를 집계하지 않는다는 것으로 대신, 5개의 투표를 무작위로 선택하여 새로운 블록의 유효성을 결정하며, 이 5개 투표 중 3개 이상이 긍정적일 경우 합의가 이루어지고, 해당 블록이 블록체인에 추가됩니다.
- **보상 시스템**: 보상은 PoW 채굴자에게 60%, PoS 채굴자에게 30%가 지급되며, 나머지 10%는 시스템 개선을 위한 자원으로 할당됩니다.

하이브리드 컨센서스 모델 이해

하이브리드 합의 모델은 블록체인 네트워크에서 기존 합의 알고리즘의 한계를 극복할 수 있는 유망한 솔루션으로 자리잡고 있으며, 이러한 하이브리드 모델은 작업 증명(Proof of Work, PoW)과 지분 증명(Proof of Stake, PoS) 또는 권한 증명(Proof of Authority, PoA)과 같은 다양한 합의 메커니즘을 결합하여, 확장성, 보안, 탈중앙화의 최적 조합을 목표로 합니다.

하이브리드 컨센서스 모델은 두 가지 이상의 알고리즘의 장점을 활용하여, 각각의 단점을 보완하며, 예를 들어, PoW는 강력한 보안을 제공하지만 높은 에너지 소비와 느린 거래 속도의 단점이 있습니다. 반면, PoS는 에너지 효율적이지만 보안과 탈중앙화 측면에서 우려가 있을 수 있습니다. 하이브리드 모델은 이러한 특성을 통합하여 보다 효율적이고 안정적인 블록체인 환경을 조성합니다.

이 모델의 작동 원리는 두 가지 알고리즘의 상호작용을 통해 이루어집니다. 먼저, PoW를 통해 블록을 생성하고, 이후 PoS를 통해 생성된 블록의 검증을 수행하고, 이렇게 함으로써, 블록체인은 더 많은 사용자 참여를 유도하고, 거래 처리 속도를 높이며, 전체적인 네트워크의 보안을 강화할 수 있습니다.

하이브리드 컨센서스 모델은 이러한 이유로 블록체인 분야에서 주목받고 있으며, 다양한 산업과 애플리케이션에 적합한 솔루션으로 부상하고 있으며, 이러한 모델은 분산형 애플리케이션(dApps) 및 스마트 계약과 같은 혁신적인 사용 사례를 지원하여, 블록체인의 발전에 기여할 것입니다.

하이브리드 컨센서스 모델의 필요성

전통적인 합의 알고리즘인 작업 증명(Proof of Work, PoW)과 지분 증명(Proof of Stake, PoS)에는 각각 고유한 강점과 약점이 존재합니다. PoW는 높은 보안성을 제공하지만, 그 과정에서 소모되는 막대한 에너지는 환경적 부담을 초래하고 거래 처리 속도를 저하시킵니다. 이러한 이유로 PoW의 확장성은 제한적입니다. 반면, PoS는 에너지 효율적인 장점을 가지고 있지만, 이로 인해 부유한 참가자가 더 많은 영향력을 행사할 수 있어 중앙 집중화의 위험이 발생할 수 있습니다.

하이브리드 합의 모델은 이러한 한계를 극복하고 여러 합의 메커니즘의 장점을 결합하여 최적의 성능을 달성하고자 하며, 예를 들어, 작업 증명과 권한 증명(Proof of Authority, PoA)을 통합하면 블록체인의 확장성과 보안을 동시에 강화할 수 있으며, 에너지 소비를 줄이는 효과도 기대할 수 있습니다.

이러한 하이브리드 접근법은 다양한 블록체인 애플리케이션과 사용 사례에 적합하며, 더 안전하고 효율적인 네트워크 환경을 조성할 수 있고, 따라서 하이브리드 컨센서스 모델은 현대 블록체인 기술의 발전에 필수적인 요소로 자리 잡고 있습니다.

하이브리드 컨센서스 모델 작동 방식

하이브리드 합의 모델은 여러 합의 메커니즘을 전략적으로 결합하여 최적의 결과를 도출하는 방식으로 작동합니다. 예를 들어, 특정 블록체인 네트워크는 블록 검증에 권한 증명(Proof of Authority, PoA)을 사용하고, 블록 최종화를 위해 작업 증명(Proof of Work, PoW)을 활용할 수 있습니다.

이 모델에서 PoA는 신뢰할 수 있는 검증자 집합에 의존하여 블록을 신속하게 생성합니다. 이로 인해 트랜잭션 확인이 빠르게 이루어져 사용자 경험이 개선됩니다. PoA는 검증자들이 일정한 권한을 가지고 블록을 생성하기 때문에, 효율적인 처리 속도를 유지하면서도 합의 과정을 간소화할 수 있습니다.

반면, PoW는 블록을 검증하기 위해 계산 작업을 필요로 하여, 추가적인 보안 계층을 제공합니다. PoW의 계산적 작업은 네트워크의 안전성을 강화하며, 공격자가 블록체인에 대한 통제권을 행사하는 것을 어렵게 만듭니다.

이러한 조합은 블록체인이 보다 효율적이면서도 안전한 네트워크 환경을 구축하는 데 기여합니다. 하이브리드 합의 모델은 다양한 블록체인 애플리케이션에서 신뢰성 높은 운영을 지원하며, 각각의 메커니즘의 강점을 극대화하여 사용자의 요구에 부합하는 최적의 솔루션을 제공합니다.

하이브리드 컨센서스 모델의 이점

하이브리드 컨센서스 모델의 주요 장점 중 하나는 확장성이 크게 향상된다는 점으로, 다양한 합의 알고리즘을 결합함으로써 네트워크 처리량을 증대시켜, 초당 더 많은 트랜잭션을 처리할 수 있는 능력이 개선되는데, 이는 블록체인 네트워크의 성능을 높이고 사용자 경험을 향상시키는 데 기여합니다.

또한, 하이브리드 모델은 블록체인 네트워크의 보안을 강화하는 데도 효과적로, 예를 들어, 권한 증명(Proof of Authority, PoA)과 작업 증명(Proof of Work, PoW)의 조합은 PoA의 신뢰할 수 있는 검증자가 악의적인 행위자에 대한 첫 번째 방어선 역할을 하여 51% 공격의 위험을 완화합니다. PoA를 통해 신뢰할 수 있는 검증자들이 블록을 생성하고, PoW를 통해 추가적인 계산 작업이 이루어지므로, 네트워크의 전체적인 보안 수준이 높아집니다.

결과적으로 하이브리드 컨센서스 모델은 성능과 보안 모두를 만족시키는 균형 잡힌 솔루션을 제공하며, 블록체인 기술의 지속 가능한 발전에 기여할 수 있는 잠재력을 지니고 있습니다.

사례 연구: 이더리움의 하이브리드 컨센서스 모델

가장 큰 블록체인 플랫폼 중 하나인 이더리움은 하이브리드 컨센서스 모델을 적극적으로 모색하고 있습니다. 다가오는 이더리움 2.0 업그레이드는 작업 증명(Proof of Work, PoW)에서 지분 증명(Proof of Stake, PoS)과 샤딩 기술을 활용한 하이브리드 모델로 전환하는 것을 목표로 하고 있습니다.

이 새로운 모델은 블록 검증에 PoS를 사용하고, 블록 최종화에는 PoW를 결합하여 확장성과 에너지 효율성을 동시에 개선하려고 합니다. PoS를 통해 검증자는 일정량의 이더를 스테이킹함으로써 블록 생성에 참여하며, 이는 에너지 소비를 크게 줄이는 데 기여합니다. 동시에, PoW를 통한 블록 최종화 과정은 네트워크의 보안성을 강화하는 역할을 수행합니다.
하이브리드 컨센서스 모델의 채택은 이더리움의 확장성 문제를 해결하고, 더 지속 가능한 블록체인 생태계를 위한 길을 열어줄 것으로 기대됩니다. 이러한 변화는 이더리움이 더 많은 사용 사례를 지원하고, 사용자 경험을 향상시키며, 전반적으로 블록체인 기술의 발전에 긍정적인 영향을 미칠 것으로 보입니다.

하이브리드 컨센서스 모델 구현을 위한 팁

하이브리드 합의 모델을 구현할 때는 블록체인 네트워크의 구체적인 요구 사항과 목표를 신중하게 평가하는 것이 중요합니다. 다음은 성공적인 구현을 위한 몇 가지 팁입니다.

- **목표 정의**: 네트워크의 주요 목표를 명확히 설정하며, 확장성, 보안, 에너지 효율성 등 어떤 측면을 가장 중요하게 고려할 것인지 결정해야 합니다.
- **합의 알고리즘 선택**: PoW, PoS, PoA 등 여러 합의 메커니즘의 특성과 장단점을 이해하고, 네트워크에 적합한 조합을 선택하며, 각 알고리즘의 특징이 어떻게 서로 보완할 수 있는지를 고려해야 합니다.
- **네트워크 참여자 고려**: 검증자 및 사용자들이 네트워크에 어떻게 참여할 것인지 계획합니다. 참여자에게 제공할 인센티브 구조를 설계하여 활발한 참여를 유도해야 합니다.
- **보안 분석**: 각 합의 메커니즘의 보안성을 철저히 분석하고, 잠재적인 공격 벡터와 취약점을 미리 파악하여 이에 대한 대응 방안을 마련합니다.
- **테스트 및 검증**: 구현된 모델을 다양한 시나리오에서 테스트하여 실제 환경에서의 성능과 안정성을 검증하며, 테스트넷을 활용하여 다양한 조건에서 하이브리드 모델을 실험해 볼 수 있습니다.
- **커뮤니티 참여**: 블록체인 커뮤니티의 피드백을 적극적으로 반영하여 모델을 개선하며, 사용자와 개발자 커뮤니티의 의견을 수렴하여 지속적인 발전을 도모해야 합니다.

이러한 팁을 통해 하이브리드 컨센서스 모델을 효과적으로 구현하고, 블록체인 네트워크의 목적에 맞는 최적의 성과를 달성할 수 있을 것입니다.

Lesson 12

블록체인 용량 증명

블록체인 용량 증명(Proof of Capacity, PoC)은 블록체인의 합의 메커니즘 중 하나로, **디스크 용량**을 사용하여 블록 생성 및 검증을 수행하는 방식으로 작업 증명(Proof of Work, PoW)이나 지분 증명(Proof of Stake, PoS)과는 다르게, **컴퓨터의 저장 용량**을 활용하여 블록체인 네트워크에 참여하고, 블록을 생성하거나 검증하는 역할을 합니다. LESSON 12에서는 용량 증명에대하여 다루도록 하겠습니다.

용량 증명(Proof of Capacity, PoC)은 블록체인에서 사용되는 합의 메커니즘 중 하나로, 공간 증명(그림 4-23)이라고도 알려져 있습니다. 이 알고리즘은 네트워크의 채굴 장치가 사용 가능한 하드 드라이브 공간을 활용하여 채굴 권한을 결정하도록 설계되었습니다. 즉, PoC에서는 채굴자의 컴퓨팅 파워나 암호화폐에 대한 지분 대신, 하드 드라이브의 용량이 채굴 능력의 기준이 됩니다.

PoC는 작업 증명(PoW)에서 발생하는 높은 에너지 소비 문제를 해결하기 위한 여러 대안 중 하나로 등장했고, PoW에서는 채굴자가 문제를 해결하기 위해 많은 전력을 소비해야 하는 반면, PoC는 하드 드라이브의 저장 공간을 활용함으로써 에너지 소비를 대폭 줄입니다. 이와 더불어,

그림 4-23 Proof-of-Capacity flow

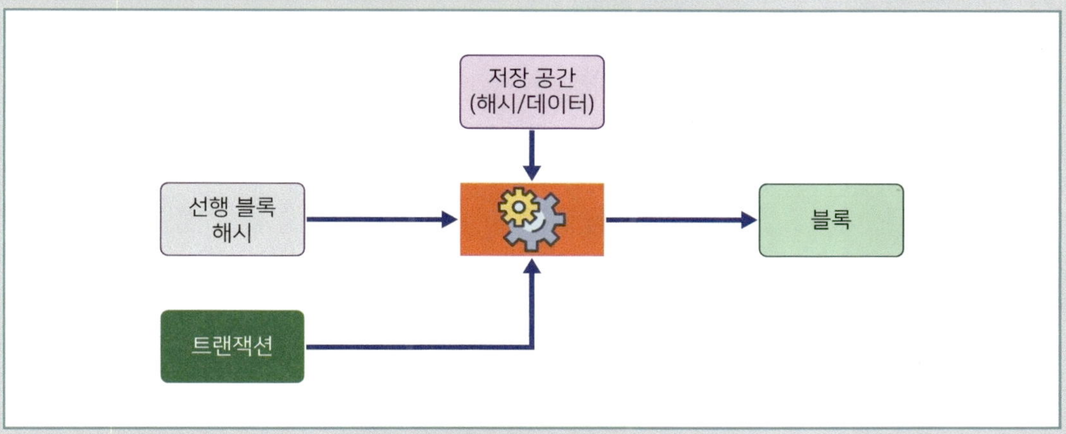

PoC는 지분 증명(PoS)에서 암호화폐를 쌓아두는 대신 하드 드라이브 공간을 활용하여 네트워크에 기여할 수 있는 기회를 제공합니다.

PoC의 기본 원리는 채굴자가 자신의 하드 드라이브에 데이터를 저장하고, 이를 기반으로 채굴 권한을 확보하는 것입니다. 이러한 방식은 효율성을 높이고, 에너지 비용을 절감하는 동시에, 채굴에 참여할 수 있는 다양한 사용자에게 기회를 제공합니다. PoC는 블록체인의 에너지 효율성을 개선하고, 보다 지속 가능한 채굴 환경을 만드는 데 기여할 수 있는 유망한 접근법으로 평가받고 있습니다.

용량 증명의 목적

용량 증명(Proof of Capacity, PoC)의 주요 목적은 블록체인 네트워크에서 채굴 효율성을 개선하고 에너지 소비를 줄이는 것으로 PoW(작업 증명)는 현재 가장 널리 알려진 채굴 방법으로, 채굴자가 컴퓨터 리소스를 활용해 복잡한 수학적 해시 함수를 해결해야 합니다. 비트코인에서는 SHA-256 알고리즘이 사용되며, 이 해싱 함수는 단방향 함수로, 특정한 출력값을 얻기 위해 적합한 입력값을 찾는 것이 필요합니다.

채굴자는 이 과정에서 "nonce"라는 변수를 반복적으로 조정하며 적절한 해시를 찾기 위해 무차별 대입 방식으로 많은 시간과 노력을 투자해야 합니다. PoW 알고리즘은 비트코인이 처음 등장했을 때는 효과적이었지만, 네트워크가 기하급수적으로 성장함에 따라 블록 생성 난이도가 높아졌으며, 이로 인해 채굴이 너무 어려워져 ASIC(특정 용도용 집적 회로)와 같은 강력한 컴퓨터만이 블록을 성공적으로 생성할 수 있는 상황이 발생했습니다.

이러한 난이도 증가는 해시 함수를 적시에 풀지 못하는 채굴자들의 에너지가 낭비되도록 만들고, 결과적으로 더 작은 채굴 작업은 큰 노드의 결정에 거의 영향을 미치지 못하게 됩니다. 따라서 PoW보다 에너지 집약도가 낮고, 더 나은 네트워크 분산화를 허용하는 새로운 채굴 방법이 절실히 필요해졌습니다. 이러한 요구에 부응하기 위해 PoC 개념이 도입되었습니다. PoC는 하드 드라이브의 저장 공간을 활용하여 채굴 권한을 결정함으로써 에너지 효율성을 높이고, 모든 참가자에게 더 공정한 기회를 제공하는 데 기여합니다

용량 증명의 특징

용량 증명(Proof of Capacity, PoC)은 기존의 작업 증명(Proof of Work, PoW) 블록체인 컨센서스 기술을 개선한 메커니즘으로, 다음과 같은 주요 특징을 가지고 있습니다.

- **하드 디스크 저장소 활용**: PoC는 채굴을 위해 처리 능력 대신 하드 드라이브의 저장 공간을 활용하며, 사용자는 미리 설정된 공간을 사용하여 다양한 해시 값을 저장함으로써 채굴을 준비합니다. 이로 인해 컴퓨터의 처리 능력보다 저장 공간이 더 중요한 요소가 됩니다.
- **빠른 블록 생성**: PoC 시스템은 블록을 생성하는 데 약 4분밖에 걸리지 않는 반면, PoW 시스템은 평균적으로 10분이 소요됩니다. 이는 PoC의 효율성을 높여 빠른 거래 처리를 가능하게 합니다.
- **경쟁 우위**: PoC에서는 더 많은 솔루션(플롯)을 저장한 사용자가 채굴 경쟁에서 유리한 위치를 차지할 수 있으며, 저장소에 많은 플롯을 가진 채굴자는 새로운 블록을 생성할 확률이 높아지며, 이는 블록체인 네트워크의 보안성과 분산화를 강화하는 데 기여합니다.
- **에너지 효율성**: PoC는 에너지 소비가 적기 때문에 환경 친화적인 채굴 방식으로 평가되며, 하드웨어의 에너지 소모가 상대적으로 낮아, 블록체인 기술의 지속 가능성을 높이는 데 중요한 역할을 합니다.
- **네트워크 분산화**: PoC는 모든 참가자에게 동등한 기회를 제공하므로, 네트워크의 중앙 집중화를 방지하고 분산화를 촉진하며, 이는 블록체인 생태계의 신뢰성과 안정성을 증대시키는 요인이 됩니다.

이와 같은 특징들 덕분에 용량 증명은 기존의 PoW와 비교하여 더 빠르고 효율적이며 지속 가능한 블록체인 솔루션으로 주목받고 있습니다.

용량 증명의 작동

용량 증명(Proof of Capacity, PoC)은 두 가지 주요 구성 요소로 작동하며, 플로팅과 실제 블록 채굴입니다.

1. 플로팅

- 첫 번째 단계는 하드 드라이브에 플롯 파일을 생성하는 것으로, 이 과정은 하드 드라이브의 크기에 따라 며칠 또는 몇 주가 걸릴 수 있으며, 플로팅 과정에서는 Shabal 해시 알고리즘을 사용하여 데이터를 처리하며, Shabal은 Burstcoin과 같은 PoC 암호화폐에 적합한 느리고 복잡한 해시 함수로, 미리 계산된 해시를 저장하면서도 실시간 검증을 가능하게 합니다.
- 플로팅 과정에서는 모든 가능한 nonce 값의 목록이 생성되며, 이 값들은 광부 계정과 함께 반복적으로 해싱되어 구성되고, 각 nonce는 0부터 8191까지의 번호가 매겨진 8192개의 해시

로 이루어져 있으며, 이 해시들은 "스쿱"이라 불리는 두 개의 이웃 해시 그룹으로 결합됩니다.

2. 채굴

- 두 번째 단계는 실제 블록 채굴로, 이 과정에서는 채굴자가 스쿱 번호를 계산하며, 예를 들어, 채굴자가 스쿱 번호 40을 생성하면, nonce 1의 스쿱 번호 40으로 이동하여 해당 스쿱의 데이터를 활용하여 마감일 값을 계산합니다.
- 이 절차는 채굴자의 하드 드라이브에 저장된 모든 nonce에 대해 반복되며, 각 nonce에 대한 마감일을 계산하게 됩니다. 채굴자는 계산한 마감일 중 가장 짧은 값을 선택하여 블록 생성의 기회를 얻습니다.
- 마감일은 마지막 블록이 생성된 이후 경과한 시간을 초 단위로 나타내며, 이 시간 내에 아무도 블록을 생성하지 않으면 채굴자는 블록을 제작하고 보상을 청구할 수 있으며, 예를 들어, 만약 채굴자 A가 최소 마감일을 40초로 설정했을 때, 다른 채굴자가 그 시간 내에 블록을 생성하지 못하면 A는 다음 블록을 생성하고 보상을 받을 수 있는 기회를 확보하게 됩니다.

이러한 방식으로 PoC는 블록체인에서 에너지를 효율적으로 사용하면서도 보안을 유지하는 새로운 채굴 방법을 제공하고 있습니다.

응용 프로그램

- **버스트코인(Burstcoin)**: 버스트코인은 용량 증명(Proof-of-Capacity, PoC) 원칙에 따라 운영되는 암호화폐로, 다양한 사용 사례를 계획하고 있으며, 이 팀은 결제 솔루션, 스마트 계약, 크라우드소싱, 랜덤 메시징 등 여러 분야에서 PoC의 가능성을 테스트할 예정이며, 버스트코인은 소비자, 기업, 개발자 및 채굴자에게 매력적인 아이디어를 제공하며, PoC의 실용성을 입증하는 데 가치 있는 이니셔티브로 평가받고 있습니다. 현재 PoC를 사용하는 암호화폐는 많지 않지만, 몇몇 프로젝트가 이 분야에서 주목을 받고 있습니다.
- **BXTB**: BXTB는 듀얼 블록체인과 듀얼 토큰 플랫폼을 기반으로 하며, 용량 증명 메커니즘을 통해 사용자가 BXTB 거버넌스 토큰을 채굴할 수 있도록 지원하며, 이는 사용자들에게 PoC의 매력적인 활용 사례를 제공합니다.
- **Permacoin**: Permacoin은 비트코인의 작업 증명(PoW)을 재활용하여 신뢰할 수 있는 분산 저장 시스템을 구축하는 프로젝트며, Permacoin의 참여자는 리더 선거에 참여하기 위해 대용량 파일의 청크를 추가로 저장해야 하며, 파일 블록에 서명하는 권한을 가진 '딜러'가 해당

파일을 배포합니다.

- **SpaceMint**: SpaceMint는 고유한 합의 메커니즘을 사용하여 참여자들이 하드페블 그래프를 구성하고 이를 실행하는 시스템으로, 이 그래프는 상호 작용이 없는 형태의 용량 증명(일명 공간 증명)을 기반으로 하여 효율적이고 안전한 블록체인 환경을 제공합니다.

이러한 응용 프로그램들은 용량 증명 메커니즘의 가능성을 다양한 방식으로 탐색하고 있으며, 블록체인 기술의 새로운 방향성을 제시하고 있습니다.

용량 증명 장점

- **접근 용이성**: PoC는 표준 하드 드라이브를 사용할 수 있어, 비트코인 ASIC 채굴과 같은 특수 장비에 투자해야 하는 다른 채굴자들보다 경제적으로 유리합니다. 이는 더 많은 사람들이 참여할 수 있는 기회를 제공합니다.
- **에너지 효율성**: 하드 드라이브를 이용한 채굴은 ASIC 기반의 채굴 방식보다 약 30배 더 많은 에너지를 절약할 수 있습니다. 이는 환경에 미치는 영향을 줄이는 데 기여합니다.
- **분산화**: 모든 사람이 하드 디스크를 가지고 있기 때문에 PoC는 보다 분산된 시스템을 형성합니다. 예를 들어, 안드로이드 폰의 하드 드라이브에서도 채굴이 가능하여 더 많은 참여를 유도합니다.
- **장비 업그레이드 불필요**: 채굴자들은 정기적으로 장비를 업그레이드할 필요가 없습니다. 오래된 하드 드라이브도 새 하드 드라이브만큼 효과적으로 데이터를 저장할 수 있어 비용 효율성을 높입니다.
- **재사용 가능성**: 채굴이 완료된 후에는 하드 드라이브의 데이터를 삭제하고 원래의 용도로 다시 사용할 수 있습니다. 이러한 특성 때문에 PoC는 블록체인 기술의 분산화 및 환경 친화적인 대안으로 많은 사람들에게 긍정적으로 평가받고 있습니다.

이러한 장점들은 용량 증명 메커니즘이 블록체인 채굴의 미래에서 중요한 역할을 할 수 있도록 하는 요소로 작용합니다.

용량 증명 단점

반면, 용량 증명 채굴에는 여러 가지 단점이 존재합니다.

- **제한된 채택**: PoC 기술은 아직 소수의 개발자들에 의해 주로 수용되고 있어, 광범위한 채택에는 한계가 있습니다. 이는 기술의 발전과 확산에 영향을 미칩니다.
- **불필요한 데이터**: 코인 채굴 외에는 하드 드라이브에 플로팅된 데이터가 쓸모가 없습니다. 이는 사용되지 않는 공간이 많다는 것을 시사하며, 효율적인 자원 활용에 문제를 야기할 수 있습니다.
- **소비자 불균형**: PoC는 채굴의 진입 장벽을 낮추지만, 소비자는 더 큰 하드 드라이브를 구매하여 채굴에서 우위를 점할 수 있습니다. 이로 인해 일부 사용자가 대부분의 자원을 독점하게 될 가능성이 있습니다.
- **보안 위협**: 채굴이 인기를 얻으면서 해커들이 이를 악용할 가능성이 높아집니다. 현재 전 세계의 많은 컴퓨터가 채굴 맬웨어에 감염되어 있으며, PoW 채굴은 종종 PC 속도 저하의 원인으로 지적됩니다. 반면, PoC는 과도한 하드웨어 공간이 불법적인 이유로 사용되고 있는지를 판단하기 어려워 보안 문제를 더 복잡하게 만듭니다.

이러한 단점들은 용량 증명 메커니즘이 광범위하게 채택되기 위해 해결해야 할 과제로 남아 있습니다.

블록체인 공간 증명

Lesson

13

블록체인 공간 증명(Proof of Space, PoSpace)은 블록체인의 합의 메커니즘 중 하나로, **디스크 공간**을 기반으로 블록 생성 및 검증을 수행하는 방식으로Proof of Work (PoW)와 Proof of Stake(PoS)와는 달리 **하드 드라이브나 저장 공간을 활용**하여 블록체인 네트워크의 보안성을 유지하고 트랜잭션을 검증하는 방식입니다. 따라서 **Proof of Space**는 종종 Proof of Capacity (PoC)와 혼용되기도 하며, 이러한 방식은 자원을 절약하고 에너지 효율적인 블록체인 시스템을 목표로 합니다. LESSON 13에서는 공간 증명이 무엇인지 다루도록 하겠습니다.

공간 증명(Proof of Space, PoSpace), 또는 용량 증명(PoC)은 서비스 제공자가 제시한 문제를 해결하기 위해 상당한 양의 메모리 또는 디스크 공간을 할당하여 그 서비스에 대한 정당한 이해관계를 증명하는 방법으로2015년에 Dziemovsky 등 의해 공식화되었습니다. 공간 증명은 계산 대신 저장을 활용한다는 점에서 작업 증명(PoW)과 유사하지만, 실제로는 메모리 하드 작업 증명에 가까운 방식입니다.

비트코인의 출현 이후, PoW 채굴 메커니즘에 대한 대안으로 공간 증명이 주목받고 있으며, 저장 방식의 특성상 에너지 비용이 낮기 때문에, 공간 증명은 보다 공정하고 친환경적인 대안으로 여겨지며, SpaceMint와 Burstcoin 같은 PoSpace의 여러 이론적 및 실제 구현이 존재합니다.

2015년에 발표된 SpaceMint라는 암호화폐는 페블링 기반 PoSpace 체계와 관련된 여러 실용적인 설계를 해결하고자 했으며, PoSpace를 사용하는 탈중앙화 암호화폐에서는 네트워크의 모든 개인이 검증자의 역할을 하게 되므로, 프로토콜이 대화형으로 작동하도록 조정되어야 합니다. SpaceMint의 설계는 비콘이라는 무작위 값을 매분 방송하는 시스템을 통해 챌린지를 제공하는 방법을 모색하며, 이전 블록 대신 블록체인의 특정 깊이에서 값을 도출하여, 채굴자가 저품질 체인에서 채굴하는 문제를 해결하는 방안을 제시합니다.

SpaceMint는 또한 특정 채굴자의 부정행위에 대한 증거를 포함하는 처벌 거래를 도입하여, 악의적인 행동을 방지하려고 합니다. 이를 통해 부정행위자가 처벌을 받게 되며, 거래 게시자는 보상을 받을 수 있습니다. SpaceMint의 저자들은 다른 암호화폐를 분석하기 위해 게임 이론을 활용하여, 네트워크를 게임으로 모델링하고 채굴자가 최선의 전략을 따르도록 유도하는 방법을 연구하였습니다. 공간 증명(PoSpace)은 네트워크 합의를 위해 디스크 공간을 활용하는 합의 메커니즘으로, 기존 PoW 시스템에 비해 에너지 효율적인 대안을 제공하는 것을 목표로 합니다.

- **에너지 효율성**: PoSpace는 계산 능력이 아닌 디스크 공간에 의존하므로, PoW보다 에너지 효율성이 높습니다.
- **확장 가능성**: 기존의 저장 인프라를 활용하여, 스토리지 용량이 늘어날수록 효과적으로 확장될 수 있습니다.
- **비용 효율성**: 일반적으로 하드 드라이브는 PoW 채굴에 필요한 특수 하드웨어보다 저렴하고 에너지 효율성이 높습니다.
- **규모의 장벽**: 네트워크가 성장함에 따라 저장 공간의 요구 사항이 증가할 수 있으며, 이는 소규모 참여자에게 장벽이 될 가능성이 있습니다.
- **중앙 집중화의 위험**: 더 큰 저장 용량을 보유한 참여자는 네트워크에 과도한 영향을 미칠 수 있으며, 이는 잠재적으로 중앙 집중화로 이어질 수 있습니다.

이러한 요소들은 공간 증명이 블록체인 기술에서 중요한 대안으로 자리잡을 수 있는 가능성을 보여 줍니다.

공간 증명 프로토콜

공간 증명 프로토콜(그림 4-24)은 블록체인 네트워크에서 저장 공간을 기반으로 한 합의 메커니즘으로, 다음과 같은 주요 구성 요소를 포함합니다.

- **도전과 응답**: 검증자는 프로버(채굴자)에게 도전장을 보낼 수 있으며, 프로버는 이 도전에 응답하여 자신이 특정 시점에 특정 양의 저장 공간을 예약하고 있음을 증명해야 합니다.
- **구성 요소**: 공간 증명 프로토콜은 다음 세 가지 핵심 구성 요소로 이루어져 있습니다:
  - **플롯팅(Plotting)**: 채굴자가 저장 공간을 초기화하는 과정으로 채굴자가 되기 위해서는 최소 101.4 GiB의 예약 공간이 필요하며, 이는 Raspberry Pi 4와 같은 장치에서도 가능하며, 크기에는 제한이 없으며, 일부 채굴자들은 다수의 PiB 규모로 하기도 합니다.
  - **파밍(Farming)**: 채굴자는 256비트 챌린지 시퀀스를 받아, 이 시퀀스에 대한 응답으로 자신이 정의된 양의 저장 공간을 합법적으로 남겨두었다는 것을 증명하며, 각 챌린지에 대해 농부는 플롯을 확인하고 증명을 생성한 뒤, 네트워크에 제출하여 검증을 받습니다.
  - **검증(Verifying)**: 채굴자가 공간 증명을 성공적으로 생성한 후, 몇 차례의 해시 작업을 수

그림 4-24 공간 증명 합의 프로토콜

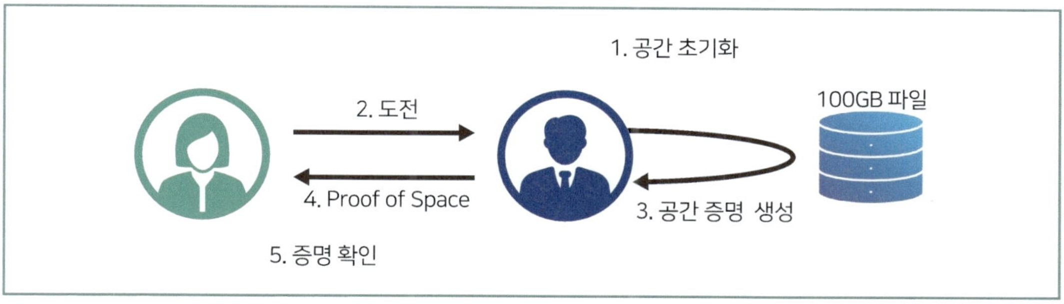

행하고 증명의 x값을 비교하여 증명을 검증하며, 이 과정은 프로버가 제출한 증명이 정확한지를 확인하는 단계입니다.

이러한 공간 증명 프로토콜은 저장 공간을 기반으로 한 효율적인 블록체인 합의 메커니즘을 제공하여, 에너지 소비를 줄이고, 보다 공정하고 접근 가능한 방식으로 블록체인 네트워크의 보안을 강화하는 데 기여합니다.

공간 증명 프로토콜 결론

공간 증명 프로토콜은 작업 증명(PoW) 및 지분 증명(PoS) 합의 모델에서 발생하는 여러 문제를 해결하기 위한 흥미로운 대안으로 부각되고 있으며, 이 시스템은 완벽하지 않으며, 현재 공간 증명을 채택한 블록체인은 제한적이고 이를 사용하는 개발자와 애플리케이션도 아직 많지 않습니다. 이러한 인식된 이점에도 불구하고 공간 증명은 여러 수정해야 할 문제를 안고 있으며, 이로 인해 실제 구현에서 어려움을 겪을 수 있습니다. 기존 블록체인 합의 방식과 마찬가지로, 공간 기반 블록체인 증명도 해킹, 멀웨어 및 기타 악의적인 활동에 취약하여 채굴 활동과 전반적인 네트워크 보안에 부정적인 영향을 미칠 수 있습니다.또한, 공간과 시간 기반 블록체인 증명이 널리 채택될 경우, 채굴자들이 더 많은 저장 공간을 확보하기 위해 많은 컴퓨터를 구매하는 '무기력 경쟁'이 발생할 수 있습니다. 이는 결국 네트워크의 중앙 집중화로 이어질 위험이 있습니다. 따라서 공간 증명 프로토콜이 성공적으로 자리 잡기 위해서는 이러한 문제들을 해결하고, 보다 넓은 채택을 위한 전략이 필요합니다.

CHAPTER

5

블록체인 암호화폐

블록체인 암호화폐는 디지털 화폐로, **블록체인** 기술을 사용하여 거래를 안전하게 기록하고 관리하는 시스템으로 중앙은행이나 정부와 같은 중앙 기관 없이 **분산 네트워크**에서 운영되며, **암호화** 기술을 통해 거래의 보안을 확보합니다.

CHAPTER 5에서는 암호화폐가 무엇인지, 또 비트코인과 이더리움, 가상 자산, 코인과 종류, 블록체인지갑과 NFT, ICO가 무엇인지 알아보도록 하겠습니다

암호화폐란

Lesson 01

암호화폐(Cryptocurrency)는 **디지털 화폐**의 일종으로, **암호화 기술**을 사용하여 거래의 보안을 유지하고, **중앙 기관 없이 분산된 네트워크**에서 운영되는 시스템으로 간단히 말해, 암호화폐는 **인터넷을 통한 가상 화폐**로, 중앙은행이나 정부의 통제 없이 사용자들 간에 **직접 거래**가 이루어집니다. LESSON 01에서 암호화폐가 무엇이지 다루도록 하겠습니다

암호화폐는 물리적인 형태가 없는 디지털 자산으로, 주로 디지털 세계에서 거래를 수행하는데 사용됩니다. 실제 세계에서 사용되는 전통적인 통화로 변환해야만 구매 및 판매가 가능하며, 예를 들어 미국 달러나 인도 루피와 같은 통화로 바꿔야 합니다.

특징적으로 암호화폐는 중앙 발행 기관이 없고, 대신 블록체인과 같은 분산형 시스템을 활용하여 거래를 기록하고 새로운 단위를 발행합니다. 이러한 시스템은 보안성과 투명성을 제공하며, 사용자 간의 직접 거래를 가능하게 합니다. 암호화폐의 대표적인 예로 비트코인, 이더리움, 리플 등이 있으며, 이들은 각기 다른 특성과 용도를 가지고 있습니다.

그림 5-1　암호화폐 블록의 구조

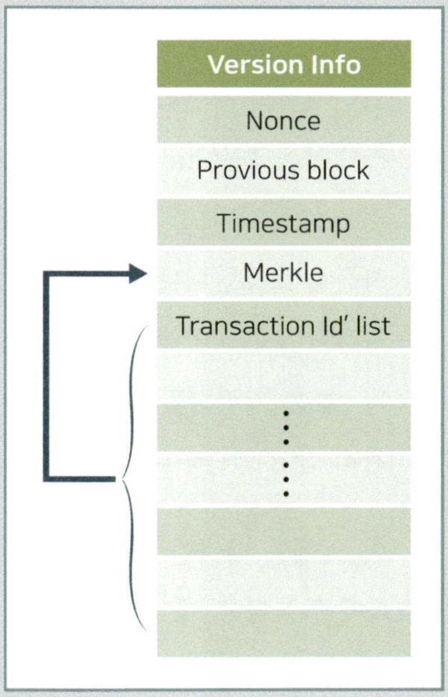

암호화폐는 전통적인 금융 시스템에 대한 대안으로 떠오르고 있으며, 금융 거래의 방식과 효율성을 혁신적으로 변화시키고 있습니다.

암호화폐는 거래 확인을 위해 전통적인 은행에 의존하지 않는 디지털 결제 시스템입니다. 이러한 결제는 온라인 데이터베이스에서 디지털 항목으로 존재하며, 자금 이체 시 거래 내역이 공개 원장에 기록됩니다. 암호화폐의 "코인"은 "채굴자"에 의해 생성되며, 이들은 작업 증명 퍼즐을 풀기 위해 특별히 제작된 ASIC(주문형 집적 회로) 장치를 활용합니다.

코인 채굴은 해당 코인에 가치를 부여하며, 그 가치 변동은 공급과 수요에 의해 결정됩니다. 암호화폐는 물리적 형태가 없고 중앙 기관에 의해 발행되지 않으며, 중앙은행 디지털 통화와 달리 분산형 시스템을 사용하여 운영됩니다. 암호화폐는 암호화를 통해 거래를 확인하고 보호하며, 상품 구매에도 활용될 수 있습니다. 이러한 특성 덕분에 암호화폐는 금융 시스템에 혁신을 가져오는 중요한 자산으로 자리 잡고 있습니다.

암호화폐 예시

잘 알려진 암호화폐 중 일부는 다음과 같습니다.

- **비트코인(Bitcoin)**: 비트코인은 가장 널리 받아들여지는 암호화폐로, 2009년 나카모토 사토시에 의해 설립되었습니다. 비트코인은 분산형 디지털 통화로, 피어 투 피어(Peer-to-Peer) 네트워크를 통해 전송됩니다. 현재까지도 가장 많이 거래되고 있으며, 암호화폐의 시초로 여겨집니다.
- **이더(Ether)**: 이더는 이더리움(Ethereum) 블록체인 네트워크의 기본 암호화폐입니다. 각 이더리움 계정은 ETH 잔액을 보유하며, 사용자는 ETH를 다른 계정으로 이체할 수 있습니다. 이더의 가장 작은 단위는 "Wei"로 알려져 있습니다.
- **라이트코인(Litecoin)**: 라이트코인은 비트코인과 기술적으로 유사한 피어 투 피어 암호화폐입니다. 작업 증명 알고리즘에서 스크립트를 사용하며, 결제를 보다 용이하게 하기 위해 비트코인에서의 개선점을 적용한 것입니다.
- **스테이블코인(Stablecoins)**: 스테이블코인은 미국 달러와 같은 실제 자산에 대해 가치가 안정적으로 유지되도록 설계된 암호화폐입니다. 이러한 특성 덕분에 시장의 변동성으로부터 사용자들을 보호합니다.
- **솔라나(Solana)**: 솔라나는 속도와 비용 효율성에 중점을 두고 개발된 이더리움의 경쟁자입니다. 높은 처리량과 낮은 거래 수수료를 자랑하며, 개발자들 사이에서 인기 있는 플랫폼으로 자리 잡고 있습니다.

이 외에도 다양한 암호화폐가 존재하며, 각기 다른 목적과 특성을 가지고 있습니다. 이러한 암호화폐들은 금융 시스템을 혁신하고 다양한 서비스와 사용 사례를 만들어 가고 있습니다.

기존 통화와 암호화폐

암호화폐와 미국 달러와 같은 명목화폐의 작동 방식에는 몇 가지 주요 차이점이 있습니다. 이러한 차이를 이해하기 위해, 거래와 합의 프로토콜이라는 두 가지 요소를 살펴보겠습니다. 블록체인에서는 거래를 블록이라는 구조에 기록하는데, 각 블록은 여러 거래의 ID 목록을 포함하고 있습니다.

거래

암호화폐에서의 거래는 실제 세계의 거래와 상당히 다릅니다. 예를 들어, 앨리스가 자전거를 구매하고 싶다고 가정해 보겠습니다.

- **현실 세계**: 앨리스는 구매를 위해 사용할 수 있는 모든 통화로 자전거의 가격을 지불할 수 있습니다. 만약 판매자가 잔돈이 있다면, 그 금액은 앨리스에게 반환됩니다.
- **암호화폐 세계**: 자전거의 가격이 0.6BTC이고, 앨리스가 비트코인 지갑에 0.7BTC를 가지고 있다고 가정합시다. 앨리스는 자신의 전체 자산, 즉 0.7BTC를 고려해야 합니다.
- **거래 1**: 앨리스는 비트코인 지갑에서 판매자의 지갑으로 0.6BTC를 전송합니다. 이로써 앨리스는 0.7BTC 중 0.6BTC를 소비하게 되고, 남은 0.1BTC는 앨리스의 지갑으로 돌아가야 합니다. 판매자가 앨리스에게 제공하는 잔돈은 존재하지 않습니다.
- **거래 2**: 앨리스는 0.1BTC를 자신의 지갑으로 다시 전송합니다. 이 0.1BTC는 앨리스가 사용하지 않은 거래 금액으로, 결국 앨리스의 지갑에 남게 됩니다.

합의 프로토콜

합의 프로토콜은 그룹 구성원이 공동의 이익을 위해 결정에 동의하고 이를 지지하기 위해 개발된 프로세스입니다. 블록체인 네트워크에서는 가장 긴 유효한 체인이 모든 노드에 존재해야 하며, 이를 통해 거래의 유효성과 안전성을 보장합니다. 이러한 합의 과정을 통해 네트워크 참여자들은 신뢰할 수 있는 거래 기록을 유지할 수 있습니다.

이와 같은 요소들은 암호화폐가 기존 통화와는 다른 방식으로 작동하게 하는 중요한 기초입니다. 거래의 처리 방식과 합의 프로토콜의 차이로 인해, 암호화폐는 탈중앙화되고 신뢰할 수 있는 디지털 자산으로 자리 잡고 있습니다.

암호화폐의 작동

암호화폐는 중앙 기관에 의해 규제되거나 통제되지 않기 때문에, 다양한 유형의 코인을 사용하여 은행 시스템 외부에서 운영됩니다. 암호화폐의 작동 방식은 다음과 같은 주요 요소로 나눌 수 있습니다.

채굴

암호화폐는 채굴이라는 과정을 통해 생성됩니다. 이 과정에서 채굴자들은 비트코인과 같은 암호화폐로 보상을 받기 위해 특수 장비를 갖춘 컴퓨터 시스템을 사용하여 복잡한 수학적 퍼즐을 풉니다. 채굴은 네트워크의 거래를 확인하고 블록체인에 새로운 블록을 추가하는 역할을 하며, 이 과정에서 발생하는 보상은 채굴자에게 지급됩니다.

구매, 판매 및 저장

사용자들은 중앙 거래소, 브로커, 또는 개별 통화 소유자로부터 암호화폐를 구매하고 판매할 수 있습니다. 암호화폐는 디지털 지갑에 안전하게 저장할 수 있으며, 이를 통해 사용자는 자산을 관리하고 필요할 때 쉽게 거래를 수행할 수 있습니다. 지갑은 다양한 형태로 존재하며, 소프트웨어 지갑(앱이나 프로그램) 또는 하드웨어 지갑(물리적 장치)으로 나눌 수 있습니다.

투자

암호화폐는 한 디지털 지갑에서 다른 디지털 지갑으로 자유롭게 이동할 수 있으며, 여러 목적에 활용될 수 있습니다. 예를 들어,

- **투자**: 많은 사람들이 암호화폐를 장기적인 투자 자산으로 고려하며, 가격 변동성을 이용해 수익을 추구합니다.
- **결제 수단**: 일부 상점이나 온라인 플랫폼에서는 암호화폐를 결제 수단으로 허용하고 있어, 실제 상품이나 서비스를 구매할 때 사용할 수 있습니다.
- **송금**: 암호화폐는 빠르고 저렴한 방법으로 전 세계 어디서나 송금할 수 있는 수단으로 활용됩니다.

이러한 요소들은 암호화폐가 기존 금융 시스템과는 다른 방식으로 작동하게 하는 기초를 형성하며, 사용자에게 더 많은 자율성과 선택권을 제공합니다.

암호화폐를 구입하는 방법

암호화폐 구매는 일반적으로 세 가지 단계로 나눌 수 있습니다.

플랫폼 선택

암호화폐를 구매하기 위해서는 적절한 플랫폼을 선택해야 합니다. 선택할 수 있는 플랫폼은 주로 두 가지 유형입니다.

- **기존 브로커**: 전통적인 금융 자산(주식, 채권 등)과 함께 암호화폐 거래를 제공하는 온라인 브로커가 있습니다. 이들은 비교적 낮은 거래 비용을 제공할 수 있지만, 암호화폐 관련 기능은 제한적일 수 있습니다.
- **암호화폐 거래소**: 다양한 암호화폐를 거래할 수 있으며, 지갑 저장 공간과 같은 추가 기능을 갖춘 암호화폐 전용 거래소가 있습니다. 이러한 플랫폼은 일반적으로 암호화폐 거래에 특화되어 있어 더 많은 선택권과 기능을 제공합니다.

계정 자금 조달

플랫폼을 선택한 후, 다음 단계는 계정에 자금을 입금하는 것입니다. 대부분의 암호화폐 거래소에서는 사용자가 미국 달러, 유로 등과 같은 명목화폐를 사용하거나 신용카드 및 직불카드를 통해 암호화폐를 구매할 수 있도록 지원합니다. 하지만 각 플랫폼마다 지원하는 입금 방법과 조건이 다르기 때문에, 선택한 거래소의 규정을 잘 확인해야 합니다. 이때 고려해야 할 중요한 요소는 잠재적인 입출금 거래 수수료와 거래 수수료입니다.

주문

자금 조달이 완료되면, 거래소나 브로커의 웹사이트 또는 모바일 플랫폼을 통해 암호화폐를 주문할 수 있습니다. 주문 방식은 다양하며, 특정 암호화폐의 매수 또는 매도를 선택하고 원하는 수량을 입력한 후 거래를 완료하면 됩니다. 거래가 체결되면, 해당 암호화폐는 사용자의 지갑에 안전하게 저장됩니다.

암호화폐를 저장하는 방법

암호화폐를 구매한 후에는 해커와 기타 위험으로부터 안전하게 보호하기 위해 신뢰할 수 있

표 5-1 암호화폐를 저장하는 방법 비교

구분	보관지갑	콜드월렛	핫월렛	종이지갑
정의	• 암호화폐 거래소와 같은 제3자는 암호화폐를 저장	• 하드웨어는 컴퓨터에 연결되어 암호화폐를 저장	• 암호화폐를 온라인에 저장하는 애플리케이션	• 공개 키와 개인 키의 물리적 저장
이점	• 간단하고 편리한 방법 • 접근이 용이 • 암호화폐 지갑을 잃어버릴 염려가 없음	• 최고 수준의 보안	• 암호화폐에 대한 제어권을 부여 • 거의 항상 무료 • 사용하기 쉬움	• 최소한의 비용으로 최대의 보안을 제공
단점	• 암호화폐를 제3자가 소유하게 함으로써 발생하는 보안 위험	• 암호화폐를 온라인에 저장할 때보다 프로세스가 더 느림 • 장비 비용 발생	• 해킹당할 위험이 있음	• 사용자 친화적이지 않음 • 지갑을 잃어버릴 위험이 있음

는 방법으로 저장해야 합니다. 암호화폐를 저장하는 일반적인 방법은 물리적 장치 또는 소프트웨어 형태의 암호화폐 지갑을 사용하는 것입니다. 그러나 모든 거래소나 브로커가 암호화폐 지갑 서비스를 제공하는 것은 아닙니다. 암호화폐는 다음 네 가지 위치(표 5-1)에 저장될 수 있습니다.

- **관리형 지갑**: 관리형 지갑은 제3자가 운영하는 지갑으로, 일반적으로 암호화폐 거래소와 같은 서비스에서 제공합니다. 이러한 지갑은 콜드 스토리지(오프라인 저장소)와 핫 스토리지(온라인 저장소) 또는 이 둘의 조합을 통해 암호화폐를 저장합니다. 사용자는 기술적인 설정이나 관리가 덜 필요하므로 가장 간단하고 편리한 방법으로 암호화폐를 보관할 수 있습니다.
- **콜드 지갑**: 콜드 지갑은 하드웨어 지갑으로도 알려져 있으며, 오프라인에서 암호화폐를 안전하게 저장하는 장치입니다. 이 장치는 사용자가 암호화폐를 보내거나 받을 때만 인터넷에 연결되며, 그 외에는 완전히 오프라인 상태로 유지됩니다. 이렇게 함으로써 해킹의 위험을 크게 줄일 수 있습니다.
- **핫월렛(Hot Wallet)**: 핫월렛은 암호화폐를 온라인에 저장하는 애플리케이션입니다. 데스크톱이나 모바일 앱으로 쉽게 접근할 수 있어 사용이 편리하지만, 항상 인터넷에 연결되어 있기 때문에 해킹 위험이 상대적으로 높습니다. 따라서 소액의 암호화폐를 주로 거래하는 데 적합합니다.
- **종이 지갑**: 종이 지갑은 물리적 형태의 지갑으로, 공개 키와 개인 키를 문자열이나 스캔 가능한 QR 코드로 인쇄한 것입니다. 암호화폐를 송금하려면 이 키들을 스캔하여 사용합니다. 종이 지갑은 오프라인으로 안전하게 저장할 수 있지만, 물리적인 손상이나 분실의 위험이 있으므로 주의가 필요합니다.

이러한 다양한 저장 방법 중에서 사용자는 자신의 필요와 위험 감수 성향에 따라 적합한 방법을 선택하여 암호화폐를 안전하게 보관해야 합니다.

암호화폐의 사용 용도

암호화폐는 다양한 분야에서 활용될 수 있으며, 그 사용 용도는 다음과 같습니다.

- **쇼핑**: 일부 고급 명품 소매업체에서는 암호화폐를 결제 수단으로 허용하고 있습니다. 예를 들어, 롤렉스(Rolex)와 파텍필립(Patek Philippe) 같은 브랜드는 고객이 비트코인 등 암호화폐로 결제할 수 있도록 하고 있어, 고객에게 더 많은 선택지를 제공합니다.
- **보험**: 프리미어 쉴드 보험(Premier Shield Insurance)와 같은 일부 보험 회사에서는 비트코인으로 보험료를 지불할 수 있는 옵션을 제공하고 있습니다. 이는 보험 가입자에게 추가적인 편리함을 제공하며, 디지털 자산을 사용하여 더 쉽게 거래할 수 있게 합니다.
- **선물**: 암호화폐는 새로운 기술을 배우고 투자하는 데 관심이 있는 사람들에게 훌륭한 선물이 될 수 있습니다. 특히, 젊은 세대나 기술 친화적인 사람들은 암호화폐를 선물로 받는 것을 선호할 수 있으며, 이는 그들이 암호화폐에 대한 이해를 높이는 데 도움을 줄 수 있습니다.
- **여행**: 암호화폐는 특정 국가에 국한되지 않기 때문에, 이를 보유하고 여행하면 환전 수수료를 크게 절약할 수 있습니다. 특히 국제 여행을 하는 경우, 여러 국가의 통화를 변환할 필요 없이 암호화폐를 이용해 결제할 수 있는 편리함이 있습니다. 이러한 특성 덕분에 여행객들은 더욱 유연하게 지불을 할 수 있습니다.

이처럼 암호화폐는 다양한 사용 사례를 통해 우리의 생활 속에서 점점 더 많은 역할을 하고 있으며, 앞으로도 그 활용 가능성은 더욱 확대될 것으로 예상됩니다.

암호화폐의 장점

암호화폐는 전통적인 금융 시스템과 비교했을 때 여러 가지 장점을 제공합니다. 주요 장점은 다음과 같습니다.

- **비공개 및 보안**: 암호화폐는 블록체인 기술을 기반으로 하여 사용자 익명성을 보장합니다. 각 거래는 암호화되어 기록되며, 이는 사용자 정보를 안전하게 보호하는 동시에 거래의 보안성을 높입니다. 블록체인의 특성 덕분에 외부 공격으로부터 안전한 환경을 제공합니다.
- **분산형, 불변성, 투명성**: 암호화폐는 단일 규제 기관 없이 운영되는 분산형 시스템입니다. 네

트워크에 참여하는 모든 구성원이 데이터에 접근할 수 있으며, 이는 변조가 불가능한 공유 소유권 원칙에 따라 이루어집니다. 이러한 특성은 거래의 투명성을 높이며, 모든 거래가 블록체인에 영구적으로 기록되므로 신뢰할 수 있는 데이터 환경을 제공합니다.

- **인플레이션 헤지**: 대부분의 암호화폐는 공급량이 제한되어 있습니다. 이는 인플레이션 시기에 가치가 보존될 가능성을 높이며, 투자자들에게 좋은 대안으로 작용할 수 있습니다. 예를 들어, 비트코인은 최대 공급량이 2100만 개로 제한되어 있어, 인플레이션에 대한 자연적인 방어 수단이 됩니다.
- **더 빠른 결제**: 암호화폐를 통한 결제는 대부분 몇 초에서 몇 분 내에 완료됩니다. 반면, 은행을 통한 전신 송금은 종종 비용이 많이 들고, 정산하는 데 영업일 기준 3~5일이 소요되는 경우가 많습니다. 이는 암호화폐가 국제 거래에서도 매우 유용하다는 것을 의미합니다.
- **쉬운 거래**: 암호화폐 거래는 은행 거래에 비해 간단하고 비공식적인 방식으로 이루어질 수 있습니다. 스마트폰과 암호화폐 지갑만 있으면 누구나 쉽게 거래할 수 있으며, 다양한 암호화폐를 빠르게 주고받을 수 있습니다. 이러한 접근성 덕분에 암호화폐는 사용자에게 편리한 금융 옵션을 제공합니다.

이와 같이 암호화폐는 여러 가지 이점을 통해 기존 금융 시스템에 대한 대안으로 자리 잡고 있으며, 앞으로의 발전 가능성이 기대됩니다

암호화폐의 단점

암호화폐는 여러 장점이 있지만, 여전히 해결해야 할 몇 가지 단점이 존재합니다. 주요 단점은 다음과 같습니다.

- **사이버 보안 문제**: 암호화폐는 사이버 공격의 주요 대상이 되며, 해커들은 다양한 방법으로 암호화폐를 훔치거나 시스템을 침해할 수 있습니다. 이를 방지하기 위해서는 강력한 보안 인프라를 지속적으로 유지 관리하고, 사용자들도 안전한 지갑 사용 및 거래 습관을 갖추는 것이 필요합니다.
- **가격 변동성**: 암호화폐는 본질적으로 기본 가치가 없으며, 가격은 수요와 공급에 따라 결정됩니다. 이로 인해 암호화폐의 가격은 매우 변동성이 크고, 단기적으로 급격한 가격 상승이나 하락이 발생할 수 있습니다. 이러한 변동성은 투자자들에게 위험 요소로 작용할 수 있습니다.
- **확장성**: 확장성은 암호화폐의 핵심 문제 중 하나입니다. 디지털 코인과 토큰의 채택이 증가하

고 있지만, 블록체인의 구조적 특성으로 인해 거래 처리 속도가 느려질 수 있습니다. 예를 들어, VISA나 Mastercard와 같은 대형 결제 시스템이 하루에 처리하는 거래 수와 경쟁하기에는 현재의 많은 블록체인 기술이 부족합니다. 이는 대규모 사용에 있어 실질적인 장애물이 될 수 있습니다.

- **낮은 인식**: 암호화폐는 여전히 많은 사람들에게 새로운 개념이며, 그 사용과 기능에 대한 이해도가 낮습니다. 또한 암호화폐의 장기적인 지속 가능성이나 사회적 수용성에 대한 우려가 존재합니다. 이는 대중적인 채택과 신뢰를 구축하는 데 어려움을 초래할 수 있습니다.

이와 같이 암호화폐는 장점과 단점을 모두 지니고 있으며, 앞으로의 발전을 위해 해결해야 할 여러 과제가 남아 있습니다.

암호화폐의 특징

암호화폐는 여러 독특한 특징을 가지고 있으며, 이는 디지털 통화의 혁신적인 본질을 잘 나타냅니다.

특징

- **분산화**: 암호화폐는 PEER TO PEER 네트워크에서 운영되며, 중앙 기관이나 정부에 의해 통제되지 않습니다. 이는 사용자에게 더 큰 자유와 권한을 부여합니다.
- **보안**: 암호화폐는 고급 암호화 기술을 사용하여 거래의 보안과 무결성을 보장합니다. 이를 통해 사기 및 해킹으로부터 사용자 자산을 보호합니다.
- **투명성**: 대부분의 암호화폐는 블록체인이라는 공개 원장을 기반으로 작동합니다. 이를 통해 누구나 네트워크에서 발생한 모든 거래를 쉽게 조회할 수 있습니다.
- **익명성**: 많은 암호화폐는 완전한 익명성을 제공하지 않지만, 사용자에게 높은 수준의 개인 정보 보호를 제공합니다. 사용자는 자신의 신원을 공개하지 않고 거래할 수 있는 옵션이 있습니다.
- **제한된 공급**: 암호화폐는 가치를 유지하고 인플레이션을 방지하기 위해 제한된 공급량으로 설계되어 있습니다. 이는 자산의 희소성을 높입니다.
- **글로벌 접근성**: 암호화폐는 인터넷에 연결된 장치가 있는 한 전 세계 어디서나 접근하고 사용할 수 있습니다. 이는 금융 서비스를 이용하지 못했던 지역에서도 새로운 기회를 제공합니다.
- **낮은 거래 수수료**: 전통적인 은행 및 금융 기관에 비해 암호화폐는 일반적으로 거래 수수료가

낮습니다. 이는 특히 국제 거래에 매력적인 옵션으로 작용합니다.

- **프로그래밍 가능성**: 일부 암호화폐는 스마트 계약 기능을 통해 프로그래밍 가능한 거래를 지원합니다. 이는 특정 조건에 따라 자동으로 실행될 수 있는 계약을 가능하게 합니다.

잠재적인 단점

- **변동성**: 암호화폐는 가격이 예측할 수 없이 빠르게 변동할 수 있어 투자에 큰 리스크를 동반합니다.
- **규제 부족**: 암호화폐는 아직 대부분의 정부에 의해 완전히 규제되지 않으며, 이는 사용자에게 불확실성과 잠재적인 위험을 초래할 수 있습니다.
- **제한된 수용**: 암호화폐를 결제 수단으로 받아들이는 판매자는 증가하고 있지만, 여전히 광범위하게 수용되지 않고 있습니다.
- **해킹 및 사기**: 암호화폐는 해킹과 사기의 취약점이 있으며, 암호화폐 세계에서는 도난 및 사기 사건이 빈번하게 발생하고 있습니다.

전반적으로 암호화폐는 독특하고 혁신적인 형태의 디지털 통화로, 다양한 기능을 제공하여 사용자에게 새로운 금융 기회를 열어줍니다. 그러나 이러한 기회를 활용하기 전에 사용자는 잠재적인 위험과 과제를 충분히 이해해야 합니다.

암호화폐의 미래

암호화폐의 미래는 여전히 많은 논란과 불확실성을 안고 있습니다. 정부와 기관의 승인 부족으로 인해 현재의 상태는 불안정하지만, 가까운 미래에는 암호화폐가 대규모로 사용되고 더 많은 사람들이 수용할 가능성이 있습니다. 이는 새로운 기술 개발이 사용자에게 접근 가능한 금융 시장을 형성하기 때문입니다.

ICO(암호화폐 초기 제안)

ICO는 아직 개발 단계에 있는 독립 프로젝트의 중요한 부분으로, 프로젝트는 주식이 아닌 암호화폐(토큰)를 통해 자금을 모집합니다. 이러한 방식은 신생 기업이나 혁신적인 프로젝트에 자금을 지원할 수 있는 기회를 제공합니다. 시간이 흐르면서 이러한 프로젝트가 발전하게 되면, 암호화폐는 프로젝트와 투자자 모두에게 다양한 이점을 제공할 수 있을 것입니다.

경제적 독립성

암호화폐는 금융계에서 가장 독립적인 화폐로 자리잡고 있으며, 이는 전통적인 금융 시스템의 제약을 벗어나려는 사람들에게 매력적입니다. 그러나, 암호화폐와 관련된 정보가 제한되거나 사용이 금지될 경우, 이는 경제 동향에 지연을 초래할 수 있습니다.

결국, 암호화폐의 미래는 기술적 발전과 규제 환경에 달려 있습니다. 이들이 어떻게 변화할지는 아직 알 수 없지만, 암호화폐가 우리의 라이프스타일에 미치는 영향은 시간이 지나면서 더욱 명확해질 것입니다. 앞으로의 변화에 주목하며, 암호화폐가 우리 사회에서 어떤 역할을 하게 될지 지켜보는 것이 중요합니다.

Lesson 02

비트코인 블록체인

비트코인(Bitcoin)은 **디지털 화폐**이자 **분산형 암호화폐**로, 중앙 은행이나 정부와 같은 중앙 기관의 통제를 받지 않고 **P2P(개인 간 거래)** 방식으로 운영되며, 2009년 **사토시 나카모토**라는 가명으로 알려진 개발자가 **비트코인**을 창시했으며, 이는 **블록체인** 기술을 바탕으로 하여 거래의 **보안**과 **투명성**을 보장합니다. LESSON 02에서는 비트코인이 무엇인지 알아보도록 하겠습니다.

비트코인의 개념은 사토시 나카모토라는 가명이 사용된 인물에 의해 2008년에 발표된 논문 "비트코인: P2P 전자 캐시 시스템"을 통해 세상에 알려졌습니다. 이 논문에서 사토시는 비트코인을 누구의 간섭도 받지 않는 독립적인 결제 수단으로 설명하며, 데이비드 차움이 우려했던 통제와 안전의 문제를 완전히 해결한 시스템이라고 주장했습니다.

비트코인의 소프트웨어는 2009년 1월 3일 오후 6시 15분 5초에 구현되었고, 이때 최초의 블록인 제네시스 블록이 생성그림 5-18)되었습니다. 6일 후인 2009년 1월 9일 오전 2시 54분 25초부터 본격적인 운영이 시작되었으며, 이후 약 10분마다 꾸준히 블록이 생성되고 있습니다. 2018년 12월 기준으로 55만 개 이상의 블록이 만들어졌고, 이 블록에는 약 3억 건의 비트코인 거래 내역이 기록되어 있습니다. 전체 데이터 용량은 200기가바이트를 초과합니다.

비트코인은 '사토시(Sat)'와 '비트코인(BTC)' 두 가지 단위를 사용합니다. 1비트코인은 1억

표 5-2　비트코인 블록의 생성과 55만째 블록의 정보

구분	0번(제네시스 블록)	55만 번 블록
시각	2009-01-03	2018-11-14
크기(바이트)	285	940,117
거래내역(트랜잭션) 수	1	2748
보조금	50BTC	12.5BTC
수수료	0	0.05232011BTC
난이도	1	7,184,404,942,701.79

그림 5-2 비트코인 채굴 일정

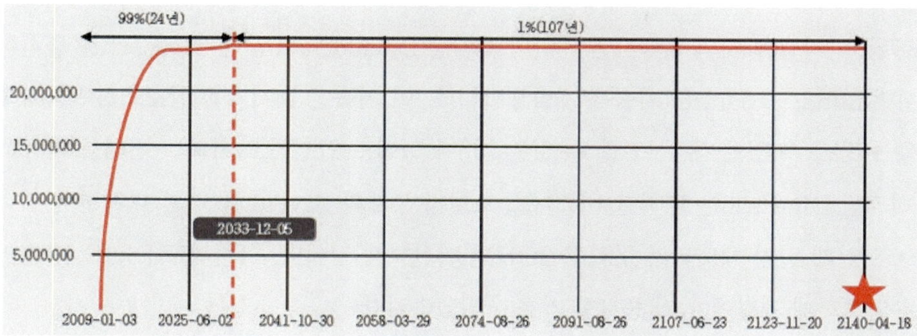

사토시에 해당하며, 이는 미국 달러가 센트와 달러라는 두 가지 단위로 구성된 것과 유사합니다. 블록이 생성될 때마다 비트코인이 새로운 보조금 형태로 생성되며, 이 보조금의 양은 21만 개의 블록이 생성될 때마다 절반으로 줄어들도록 프로그래밍되어 있습니다. 대략 10분마다 블록이 생성되므로 21만 개의 블록이 생성되기까지 약 4년이 소요됩니다.

최초 발행량(그림 5-2)은 50BTC였으며, 두 번의 반감기를 거쳐 2016년 7월 10일까지 채굴량은 16,00,000BTC가 생성되었다. 이론적으로 마지막 보조금은 2140년 4월 18일에 692만 9,999번 블록이 생성될 때 발생하며, 이때 보조금은 1사토시가 될 것으로 예상됩니다. 비트코인은 131년에 걸쳐 생성될 수 있도록 프로그램되어 있으나, 초기 24년 동안 전체 발행량의 99%가 생산되고, 나머지 107년 동안은 1%만 생산될 예정입니다.

비트코인 개발에 선구적인 역할을 한 인물로는 익명의 분산 원리를 적용하여 비머니(B-Money)를 개발한 웨이 다이(Wei Dai), 스마트 계약 개념을 제안한 닉 사보(Nick Szabo), 해시캐시(Hashcash) 시스템을 도입한 아담 백(Adam Back) 등이 있습니다. 이들은 비트코인 생태계의 기초를 마련하는 데 큰 기여를 했습니다.

비트코인 시작과 역사

1976년, 휘트필드 디피(Whitfield Diffie)와 마틴 헬먼(Martin E. Hellman)은 안전하지 않은 채널을 통해 보안 통신을 가능하게 하는 암호화 프로토콜에 관한 혁신적인 제안을 발표했습니다. 이 논문은 사전 공유된 비밀 없이도 안전한 키 교환을 위한 방법을 제시하며, 공개 키와 비공개 키 쌍의 개념을 도입했습니다. 디피-헬먼 키 교환은 현대 암호화의 핵심 요소가 되었고, 디지털 시대의 보안 통신 중요성을 알리는 계기가 되었습니다. 이는 궁극적으로 암호화폐 거래에서 공개 및 비공개 키 쌍의 구현에 기여했습니다.

1989년, 디지털 화폐의 선구자인 데이비드 차움(David Chaum)은 DigiCash를 출시하며 블라인드 서명(Blind Signature) 기술을 개발했습니다. 이 기술은 메시지를 암호화하면서도 발신자의 신원을 보장할 수 있게 해, 신뢰할 수 없는 제3자 없이도 안전하고 사적인 거래를 가능하게 했습니다. 하지만 DigiCash는 명확한 비즈니스 모델의 부재와 PayPal 등 다른 디지털 결제 시스템의 등장으로 인해 널리 채택되지 못하고 2002년 파산하게 됩니다. 그럼에도 DigiCash는 비트코인과 같은 암호화폐 개발에 있어 중요한 기초가 되었습니다.

2008년, 'bitcoin.org' 도메인이 신원을 숨긴 개인에 의해 등록되었습니다. 이 개인은 사토시 나카모토(Satoshi Nakamoto)로 추정되며, 이 웹사이트는 비트코인에 대한 정보의 중심 역할을 하게 됩니다. 여기에는 초보자를 위한 가이드, 기술 문서, 비트코인 생태계 관련 뉴스 등이 포함되어 있습니다.

2009년, 사토시 나카모토는 비트코인 블록체인의 첫 번째 블록인 제네시스 블록을 채굴합니다. 이 블록에는 "은행에 대한 두 번째 구제금융 위기에 처한 더 타임즈 03/1/2009 총리."라는 메시지가 담겨 있습니다. 이 메시지는 비트코인의 창시 동기 중 하나인 전통 금융 시스템에 대한 대안을 강조합니다. 제네시스 블록의 생성은 탈중앙화된 P2P 거래의 시작을 알리는 신호탄이 되었습니다.

2010년, 라즐로 하니에츠(Laszlo Hanyecz)는 플로리다에서 10,000 비트코인을 사용해 두 판의 피자를 구매하며 최초의 상업적 거래를 성사시킵니다. 이 거래는 당시 몇 달러에 불과한 가치였으나, 이후 비트코인 가치 상승의 상징적인 사례로 남게 됩니다. 이 날은 '비트코인 피자 데이'로 기념되며, 비트코인의 초기 역사와 실험적 접근을 상기시킵니다.

2011년에는 실크로드(Silk Road)라는 온라인 암시장이 시작됩니다. 이는 비트코인이 실제로 사용될 수 있는 첫 사례 중 하나로, 익명성을 통해 사용자들이 상품과 서비스를 거래할 수 있게 했습니다. 그러나 실크로드의 불법 활동과의 연관성 때문에 비트코인은 범죄와 연결짓는 부정적인 인식도 안고 있었습니다.

2011년의 비트코인 버블은 비트코인 역사에서 중요한 사건으로, 2011년 6월 코인당 가격이 31달러로 급등하며 많은 관심을 끌었습니다. 하지만 가격은 곧바로 하락하여 몇 달러에 불과하게 되며, 이는 비트코인 시장의 변동성을 보여 주는 첫 사례가 되었습니다.

2012년, 첫 번째 비트코인 반감기 이벤트가 발생하며, 블록 보상이 50비트코인에서 25비트코인으로 감소합니다. 이는 비트코인의 희소성을 증가시키고 가격에 상당한 영향을 미쳤습니다.

2013년에는 캐나다 밴쿠버에 최초의 비트코인 ATM이 설치되며, 이는 전 세계적으로 수천 대의 비트코인 ATM으로 이어집니다. 비트코인 ATM은 사용자가 비트코인과 현금을 거래할 수 있는 편리한 방법을 제공하지만, 종종 높은 수수료를 부과하는 단점이 있습니다.

2014년, 일본의 마운트곡스(Mt. Gox) 거래소는 해킹 공격으로 인해 85만 비트코인을 잃고 파산을 신청합니다. 이 사건은 암호화폐 거래소의 보안 문제를 부각시켰습니다.

2015년, Liquid 플랫폼이 출시되며 비트코인의 기능을 강화하는 새로운 접근 방식이 도입됩니다. Liquid는 비트코인과 병렬로 실행되는 블록체인으로, 더 빠르고 기밀한 거래를 가능하게 합니다.

2016년, 라이트닝 네트워크가 발표되어 비트코인의 거래 속도를 개선하고 블록체인의 혼잡을 완화하는 솔루션을 제공합니다. 2017년 첫 번째 라이트닝 결제가 성공적으로 이루어지며, 블록체인 기반 결제의 새로운 시대가 열립니다.

2018년, IOVlabs는 비트코인 네트워크에 스마트 계약 기능을 제공하는 루트스탁 플랫폼을 출시합니다. 이는 비트코인과 스마트 계약의 연결을 강화하고, 다양한 애플리케이션 개발을 촉진하는 역할을 합니다.

2020년, 세 번째 비트코인 반감기 이벤트가 발생하며 블록당 보상이 6.25비트코인으로 줄어듭니다.

2021년에는 스택스 프로젝트가 출시되어 비트코인 블록체인에서 스마트 계약을 실행할 수 있는 기반을 제공합니다.

2023년, 개발자 케이시 로드아머가 Ordinal 프로토콜을 출시하며 비트코인 생태계에 새로운 관심을 불러일으킵니다. 이를 통해 비트코인에서 각 사토시에 고유 번호를 할당하고, 디지털 아티팩트를 생성할 수 있는 가능성이 열립니다.

2024년 1월 10일, 미국 증권거래위원회(SEC)는 11개의 새로운 현물 비트코인 상장지수펀드(ETF)를 승인하며, 디지털 자산 시장에 대한 규제된 접근 권한을 제공합니다. 이는 비트코인을 전통 금융 분야에서 자산 클래스로 인정받게 하는 중요한 이정표가 됩니다.

비트코인 채굴의 작동 방식

비트코인 채굴은 거래 기록을 블록체인에 추가하는 과정을 통해 작동합니다. 이를 위해서는 높은 연산력과 복잡한 수학적 알고리즘을 해결할 수 있는 자원이 필요합니다. 채굴자는 이 어려운 알고리즘을 풀어 새로운 비트코인을 발견하는 역할을 합니다. 전 세계의 각 채굴자는 자신이 가진 계산 자원과 전력을 활용하여 거래를 처리하고 기록을 블록체인에 추가합니다.

비트코인은 매 10분마다 새로운 비트코인을 채굴하도록 설계되어 있으며, 모든 채굴자는 거래 처리에 자신의 계산 능력을 기여합니다. 그 대가로, 채굴자들은 비트코인 형태로 보상을 받습니다. 그러나 특정 시점에는 처리해야 할 거래가 많고, 시스템에 의해 정의된 최대 블록 크기가 있기 때문에, 송신자는 필요한 정보만 전송하여 프로세스를 더 빠르게 만들 수 있습니다. 이렇게 하면 채굴자의 작업도 더 용이해집니다.

거래 중 채굴자가 올바른 결정을 내리도록 유도하기 위해, 송신자는 일반적으로 거래 수수료를 암호화폐 형태로 제공하며, 이 수수료는 전체 거래액의 작은 비율을 차지합니다. 예를 들어, 250달러 상당의 비트코인 거래에서 송신자는 약 15달러의 비트코인을 채굴자에게 수수료로 보낼 수 있습니다.

최근 몇 년 동안 블록체인에서의 거래 수수료는 감소하는 추세에 있으며, 이는 채굴자들이 거래 수수료에 의존하게 만듭니다. 만약 블록체인의 거래량이 감소한다면, 채굴자들은 받는 보상이 줄어들어 그들의 작업과 자원 투입이 더 어려워질 수 있습니다. 이와 같은 변화는 비트코인 생태계의 지속 가능성에 중요한 영향을 미칠 수 있습니다.

블록 보상

블록 보상은 비트코인 채굴자가 복잡한 수학 알고리즘을 풀어 새로운 블록을 생성할 때 주어지는 보상입니다. 이 보상을 통해 거래 기록이 블록체인에 추가됩니다. 비트코인의 반감기(Halving) 프로세스는 약 21만 개의 블록이 채굴될 때마다 4년에 한 번씩 블록 보상이 절반으로 줄어드는 시스템을 의미합니다.

비트코인의 반감기는 매 4년마다 발생하며, 주요 날짜는 다음과 같습니다.

- 2012년 11월 28일: 보상 50BTC에서 25BTC로 감소(75% 채굴 완료)
- 2016년 7월 10일: 보상 25BTC에서 12.5BTC로 감소(86.50% 채굴 완료)
- 2020년 5월 12일: 보상 12.5BTC에서 6.25BTC로 감소(93.75% 채굴 완료)
- 2024년 4월 20일: 보상 3.125BTC로 감소(96.88% 채굴 완료)
- 2028년(3월 또는 4월 예상): 1. 5625BTC로 감소(98.44% 채굴 예상)
- 2032년(날짜 미정): 0.7812BTC로 감소(99.22% 채굴 예상)
- 2036년(날짜 미정): 0.3906BTC로 감소(99.61% 채굴 예상)
- 2040년(날짜 미정): 0.1953BTC로 감소(99.80% 채굴 예상)

따라서, 비트코인 반감기는 프로토콜에 따라 21만 블록마다 일정한 간격으로 발생하며, 반감기는 약 2,100,000분마다 발생하고, 이는 약 1458.33일, 즉 약 3.995년입니다. 이 값은 대체로 4년으로 반올림되며, 블록은 평균적으로 10분마다 생성되므로 정확히 4년이 아닙니다. 따라서 이 정보를 바탕으로, 다음 비트코인 반감기는 2028년 3월 또는 4월쯤 발생할 것으로 예상됩니다.

인센티브 풀(Incentive Pools)은 채굴자 그룹이 거래 검증을 위해 함께 블록을 생성하고, 그 보상을 공평하게 나누는 구조입니다. 채굴자들이 블록 헤더의 해결책을 발견하면, 해당 트랜잭션을 처리할 수 있는 자격을 얻게 되지만, 유효성 검사를 생략할 수는 없습니다.

블록체인 채굴자들에 대한 인센티브는 거래를 올바르게 수행하고 미래 거래에 대한 동기를 부여하는 역할을 합니다. 또한, 이들 채굴자는 블록체인 프로토콜을 분산 시스템 내에서 유지하는 데 중요한 역할을 합니다. 그러나 채굴자들은 종종 이익을 극대화하기 위해 블록체인 프로토콜 시스템을 우회하는 창의적인 방법을 찾는 경향이 있습니다.

이러한 점을 고려할 때, 향후 채굴자들에게 인센티브를 제공하는 방식에 대한 개선이 필요할 것입니다. 예를 들어, 더 공정한 보상 분배 시스템이나 거래 수수료를 통한 추가 보상 체계 등이 논의될 수 있습니다. 이러한 개선은 블록체인 생태계의 지속 가능성과 안정성을 높이는 데 기여할 수 있습니다.

비트코인과 나카모토 사토시의 정체

비트코인은 2008년 '사토시 나카모토'라는 가명을 사용한 인물이 발표한 백서에서 시작되었습니다. 이 백서에서는 비트코인이 어떻게 작동하는지, 그리고 중앙 권력 없이 거래를 안전하게 기록하는 방법이 제시되었습니다. 2009년, 첫 번째 비트코인 블록이 생성되며 비트코인 네트워크가 시작되었습니다.

사토시 나카모토의 정체

사토시 나카모토는 비트코인을 창조한 인물 또는 그룹으로 알려져 있지만, 그의 실제 정체는 여전히 미스터리로 남아 있습니다. 여러 연구자와 언론은 다양한 인물들을 후보로 제시했지만, 명확한 증거는 없습니다. 사토시가 비트코인을 창조한 이후, 그는 2010년까지 비트코인 커뮤니티와 소통했으나 그 후 잠적했습니다.

유력한 후보 중 일부는 다음과 같습니다.

- **닉 샤보(Nick Szabo)**: 블록체인 기술에 대한 선구적인 개념을 제안한 컴퓨터 과학자이자 법

룰가.

- **도리안 사토시 나카모토(Dorian Satoshi Nakamoto)**: 2014년 뉴스 기사에서 사토시로 지목된 일본계 미국인.
- **리처드 스톨만(Richard Stallman)**: 오픈 소스 소프트웨어 운동의 선구자.

이와 같은 인물들은 종종 나카모토의 정체와 관련된 논란에 휘말리며, 다양한 주장과 반박이 이어졌습니다.

비트코인과 관련된 에피소드

사토시 나카모토와 비트코인과 관련된 몇 가지 흥미로운 에피소드가 있습니다.

- **첫 거래**: 2010년 5월, 비트코인으로 피자 두 판이 거래된 사건이 있었습니다. 이 거래는 비트코인의 최초 상업적 거래로 간주되며, 당시 10,000BTC가 사용되었습니다. 현재 이 10,000BTC는 수억 달러에 해당합니다.
- **자산의 소유**: 사토시는 약 100만 BTC를 채굴한 것으로 추정됩니다. 이 비트코인은 아직도 움직이지 않고 있으며, 사토시가 이 자산을 어떻게 처리할지에 대한 여러 추측이 존재합니다. 이러한 자산이 여전히 사토시의 손에 있는 것이라면, 그는 비트코인 네트워크에서 가장 큰 부호 중 하나가 됩니다.
- **익명성의 가치**: 사토시는 비트코인을 통해 익명성과 탈중앙화의 가치를 강조했습니다. 이는 많은 사람들에게 비트코인과 블록체인 기술이 왜 중요한지를 이해하는 데 도움을 주었습니다.
- **커뮤니티와의 소통**: 사토시는 초기 비트코인 커뮤니티와 활발히 소통하며, 여러 개선 제안을 듣고 반영했습니다. 이는 비트코인 기술이 진화하는 데 중요한 역할을 했습니다.
- **은퇴와 신비**: 2010년 후반, 사토시는 비트코인 개발에 대한 활동을 중단하고, 그 이후에는 공개적으로 나타나지 않았습니다. 그의 잠적은 많은 이론과 음모론을 불러일으켰으며, 여전히 그가 나타날지, 혹은 그의 정체가 드러날지는 미지수입니다.

사토시 나카모토의 신비한 정체와 그의 업적은 비트코인과 블록체인 기술에 대한 관심을 더욱 증대시켰으며, 암호화폐의 미래에 대한 논의를 이끌어 내고 있습니다.

Ethereum 블록체인

Lesson 03

이더리움(Ethereum)은 **블록체인 기술**을 기반으로 한 **분산 컴퓨팅 플랫폼**이자, **암호화폐**로, 2015년에 비탈릭 부테린(Vitalik Buterin)을 비롯한 개발자들이 만든 이더리움은 비트코인과 같은 **디지털 화폐**뿐만 아니라, 스마트 계약(Smart Contract)과 분산 애플리케이션(DApps)을 실행할 수 있는 플랫폼으로도 널리 알려져 있습니다. 이더리움은 기존의 **비트코인**보다 더 확장성 있는 **블록체인**을 제공하며, 금융, 게임, 공급망 관리, 예술 등 다양한 분야로, LESSON 03에서 이더리움에 대하여 알아보도록 하겠습니다.

2015년에 출시된 Ethereum은 시가총액 기준으로 비트코인에 이어 두 번째로 큰 암호화폐로, 비트코인과 달리 Ethereum은 단순한 디지털 화폐가 아니라, 블록체인의 보안과 개방성을 바탕으로 다양한 애플리케이션을 실행할 수 있는 글로벌 탈중앙화 컴퓨팅 플랫폼입니다. Ethereum의 창립자들은 금융 도구와 게임부터 복잡한 데이터베이스에 이르기까지 다양한 용도로 사용할 수 있는 새로운 생태계를 구축하기 시작했으며, 개발자의 상상력에 따라 Ethereum의 미래 잠재력은 무궁무진합니다.

Ethereum 재단에 따르면, "Ethereum은 거의 모든 것을 암호화, 탈중앙화, 보안 및 거래하는 데 사용할 수 있으며,." 이처럼 Ethereum은 인기 있는 투자 수단이자 가치 저장 수단으로 자리 잡았으며, 중개자 없이 가치를 주고받을 수 있는 시스템을 제공합니다.

스마트 컨트랙트와 탈중앙화 애플리케이션

Ethereum 블록체인을 통해 개발자는 다양한 애플리케이션을 구축하고 실행할 수 있으며, 이 과정에서 핵심적인 역할을 하는 것이 바로 스마트 컨트랙트입니다. 스마트 컨트랙트는 계약 조건을 설정하는 프로그램으로, 특정 조건이 충족되면 자동으로 실행되는데, 이는 기존의 계약과 달리 중개자 없이 이루어지며, 거래 당사자가 누구인지 알 필요도 없습니다. 스마트 컨트랙트는 다운타임, 검열, 사기 또는 제3자의 간섭 없이 정확히 실행되는 애플리케이션을 제공합니다.

Ethereum의 특성과 기술

Ethereum은 비트코인과 마찬가지로 단일 개인이 소유하거나 운영하지 않는 오픈 소스 프로젝트로, 인터넷에 연결된 누구나 Ethereum 노드를 실행하고 네트워크와 상호작용할 수 있으며, 탈중앙화 블록체인에서는 스마트 컨트랙트를 통해 개발자가 중개자 없이 복잡한 애플리케이션을 구축할 수 있습니다. Ethereum 기반 혁신에는 스테이블코인(예: USDC)과 탈중앙화 금융 애플리케이션(DeFi)이 포함됩니다. 이러한 애플리케이션은 스마트 컨트랙트를 활용하여 법률 계약이나 자동화된 금융 계약을 구현합니다.

Ethereum의 기술적 구성 요소

Ethereum 플랫폼의 핵심 기술은 다음과 같습니다.

- **암호화 토큰 및 주소**: 안전한 고유 바우처 시스템을 통해 자산을 구축할 수 있습니다. 이는 결제 수단으로 사용되며, 가명인 신원을 나타내는 데도 활용됩니다.
- **P2P 네트워킹**: 사용자가 컴퓨터를 서로 연결하여 중앙 서버 없이 데이터를 교환할 수 있는 네트워크를 형성합니다.
- **합의 알고리즘**: 사용자들이 블록체인의 현재 상태에 대해 합의에 도달할 수 있도록 하는 알고리즘입니다. Ethereum은 약 15초 만에 합의에 도달하는 반면, 비트코인은 약 10분이 소요됩니다.
- **튜링 완전한 가상 머신**: 모든 프로그램을 실행할 수 있는 강력한 시스템입니다. 이는 블록체인에서 복잡한 애플리케이션을 구현하는 데 필수적입니다.

Ethereum은 블록체인 기술의 잠재력을 확장하여 금융 분야를 넘어 다양한 분야에 적용할 수 있는 가능성을 제시하며, 스마트 컨트랙트는 계약의 협상과 이행을 자동화하여 중개자의 필요성을 없애며, 이는 향후 계약의 방식에 큰 변화를 가져올 것으로 기대됩니다. 따라서, Ethereum은 블록체인 2.0으로 불리며, 새로운 디지털 경제의 기반을 다지고 있습니다.

Ethereum의 역사

Ethereum은 최근 몇 년 동안 큰 인기를 얻고 있는 탈중앙화 오픈 소스 블록체인 플랫폼으로, 2013년 러시아계 캐나다인 프로그래머 비탈릭 부테린(그림 5-3)에 의해 구상되어, 2015년에 공식 출시되었습니다. 이더리움은 기본 암호화폐인 이더(ETH)를 통해 비트코인에 이어 시가총액 기준으로 두 번째로 큰 암호화폐가 되었으며, Ethereum은 단순한 금융 거래를 넘어 블록체인 기술의 다양한 응용 가능성을 탐구하는 비전에서 탄생했습니다.

그림 5-3 비탈릭 부테린

출처: Google image

비트코인이 주로 금융 용도로 설계된 반면, Ethereum의 목적은 2013년에 발표된 백서에서 설명된 탈중앙화 애플리케이션(디앱) 플랫폼 역할을 하는 것이었으며, 이 백서는 새로운 기술의 기본 원칙과 잠재적 응용 분야를 설명하며, 블록체인 산업의 혁신을 위한 토대를 마련했습니다.

부테린은 공동 개발자인 개빈 우드, 제프리 윌크와 함께 2014년 초 Ethereum 프로젝트의 시작을 공식적으로 발표하였으며, 이 발표는 모든 사용자가 신뢰할 수 없는 환경에서도 상호작용할 수 있는 플랫폼을 만들기 위한 야심찬 여정을 알렸고, 이 프로젝트는 2014년의 성공적인 기업공개(ICO)를 통해 1,800만 달러 이상을 모금하며, Ethereum을 암호화폐 분야의 강력한 경쟁자로 자리매김했습니다.

Ethereum의 첫 번째 공개 버전인 프론티어는 2015년 7월에 출시되었고, 이는 Ethereum과 블록체인 생태계의 공식적인 시작을 의미하며, 모든 종류의 탈중앙화 애플리케이션을 호스팅하도록 설계되었습니다.

주요 하드포크와 발전

Ethereum의 역사는 여러 하드 포크로 특징지어집니다. 이러한 포크는 새로운 기능을 도입하고 보안을 개선하며, 기존 문제를 해결하는 플랫폼의 진화에 매우 중요합니다.

첫 번째 주요 하드포크는 2016년 발생한 DAO 공격 이후 이루어졌습니다. DAO의 코드 취약점으로 인해 360만 ETH가 도난당한 사건으로, 하드포크를 통해 Ethereum과 Ethereum Classic이라는 두 개의 개별 체인이 탄생했는데, 이러한 하드포크는 네트워크 합의의 주요 변화를 나타내며, 모든 네트워크 참여자의 동의가 필요합니다. 합의에 도달하지 못하면 네트워크가 분할될 수 있습니다.

2018년에는 Ethereum이 시가총액 기준으로 비트코인에 이어 2위를 차지했으며, 2021년에는 '런던'이라는 이름의 주요 네트워크 업그레이드가 이루어져 Ethereum 개선 제안 1559가 도입되었습니다. 이 제안은 거래 수수료의 변동성을 줄이는 메커니즘을 제공하였으며, 2022년에는 Ethereum이 작업 증명(PoW)에서 지분 증명(PoS)으로 전환되는 'Ethereum 머지'가 발생하였고, 이를 통해 Ethereum의 에너지 소비가 약 99.95% 감소했습니다. 또한, 비콘 체인 업그레이드는 지분 증명 합의 메커니즘으로의 전환을 의미하며, 이는 네트워크를 더욱 안전하고 확장 가능하게 만드는 중요한 변화였습니다.

Ethereum의 동작 방식

비트코인 블록체인은 은행의 원장이나 수표책과 유사하게 모든 거래를 기록하고 보안하는 방식이며, 반면, Ethereum 블록체인은 훨씬 더 유연하여 다양한 애플리케이션을 구축할 수 있는 환경을 제공합니다. 개발자는 Ethereum 블록체인을 사용하여 물류 관리 소프트웨어, 게임, 대출, 거래 등 DeFi 애플리케이션을 포함한 다양한 도구를 만들 수 있습니다.

Ethereum은 이를 위해 '가상 머신'을 활용합니다. 이 가상 머신은 Ethereum 소프트웨어를 실행하는 여러 개별 컴퓨터로 구성된 거대한 글로벌 컴퓨터입니다. 이 모든 컴퓨터를 운영하기 위해 참가자들은 하드웨어와 전기에 대한 투자가 필요하며, 이를 통해 Ethereum 네트워크는 이더리움(ETH)이라는 암호화폐를 사용합니다.

ETH는 Ethereum 네트워크와 상호작용하기 위한 수단으로, 스마트 컨트랙트를 실행하는 데 필요한 수수료로 사용됩니다. 이러한 수수료를 "가스"라고 하며, 가스 요금은 네트워크 사용량에 따라 달라집니다.

2022년 9월에는 Ethereum 2.0이 구현되어 효율성을 높이고, 에너지 소비를 줄이는 데 기여했습니다. Ethereum은 블록체인 기술의 잠재력을 최대한 활용하는 플랫폼으로, 계속해서 진화하고 있습니다.

Ethereum 대 비트코인: 선도적인 두 가지 비교

Ethereum과 비트코인은 서로 다른 비전과 목적을 가지고 개발된 두 가지 주요 암호화폐로, 이를 이해하는 것이 중요합니다.

비트코인은 2009년 사토시 나카모토에 의해 창시된 최초의 암호화폐로 이 암호화폐는 중앙화된 권한 없이도 P2P(개인 간) 거래를 용이하게 하는 것을 목표로 하며, 전통적인 법정화폐의 디지털 대안으로 설계되었으며, 비트코인의 주요 기능은 금과 유사한 가치 저장 수단으로서, 종종 '디지털 금'이라고 불리며, 비트코인은 안전하고 분산된 방식으로 가치를 전달하는 수단으로 자리잡고 있으며, 주로 투자의 목적으로 사용됩니다.

반면, Ethereum은 비트코인의 재정적 사용 사례를 넘어서는 방향으로 설계되었으며, Ethereum은 스마트 컨트랙트라는 혁신적인 개념을 도입하여, 계약 조건이 코드로 직접 작성된 자가 실행 가능한 계약을 가능하게 하며, 이는 다양한 애플리케이션 개발을 위한 플랫폼을 제공하며, 사용자가 복잡한 거래를 보다 효율적으로 수행할 수 있도록 돕습니다. Ethereum의 기본 암호화폐인 이더(ETH)는 이러한 스마트 컨트랙트를 실행하는 '연료' 역할을 합니다.

비트코인과 Ethereum 모두 블록체인 기술을 활용하지만, 두 플랫폼의 합의 메커니즘은 다릅니다. 비트코인은 채굴자들이 복잡한 수학 문제를 해결하여 블록체인에 새로운 블록을 추가하는 작업 증명(Proof of Work, PoW) 방식이며, 반면, Ethereum은 초기에는 작업 증명을 사용했으나 현재는 지분 증명(Proof of Stake, PoS)으로 전환되었습니다. 지분 증명 방식은 더 에너지 효율적이며, 더 빠른 트랜잭션 처리 시간을 가능하게 하며, 이러한 변화는 환경적 지속 가능성을 고려한 것으로, Ethereum의 발전 방향에 중요한 영향을 미치고 있습니다.

결론적으로, 비트코인은 가치 저장 및 거래의 수단으로, Ethereum은 스마트 계약과 디앱 개발을 위한 플랫폼으로 각각의 역할을 수행하고 있으며, 두 암호화폐는 각기 다른 목표를 가지고 있으며, 블록체인 기술의 다양한 가능성을 탐구하는 데 기여하고 있습니다.

Ethereum의 특징

Ethereum은 여러 가지 독특한 기능을 통해 블록체인 기술의 가능성을 확장합니다. 주요 특징은 다음과 같습니다.

- **스마트 계약**: Ethereum은 스마트 계약의 생성과 배포를 지원하며, 스마트 계약은 주로 솔리디티(Solidity)라는 프로그래밍 언어를 사용하여 작성되며, 이 언어는 객체 지향 프로그래밍의 개념을 바탕으로 하여 비교적 배우기 쉽습니다. 스마트 계약은 자동으로 실행되는 계약으로, 거래의 신뢰성을 높이고 중개자 없이도 복잡한 조건을 처리할 수 있습니다.
- **Ethereum 가상 머신(EVM)**: EVM은 Ethereum 기반의 스마트 계약을 컴파일하고 배포하기 위한 런타임 환경으로 설계되었으며, EVM은 모든 Ethereum 노드에서 작동하며, 이를 통해 개발자는 플랫폼 간의 호환성을 보장하면서 다양한 애플리케이션을 실행할 수 있습니다.

- **이더(Ether)**: 이더는 Ethereum 네트워크의 기본 암호화폐로, 거래 수수료를 지불하는 유일한 수단으로, 이더는 스마트 계약을 실행하고 Dapp에서 발생하는 다양한 거래를 지원하는 데 필수적입니다.
- **분산형 애플리케이션(DApps)**: DApp은 분산형 P2P 네트워크에서 실행되는 애플리케이션으로, 백엔드 코드는 Ethereum 블록체인에서 작동 되며, 이들은 다양한 프런트엔드 인터페이스를 통해 사용자와 상호작용하며, 다양한 언어로 작성된 프런트엔드와의 통합이 가능하고, 네트워크의 모든 노드에서 동일한 기능을 수행하며, 검열 저항성과 안정성을 제공합니다.
- **분산 자율 조직(DAO)**: DAO는 민주적이고 분산된 방식으로 운영되는 조직으로, DAO는 조직 내 의사 결정을 스마트 계약에 의존하여 자동화하며, 분산 투표 시스템을 통해 구성원들의 의견을 반영합니다. 이러한 구조는 투명성과 공정성을 보장하며, 중앙 집중식 관리 없이도 효율적인 운영을 가능하게 합니다.

이러한 특징들은 Ethereum이 단순한 암호화폐를 넘어, 다양한 분야에서 혁신적인 애플리케이션과 서비스의 개발을 가능하게 하는 플랫폼으로 자리잡게 하는 데 기여하고 있습니다.

Ethereum 계정 유형

Ethereum에는 두 가지 주요 계정 유형(그림 5-4)이 있으며, 외부 소유 계정(Externally

그림 5-4 Ethereum 계정 유형

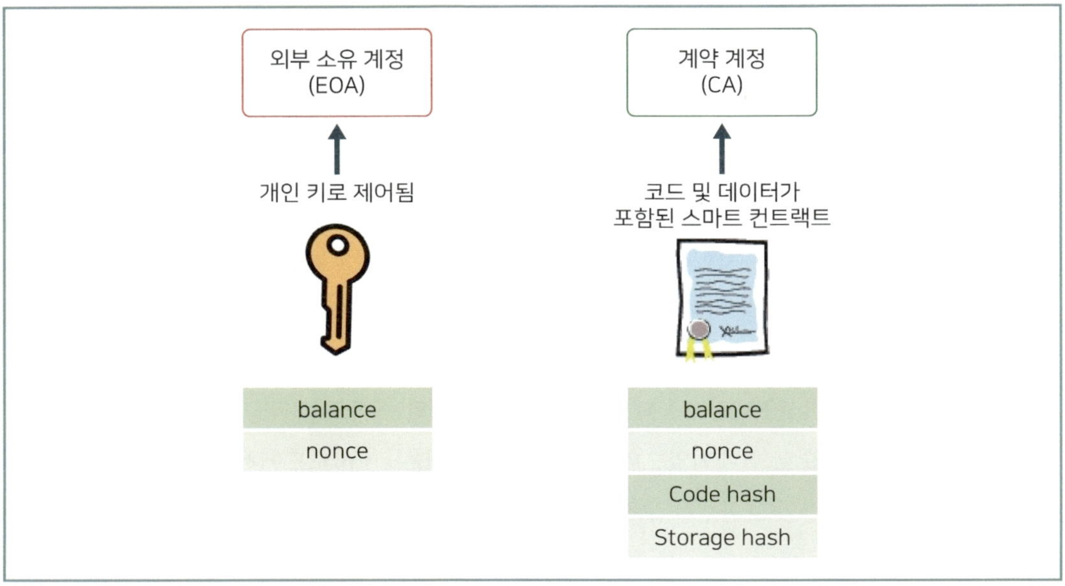

Owned Accounts(EOA), Contract Accounts(CA)와 계약 계정. 이들에 대한 자세한 설명은 다음과 같습니다.

- **외부 소유 계정(EOA)**: 외부 소유 계정은 개인 키로 제어되며, 각 EOA는 공개 키와 개인 키 쌍을 갖고 있습니다. 사용자는 이 개인 키를 통해 거래를 생성하고 서명하여 메시지를 전송할 수 있습니다. EOA는 주로 개인 사용자와 연결되며, 사용자 본인이 직접 소유하고 관리합니다.
- **계약 계정**: 계약 계정은 계약 코드에 의해 제어됩니다. 이 코드는 Ethereum 블록체인에 저장되어 있으며, 각 계약 계정에는 연관된 에테르 잔액이 있습니다. 계약 계정은 외부 소유 계정(EOA)의 거래나 다른 계약의 메시지를 받을 때마다 활성화됩니다. 계약 코드가 활성화되면, 해당 코드는 로컬 스토리지에 메시지를 읽고 쓰며, 다른 메시지를 송신하고 새로운 계약을 생성하는 기능을 수행할 수 있습니다.

이러한 두 가지 계정 유형은 Ethereum의 생태계에서 서로 다른 역할을 수행하며, EOA는 사용자와의 상호작용을, 계약 계정은 복잡한 계약 논리를 자동으로 실행하는 데 기여합니다. 이로 인해 Ethereum은 탈중앙화 애플리케이션(DApp)과 스마트 계약의 실행에 강력한 기반을 제공합니다.

이더리움 2.0

이더리움 2.0(ETH2)은 이더리움 네트워크의 주요 업그레이드로, 보안, 속도, 효율성을 향상시키기 위해 설계되었으며, 2022년 9월에 구현되었으며, 기존의 이더리움 1.0 블록체인과 ETH2 블록체인을 통합했습니다. 이 업그레이드가 필요한 이유는 무엇일까요? 이더리움의 성장과 진화를 위해 필수적인 변화였기 때문입니다.

기존 이더리움 1.0 블록체인은 거래 검증을 위해 '작업 증명'(Proof of Work, PoW) 방식을 사용했습니다. 이 방식은 병목 현상과 수수료 인상, 그리고 막대한 전력 소모를 초래했습니다. 작업 증명 방식이란 무엇일까요? 암호화폐 네트워크가 중앙 기관 없이도 이중 지불을 방지하기 위해 사용하는 합의 메커니즘입니다. 이더리움 1.0 출시 당시 채택된 작업 증명은 비트코인이 처음 도입한 방식으로, 전 세계의 '채굴자'들이 복잡한 수학 문제를 해결하기 위해 경쟁합니다. 가장 먼저 문제를 푼 채굴자가 검증된 거래로 블록체인을 업데이트하고 보상으로 이더를 받는 구조입니다. 이 과정은 약 30초마다 이루어지며, 이는 비트코인의 약 10분 주기보다 빠릅니다.

그러나 네트워크 트래픽이 증가함에 따라 작업 증명의 한계로 인해 수수료가 예측할 수 없이 급등하는 병목 현상이 발생했습니다. 이러한 문제를 해결하기 위해 이더리움 2.0은 '지분 증명'(Proof of Stake, PoS) 방식으로 전환했습니다. PoS는 트랜잭션을 검증하기 위해 사용자가 보유한 이더를 잠궈놓고 그에 따른 보상을 받는 시스템입니다. 이는 처리 속도를 높이고 에너지 소비를 크게 줄이는 데 기여합니다.

이더리움 2.0은 이렇게 업그레이드를 통해 더 많은 사용자와 애플리케이션을 수용할 수 있는 기반을 마련함으로써, 이더리움 생태계를 더욱 확장할 수 있게 됩니다.

Ethereum staking

이더리움의 창립자들은 작업 증명 방식의 한계를 인식하고, 네트워크가 초당 수천 건의 거래를 효율적으로 처리할 수 있도록 이더리움 2.0을 설계하였으며, 이 업그레이드는 지분 증명(Proof of Stake, PoS)이라는 새로운 합의 메커니즘을 사용하여, 보다 빠르고 리소스 집약적이지 않으며, 이론적으로는 더 안전한 방식으로 작동합니다. 결과적으로 네트워크 참가자는 최신 거래를 검증하고 블록체인을 업데이트하며, 이더리움을 획득할 수 있으며, 지분 증명 방식은 채굴자들이 퍼즐을 풀기 위해 경쟁하는 것이 아니라, 네트워크의 성공에 투자하는 강력한 참가자 네트워크가 필요하며, 이러한 이해관계자는 '검증자'라고 불립니다.

검증자는 채굴자처럼 처리 능력에 기여하는 대신, 이더리움을 '스테이킹 풀'에 기여하며, 이더리움을 풀에 기부하는 행위를 '스테이킹'이라고 하며, 스테이킹에 참여하는 사용자는 기부한 이더의 양에 비례하여 보상을 받습니다. 네트워크는 각 검증자가 풀에 보유한 이더리움의 양과 가장 많이 투자한 기간을 기준으로 승자를 선정합니다. 승자가 최신 거래 블록을 검증하면, 다른 검증자들이 해당 블록의 정확성을 증명하게 됩니다. 이러한 증명이 임계값 이상으로 이루어지면 네트워크는 블록체인을 업데이트하게 되며, 참여하는 모든 검증자는 각자의 지분에 비례하여 네트워크에서 분배하는 이더로 보상을 받으며, 이 과정은 효율적인 거래 처리와 네트워크의 안전성을 동시에 보장하며, 스테이킹은 이더리움 생태계의 중요한 요소로 자리잡고 있습니다.

Ethereum의 응용 사례

- **투표 시스템**: Ethereum은 투표 시스템을 채택하여 여론조사 결과를 공개적으로 제공함으로써 투명하고 공정한 프로세스를 보장하며, 이를 통해 투표 부정행위를 근절할 수 있습니다.
- **계약 관리**: Ethereum의 스마트 계약을 활용하면 계약 내용을 변경 없이 유지하고 실행할 수 있으며, 이 기술을 통해 거래를 디지털로 기록하고, 계약 이행을 자동화할 수 있습니다.

- **은행 시스템**: Ethereum 블록체인은 분산된 특성 덕분에 해커가 네트워크에 무단으로 접근하기 어렵우며, 또한, 이 네트워크는 안전한 결제를 가능하게 하여 은행들이 Ethereum을 결제 채널로 활용하는 데 기여합니다.
- **배송 추적**: Ethereum은 화물 추적을 위한 프레임워크를 제공하여 상품이 분실되는 것을 방지하며, 이 시스템은 물류 과정의 투명성을 높이고, 배송 효율성을 개선합니다.
- **크라우드펀딩**: Ethereum의 스마트 계약을 블록체인 기반 크라우드펀딩 플랫폼에 적용하면 신뢰와 정보의 대칭성을 높일 수 있으며, 스타트업이 자체 디지털 암호화폐를 발행하여 자금을 조달할 수 있는 많은 기회를 창출합니다.
- **도메인 이름 관리**: Ethereum 이름 서비스를 통해 암호화폐 사용자는 자신의 도메인 이름을 구매하고 관리할 수 있고, 이로 인해 사용자는 복잡한 주소를 기억할 필요 없이 분산형 거래를 더욱 간편하게 이용할 수 있습니다.

이러한 다양한 응용 사례들은 Ethereum의 기술이 실제 세계의 여러 문제를 해결하는 데 어떻게 기여할 수 있는지를 잘 보여 줍니다.

Ethereum의 이점

- **가용성**: Ethereum 네트워크는 분산되어 있어 다운타임이 없으며, 한 노드가 작동하지 않더라도 다른 노드들이 계속해서 기능하므로, 항상 서비스에 접근할 수 있습니다.
- **개인정보 보호**: 사용자는 Ethereum 네트워크에서 거래를 할 때 개인 정보를 입력할 필요가 없어 익명성을 유지할 수 있고 이는 개인정보 보호에 큰 장점으로 작용합니다.
- **보안**: Ethereum은 해킹에 대한 강력한 보안을 제공하도록 설계되었으며, 네트워크를 악용하려면 해커가 대부분의 노드를 제어해야 하므로, 공격이 매우 어렵습니다.
- **모호성 감소**: Ethereum의 스마트 계약은 기존 계약보다 명확한 규정을 제공하며, 이는 후속 조치나 해석의 필요성을 줄이고, 계약 이행의 신뢰성을 높입니다.
- **빠른 배포**: 기업은 Ethereum의 분산형 네트워크를 활용하여 개인 블록체인 네트워크를 쉽게 배포하고 관리할 수 있고, 별도의 코딩 없이도 빠르게 블록체인 솔루션을 구현할 수 있습니다.
- **네트워크 크기**: Ethereum 네트워크는 수백 개의 노드와 수백만 명의 사용자가 동시에 운영될 수 있으며, 이로 인해 큰 규모의 거래와 응용 프로그램을 지원할 수 있습니다.
- **데이터 조정**: Ethereum의 분산형 아키텍처는 중앙 기관에 의존하지 않고도 네트워크 참여자

가 시스템을 관리하고 거래를 중재할 수 있도록 정보를 더 잘 분배합니다.

Ethereum의 단점

- **복잡한 프로그래밍 언어**: Ethereum의 스마트 계약을 프로그래밍하기 위해 솔리디티를 배우는 것은 도전적일 수 있으며, 특히 초보자에게 친화적인 교육 자료가 부족한 점이 큰 우려 사항입니다.
- **변동성이 큰 암호화폐**: Ethereum에 대한 투자는 이더의 가격 변동성으로 인해 위험을 동반하며, 이는 상당한 수익을 가져올 수 있지만, 동시에 큰 손실을 초래할 가능성도 존재합니다.
- **낮은 거래 속도**: 비트코인의 평균 거래 속도는 7 TPS이고, Ethereum은 약 15 TPS로 두 배에 가까운 속도를 자랑하지만, 여전히 대량의 거래를 처리하기에는 부족하며, 이는 사용자가 느끼는 거래의 지연을 초래할 수 있습니다.

이러한 이점과 단점들은 Ethereum이 블록체인 생태계에서 중요한 역할을 하는 동시에, 사용자가 고려해야 할 몇 가지 도전 과제를 가지고 있음을 보여 줍니다.

가상 자산

Lesson 04

가상 자산(Virtual Assets)은 **디지털 형식으로 존재하는 자산**으로, 물리적인 형태가 없고, 주로 **온라인 환경**에서 **거래**나 **저장**이 가능한 자산을 의미하며, 가상 자산은 **암호화폐**, **디지털 토큰**, **가상화폐** 등을 포함하며, 그중 대표적인 예로 **비트코인**, **이더리움**과 같은 **암호화폐**가 있습니다. 이러한 자산은 **물리적인 실물**과는 달리 **디지털 형태**로만 존재하며, **블록체인** 또는 **분산 원장 기술**을 기반으로 하여 거래 및 보관이 이루어집니다. LESSON 04에서는 가상 자산에 대하여 알아보도록 하겠습니다.

가상 자산(Virtual Asset)은 특정 환경에서 가치를 지닌 아이템의 디지털 표현으로, 디지털 방식으로 거래, 양도, 결제 또는 투자 목적으로 사용될 수 있으며, 가상 자산의 가장 일반적인 예로는 비트코인, 라이트코인, 이더리움, 도지코인 등의 가상 화폐가 있습니다. 또한, 게임 토큰, 대체 불가능한 토큰(NFT), 거버넌스 토큰(그림 5-5) 등도 특정 맥락에서 가상 자산으로 간주될 수 있습니다.

한국의 가상 자산 규제

2023년 12월 11일, 한국의 금융위원회(FSC)는 "2024년 7월 19일부터 시행될 예정인 가상 자산 사용자 보호에 관한 법률"의 세부 규칙을 제안했으며, 이 법은 가상 자산 사용자를 보호하고,

그림 5-5 가상 자산

가상 자산 거래의 건전한 질서를 확립하기 위한 목적으로 만들어졌으며, 법의 적용을 받는 가상 자산의 범위를 정의하고, 가상 자산 서비스 제공자(VASP)가 고객의 예금과 가상 자산을 안전하게 관리하도록 요구합니다. 또한, 가상 자산을 이용한 불공정 거래 행위에 대한 형사 처벌과 벌금 등 제재의 법적 근거도 포함되어 있습니다.

법안의 주요 내용

- **가상 자산의 정의**: 이 법은 가상 자산을 전자적으로 거래하거나 이체할 수 있는 경제적 가치가 있는 전자 토큰으로 정의합니다. 특정 유형의 토큰은 법의 적용 범위에서 제외되며, 게임 머니, 전자 화폐, 전자 주식, 전자 지폐, 전자 B/L, 중앙은행 디지털 화폐(CBDC) 등이 이에 해당합니다. 최근 제안된 수정안은 전자 채권, 모바일 상품권, CBDC와 연계된 예치 토큰, 대체 불가능한 토큰(NFT)을 추가로 제외 목록에 포함하였습니다.
- **자금 관리 규정**: 이 법은 어떤 금융 기관이 VASP(Virtual Asset Service Provider, 가상 자산 사업자) 고객의 자금을 관리해야 하는지, 그리고 고객의 자금을 어떻게 관리해야 하는지에 대한 규정을 포함합니다. VASP는 고객의 자금을 자신의 자금과 분리하여 신뢰할 수 있는 금융 기관에 예치하거나 신탁해야 합니다. 시행령에 따라 은행이 VASP 고객의 자금을 관리하는 기관으로 지정되었으며, 관리 은행은 국채와 같은 안전 자산에만 고객의 예금을 별도로 보관할 수 있습니다. VASP는 고객의 영업 이익과 비용을 고려하여 예금 사용에 대한 수수료를 지불해야 합니다.

이와 같은 규제는 가상 자산 시장의 투명성과 신뢰성을 높이는 데 기여할 것으로 기대됩니다.

디지털 자산의 관리

정부 간 기구인 국제자금세탁방지기구(Financial Action Task Force, FATF)는 자금 세탁과 테러 자금 조달을 방지하기 위한 국제 표준을 제정하고 있으며, FATF는 가상 자산을 국제적으로 어떻게 정의하고 규제해야 하는지를 명확히 하기 위해 노력하고 있습니다. FATF는 가상 자산을 "결제 또는 투자 목적으로 디지털 방식으로 거래, 전송 및 사용할 수 있는 가치의 디지털 표현"으로 정의하며, 자금 세탁, 테러 자금 조달, 그리고 대량살상무기 확산 방지에 관한 글로벌 권고안에 포함되어 있습니다. 현재 200개 이상의 국가와 관할권이 이러한 권고안을 이행하기로 약속하며, 조직 범죄, 부패, 테러를 방지하기 위한 글로벌 차원의 조율된 대응을 추진하고 있습니다.

그러나 FATF의 정의가 모든 디지털 자산에 적용되는 것은 아니며, 누군가가 다른 사람에게 발행하거나 양도하는 자산 또는 다른 것으로 교환되는 자산은 FATF의 정의에 포함될 수 있지만, 법정 화폐, 증권 또는 기타 금융 자산의 디지털 표현은 포함되지 않으며, 이는 이 단체의 다른 권고 사항에서 다루고 있습니다. 가상 화폐는 거의 항상 가상 자산으로 간주되며, FATF 권고안의 적용을 받으며, 지난 10년 동안 가상 화폐의 확산은 남용, 부패 및 불법 활동의 가능성을 높여왔으며, 이러한 문제를 해결하기 위한 FATF의 권고안이 마련된 배경이 되었습니다.

미국 재무부에 따르면, 가상 화폐는 '(i) 교환 수단, (ii) 계좌 단위, (iii) 가치 저장 수단으로 기능하는 가치의 디지털 표현이며, 어떤 관할권에서도 발행하거나 보증하지 않는다'고 정의됩니다. 이 설명은 FATF의 정의와 가치의 디지털 표현이라는 개념에 잘 들어맞습니다. 또한, FATF의 정의는 유로화나 미국 달러와 같은 외부 자산에 가치가 연동되는 가상 화폐의 일종인 스테이블코인(Stablecoins)에도 적용될 수 있습니다.

이와 같은 국제적인 규제 노력은 디지털 자산 시장의 투명성을 높이고, 사용자와 투자자를 보호하는 데 중요한 역할을 할 것입니다. 앞으로 FATF의 권고안이 각국의 법률과 정책에 어떻게 반영될지가 주목됩니다.

가상 자산, 디지털 자산, 대체 불가능한 토큰(NFTs)

가상 자산(Virtual assets)과 디지털 자산(Digital assets)이라는 용어는 종종 혼용되지만, 두 개념은 서로 다른 범주를 포함합니다. 모든 가상 자산은 디지털 자산에 속하지만, 모든 디지털 자산이 가상 자산은 아닙니다. 예를 들어, 개인의 법정화폐 소유권을 나타내는 디지털 은행 기록은 소유권에 대한 선언적 기록일 뿐이며, 이는 가상 자산으로 간주되지 않습니다. 이러한 기록은 다른 자산과 디지털 방식으로 거래될 수 없기 때문입니다. 그러나 디지털 자산을 Stablecoins와 같은 다른 자산으로 교환할 수 있다면, 이는 가상 자산에 해당할 수 있습니다.

FATF는 가상 자산을 "거래되거나 양도되어 결제 또는 투자에 사용될 수 있는" 고유한 가치가 있는 자산으로 정의합니다. 자산이 단순히 다른 자산의 소유권을 기록하거나 나타내는 데 사용되는 경우에는 가상 자산으로 간주되지 않습니다. 이러한 자산은 다른 FATF 기준에 부합할 수 있지만, 가상 자산에 적용되는 기준에는 포함되지 않습니다.

대체 불가능한 토큰(NFTs)에 대해서도 FATF는 개방적인 권고안을 제시하고 있습니다. 대부분의 경우 FATF는 NFT가 결제나 투자 목적으로 사용될 수 없는 경우, 이를 가상 자산으로 간주하지 않습니다. 그러나 NFT가 법정 화폐로 교환될 수 있다면, 이는 가상 자산으로 인식되어 FATF 표준의 적용을 받을 수 있습니다. 따라서 NFT와 관련하여 FATF는 해석의 여지를 남겨두고 있으며, 이는 향후 규제의 방향에 따라 달라질 수 있습니다.

결론적으로, 가상 자산과 디지털 자산은 서로 다른 개념이며, 이 두 가지 범주를 명확히 이해하는 것은 디지털 금융 생태계에서의 규제와 거래를 이해하는 데 중요합니다. NFT와 같은 혁신적인 자산의 경우, 그 특성과 사용 방식에 따라 규제의 적용이 달라질 수 있다는 점도 유의해야 합니다

가상 자산 서비스 제공업체란

가상 자산 서비스 제공업체(Virtual Asset Service Providers, VASP)는 가상 자산의 교환, 전송 또는 관리와 관련된 활동을 수행하는 조직이나 개인을 의미합니다. VASP는 자금세탁 및 테러 자금 조달 방지를 위해 매우 중요한 역할을 하며, 이에 따라 FATF는 VASP에 대한 규제에도 많은 관심을 기울이고 있습니다.

FATF는 VASP를 다음과 같은 활동을 "사업으로서" 수행하는 주체로 정의합니다.

- **가상 자산과 법정 화폐 간의 교환**: 사용자가 가상 자산을 법정 화폐로 또는 그 반대로 교환할 수 있는 서비스를 제공하는 경우입니다.
- **하나 이상의 가상 자산 형태 간의 교환**: 비트코인과 이더리움 같은 서로 다른 가상 자산 간의 거래를 포함합니다.
- **가상 자산의 양도**: 사용자 간의 가상 자산 이전을 지원하는 서비스입니다.
- **가상 자산 또는 이를 제어할 수 있는 수단의 보관 및 관리**: 고객의 가상 자산을 안전하게 저장하고 관리하는 서비스로, 발행자의 가상 자산 제공 및 판매와 관련된 금융 서비스 참여도 포함됩니다.

FATF(Financial Action Task Force, 일명 '파티프 Groupe d'action financière로도 알려진 금융 조치 태스크 포스는 자금 세탁을 방지하고 특정 이익을 유지하기 위한 정책을 개발하기 위해 G7의 주도로 1989년에 설립된 정부 간 조직)의 정의는 VASP(Virtual Asset Service Provider, VASP 또는 가상 자산 서비스 제공업체는 디지털 자산의 교환, 양도 또는 안전 보관을 촉진하는 주체를 캡슐화하는 용어)의 운영 모델, 기술 도구, 원장 설계 또는 기타 운영 기능에 관계없이 광범위하게 적용되어야 합니다. 하지만 이 정의는 비상업적 목적으로 이러한 기능을 드물게 수행하는 법인에는 적용되지 않습니다. 즉, 가상 자산을 법정 화폐로 교환하거나 개인이 가상 자산

의 소유권 또는 통제권을 이전할 수 있도록 하는 서비스는 모두 VASP에 포함됩니다.

VASP(가상 자산 사업자, Virtual Asset Service Provider)의 역할은 가상 자산 생태계의 신뢰성을 높이고 사용자 보호를 강화하는 데 필수적입니다. 이러한 서비스 제공업체들은 가상 자산의 안전한 거래 및 관리를 지원하며, 규제 기관과 협력하여 자금 세탁 및 테러 자금 조달을 방지하기 위한 다양한 조치를 취하고 있습니다. 이를 통해 가상 자산의 사용이 더욱 안전하고 투명한 환경에서 이루어질 수 있도록 기여하고 있습니다.

가상 자산 코인 vs 토큰

현재 약 1만 개의 가상화폐 프로젝트가 존재하는 것으로 추정되며, 코인게코에는 24,000개 이상의 암호화폐가 등록되어 있습니다. 하지만 이 중 약 60%는 이미 소멸된 프로젝트입니다. 실패한 프로젝트의 대다수는 2020년과 2021년 사이의 과도한 투기 열풍 속에서 등장했습니다.
코인과 토큰은 종종 혼용되지만, 이들은 서로 다른 개념입니다.

- **코인**: 코인은 특정 블록체인의 네이티브 가상화폐로 정의됩니다. 예를 들어, 비트코인 블록체인의 통화는 비트코인이며, Ethereum 블록체인의 네이티브 가상화폐는 이더(ETH)입니다. 코인은 특정 블록체인 네트워크 내에서 거래를 수행하는 데 필요한 기본 통화로 기능합니다. 즉, 코인은 그 자체로 가치가 있으며, 해당 블록체인 생태계에서 다양한 거래를 지원하는 역할을 합니다.
- **토큰**: 토큰은 특정 블록체인에서 존재하는 자산으로, 소유권이나 특정 기능을 나타냅니다. 예를 들어, 에이브(Aave) 토큰은 Ethereum 블록체인에서 사용되며, 프로젝트의 거버넌스에 참여하거나 대출 프로토콜 사용자에게 보험 기금을 제공하는 데 활용됩니다. 에이브 자체는 별도의 블록체인을 가지고 있지 않고, Ethereum 네트워크를 활용하여 기능을 수행합니다.

이러한 차이로 인해, 코인은 블록체인 생태계의 기초 통화 역할을 하며, 토큰은 특정 용도나 권리를 제공하는 형태로 기능합니다. 이 두 개념을 이해함으로써 가상 자산의 세계에서 각각의 역할과 기능을 명확히 할 수 있습니다. 코인과 토큰의 올바른 구분은 투자자와 사용자들이 가상 자산에 대한 이해를 높이고, 보다 신중한 결정에 도움이 될 것입니다.

가상 자산 결제 토큰화란

'토큰화'라는 용어는 기본적으로 무언가를 다른 형태로 대체하거나 변환하는 과정을 의미하며, 이 개념은 결코 새로운 것이 아니며, 온라인 결제 시스템에서도 비슷한 원리가 적용됩니다. 신용카드 토큰화는 고객의 민감한 데이터를 보호하기 위해 알고리즘으로 생성된 숫자와 문자로 대체하는 과정을 포함합니다. 이렇게 함으로써 고객의 신용카드 번호, 주소, 계좌 번호 등의 정보가 노출되지 않도록 할 수 있습니다.

신용카드 토큰화를 통해 가맹점은 고객의 민감한 정보를 직접 다루지 않고도 결제를 처리할 수 있으며, 이는 데이터 전송의 보안을 강화되며, 결제 과정에서 사용되는 토큰은 실제 신용카드 정보와는 전혀 다른 코드로 대체되어, 해커가 이를 탈취하더라도 실질적인 가치가 없는 정보에 불과합니다. 가상 자산 결제에서도 토큰화는 비슷한 방식으로 사용되며, 고객의 가상 자산 정보를 안전하게 보호하고, 거래의 신뢰성을 높이는 데 기여합니다. 이러한 방법은 전반적인 결제 시스템의 보안을 강화하고, 사용자와 가맹점 간의 신뢰를 구축하는 데 중요한 역할을 합니다. 토큰화는 앞으로도 계속해서 온라인 결제 및 가상 자산 거래의 중요한 요소로 자리 잡을 것입니다.

코인과 토큰의 종류

Lesson 05

코인(Coin)과 **토큰(Token)**은 모두 **가상 자산**에 속하지만, 그 목적과 사용 방식에서 차이가 있습니다. 이들은 **블록체인 기술**을 기반으로 하여 생성되며, 각각 고유한 특성과 역할을 가지고 있습니다. LESSON 05에서 코인과 토큰의 종류에 대하여 알아보도록 하겠습니다.

암호화폐 코인은 자체 블록체인을 기반으로 한 디지털 자산으로, 주로 가치 저장 및 교환 수단으로 설계되었습니다. 대표적인 예로는 비트코인(BTC), 이더리움(ETH), 라이트코인(LTC) 등이 있으며, 각 코인은 고유한 블록체인 네트워크에서 운영되며, 이 네트워크는 모든 거래를 기록하고 검증하는 역할을 합니다.

암호화폐 코인의 주요 특징은 다음과 같습니다.

- **자체 블록체인**: 암호화폐 코인은 자체적으로 운영되는 블록체인을 가지고 있습니다. 예를 들어, 비트코인은 비트코인 블록체인에서, 이더리움은 이더리움 블록체인에서 각각 작동합니다. 이러한 독립적인 블록체인은 거래의 보안성과 무결성을 보장합니다.
- **가치 저장 및 교환 수단**: 암호화폐 코인은 전통적인 화폐와 유사하게 가치를 저장하고 교환하는 데 사용됩니다. 이들은 디지털 환경에서 물품과 서비스를 구매하는 데 활용될 수 있으며, 국제 송금과 같은 다양한 금융 거래에서도 이용됩니다.
- **합의 메커니즘**: 암호화폐 코인은 일반적으로 두 가지 주요 합의 메커니즘을 사용하여 생성됩니다. 첫째, 작업 증명(Proof of Work, PoW) 메커니즘을 통해 코인을 채굴하는 방식이 있습니다. 이 과정에서 컴퓨터는 복잡한 수학 문제를 해결하여 새로운 블록을 생성하고 보상을 받습니다. 둘째, 지분 증명(Proof of Stake, PoS) 메커니즘을 통해 보유한 코인 수에 따라 블록 생성에 참여할 수 있습니다.
- **법정화폐 대체**: 비트코인과 같은 암호화폐는 전통적인 법정화폐를 대체할 수 있는 수단으로 개발되었습니다. 이는 종이 화폐나 금속 코인과 동일한 방식으로 작동하도록 설계되어, 실제

그림 5-6 토큰의 흐름

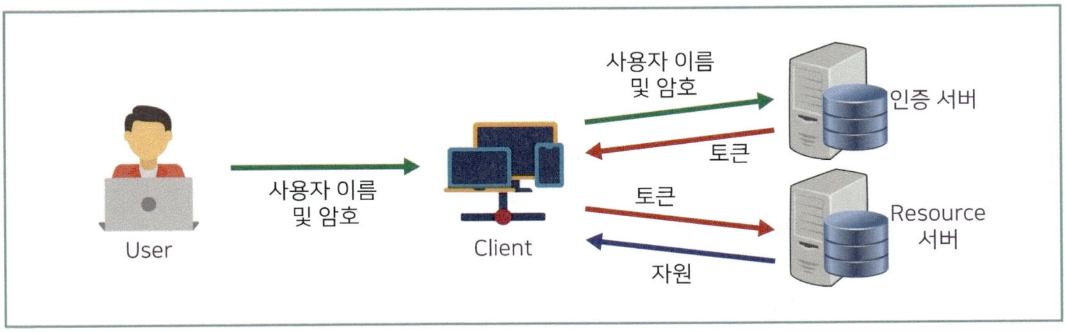

상거래에서도 사용될 수 있습니다. 암호화폐 코인은 특히 미국 달러나 유로화와 같은 주요 법정화폐와의 교환에서도 활용될 수 있습니다.

- **디지털 자산의 혁신**: 암호화폐 코인은 기존 금융 시스템에 대한 혁신적인 대안으로 자리잡고 있습니다. 탈중앙화된 특성 덕분에 사용자는 은행이나 중개 기관 없이도 직접 거래를 수행할 수 있으며, 이로 인해 더욱 자유롭고 유연한 금융 환경이 조성됩니다.

암호화폐 코인은 디지털 시대의 새로운 형태의 화폐로, 자체 블록체인과 독립적인 거래 시스템을 통해 가치 저장 및 교환 수단으로서 기능합니다. 이러한 코인은 전통적인 금융 시스템을 변화시키며, 사용자들에게 보다 효율적이고 안전한 거래 방법을 제공합니다.

또한 최근 몇 년간 한국은 암호화폐 시장의 급격한 성장과 변화를 경험하였습니다. 이 흐름(그림 5-6)은 여러 요인에 의해 영향을 받으며, 그 과정에서 다양한 도전과 기회가 나타나고 있습니다.

- **시장 성장과 투자 열풍**: 한국은 비트코인, 이더리움 등 주요 암호화폐에 대한 관심이 높아지면서 투자자들이 대거 유입되었습니다. 특히 2020년과 2021년에는 암호화폐 가격이 급등하면서 많은 개인 투자자들이 시장에 진입했습니다. 이러한 투자 열풍은 국내 거래소의 활성화와 더불어 다양한 암호화폐 관련 서비스와 상품들이 등장하는 계기가 되었습니다.
- **거래소의 발전**: 국내에는 업비트, 빗썸, 코인원과 같은 주요 암호화폐 거래소가 운영되고 있으며, 이들 거래소는 사용자 친화적인 인터페이스와 다양한 암호화폐 거래 서비스를 제공하여 사용자 기반을 확대하고 있습니다. 이러한 거래소들은 거래량이 급증하면서, 한국이 글로벌 암호화폐 거래소 시장에서도 중요한 위치를 차지하게 되었습니다.
- **규제 환경의 변화**: 암호화폐 시장의 성장에 따라 한국 정부는 규제 강화의 필요성을 느끼고,

이를 반영한 법적 체계를 마련하고 있습니다. 2021년에는 가상 자산법 제정이 추진되었으며, 이를 통해 가상 자산 서비스 제공업체(VASP) 등록 의무화, 투자자 보호 조치, 자금 세탁 방지 규정 등이 도입되었습니다. 이러한 규제는 시장의 신뢰성을 높이는 한편, 일부 중소 거래소에는 부담이 될 수 있는 요소로 작용하고 있습니다.

- **기술 혁신과 DeFi**: 한국에서는 탈중앙화 금융(DeFi) 및 NFT(대체 불가능한 토큰)에 대한 관심이 높아지고 있습니다. DeFi 플랫폼이 증가하면서 사용자들은 은행의 중개 없이 직접 금융 거래를 수행할 수 있는 기회를 가지게 되었습니다. 또한 NFT 시장의 성장과 함께 아트, 게임 등 다양한 분야에서 암호화폐의 활용이 확산되고 있습니다.
- **사용자 인식과 교육 필요성**: 암호화폐에 대한 사용자 인식은 여전히 다양합니다. 일부는 투자 기회로 바라보는 반면, 다른 일부는 리스크와 사기의 위험성을 우려하고 있습니다. 이러한 점에서 암호화폐와 블록체인 기술에 대한 교육과 정보 제공이 중요하며, 정부와 민간 부문 모두가 이를 위해 노력해야 할 필요성이 커지고 있습니다.

한국의 암호화폐 코인 흐름은 투자 열풍, 거래소 발전, 규제 강화, 기술 혁신 등 다양한 요소로 구성되어 있으며, 앞으로도 이 시장은 계속 변화할 것이며, 사용자들의 안전한 투자 환경과 시장의 신뢰성을 높이기 위한 노력이 중요합니다. 이를 통해 한국이 글로벌 암호화폐 시장에서 중요한 역할을 지속적으로 수행할 수 있을 것입니다.

토큰이란

'토큰'은 기술적으로 '암호화폐' 또는 '암호자산'을 의미하는 또 다른 용어로 사용되지만, 그 맥락에 따라 점점 더 구체적인 의미를 갖게 되었습니다.

첫째, 토큰은 비트코인과 이더리움을 제외한 모든 암호화폐를 지칭하는 경우가 많으며, 이는 이들 두 코인이 가장 큰 암호화폐이기 때문에, 다른 암호화폐를 설명하기 위한 용어로 유용하게 사용됩니다. 이러한 경우, "대체 코인"이라는 용어와 유사한 의미로 이해될 수 있습니다.

둘째, 토큰은 특정 디지털 자산을 설명하는 데 사용되며, 주로 다른 암호화폐의 블록체인 위에서 실행되는 자산을 의미하며, 예를 들어, Chainlink와 Aave와 같은 분산형 금융(DeFi) 토큰은 Ethereum과 같은 기존 블록체인을 활용하여 작동합니다. 이러한 토큰은 분산형 애플리케이션이 이자율 자동화, 가상 부동산 판매 등 다양한 기능을 수행하는 데 도움을 줍니다.

이처럼 토큰은 다양한 기능을 가지며, 비디오 게임에서 희귀 아이템의 거래부터 분산형 거래소의 운영까지 광범위하게 활용됩니다. 모든 토큰은 거래되거나 보유될 수 있는 자산으로서의 특성을 지니고 있습니다.

결론적으로, '토큰'이라는 용어는 비트코인과 이더리움 외의 암호화폐를 설명하는 데 널리 사용되며, 특정 블록체인 위에서 실행되는 디지털 자산을 의미하는 보다 구체적인 용도로도 사용됩니다.

토큰이 중요한 이유

암호화폐를 조사하는 과정에서 '토큰'이라는 용어를 자주 접하게 될 것입니다. 이를 이해하는 것은 암호자산의 다양한 범주를 인식하는 데 유용합니다. 다음은 토큰이 중요한 몇 가지 이유와 그 예시입니다.

- **DeFi Tokens**: 최근 몇 년 동안, 전통적인 금융 시스템의 기능(대출, 저축, 보험, 거래 등)을 재현하려는 암호화폐 기반 프로토콜이 등장했으며, 이러한 프로토콜은 다양한 금융 서비스를 제공하며, 각각의 프로토콜은 거래되거나 보유될 수 있는 토큰을 발행합니다. DeFi 토큰은 사용자가 금융 서비스에 참여하도록 유도하는 중요한 역할을 합니다.
- **Governance Tokens**: 이러한 토큰은 프로토콜이나 애플리케이션의 미래에 대한 의견을 제시할 수 있는 권한을 보유자에게 제공하며, 중앙 집중화된 기관 없이 사용자들이 직접 결정할 수 있도록 하며, 대표적인 예로 저축 프로토콜인 Compound의 COMP 토큰이 있습니다. 이 토큰은 보유자에게 플랫폼의 업그레이드 및 정책 변경에 대한 투표권을 부여하며, 보유한 COMP 토큰의 수에 따라 투표권이 달라집니다.
- **Non-Fungible Tokens(NFTs)**: NFT는 고유한 디지털 자산에 대한 소유권을 나타냅니다. 이러한 토큰은 디지털 창작물을 보호하고, 제한된 수의 디지털 아트워크나 비디오 게임의 희귀 아이템과 같은 고유한 자산을 거래하는 데 사용됩니다. 이는 저작권 문제를 해결하고, 창작자의 권리를 강화하는 데 기여합니다.
- **Security Tokens**: 기존 증권(주식, 채권 등)의 암호화된 버전으로, 중개인 없이 직접 판매할 수 있는 자산입니다. 이러한 토큰은 기업이나 부동산의 주식을 디지털 방식으로 거래할 수 있게 하며, 기존 자본 시장에서의 새로운 자금 조달 방법으로 주목받고 있습니다. 많은 기업들이 보안 토큰을 통해 자금을 조달하는 방안을 모색하고 있습니다.

이처럼 토큰은 다양한 용도로 활용되며, 암호화폐 생태계의 필수 요소로 자리잡고 있습니다. 각 유형의 토큰은 특정 기능과 목적을 가지며, 이러한 다양성은 암호화폐의 발전과 혁신을 이끌고 있습니다.

BRC-20 토큰이란

BRC-20 토큰은 비트코인 블록체인을 위한 실험적인 토큰 표준으로, 이더리움의 ERC-20에서 영감을 받은 BRC-20은 개발자가 오르디널(Ordinals) 프로토콜을 사용하여 대체 가능한 토큰을 생성하고 전송할 수 있게 해줍니다. 따라서, 2023년 1월, 비트코인의 사토시(sat) 단위에 데이터를 직접 입력할 수 있는 혁신적인 프로토콜인 Ordinals가 도입되면서 비트코인의 새로운 시대가 열렸습니다. 이 개발은 비트코인에서 대체 가능한 토큰을 생성할 가능성에 대한 관심을 불러일으켰고, 2023년 3월에는 BRC-20 토큰 표준이 등장하게 되었습니다.

BRC-20 토큰은 암호화폐 분야에서 블록체인 분석가에 의해 개발된 것으로, 이 표준은 비트코인을 활용해 대체 가능한 토큰의 생성 및 전송을 지원합니다. BRC-20 프로토콜을 사용하면 비트코인의 개별 분수에 데이터를 기록함으로써 새로운 형태의 디지털 자산을 생성할 수 있습니다.

BRC-20 표준의 독특한 점은 기존의 다른 토큰 표준과는 다르게 작동한다는 것으로, 이 표준은 비트코인의 분수를 프로그래밍하여 고유한 토큰을 만들며, 각각의 토큰은 대체 불가능한 특성을 지닙니다. 즉, 각 BRC-20 토큰은 고유한 속성과 특성을 가지고 있으며, 다른 토큰과 쉽게 교환할 수 없습니다.

BRC-20 토큰은 비트코인 블록체인에서 새로운 자산 생성의 가능성을 열어주며, 이로 인해 비트코인의 활용 범위가 더욱 확장되고 있습니다. 이 새로운 표준은 특히 디지털 자산의 다양성과 유용성을 높이는 데 기여할 것으로 기대됩니다.

BRC-20 토큰의 특징

BRC-20 토큰 표준은 몇 가지 중요한 특징을 가지고 있습니다.

- **비트코인 네트워크와의 호환성**: BRC-20 토큰은 비트코인 블록체인과 통합되어 있으며, 이 호환성을 통해 BRC-20 토큰은 비트코인 네트워크의 견고성과 널리 퍼진 수용성을 활용할 수 있습니다. 결과적으로, BRC-20 토큰은 비트코인 생태계에서 원활하게 작동하며, 비트코인 사용자에게 친숙한 환경을 제공합니다.
- **단순성**: BRC-20 표준은 복잡한 스마트 계약에 의존하지 않고 단순화된 토큰화 메커니즘을 사용하며, 이러한 단순성 덕분에 사용자는 전문적인 기술 지식 없이도 BRC-20 토큰을 쉽게

주조하고 전송할 수 있습니다. 이는 사용자 친화성을 높이고, 더 많은 사람들이 BRC-20 토큰을 이용할 수 있도록 합니다.

- **보안성**: BRC-20 토큰은 비트코인 블록체인의 고유한 보안 메커니즘을 활용하여 기능 DMFH, 비트코인 블록체인은 높은 보안성을 제공하며, 이를 통해 BRC-20 토큰의 거래와 데이터가 안전하게 보호됩니다. 이러한 보안성은 사용자가 안심하고 거래할 수 있는 기반을 마련합니다.

이와 같은 특징들 덕분에 BRC-20 토큰은 비트코인 기반의 새로운 디지털 자산으로 주목받고 있으며, 사용자들에게 다양한 가능성을 제공하고 있습니다.

BRC-20 토큰의 고려 사항

BRC-20 토큰 표준은 여러 가지 유용한 기능을 제공하지만, 여전히 실험 단계에 있다는 점에서 사용자는 주의가 필요합니다. 다음은 BRC-20 토큰을 사용할 때 고려해야 할 주요 사항들입니다.

- **사용자 친화성 부족**: BRC-20 토큰을 배포, 주조 및 전송하는 과정은 아직 사용자 친화적이지 않으며, 이로 인해 비전문가나 초보 사용자에게는 복잡하고 어려울 수 있습니다. 현재 사용 가능한 도구와 지원 서비스가 제한적이기 때문에, 사용자들은 추가적인 학습과 연구가 필요할 수 있습니다.
- **제한된 기능**: BRC-20 표준은 비트코인 블록체인에서 대체 가능한 토큰을 생성할 수 있도록 설계되었지만, 스마트 계약과 같은 복잡한 기능을 제공하지 않으며, 이는 BRC-20 토큰이 주조 및 전송 기능에만 국한되어 있으며, 다양한 애플리케이션에서의 활용이 제한적임을 의미합니다. 따라서 더 복잡한 거래나 기능이 필요한 경우, 다른 토큰 표준을 고려해야 할 수 있습니다.
- **실험적 특성**: BRC-20 토큰은 상대적으로 새로운 개념으로, 여러 기능이 아직 개발 중입니다. 이로 인해 잠재적인 버그나 보안 취약점이 존재할 수 있으며, 사용자들은 이러한 위험을 인지하고 신중하게 접근해야 합니다.

이러한 고려 사항들을 감안할 때, BRC-20 토큰을 사용하고자 하는 사용자들은 신중하게 결정해야 하며, 현재의 한계와 위험을 잘 이해하고 있어야 합니다.

BRC-20 개발 진행 중인 토큰

BRC-20 토큰의 개발은 현재 진행 중이며, 더 많은 프로젝트가 이 표준을 탐구하고 새로운 사용 사례를 발굴할 가능성이 큽니다. 비트코인 네트워크의 방대한 사용자 기반과 혁신의 잠재력을 고려할 때, BRC-20 토큰은 암호화폐 생태계에서 중요한 역할을 할 수 있을 것으로 기대됩니다. 그러나 모든 실험적 기술과 마찬가지로, 신중한 접근이 필요하며, 프로젝트의 진행 상황을 지속적으로 업데이트하는 것이 중요합니다.

BRC-20 토큰은 전통적인 암호화폐의 용도 외에도, 스마트 계약 기술을 활용하여 추가 기능을 제공할 수 있는 가능성을 가지고 있습니다. 예를 들어, **DASH**는 단순한 암호화폐 역할을 넘어서, 보유자에게 탈중앙화 자율 조직(DAO)에서 투표할 수 있는 권한을 부여합니다.

가장 유명한 암호화폐인 비트코인(BTC)은 2009년 '사토시 나카모토'라는 미스터리한 인물에 의해 출시된 세계 최초의 암호화폐로, 현재까지도 가장 가치 있는 암호화폐로 자리잡고 있습니다.

이더리움(ETH)은 단순한 암호화폐를 넘어, 스마트 계약의 생성과 구현 덕분에 수천 개의 블록체인 프로젝트와 대체 불가능한 토큰(NFT)의 중심지 역할을 하고 있습니다. 이더리움은 블록체인 혁명의 중추적 역할을 하며, 다양한 디지털 자산의 기반이 되고 있습니다.

카르다노(ADA)는 오픈소스 및 탈중앙화 블록체인 플랫폼으로, PoS(지분 증명) 합의를 최초로 구현한 프로젝트 중 하나입니다. 2015년 이더리움의 공동 창립자인 찰스 호스킨슨에 의해 설립된 카르다노는 ADA 코인을 통해 P2P(개인 간 거래)를 촉진하고 있습니다. 이러한 다양한 암호화폐는 BRC-20과 같은 새로운 표준과 결합하여 더 많은 혁신과 기능을 제공할 수 있는 잠재력을 지니고 있습니다.

결국, BRC-20 토큰의 발전은 비트코인 생태계에 새로운 가능성을 열어줄 것이며, 향후 다양한 활용 사례가 등장할 것으로 기대됩니다

비트코인

비트코인은 자체 메인넷을 가지고 있지만, 플랫폼 코인으로 분류하기는 애매하며, 이는 비트코인이 스마트 계약 기능을 제공하지 않기 때문으로, 스마트 계약은 탈중앙화 애플리케이션(DApp)을 구축할 수 있는 기능으로, 이더리움과 같은 플랫폼 코인에서 주로 활용됩니다.

비트코인과 유사한 성격을 가진 코인으로는 **모나코인**과 **도지코인**이 있으며, 모나코인은 일본에서 인기를 끌며, 비트코인의 기술을 기반으로 하여 더욱 빠른 거래 속도와 저렴한 수수료를 제공합니다. 도지코인은 원래 인터넷 밈에서 시작된 암호화폐로, 커뮤니티 중심의 프로젝트로 성장하

였으며, 빠른 거래와 저렴한 수수료로 사용자들에게 인기를 얻고 있습니다.

비트코인은 디지털 금으로 종종 비유되며, 가치 저장 수단으로 사용되는 반면, 모나코인과 도지코인은 상대적으로 더 많은 일상 거래에 활용되고 있으며, 이러한 다양한 특성 덕분에 비트코인은 암호화폐 시장에서 독특한 위치를 차지하고 있으며, 다른 코인들과의 차별점을 명확히 하고 있습니다

알트코인

알트코인(Altcoin)은 비트코인을 제외한 모든 암호화폐를 지칭하는 용어로, '대체(Alternative)'와 '코인(Coin)'의 합성어로 알트코인은 비트코인이 최초의 암호화폐로 자리 잡은 이후, 비트코인의 한계를 극복하거나 새로운 기능과 유용성을 제공하기 위해 개발된 디지털 자산입니다. 최초의 알트코인은 2011년 4월 비트코인 코드를 기반으로 출시된 네임코인(Namecoin, NMC)입니다.

가장 유명한 알트코인 목록에는 이더리움(Ethereum, ETH), XRP, 테더(Tether, USDT), 카르다노(Cardano, ADA), 폴카닷(Polkadot, DOT), 스텔라(Stellar, XLM), USD 코인(USDC) 등이 있습니다. 이러한 알트코인들은 비트코인의 대안으로 등장하여, 그 기능과 특징에서 다양한 개선을 시도하고 있습니다.

알트코인은 비트코인과 유사한 원리로 작동하지만, 각기 다른 특징과 기능을 가진 다양한 블록체인 플랫폼에서 운영되며, 이들은 각기 고유한 가치 제안을 목표로 하며, 수천 개의 알트코인이 생성된 이후로도 지속적으로 발전하고 있습니다.

알트코인의 주요 유형 중 일부는 다음과 같습니다.

- **스테이블코인**: 스테이블코인은 디지털 화폐의 일종으로, 일반적으로 미국 달러와 같은 다른 자산에 고정되어 있으며, 대표적인 예로 Dai(DAI)가 있습니다. 스테이블코인은 가격 변동성을 줄이고, 거래의 안정성을 제공합니다.
- **밈 코인**: 밈 코인은 인터넷의 농담이나 밈에서 이름을 따온 암호화폐입니다. 이들은 커뮤니티의 수요에 따라 가치를 창출하지만, 변동성이 크기 때문에 투자에 있어 리스크가 큽니다. 가장 인기 있는 밈 코인으로는 도지코인(DOGE)과 시바견(SHIB)이 있습니다.
- **플랫폼 코인**: 플랫폼 코인은 스마트 계약 기능을 지원하여 다양한 DApp(탈중앙화 애플리케이션)과 서비스를 운영할 수 있는 코인입니다. 이더리움이 대표적인 예입니다.

알트코인은 다양한 형태와 기능을 제공하며, 각각의 프로젝트는 독특한 비전과 목표를 가지고 있습니다. 예를 들어, AltCoin 프로젝트는 고품질 VR/AR 해적 게임을 통해 사용자가 승무원을 만들고, 선박 및 도시를 구축할 수 있도록 설계되었습니다. 이와 함께 NFT 마켓플레이스와 PEER TO PEER 거래 플랫폼도 포함되어 있어, 새로운 메타버스 트렌드를 활용하는 데 중점을 두고 있습니다.

알트코인은 암호화폐 시장에서 비트코인과 함께 중요한 역할을 하며, 지속적인 혁신과 발전을 통해 새로운 가치를 창출하고 있습니다

스테이블 코인

스테이블코인(Stablecoin)은 법정화폐나 금과 같은 자산에 고정되어 안정적인 가격을 유지하는 암호화폐의 한 종류로 이러한 코인은 인기 있는 암호화폐의 높은 변동성에 대한 대안을 제공하여, 일상 거래에서 더 적합하게 사용될 수 있도록 설계되었습니다. 스테이블코인은 다양한 블록체인 기반 금융 서비스에 활용될 수 있으며, 상품 및 서비스의 결제 수단으로도 널리 사용됩니다.

스테이블코인의 가격은 일반적으로 미국 달러와 같은 법정화폐, 금과 같은 상품, 또는 기타 금융 자산에 고정되어 있으며, 이는 사용자가 안정된 가치를 유지할 수 있도록 돕습니다. 주요 목표는 비트코인(BTC)과 같은 변동성이 큰 암호화폐가 일반 거래에 적합하지 않은 점을 보완하는 것입니다.

스테이블코인은 암호화폐 생태계에서 중요한 역할을 하며, 비트코인이나 이더리움과 같은 암호화폐는 중개 기관에 대한 신뢰를 필요로 하지 않는 여러 이점을 제공하지만, 가격의 예측 불가능성과 큰 변동성 때문에 일상적인 사용에 어려움이 따릅니다. 스테이블코인은 이러한 가격 변동에 대응하기 위해 암호화폐의 가치를 일반 법정화폐와 같은 안정적인 자산에 연동시킴으로써, 시간이 지남에 따라 가치를 유지하는 것을 목표로 합니다.

스테이블코인의 안정성은 정기적인 거래에서 암호화폐의 채택을 장려하며, 사용자들이 가격 변동에 대한 걱정 없이 암호화폐를 사용할 수 있도록 돕습니다. 이로 인해 스테이블코인은 디지털 자산 시장에서 더욱 중요한 역할을 할 것으로 기대되고 있습니다.

스테이블코인은 크게 다음과 같은 유형으로 분류됩니다.

- **법정화폐 담보 스테이블코인**: 이 유형은 미국 달러와 같은 법정화폐에 1:1로 고정되어 있으며, 대표적으로 테더(Tether, USDT)와 USD 코인(USDC)이 있습니다.
- **암호화폐 담보 스테이블코인**: 이 스테이블코인은 다른 암호화폐에 담보되어 있으며, 가격 안

정성을 위해 알고리즘과 스마트 계약을 활용합니다. 예로 Dai(DAI)가 있습니다.

- **비담보 스테이블코인**: 이 유형은 알고리즘을 사용하여 공급과 수요에 따라 가격을 조절하며, 법정화폐나 자산에 의해 뒷받침되지 않습니다. 대표적인 예는 Ampleforth(AMPL)입니다.

스테이블코인은 전통적인 금융 시스템과의 연계를 강화하고, 암호화폐 사용을 더욱 확대하는 데 기여할 것으로 보입니다.

Stablecoins의 유형

Stablecoins은 주로 세 가지 유형으로 분류됩니다: 법정화폐 담보, 암호화폐 담보, 비담보(알고리즘)입니다.

- **법정화폐 담보 Stablecoins**: 이 유형은 미국 달러와 같은 특정 자산에 고정되어 있습니다. Stablecoins의 발행사는 해당 법정화폐에 상응하는 자산이나 준비금을 보유하여 디지털 화폐의 가치를 지원합니다. 대표적인 예로 테더(Tether, USDT)와 USD 코인(USDC)가 있습니다.
- **암호화폐 담보 Stablecoins**: 이 Stablecoins은 다른 암호화폐에 의해 담보됩니다. 이 경우, 가치 안정성을 유지하기 위해 알고리즘과 스마트 계약을 사용합니다. Dai(DAI)가 그 예시입니다.
- **비담보(알고리즘) Stablecoins**: 이 유형은 소프트웨어 알고리즘을 사용하여 수요에 따라 Stablecoins의 공급량을 자동으로 조정함으로써 가격을 안정적으로 유지하는 것을 목표로 합니다. 이들은 특정 자산에 의존하지 않으며, 대표적인 예로 Ampleforth(AMPL)가 있습니다.

Stablecoins 규제

Stablecoins은 빠르게 성장하고 있으며, 광범위한 금융 시스템에 미칠 수 있는 영향으로 인해 규제 당국의 지속적인 조사를 받고 있습니다. 시장의 확대와 함께 전 세계 규제 기관들은 금융 법규를 준수하기 위해 이러한 디지털 자산을 면밀히 검토하고 있습니다. 이러한 조사는 투자자를 보호하고 금융 시스템의 안정성을 유지하는 데 목적이 있습니다. 특히, Stablecoins의 사용이 증가함에 따라 규제 당국은 자금 세탁 방지(AML)와 고객 신원 확인(KYC) 절차를 강화할 필요성을 느끼고 있습니다.

암호화폐 생태계에서 Stablecoins의 역할

Stablecoins은 암호화폐 생태계에서 중요한 역할을 합니다. 이들은 블록체인의 속도와 보안 기능을 제공하면서도, 대부분의 암호화폐가 겪는 높은 변동성을 극복하는 것을 목표로 합니다. 처음에는 주로 법정화폐 거래 쌍이 제공되지 않는 거래 플랫폼에서 암호화폐를 구매하는 수단으로 사용되었으나, Stablecoins의 채택률은 지속적으로 증가하고 있습니다.

현재 Stablecoins은 대출 플랫폼, 디파이(DeFi) 서비스 등 여러 블록체인 기반 금융 서비스에서 활용되고 있으며, 상품 및 서비스의 결제 수단으로도 널리 사용되고 있습니다. 이러한 안정성 덕분에 Stablecoins은 암호화폐를 보다 일반적인 거래에서 쉽게 사용할 수 있도록 해주며, 다양한 금융 상품과 서비스를 통해 사용자와 기업에게 유용한 기능을 제공합니다. Stablecoins은 이러한 방식으로 암호화폐 생태계의 안정성과 성장에 기여하고 있습니다.

채굴 기반 알트코인

채굴 기반 알트코인은 거래를 확인하고 네트워크에 새로운 코인을 추가하기 위해 채굴 프로세스에 의존합니다. 이 과정에서 채굴자(miner)들은 강력한 컴퓨터를 사용하여 복잡한 수학 문제를 풀어야 합니다. 문제를 가장 먼저 해결한 광부는 거래 블록을 확인하고 그에 대한 보상으로 새로운 암호화폐를 받습니다.

비트코인은 채굴 기반 암호화폐의 대표적인 예로, 블록체인 기술을 사용하여 거래의 안전성과 투명성을 보장합니다. 비트코인 외에도 많은 알트코인들이 채굴 기반 시스템을 채택하고 있으며, 그중에는 **라이트코인(Litecoin)**, **모네로(Monero)**, **지캐시(Zcash)** 등이 있습니다.

채굴 기반 알트코인은 다양한 장점을 제공합니다. 예를 들어, 블록체인 네트워크의 보안을 강화하고, 중앙집중적인 제어 없이 분산형 환경에서 거래를 검증하는 기능을 수행합니다. 하지만, 채굴은 많은 전력을 소모하며 환경에 미치는 영향에 대한 우려도 커지고 있습니다. 이로 인해 채굴 기반 암호화폐의 지속 가능성과 효율성에 대한 논의가 활발히 이루어지고 있습니다.

또한, 채굴의 경쟁이 치열해짐에 따라 개인 광부들이 참여하기 어려운 상황이 발생할 수 있으며, 이는 대규모 채굴풀의 형성을 초래하고 있습니다. 이처럼 채굴 기반 알트코인은 그 특성과 함께 장점과 단점을 모두 가지고 있어, 지속적인 발전과 변화를 요구하고 있습니다.

스테이킹 기반 알트코인

스테이킹 기반 알트코인은 스테이킹이라는 과정을 통해 트랜잭션을 확인하고 공급에 더 많은 코인을 추가하는 암호화폐로, 이 과정에서 사용자는 거래 처리에 사용할 코인을 잠금으로 약속하고, 그 대가로 암호화폐 보상을 받습니다. Peercoin은 스테이킹 개념을 최초로 도입한 알트코인으로, 에너지 효율성 덕분에 채굴보다 인기를 얻었으며, 스테이킹은 보안성을 강화하고 네트워크의 지속 가능성을 높이는 데 기여하며, 궁극적으로 사용자에게 더 나은 수익 기회를 제공합니다.

스테이킹 기반 알트코인은 여러 종류가 있으며, 각각의 특징과 기능이 다릅니다. 몇 가지 주요 알트코인을 소개하겠습니다.

- **Ethereum 2.0(ETH)**: 이더리움 네트워크의 업그레이드 버전으로, Proof of Stake (PoS) 메커니즘을 채택하고 있습니다. 사용자들은 ETH를 스테이킹하여 블록 생성과 거래 검증에 참여할 수 있습니다.
- **Cardano(ADA)**: Cardano는 Ouroboros라는 PoS 알고리즘을 사용합니다. ADA 홀더는 자신이 보유한 ADA를 스테이킹하여 보상을 받을 수 있으며, 이를 통해 네트워크의 안전성을 높입니다.
- **Tezos(XTZ)**: Tezos는 '자체 수정 가능'한 블록체인으로, 사용자들이 XTZ를 스테이킹하여 블록을 생성하고 보상을 받을 수 있는 시스템을 제공합니다. 이 과정에서 커뮤니티가 제안한 업데이트를 쉽게 적용할 수 있는 특징이 있습니다.
- **Polkadot(DOT)**: Polkadot은 여러 블록체인을 연결하는 멀티체인 플랫폼으로, 사용자들은 DOT를 스테이킹하여 네트워크의 안전성을 강화하고, 다양한 기능에 참여할 수 있습니다.
- **Cosmos(ATOM)**: Cosmos는 다양한 블록체인을 연결하는 생태계를 지향합니다. ATOM을 스테이킹함으로써 거래 검증에 참여하고 보상을 받을 수 있습니다.
- **Algorand(ALGO)**: Algorand는 빠르고 안전한 트랜잭션을 지원하는 PoS 플랫폼입니다. ALGO를 스테이킹하여 보상을 받을 수 있으며, 네트워크의 결정 과정에 참여할 수 있습니다.

이 외에도 다양한 스테이킹 기반 알트코인이 있으며, 각 코인마다 고유한 기능과 혜택이 있습니다. 사용자는 자신의 투자 전략에 맞는 알트코인을 선택하여 스테이킹을 진행할 수 있습니다

플랫폼 코인(메인넷 코인)

메인넷은 블록체인 프로토콜이 완전히 개발되어 배포되는 시기를 설명하는 용어로, 암호화폐 거래가 분산 원장 기술(블록체인)에 방송, 검증, 기록되는 과정을 의미하며, **플랫폼 코인** 또는 **메인넷 코인**은 탈중앙화 애플리케이션(dApp)과 스마트 계약의 기반이 되는 암호화폐입니다. 이러한 플랫폼 코인은 개발자가 다양한 블록체인 기반 솔루션을 구축하고 배포할 수 있는 기술적 기반과 인프라를 제공합니다.

테스트넷과는 달리, 메인넷은 블록체인이 완전히 가동되는 상태를 나타내며, 사용자가 실제 암호화폐 거래를 진행할 수 있는 플랫폼으로, 테스트넷은 블록체인 프로토콜이나 네트워크가 최대 용량으로 가동되지 않을 때 사용되며, 개발자들이 네트워크의 모든 기능을 테스트하고 문제를 해결하는 단계입니다. 따라서 테스트넷은 블록체인 프로젝트의 작동 프로토타입으로 존재하는 반면, 메인넷은 완전한 기능을 갖춘 블록체인 플랫폼입니다.

대부분의 블록체인 프로젝트는 메인넷 출시 전에 초기 코인 오퍼링(ICO)이나 초기 거래소 오퍼링(IEO)을 통해 자금을 조달하고 커뮤니티를 성장시키며, 이 과정에서 모인 자금은 블록체인 네트워크의 프로토타입을 개발하는 데 사용되며, 테스트넷 단계에서 성능을 평가합니다. 이후 버그 수정을 거쳐 메인넷이 출시됩니다.

2017년에는 많은 블록체인 스타트업이 ICO를 통해 자금을 모았고, 대부분의 스타트업은 이더리움 네트워크에서 ERC-20 토큰을 발행했으며, ICO가 완료되면, 프로젝트 팀은 자체 네이티브 코인(독점 블록체인)을 갖는 메인넷을 출시하게 됩니다. 이 과정에서 **메인넷 스왑**이 이루어져, 기존의 ERC-20 토큰이 새로운 블록체인의 코인으로 교환됩니다. 메인넷 스왑이 완료된 후, 남은 토큰은 보통 파기되며 새로운 코인만 사용 가능합니다.

플랫폼 코인의 예로는 이더리움(Ethereum), 이오스(EOS), 리플(Ripple), 스텔라(Stellar) 등이 있습니다. 이들 코인은 각각 고유한 기능과 생태계를 가지고 있으며, 플랫폼 코인의 대표적인 예인 이더리움은 다양한 서비스와 스마트 계약을 통해 복잡한 금융 거래 및 dApp 개발을 지원합니다.

결국 플랫폼 코인은 블록체인 생태계의 핵심 요소로 자리 잡고 있으며, 앞으로도 다양한 산업 분야에서 그 활용 가능성이 계속해서 확장될 것입니다.

플랫폼 코인의 주요 기능

플랫폼 코인은 다양한 기능을 통해 블록체인 생태계에서 중요한 역할을 수행합니다. 주요 기능은 다음과 같습니다.

- **스마트 계약 기능**: 플랫폼 코인은 코드에 직접 작성된 용어에 따라 자동으로 실행되는 계약을 지원하며, 이러한 스마트 계약은 중개자 없이 거래를 자동화하고, 계약의 이행을 보장하는 역할을 합니다. 이는 거래의 신뢰성을 높이고 비용을 절감하는 데 기여합니다.
- **탈중앙화 애플리케이션(dApp)**: 플랫폼 코인은 탈중앙화 금융(DeFi), 게임, 공급망 관리 등 다양한 분야에 활용될 수 있는 dApp을 개발할 수 있는 기반을 제공하며, 이러한 dApp은 사용

자에게 더 많은 자율성을 부여하고, 기존의 중앙집중식 시스템의 단점을 보완하는 기능을 합니다.

- **상호 운용성**: 많은 플랫폼 코인은 서로 다른 블록체인 간의 통신 및 데이터 교환을 촉진하는 것을 목표로 하며, 상호 운용성이 높은 플랫폼은 다양한 블록체인 생태계와의 통합을 가능하게 하여, 사용자에게 더 많은 선택과 편리함을 제공합니다. 이를 통해 정보와 자산이 여러 플랫폼에서 자유롭게 이동할 수 있습니다.
- **거버넌스**: 플랫폼 코인은 종종 커뮤니티 기반의 거버넌스 모델을 포함하고 있으며, 이는 토큰 보유자가 의사 결정 과정에 참여할 수 있도록 하여, 프로젝트의 방향성과 정책 결정에 대한 투명성과 민주성을 높입니다. 이를 통해 커뮤니티의 의견이 반영되고, 지속적인 발전이 이루어질 수 있습니다.

이러한 기능들은 플랫폼 코인이 블록체인 생태계에서 차별화된 가치를 제공하도록 하며, 다양한 산업 분야에서의 응용 가능성을 더욱 확대하고 있으며, 플랫폼 코인은 앞으로도 지속적으로 진화하며, 혁신적인 솔루션을 제공할 것입니다.

주요 플랫폼 코인

- **이더리움(Ethereum)**: 가장 널리 사용되는 플랫폼 코인으로, 강력한 탈중앙화 애플리케이션(dApp)과 스마트 계약 생태계로 유명합니다. 이더리움은 다양한 산업에서 혁신적인 솔루션을 제공하며, DeFi, NFT 등 여러 분야에서 중심적인 역할을 하고 있습니다.
- **솔라나(Solana)**: 수많은 트랜잭션을 신속하게 처리하는 것을 목표로 하는 고성능 블록체인 플랫폼입니다. Solana는 낮은 거래 수수료와 높은 처리 속도로 주목받고 있으며, 다양한 dApp과 DeFi 프로젝트에서 널리 활용되고 있습니다.
- **바이낸스 스마트 체인(Binance Smart Chain)**: 바이낸스 거래소에서 개발한 이 플랫폼은 이더리움의 더 빠르고 저렴한 대안으로 자리 잡았습니다. BSC는 호환성과 효율성을 중시하며, 많은 디앱과 프로젝트가 이 생태계에서 운영되고 있습니다.
- **폴카닷(Polkadot)**: 다양한 블록체인을 통합하여 에코시스템에 연결할 수 있는 모듈형 블록체인 네트워크입니다. 폴카닷은 상호 운용성과 확장성을 강조하여, 서로 다른 블록체인 간의 데이터와 자산을 자유롭게 이동할 수 있도록 지원합니다.
- **카르다노(Cardano)**: 지속 가능성과 확장성에 중점을 둔 지분 증명 블록체인 플랫폼입니다. 카르다노는 연구 기반 접근 방식을 통해 기술을 개발하고, 안전하고 효율적인 스마트 계약 기

능을 제공합니다.

이들 플랫폼 코인은 각기 다른 강점을 가지고 있으며, 블록체인 생태계의 발전에 기여하고 있습니다. 이들은 지속적으로 발전하며, 다양한 산업에서 혁신적인 솔루션을 제공할 가능성이 높습니다

프라이버시 코인

프라이버시 코인(Privacy Coin)은 사용자의 프라이버시와 익명성을 우선시하도록 설계된 암호화폐의 일종으로 이들 코인은 일반적인 암호화폐 거래에서의 가명성이 아니라, 실제로 사용자의 신원을 숨기고 거래 내용을 비공개로 유지하는 데 중점을 둡니다. 유명한 프라이버시 코인으로는 모네로(Monero), 지캐시(Zcash), 대시(Dash) 등이 있습니다.

많은 사람들이 암호화폐가 익명성을 보장한다고 오해하지만, 대부분의 암호화폐는 기본적으로 가명이며 예를 들어 비트코인 거래는 사용자의 개인 정보나 IP 주소를 포함하지 않지만, 발신자와 수신자의 주소를 통해 거래 패턴을 분석하고 정보를 유추할 수 있습니다. 이러한 이유로 프라이버시 코인의 필요성이 커지고 있습니다.

비트코인 거래의 블록체인에 기록되는 정보는 다음과 같습니다.

- **트랜잭션 해시/ID**: 각 거래의 고유한 식별자.
- **발신자 및 수신자 주소**: 34자 길이의 16진수 문자열로 표시됩니다.
- **주소 변경**: 미사용 트랜잭션 출력(UTXO)이 있는 경우 변경 주소로 반환됩니다.
- **유닉스 타임스탬프**: 거래가 전송된 시간.
- **금액**: BTC로 전송된 금액.

이러한 정보는 개인 정보를 손상시킬 수 있는 방법으로 활용될 수 있습니다.

- **주소 재사용**: 동일한 비트코인 주소를 재사용하면 모든 거래 행동이 해당 주소와 연결됩니다. 시간이 지나면서 해당 주소가 온라인 서비스에서 사용되는 것이 알려지면, 개인의 신원이 드러날 수 있습니다. 예를 들어, 소셜 미디어 프로필에 비트코인 주소를 추가하면 타인이 이를 통해 신원을 추적할 수 있습니다.
- **공통 입력 소유권**: 비트코인 거래에 두 개 이상의 입력이 포함된 경우, 모든 입력이 동일한 신원에서 발생한다고 가정할 수 있습니다. 이 경우 거래 행동에 대한 전반적인 그림을 유추할

수 있습니다.

- **거래소 KYC**: 중앙화된 서비스에서 비트코인 거래를 할 때 신원 확인(KYC, 고객 알기)이 필요합니다. 이 경우 거래소는 사용자의 신원을 거래 내역과 연결할 수 있습니다. 일부 거래소는 자금 세탁 방지 규정 준수를 위해 출금 주소에 대한 정보를 요청하기도 합니다.
- **지갑 지문 인식**: 특정 지갑은 고유한 방식으로 거래를 처리하므로, 거래 내역이 더 쉽게 추적될 수 있습니다.

프라이버시 코인은 이러한 문제를 해결하기 위해 다양한 기술적 접근을 사용하여 사용자 정보를 보호합니다. 이들은 개인의 금융 정보를 보호하는 데 필수적인 역할을 하며, 점점 더 많은 사람들이 프라이버시 코인의 필요성을 인식하고 있습니다.

프라이버시 코인 디자인

프라이버시 코인은 블록체인 트랜잭션에서 사용자 개인 정보를 보호하기 위해 특별히 설계되었습니다. 기본적으로 익명성이 보장되지 않는 블록체인 환경에서, 프라이버시 코인은 거래 데이터의 난독화 또는 제거를 통해 사용자의 개인정보를 보호합니다. 이를 위해 다음과 같은 다양한 설계 기능이 활용됩니다:

- **링 서명(Ring Signatures)**: 사용자 그룹이 함께 거래에 서명할 수 있도록 함으로써, 특정 사용자가 거래를 시작했는지 식별하기 어렵게 만듭니다. 이 방식은 여러 사용자의 서명을 포함하여 실제 발신자를 숨기는 효과를 줍니다.
- **스텔스 주소(Stealth Addresses)**: 사용자가 각 거래에 대해 고유한 일회성 주소를 생성할 수 있게 하여, 외부 사용자가 해당 거래를 특정 사용자와 연결하기 어렵게 합니다. 이를 통해 수신자의 주소가 공개적으로 노출되지 않으므로, 거래의 프라이버시가 강화됩니다.
- **비공식 거래(Confidential Transactions)**: 거래 금액을 공개적인 시야에서 숨기는 기능을 제공합니다. 이로 인해 거래의 금액이 외부에 노출되지 않아 사용자의 금융 정보 보호에 기여합니다. 이를 통해 거래의 세부 사항이 외부에서 분석되는 것을 방지합니다.
- **코인 믹싱(Coin Mixing)**: 여러 사용자의 코인을 섞어 코인의 원래 출처를 추적하기 어렵게 만드는 방법입니다. 이 과정에서 여러 거래를 혼합하여, 특정 코인이 어디서 왔는지를 파악하기 힘들게 합니다. 이는 프라이버시를 높이는 데 중요한 역할을 합니다.

이러한 디자인 기능들은 프라이버시 코인이 사용자의 개인 정보를 보호하고, 거래의 익명성을 강화하는 데 필수적인 요소로 작용합니다. 프라이버시 코인은 점점 더 중요해지는 개인 정보 보호 문제에 대응하기 위해 지속적으로 발전하고 있으며, 사용자에게 더 안전한 금융 거래 환경을 제공합니다.

인기 프라이버시 코인

프라이버시 코인은 개인정보 보호 강화 디자인 기능을 결합한 수백 개가 있지만, 이들 코인의 총 시가총액과 거래량은 전체 암호화폐 시장의 1% 미만입니다. 여기서는 가장 많이 사용되는 프라이버시 코인(그림 5-7)에 대해 살펴보겠습니다.

- **모네로(Monero, XMR)**: 2014년에 출시된 모네로는 기본적으로 개인정보 보호를 위해 설계된 탈중앙화 오픈 소스 암호화폐입니다. 링 서명, 스텔스 주소, 기밀 거래의 조합을 통해 트랜잭션의 개인정보 보호를 극대화하며, 이로 인해 추적이 매우 어렵습니다. 미국 국세청은 모네로 거래를 중단할 수 있는 모든 사람에게 625,000 유로의 현상금을 제공하기도 했으며, 체인널리시스와 IT 회사 Integra FEC와 계약을 체결하여 모네로의 추적 가능성을 연구하고 있습니다.
- **지캐시(Zcash, ZEC)**: 2016년에 출시된 Zcash는 비트코인 프로토콜을 기반으로 하며, zk-SNARK(제로 지식의 간결한 비대화적 지식 증명)이라는 강력한 개인정보 보호 기능이 내장되어 있습니다. Zcash 사용자들은 투명 주소 또는 zk-SNARK 기능을 활용해 발신자, 수신자 및 거래 금액의 세부 정보를 숨길 수 있습니다. 그러나 zk-SNARK 사용은 추가적인 계산 작업을 요구하기 때문에 거래 속도가 느려질 수 있다는 단점이 있습니다.
- **대시(Dash)**: 대시는 개인정보 보호 기능을 기본 기능이 아닌 옵션으로 제공하는 인기 암호화폐입니다. 대시에는 PrivateSend라는 코인 믹싱 기능이 내장되어 있어, 여러 사용자가 코인을 혼합함으로써 거래의 비공식성을 높이고 추적 가능성을 줄입니다. PrivateSend는 여

그림 5-7 대표 프라이버시 코인

러 입력과 출력을 혼합하는 코인조인(CoinJoin) 프로토콜의 수정된 버전을 사용하며, 와사비(Wasabi) 및 사무라이(Samurai)와 같은 다른 인기 개인정보 보호 지갑도 이 프로토콜을 활용합니다.

이러한 프라이버시 코인은 사용자에게 더욱 안전한 거래 환경을 제공하며, 점점 더 많은 사람들이 개인정보 보호의 중요성을 인식하면서 이들의 사용이 증가하고 있습니다. 각 코인은 고유한 기술적 접근 방식을 통해 사용자의 신원을 보호하는 데 기여하고 있습니다.

프라이버시 코인의 코인의 윤리

프라이버시 코인의 사용은 블록체인 커뮤니티 내에서 심각한 분열을 일으키고 있습니다. 일부는 개인정보 보호가 암호화폐의 핵심 인권이라고 주장하는 반면, 다른 이들은 이러한 보호가 범죄자에게 도피처를 제공하는 결과를 초래할 수 있다고 우려합니다. 이러한 논란은 특히 여러 나라에서 프라이버시 코인에 대한 규제 강화로 이어졌습니다. 예를 들어, 2018년 한국은 프라이버시 코인 거래를 금지했으며, 일본도 이들 코인의 사용을 전면 금지했습니다. 또한 2020년부터 호주의 거래소들은 프라이버시 코인을 상장 폐지하기 시작했습니다.

이러한 규제는 국제적인 압력에 의해서도 강화되고 있습니다. EU의 자금세탁 방지 지침과 글로벌 자금세탁 및 테러 자금 조달 감시 기관인 금융행동태스크포스(FATF)의 지침이 그 예입니다. 프라이버시 코인에 대한 규제 압력이 커지고 있지만, 전면적인 금지는 현실적으로 어렵기 때문에 사용자와 개발자는 어떤 입장을 취할지 고민해야 합니다.

특히, 대시는 2015년 3월 브랜드 변경 전에는 '다크코인'이라는 이름으로 불렸습니다. 이 코인은 개인정보 보호 기능을 축소하는 방향으로 발전하기도 했습니다. 범죄자들이 프라이버시 코인을 선호하는 경향이 있다는 점은 부인할 수 없지만, 불법 활동이 암호화폐 거래의 극히 일부에 불과하다는 점도 중요합니다. 프라이버시 코인은 합법적인 사용 사례를 갖고 있으며, 이를 금지해야 한다는 주장은 인터넷 자체를 범죄행위의 온상으로 간주해 차단해야 한다는 주장과 유사합니다.

이 논쟁은 앞으로도 계속될 것으로 보이며, 규제 및 집행 조치의 속도가 빨라지는 가운데 2021년 8월에는 미국 재무부가 이더리움 혼합 서비스인 토네이도 캐시를 제재하고, 네덜란드에서 프로젝트 개발자 중 한 명이 체포되는 사건이 발생했습니다. 이러한 사건들은 암호화폐 거래의 개인정보 보호와 관련된 논쟁을 더욱 격화시키고 있습니다.

결국, 프라이버시 코인의 윤리는 단순히 개인의 자유와 보안 간의 균형을 찾는 것이 아니라, 범죄와 합법적인 활동을 어떻게 구분할 것인가에 대한 문제로 귀결됩니다. 이 과정에서 각국의 정책과 커뮤니티의 반응은 중요한 역할을 할 것입니다.

암호화 토큰

암호화 토큰은 독립적인 네이티브 블록체인이 없는 디지털 자산으로, 안전한 미래 인터넷 시스템을 구축하고 대기업의 문제를 해결할 수 있는 잠재력을 지니고 있습니다. 블록체인은 모든 데이터 거래를 기록할 수 있는 독특한 능력을 가진 디지털 분산형 공공 원장으로, 주문, 지불 등 다양한 거래를 효율적으로 추적할 수 있습니다.

암호화 토큰은 이러한 블록체인 인프라 위에 존재하며, 다른 암호화폐의 플랫폼에서 운영됩니다. 이 때문에 암호화 토큰 소유자는 이를 제품 구매에 사용하거나, 다른 금융 자산과 마찬가지로 수익을 창출하기 위한 거래에 활용할 수 있습니다.

고성능 토큰을 개발하기 위해서는 이더리움(Ethereum)과 같은 높은 성능을 갖춘 블록체인에서 토큰을 설계해야 합니다. 이러한 토큰은 매우 안전한 네트워크에서 실행되며, 사이버 공격으로부터 보호됩니다.

토큰화의 과정은 분산형 아키텍처의 레버리지를 활용하고, 합의 메커니즘을 구현할 때 비용과 시간을 절감할 수 있는 장점이 있습니다. 이러한 특성 덕분에 암호화 토큰은 금융 및 비즈니스 모델 혁신을 촉진하며, 다양한 산업에서 활용될 수 있는 가능성을 제공합니다.

결론적으로, 암호화 토큰은 블록체인 기술의 이점을 활용하여 더 안전하고 효율적인 거래 시스템을 구축할 수 있는 중요한 수단입니다. 이들은 디지털 경제에서 점점 더 중요한 역할을 하게 될 것입니다.

암호화 토큰의 특징

암호화 토큰은 다음과 같은 주요 특징을 가지고 있습니다.

- **안전한 운영**: 암호화 토큰은 기존 블록체인 인프라에서 작동하므로, 데이터의 무결성과 보안을 보장합니다. 이를 통해 사용자들은 안심하고 거래를 진행할 수 있습니다.
- **간편하고 안전한 결제**: 암호화 토큰은 결제 과정을 더 쉽고 안전하게 만들어, 사용자가 보다 직관적으로 거래를 수행할 수 있도록 지원합니다.
- **다양한 활용 분야**: 암호화 토큰은 거래, 투자 등 여러 분야에서 활용될 수 있습니다. 이는 사용자에게 다양한 금융 상품에 접근할 수 있는 기회를 제공합니다.
- **자산의 디지털 표현**: 암호화 토큰은 실물 자산이나 다른 가치 있는 자산을 나타내는 디지털

형태로, 자산의 소유권을 분명히 하고 거래를 용이하게 합니다.

- **비용과 시간 효율성**: 토큰화 과정은 비용이 적게 들고 시간을 덜 소모하는 장점이 있어, 기업이나 개인이 자산을 디지털화하는 데 유리합니다. 이는 기존의 자산 거래 방식보다 더 효율적이고 경제적입니다.

이러한 특징들은 암호화 토큰이 디지털 경제에서 중요한 역할을 하도록 하며, 다양한 산업에서 혁신적인 변화를 이끌어 낼 수 있는 잠재력을 보여 줍니다.

암호화 토큰의 종류

다양한 유형의 암호화 토큰 중 유틸리티 토큰과 거버넌스 토큰에 대해 알아보겠습니다.

먼저, **유틸리티 토큰**(Utility Token)은 블록체인 기반 생태계 내에서 특정 제품이나 서비스에 접근하기 위해 사용되는 디지털 자산입니다. 이러한 토큰은 회사나 자산의 소유권을 나타내는 증권형 토큰과는 달리, 프로젝트에 대한 소유권이나 투자 지분을 제공하지 않습니다. 유틸리티 토큰은 탈중앙화 네트워크에서 사용자에게 특정 기능이나 서비스에 대한 접근을 제공합니다.

유틸리티 토큰은 사용자가 네트워크 서비스에 참여할 때 보상이나 할인을 제공하여 참여를 유도하는 데 자주 활용됩니다. 일반적으로 투자자는 비트코인이나 이더리움 같은 다른 암호화폐로 유틸리티 토큰을 구매하며, 이는 기업공개(ICO)나 토큰 판매를 통해 이루어집니다. 이러한 토큰은 거래 수수료 지불, 프리미엄 서비스 접근, 그리고 거버넌스 및 의사 결정 과정에 참여하는 등 다양한 용도로 사용될 수 있습니다.

유틸리티 토큰의 대표적인 예로는 이더리움 네트워크의 가스 토큰과 바이낸스 암호화폐 거래소에서 거래 수수료를 지불하는 데 사용되는 바이낸스 코인이 있습니다. 유틸리티 토큰은 보안 토큰과 비교될 수 있지만, 그 차이는 기능과 법적 지위에 있습니다. 유틸리티 토큰은 특정 서비스나 제품에 대한 접근을 제공하며, 증권으로 간주되지 않아 규제 조사가 덜 받습니다. 반면, 증권형 토큰은 회사나 자산의 소유권을 나타내며 증권법의 적용을 받습니다.

요약하자면, 유틸리티 토큰은 네트워크 내에서 특정 서비스에 접근하는 기능을 가진 반면, 증권형 토큰은 자산에 대한 소유권을 나타내는 법적 자산입니다.

거버넌스 토큰(Governance Token)은 보유자가 암호화폐 프로젝트의 온체인 거버넌스에 참여할 수 있도록 하는 암호화폐의 일종입니다. 이러한 토큰은 제안에 투표하고 의사 결정을 내리며, 프로젝트의 미래에 영향을 미치는 데 사용됩니다. 거버넌스 토큰은 탈중앙화 자율 조직(DAO)의 핵심 요소로, 탈중앙화된 의사 결정을 가능하게 합니다.

거버넌스 토큰은 사용자에게 프로젝트 또는 네트워크의 미래를 형성하는 데 도움을 주는 투표권을 부여합니다. 이를 통해 사용자는 암호화폐와 관련된 제안을 작성하고 투표할 수 있으며, 이는 분산된 특성에 기여하고 중앙 집중식 의사 결정을 피할 수 있도록 합니다. 이 과정은 사용자 커뮤니티가 프로젝트의 방향성을 공동으로 결정할 수 있는 기회를 제공하여, 보다 민주적이고 투명한 거버넌스를 구현하는 데 기여합니다.

이처럼 유틸리티 토큰과 거버넌스 토큰은 각각 블록체인 생태계에서 중요한 역할을 하며, 사용자 참여와 생태계의 발전을 촉진합니다.

거버넌스 토큰은 보유자가 블록체인 프로젝트의 의사 결정 과정에 참여할 수 있는 암호화폐의 일종입니다. 주로 탈중앙화 금융(DeFi) 프로젝트와 탈중앙화 자율 조직(DAO)에서 사용됩니다. 거버넌스 토큰의 주요 목적은 의사 결정을 분산시키고, 보유자에게 프로젝트 운영에 대한 발언권을 부여하는 것입니다. 일반적으로 각 거버넌스 토큰은 향후 제안에 대한 한 표로 사용되며, 다른 방식도 존재할 수 있습니다. 이러한 토큰을 보유한 사람은 예정된 투표 기간 동안 탈중앙화 애플리케이션(dApp) 또는 블록체인 변경 사항을 수락하거나 거부하는 데 사용할 수 있으며, 많은 dApp은 사용자들이 거버넌스 토큰으로 이니셔티브를 만들고 투표할 수 있도록 허용합니다.

블록체인 거버넌스는 암호화폐 프로젝트가 합의에 도달하고 변화를 구현하기 위해 필요한 활동과 프로토콜을 의미합니다. 거버넌스 토큰은 이러한 의사 결정 과정을 원활하게 하도록 설계되었습니다. 온체인 거버넌스는 거버넌스 토큰을 사용해 블록체인 상에서 직접 제안에 투표하는 방식으로 이루어지며, 오프체인 거버넌스는 비공식적 또는 공식적인 논의가 진행되는 영역입니다. 즉, 거버넌스 토큰은 두 가지 형태의 거버넌스에서 모두 활용될 수 있습니다.

거버넌스 토큰의 가장 큰 특징은 의결권을 제공한다는 점입니다. 토큰 보유자는 암호화폐 프로젝트의 재무 할당, dApp의 사용자 인터페이스 및 경험(UI/UX) 업그레이드, 대출 사이트의 보상률 조정, 유동성 제공업체(LP)에 대한 보상 조정 등 다양한 제안에 투표할 수 있습니다. 또한 거버넌스 토큰은 탈중앙화 금융(DeFi)에서 네이티브 스테이킹, 유동성 풀 추가, 시장 거래 등 여러 사용 사례를 보유하고 있습니다.

DeFi 프로젝트가 거버넌스 토큰을 출시하려면 스마트 컨트랙트 기반 블록체인에서 토큰을 생성해야 합니다. 각 dApp은 고유한 거버넌스 토큰 발행 정책을 가지고 있으며, 이는 온라인 및 백서에 명시되어야 합니다. DeFi 프로토콜은 커뮤니티 회원에게 보상 인센티브로 사용하기 위해 일부 거버넌스 토큰을 별도로 설정하는 경우가 많습니다. 사용자는 dApp의 유동성 풀에 암호화폐를 기부하는 대가로 이러한 토큰을 받을 수 있습니다.

투표를 진행할 때, DeFi 사이트에는 일반적으로 활성화된 제안과 보류 중인 제안이 포함된 거버넌스 포털이 존재합니다. 사용자는 자신의 암호화폐 지갑을 연결하고, 투표하고자 하는 제안에 대해 보유한 토큰 수만큼 제출하여 투표합니다. 개인이 제안서의 스마트 컨트랙트에 더 많은 토큰을 기부할수록 최종 결정에 더 많은 영향을 미치게 됩니다.

이러한 과정을 통해 거버넌스 토큰은 사용자들이 블록체인 프로젝트의 미래를 형성하는 데 능동적으로 참여할 수 있도록 지원합니다

Security token

보안 토큰은 전통적인 증권과 유사한 방식으로 작동하는 디지털 자산입니다. 종종 주식 토큰이라고도 불리는 보안 토큰은 회사나 조직의 주식 및 지분을 나타내며, 초기 토큰 공급이 완료되면 구매자에게 양도됩니다. 이러한 토큰은 보유자에게 회사의 주식에 대한 소유권을 부여하며, 따라서 투자자에게 자본 이득, 배당금 등 다양한 혜택을 제공합니다.

보안 토큰의 주요 특징은 법적 규제를 준수하며, 종종 증권법의 적용을 받습니다. 이는 보안 토큰이 투자자에게 회사의 주식이나 자산에 대한 권리를 제공하므로, 기존 증권과 동일한 규제를 따르는 것을 의미합니다. 이로 인해 보안 토큰은 보유자에게 법적인 보호와 안정성을 제공하게 됩니다.

보안 토큰은 블록체인 기술을 통해 거래되므로, 거래 과정은 투명하고 안전합니다. 모든 거래 내역은 블록체인에 기록되어 변조가 불가능하며, 이는 투자자에게 신뢰성을 제공합니다. 또한, 보안 토큰은 스마트 계약을 활용하여 자동화된 규정 준수를 가능하게 하며, 투자자와 발행자 간의 상호작용을 효율적으로 관리할 수 있습니다.

보안 토큰은 암호화폐와 전통 금융 시스템을 연결하는 다리 역할을 하며, 새로운 자본 조달 방식으로 각광받고 있습니다. 이는 특히 초기 단계의 스타트업이나 중소기업이 자금을 조달하는 데 유용하게 사용될 수 있습니다.

요약하자면, 보안 토큰은 전통적인 자산의 특성을 지니면서도 블록체인 기술을 통해 혁신적인 방식으로 운영되는 디지털 자산으로, 규제 준수와 투자자 보호를 동시에 추구하는 방식으로 설계되었습니다.

보안 토큰의 작동 원리

보안 토큰은 비밀번호 생성을 통해 시스템에 대한 안전한 접근을 제공합니다. 이들은 스마트카드, USB 키, 모바일 장치, 무선 주파수 식별 카드(RFID) 등 다양한 형태로 존재합니다. 보안 토

큰은 매번 사용할 때마다 새 비밀번호를 생성하여, 사용자는 해당 비밀번호를 프롬프트에 입력함으로써 컴퓨터나 가상 사설 네트워크(VPN)에 로그인할 수 있습니다.

이 기술은 난수를 생성하고 이를 암호화하여 사용자 인증 정보를 포함한 서버로 전송하는 방식으로 작동합니다. 서버는 이 정보를 기반으로 암호화된 응답을 다시 보내고, 이는 오직 해당 장치에서만 해독될 수 있습니다. 이처럼 보안 토큰은 모든 인증 과정에 재사용될 수 있으므로, 서버는 사용자 이름이나 비밀번호 정보를 저장할 필요가 없게 되어 해킹의 위험을 줄입니다.

보안 토큰의 유형

다양한 유형의 보안 토큰은 각기 다른 자산과 애플리케이션을 보호하는 데 사용됩니다. 여기에는 다음과 같은 종류가 포함됩니다.

- **일회성 비밀번호(One-time Passwords, OTPs)**: OTP는 한 번의 로그인 세션에만 유효하며, 인증 서버는 이미 사용된 OTP를 재사용하지 않도록 설계되어 있습니다. 일반적으로 무작위 세션 식별자와 비밀 키를 조합하여 생성됩니다.
- **연결이 끊어진 토큰(Disconnected Tokens)**: 물리적으로 또는 논리적으로 컴퓨터에 연결되지 않는 디지털 보안 토큰입니다. 이 토큰은 OTP나 기타 자격 증명을 생성할 수 있으며, 예를 들어 사용자가 로그인 시 휴대폰으로 문자 메시지를 전송받는 방식으로 활용됩니다.
- **연결된 토큰(Connected Tokens)**: 컴퓨터나 센서에 직접 연결되는 물리적 장치입니다. 이 장치는 입력된 정보를 읽고 액세스를 허용하거나 거부합니다. YubiKey가 그 예입니다.
- **비접촉식 토큰(Contactless Tokens)**: 물리적 연결 없이도 시스템과 연결되는 방식입니다. 이들은 무선으로 연결되어 액세스를 허용하거나 거부하며, 예를 들어 블루투스가 사용됩니다.
- **단일 로그인(Single Sign-On, SSO) 소프트웨어 토큰**: 사용자 이름이나 비밀번호와 같은 디지털 정보를 저장하여 여러 시스템에 손쉽게 로그인할 수 있도록 도와줍니다.
- **프로그래밍 가능한 토큰(Programmable Tokens)**: 지정된 시간(보통 30초) 동안 유효한 고유 코드를 반복적으로 생성하여 사용자 액세스를 제공합니다. 예를 들어, AWS 보안 토큰 서비스가 있습니다.
- **스마트 카드(Smart Cards)**: 기존의 플라스틱 신용카드와 유사하지만, 내장된 컴퓨터 칩이 보안 토큰 역할을 합니다. 사용자는 카드를 리더에 삽입하고 비밀번호를 입력하여 연결을 검증하며, 멀티팩터 인증 체계에서도 사용될 수 있습니다. 추가적인 보안 강화 요소로 생체 인식 기술이 사용될 수 있습니다.

이와 같은 다양한 보안 토큰 유형은 각기 다른 상황과 요구에 맞춰 사용자 인증을 보다 안전하고 효율적으로 수행할 수 있도록 설계되어 있습니다.

증권형 토큰

증권형 토큰은 보안 토큰 오퍼링(Security Token Offering, STO)을 통해 일반 대중에게 발행되는 디지털 자산입니다. 이 과정은 전통적인 금융계의 기업공개(IPO)와 유사하지만, 여기서는 주식 대신 자산을 나타내는 토큰이 다양한 플랫폼에 상장됩니다.

초기 코인 오퍼링(ICO)은 암호화폐 프로젝트의 자본 조달을 위한 인기 있는 방법으로 자리 잡았습니다. 특히 2014년 Ethereum의 ICO는 1,800만 달러 이상을 모금하며 성공적인 암호화폐 프로젝트조차도 ICO에 의존하고 있음을 보여 주는 사례가 되었습니다. ICO 기반 자금은 2017년부터 기하급수적으로 증가하였으며, 2018년 1분기에는 자금이 6,880만 달러로 정점을 찍었습니다. 그러나 이와 같은 막대한 자금이 유입되면서 규제 당국은 ICO에 대한 감시를 강화하기 시작했고, 이로 인해 수많은 사기가 발생했습니다. Satis Group LLC의 보고서에 따르면 ICO의 80%가 사기라는 분석도 있었습니다. 이러한 문제로 인해 2018년 2분기에는 ICO 자금이 급격히 감소하는 현상이 나타났습니다.

STO는 블록체인 기술에 기반한 디지털 토큰으로, 해당 자산의 지분을 나타내며 정부 규정을 준수하면서도 디지털 자금 조달을 가능하게 합니다. 보안 토큰은 채권, 주식 또는 금과 같은 실제 자산을 디지털로 표현하며, 이러한 자산 토큰을 통해 기업들이 자본을 조달할 수 있는 기회를 제공합니다.

증권형 토큰은 전통적인 주식의 소유권을 인증하는 인증서와 유사한 기능을 수행합니다. 일반 주식의 경우 소유권 정보가 공식 인증서에 문서화되지만, STO의 경우 이 정보는 블록체인에 기록되고 토큰으로 표현됩니다. 이처럼 STO는 보안성을 높이고 투자자의 자금 손실 위험을 줄이는 방향으로 발전하였습니다.

규제 당국은 이러한 배경을 고려하여 보안이 강화된 ICO 형태로서의 STO를 출시하게 되었습니다. 이로 인해 암호화폐와 블록체인 관련 금융이 변동성이 크고 투기적이라는 인식에도 불구하고, 블록체인 기술 및 분산 원장 기술의 가치는 점차 인정받고 있습니다. JP Morgan, Square, Facebook과 같은 대형 금융 및 기술 기관들이 이미 블록체인 분야에 진출했으며, 앞으로 더 많은 기업이 증권형 토큰 제공을 통한 자산 토큰화를 통해 CBDC(중앙은행 디지털 통화)와 스테이블코인을 포함한 결제 시스템과 유동성에서 점점 더 큰 역할을 할 것으로 예상됩니다.

결제 토큰

결제 토큰화는 신용카드 번호와 같은 민감한 결제 정보를 '토큰'이라는 고유한 무작위 문자 집합으로 대체하는 보안 기술입니다. 이 프로세스는 실제 카드 정보가 거래 중 사용되거나 저장되지 않기 때문에 결제 데이터를 안전하게 보호하는 데 매우 효과적입니다. 만약 누군가가 토큰에 액세스하더라도, 실제 결제 세부정보가 포함되어 있지 않으므로 토큰을 사용하여 사기 구매를 할 수 없습니다.

실제 카드 정보 대신 토큰을 사용함으로써 고객에게는 안전하고 원활한 결제 경험이 제공됩니다. 또한 데이터 유출 및 사기 위험이 줄어들어, 결제 처리 시스템의 신뢰성이 크게 향상됩니다. 결제 토큰화는 민감한 결제 데이터를 처리하는 다양한 유형의 비즈니스에 상당한 이점을 제공(그림 5-8)합니다.

여기에는 다음과 같은 혜택이 포함됩니다.

- **보안 강화**: 토큰화는 실제 결제 정보를 보호하여 해킹 및 데이터 유출로부터 비즈니스를 방어합니다.
- **사기 방지**: 토큰은 특정 거래에만 유효하므로, 만약 토큰이 유출되더라도 악용될 위험이 줄어듭니다.

그림 5-8 결제 토큰 이점

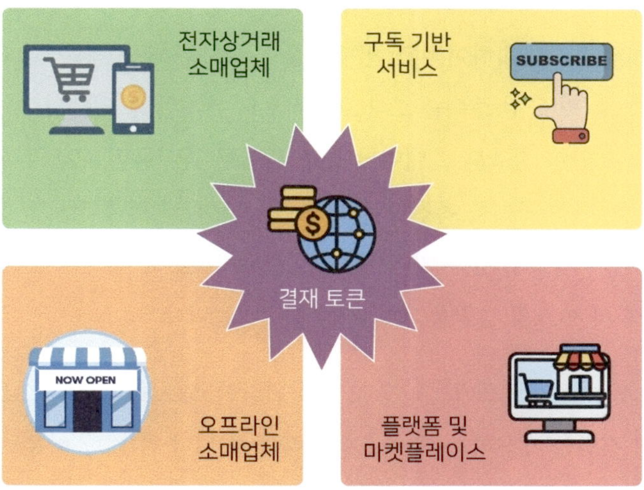

- **규정 준수**: 토큰화된 데이터를 사용하면 PCI DSS(지불 카드 산업 데이터 보안 표준)와 같은 규제를 준수하는 데 도움이 됩니다.
- **사용자 경험 개선**: 고객은 결제 과정에서 안전성을 느끼게 되며, 이는 충성도를 높이고 반복 구매를 유도할 수 있습니다.
- **비용 절감**: 데이터 유출 사고 발생 시 발생할 수 있는 법적 비용과 평판 손상을 줄이는 데 도움이 됩니다.

결제 토큰화는 이러한 이유로 점점 더 많은 기업들이 채택하고 있는 기술로, 전자상거래 및 결제 처리 시스템의 미래에 중요한 역할을 할 것입니다.

전자상거래 소매업체(Ecommerce retailers)

결제 토큰화는 고객 결제 데이터를 보호하고 온라인 거래에서의 침해 또는 사기 위험을 줄이는 데 매우 유용합니다. 전자상거래 소매업체에서 토큰화를 활용하면 다음과 같은 여러 이점을 얻을 수 있습니다.

- **향상된 보안**: 온라인 거래는 민감한 결제 데이터를 인터넷을 통해 전송하는 과정이므로 데이터 유출 및 사이버 공격의 위험이 증가합니다. 토큰화는 이러한 민감한 정보를 비민감한 토큰으로 대체하여, 거래 중 실제 결제 데이터가 노출되지 않도록 함으로써 보안 위험을 크게 줄입니다.
- **규정 준수**: 온라인 소매업체는 고객 신뢰를 유지하고 법적 불이익을 피하기 위해 PCI DSS(지불 카드 산업 데이터 보안 표준)와 같은 업계 표준을 준수해야 합니다. 토큰화는 민감한 데이터의 저장 및 처리를 최소화하여 이러한 규정을 준수하는 데 도움을 줍니다. 이를 통해 소매업체는 데이터 보호 및 규정 준수를 보다 효율적으로 관리할 수 있습니다.
- **고객 경험 향상**: 보안이 강화되고 데이터 유출 위험이 줄어들면 고객의 신뢰가 높아지고, 이는 고객 충성도 및 반복 구매를 촉진합니다. 또한, 토큰화된 결제 정보는 고객이 결제 세부 정보를 다시 입력하지 않고도 향후 거래에 재사용할 수 있도록 해줍니다. 이는 반품 고객의 결제 과정을 간소화하여 쇼핑 경험을 더욱 원활하게 만듭니다.

결제 토큰화는 전자상거래 소매업체가 고객의 민감한 정보를 효과적으로 보호하고, 규정 준수를 유지하며, 고객 경험을 개선하는 데 중요한 역할을 합니다. 이러한 이유로 점점 더 많은 온라인 소매업체들이 토큰화 기술을 도입하고 있습니다.

구독 기반 서비스(Subscription-based services)

구독 기반 서비스를 제공하는 기업은 반복 청구를 처리할 때 토큰화를 활용하여 고객 결제 데이터를 안전하게 관리할 수 있습니다. 구독 기반 비즈니스에 대한 토큰화의 장점은 다음과 같습니다.

- **반복 거래**: 구독 기반 비즈니스는 지속적인 청구에 의존하기 때문에 고객 결제 데이터를 안전하게 저장하고 처리해야 합니다. 토큰화를 통해 민감한 정보를 토큰으로 대체함으로써 실제 결제 데이터를 장기간 저장하는 것과 관련된 위험을 줄일 수 있습니다.
- **마찰 없는 고객 경험**: 토큰화를 사용하면 고객이 결제 세부 정보를 반복적으로 제공할 필요 없이 원활하게 반복 결제를 처리할 수 있습니다. 이는 고객에게 편리함을 제공하여 고객 유지율을 높이는 데 기여합니다.
- **간소화된 계정 관리**: 구독 비즈니스는 종종 고객의 결제 선호도 변경, 서비스 업그레이드 또는 다운그레이드, 취소 요청 등을 처리해야 합니다. 토큰화는 이러한 다양한 트랜잭션에 동일한 토큰을 사용할 수 있도록 하여, 민감한 데이터를 노출하지 않고도 변경 사항을 쉽게 수용할 수 있게 합니다. 이를 통해 계정 관리가 훨씬 간소화됩니다.

결론적으로, 결제 토큰화는 구독 기반 서비스의 기업들이 고객 데이터를 안전하게 처리하고, 고객 경험을 개선하며, 효율적인 계정 관리를 가능하게 하는 중요한 도구입니다.

오프라인 소매업체(Brick and mortar retailers)

온라인 거래에서 더 일반적으로 사용되지만, 토큰화는 POS 시스템이나 모바일 결제 솔루션을 사용하는 오프라인 소매업체에게도 추가적인 보안 계층을 제공합니다. 오프라인 소매업체의 토큰화의 주요 이점은 다음과 같습니다.

- **판매 시점 보안**: 카드 결제가 일반적으로 더 안전하다고 여겨지지만, 오프라인 스토어 역시 POS 시스템을 해킹하려는 범죄자들의 표적이 될 수 있습니다. 토큰화는 민감한 결제 데이터가 POS 시스템에 저장되지 않도록 보장하여 보안을 강화하고, 침해나 무단 액세스의 위험을 줄입니다.
- **모바일 결제 솔루션**: 오프라인 소매업체들이 모바일 결제 옵션을 점차 채택함에 따라, 토큰화는 안전하고 원활한 거래를 보장하는 데 중요한 역할을 합니다. 토큰화는 디지털 지갑 및 비접촉식 결제 수단과 함께 작동하여 추가적인 보안 계층을 제공하며, 새로운 결제 기술의 채택

을 지원합니다.

- **옴니채널 결제 융합**: 많은 오프라인 소매업체는 온라인 스토어를 운영하거나 다양한 채널에서 결제 데이터를 관리하는 고객 로열티 프로그램을 제공합니다. 토큰화를 통해 보안과 규정 준수를 유지하면서 온라인 채널과 오프라인 채널 간의 결제 데이터를 원활하게 통합할 수 있습니다.

결론적으로, 결제 토큰화는 오프라인 소매업체들이 보안을 강화하고, 고객 경험을 향상시키며, 다양한 결제 채널 간의 데이터 통합을 촉진하는 데 기여합니다.

플랫폼 및 마켓플레이스(Platforms and marketplaces)

결제 토큰화는 복잡한 거래에 참여하는 여러 당사자의 보안을 강화하고 민감한 결제 데이터를 간소화하여 플랫폼 비즈니스 운영에 대한 신뢰성과 확장성을 높입니다. 플랫폼 비즈니스에서 토큰화의 주요 이점은 다음과 같습니다.

- **다자간 거래 촉진**: 플랫폼은 종종 여러 당사자 간의 거래를 포함하므로, 모든 사용자의 민감한 결제 데이터를 안전하게 처리하고 저장해야 합니다. 토큰화는 이러한 민감한 데이터를 비민감한 토큰으로 대체하여 관련된 모든 당사자에게 안전하고 원활한 경험을 제공하며, 데이터 유출의 위험을 줄입니다.
- **간소화된 지급금 관리**: 플랫폼은 판매자, 서비스 제공업체, 앱 개발자에 대한 결제를 관리해야 하며, 이는 수수료 구조와 결제 일정이 다양하기 때문에 복잡할 수 있습니다. 토큰화를 통해 반복 결제에 사용할 수 있는 토큰을 재사용함으로써, 안전하고 간편한 결제 관리가 가능해져 사용자가 결제 내역을 반복적으로 제공할 필요가 줄어듭니다.
- **확장성**: 플랫폼 비즈니스가 새로운 시장으로 성장하고 확장함에 따라, 새로운 사용자, 통화 및 결제 수단을 수용하기 위해 결제 인프라를 조정해야 합니다. 토큰화를 통해 새로운 결제 기술과 방법을 원활하게 통합하여 모든 시장에서 안전하고 일관된 결제 경험을 보장할 수 있습니다.
- **사용자 지정 및 유연성**: 플랫폼은 특정 비즈니스 모델이나 사용자 요구에 맞춘 고유한 결제 흐름이 필요할 수 있습니다. 토큰화를 통해 안전하고 유연한 결제 처리가 가능해져, 플랫폼은 데이터 보안을 손상시키지 않으면서도 맞춤형 결제 흐름을 설계하고 구현할 수 있습니다.
- **부채 감소**: 토큰화를 구현함으로써 플랫폼은 민감한 결제 데이터에 대한 노출을 줄여 데이터 유출 시 책임을 효과적으로 제한할 수 있습니다. 이는 잠재적인 재정적 및 평판 손상으로부터

플랫폼을 보호하는 데 기여합니다.

결론적으로, 결제 토큰화는 플랫폼 및 마켓플레이스에서의 거래를 보다 안전하고 효율적으로 만들어 주며, 사용자 경험과 데이터 보호를 동시에 향상시키는 중요한 도구로 작용합니다.

결제 토큰화의 이점

결제 토큰화는 다양한 산업과 비즈니스 모델에 걸쳐 많은 이점을 제공합니다. 고객의 신용카드나 직불카드 결제를 수락하는 대부분의 비즈니스는 토큰화를 통합하여 다양한 혜택을 누릴 수 있습니다. 토큰화의 주요 장점은 다음과 같습니다.

- **향상된 보안**: 토큰화는 민감한 결제 데이터를 비민감한 토큰으로 대체하여 데이터 유출 및 사기 위험을 줄입니다. 이를 통해 거래 중 실제 결제 데이터의 노출을 방지하고, 무단 액세스 및 오용의 가능성을 최소화할 수 있습니다.
- **PCI DSS 규정 준수**: 토큰화는 민감한 결제 데이터의 저장 및 처리를 최소화하여 기업이 결제 카드 산업 데이터 보안 표준(PCI DSS)과 같은 업계 표준을 준수하는 데 도움을 줍니다. PCI DSS 준수는 고객 신뢰를 유지하고 불이익을 방지하는 데 중요합니다.
- **간소화된 데이터 관리**: 토큰화를 통해 기업은 고객 결제 정보를 보다 효율적으로 관리할 수 있습니다. 토큰을 재사용하여 결제 프로세스를 간소화하고, 민감한 데이터를 반복적으로 수집하고 저장할 필요를 줄일 수 있습니다. 이는 데이터 관리의 복잡성을 줄이고 관련 비용을 절감하는 데 기여합니다.
- **고객 경험 개선**: 사기 가능성을 줄이는 것은 고객의 데이터를 보호하는 데 그치지 않고, 결제 시 원활한 경험을 제공하며 회사에 대한 신뢰를 구축하는 데도 기여합니다. 반품 고객을 위한 토큰 재사용과 같은 간편한 결제 경험은 고객 충성도를 높이고 반복 구매를 촉진할 수 있습니다.
- **데이터 유출 범위 축소**: 데이터 유출이 발생할 경우, 토큰화를 통해 손상된 데이터가 민감하지 않게 되어 사기 거래에 사용할 수 없도록 하여 잠재적 피해를 제한할 수 있습니다. 이를 통해 비즈니스와 고객에게 미치는 부정적인 영향을 완화하고 브랜드 평판을 보호할 수 있습니다.
- **통합 상거래**: 토큰화를 통해 기업은 온라인 및 오프라인 스토어, 고객 로열티 프로그램 등 다양한 채널에서 결제 데이터를 안전하게 관리할 수 있습니다. 이러한 통합은 일관되고 안전한 고객 경험을 촉진하며, 거래에 사용되는 채널 간의 백엔드 데이터 융합을 지원합니다.

- **새로운 결제 기술에 대한 지원**: 결제 수단이 지속적으로 발전함에 따라, 토큰화는 디지털 지갑이나 비접촉식 결제와 같은 새로운 기술에 적용될 수 있습니다. 이를 통해 기업은 높은 수준의 보안을 유지하면서 혁신적인 결제 솔루션을 수용할 수 있습니다.

결론적으로, 결제 토큰화는 비즈니스에 다양한 이점을 제공하며, 데이터 보안, 고객 경험, 규정 준수 등을 모두 향상시킬 수 있는 효과적인 도구입니다

DeFi 토큰

DeFi는 '탈중앙화 금융(Decentralized Finance)'의 약자로, 블록체인 기술과 스마트 계약을 활용하여 대출, 저축, 거래 등의 전통 금융 시스템과 유사한 기능을 제공하는 새로운 금융 시스템을 구축하기 위해 설계된 프로토콜을 사용하는 암호화 토큰입니다. 예를 들어, 전통적인 대출 기관에서 자금을 빌리는 대신, DeFi 플랫폼에서 DeFi 토큰 형태로 돈을 빌릴 수 있습니다. DeFi 플랫폼은 자체적으로 발행한 토큰을 통해 자금을 관리하며, 암호화폐 자금을 대출해주는 투자자에게 의존합니다.

탈중앙화 금융의 개념은 금융 환경이 진화하면서 전통 자산의 토큰화와 함께 점점 더 중요한 역할을 하고 있습니다. 각 개념이 자체적으로 상당한 잠재력을 가지고 있지만, 이들의 융합은 세계 경제에 대한 인식과 참여 방식을 혁신할 가능성을 내포하고 있습니다.

탈중앙화 금융은 블록체인을 기반으로 하며, 스마트 계약에 의해 운영되는 자율적인 컴퓨터 프로그램인 애플리케이션과 프로토콜을 포함합니다. 스마트 계약은 계약 조건을 포함한 자동 실행형 디지털 코드 기반 계약으로, 이를 통해 익명의 당사자 간에 추적 가능하면서도 되돌릴 수 없는 거래가 이루어질 수 있습니다.

탈중앙화 금융 애플리케이션은 비구속적으로 설계되어 금융 산업을 혁신하는 것을 목표로 하며, 개발자가 스마트 계약의 소유권을 사용자에게 넘김으로써 커뮤니티가 자산을 통제하게 됩니다. 이러한 비구속적 요소는 개인이 탈중앙화 금융 코인 및 토큰에 대한 통제권을 유지할 수 있음을 의미하며, 이는 기존 은행이나 암호화폐 대출 프로그램을 통해 거래할 때 자산을 통제하는 방식과는 큰 차이를 보입니다.

DeFi 코인과 토큰은 종종 혼용되지만, 이들은 몇 가지 주요 차이점이 있습니다. DeFi 코인은 금융 거래에서 가치를 이전하는 디지털 버전의 법정 화폐와 유사하며, 고유한 네이티브 블록체인 네트워크를 기반으로 합니다. 예를 들어, 2021년 봄에는 메이커, 컴파운드, 유니스왑, 에이브, 체인링크, 앤크르와 같은 DeFi 코인들이 인기 있었습니다.

DeFi 코인은 가치를 이전하는 기능을 수행할 뿐만 아니라, 항상 재정적인 목적으로만 사용되는 것은 아닙니다. 유틸리티 토큰은 특정 리소스에 대한 접근을 제공하는 데 사용되고, 자산 토큰은 부동산과 같은 물리적 자산을 나타내며, 대체 불가능한 토큰(NFT)은 디지털 아트와 같은 독특한 아이템을 나타냅니다. 예를 들어, Nyan Cat NFT는 최근에 60만 달러에 판매되었습니다. DeFi 코인은 기존 블록체인 네트워크를 기반으로 구축되기 때문에 전통적인 암호화폐와 구별되는 특징을 지닙니다.

결론적으로, DeFi는 전통 금융 시스템을 탈중앙화하여 사용자에게 더 많은 권한과 선택을 제공하고, 금융 거래의 효율성과 안전성을 높이는 혁신적인 방향으로 나아가고 있습니다.

Decentralized Finance(DeFi)에 투자를 시작하는 3단계

탈중앙화 금융(DeFi)은 블록체인 기술을 활용하여 중개자를 제거하고 은행이나 거래소와 같은 전통적인 금융 시스템을 재현하려는 운동입니다. 그러나 DeFi의 성장과 지속 가능성은 실물 경제와의 연결 부족으로 인해 방해받고 있습니다. 대부분의 DeFi 플랫폼은 변동성이 크고 투기적인 암호화폐와 같은 디지털 자산을 취급하므로, 전통적인 투자자와 규제 기관에 대한 매력이 제한적입니다.

이러한 문제를 해결하기 위해, 실제 자산을 토큰화하여 부동산이나 상품과 같은 유형 자산의 소유권을 디지털 토큰으로 전환하는 접근법이 주목받고 있습니다. 이 과정에서 DeFi 플랫폼은 자산의 안정성과 신뢰성을 확보할 수 있습니다. 예를 들어, 부동산의 내재적 가치는 DeFi 상품을 안정적으로 뒷받침하여 순수 디지털 자산의 극심한 변동성으로부터 보호하는 역할을 합니다.

또한, 실제 자산을 DeFi 플랫폼에 통합하면 규제 준수가 더욱 간소화됩니다. 토큰화된 자산은 명확한 감사 흔적을 제공하며, 글로벌 금융 규정을 준수하기 쉬워집니다. 이러한 특성은 DeFi의 주류 수용에 매우 중요한 요소입니다.

결론적으로, DeFi와 기존 자산의 통합은 투자 안정성을 높이고, 신뢰성을 강화하며, 규제 준수를 촉진하는 중요한 전략으로 자리잡고 있습니다. 이를 통해 DeFi는 보수적인 투자자에게도 매력적인 선택이 될 수 있으며, 장기적인 실행 가능성을 더욱 강화할 수 있습니다.

탈중앙 금융과 토큰화 자산의 상호 의존성

탈중앙화 금융(DeFi)과 자산의 토큰화는 상호 의존적인 관계를 형성하여 금융 생태계에 혁신을 가져옵니다. 토큰화는 이전에는 특정 투자자 계층만 사용할 수 있었던 자산에 대한 액세스를 민주화하여 투자 환경을 변화시킵니다. 이와 함께 DeFi의 인프라를 활용하면 토큰화된 자산의 기능과 접근성을 더욱 향상시킬 수 있습니다.

- **유동성 향상**: DeFi 플랫폼은 토큰화된 자산의 지속적인 거래를 촉진하여 기존 시장의 유동성 제약을 극복합니다. 이를 통해 24시간 언제든지 자산을 매매할 수 있어 투자 기회가 크게 확대됩니다.
- **글로벌 시장 접근성**: DeFi는 국경과 전통적인 뱅킹 시간의 경계를 넘어 운영되므로, 토큰화된 자산을 전 세계 고객에게 제공할 수 있습니다. 이러한 전 세계적인 접근성은 투자자 기반을 다각화하고 확장하는 데 중요한 역할을 합니다.
- **직접 거래**: DeFi는 P2P(피어 투 피어) 거래를 지원하므로 중개자가 없어 자산 거래의 비용과 복잡성을 줄일 수 있습니다. 이 모델은 토큰화된 자산에 특히 유용하여 거래가 더 원활하고 비용 효율적입니다.
- **자동화된 규정 준수 및 스마트 계약**: 스마트 계약은 조건이 코드에 직접 작성된 자체 실행 계약으로, 탈중앙 금융에서 규정 준수 검사 및 거래 실행과 같은 필수 작업을 자동화하여 토큰화된 자산이 법적 기준을 준수하도록 보장합니다.
- **혁신적인 금융 상품**: DeFi 플랫폼을 통해 토큰화된 자산을 통합한 새로운 금융 상품이 창출될 수 있습니다. 합성 자산부터 수확량 농업 기회까지 다양한 이러한 상품을 통해 투자자는 보유 자산을 창의적이고 수익성 있게 활용할 수 있습니다.
- **통합된 미래 구축**: DeFi와 토큰화의 시너지는 단순한 기술 업그레이드를 넘어서 글로벌 금융을 재정의할 수 있는 혁신적인 힘입니다. 이러한 통합을 수용함으로써 금융 부문은 전례 없는 효율성, 포용성, 안정성을 확보할 수 있습니다. 이는 모든 개인이 세계 경제에 동등하게 참여할 수 있는 새로운 금융 민주주의 시대를 예고합니다.
- **크립토 보상**: DeFi 플랫폼은 토큰 형태의 공식 통화를 보유하고 있으며, 투자자는 크립토 자금을 빌리거나 대출할 수 있습니다. 이 과정에서 투자자는 크립토 보상을 얻게 되며, 이는 일반적으로 크립토 토큰 형태로 지급됩니다. 이러한 보상은 사진, 비디오, 예술, 오디오 등과 같은 디지털 자산과 관련되어 있습니다.

현재 이 중요한 시점에서 혁신가, 투자자, 규제 당국의 선택에 따라 탈중앙 금융과 토큰화의 초기 통합이 금융 인프라의 초석이 될지, 아니면 틈새 호기심으로 남을지가 결정될 것입니다. 이 결합된 강점을 수용하는 것은 진정으로 포용적이고 접근 가능한 탄력적인 금융 미래를 만드는 데 필수적입니다.

블록체인 지갑

Lesson

06

블록체인 지갑(Blockchain Wallet)은 **암호화폐**와 같은 **디지털 자산**을 안전하게 저장하고 관리할 수 있도록 도와주는 **소프트웨어** 또는 **하드웨어** 도구 FH, 블록체인 지갑은 **암호화폐**와 **토큰**의 소유자만이 자산을 접근하고 사용할 수 있도록 **암호화된 키**를 사용하여 자산의 보안을 유지합니다. 이러한 지갑은 **개인 키**와 **공개 키**라는 두 가지 중요한 요소를 이용하여 거래를 관리하며, **블록체인 네트워크**에서 자산을 전송하거나 받는 데 사용됩니다. LESSON 06에서 블록체인 지갑에 대하여 알아보도록 하겠습니다.

블록체인 지갑(그림 5-9)은 사용자가 비트코인이나 이더리움과 같은 다양한 암호화폐를 관리할 수 있는 소프트웨어입니다. 이러한 지갑은 자금을 쉽게 교환할 수 있도록 도와주며, 암호화된 서명을 통해 거래의 안전성을 보장합니다. 블록체인 지갑은 웹과 모바일 장치에서 접근할 수 있으며, 사용자의 개인 정보와 신원을 보호합니다. 따라서 블록체인 지갑은 서로 다른 당사자 간의 안전한 자금 이체 및 교환에 필요한 모든 기능을 제공합니다.

블록체인 지갑은 암호화폐를 송수신하는 데 필요한 거래 기록과 공개 키 및 개인 키를 저장합니다. 공개 키는 계좌 번호와 유사하며, 예를 들어 A가 비트코인을 B에게 보내고 싶을 때, A는 B의 공개 키 주소를 사용하여 비트코인을 보낼 수 있습니다. 개인 키는 계정 비밀번호와 같아서 오직 계정 소유자만 알고 있으며, 자금을 보내는 데 사용됩니다. 공개 키와 개인 키는 항상 쌍으로 존재하며, 전통적인 지갑이 현금을 저장하는 것과 달리 블록체인 지갑은 실제 암호화폐를 저장하지 않고 사용자가 수행한 거래 기록을 포함합니다.

그림 5-9 블록체인 지갑

해외에서는 페이팔이나 기타 결제 게이트웨이를 통해 자금을 송수신하는 방식과 유사하지만, 블록체인 지갑은 암호화폐를 사용합니다. 블록체인 지갑의 예로는 일렉트럼, Blockchain.info, 잭스,

균사체, 사무라이, 비트코인 종이 지갑 등이 있으며, 이러한 지갑들은 각기 다른 보안 요구 사항과 기능을 제공합니다.

국내 블록체인 지갑의 예로는 베스트 월렛(Best Wallet)이 독특한 기능과 스테이킹 보상, 수수료 절감 혜택을 제공하며, 엘리팔(Ellipal)은 뛰어난 보안성을 갖춘 하드웨어 지갑입니다. 게이트아이오(Gate.io)는 오랜 신뢰를 바탕으로 한 지갑 플랫폼이며, 렛저(Ledger)는 콜드 스토리지 암호화폐 지갑으로 알려져 있습니다. 젠고(Zengo)는 Web 3.0을 선도하는 코인 지갑으로, 오케이엑스(OKX)는 대규모 거래소에서 운영되는 블록체인 지갑입니다. 바이낸스(Binance)와 바이비트(ByBit)는 강력한 보안 조치를 제공하며, 블록스트림 제이드(Blockstream Jade)는 비트코인 전용의 저렴한 지갑입니다. 엔그레이브(Ngrave)와 비트박스(BitBox)도 각각 벨기에와 스위스에서 개발된 하드웨어 지갑으로, 보안성과 편리성을 갖추고 있습니다. 마지막으로, 트레저(Trezor)도 인기 있는 하드웨어 지갑 중 하나입니다.

크립토닷컴(Crypto.com)은 다양한 암호화폐에 쉽게 접근할 수 있도록 해주며, 업비트(Upbit)는 국내 최고의 거래소 지갑으로 유명합니다. 빗썸(Bithumb)은 높은 거래량과 빠른 고객 지원으로 인기를 끌고 있습니다. 메타마스크(MetaMask)는 Web3 앱을 위한 최고의 가상화폐 지갑으로 자리 잡았으며, 트러스트 월렛(Trust Wallet)은 NFT를 지원하는 사용자 친화적인 지갑으로 알려져 있습니다.

이러한 다양한 블록체인 지갑은 사용자의 요구에 따라 선택할 수 있으며, 각 지갑이 제공하는 보안 및 기능의 차이는 사용자의 거래 방식에 큰 영향을 미칠 수 있습니다. 예를 들어, 하드웨어 지갑은 온라인 해킹으로부터 보호되는 반면, 모바일 지갑은 사용 편의성이 뛰어난 장점이 있습니다. 따라서, 사용자는 자신의 필요에 맞는 지갑을 선택하는 것이 중요합니다.

블록체인 지갑의 특징

블록체인 지갑은 안전한 개인 키를 통해 보안을 유지하며, 실제 암호화폐를 저장하지 않습니다. 이는 Paytm과 같은 일반적인 디지털 지갑처럼 사용하기 쉬운 특징을 가지고 있습니다. 블록체인 지갑을 통해 자금을 이체할 때 발생하는 비용은 전통적인 은행 거래 비용보다 훨씬 낮습니다. 이 지갑을 사용하면 사용자는 중개자 없이 여러 지역으로 즉시 자금을 이체할 수 있습니다.

블록체인 지갑은 다양한 암호화폐를 지원하므로, 여러 암호화폐 간의 거래가 가능해 사용자가 손쉽게 환전할 수 있습니다. 전통적인 지갑이 가지는 여러 단점 덕분에 블록체인 지갑은 더 많은 이점을 제공합니다. 블록체인 지갑을 사용하는 몇 가지 이유는 다음과 같습니다.

- **거래 속도와 중개자 문제**: 전통적인 은행 시스템에서는 거래가 느리게 진행될 수 있으며, 여러 중개자를 거쳐야 하기 때문에 단일 중앙 실패 지점이 존재합니다. 예를 들어, 국제 송금을 할 때 은행 간의 정산 과정이 지연될 수 있습니다. 반면, 블록체인 지갑은 이러한 중개자 없이 직접 거래를 처리하여 신속한 송금을 가능하게 합니다.
- **데이터 관리 문제**: 전통적인 시스템에서는 모든 거래와 계정을 추적하는 데 어려움이 따르며, 데이터가 여러 시스템에 분산되어 있어 조작이나 손상될 위험이 있습니다. 블록체인 기술은 분산된 네트워크에 거래 기록을 저장하여 이러한 위험을 줄입니다. 예를 들어, 블록체인에서는 모든 거래가 공개적으로 기록되기 때문에 조작이 어렵고, 신뢰성을 높입니다.
- **안전하고 보안된 거래**: 블록체인 지갑은 이러한 문제들을 해결하여 사용자 거래를 보다 안전하게 만듭니다. 모든 거래는 암호화된 서명을 통해 검증되며, 개인 키는 사용자만 알고 있어 외부의 접근을 차단합니다. 이러한 방식은 블록체인 지갑의 가장 큰 장점 중 하나로, 해킹이나 사기 행위에 대한 저항력을 높입니다.

결론적으로, 블록체인 지갑은 거래의 효율성과 안전성을 동시에 제공하며, 기존의 전통적인 금융 시스템보다 여러모로 유리한 점이 많습니다. 이러한 특징들은 사용자에게 더 나은 경험을 제공하며, 블록체인 기술이 금융 거래의 미래로 자리잡는 데 기여하고 있습니다.

블록체인 지갑의 작동 방법

블록체인 지갑은 거래에 필요한 개인 키와 공개 키를 저장합니다. 이 지갑을 사용하면 사용자가 암호화폐로 상품을 판매하고 구매할 수 있습니다. 이제 블록체인 지갑이 어떻게 작동하는지, 그리고 개인 키와 공개 키의 역할에 대해 알아보겠습니다.

블록체인 지갑을 만들면 개인 키와 그에 연결된 공개 키가 생성됩니다. 이메일을 예로 들어보겠습니다. 누군가에게 이메일을 받고 싶다면 자신의 이메일 주소를 알려줘야 하지만, 이메일 주소만으로는 해당 계정에 접근할 수 없습니다. 계정에 접근하려면 비밀번호가 필요합니다. 블록체인 지갑에서도 공개 키와 개인 키가 유사한 방식으로 작용합니다.

- **공개 키**: 공개 키는 이메일 주소와 비슷한 개념으로, 누구와도 공유할 수 있습니다. 블록체인 지갑이 생성되면 공개 키가 생성되며, 이를 통해 다른 사람들이 자금을 보낼 수 있습니다.
- **개인 키**: 개인 키는 비밀번호와 같으며, 절대 다른 사람과 공유해서는 안 됩니다. 개인 키를 사용해 자금을 지출하며, 누군가 개인 키에 접근할 수 있다면 계정이 손상될 위험이 높아집니다.

키의 관계

- 블록체인 지갑이 생성되면 공개 키가 생성되어 누구와도 공유할 수 있습니다.
- 개인 키는 비밀 키로, 절대 공유해서는 안 됩니다.
- 공개 키는 누구와도 공유할 수 있는 반면, 개인 키는 비밀로 유지해야 합니다.
- 이 두 키는 자물쇠와 열쇠의 관계에 비유할 수 있습니다. 자물쇠는 올바른 키로만 열 수 있으며, 거래에서는 공개 키가 개인 키와 매칭될 때만 사용자가 자산의 가치를 확인할 수 있습니다.
- 공개 키를 가진 사람들이 많더라도, 해당 공개 키는 올바른 개인 키와 함께 사용할 때에만 유용합니다.

이 개념을 이메일 주소로 다시 설명해 보겠습니다(그림 5-10).

- 이메일을 받으려면 자신의 이메일 주소를 알려줘야 하지만, 받은 이메일에 접근하기 위해서는 계정의 비밀번호가 필요합니다.
- 공개 키는 누구에게나 제공할 수 있는 이메일 주소와 유사하고, 개인 키는 비밀번호와 같아 다른 사람과 공유해서는 안 됩니다. 개인 키가 해킹당하면 계정이 손상될 가능성이 높습니다.
- 개인 키는 자금을 사용하는 데 필수적입니다.

이러한 구조 덕분에 블록체인 지갑은 안전하고 효율적인 암호화폐 거래를 가능하게 합니다.

그림 5-10 블록체인 지갑 작동

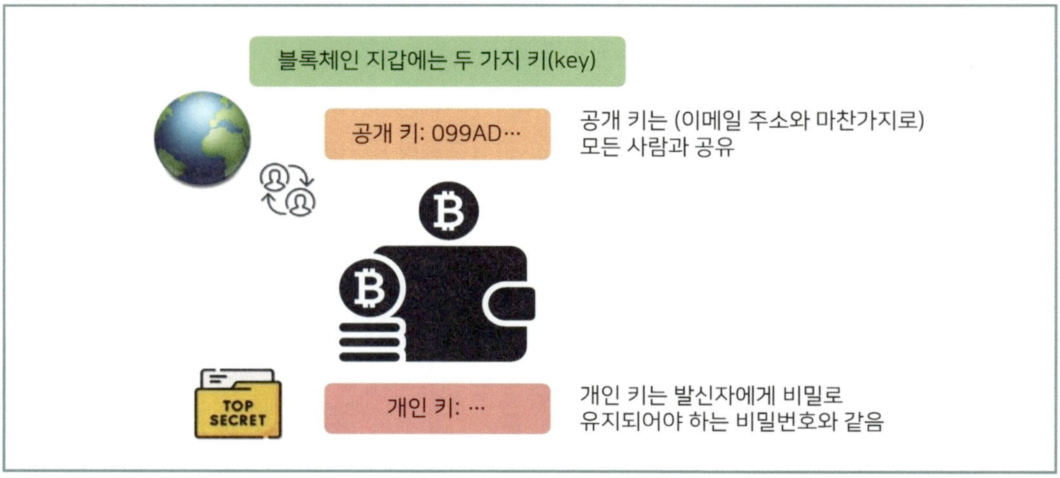

거래의 신뢰성을 높이기 위해 개인 키의 보안 유지가 특히 중요합니다. 따라서, 사용자는 개인 키를 안전하게 관리해야 하며, 이를 통해 자신의 암호화폐를 안전하게 보호할 수 있습니다.

블록체인 지갑의 종류

블록체인 지갑은 크게 두 가지 유형, 즉 콜드월렛(Cold Wallet)과 핫월렛(Hot Wallet)으로 나눌 수 있습니다(그림 5-11).

모든 지갑은 콜드월렛과 핫월렛의 두 가지 범주로 분류할 수 있습니다. Cold Wallet은 '오프라인'이며 매우 안전합니다. 대량의 비트코인을 보유할 때 사용해야 합니다. 일반적으로 해킹이 불가능하며 인터넷 연결 없이도 사용할 수 있습니다. 핫월렛은 '온라인'이며 인터넷에 접속할 수 있을 때만 사용할 수 있습니다. 콜드월렛보다 보안성이 떨어지지만 자주 거래해야 하는 경우 유용합니다.

Hot Wallet

핫월렛은 항상 인터넷이나 다른 연결된 장치에 연결된 암호화폐 지갑으로, 주로 임시 키 저장소로 사용되며 암호화폐의 전송 및 수신에 활용됩니다. 이러한 지갑은 일반적으로 사용자 인터페이스를 통해 사용 가능한 토큰의 수를 쉽게 확인할 수 있습니다.

핫월렛은 사용자가 암호화폐에 액세스할 수 있는 개인 키를 저장하며, 인터넷에 연결되어 있기 때문에 콜드 스토리지 방식에 비해 해킹과 도난에 더 취약합니다. 따라서 핫월렛을 선택할 때

그림 5-11 블록체인 지갑의 유형

고려해야 할 중요한 요소는 보안 기능과 사용 편의성입니다.

암호화폐의 안전성은 키를 저장하는 방식에 크게 의존합니다. 저장된 데이터는 해킹, 멀웨어, 랜섬웨어 등 다양한 사이버 위협에 노출될 수 있습니다. 예를 들어, 2014년 비트코인 거래소인 Mt. Gox의 해킹 사건에서는 약 85만 비트코인이 도난당했습니다. 이는 핫월렛의 보안 취약성을 잘 보여 주는 사례입니다.

결론적으로, 핫월렛은 사용자에게 편리함을 제공하지만, 안전성을 위해 항상 보안 조치를 강화하고 개인 키를 철저히 관리해야 합니다

암호화폐를 구매하거나 채굴한 후, 상품이나 서비스 구매에 사용하기 위해 핫월렛을 설정해야 합니다. 코인을 받으면 이 지갑에 개인 키가 저장되어, 이를 통해 암호화폐에 접근할 수 있게 됩니다.

암호화폐를 소유하게 되면, 해당 암호화폐에 접근하기 위한 개인 키가 제공됩니다. 공개 키는 계정의 사용자 이름과 유사하여, 사용자가 신원을 밝히지 않고도 토큰을 받을 수 있게 합니다. 반면, 개인 키는 트랜잭션을 수행할 때 입력해야 하는 비밀번호와 같은 역할을 합니다. 이러한 키를 저장하는 핫월렛은 보통 사용자 이름과 비밀번호를 통해 액세스할 수 있으며, 다른 로그인 방식도 지원할 수 있습니다.

핫월렛은 인터넷과 암호화폐 인프라에 연결된 애플리케이션으로, 사용자는 이를 통해 암호화폐 키를 관리하고 저장하는 인터페이스를 제공합니다. 이는 인터넷에 연결되지 않는 콜드 월렛(예: USB 드라이브에 저장된 지갑)과 구분됩니다. 콜드 월렛은 보안성이 높은 오프라인 저장 방식으로, 개인 키를 안전하게 보관할 수 있습니다. 만약 콜드 월렛에 저장된 암호화폐를 사용하고 싶다면, 개인 키를 핫월렛으로 옮겨야 합니다.

핫월렛은 거래의 편리성을 제공하지만, 그만큼 보안 위협에도 노출되기 쉽습니다. 예를 들어, 해킹 사고가 발생한 경우 개인 키가 유출되면 모든 암호화폐가 위험에 처할 수 있습니다. 따라서 핫월렛을 사용할 때는 보안 조치를 강화하고 개인 키를 안전하게 관리하는 것이 중요합니다.

소프트웨어 지갑(그림 5-12)은 기기에 다운로드하여 사용하는 애플리케이션으로, 데스크톱, 모바일 장치 또는 웹 기반 지갑으로 제공될 수 있습니다. 브레드월렛, 잭스, 코페이 등은 인기 있는 소프트웨어 지갑의 예시입니다. 이러한 지갑은 일반적으로 다음 세 가지 유형으로 분류됩니다.

- **데스크톱 지갑**: 데스크톱 지갑은 노트북이나 PC에 다운로드하여 사용하는 소프트웨어 프로그램입니다. 이 지갑은 인터넷에 연결되지 않아도 작동할 수 있어, 보안이 강화된 환경에서 암호화폐를 관리할 수 있습니다. 운영 체제에 따라 다양한 유형이 제공되며, 대표적인 데스크

그림 5-12 소프트웨어 지갑 유형

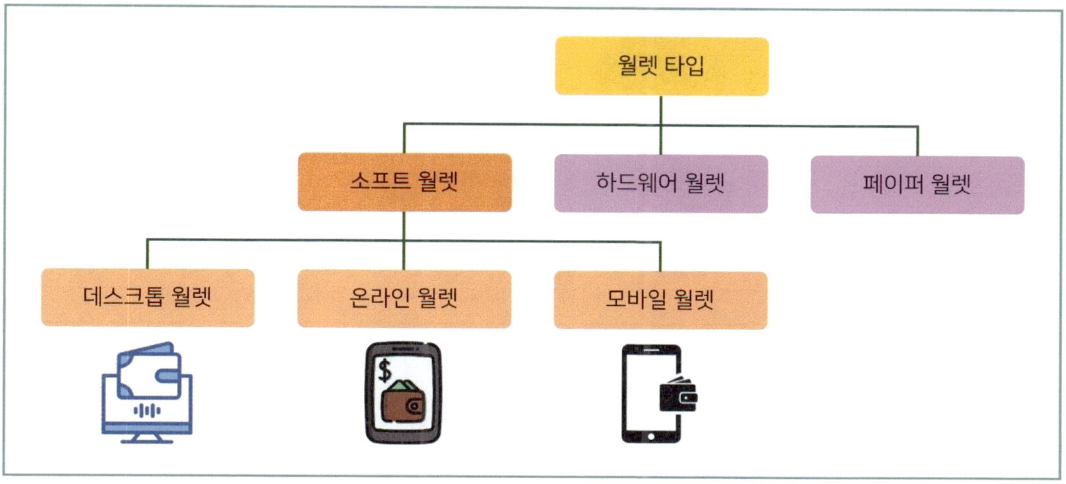

톱 지갑으로는 Armory, Multibit, mSigna가 있습니다. 이러한 지갑은 사용자가 개인 키를 직접 관리할 수 있어 보안적인 측면에서 유리합니다.

- **온라인 웹 지갑**: 온라인 웹 지갑은 제3자에 의해 클라우드에서 관리되는 지갑으로, 작동하기 위해서는 반드시 인터넷에 연결되어 있어야 합니다. 개인 키는 클라우드에서 접근할 수 있기 때문에, 보안 수준이 상대적으로 낮습니다. 그럼에도 불구하고, 여러 명의 공동 서명자가 필요한 대형 기관에서는 이러한 유형의 지갑을 선호하기도 합니다. 코인베이스, 비트고, 코인카이트는 인기 있는 온라인 지갑의 예시입니다.
- **모바일 지갑**: 모바일 지갑은 휴대용 모바일 기기에서 사용할 수 있도록 설계된 지갑으로, 매우 인기가 높습니다. 이러한 지갑은 QR 코드와 호환되어 즉각적인 디지털 결제를 지원하므로, 사용자가 손쉽게 암호화폐를 주고받을 수 있습니다. 블록체인과 미셀리움은 iOS와 안드로이드 사용자 모두를 위한 신뢰할 수 있는 모바일 지갑입니다. 블랙베리 기기에서는 비트코인 지갑이 좋은 선택이 될 수 있습니다. 모바일 지갑은 사용 편의성과 접근성을 제공하지만, 보안성을 위해 주의가 필요합니다.

Cold Wallet

Cold Walle(그림 5-13)은 개인 키를 오프라인에서 안전하게 보관하는 암호화폐 지갑으로, 온라인 공격에 대한 취약성을 크게 줄여줍니다. 가장 일반적인 유형인 하드웨어 지갑은 사용자의 암호화폐 자산을 보호하는 데 매우 효과적입니다.

그림 5-13 Cold 월렛

Cold Wallet을 사용하면, 개인 키가 인터넷과 단절된 상태에서 보관되기 때문에, 해킹이나 사이버 공격으로부터 자유로울 수 있습니다. 이는 암호화폐 자산을 장기적으로 안전하게 보호하는 데 매우 중요한 요소입니다.

Cold Wallet은 대량의 암호화폐를 보관해야 할 경우 특히 유용하며, 보안 조치를 통해 사용자는 자신의 자산에 대한 완전한 제어권을 유지할 수 있습니다. 따라서, 소중한 암호화폐 자산을 보호하기 위해 Cold Wallet을 구입하는 것은 매우 현명한 선택입니다.

Cold Wallet에는 종이 지갑, 사운드 지갑, 하드웨어 지갑, 비트코인 지갑 등이 있습니다.

종이 지갑(그림 5-14)은 암호화폐를 오프라인에서 보관하기 위한 방법으로, 개인 키와 공개 키가 인쇄된 종이 형태입니다. 이 지갑은 QR 코드를 통해 쉽게 액세스할 수 있으며, 안전성 덕분에 대량의 암호화폐를 보관하는 데 널리 사용됩니다. 예를 들어, 비트코인 페이퍼 월렛과 마이이더

그림 5-14 종이 지갑의 작동

월렛은 널리 알려진 종이 지갑의 사례입니다.

종이 지갑은 일반적으로 소프트웨어 지갑과 함께 사용됩니다. 먼저 소프트웨어 지갑에 암호화폐를 보관한 후, 해당 지갑에서 종이 지갑에 인쇄된 공개 주소로 자금을 이체합니다. 이렇게 함으로써, 사용자는 자산을 보다 안전하게 보호할 수 있습니다.

종이 지갑은 개인 키와 공개 주소를 QR 코드 형식으로 저장하여, 정보 접근성을 높입니다. 이러한 정보를 인쇄한 후 봉인하여 보관하면 더욱 안전합니다. 그러나 종이 지갑은 습기와 화재와 같은 물리적 위험에 취약하다는 점을 유의해야 합니다. 따라서 보관 장소와 방법에 신중을 기해야 하며, 가능하다면 복수의 복사본을 안전한 장소에 두는 것이 좋습니다.

사운드 지갑은 개인 키를 오디오 파일 형태로 저장하여, 종이 지갑보다 내구성이 높은 장점이 있습니다. 그러나 이 방식도 여전히 물리적 손상에 취약하다는 약점이 있습니다. 예를 들어, 개인 키가 저장된 CD가 긁혀 손상되면 계정에 대한 접근 권한을 잃게 될 수 있습니다.

또한, 사운드 지갑을 사용하려면 개인 키를 해독할 수 있는 특정 도구, 예를 들어 분광기 애플리케이션이 필요합니다. 이러한 요구 사항으로 인해 유지 관리 비용이 발생할 수 있으며, 기술적 지식이 부족한 초보자에게는 접근이 어려운 방식이 될 수 있습니다.

사운드 지갑은 안정성 측면에서 장점을 제공하지만, 사용의 복잡성 때문에 일반 사용자에게는 적합하지 않을 수 있습니다. 이러한 이유로, 사용자는 자신의 기술 수준과 필요에 따라 적절한 지갑 유형을 선택하는 것이 중요합니다

하드웨어 지갑은 사용자의 개인 키를 보호된 하드웨어 장치에 안전하게 저장하는 장치입니다. 이 지갑은 컴퓨터에 연결할 수 있는 휴대용 장치와 유사하며, 악의적인 공격에 덜 취약하고 해킹 방지 기능을 제공합니다. 현재 시장에서 가장 인기 있는 하드웨어 지갑으로는 레저(Ledger), 트레조(Trezor), 키프키(KeepKey) 등이 있습니다.

하드웨어 지갑(그림 5-15)에서 거래를 진행하려면 해당 장치가 컴퓨터 시스템에 연결되어 있어야 합니다. 이 지갑의 펌웨어는 개인 키를 사용하여 장치 내부에서 암호화 서명을 생성합니다. 트랜잭션이 발생하면, 지갑은 개인 키를 노출하지 않고도 해당 서명을 로컬에서 처리합니다.

대부분의 하드웨어 지갑은 컴퓨터나 스마트폰과 통신하기 위한 NFC, USB 또는 블루투스 인터페이스를 갖추고 있습니다. 하지만 이 연결을 통해서는 개인 키와 같은 민감한 정보가 전송되지 않도록 설계되어 있습니다. 많은 하드웨어 지갑에는 물리적 및 소프트웨어 공격으로부터 개인 키를 보호하기 위한 변조 방지 칩이 포함되어 있습니다.

또한, 하드웨어 지갑은 시드 문구(보통 12~24단어)를 사용하여 개인 키를 백업할 수 있습니다. 이 시드 문구는 장치가 분실되거나 손상되었을 경우, 지갑을 복원하는 데 유용합니다. 이러한

그림 5-15 하드웨이 지갑의 특징

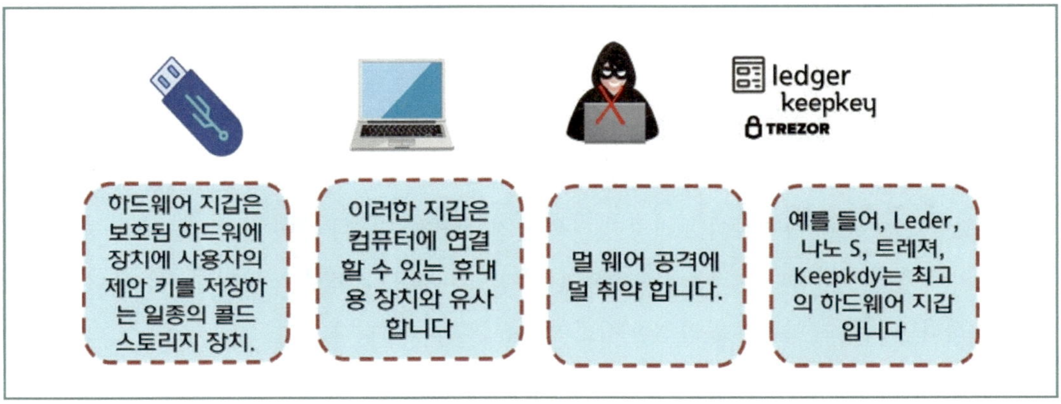

방식으로 하드웨어 지갑은 사용자에게 안전하고 신뢰할 수 있는 암호화폐 저장 솔루션을 제공합니다.

비트코인 지갑은 대중에게 공개되지 않았지만, 블록체인 시스템의 초기 개발자들이 사용했던 중요한 도구입니다. 이 지갑을 통해 블록체인 생태계의 모든 거래에 접근할 수 있으며, 사토시 나카모토가 비트코인과 블록체인 기술을 개발하는 과정에서 이 지갑을 사용했을 것이라는 믿음도 있습니다.

올바른 암호화폐 지갑을 선택하는 것은 보관하고자 하는 암호화폐 자산의 유형과 원하는 보안 수준에 따라 달라집니다. 예를 들어, 간헐적으로 비트코인을 사용하는 사용자에게는 하드웨어 지갑이나 종이 지갑이 적합할 수 있습니다. 반면, 암호화폐 계정이 많고 빈번하게 거래하는 사용자에게는 온라인 지갑이나 소프트웨어 지갑이 더 실용적일 수 있습니다.

어떤 유형의 암호화폐 지갑을 선택하든, 그 안전과 보안은 궁극적으로 사용자의 책임입니다. 한순간의 부주의로 인해 상당한 가치를 지닌 디지털 자산을 잃을 수 있으며, 이는 대부분의 경우 복구가 불가능합니다. 따라서 지갑 선택 시 신중을 기하고, 개인 키와 시드 문구를 안전하게 관리하는 것이 중요합니다.

Cold Wallet의 가장 큰 **장점**은 개인 키를 오프라인에 저장함으로써 온라인 해킹 및 사이버 위협으로부터 안전하다는 것입니다. 이로 인해 무단 액세스 및 도난의 위험이 크게 줄어들며, 사용자는 저장된 개인 키와 자금을 완전히 제어할 수 있습니다. 타사 서비스에 의존할 필요가 없어 더 큰 자율성과 보안을 제공합니다. Cold Wallet은 암호화폐를 장기적으로 보관하는 데 이상적이며, 지속적인 모니터링 없이 대량의 디지털 자산을 안전하고 안정적으로 보관할 수 있는 방법을 제공합니다. 또한, 암호화폐를 Cold Wallet에 보관하면 거래소 해킹이나 파산 시 자금 손실의 위험을 완화할 수 있습니다. 오프라인에 보관된 자금은 거래소와 관련된 문제의 영향을 받지 않기 때문입니다.

반면, Cold Wallet의 **단점**은 자금을 거래하기 위해 오프라인 저장소에서 개인 키를 가져와야 하므로 수작업이 필요하다는 것입니다. 이로 인해 자주 거래하는 트레이더에게는 핫월렛보다 덜 편리할 수 있습니다. 또한, Cold Wallet, 특히 하드웨어 지갑과 종이 지갑은 물리적 손상, 분실 또는 도난에 취약합니다. 제대로 백업하지 않거나 복구 시드를 안전하게 보관하지 않으면 펀드에 영구적으로 액세스할 수 없게 될 수 있습니다. 또한, Cold Wallet을 설정하는 데는 일정한 학습 곡선이 필요할 수 있습니다. 사용자는 월렛 장치의 초기화, 시드 문구 생성 및 안전한 보관을 위한 특정 지침을 따라야 합니다. 마지막으로, 가장 인기 있는 Cold Wallet 중 하나인 하드웨어 지갑은 비용이 발생합니다. 보안 강화를 위해 투자할 가치가 있을 수 있지만, 암호화폐 보유량이 적은 일부 사용자에게는 경제적 부담이 될 수 있습니다.

블록체인 지갑을 선택하기 위한 기준

블록체인 지갑을 선택하는 기준은 개인의 선호도와 사용 유형에 따라 달라집니다. 편의성과 보안은 상충하는 관계에 있기 때문에, 사용자에게 가장 적합한 옵션을 선택하는 것이 중요합니다.
일상 거래와 자금을 단기간에 사용해야 한다면 **Hot Wallet**이 적합합니다. Hot Wallet은 사용이 편리하지만, 보안성이 상대적으로 낮습니다. 반면, 장기간 자금을 보관하려는 경우에는 **Cold Wallet**이 더 적합합니다. Cold Wallet은 보안성이 높지만 사용이 불편할 수 있습니다.
또한, 선택할 블록체인 지갑은 개인 키를 제어할 수 있고, 이를 로컬 기기나 오프라인에 안전하게 저장할 수 있어야 합니다. 여러 운영체제와의 호환성도 중요합니다. 사용자는 다양한 기기에서 지갑에 접근할 수 있어야 하므로, 이 점을 고려해야 합니다.
보안 기능이 포함된 지갑을 선택하는 것도 필수적입니다. 예를 들어, 백업 시드 문구와 비밀번호를 지원하는 지갑은 사고로 인한 자산 손실을 방지할 수 있습니다. 마지막으로, 사용하기 쉽고, 활발한 개발과 지원을 제공하는 지갑을 선택하는 것이 좋습니다. 이러한 지갑은 사용자에게 지속적인 관리와 편리한 사용 경험을 제공합니다.

블록체인 지갑의 이점

블록체인 지갑은 여러 가지 장점을 제공합니다.

- **국경 없는 거래**: 블록체인 지갑은 다양한 지리적 위치에서 환전이나 환전 비용 없이 원활하게 거래를 수행할 수 있도록 돕습니다. 이는 글로벌 경제에서의 상거래를 촉진합니다.
- **중개자 없는 거래**: 블록체인 지갑을 통해 이루어지는 거래는 중개자가 없으며, 중앙 관리 기관이 존재하지 않기 때문에 단일 실패 지점이 없습니다. 이로 인해 거래의 안정성과 신뢰성이 높아집니다.
- **저렴한 거래 비용**: 블록체인 지갑을 이용하면 거래 비용이 상대적으로 낮아집니다. 특히 큰 금액의 거래를 진행할 때 이점이 큽니다.
- **강력한 보안**: 블록체인 지갑은 암호화 기술을 사용하여 거래의 보안성과 개인 정보 보호를 강화합니다. 이러한 기술은 데이터 무결성을 유지하는 데 중요한 역할을 합니다.
- **간편한 가입 절차**: 블록체인 지갑은 엄격한 법적 절차나 복잡한 검증 요구 사항이 없는 간단한 가입 절차를 제공합니다. 이는 사용자들이 쉽게 접근할 수 있도록 합니다.
- **쉬운 생성 및 관리**: 블록체인 지갑은 만들기도 쉽고 관리하기도 용이합니다. 사용자 친화적인 인터페이스와 도구 덕분에 초보자도 쉽게 활용할 수 있습니다.

이러한 이점들은 블록체인 지갑을 많은 사용자에게 매력적인 선택으로 만들어 줍니다.

블록체인 지갑 사용의 과제

블블록체인 지갑은 기존 은행 계좌에 비해 많은 장점을 가지고 있지만, 사용 시 몇 가지 과제(그림 5-16)가 존재합니다.

- **낮은 수용성**: 여전히 많은 소매업체와 상인이 암호화폐를 수용하지 않고 있어 블록체인 지갑의 사용과 적용 범위가 제한적입니다. 이는 사용자들이 일상 거래에서 암호화폐를 활용하는 데 장애물이 됩니다.
- **가격 변동성**: 암호화폐의 가격 변동성이 크기 때문에 블록체인 지갑의 인기가 떨어지는 주요 원인 중 하나입니다. 이로 인해 소비자와 상인 모두가 거래에 대한 불확실성을 느끼게 됩니다.
- **제한된 네트워크**: 블록체인 지갑은 기존 금융 시스템과의 연결성이 제한적입니다. 레거시 시스템에 대한 지원이 부족하여, 사용자들이 원활하게 자금을 이동하거나 거래하는 데 어려움을 겪을 수 있습니다.
- **복잡한 환불 절차**: 암호화폐가 실수로 잘못된 계좌로 이체된 경우, 환불 받을 방법이 없습니

그림 5-16 블록체인 지갑의 사용 과제

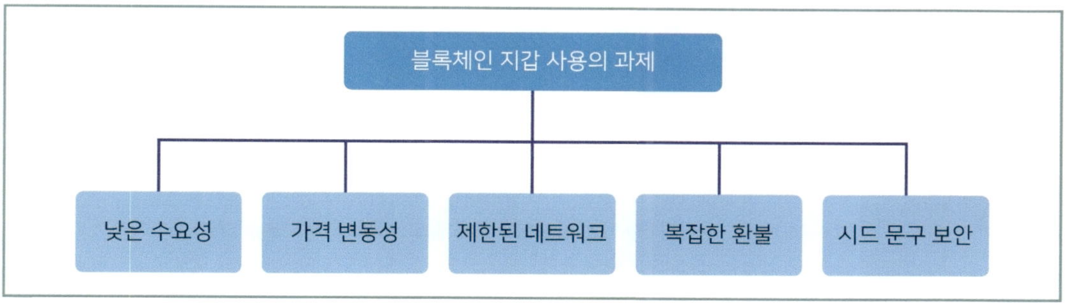

다. 이로 인해 사용자는 큰 금전적 손실을 입을 수 있습니다.

- **시드 문구 보안**: 시드 문구를 안전하게 보관하지 않으면 계정의 보안이 크게 손상될 수 있습니다. 만약 이 문구가 유출되거나 분실되면, 자산에 대한 접근이 영구적으로 불가능해질 수 있습니다.

이러한 과제들은 블록체인 지갑의 채택과 활용에 있어 사용자들이 고려해야 할 중요한 요소입니다.

Lesson 07

대체 불가능 토큰(NFT)

NFT(Non-Fungible Token, 대체 불가능한 토큰)는 **블록체인** 기술을 기반으로 한 **디지털 자산**으로, 고유한 특성을 지니고 있어 서로 교환할 수 없는 자산을 대표하며, NFT는 일반적인 암호화폐(비트코인, 이더리움 등)와 달리 **대체 불가능**하며, 각 토큰이 **고유한 특성**을 가집니다. NFT는 주로 **디지털 미술**, **게임 아이템**, **음악**, **영상 콘텐츠**, **디지털 수집품** 등을 나타내는 데 사용됩니다. LESSON 07에서 대체 불가능 토큰에 대하여 논하도록 하겠습니다.

대체 불가능한 토큰(Non-Fungible Token, NFT)은 다른 토큰으로 대체할 수 없는 고유한 디지털 자산(그림 5-17)입니다. 디지털 통화가 2014년에 등장하여 큰 반향을 일으킨 것에 비해, 최근 몇 년 동안 NFT는 아트워크, 음악, 가상 부동산 등 다양한 분야에서 주목받으며 새로운 형태의 소유 및 거래 방법으로 인기를 끌고 있습니다. NFT는 사람들이 디지털 자산을 사고팔고 소유하는 방식을 혁신적으로 변화시키고 있습니다.

그림 5-17 대체 불가능 토큰의 기능

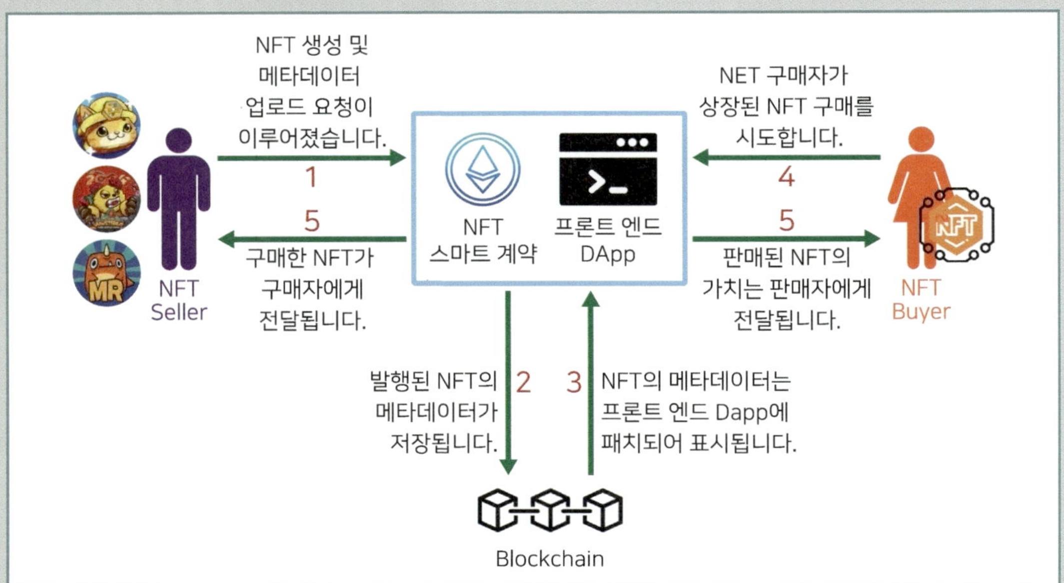

이러한 암호화 자산은 블록체인 기술을 기반으로 하여 생성됩니다. 비트코인이나 이더리움과 같은 다른 암호화 자산과는 달리, NFT는 서로 교환될 수 없는 고유한 속성을 가지고 있습니다. NFT의 핵심 특징 중 하나는 분산형 플랫폼인 블록체인에서 거래된다는 점입니다. 이를 통해 사용자는 기존 자산인 주식 및 채권과 마찬가지로 NFT를 매수, 매도, 이전하거나 거래할 수 있습니다. 블록체인 기술은 조직 운영 방식을 혁신하고 있으며, NFT는 이러한 변화의 선두주자 역할을 하고 있습니다.

NFT는 스타트업과 기업가들에게 디지털 자산으로 수익을 창출하고 새로운 방식으로 고객과 소통할 기회를 제공합니다. NFT를 생성함으로써 스타트업은 자산을 토큰화할 수 있는 기능을 가지게 됩니다. 예를 들어, 예술과 음악 분야의 스타트업은 이러한 고유한 디지털 자산을 통해 상당한 혜택을 누릴 수 있습니다.

NFT의 개발은 디지털 자산의 소유권과 진위 여부를 검증할 수 있는 가능성도 제공하며, 블록체인 기술을 활용하여 완전한 투명성을 보장하고 사기의 위험을 줄입니다. 이는 스타트업이 고객과의 신뢰를 구축하고 디지털 자산의 가치를 높이는 데 도움을 줍니다.

NFT는 유동성이 높은 자산으로, 쉽게 거래할 수 있어 기업가에게 새로운 수익 기회를 제공합니다. NFT는 프로그래밍 가능하기 때문에 다양한 산업과 사용 사례에 맞춰 조정할 수 있으며, 창의성과 유연성을 통해 독창적인 디지털 자산을 개발할 수 있습니다. 또한, 스타트업은 희소성과 독점성을 강조한 한정판 NFT를 통해 수요를 높이고 디지털 자산의 가치를 증대시킬 수 있습니다.

스마트 계약 기술, 상호 운용성, 그리고 탈중앙화는 NFT 개발의 주요 특징입니다. 스마트 계약은 디지털 자산의 거래 과정을 자동화하여 안전하고 개방된 거래를 보장합니다. NFT는 여러 블록체인 플랫폼에서 활용될 수 있어 기업가가 더 넓은 청중에게 도달할 수 있는 기회를 제공합니다. 탈중앙화는 NFT가 단일 기관에 의해 규제되지 않도록 하여 구매자와 판매자의 보안과 투명성을 높이고 사기나 검열의 가능성을 줄입니다.

NFT의 또 다른 장점은 기존 물리적 자산처럼 위조가 불가능하다는 것입니다. 각 NFT는 블록체인에 저장되고 고유 식별자가 할당되므로 복제본을 만들 수 없습니다. 또한, NFT는 분수 단위로 나눌 수 있어, 기존 자산과 달리 작은 부분을 소유하는 것이 가능합니다. 예를 들어, 가상 예술 작품의 1/100 또는 가상 세계의 1/1000을 소유할 수 있습니다.
이러한 특성 덕분에 NFT는 단순한 디지털 자산을 넘어, 새로운 형태의 소유권과 거래 방식으로 자리잡고 있습니다. NFT는 앞으로도 다양한 산업에서 혁신적인 변화와 기회를 제공할 것으로 기대됩니다.

NFT(Non-Fungible Token)

NFT(대체 불가능한 토큰)는 블록체인 기술로 보호되는 고유한 디지털 자산으로, 복제할 수 없는 특성을 지니고 있습니다. 이러한 토큰은 온라인에서 구매 및 판매되며, 주로 NFT 암호화폐를 통해 거래됩니다. NFT는 일반적인 암호화폐와 유사한 소프트웨어로 인코딩되지만, 교환 가능성이 없는 점에서 차별화됩니다. 각 NFT는 고유한 식별 코드와 메타데이터를 포함하고 있어, 이를 통해 특정 디지털 자산의 진위성과 소유권을 증명할 수 있습니다.

NFT에 관해 염두에 두어야 할 필수 사항

- **개인 신원 및 재산권의 표현**: NFT는 특정 개인의 신원과 재산권을 명확하게 나타낼 수 있습니다. 이는 소유자가 누구인지, 어떤 자산에 대한 권리를 가지고 있는지를 쉽게 추적할 수 있게 해줍니다.
- **블록체인 기술 기반**: NFT는 블록체인 기술을 바탕으로 생성되며, 이로 인해 탈중앙화되고 안전한 거래가 가능합니다. 블록체인은 모든 거래 기록을 투명하게 유지하며, 누구나 검증할 수 있는 공개 장부 역할을 합니다.
- **고유한 디지털 자산**: NFT는 각 토큰이 독특한 특성을 지니고 있어 다른 NFT와 교환할 수 없습니다. 이는 예를 들어 한 작품의 NFT가 다른 작품의 NFT와 동일한 가치를 가지지 않는다는 것을 의미합니다.
- **다양한 표현 가능성**: NFT는 비디오 클립, 음악 앨범, 게임 아이템과 같은 디지털 자산뿐만 아니라, 예술 작품, 부동산 등의 현실 세계 자산도 나타낼 수 있습니다. 이로 인해 NFT는 예술, 음악, 게임 등 다양한 산업에서 활용되고 있습니다.

NFT는 디지털 자산의 소유권과 진위성을 증명할 수 있는 새로운 방법을 제공하며, 앞으로 더욱 많은 산업에서 그 활용 가능성이 기대됩니다. NFT의 발전은 단순한 자산 거래의 차원을 넘어, 디지털 자산의 가치와 소유 개념을 재정의하고 있습니다.

NFT의 역사

NFT(대체 불가능한 토큰)의 역사는 2014년으로 거슬러 올라갑니다. 당시 최초의 NFT인 "퀀텀"이 케빈 맥코이에 의해 만들어지며, 사람들이 소유하고 거래할 수 있는 새로운 형태의 디지털 아이템으로 소개되었습니다. 그러나 NFT가 널리 알려지고 인기를 끌게 된 것은 2021년이었습니다. 이 해에는 NFT의 총 가치가 410억 달러에 달하며, 예술, 기술, 그리고 금융 분야에서 큰 주목을 받았습니다. 이는 NFT가 디지털 자산을 소유하고 투자하는 미래에서 얼마나 중요한 역할을 할 수 있는지를 보여 줍니다.

NFT는 블록체인 기반으로 구축되어 있으며, 각 NFT는 고유한 특성을 지니고 있어 다양한 애플리케이션에서 활용될 수 있습니다. NFT는 예술 작품, 부동산 등 물리적 자산을 디지털 형식으로 표현하는 데 적합하며, 디지털 자산 관리 플랫폼의 역할도 수행합니다. 이를 통해 아티스트와 관객 간의 격차를 줄이고 중개자를 제거할 수 있는 잠재력을 가지고 있습니다. 특히 비디오 콘텐츠나 스포츠 하이라이트와 같은 분야에서 NFT의 활용 가능성이 주목받고 있습니다.

NFT의 주요 특징 중 하나는 소유권 인증서의 역할입니다. NFT는 직접 사용할 수는 없지만, 소유자가 서로 교환할 수 있는 인증서를 제공합니다. 이로 인해 소유권 확인 과정이 간소화되고, 소유자는 정보를 저장하거나 수정할 수 있는 권한을 가지게 됩니다. 또한, NFT의 메타데이터는 디지털 서명을 허용하여 더욱 안전한 거래를 지원합니다.

스마트 계약은 NFT의 중요한 요소로, 거래를 자동화하고 소유권 이전에 대한 규칙과 조건을 정의합니다. 이로 인해 제작자는 NFT가 2차 시장에서 재판매될 때마다 자동으로 로열티를 받을 수 있습니다. 이러한 투명성은 중개자의 필요성을 줄이며, 거래의 신뢰성을 높입니다.

NFT 기술은 주로 Ethereum 블록체인 플랫폼에 구축되며, 스마트 계약 기능 덕분에 Ethereum은 NFT의 가장 일반적인 선택이 되었습니다. Ethereum의 블록체인을 통해 개발자들은 NFT와 상호 작용하는 분산형 애플리케이션(DApp)을 만들고 배포할 수 있습니다. 이와 함께 ERC-721 및 ERC-1155 표준은 Ethereum 네트워크에서 NFT의 기술 사양을 정의하여, NFT의 개발과 거래를 지원하고 있습니다.

NFT는 기술적인 혁신과 함께 예술과 금융을 재정의하는 도구로 자리잡고 있으며, 앞으로도 그 발전 가능성이 기대됩니다.

NFT의 예

NFT는 다양한 형태로 디지털 자산을 소유하고 거래할 수 있는 기회를 제공합니다. 그중 몇 가지 주요 예는 다음과 같습니다.

- **크립토 키티**: 2017년에 출시된 이 NFT는 사용자가 고유한 디지털 고양이를 소유하고 교배할 수 있는 게임으로, 출시 직후 2,000만 달러 이상의 거래액을 기록하며 큰 인기를 끌었습니다.
- **사진**: 사진작가는 자신의 작품을 NFT로 전환하여 전체 또는 부분 소유권을 판매할 수 있습니

다. 예를 들어, Open Sea의 erubes1 사용자는 "Ocean Intersection"이라는 컬렉션을 통해 여러 소유자에게 바다와 서핑을 주제로 한 사진을 판매하고 있습니다.

- **스포츠**: 유명인과 스포츠 스타를 기반으로 한 디지털 아트 NFT 컬렉션도 있습니다. 이러한 NFT는 팬들과의 연결을 강화하며, 특별한 순간을 기념하는 방식으로 사용됩니다.
- **NFT 트레이딩 카드**: 디지털 트레이딩 카드로, 수집 가능한 아이템이거나 비디오 게임 내에서 거래할 수 있는 형태입니다. 이러한 카드들은 희소성으로 인해 높은 가치를 지닐 수 있습니다.
- **유용성**: 특정 멤버십이나 특별 혜택을 나타내는 NFT도 있습니다. 예를 들어, 특정 커뮤니티에 대한 접근권을 제공하는 경우가 있습니다.
- **가상 세계**: NFT는 디지털 자산이나 아바타 액세서리와 같은 가상 세계의 다양한 아이템에 대한 소유권을 부여합니다. 이들은 메타버스와 같은 플랫폼에서 중요한 역할을 합니다.
- **예술**: 픽셀 아트부터 추상 작품까지, 다양한 예술 형태가 NFT로 만들어질 수 있습니다. 아티스트는 이러한 NFT를 통해 새로운 수익 모델을 창출하고 있습니다.
- **수집품**: Bored Ape Yacht Club, Crypto Punks, Pudgy Pandas와 같은 수집품 NFT는 특정 커뮤니티와의 소속감을 강화하며, 자산으로서의 가치도 높습니다.
- **도메인 이름**: NFT는 웹사이트 도메인 이름의 소유권을 나타낼 수 있습니다. 이는 블록체인 기술을 활용하여 안전하게 거래할 수 있습니다.
- **음악**: 음악가는 자신의 곡을 NFT로 만들어 팬들에게 판매할 수 있으며, 이때 아티스트가 원하는 권리를 제공할 수 있습니다. 이는 음악 산업의 혁신적인 변화로 여겨집니다.

NFT는 이처럼 다양한 분야에서 활용되고 있으며, 디지털 자산의 소유권과 거래 방식에 새로운 가능성을 제시하고 있습니다.

NFT의 실제 세계 응용 프로그램

NFT는 예술, 게임, 음악을 넘어 다양한 산업에서 혁신적인 응용 프로그램을 찾아가고 있습니다. 특히 부동산 토큰화, 분할 소유권, 신원 확인, 공급망 관리, 티켓팅 시스템 등에서 그 잠재력을 발휘하며, 투명성, 보안, 효율성을 크게 향상시키고 있습니다. 다음은 NFT의 주요 실제 적용 사례입니다.

- **예술품 및 수집품**: NFT는 디지털 아트와 수집품을 거래할 수 있는 새로운 플랫폼을 제공합니

다. Beeple의 6,930만 달러짜리 콜라주 경매와 같은 기록적인 판매는 NFT 시장의 가능성을 보여 줍니다. 이는 아티스트에게 새로운 수익 모델을 제공하고, 수집가에게는 소유권 증명과 가치 상승의 기회를 제공합니다.

- **게임**: NFT는 게임 내 아이템을 고유하게 표현하여 소유권과 거래를 가능하게 합니다. 플레이어는 NFT로 표현된 아이템을 구매, 판매, 교환할 수 있으며, 이는 독특한 게임 경험을 제공합니다. 예를 들어, 게임 아이템을 NFT로 만들어 플레이어 간의 거래를 쉽게 할 수 있습니다.
- **티켓팅**: NFT는 이벤트에 대한 안전하고 사기 방지 티켓을 제공합니다. 이를 통해 사용자는 티켓의 진위를 쉽게 검증할 수 있으며, 추가 혜택이나 독점 콘텐츠에 접근할 수 있습니다. 이는 공연, 스포츠 이벤트 등 다양한 분야에서 활용되고 있습니다.
- **공급망 관리**: NFT는 물리적 상품의 소유권과 진위 여부를 추적하는 데 사용됩니다. 이를 통해 고급 품목의 출처를 확인하고 식품 안전을 보장할 수 있습니다. NFT를 통해 소비자는 제품의 전체 이력을 확인할 수 있어, 신뢰성을 높입니다.
- **분산형 금융(DeFi)**: NFT는 DeFi 애플리케이션에서도 활용됩니다. 사용자는 NFT를 담보로 대출을 받거나 NFT 보유에 대한 이자를 받을 수 있습니다. 이는 NFT의 자산 가치를 활용하여 금융 거래를 확장할 수 있는 기회를 제공합니다.
- **Web3 신원 관리**: NFT는 분산된 신원을 제공하며, 개인에게 개인 데이터에 대한 통제권을 부여합니다. 이를 통해 사용자는 자신의 온라인 신원을 쉽게 검증하고 관리할 수 있습니다. 이는 개인정보 보호 및 보안 측면에서 중요한 발전입니다.

이처럼 NFT는 다양한 분야에서 혁신적인 솔루션을 제공하며, 앞으로도 그 응용 가능성이 더욱 확대될 것으로 기대됩니다.

NFT 생성 및 소유

NFT를 생성하고 소유하는 과정(그림 5-18)은 다음과 같습니다.

- **NFT 유형 및 가치 결정**: 만들고 싶은 NFT의 유형을 선택하고, 그것이 다른 사람들에게 미칠 잠재적 가치를 고려합니다. 예를 들어, 디지털 아트, 음악, 게임 아이템 등 다양한 형태가 있을 수 있습니다.
- **블록체인 선택**: NFT 생성에 적합한 블록체인을 선택합니다. Ethereum, Solana, Flow 등 여러 옵션이 있으며, 각 블록체인은 고유한 기능과 장점을 가지고 있습니다.

그림 5-18 Non-fungible Token 다이어그램

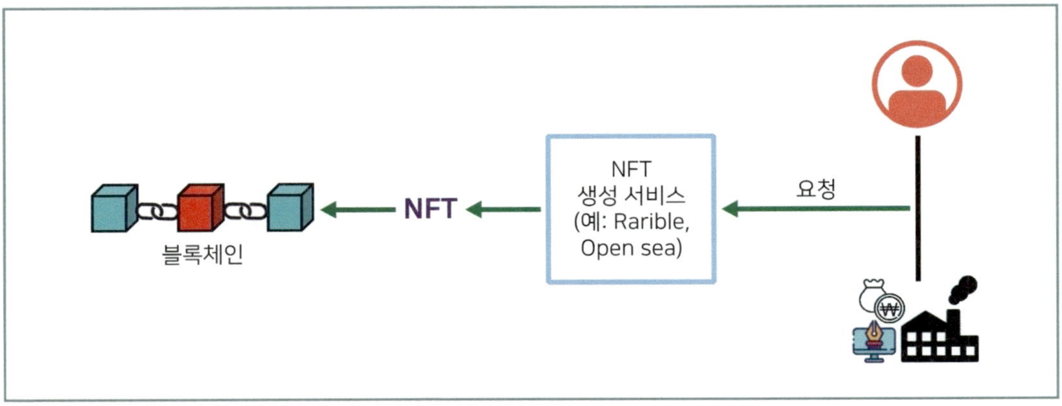

- **암호화폐 지갑 설정**: MetaMask, Coinbase Wallet, Trust Wallet과 같은 호환되는 암호화폐 지갑을 설정합니다. 이 지갑은 NFT와 관련된 자산을 안전하게 보관하는 역할을 합니다.
- **생성 비용 충당**: NFT를 생성하는 데 필요한 비용을 충당하기 위해 해당 블록체인에서 사용되는 암호화폐를 구매합니다. 예를 들어, Ethereum 기반 NFT의 경우 이더(Ethereum)가 필요합니다.
- **NFT 마켓플레이스 연결**: OpenSea, Rarible, Foundation 등 NFT 마켓플레이스에 생성자의 암호화폐 지갑을 연결합니다. 이 마켓플레이스는 NFT를 구매하고 판매할 수 있는 플랫폼을 제공합니다.
- **NFT 생성**: 선택한 마켓플레이스의 특정 프로세스에 따라 NFT를 생성합니다. 이 단계에서는 파일을 업로드하고 속성을 설정해야 합니다. 예를 들어, 제목, 설명, 특징 등을 입력합니다.
- **가스 요금 지불 및 저장**: NFT를 생성하는 데 필요한 가스 요금을 지불하고, NFT를 블록체인에 안전하게 저장합니다. 이 과정이 완료되면 NFT의 소유권이 귀하에게 이전됩니다.
- **NFT 등록 및 판매 설정**: 새로 발행한 NFT를 선택한 마켓플레이스에 등록하여 가격과 판매 방법을 설정합니다. 경매 방식이나 즉시 판매 옵션 등을 고려할 수 있습니다.

추가로 팁을 몇 가지 소개하자면 다음과 같다.

- **위험 조사**: NFT를 만들거나 구매하기 전에 관련 위험을 충분히 조사하고 이해해야 하며, NFT 시장은 변동성이 크기 때문에 신중한 접근이 필요합니다.
- **신뢰할 수 있는 마켓플레이스 선택**: 거래를 위해 평판이 좋고 안전한 NFT 마켓플레이스를 선

택하는 것이 중요합니다.

- **공정한 가격 설정**: NFT에 대한 공정한 가격을 설정하여 잠재적 매출을 극대화하며, 시장 조사를 통해 가격을 정하는 것이 좋습니다.
- **홍보 및 마케팅**: 소셜 미디어와 온라인 채널을 통해 NFT를 홍보하여 가시성을 높이고 적절한 구매자를 찾는 데 시간과 노력을 투자합니다.
- **인내심 유지**: NFT 판매는 시간이 걸릴 수 있으며, 인내심을 가지고 꾸준히 노력해야 성공적인 결과를 얻을 수 있습니다.

NFT Market

NFT 구매는 일반적인 온라인 쇼핑과는 다소 다른 절차를 필요로 합니다. 주로 허용되는 결제 수단이 제한적이기 때문입니다. NFT가 생성되면, 사용자는 특정 마켓플레이스에서 NFT를 판매하거나 다른 사람과 거래하거나 무료로 제공할 수 있습니다. 그러나 모든 NFT 구매에는 NFT를 저장할 암호화폐 지갑이 필요합니다. 구매 즉시, NFT는 현재 소유자에게서 사용자의 암호화폐 지갑으로 전송되며, 사용자는 이를 보관하거나 다른 사람에게 판매할 수 있습니다. 암호화폐 지갑은 온라인 저장소보다 더 안전하므로 오프라인 저장을 권장합니다.

NFT 구매 방법

1. **NFT 마켓플레이스 선택**: 관심사에 맞는 인기 있는 NFT 마켓플레이스를 선택하고, OpenSea, Rarible, Foundation 등 다양한 옵션이 있습니다.
2. **암호화폐 지갑 설정**: 사용자 친화적이고 호환성이 좋은 암호화폐 지갑을 설정하고, MetaMask, Coinbase Wallet, Trust Wallet 등이 일반적으로 사용됩니다.
3. **암호화폐 구매**: Coinbase, Binance와 같은 평판 있는 거래소에서 NFT 구매에 필요한 암호화폐(예: Ethereum, Solana 또는 Flow)를 구매합니다.
4. **암호화폐 지갑 연결**: QR 코드를 스캔하거나 지갑 주소를 복사하여 선택한 NFT 마켓플레이스에 암호화폐 지갑을 연결합니다.
5. **구매할 NFT 찾기**: 마켓플레이스에서 카테고리, 키워드 또는 제작자별로 NFT를 탐색하고 검색하여 원하는 NFT를 찾습니다.
6. **제안 또는 즉시 구매**: 판매자의 옵션에 따라 원하는 NFT를 즉시 제안하거나 구매하고, 제안할 경우 판매자가 수락할 때까지 기다립니다.

7. **NFT 저장**: 구매한 NFT는 암호화폐 지갑의 "NFT" 탭에 안전하게 보관하여 쉽게 접근하고 조회할 수 있도록 합니다.

이 과정에서 각 단계마다 주의해야 할 점이 있으며, 예를 들어, 신뢰할 수 있는 마켓플레이스를 선택하고, 암호화폐 지갑의 보안 설정을 강화하는 것이 중요하며, NFT 구매는 비교적 간단하지만, 시장의 변동성을 고려해 신중하게 진행하는 것이 필요합니다.

NFT는 안전성

대체 불가능한 토큰(NFT)은 암호화폐와 마찬가지로 블록체인 기술을 기반으로 하여 높은 수준의 보안을 제공합니다. 블록체인 자체는 분산된 네트워크 구조 덕분에 해킹에 매우 강력합니다. 그러나 NFT의 안전성은 키 관리에 크게 의존하며, NFT를 보관하는 데 필요한 개인 키는 해커의 공격을 받을 수 있는 소프트웨어에 의해 저장되며, 이 키가 손실되거나 파괴될 경우 NFT에 대한 접근이 불가능해질 수 있습니다. 따라서 "키가 아니라 코인"이라는 블록체인의 원칙은 NFT에도 적용됩니다.

즉, NFT의 안전성은 사용자가 자신의 개인 키를 얼마나 잘 보호하는지에 달려 있습니다. 키를 안전하게 보관하고 관리하는 것은 NFT를 안전하게 유지하는 핵심 요소입니다.

안전한 NFT 보관을 위한 팁은 다음과 같습니다.

- **하드웨어 지갑 사용**: 개인 키를 안전하게 보관하기 위해 하드웨어 지갑을 사용하는 것이 좋습니다. 이는 인터넷에 연결되지 않아 해킹 위험을 최소화합니다.
- **강력한 비밀번호 설정**: 암호화폐 지갑과 관련된 모든 계정에 강력한 비밀번호를 설정하고, 이중 인증을 활성화하여 보안을 강화합니다.
- **키 백업**: 개인 키와 복구 문구를 안전한 장소에 백업해 두어, 필요할 때 쉽게 복구할 수 있도록 합니다.
- **피싱 주의**: 이메일이나 웹사이트에서 요구하는 개인 키 정보를 절대 제공하지 않도록 주의하고, 공식 웹사이트를 통해서만 거래를 진행합니다.

NFT는 기술적으로 안전한 자산이지만, 사용자의 책임 있는 관리가 필수적입니다. 적절한 보호 조치를 취하면 NFT의 안전성을 더욱 높일 수 있습니다.

NFT의 미래

NFT의 미래는 매우 흥미롭고 다양한 가능성을 내포하고 있습니다. 비대체 토큰은 게임, 부동산, 금융, 예술 등 여러 산업에서 점점 더 널리 사용되고 있으며, 기술의 발전에 따라 그 활용도가 더욱 확대될 것으로 예상됩니다.

NFT의 산업별 활용을 알아봅시다.

- **게임**: 현재 많은 게임이 NFT를 통해 가상 세계 내에서 디지털 자산을 표현하고 있습니다. 이러한 자산은 애완동물이나 아바타와 같은 간단한 수집품에서부터, 무기나 희귀 아이템과 같은 복잡한 아이템까지 다양합니다. NFT를 통해 사용자에게 이러한 자산의 소유권을 부여함으로써 개발자들은 플레이어의 참여를 유도하고 고유한 인센티브를 창출할 수 있습니다.
- **부동산**: 부동산 산업에서도 NFT의 활용 가능성이 커지고 있습니다. NFT를 통해 부동산 소유권을 토큰화하면, 고가의 자산을 부분적으로 소유하고 거래할 수 있는 보다 효율적이고 안전한 방법이 마련됩니다. 이는 부동산 거래의 접근성을 높이고, 투자의 새로운 기회를 창출할 것입니다.
- **금융**: NFT는 분산형 금융(DeFi) 애플리케이션에서도 활용될 수 있습니다. NFT를 담보로 대출을 받거나, NFT 보유에 대한 이자를 벌 수 있는 기회가 생길 것입니다.

NFT는 기업들에게도 많은 이점을 제공하며, 브랜드 인식을 높이고, 디지털 자산을 수익화하며, 소비자와의 신뢰를 구축하는 데 기여할 수 있습니다. 기업가들은 NFT의 잠재력을 최대한 활용하여 블록체인 기술을 통해 성장과 성취의 기회를 모색할 수 있으며, NFT는 우리의 생활 방식을 변화시키고, 다양한 산업의 운영 방식을 혁신할 수 있는 잠재력을 지니고 있습니다. NFT가 어떻게 우리 사회를 형성하고 발전시키는지를 지켜보는 것은 앞으로 매우 흥미로운 경험이 될 것입니다.

Lesson 08

ICO(Initial Coin Offering)

최초 코인 공개(ICO, Initial Coin Offering)는 **블록체인**과 **암호화폐** 프로젝트가 자금을 모으기 위해 **새로운 암호화폐** 또는 **토큰**을 판매하는 방식으로 ICO는주식 시장에서의 IPO(Initial Public Offering, 상장 기업 공개)와 유사하지만, **주식**이 아닌 **디지털 토큰**을 **암호화폐 투자자**에게 판매하여 자금을 모집합니다. ICO는 주로 **스타트업**이나 **블록체인 프로젝트**가 **제품 개발**, **연구** 또는 **운영 자금**을 마련하기 위해 사용하며, LESSON 08에서 ICO에 대해 설명 하도록 하겠습니다.

최초 코인 공개(ICO)는 기업이 암호화폐를 통해 자금을 조달하는 혁신적인 방법(그림 5-19)입니다. 이는 프로젝트나 스타트업이 새로운 코인 또는 토큰을 출시하여 투자자로부터 자본을 모집하는 과정입니다.

예를 들어, Coinbase는 최근에 IPO(최초 주식 공개)를 통해 자금을 조달한 암호화폐와 법정화폐 기반의 기업입니다. IPO에서는 기업이 주식을 발행하여 투자자에게 판매하고, 그 자금을 사용해 사업을 확장하거나 프로젝트를 추진합니다. ICO도 유사한 방식으로, 새로운 암호화폐 프로젝트가 투자자에게 디지털 토큰을 판매하여 필요한 자본을 조달합니다.

ICO에서 토큰 생성자는 특정 가격으로 여러 개의 디지털 토큰을 판매하여 시장에 출시합니다. 이러한 토큰은 프로젝트에 대한 소유권이나 사용 권한을 나타낼 수 있으며, 투자자들은 이를 통해 잠재적인 수익을 기대합니다. ICO의 이점은 다음과 같습니다.

그림 5-19 ICO 코인 공개 과정

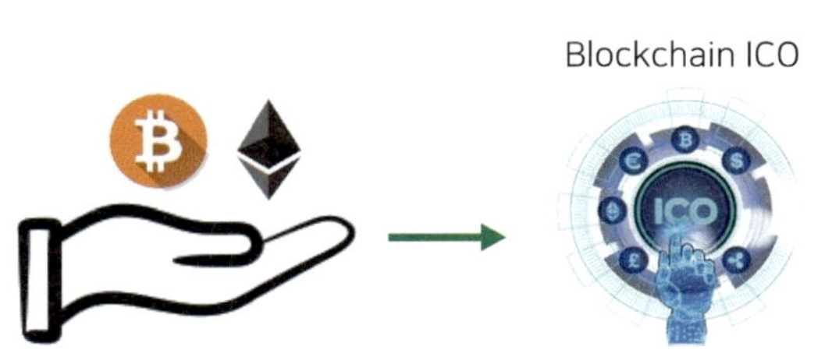

- **자본 조달의 용이성**: 전통적인 투자 방식에 비해 ICO는 신속하고 저렴한 자본 조달 수단을 제공합니다.
- **투자자의 접근성**: 전 세계의 누구나 참여할 수 있어 다양한 투자자층을 확보할 수 있습니다.
- **투명성**: 블록체인 기술을 활용하여 자금의 흐름과 프로젝트 진행 상황을 실시간으로 확인할 수 있습니다.

하지만 ICO는 여러 위험 요소를 동반하며, 많은 프로젝트가 신뢰할 수 없는 경우가 있으며, 투자자들은 자금 손실의 위험에 직면할 수 있으며, 또한 규제의 불확실성도 ICO의 큰 과제로 남아 있습니다.

결론적으로, ICO는 암호화폐 생태계에서 자금을 조달하는 중요한 방법으로 자리 잡았지만, 투자자들은 신중하게 접근해야 하며, 프로젝트의 신뢰성과 지속 가능성을 철저히 검토한 후 참여하는 것이 중요합니다.

ICO의 종류

ICO(최초 코인 공개)는 크게 두 가지 유형으로 나눌 수 있습니다.

- **비공식 ICO(Private ICO)**: 이 유형의 ICO에서는 선택된 소수의 투자자만 참여할 수 있습니다. 일반적으로 대형 기관 투자자나 고액 자산가가 대상이며, 회사는 최소 투자 금액을 설정할 수 있습니다. 비공식 ICO는 자금 조달이 더 안전하다는 장점이 있지만, 참여자가 제한적이기 때문에 자금 모집의 폭이 좁을 수 있습니다.
- **공식 ICO(Public ICO)**: 공개 ICO는 누구나 참여할 수 있으며 일반 대중을 대상으로 합니다. 이 유형의 ICO는 더 넓은 투자자층을 형성할 수 있는 장점이 있지만, 규제 문제로 인해 비공식 ICO가 기업에게 더 매력적인 옵션이 될 수 있습니다. 공개 ICO는 대중이 쉽게 접근할 수 있도록 가격을 저렴하게 설정하여 많은 자금을 모을 수 있는 가능성이 높습니다.

각 ICO 유형은 자금 조달 방식과 참여자 구성에서 차이가 있으며, 기업의 목표와 필요에 따라 선택될 수 있습니다. 기업은 자신의 상황에 맞는 ICO 유형을 신중하게 결정하여 자본을 효율적으로 모집해야 합니다.

ICO의 작동 방식

ICO(최초 코인 공개)는 기술적 이해가 필요한 복잡한 프로세스입니다. ICO의 기본 아이디어는 투자자로부터 자본을 모아 특정 프로젝트나 기업에 투자하는 것입니다. 이를 위해 프로젝트 주최자는 ICO의 구조를 먼저 결정해야 하며, 일반적으로 다음 세 가지 유형의 구조가 있습니다.

- **정적 공급과 정적 가격**: 이 구조에서는 발행할 토큰의 수와 가격이 고정되어 있습니다. 투자자는 미리 정해진 가격으로 정해진 수량의 토큰을 구매하게 되며, 자금 모집이 명확하고 예측 가능합니다.
- **정적 공급과 동적 가격**: 이 구조에서는 ICO에서 수신한 자금의 양에 따라 토큰의 가격이 결정됩니다. 즉, 초기 가격은 정해져 있지만, 투자자들이 더 많은 자금을 투자할수록 가격이 오르는 방식입니다. 이는 투자자들에게 초기 투자 시점에서 유리한 가격을 제공할 수 있는 장점이 있습니다.
- **동적 공급과 정적 가격**: 이 구조에서는 수신된 자금의 양에 따라 발행할 토큰의 수가 결정됩니다. 초기 가격은 정해져 있지만, 자금이 많이 모일 경우 더 많은 토큰이 발행되는 방식입니다. 이는 투자자들에게 프로젝트의 성공 가능성을 암시하며, 초기 투자자들이 더 많은 토큰을 받을 수 있는 기회를 제공합니다.

이러한 다양한 ICO 구조는 투자자와 프로젝트 주최자 간의 상호작용 방식을 결정하며, 각 구조의 특성에 따라 자금 모집의 효율성과 성공 가능성이 달라질 수 있습니다. 따라서 프로젝트 주최자는 자신의 목표에 맞는 구조를 신중하게 선택해야 합니다.

ICO의 작동 방식을 설명하는 단계(그림 5-20)

1. **투자 대상 설정**: 회사가 ICO를 시작할 때, 목표는 통화의 가치를 포함시키고 이를 구매할 의향이 있는 사람들을 찾는 것입니다. 회사는 잠재적인 투자자를 식별한 후, 해당 회사나 프로젝트에 대한 정보를 담은 자료를 제작합니다. 이 과정에서 마케팅 전략을 수립하여 관심 있는 투자자에게 접근합니다.
2. **토큰 생성**: 목표 고객이 설정되면, 토큰 생성이 시작됩니다. 이 토큰은 거래 가능하지만, 기존의 암호화폐와는 구별되어야 합니다. 토큰은 회사의 지분을 제공하지 않으며, 소유자에게 특정 권리를 부여합니다. 이 과정에서 토큰은 블록체인 플랫폼에서 생성되며, 기존 블록체인을 활용하여 코드를 새로 작성할 필요 없이 효율적으로 생성할 수 있습니다.

그림 5-20 ICO 토큰 작동 프로세스

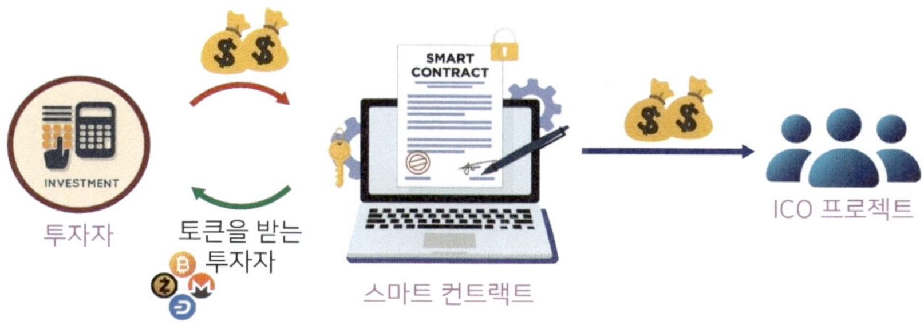

3. **홍보 캠페인**: ICO에 대한 인지도를 높이기 위해 홍보 캠페인이 시작됩니다. 대부분 온라인으로 진행되며, 일부 플랫폼에서는 ICO 홍보를 금지하기도 하지만, 여전히 많은 잠재적 플랫폼에서 ICO를 홍보할 수 있는 기회가 존재합니다. 소셜 미디어, 블로그, 웹사이트 등을 활용하여 널리 알리는 것이 중요합니다.
4. **최초 공모**: 최종적으로 토큰이 투자자에게 제공되며, 이 과정은 여러 라운드로 나뉘어 진행될 수 있습니다. 회사는 ICO에서 모집한 자금을 사용하여 새로운 제품이나 서비스를 출시하며, 투자자는 그 대가로 받은 토큰을 이용하여 향후 이익을 창출할 수 있습니다.

스타트업은 블록체인을 구축하고 ICO의 프로토콜과 규칙을 설정하여 ICO 프로세스를 시작합니다. 이때, ICO의 의도와 목표가 명확히 설정된 후, 제작자는 출시 시점에 ICO가 원활하게 운영될 수 있도록 모든 단계를 점검합니다. 이후, 제작자는 거래소에 등록하여 활성화된 ICO를 찾고, 이를 통해 자금을 모집하는 과정을 진행합니다. IPO와 유사한 면이 있지만, 필요한 서류 작업이 상대적으로 간소화되어 있어 스타트업에게 유리한 환경을 제공합니다.

ICO 대 IPO

IPO(최초 주식 공개)는 투자자가 회사의 주식을 매수하여 해당 회사 내에서 일정량의 권한과 지분을 확보하는 과정입니다. 주식을 보유함으로써 투자자는 투표권을 가지게 되며, 이는 회사의 의사결정 과정에 참여할 수 있는 기회를 의미(그림 5-21)합니다. IPO에 투자할 때는 프로젝트의 성공을 기대하며, 충분한 조사와 분석이 필요합니다. IPO는 정부와 여러 규제 기관의 감oversight를 받으며, 안정적인 은행 계좌와 사업 기록이 필수적입니다. 따라서 IPO를 진행하는 기

그림 5-21 ICO vs IPO

업은 이미 확립된 기업이어야 하며, 변호사와 금융 기관의 도움이 필요합니다.

반면, ICO(최초 코인 공개)는 종종 완성된 제품이 없거나 초기 단계에 있는 프로젝트에 대한 투자입니다. 이로 인해 위험성이 증가하지만, 일부 ICO는 이미 작동하고 테스트 가능한 제품을 기반으로 하는 경우도 있습니다. ICO는 규제되지 않으며, 사기나 투자자 자금을 유용하는 상황(러그 풀)에서 투자자를 보호할 수 있는 메커니즘이 부족합니다. 누구나 ICO를 만들 수 있으며, 새로운 아이디어와 프로그래밍 기술이 있으면 시작할 수 있습니다. 따라서 법적 형식이나 복잡한 절차 없이 쉽게 접근할 수 있는 경향이 있습니다.

이 두 가지 자금 조달 방식은 각각의 장단점이 있으며, 투자자는 자신의 위험 감수 성향과 목표에 따라 적절한 방식을 선택해야 합니다.

신규 주식 공모(IPO)는 민간 기업이 자금을 조달하기 위해 정부의 감독 아래에서 이루어지는 전통적인 방식입니다. IPO를 신청하려면 은행 계좌 개설과 같은 복잡한 절차가 필요하며, 각국의 규제 기관에 의해 엄격하게 규제됩니다.

반면, 신규 코인 공개(ICO)는 블록체인 기업이 공적 자금을 조달하는 새로운 형태의 방법으로, 거래소 계정이나 지갑만 있으면 신청할 수 있습니다. ICO는 보안 토큰을 제외하고는 규제가 낮고 투명성이 부족하거나 평균 수준에 머무르는 경향이 있습니다.

IPO는 투자자의 소유권을 나타내는 주식을 제공하여 보안성을 강화합니다. 그러나 ICO에서 발행되는 암호화폐 유틸리티 토큰은 자본으로 간주되며, 이는 보안 토큰과는 구별됩니다. IPO는 실사를 통해 회사의 재무 상태와 운영을 평가하는 과정이 길어, 자금을 조달하는 데 시간이 더 걸릴 수 있습니다. 반면, ICO는 빠르게 자금을 조달할 수 있지만, 보안 토큰의 경우 상대적으로 더 많은 시간이 소요될 수 있습니다.

이러한 차이로 인해 투자자는 ICO와 IPO 각각의 장단점을 고려하여 투자 결정을 내려야 하며, 각 방식이 요구하는 규제 및 절차를 이해하는 것이 중요합니다

ICO(Initial Coin Offering)를 만드는 과정은 여러 단계로 구성됩니다. 아래는 ICO를 효과적으로 설계하고 실행하기 위한 주요 단계입니다.

1. **백서 작성**: 백서는 ICO의 핵심 문서로, 새로운 코인이나 토큰이 해결하고자 하는 문제를 명확히 설명해야 합니다. 이 문서에는 다음과 같은 내용이 포함됩니다.
   - **문제 정의**: 어떤 문제를 해결하는지, 기존의 솔루션과의 차별점
   - **개발 계획**: 토큰의 기술적 메커니즘, 개발자 지갑, 향후 계획
   - **마케팅 전략**: 코인을 홍보하기 위한 전략과 목표
   - **재무 계획**: 자금의 사용 계획과 장기 목표
2. **마케팅 전략 수립**: ICO의 성공 여부는 효과적인 마케팅에 크게 의존합니다. 최근에는 인플루언서 사기 등의 우려로 인해 부정적인 시각이 존재하지만, 성공적인 ICO를 위해서는 사람들에게 프로젝트의 가치를 알리고 자금을 지원하도록 유도해야 합니다. 주요 마케팅 방법에는 다음이 포함됩니다.
   - **온라인 광고**: 암호화폐 관련 플랫폼에서 광고
   - **커뮤니티 참여**: 다양한 포럼 및 소셜 미디어에서의 홍보
3. **플랫폼에서 판매**: ICO는 사전 판매를 통해 자금을 모으고, 이를 통해 투자자들에게 토큰을 배포합니다. 이렇게 하면 투자자는 제3자 플랫폼에 의존하지 않고 직접 코인을 출시할 수 있습니다.

현재 ICO에 대한 통일된 규제가 부족하지만, 정부는 ICO가 혁신적인 활동으로 이어질 수 있도록 유리한 조건을 만들어 나갈 것입니다. 특히, 러시아 암호화폐 및 블록체인 협회(RACB)는 ICO에 대한 표준을 정립하려는 노력을 기울이고 있습니다.

ICO의 장단점

ICO의 장점은 다음과 같습니다.

- **유동성**: ICO는 투자자에게 높은 유동성을 제공하며, 자금 부족으로 인해 많은 가능성이 제한되는 문제를 해결합니다.
- **분산화**: 투자자는 언제든지 ICO에 기여할 수 있으며, 조기에 투자할 경우 더 유리한 조건을 누릴 수 있습니다.
- **쉬운 자금 조달**: 전 세계 누구나 참여할 수 있어 자금 조달이 간편합니다.
- **온라인 마케팅**: 많은 청중에게 쉽게 마케팅할 수 있습니다.
- **빠른 자금 조달**: 복잡한 서류 작업 없이 빠르게 자금을 조달할 수 있습니다.
- **추적 가능성**: 모든 거래는 온라인으로 이루어져 쉽게 추적할 수 있습니다.
- **높은 수익률**: 일부 ICO는 초기 낮은 가치에서 시작해 시간이 지남에 따라 높은 가치를 기록합니다.

반면, ICO의 단점은 다음과 같습니다.

- **실사 부족**: ICO는 공식적인 감사 절차가 없어, 백서의 결함이 발견되기까지 상당한 시간이 걸릴 수 있습니다.
- **가격 변동성**: 토큰의 가격은 급변할 수 있어 투자자에게 높은 리스크를 안겨줍니다.
- **불법 활동 가능성**: ICO가 범죄 활동에 이용될 우려가 있으며, 이는 투자자에게 위험을 초래할 수 있습니다.
- **이해 상충**: 창업자가 개인적 재정적 위험을 감수하지 않기 때문에 이해관계가 맞지 않을 수 있습니다.
- **ICO 사기**: ICO는 사기가 발생하기 쉬운 환경을 제공하며, 이는 투자자에게 큰 손실을 초래할 수 있습니다.
- **명확성 부족**: 자금 모금과 관련된 규제 및 세무 측면에서 명확성이 부족합니다.

이러한 장단점을 충분히 고려한 후, ICO를 추진하는 것이 중요합니다. 성공적인 사례로는 Tezos, Ethereum, EOS, NEO 등이 있으며, 이들은 각각 독특한 방식으로 자금을 모집하고 시장에서 큰 성과를 거두었습니다.

CHAPTER

6

진화하는 블록체인 기술

블록체인 기술은 **Web 3.0**, **탈중앙화 금융(DeFi)**, **STO(Security Token Offering)**, **RWA(Real World Assets)**, **메타버스**, 그리고 **인공지능(AI)** 등 여러 혁신적인 기술과의 통합을 통해 미래 사회와 경제 구조를 변화시키고 있습니다. 이들 기술은 서로 결합하여 **탈중앙화된 인터넷**, **디지털 경제**, **새로운 가치 창출 모델**을 만들어 가고 있으며, 이 미래적 비전을 어떻게 실현할 수 있는지, 각 요소가 어떻게 상호작용하며 발전할지에 대해 살펴보겠습니다.

Web의 새로운 시대 Web 3.0

Lesson 01

Web 3.0은 인터넷의 차세대 발전 방향을 제시하는 개념으로, 이전의 Web 1.0(정보 제공 중심)과 Web 2.0(사용자 참여 및 소셜 중심)을 넘어서는 새로운 시대의 웹을 의미하며, Web 3.0은 분산화, 개인 정보 보호 강화, 스마트 계약, 탈중앙화 금융(DeFi), 그리고 블록체인 기술과의 통합 등을 특징으로 LESSON 01에서는 Web 3.0에 대하여 알아보도록 하겠습니다.

Web 3.0은 탈중앙화(decentralization)와 커스터마이징(customization)을 목표로 하는 3세대 인터넷으로, 기존의 월드 와이드 웹을 혁신적으로 변화시키는 것을 지향(그림 6-1)합니다. 이 새로운 인터넷 시대는 토큰화된 경제에 기반한 퍼블릭 네트워크를 통해, 우리가 알고 있는 인터넷에 다양한 혁신을 가져올 것입니다. 세계 경제가 미국 달러와 같은 정부 지원 통화를 대체하는 방향으로 나아가고 있는 것처럼, Web 3.0 역시 인터넷에서의 탈중앙화를 추구하고 있습니다.

Web 3.0에서는 애플리케이션과 웹사이트가 데이터 제어 방식에서 인간의 데이터에 더욱 유사한 형태로 진화할 것입니다. 이를 위해 빅데이터, 머신러닝(ML), 탈중앙화 원장 기술(DLT) 등이 활용됩니다. 또한, 시맨틱(semantic) 기술의 사용을 강조하며, Web 3.0이 시맨틱 웹(semantic web)으로 발전하는 데 필요한 기능들을 통합하고 있습니다.

인터넷의 세 번째 반복인 Web 3.0은 우리의 일상적인 기술 사용 방식을 혁신적으로 변화시

그림 6-1 Web 3.0의 혜택

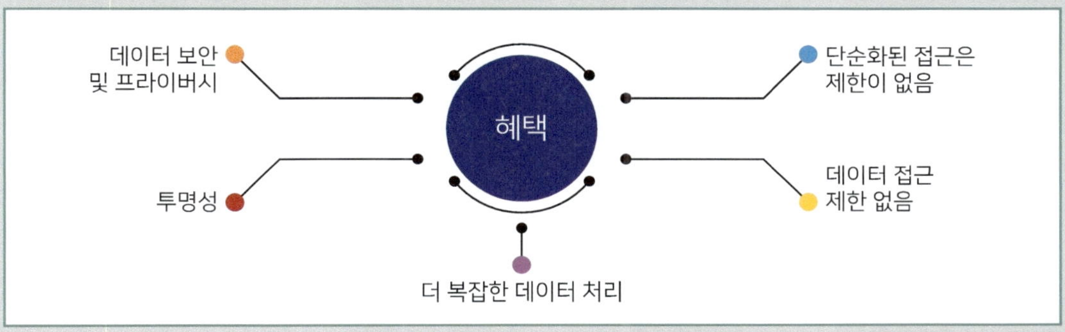

킬 잠재력을 지니고 있습니다. 블록체인 기술을 통해 모든 사용자에게 분산형 네트워크를 제공하고, 인공지능과 머신러닝을 통합하여 공동 소유권을 중심으로 한 보다 개인화된 사용자 경험을 창출합니다. 이러한 변화는 분명히 기존의 인터넷 경험과는 크게 다를 것이며, 더욱 바람직한 방향으로 나아갈 수도 있습니다. 그러나 그 과정은 다소 소름 끼칠 수도 있습니다.

Web 3.0은 인터넷에서 문서, 애플리케이션 및 멀티미디어에 대한 액세스를 제공하는 사용자 인터페이스인 월드 와이드 Web의 다음 진화로 Web 3.0은 아직 개발 중이므로 보편적으로 수용되는 정의가 없습니다. Forrester, Gartner 및 IDC와 같은 분석 회사가 "Web 3"과 "Web 3.0" 사이를 오가며 적절한 철자조차 확정되지 않았습니다. 그러나 Web 3.0은 분산형 애플리케이션에 중점을 두고 블록체인 기반 기술을 광범위하게 사용할 것이라는 점은 분명합니다. 또한 머신 러닝과 AI를 사용하여 보다 지능적이고 적응력 있는 Web을 강화할 것입니다.

결국, Web 3.0은 우리에게 새로운 현실을 제공하며, 이는 웹의 다음 버전으로 자리 잡을 가능성이 큽니다. 이 혁신적인 기술이 어떻게 우리의 삶을 변화시킬지를 지켜보는 것은 흥미로운 과제가 될 것입니다.

Web 1.0 vs Web 2.0 vs Web 3.0

Web 3.0의 발전은 이전 두 버전인 Web 1.0과 Web 2.0의 기반 위에서 이루어졌습니다. 이들 각 버전의 차이점(그림 6-2)을 알아보겠습니다.

그림 6-2 Web 1.0, Web 2.0, Web 3.0

Web 1.0

Web 1.0(그림 6-3)은 1990년대 중반부터 2000년대 초반까지의 인터넷을 의미합니다. 이 시기는 주로 정적 웹사이트로 구성되어 있었으며, 사용자가 콘텐츠를 소비하는 방식에 초점이 맞춰졌습니다.

Web 1.0의 특징은 다음과 같습니다.

- **정적 콘텐츠**: 대부분의 웹페이지는 HTML로 작성되었고, 정적인 정보만 제공되었습니다. 사용자들은 정보를 읽고 소비할 수 있었지만, 적극적으로 참여할 수는 없었습니다.
- **업데이트의 어려움**: 웹사이트는 수작업으로 업데이트되어야 했기 때문에 정보가 오래된 경우가 많았습니다.
- **정보의 일방적 흐름**: 콘텐츠 제작자는 정보를 제공하고, 사용자는 이를 수동적으로 소비하는 구조였습니다.

Web 1.0에서는 개인 블로그나 기업 웹사이트 등, 정보를 단순히 제공하는 사이트가 대부분이었습니다.

그림 6-3 Web 1.0 작업

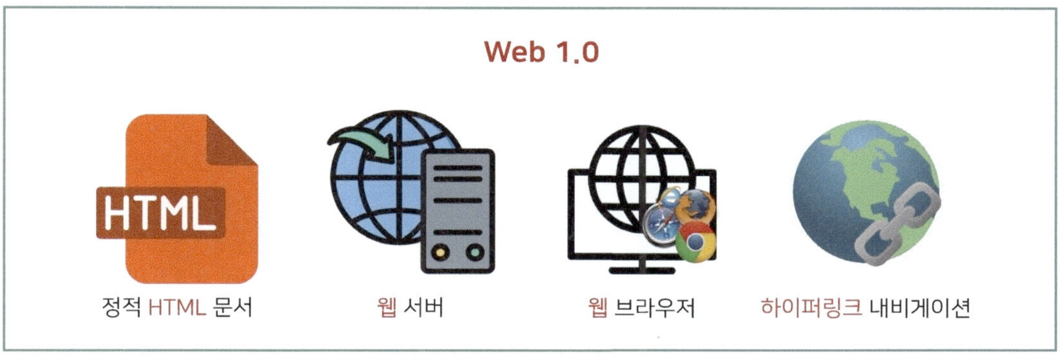

Web 2.0

Web 2.0(그림 6-4)은 2000년대 중반부터 현재까지의 인터넷을 나타냅니다. 이 시기는 사용자 참여와 상호작용을 강조하며, 콘텐츠 생성과 공유의 혁신이 이루어졌습니다.

Web 2.0의 특징은 다음과 같습니다.

그림 6-4 Web 2.0 작업

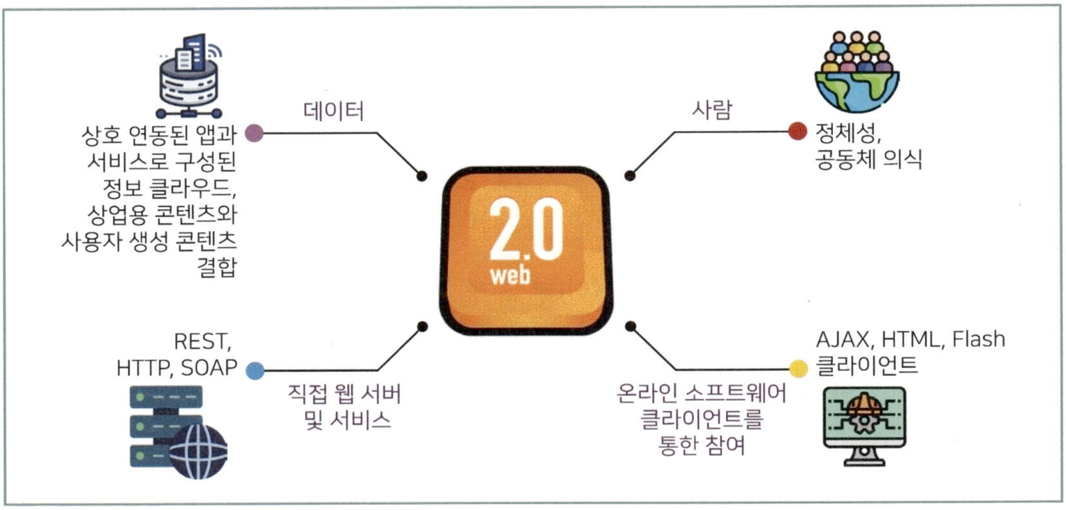

- **상호작용과 참여**: 사용자들은 블로그, 위키, 소셜 미디어 플랫폼을 통해 콘텐츠를 생성하고 공유할 수 있게 되었습니다.
- **동적 콘텐츠**: AJAX(Asynchronous JavaScript and XML)와 같은 기술을 사용하여 웹사이트가 실시간으로 업데이트되고 사용자와의 상호작용이 가능해졌습니다.
- **커뮤니티 중심**: 사용자가 생성한 콘텐츠가 중심이 되어, 다양한 커뮤니티가 형성되었습니다.

Facebook(Meta), YouTube, Twitter(X Corp) 등 사용자가 콘텐츠를 생성하고 공유하는 플랫폼이 Web 2.0의 대표적인 예입니다.

Web 3.0

Web 3.0은 탈중앙화, 사용자 데이터 소유, AI와 블록체인 기술의 통합을 중심으로 하는 새로운 인터넷의 비전을 제시합니다. 이 시기는 사용자에게 더 많은 권한과 제어를 부여하는 것을 목표로 합니다.

Web 3.0은 사용자 지정, 탈중앙화, 사용자 중심의 접근 방식을 핵심으로 하는 새로운 인터넷 혁명입니다. 이 버전은 사용자가 데이터에 대한 더 큰 통제권을 가지도록 하여 권한을 부여하는 것을 목표로 하고 있습니다. Web 3.0에는 사용자가 실제와 같은 환경을 탐색할 수 있는 혁신적인 기술이 통합되어 있습니다.

웹의 발명자인 팀 버너스-리는 Web 3.0으로의 전환을 제안했습니다. 이는 웹사이트와 애플리케이션이 머신 러닝(ML), 빅데이터, 분산형 원장 기술(DLT) 등을 활용하여 인간과 유사하게 데이터를 처리할 수 있는 환경을 말합니다. 이는 현재의 Web 2.0 경험과는 크게 다르며, 모든 정보가 중앙 서버에 저장되는 방식에서 벗어나, 정보 접근성을 높이는 방향으로 나아갑니다. Web 3.0 지지자들은 인공지능이 보편화됨으로써 인터넷이 더욱 스마트해질 것이라고 주장합니다. 또한, 사용자들은 자신의 개인 정보에 대한 통제권을 더 많이 가지게 될 것입니다. 특히 은행과 같은 중개자는 디지털 통화와 기록을 직접 교환하게 될 것입니다.

Web 3.0은 기본 구성 요소(그림 6-5)에서 크게 세 가지 영역에서 발전하고 있습니다. 첫 번째는 분산형 네트워크로, 블록체인 기술과 분산 원장 시스템의 부상이 새로운 애플리케이션의 가능성을 열어주고 있습니다. 이러한 애플리케이션은 검열과 다운타임에 강하며, 더 개방적이고 접근 가능한 플랫폼을 형성합니다. 두 번째는 인공지능(AI)과 머신 러닝(ML)을 활용하여 개인화된 사용자 경험을 제공하는 것입니다. 이를 통해 기업들은 고객을 더 잘 이해하고 맞춤형 서비스를 제공할 수 있게 됩니다. 예를 들어, Amazon Alexa와 Google Home 같은 스마트 어시스턴트와 챗봇의 발전이 Web 3.0의 대표적인 사례입니다. 마지막으로, Web 3.0의 주요 특징 중 하나는 공동 소유입니다. 사용자는 자신의 데이터를 소유하고 원하는 대로 공유할 수 있으며, 이는 데이터 공유 및 협업을 기반으로 한 새로운 비즈니스 모델을 창출합니다.

Web 3.0은 아직 초기 단계지만, 이미 인터넷을 사용하는 방식에 상당한 영향을 미치기 시작했습니다. 이를 통해 사용자들은 데이터를 안전하게 보관하고 관리할 수 있는 권한을 다시 얻게 됩

그림 6-5 Web 3.0은 기본 구성 요소

니다. 이 새로운 인터넷 혁명은 우리의 온라인 경험을 한층 더 향상시킬 것입니다.

Web 3.0의 특징은 다음과 같습니다.

- **탈중앙화**: 블록체인 기술을 활용하여 중앙 서버에 의존하지 않고 데이터와 애플리케이션을 분산된 형태로 관리합니다.
- **AI와 머신 러닝**: 사용자 데이터를 기반으로 개인화된 경험을 제공하며, AI가 더 많은 정보를 처리하고 이해할 수 있도록 돕습니다.
- **사용자 데이터 소유**: 사용자는 자신의 데이터를 소유하고, 이를 안전하게 관리하며 원하는 대로 공유할 수 있습니다. 이는 데이터 프라이버시와 보안을 강화합니다.

DeFi(탈중앙화 금융), NFT(대체 불가능한 토큰), 분산형 애플리케이션(DApps) 등이 Web 3.0의 예시로, 사용자들이 중앙 기관 없이 직접 상호작용할 수 있는 플랫폼을 제공합니다.

비교 요약

Web 1.0은 정보 전달의 기초를 다졌고, Web 2.0은 사용자 참여를 혁신적으로 변화시켰으며, Web 3.0은 데이터 소유와 분산화를 통해 더 나은 사용자 경험을 제공하고자 하는 목표를 가지고 있습니다. 이 세 단계의 발전은 인터넷이 어떻게 진화해왔는지를 보여 주며, 앞으로의 방향성을 제시합니다.

표 6-1 Web 1.0, Web 2.0, Web 3.0 비교

구분	Web 1.0	Web 2.0	Web 3.0
주요 초점	정보 소비	정보 생성 및 공유	사용자 주권 및 탈중앙화
콘텐츠 형태	정적 콘텐츠	동적 콘텐츠	사용자 맞춤형 콘텐츠
사용자 역할	수동 소비	능동적 참여	데이터 소유 및 관리
기술	HTML, 기본 웹 기술	AJAX, RSS, 소셜 미디어	블록체인, AI, ML

Web의 진화

Web 3.0이 실현된다면, 이는 이전 두 세대의 Web에 대한 후속 버전이 될 것입니다. Web 1.0이라고 불리는 첫 번째 세대는 1989년 영국의 컴퓨터 과학자인 팀 버너스 리에 의해 발명되었

습니다. 그는 1963년 미국의 정보 기술 선구자 테드 넬슨이 제안한 디지털 텍스트를 연결하는 하이퍼텍스트 개념을 적용하여 Web을 구축했습니다.

버너스 리는 첫 번째 웹 브라우저를 프로그래밍했으며, 웹 페이지를 표시하는 방법을 규정하는 하이퍼텍스트 마크업 언어(HTML)와 웹 서버가 브라우저로 파일을 전송하는 하이퍼텍스트 전송 프로토콜(HTTP)을 작성했습니다. 그는 또한 웹 페이지 간에 데이터를 연결하는 "시맨틱 Web"을 위한 소프트웨어 설계를 시작했으나, 하드웨어 제약으로 인해 그 구현은 이루어지지 않았습니다. 대중은 1993년에 최초의 인기 있는 웹 브라우저인 Mosaic의 출시 이전까지 Web에 대한 인식이 부족했습니다.

이후 Mosaic은 Netscape Navigator로 이름이 변경되었고, Microsoft Internet Explorer와 Apple Safari와 같은 사용자 친화적인 그래픽 브라우저들이 뒤따랐습니다. 이 시기에 최초의 인기 검색 엔진인 Yahoo! Search, Lycos, AltaVista와 같은 서비스가 등장했지만, 2004년경 Google이 대부분의 검색 엔진을 시장에서 기술을 바탕으로 그 지배력이 강화되었습니다.

새 천 년(2000년)으로 바뀌면서 전문가들은 더욱 상호작용적인 업그레이드된 Web을 제안하기 시작했고, 이를 Web 2.0이라고 부르기 시작했습니다. 그들은 정적인 웹사이트로 구성된 기존

그림 6-6 Web 진화

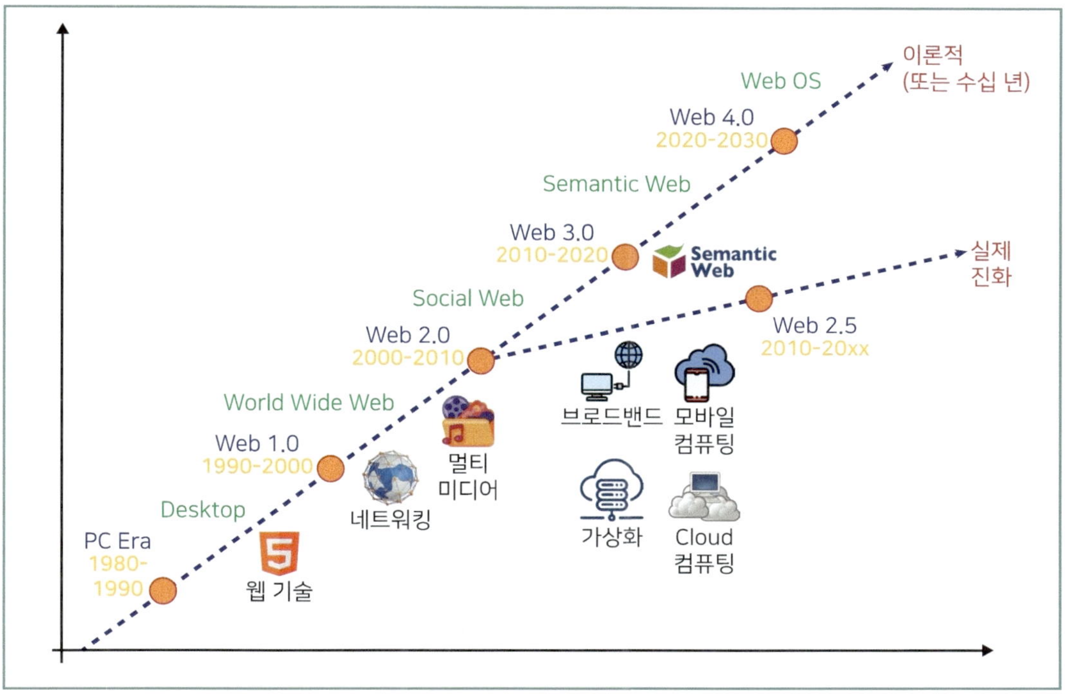

Web을 Web 1.0으로 정의했습니다. 대화형 웹이라는 꿈은 몇 년 후 Facebook과 같은 소셜 네트워크의 급격한 인기로 현실이 되었습니다. Web의 표준 기구인 World Wide Web Consortium은 의미 웹 표준을 발표했습니다.

거의 같은 시기에 두 가지 필수적인 Web 3.0 기술인 암호화폐와 블록체인이 탄생했습니다. Ethereum의 공동 창립자인 개빈 우드를 비롯한 저명한 언론인과 기술자들은 분산화되고 의미론적 인식 버전을 나타내기 위해 Web 3.0 및 Web 3이라는 용어를 대중화하기 시작했습니다.

Web의 진화(그림 6-6)는 기술의 발전과 사용자 경험의 변화를 통해 이루어졌으며, Web 3.0은 이러한 흐름의 다음 단계로 자리 잡고 있습니다. 이 새로운 시대는 사용자에게 더 많은 권한을 부여하고, 보다 개인화된 경험을 제공하는 것을 목표로 하고 있습니다.

Web 3.0의 아키텍처

Web 3.0은 블록체인을 기반으로 한 탈중앙화 상태 머신을 활용하여 인터넷에서 애플리케이션을 구축합니다. 이는 이전의 Web 2.0이 중앙 집중식 웹 서버를 사용하는 미들웨어 기술에 의존했던 것과 대조적입니다. Web 3.0의 데이터는 네트워크의 모든 사용자가 공동으로 유지 관리하고 제어하며, 이 아키텍처는 탈중앙화 애플리케이션, 즉 디앱(dApp)에 의존합니다. 아래에서는 Web 3.0 아키텍처(그림 6-7)의 주요 구성 요소를 설명합니다.

- **프론트엔드**: 프론트엔드는 사용자가 웹 브라우저를 통해 접근하는 클라이언트 측 애플리케이션으로 이는 사용자 경험을 최적화하고, 디앱의 인터페이스를 사용자에게 제공합니다.
- **백엔드**: Web 3.0의 백엔드는 탈중앙화 데이터베이스인 디앱을 통해 구성되며, 블록체인은 네트워크 간 애플리케이션을 배포하는 상태 머신 역할을 합니다. 이 상태 머신은 블록체인 네트워크의 모든 구성원 간에 분산되고 스마트 계약(Smart Contract)은 이 백엔드 로직을 구현하기 위해 공유 상태 머신으로 배포됩니다.
- **타사 노드 제공업체**: Infura, Alchemy, Quicknode와 같은 제공업체는 블록체인 네트워크의 인프라를 제공합니다. 많은 노드가 존재할 때 이 역할은 상당히 복잡해질 수 있습니다. 이러한 제공업체는 자바스크립트 객체 표기 원격 절차 통화(JSON-RPC) 사양을 통해 블록체인 네트워크와 통신합니다. 이 프로토콜은 클라이언트가 원격 시스템에 메시지를 요청하고, 그에 대한 작업을 실행한 후 응답을 받을 수 있도록 규칙을 정의합니다.
- **서명자**: 블록체인 네트워크에 연결된 후, 사용자는 블록체인의 상태를 파악할 수 있습니다. 하지만 거래를 제출하기 전에 개인 키를 사용하여 거래를 '서명'하는 추가 단계가 필요합니

그림 6-7 Web 3.0 아키텍처

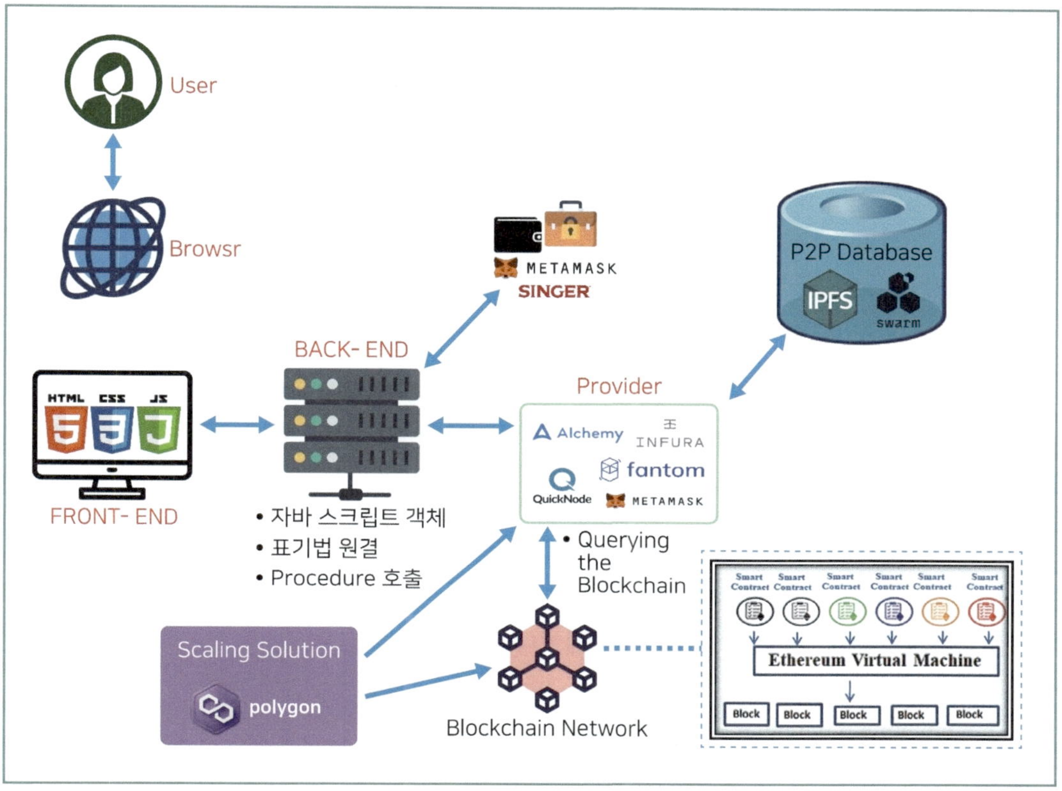

다. 이 개인 키는 브라우저에 저장되며, 클라이언트가 거래를 요청할 때 서명 과정이 진행됩니다. 메타마스크(MetaMask)와 같은 제공업체는 거래 서명자 역할을 수행합니다.

- **스마트 계약**: 스마트 계약은 바이퍼(Vyper)나 솔리디티(Solidity)와 같은 고급 프로그래밍 언어로 작성되어 Ethereum 블록체인에 저장되고 실행되는 탈중앙화 프로그램입니다. 블록체인 네트워크의 모든 노드는 스마트 계약 코드의 복사본을 저장하므로, 네트워크의 모든 사용자가 다른 노드와 확인 및 통신할 수 있습니다.
- **P2P 스토리지 솔루션**: 높은 거래 가스 수수료로 인해 데이터를 블록체인에 저장하는 것은 비용이 많이 드는 문제를 안고 있습니다. 따라서 비블록체인 기반의 분산 및 탈중앙화 P2P 스토리지 솔루션을 사용하는 것이 효율적입니다. IPFS(Inter Planetary File System, 분산형 파일 시스템)와 스웜(Swarm)과 같은 P2P 파일 시스템이 널리 사용됩니다.
- **데이터 읽기**: 블록체인의 스마트 계약에서 데이터를 읽는 과정은 거래를 서명한 후 블록체인으로 전송한 후에 이루어집니다. 이는 데이터의 신뢰성을 보장하고, 사용자에게 일관된 정보

접근성을 제공합니다.

이러한 구성 요소들은 Web 3.0이 사용자에게 더 많은 통제권과 개인화된 경험을 제공하도록 설계되어 있으며, 블록체인 기술을 통해 데이터의 안전성과 투명성을 강화합니다.

Web 3.0의 중요성

Web 아키텍처의 분산화는 Web 3.0 지지자들이 약속한 혜택을 일부라도 실현하게 될 경우, 사람들이 웹에서 상호작용하는 방식과 기업이 상품 및 서비스에서 수익을 창출하는 방식을 근본적으로 변화시킬 수 있습니다. Amazon, Google, Facebook 모회사인 Meta와 같은 Web 2.0의 거대 기업들은 페타바이트 규모의 고객 데이터를 수집하고 이를 중앙 집중화하여 다양한 방식으로 수익을 창출하며 빠르게 성장했습니다. 그러나 Web 3.0의 글로벌 P2P 네트워크는 이러한 기업들이 데이터를 축적하는 방식을 어렵게 만드는 훌륭한 평준화 장치가 될 수 있습니다.

개인들은 웹 콘텐츠와 자신의 데이터에 대한 접근성을 높여, 수익을 창출할 수 있는 권한을 더욱 강화하게 됩니다. 이로 인해 사용자는 데이터에 대한 통제력을 가질 수 있으며, 그에 따른 수익도 직접적으로 누릴 수 있는 기회를 얻게 됩니다.

반면, Web 3.0의 비즈니스 기회는 개인 맞춤형 제품과 서비스 제공에 중점을 두게 될 것입니다. Web 3.0은 인터넷의 다음 진화로 떠오르고 있으며, 이는 비즈니스 모델에 큰 영향을 미치고 더 큰 투명성과 효율성을 제공함으로써 새로운 기회를 창출할 수 있습니다. 예를 들어, Web 3.0이 더 나은 프라이버시, 넓은 마케팅 도달 범위, 그리고 정교한 타깃팅을 제공할 수 있다면, 최신 웹 버전은 온라인 고객 개인화 문제를 효과적으로 완화할 수 있을 것입니다.

이와 같은 변화는 기업들이 소비자와의 관계를 재정의하고, 데이터 활용 방식에서 더 많은 신뢰를 구축하는 데 기여할 수 있습니다. Web 3.0의 도래는 단순히 기술의 발전을 넘어서, 사용자와 기업 간의 상호작용 방식을 혁신적으로 변화시킬 잠재력을 가지고 있습니다.

주요 Web 3.0 기능 및 기술

Web 3.0의 몇 가지 주요 기능은 이 세 번째 세대 웹이 무엇을 의미하는지를 정의(그림 6-8)합니다.

- **분산화**: Web 3.0은 중앙 권한에 의존하지 않고 애플리케이션과 서비스를 제공하는 분산된 접근 방식을 채택합니다. 이는 이전 두 세대인 Web 1.0과 Web 2.0이 대체로 중앙 집중화된

그림 6-8 Web 3.0 주요 기능

모델에 기반했던 것과 대조적입니다.

- **블록체인 기반**: Web 3.0의 핵심은 블록체인 기술입니다. 블록체인은 분산된 애플리케이션과 서비스를 가능하게 하며, 데이터는 광범위하게 퍼져 있는 피어 투 피어 네트워크에서 관리되고 검증됩니다. 이론적으로, 블록체인은 변경 불가능한 거래 및 활동 기록을 제공하여 블록체인 참여자 간의 신뢰를 구축하는 데 기여합니다.
- **암호화폐 지원**: 암호화폐는 정부 중앙은행에서 발행한 "법정 통화"를 대체할 것으로 예상되는 Web 3.0의 핵심 요소입니다. 이를 통해 사용자는 디지털 자산을 안전하게 거래하고 관리할 수 있는 새로운 경로를 얻게 됩니다.
- **의미 기반 데이터**: Web 3.0의 기본 아이디어 중 하나는 '의미론적 웹(Semantic Web)'입니다. 이는 AI 기반 시스템이 데이터의 의미를 이해하고 정보를 분류하는 방식을 통해 검색 쿼리에 더 잘 반응하게 합니다. 이로 인해 웹사이트는 인간과 유사한 방식으로 검색어를 이해하여 더 나은 콘텐츠를 생성하고 공유할 수 있게 됩니다.
- **자율적이고 인공지능 기반**: Web 3.0은 자동화의 중요한 특징을 갖고 있으며, 대부분 AI로 구동됩니다. AI가 장착된 웹사이트는 개별 사용자에게 필요한 데이터를 필터링하여 제공함으로써, 사용자 경험을 개인화하고 효율성을 높입니다. 예를 들어, 사용자 행동을 분석하여 맞춤형 콘텐츠를 추천하는 알고리즘은 Web 3.0에서 중요한 역할을 합니다.

이러한 기능들은 Web 3.0이 사용자와 기업 간의 상호작용을 혁신적으로 변화시키고, 더 높은 수준의 개인화와 보안을 제공할 수 있는 기반을 마련합니다.

Web 3.0 사용 사례 및 애플리케이션

Web 3.0의 사용 사례는 주로 사용자의 의도와 선호를 이해하고, 이를 바탕으로 개인 데이터에 기반한 콘텐츠를 맞춤화하는 AI 기반 기능을 활용할 것으로 예상됩니다. 이러한 콘텐츠는 자동으로 큐레이션되어 제공되므로 기업의 시간과 비용을 절감할 수 있습니다. 블록체인 기술을 기반으로 한 Web 3.0은 여러 새로운 애플리케이션과 서비스를 가능하게 합니다. 주요 사례는 다음과 같습니다.

- **NFT(대체 불가능한 토큰)**: NFT는 디지털 자산의 소유권을 생성하고 인증하는 데 사용되는 고유한 암호화 자산입니다. Web 3.0에서는 NFT가 가치 있는 디지털 자산의 생성 및 교환 방식에 있어 중요한 역할을 하게 될 것입니다. 예를 들어, 예술 작품, 음악, 게임 아이템 등이 NFT 형태로 거래되며, 이는 디지털 소유권의 개념을 혁신적으로 변화시킵니다.
- **DeFi(분산 금융)**: 분산 금융(DeFi)은 Web 3.0의 중요한 부분으로, 블록체인 기술을 기반으로 한 다양한 금융 서비스입니다. DeFi는 사용자에게 은행 중개 없이 직접 금융 거래를 가능하게 하며, 이는 금융 접근성을 높이고 거래 비용을 낮출 수 있는 잠재력을 가지고 있습니다. 예를 들어, 사용자는 스마트 계약을 통해 자동으로 대출을 받을 수 있습니다.
- **암호화폐**: 비트코인과 같은 암호화폐는 블록체인 기반의 디지털 통화로, 암호화 기술을 사용하여 거래를 안전하게 보호합니다. 암호화폐는 Web 3.0의 중요한 요소로 자리 잡을 것이며, 사용자들은 이를 통해 새로운 형태의 경제 활동을 경험하게 될 것입니다.
- **dApp(분산 애플리케이션)**: dApp은 분산된 블록체인에 구축된 오픈 소스 애플리케이션으로, 사용자와 개발자가 자유롭게 개선하고 변형할 수 있습니다. 이러한 애플리케이션은 자선 기부 플랫폼, 소셜 미디어, 미들웨어 등 다양한 분야에서 이미 활용되고 있습니다. 각 변경 사항은 블록체인의 분산 원장에 기록되어 투명성을 보장합니다.
- **스마트 계약**: 스마트 계약은 dApp의 한 유형으로, 이벤트에 반응하여 비즈니스 로직을 자동으로 실행합니다. 이는 법적 계약의 개념과는 다르지만, 블록체인 사용자와 앱 간의 신뢰할 수 있는 상호작용을 가능하게 하는 강력한 메커니즘으로 자리 잡고 있습니다. 스마트 계약은 기존 계약보다 변화하는 상황에 더 잘 대응할 수 있는 장점이 있습니다.
- **크로스 체인 브리지**: Web 3.0 환경에서는 다양한 블록체인이 존재할 것이므로, 이들 간의 상호 운용성을 가능하게 하는 크로스 체인 브리지가 필수적입니다. 이를 통해 서로 다른 블록체인 네트워크 간에 자산과 정보를 쉽게 이동할 수 있습니다.
- **DAO(탈중앙화 자율 조직)**: DAO는 Web 3.0 서비스에 대한 분산형 접근 방식을 실현하는 조

직 구조입니다. 이는 공동의 목표를 위해 운영되며, 투명한 거버넌스를 통해 사용자들이 더 큰 권한을 가질 수 있도록 돕습니다.

이러한 다양한 사용 사례는 Web 3.0이 어떻게 개인과 기업의 상호작용 방식을 변화시키고, 새로운 경제 모델을 창출할 수 있는지를 잘 보여 줍니다.

Web 3.0의 잠재적 이점

Web 3.0의 장점과 단점은 많은 구성 요소가 새롭거나 아직 구상 단계에 있기 때문에 확실히 말하기 어렵습니다. 이로 인해 일부 주장은 편향적으로 과장될 수 있습니다. 그럼에도 불구하고, 사용자 중심의 분산형 웹에서 기대할 수 있는 이점은 다음과 같습니다.

- **제어 및 개인 정보 보호**: Web 3.0은 사용자가 중앙 공급자에게서 자신의 온라인 ID와 데이터에 대한 제어권을 되찾을 수 있는 기회를 제공합니다. 이는 개인의 데이터가 기업의 소유가 아니라 사용자의 소유가 되도록 함으로써, 개인 정보 보호가 강화됩니다.
- **투명성**: Web 3.0은 거래와 의사 결정 과정에 대한 가시성을 향상시킵니다. 블록체인 기술을 활용하여 모든 거래가 기록되고 검증되므로, 사용자들은 정보에 쉽게 접근할 수 있으며 신뢰할 수 있는 환경에서 의사 결정을 내릴 수 있습니다.
- **복원력**: 분산형 네트워크에서 운영되는 애플리케이션은 단일 장애 지점에 덜 취약합니다. 이는 서비스 중단이나 데이터 손실의 위험을 줄이며, 시스템의 안정성과 지속성을 높입니다. 예를 들어, 블록체인 기반의 서비스는 특정 서버가 다운되어도 전체 네트워크에는 영향을 미치지 않습니다.
- **예측 인텔리전스 및 개인화**: AI와 머신러닝(ML)이 지원하는 예측 및 개인화 기능은 Web을 사용자에게 더 잘 맞춤화할 수 있도록 도와줍니다. 이는 사용자 경험을 개선하고, 개인의 선호도에 맞춘 정보와 서비스를 제공함으로써 더욱 효과적인 상호작용을 가능하게 합니다.
- **분산형 금융(DeFi)**: Web 3.0은 중개자의 승인 없이도 제품 및 서비스 매매와 대출을 포함한 다양한 거래를 수행할 수 있는 기능을 제공합니다. 이를 통해 사용자는 금융 서비스에 대한 접근성을 높이고, 기존 금융 시스템의 제약을 줄일 수 있습니다. 예를 들어, DeFi 플랫폼에서는 사용자들이 직접 대출을 받고 이자율을 설정할 수 있습니다.

이와 같은 이점들은 Web 3.0이 개인 사용자와 기업 모두에게 가져다줄 긍정적인 변화를 잘 보여 줍니다. 분산형 웹은 결국 보다 안전하고 효율적이며, 사용자 중심의 인터넷 환경을 창출할 수 있는 잠재력을 가지고 있습니다.

Web 3.0 출시

블록체인 기술과 그 응용 프로그램이 점점 더 현실화됨에 따라 Web 3.0의 많은 요소는 이미 존재(그림 6-9)합니다. 그러나 Web 1.0에서 Web 2.0으로의 전환에 10년 이상이 걸린 것을 고려할 때, Web 3.0으로의 완전한 구현과 재구성은 더 오랜 시간이 필요할 것으로 보입니다. 전문가들이 주목해 온 Web 3.0 트렌드 중 일부는 이미 실현되고 있으며, Web 자산의 토큰화가 진행 중입니다. Gartner는 2024년까지 기업의 25%가 분산형 애플리케이션을 보유하게 될 것이라고 예측하고 있지만, 이들 중 상당수는 여전히 중앙 집중형 애플리케이션을 포함할 것이라고 경고하고 있습니다.

소셜 미디어 기업인 Meta를 비롯한 여러 브랜드는 사용자가 생성한 메타버스 콘텐츠를 제공하기 시작했고, Starbucks와 NBA와 같은 주요 브랜드는 NFT를 발행하고 있습니다. 또한, 의미론적인 웹(semantic web)은 검색 엔진 최적화(SEO)와 관련하여 이미 수년 전부터 존재해왔으며, 웹사이트가 Google과 같은 검색 엔진이 페이지를 더 정확하게 스캔하고 요약할 수 있도록 정보를 구조화하는 데 기여하고 있습니다. 의미 웹은 제품이나 직원 기술 등 특정 범주나 기능에 맞춰 데이터를 정리하는 데 도움을 줍니다.

그림 6-9 Web의 핵심 기능의 세가지 반복

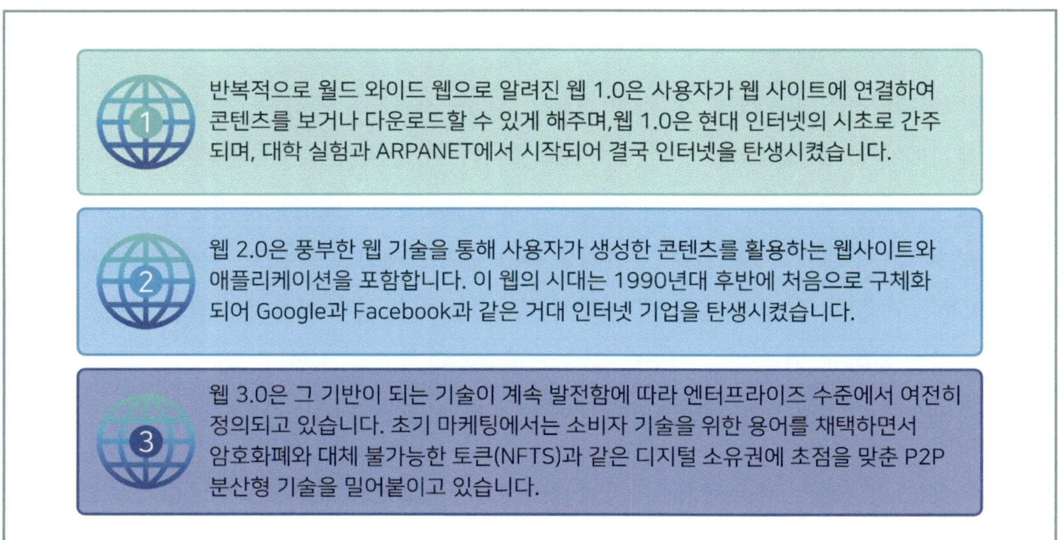

그러나 Google, Meta, Microsoft와 같은 Web 2.0의 거대 기업들이 일부 제품에 블록체인 기능을 추가하고 이를 "Web 3.0"이라고 명명하는 것은 과대 광고의 일환으로 여겨질 수 있습니다. Web 3.0의 도래에 대한 예측은 매우 신뢰할 수 없으며, 일부 낙관론자들은 15년 전 이미 도래할 것이라고 주장했습니다. 하지만 핵심 기술이 아직 출현 중이며 실용화 단계에 있는 점을 감안할 때, Web 3.0의 완전한 실현에는 적어도 10년이 더 걸릴 것으로 업계 분석가들이 대체로 동의하고 있습니다.

Web 3.0에 대비하는 가장 좋은 방법은 먼저 핵심 기술에 대한 기본적인 이해를 쌓는 것입니다. 이후 JavaScript와 같은 전통적인 웹 개발 언어와 함께 Web 3.0 프로젝트에서 인기를 얻고 있는 새로운 언어인 Rust를 배우는 것이 중요합니다. Ethereum, Hyperledger Fabric, IBM Blockchain과 같은 주요 블록체인 플랫폼에 대한 친숙함도 필수적입니다. 사용자 경험과 분산 애플리케이션(dApp) 디자인 같은 프론트엔드 개발 기술은 Web 3.0에서 중요한 역할을 할 것으로 예상됩니다.

또한, Web 3.0의 핵심 구성 요소를 개발하기 위한 도구들이 제공되고 있으며, 그 사용이 증가하고 있습니다. 예를 들어, Alchemy, Chainstack, OpenZeppelin은 블록체인 dApp, 암호화폐 지갑 및 NFT 개발을 지원하는 도구입니다. Chainlink와 Fluree와 같은 도구는 통합 및 데이터 관리에 중점을 두고 있으며, Casper, Ethernal, Solidity 등은 스마트 계약 개발에 집중하고 있습니다.

Web 3.0과 같은 거대한 시스템을 구축하기 위해서는 수백만 명의 기여자들의 공동 노력이 필요합니다. 모든 사람이 자신의 역할을 다한다면, 인터넷의 미래는 넬슨과 버너스-리가 꿈꾸던 집단 지식의 글로벌 디지털 "두뇌"와 사람 간의 공생을 이룰 수 있을 것입니다

Web 3.0 기술의 핵심 기능 열 가지

Web 3.0은 Web 2.0이 제공하지 못하는 새로운 가능성을 약속합니다. 블록체인, 분산화, 사용자 데이터 소유권, 그리고 개인 키를 통해 콘텐츠 제작자는 자신의 데이터를 수익화할 수 있는 자율성을 얻게 됩니다. 다음은 Web 3.0의 핵심 기능 10가지입니다.

- **데이터와 프로토콜의 분산화**: Gartner의 부사장 Avivah Litan에 따르면, Web 2.0은 중앙 집중화된 서비스와 소프트웨어에 의존합니다. 사용자들은 Meta와 같은 대기업이 데이터와 지적 재산을 존중할 것이라는 믿음을 가져야 합니다. 그러나 Web 3.0은 분산화된 피어 투 피어 네트워크를 통해 중앙 권한 없이 개인 키를 가진 콘텐츠 제작자가 자신의 데이터로 수익을

창출할 수 있는 환경을 제공합니다.

- **분산화된 거버넌스**: Web 3.0에서는 권한이 중앙 집중화된 기업이 아니라 이해 관계자에게 분산됩니다. 거버넌스 토큰을 보유한 사용자는 프로토콜과 관련된 결정에 투표할 수 있는 권리를 갖습니다. 이러한 구조는 사용자 참여와 투명성을 높이는 데 기여합니다.
- **데이터 소유권**: Web 2.0에서는 대형 디지털 기업이 고객 데이터를 소유하고 이를 통해 수익을 창출합니다. 반면, Web 3.0에서는 사용자가 자신의 데이터를 소유하고 이를 수익화할 수 있으며, 블록체인을 통해 거래 검증자에게 직접 지불합니다.
- **신뢰가 없는 환경**: Web 3.0은 "신뢰가 없는" 데이터 네트워크 프로토콜을 기반으로 합니다. 이는 블록체인이 제3자의 감독 없이 소유권을 관리하기 때문에 가능합니다. "신뢰가 없다"는 것이 완전한 자동화를 의미하지는 않지만, 모든 거래는 공개 원장에 기록되어 사용자가 검증해야 합니다.
- **블록체인 및 스마트 계약 기술 사용**: Web 3.0은 암호화폐와 블록체인 기술의 출현으로 시작되었습니다. 이러한 기술을 통해 대체 가능한 토큰과 스마트 계약을 프로그래밍할 수 있으며, 특정 조건이 충족되면 자동으로 실행됩니다. 이로 인해 중앙 통제 없이 거래가 이루어질 수 있습니다.
- **사용자 인증을 위한 개인 키 활용**: Web 2.0에서는 사용자 ID와 비밀번호, 생체 인증 등이 사용됩니다. 반면, Web 3.0에서는 사용자가 블록체인에서 자신의 기록에 접근하기 위해 개인 키를 보유합니다. 이 키는 원장이나 개인 지갑에 저장될 수 있습니다.
- **고급 AI 알고리즘**: 인공지능, 머신러닝, 자연어 처리는 현재 Web 2.0에서 사용되고 있지만, Web 3.0에서는 몰입형 사용자 경험을 제공하는 데 중요한 역할을 합니다. 이는 교육, 공급망 모니터링, 예측 자산 유지 관리 등 다양한 분야에 적용될 수 있습니다.
- **유비쿼터스 IoT 및 엣지 연결**: 엣지 컴퓨팅은 Web 3.0의 기반 기술로, 데이터 소스에 가까운 위치에서 데이터 처리를 수행하여 지연 시간을 줄이고 빠른 처리 속도를 가능하게 합니다. 이는 비디오, AI, 증강 현실(AR), 가상 현실(VR)과 같은 데이터 중심의 몰입형 경험을 지원합니다.
- **메타버스 지원**: 메타버스와 Web 3.0은 서로 다르지만 상호 연관되어 있습니다. 메타버스는 시뮬레이션된 세계와 증강된 세계의 융합으로, Web 3.0은 이러한 가상 세계를 쉽게 만들어 사용자 경험을 향상시킵니다. 예를 들어, 의대생이 위험이 낮은 환경에서 수술을 배우는 시뮬레이션 환경을 생각할 수 있습니다.
- **실감 나는 공간 UX를 갖춘 3D 가상 현실**: Web 2.0의 메타버스 경험은 2차원적이지만, Web

3.0에서는 3차원으로 발전할 것입니다. VR, AR, XR(확장 현실) 기술이 결합되어 기업들이 직원들을 더욱 몰입감 있게 참여시킬 수 있는 기회를 제공할 것입니다. 이는 직원들이 원하는 경험이 될 것입니다.

Web 3.0은 이러한 기술적 발전을 통해 사용자에게 더 많은 권한과 자율성을 부여하며, 더 나은 경험을 제공할 것으로 기대됩니다.

Web 3.0의 보안 기능

Web 3.0은 새로운 사이버 보안, 금융 및 개인 정보 보호 위협(그림 6-10)을 수반하며, 이러한 위협은 Web 2.0의 익숙한 위험 외에도 새로운 차원의 보안 문제를 나타냅니다. 인터넷의 진화는 고도로 분산된 아키텍처를 넘어서, 다양한 보안 문제를 동반합니다. Web 3.0의 초기 단계에서는 자금과 개발이 급증했지만, 그에 따른 사기와 사이버 공격 또한 빈번하게 발생하고 있습니다. Web 개발자와 사용자들은 보안 기능과 위험을 충분히 이해하고 고려해야 합니다.

Web 3.0의 보안(그림 6-10)에 큰 영향을 미치는 요소는 다음과 같습니다.

- **신원 및 토큰화**: 고유 해시는 자산 인증과 사용자 제어를 가능하게 하며, 스마트 계약은 디지털 ID에 연결된 평판 지표를 기반으로 자격을 판단합니다. 이는 사용자와 자산 간의 관계를 명확히 하여 보안을 강화합니다.
- 분산 원장 기술(DLT): DLT의 분산 특성은 투명성을 개선하고 변조 및 사기 가능성을 줄입니

그림 6-10 Web 3.0의 보안 리스크

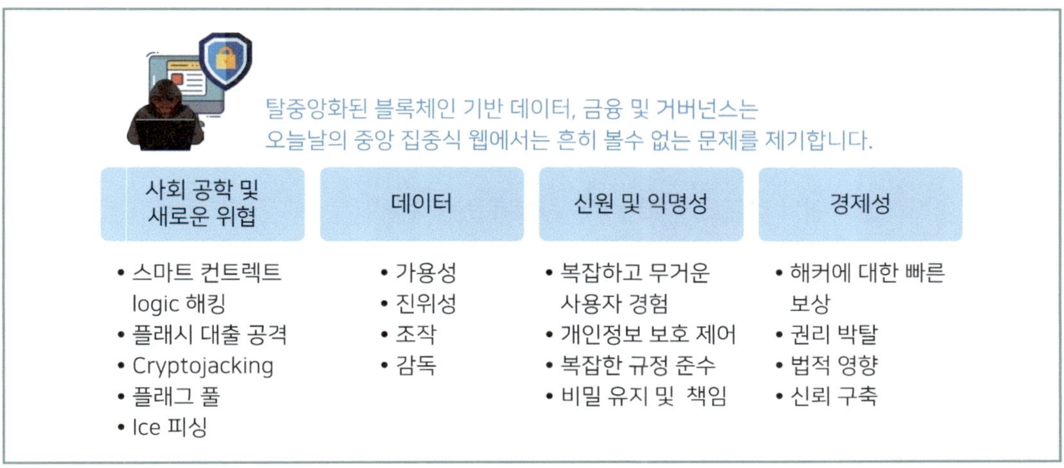

다. 블록체인 기술을 통해 데이터의 변경이 어려워져 신뢰성을 높입니다.

- 제로 트러스트: 데이터는 사용자가 신뢰하는 중개자를 거치지 않고 피어 투 피어 네트워크에서 직접 흐릅니다. 이는 중개자의 개입을 최소화하여 보안성을 강화합니다.

Web 3.0은 블록체인 네트워크와 인터페이스에서 새로운 유형의 사이버 위협을 도입했습니다. 이러한 새로운 위협의 예는 다음과 같습니다.

- **사회 공학 및 스마트 계약 로직 해킹**: 블록체인 서비스에 인코딩된 로직을 표적으로 삼는 해킹이 증가하고 있습니다. 이는 암호 대출 서비스, 프로젝트 거버넌스, 암호 화폐 지갑 기능 등을 악용하는 방식으로 발생합니다. 이러한 해킹은 법적 문제를 일으킬 수 있습니다.
- **플래시 대출 공격**: 특정 스마트 계약이 공격을 받아 자산이 빼돌려지는 방식입니다. 최근 xToken에 대한 2,400만 달러 규모의 공격이 이 예에 해당합니다.
- **크립토재킹**: 위협 행위자가 피해자의 컴퓨터에 암호 채굴 소프트웨어를 설치하여 비밀리에 자산을 채굴하는 형태입니다.
- **러그 풀**: 암호화폐 개발자나 범죄 집단이 프로젝트를 과장한 후 투자자의 자금을 훔쳐 달아나는 방식입니다.
- **아이스 피싱**: 사용자가 공격자에게 자신의 토큰 승인을 위임하도록 유도하는 거래에 서명하게 만드는 것입니다.

이러한 새로운 공격 방식은 기존의 사회 공학적 위협과 함께 존재하며, 중앙 집중형 보안 모델 대신 사용자 스스로 데이터 보안에 대한 책임을 져야 한다는 점에서 위험이 더욱 커집니다. Web 3.0의 복잡한 인터페이스는 여러 개인 지갑과 복구할 수 없는 비밀번호를 포함하고 있어 사회 공학적 공격에 더욱 취약하게 만듭니다.

최근 블록체인 공격은 기술적 결함보다 인간의 취약성에 더 초점을 맞추고 있습니다. 예를 들어, 도난당한 암호화 키가 Bitfinex의 7,300만 달러 침해 사건의 주요 원인으로 지목되었습니다. 장비, 애플리케이션, 지갑의 취약점도 악의적인 행위자의 진입점이 될 수 있습니다. 예를 들어, Bithumb 거래소는 직원의 컴퓨터가 해킹당한 사례가 있습니다.

Web 3.0에서는 더 넓은 네트워크 토폴로지가 보안 위험의 범위를 확대합니다. 블록체인 거래는 암호화되어 있으며, 데이터와 서비스의 분산화로 단일 공격 지점과 검열 위험이 줄어들지만, 데이터 가용성과 신뢰성에 대한 새로운 의문이 제기됩니다.

- **데이터 가용성**: 최종 사용자 노드에 더 많은 제어가 생기면서 데이터의 가용성에 문제가 발생

할 수 있습니다. 노드가 작동하지 않으면 애플리케이션이나 프로세스에 어떤 영향을 미칠지 불확실합니다.

- **데이터 신뢰성**: 사용 가능한 데이터가 진짜이고 정확한지에 대한 보장이 필요합니다. 분산화는 검열을 어렵게 만들지만, 정보의 품질과 정확성에 대한 의문이 지속적으로 제기됩니다.

신원 및 익명성

Web 3.0의 기능은 사용자에게 데이터에 대한 더 큰 권한을 제공하지만, 이러한 기능에는 단점도 존재합니다. 공개 블록체인의 투명성은 중개자 없이 신뢰를 구축하는 데 기여하지만, 보안과 개인 정보 보호 간의 상충이 발생합니다.

- **사용자 경험**: 대부분의 자기 주권 신원(SSI) 및 암호화폐 지갑은 번거로운 온보딩 프로세스와 개인 키 관리가 필요합니다.
- **규제 준수 문제**: 가명성은 자금 세탁 및 테러 자금 조달의 위험을 증가시키고, 기존 규제(GDPR 등)를 복잡하게 만듭니다.

경제적 인센티브와 사회적 위험

Web 3.0의 초기 애플리케이션은 미시경제 및 금융 자산과 깊은 연관이 있습니다. 이러한 경제적 인센티브는 해커에게 명확한 공격 동기를 제공합니다. Web 3.0의 보안 설계, 정책 및 인권 문제는 앞으로도 지속적으로 고려해야 할 주제입니다.

결론적으로, Web 3.0의 보안 기능은 새로운 기회를 제공하지만 동시에 새로운 위험과 도전 과제를 동반합니다. 이러한 복잡한 환경에서 사용자와 기업은 지속적으로 진화하는 보안 위협에 대한 인식을 높이고, 적절한 보안 대책을 마련해야 할 것입니다.

Web 3.0 사용 사례

Web 3.0의 가능성은 스마트 계약, 자동화된 콘텐츠 생성, 타깃팅 광고, 커뮤니티 구축, 메타버스 경험 등 다양한 분야에 걸쳐 있습니다. 많은 이들이 암호화폐 스캔들이 주목받는 가운데 Web 3.0에 대한 인식을 갖고 있지만, 실제 사용 사례는 암호화폐를 훨씬 초월합니다. 인공지능(AI), 메타버스, 대체 불가능 토큰(NFT), 분산형 금융(DeFi) 등 여러 응용 프로그램들이 기업의 비즈니스 모델과 소비자와의 상호작용 방식을 변화시키고 있습니다. 현재 Web 3.0 시장 규모는 약 30억 달러로 추산되며, 향후 10년 내에 1,000억 달러에 이를 것으로 예상됩니다. 일부 기업은 이미 Web 3.0 애플리케이션을 출시했고, 다른 기업들은 마케팅, 판매, 계약 등의 분야에서 기술의 잠재력을 탐색하고 있습니다.

Web 3.0은 마케팅 산업에 큰 변화를 가져올 것이므로 기업은 미리 준비하는 것이 중요합니다. Goldie Agency의 줄리안 골디는 기업이 다음과 같은 조치를 취해야 한다고 제안합니다.

- **Web 3.0 기능을 지원하는 기술과 도구에 투자하기**: 자연어 처리, 머신 러닝, 예측 분석 등을 활용해야 합니다.
- **데이터 개인 정보 보호 전략 개발**: 새로운 데이터 개인 정보 보호 규정을 준수해야 합니다.
- **Web 3.0의 최신 개발 사항 파악**: 이 기술을 통해 마케팅 전략을 개선할 기회를 모색해야 합니다.
- **다학제 팀 구성**: 데이터 과학, 마케팅, 기술 분야의 전문가를 포함한 팀을 만들어야 합니다.
- **고객 중심적 접근 방식 채택**: 개인 데이터를 투명하고 안전하게 처리하는 방법을 고안해야 합니다.

유연하고 안전한 스마트 계약

Benco Services의 CEO, Enrico Miller는 스마트 계약의 개발이 중요한 Web 3.0 사용 사례 중 하나라고 강조합니다. 스마트 계약은 블록체인 기술을 기반으로 하며, 거래와 상호작용을 안전하게 기록합니다. Miller는 "스마트 계약은 조건이 변경될 때 자동으로 실행되고 업데이트되므로 기존 계약보다 더 효율적이고 안전하다"고 설명했습니다.

신뢰할 수 있는 데이터 개인 정보 보호

EasyMerchant의 Sharon Heather는 분산형 네트워크와 블록체인 기술이 고객의 신뢰를 높일 수 있다고 말했습니다. 고객들은 개인 정보를 공유하는 데 더 큰 자신감을 가질 것입니다. 그러나 그녀는 마케터들이 데이터 보안 및 개인 정보 보호 전략을 개발해 신뢰를 유지해야 한다고 조언했습니다.

매우 타깃팅된 콘텐츠

Web 3.0은 AI와 머신 러닝 기술을 통해 소비자에게 보다 개인화된 광고를 제공합니다. MarComm의 미셸 버슨은 "Web 3.0은 사용자의 의도와 선호도를 이해하여 더욱 효율적인 마케팅 캠페인을 가능하게 한다"고 언급했습니다. 또한, Essenvia의 다이밧 돌라키아는 "분산형 블록체인 기술을 활용하면 소비자 행동에 대한 더 나은 통찰력을 얻을 수 있다"고 덧붙였습니다.

자동화된 콘텐츠 생성 및 큐레이션

Web 3.0은 콘텐츠를 자동으로 생성하고 큐레이션하여 고객 경험을 향상시키고 브랜드 충성도를 높일 수 있습니다. Infinite Reality의 Hope Frank는 "기업이 자신을 공동 창작자로 보는 것이 점점 더 중요해질 것"이라고 예측했습니다.

고유한 로열티 프로그램

Web 3.0의 분산 특성은 혁신적인 로열티 프로그램을 가능하게 합니다. PicoNFT의 데이브 딕슨은 기업들이 NFT를 활용하여 자동으로 발행되는 포인트 값을 가진 로열티 프로그램을 추가할 수 있다고 설명했습니다.

커뮤니티 구축 증가

AI와 머신 러닝은 더욱 강력한 온라인 커뮤니티를 구축하는 데 기여할 수 있습니다. Dickson은 "고객은 Web3 이니셔티브에서 독점적인 경험을 찾고 있으며, 이러한 브랜드 커뮤니티는 고객과의 연결을 촉진하는 데 도움이 된다"고 말했습니다.

더 나은 옴니채널 경험

AI와 머신 러닝은 기업이 보다 정교한 옴니채널 사용자 경험을 제공하는 데 유용합니다. Urban Organic Yield의 Lindsey Hyland는 "기업은 통합된 브랜딩 메시지를 유지하면서 다양한 디지털 플랫폼에 콘텐츠를 배포할 수 있다"고 강조했습니다.

증강 현실의 광범위한 사용

증강 현실(AR)은 마케팅과 기술의 경계를 허물며 주류로 자리잡고 있습니다. Burson은 "Web 3.0이 더욱 몰입적이고 상호작용적인 온라인 경험을 가능하게 할 것"이라고 전망했습니다.

Web 3.0은 콘텐츠 배포, 온라인 개인 정보 보호, 대화형 광고 등에 대한 새로운 접근 방식을 요구하며, 마케터들은 이에 따라 전략을 조정해야 할 것입니다. Kemerer는 "Web 3.0은 분산화, 투명성, 불변성과 같은 기술적 역량을 마케팅 산업에 도입했다"고 말합니다. Web 3.0의 새로운 기능을 활용하기 위해 기업들은 AI, 빅데이터 분석, 블록체인에 대한 기술과 지식을 개발해야 할 것입니다(그림 6-10).

Web 3.0의 기업 이점

Web 3.0은 기업에 여러 가지 이점(그림 6-11)을 제공합니다.

- **고객 관계 관리(Customer relationship management, CRM)**: Web 3.0은 풍부한 데이터 소스를 제공하여 고객에 대한 보다 깊은 이해를 가능하게 합니다. 이를 통해 맞춤형 서비스 제공이 가능해지고, 결과적으로 고객 관계가 개선되며 판매가 증가할 것입니다.
- **공급망 관리(Supply Chain Management, SCM)**: Web 3.0의 분산 특성은 공급망의 효율성과 안전성을 향상시킵니다. 이는 비용 절감과 제품 및 서비스 품질 향상으로 이어질 것입니다.
- **데이터 관리**: Web 3.0은 데이터 공유 및 협업 기반의 새로운 비즈니스 모델을 탄생시킬 것입니다. 데이터 중심 기업은 고객의 요구에 맞춘 제품과 서비스를 제공할 수 있는 기회를 갖게 됩니다.
- **마케팅 및 광고**: Web 3.0은 사용자에게 개인화된 경험을 제공함으로써 마케팅과 광고 방식에 큰 변화를 가져옵니다. 이를 통해 마케터는 타깃 고객에게 보다 효과적으로 접근할 수 있게 되어 매출과 브랜드 인지도가 증가할 것입니다.

결론적으로, Web 3.0은 기업과 기업가에게 게임 체인저가 될 것입니다. 올바른 접근 방식을

그림 6-11 World Wide Web의 3가지 반복

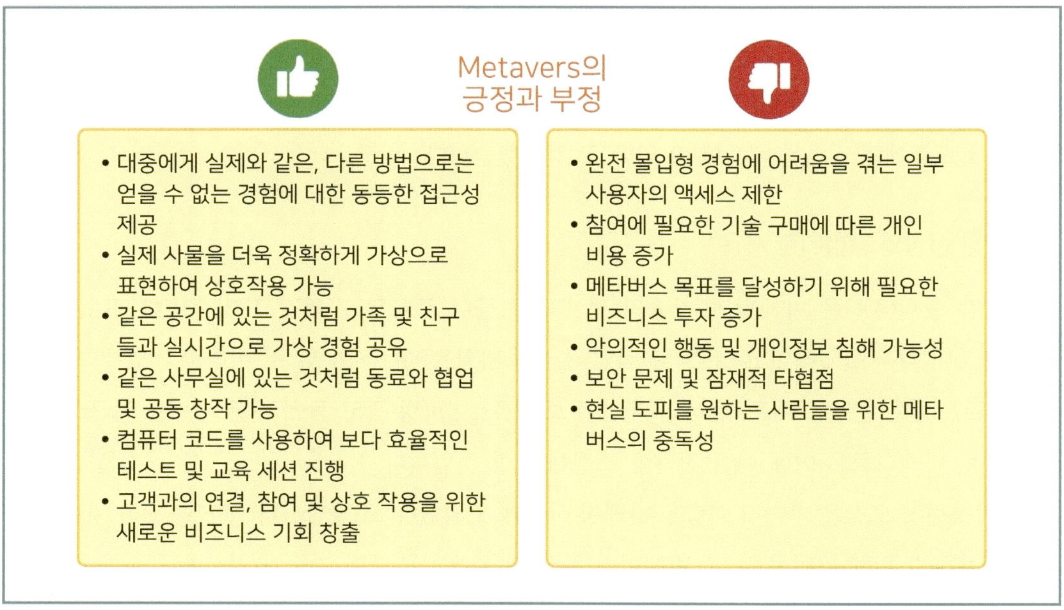

취한다면 기업은 경쟁에서 앞서 나가고, 고객과의 관계를 강화하며, 시장을 선도할 수 있는 기회를 갖게 될 것입니다. Web 3.0은 비즈니스를 한 단계 끌어올릴 수 있는 잠재력을 지니고 있습니다.

Web 3.0의 잠재적 과제

Web 3.0은 기업 리더들이 반드시 인식해야 할 몇 가지 심각한 잠재적 단점을 안고 있습니다. 이들 과제는 다음과 같습니다.

- **복잡성**: 분산 네트워크와 스마트 계약은 IT 전문가뿐만 아니라 일반 웹 사용자에게도 상당한 학습과 관리 과제를 제시합니다. 이러한 기술들은 이해하고 운영하기 어려운 부분이 많아, 기업이 이를 효과적으로 활용하기 위해서는 상당한 시간과 리소스가 필요합니다.
- **보안**: Web 3.0의 복잡성은 보안 문제를 야기할 수 있습니다. 실제로 스마트 계약이 해킹당하거나 블록체인과 암호화폐 거래소에서 보안 사고가 발생하는 경우가 많습니다. 이러한 사건들은 종종 대중의 주목을 받으며, 신뢰를 구축하기 어려운 환경을 조성합니다. 예를 들어, 2021년에는 특정 디파이(DeFi) 플랫폼에서 수억 달러 규모의 해킹 사건이 발생하여 사용자의 자산이 손실되었습니다.
- **규제 문제**: Web 3.0은 중앙 기관이 없기 때문에, 온라인 거래 및 기타 웹 활동의 안전성을 보장하기 위한 규제와 규정 준수 체제가 효과적이지 않거나 아예 존재하지 않을 수 있습니다. 이로 인해 소비자 보호와 법적 책임이 모호해지며, 사용자들에게 불확실성을 초래할 수 있습니다.
- **기술 요구 사항**: 블록체인과 분산 애플리케이션(dApp)은 종종 리소스 집약적이며, 이는 환경적 및 금전적 비용을 수반합니다. 하드웨어 업그레이드 또한 필요할 수 있어 기업에게 추가적인 재정 부담을 초래할 수 있습니다. 예를 들어, 비트코인 채굴에 필요한 컴퓨터 하드웨어와 전력 소비는 환경 문제로 이어지고 있으며, 이는 Web 3.0의 지속 가능성에 대한 우려를 낳고 있습니다.
- **기술 선택의 복잡성**: 블록체인, 암호화폐, NFT, 스마트 계약 도구의 급증은 Web 3.0 애플리케이션 개발을 원하는 기업들에게 기술 선택이라는 또 다른 과제를 안겨줍니다. 이 과정에서 기업은 다양한 기술의 장단점을 이해하고, 자사에 적합한 솔루션을 찾아야 합니다.

또한, 웹의 발명자인 팀 버너스 리가 제안한 대안적인 분산형 데이터 기술인 솔리드(Solid)도 있습니다. 그는 블록체인이 개인 정보를 위한 실행 가능한 데이터 저장소가 되기에는 너무 느리고,

비싸며, 공개적이라고 주장했습니다. 이를 해결하기 위해 그는 Inrupt라는 회사를 설립하여 솔리드를 상용화하려고 노력하고 있습니다. 이러한 대안 기술은 Web 3.0의 한계와 문제를 해결할 수 있는 가능성을 제시합니다.

결론적으로, Web 3.0의 발전은 많은 기회를 제공하지만, 그와 동시에 여러 도전 과제를 동반합니다. 기업 리더들은 이러한 잠재적 단점을 인식하고, 이에 대한 해결책을 모색해야 할 것입니다.

Web 3.0을 넘어서: 미래

Web 4.0(그림 6-12)은 인간의 행동을 기반으로 프로그래밍된 인공지능(AI) 및 머신 러닝 기술에 의해 완전히 관리될 것으로 기대됩니다. 이 새로운 단계에서는 자동 구성, 자동 설계, 자동 추천과 같은 기계 간(Machine To Machine, M2M) 상호 작용이 더욱 활성화될 것입니다. Web 4.0의 주요 비전(그림 6-13)은 작업 수행 시 인간과의 상호 작용을 최소화하는 것입니다.

AI 기술을 활용하여 인간의 경험을 기계에 구현하고, 이후의 과정은 기계가 독립적으로 처리하도록 할 예정입니다. 최근 연구에 따르면, Web 3.0 기반 애플리케이션의 상당수는 다양한 활동에서 블록체인을 활용하고 있습니다. 블록체인에서 생성되는 데이터의 양이 방대해짐에 따라, 이러한 정보를 처리하기 위해 머신 러닝과 AI 기술이 필수적이 됩니다.

Web 4.0은 머신과 AI 기술을 통해 모든 활동을 처리하기 때문에 '지능형 웹'으로 불립니다. Web 1.0은 "읽기 전용", Web 2.0은 "읽기-쓰기", Web 3.0은 "읽기-쓰기-실행"으로 구분할 수 있습니다. Web 4.0에서는 자기 관리 기능을 갖춘 탈중앙화 지식 네트워크가 중심이 되는 지능형 소셜 웹이 구현될 것으로 예상됩니다.

그림 6-12 Web 4.0의 주요 비전

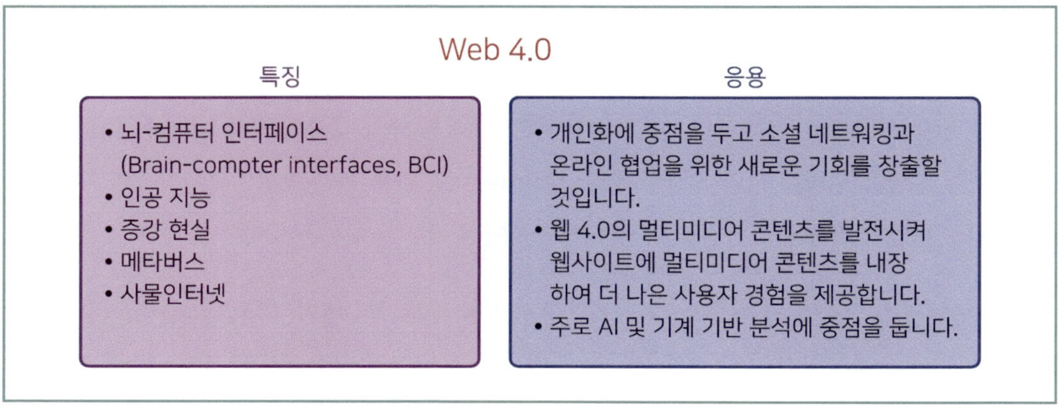

Web Ming과 Farming은 웹 성능 향상에 기여할 수 있는 추가 기능과 애플리케이션으로 자리 잡을 것입니다.

Web 3.0은 애플리케이션, 혁신적인 기술뿐만 아니라 다양한 서비스의 집합체로 기능합니다. 전 세계의 웹은 단순한 정적 정보 페이지에서 대화형 페이지로, 그리고 이제는 정보를 소통하고 소비하는 방식의 세 가지 반복을 모두 경험했습니다. Web 3.0은 데이터를 생성하는 사용자에게 더 많은 안전성과 소유권을 부여하며, AI, 머신 러닝, IoT 기술을 활용하여 최상의 사용자 경험을 제공하고자 합니다. 사용자들은 생성한 데이터를 공유하고 그 대가로 상당한 보상을 받을 수 있습니다.

탈중앙화, 시맨틱 웹, 블록체인, 스마트 계약, 엣지 컴퓨팅 등 Web 3.0의 주요 기능들은 아직 초기 단계에 있으며, 그 사용성이 입증되기까지는 시간이 필요합니다. Web 3.0의 성공을 향한 미래(그림 6-13)의 기회와 과제는 큰 도전이 될 것이지만, 이는 기술 세계에 중대한 패러다임 변화를 가져올 것입니다.

이러한 변화가 실현되기 위해서는 기업과 개인이 새로운 기술에 적응하고, 이를 통해 생길 기회를 활용해야 합니다. Web 4.0의 도래는 단순한 기술 발전을 넘어, 우리의 삶과 비즈니스 방식에 근본적인 변화를 가져올 것입니다.

그림 6-13 Web 4.0 미래

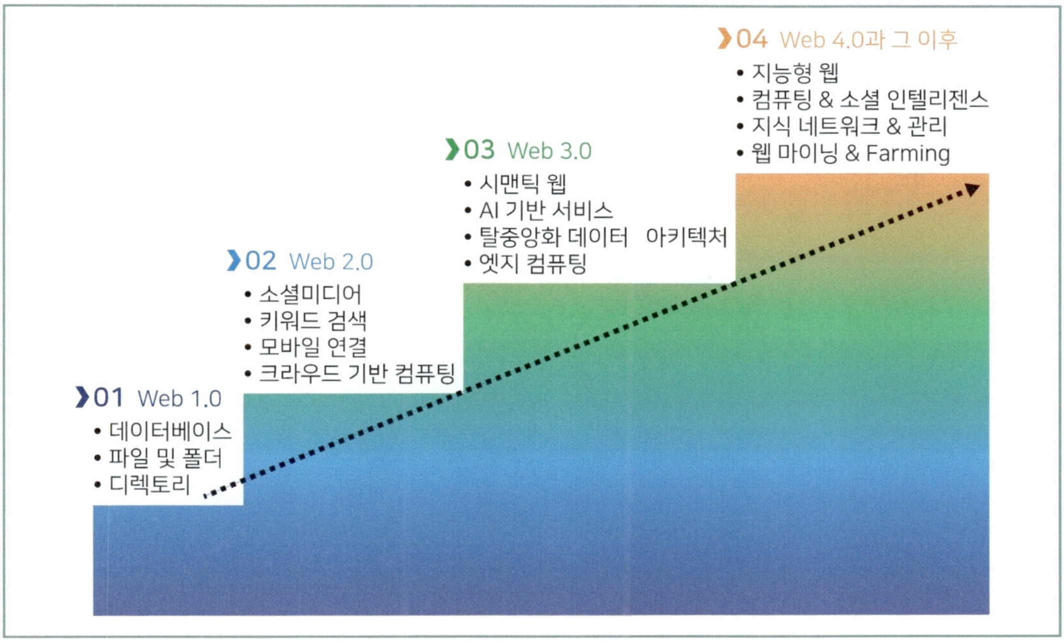

Lesson 02

블록체인기술로 탈중앙화 조직

탈중앙화 자율 조직(DAO, Decentralized Autonomous Organization)은 블록체인 기술을 기반으로 한 새로운 형태의 조직 모델로, 중앙화된 관리나 제3자의 개입 없이 자율적으로 운영되는 조직으로, 스마트 계약과 분산 네트워크를 활용하여, 모든 운영과 결정 과정이 자동화되고 투명하게 이루어집니다. 참여자들은 규칙에 따라 직접 의사결정에 참여하며, 조직 내의 자원과 권한도 분산되어 있습니다. LESSON 02D에서는 탈중앙화 조직에 대하여 알아보겠습니다.

Decentralized Autonomous Organization(DAO, 탈중앙화 자율 조직)는 '탈중앙화되고 자율적'이라는 개념(그림 6-14)에서 출발합니다. 이 용어는 2013년 다니엘 라리머가 비트코인의 경제학을 설명하기 위해 처음 만들었습니다. 그는 비트코인을 해시 파워의 대가로 발행된 탈중앙화 회사의 '주식'으로 묘사했습니다.

비트코인의 성공은 특정 작업, 예를 들어 SHA-256 해싱을 수행하기 위해 효율성이 높은 컴퓨터 칩을 자율적으로 생산하는 데 인간을 조직하는 데서 비롯되었으며, 비트코인은 중앙 집중적인 관리 구조 없이 수백만 명이 협력하여 세계에서 가장 큰 분산형 슈퍼컴퓨터를 만들어낸 사례입니다. 사람들이 화폐를 소중히 여기고 알고리즘을 존중하는 한, 이 프로세스는 '오토파일럿'으로

그림 6-14 DAO 목적

작동하며 중단될 수 없습니다.

자율성의 중요한 요소 중 하나는 정보에 대한 주권적인 태도로 비트코인을 기업으로 간주할 경우, 그 약속, 비밀, 그리고 완전한 자기 주권은 유지될 수 없으며, "완전한 자기 주권"이란 비트코인 합의 알고리즘의 적용을 전적으로 받는다는 의미하며, 따라서 DAO는 정보에 대한 합의로, 모든 정보 사본이 파괴되지 않는 한 절대적으로 삭제될 수 없으며, 디지털 시대에서는 모든 사본을 파괴하는 것이 거의 불가능합니다. DAO의 관리 과정에서 정보는 "포크(fork)"되어 두 개의 정보 사본이 생성되며, 각 사본은 서로 다른 의견을 가질 수 있습니다. 자유 시장에서는 자발적인 교환을 통해 각 버전에 대한 가치를 평가하고, 포크의 한쪽 또는 양쪽이 계속 작동할 수 있는 가능성을 열어 둡니다. 이것이 진정한 DAO의 테스트입니다.

DAO는 순수한 정보이며, 그 가치는 시장에서 판단되며, 언론의 자유와 오픈 소스 소프트웨어에 의존하여 그 발언을 공유된 합의로 해석할 수 있습니다. DAO에는 압류할 수 있는 자산이 없으며, 법적 지위를 갖지 않으며, 공유된 아이디어일 뿐이므로 방탄성을 지닙니다. 반면, 비밀에 의존하는 조직은 중앙 집중식으로 관리되며, 이러한 비밀을 유지하는 사람은 방탄이 아니며, 유형 자산의 '공유 소유권'에 의존하는 경우, 해당 자산은 빼앗기거나 파괴될 수 있으므로 DAO가 아닙니다. 주권자가 아닌 정보에 의존하는 조직 또한 DAO라고 할 수 없습니다.

예를 들어, 이더리움의 스마트 계약인 'The DAO'는 다른 토큰이 관리하는 '집단 투자 계획'으로, 이더리움 토큰의 양을 기록적으로 늘리는 목표를 가졌습니다. 그러나 'DAO'라는 이름에도 불구하고, 이 계약은 단지 이더리움으로 운영되는 스마트 계약일 뿐이었습니다. Ethereum은 DAO인 반면, 'The DAO'는 투명하고 스마트한 계약으로 운영되는 집단 투자 계획이었습니다. 스마트 계약이 악용되면서, 분쟁을 해결하기 위해 전체 이더리움 블록체인이 포크되었습니다. 이 사건은 이더리움 클래식으로 알려지게 되었습니다.

"The DAO"가 이더리움(ETH) 잔액과 공유 상태가 아니었다면, 이더리움 포크가 "The DAO"를 변경할 방법이 없었을 것입니다. 분쟁이 발생했다면, "The DAO"는 스스로 포크를 해야 했을 것입니다. 정보의 투명성과 독립성은 DAO를 자율적으로 만드는 요소이며, 탈중앙화는 사람들이 하위 그룹의 행동에 관계없이 계속 작동할 때 실현됩니다. 비트코인의 컨센서스 상태를 중요하게 여기는 한, 누군가는 블록체인을 발전시키기 위해 필요한 작업 증명을 지속할 것입니다.

반면, 사람들이 사토시나 중앙 집중식 팀이 제공하는 정보를 신뢰하게 된다면, 이는 중앙 집중화로 전환될 수 있습니다. 최초의 소셜 미디어 DAO인 Steem은 창립 회사인 Steemit이 매각된 후, 커뮤니티가 새로운 방향으로 나아가도록 영감을 주는 인센티브를 제공했습니다. 투명한 정보와 누구나 정보 서비스를 제공할 수 있는 능력이 결합되어 탈중앙화되고 자율적인 조직이 만들어졌습니다. 이러한 조직은 어떤 일이 있어도 지속적으로 발전할 것입니다.

이러한 이유로 DAO는 다음과 같이 정의될 수 있습니다.

- 비밀 없음 (예: 공용 소유 개인 키)
- 법적 지위 없음
- 유형 또는 무형의 외부 자산 없음
- 지적 재산 없음
- 인프라에 대한 독점 금지
- 포크형 정보에 대한 합의

DAO 개념(그림 6-15)은 암호화폐 커뮤니티 내에서 시작되었고, 2016년 "The DAO" 제안으로 구체화되었습니다. Ethereum 애호가 그룹의 아이디어인 The DAO는 토큰 보유자가 투자 결정에 투표할 수 있도록 하는 분산형 벤처 캐피털 펀드를 목표로 했습니다. 이 대담한 아이디어는 투명성, 분산화, 커뮤니티 거버넌스의 원칙에 의해 뒷받침되었습니다. 2016년 4월에 출시된 DAO는 빠르게 광범위한 관심과 지지를 얻었고, 전례 없는 양의 이더를 모금하여 역사상 가장 큰 크라우드펀딩 프로젝트 중 하나가 되었습니다. DAO 생성 기간 동안 개인은 특정 지갑 주소로 이더를

그림 6-15 DAO의 개념

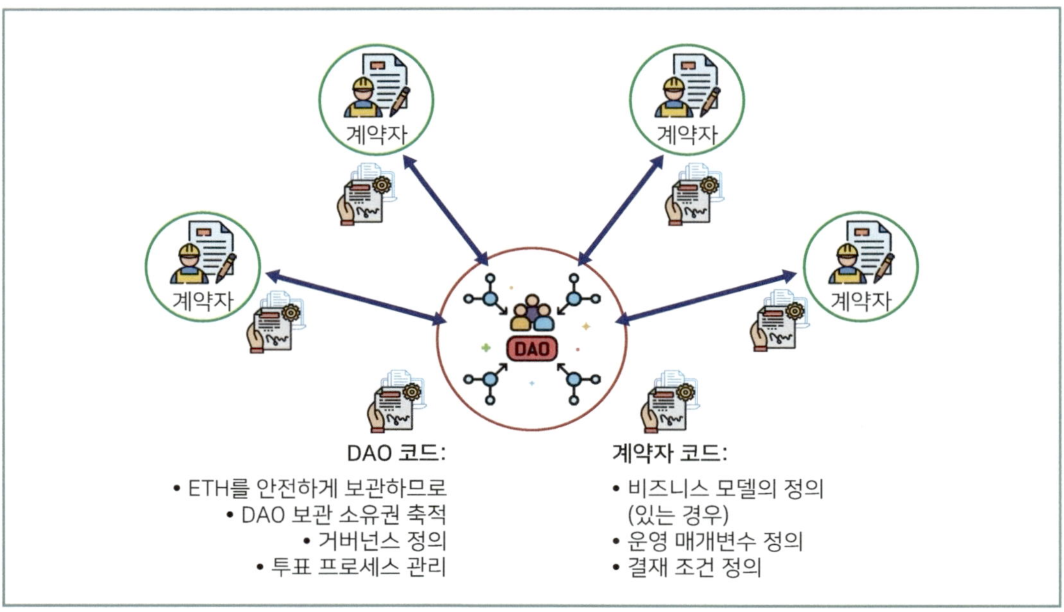

보내고 DAO 토큰을 대가로 받을 수 있었습니다. 놀랍게도 총 1,270만 개의 이더를 모금하며, 당시 가치는 약 1억 5천만 달러에 달했습니다. 이 업적은 지금까지 가장 중요한 크라우드펀딩 노력으로 기록되었습니다. 이더가 20달러에 거래될 때, DAO의 누적 이더 가치는 2억 5천만 달러를 초과했습니다. 그러나 이러한 열광은 오래가지 못했습니다. DAO의 스마트 계약에 심각한 취약점이 악용되어 상당한 재정적 손실이 발생했습니다.

그 여파로 이더리움 블록체인에서 논란이 되는 하드 포크가 발생하여 이더리움(ETH)과 이더리움 클래식(ETC)이 탄생했습니다. 이 사건은 블록체인 기술의 초기 본질과 개척적 노력에 내재된 취약성을 엄중히 일깨워 주었습니다.

포스트-DAO 시대

DAO 사건 이후, DAO 개념은 사라지지 않고 오히려 암호화폐 커뮤니티 내에서 성찰과 혁신의 시기를 촉발했습니다. 교훈을 얻고 스마트 계약 기술과 거버넌스 모델이 개선되면서, 새로운 DAO의 물결이 시작되었습니다. 장애물에도 불구하고 DAO는 굴하지 않았습니다. 블록체인 기술의 혁신과 거버넌스 모델의 성숙, 분산형 의사 결정에 대한 욕구 증가는 다양한 분야에서 성공적인 DAO의 부상을 촉진했습니다. DAO의 구현은 Ethereum을 넘어 다양한 블록체인 플랫폼에서 이 개념을 수용하며, 다양성과 성장에 기여하고 있습니다.

DAO의 역사는 야망, 좌절, 그리고 끊임없는 진화를 보여 줍니다. DAO의 비전적 아이디어에서 오늘날의 분산형 거버넌스의 역동적인 풍경까지, 이 여정은 블록체인 커뮤니티의 회복력과 변혁적 잠재력을 드러냅니다. 우리는 이 미지의 영역을 탐색하면서 DAO의 이야기가 결코 끝나지 않을 것임을 알 수 있습니다. 이 이야기는 개발자, 열광자, 커뮤니티의 공동 노력으로 쓰여지고 있으며, 각자는 분산형 자율성의 지속적인 사가에 기여하고 있습니다.

DAO는 블록체인 기술을 활용하여 투표 및 거래 처리의 일부 측면을 자동화하는 관리 구조입니다. DAO는 암호화폐를 포함한 주요 블록체인 애플리케이션의 핵심 구성 요소이며, 차세대 웹을 위한 아키텍처인 Web 3.0에도 포함됩니다. DAO의 큰 비전은 특정 당사자의 통제를 받지 않는 이해 관계자의 이익을 존중하는 분산 조직을 더 쉽게 만드는 것입니다.

DAO는 특정 프로젝트를 위한 자금을 모으고 새로운 형태의 사업 구조를 형성하는 데 사용됩니다. 또한 Ethereum과 같은 블록체인 플랫폼에서 재무 프로세스를 자동화하여 모든 이해 관계자가 합의된 규칙에 따라 보상을 받을 수 있도록 합니다. 특정 수준의 투자, 지원 또는 참여에 따라 공유 투표를 자동으로 용이하게 하는 데 능숙합니다. 지지자들은 DAO를 통해 개인 관계나 중앙 기관에 기반한 신뢰를 스마트 계약이라는 특수 제작 블록체인 프로그램으로 대체할 수 있다고 이야기합니다. 그러나 신뢰를 코드로 대체하는 목표는 여전히 진행 중입니다.

DAO는 서류 제출, 세금 납부 및 허가를 받는 데 필요한 물리적 및 법적 프로세스나 정부 기관과의 직접적인 커뮤니케이션을 자동화하지 않습니다. 또한, DAO 의사 결정 및 실행을 제어하는 스마트 계약은 법적 구속력이 있는 계약이 아닌 소프트웨어 코드입니다. 대부분의 경우, 도달한 합의는 참가자가 신뢰할 의향이 있는 인간 에이전트에 의해 수행되어야 합니다. DAO 조직 자체는 실제 코드와 독립적으로 원하는 법적, 사업적, 세무 구조를 지원하기 위해 통합되어야 합니다.

또한, DAO는 할리우드 영화 제작 모델을 자동화할 수 있는 잠재력을 가지고 있습니다. 영화 산업은 수백 명의 참여자가 함께 모여 불확실한 전망으로 새로운 영화를 개발할 수 있는 모델을 개척했습니다. A급 배우부터 의상 디자이너까지 각 참여자는 즉각적인 보상과 프로젝트의 장기적 성공에 대한 지분을 얻게 됩니다. DAO는 다른 산업에서 이 모델을 자동화하는 데 기여할 수 있으며, 사람들은 노동 비율뿐만 아니라 사업 전체의 성공에 대한 보상을 받을 수 있습니다. 이는 적극적으로 작업을 중단한 후에도 적용될 수 있습니다.

분산 자율 조직(DAO)의 목적

디지털 통화의 가장 큰 특징 중 하나는 분산성입니다. 즉, 정부나 중앙은행 같은 단일 기관에 의해 제어되지 않고, 다양한 컴퓨터와 네트워크, 노드로 나누어져 있으며, 이러한 암호화폐의 분산 구조에서 영감을 받아, 개발자 그룹은 2016년에 분산 자율 조직(DAO)이라는 개념을 제안했습니다. DAO의 핵심 목표는 기업과 유사한 구조의 감독과 관리를 촉진하는 것으로 DAO는 중앙 권한이 존재하지 않는 점에서 차별화됩니다. 대신, 리더와 참여자들이 함께 거버넌스 기구의 역할을 수행합니다. 이 구조는 모든 참여자가 의사 결정 과정에 참여할 수 있는 민주적이고 투명한 환경을 조성합니다.

예를 들어, DAO의 운영은 스마트 계약을 통해 자동화되어, 모든 결정과 거래가 사전에 설정된 규칙에 따라 이루어지며, 이러한 방식은 신뢰를 중앙 권한이 아닌 코드에 기반하게 하여, 참가자들이 각자의 의견을 바탕으로 의사 결정을 내릴 수 있게 합니다. 이는 전통적인 기업 구조와는 다르게, 더 많은 참여와 협력을 가능하게 하며, 또한 참여자들에게 권한을 분산시켜, 특정 개인이나 집단의 권한 남용을 방지하는 데 기여합니다. 예를 들어, 분산형 금융(DeFi) 프로젝트에서 DAO는 모든 이해 관계자가 투자 결정을 공동으로 내리도록 하여, 특정 개인의 영향을 최소화합니다.

결론적으로, DAO의 목적은 중앙 집중적이지 않은 조직 구조를 통해 보다 민주적이고 투명한 의사 결정 과정을 구현하는 것입니다. 이는 블록체인 기술의 핵심 원칙인 탈중앙화와 신뢰를 기반으로 한 새로운 경제 모델을 제안합니다.

DAO의 작동 방식

DAO(분산 자율 조직)는 주로 스마트 계약에 의존하여 운영됩니다. 이러한 스마트 계약은 특정 제안에 대한 투표가 필요한 수에 도달했을 때 그룹의 결정을 자동으로 실행합니다. 예를 들어, 특정 제안에 대한 투표가 실패하면 스마트 계약은 아무런 조치를 취하지 않습니다. 가령, 암호화폐가 DAO에 의해 관리된다고 가정해 보겠습니다. 만약 한 그룹의 구성원이 블록체인의 토큰 경제학을 변경하고 싶어 한다면, 이는 코인의 유통 공급 증가, 일부 예비 토큰의 소각, 또는 기존 토큰 보유자에 대한 보상 지급을 포함할 수 있습니다. 회원들은 이러한 제안을 만들고 투표를 요청할 수 있으며, 이 요청은 투표권이 있는 모든 회원에게 전달됩니다. 회원들은 제안에 대해 투표하고, 스마트 계약은 그 결과를 집계합니다. 변경 사항은 블록체인의 코드를 수정해야 하므로, 자동화될 수도 있고 아닐 수도 있습니다. 그러나 투표 결과는 블록체인의 방향성을 결정짓는 중요한 요소입니다. 예를 들어, 투표가 재무부의 토큰을 특정 프로젝트에 사용하는 것에 대한 것이라면, 스마트 계약은 해당 프로젝트를 수행하는 기관으로 토큰을 자동으로 전송할 수 있습니다. DAO의 투표권은 보유한 토큰 수에 따라 사용자에게 배분됩니다. 즉, 100개의 DAO 토큰을 소유한 사용자는 50개를 소유한 사용자보다 두 배의 투표권을 가질 수 있습니다.

이론적으로, DAO에 더 많은 자금을 투자한 사용자는 긍정적인 행동을 하도록 인센티브를 받습니다. 예를 들어, DAO 회원이 조직의 투표권의 대다수를 소유하고 있다면, 이 사용자는 악의적인 행동을 할 수 있지만, DAO가 이러한 행위를 처벌하도록 프로그래밍되어 있다면, 자신의 자산 가치를 위험에 빠뜨리게 됩니다.

DAO는 종종 법정 통화와 교환하여 발행된 토큰을 보관하는 재무부를 운영합니다. DAO 회원들은 이 자금을 어떻게 사용할지에 대해 투표할 수 있습니다. 예를 들어, 희귀 NFT를 취득하고자 하는 DAO는 자산을 거래하는 대가로 재무부 자금을 사용하는 것에 대해 투표할 수 있습니다.

프로그래머는 스마트 계약을 통해 금융 거래 자동화, 신규 코인 주조 및 투표 할당 프로세스를 정의합니다. 투표 방식은 총 투자에 따라 할당할지, 암호화폐 지갑에 따라 그룹화할지, 또는 특정 투자자의 지배를 피하기 위해 대수 곡선을 적용할지를 결정해야 합니다.

또한, DAO는 법적 구조를 필요로 합니다. 예를 들어, 미국 증권거래위원회(SEC)는 DAO

가 암호화폐 토큰을 판매하려면 이를 증권으로 등록해야 한다고 발표했습니다. 테네시와 와이오밍을 포함한 주에서는 DAO를 법적 지위를 가진 법인으로 인정하기 시작했습니다. 투자 회사인 Andreessen Horowitz는 다양한 DAO 법적 구조의 이점과 한계를 다룬 가이드를 개발했습니다.

DAO 지지자들은 관심 있는 투자자와 참여자에게 DAO에 대해 알리고, 이 구조에 따라 사람들은 직접 암호화폐를 기부하거나, 검증된 작업을 통해 참여할 수 있습니다. 예를 들어, 새로운 환경 모니터링 앱은 센서 데이터를 제공하는 참여자에게 보상을, 저장 서비스는 IPFS(InterPlanetary File System) 프로토콜을 사용하여 저장 공간을 제공하는 사용자에게 보상을 제공합니다.

사업이 운영됨에 따라 참여자들은 희귀한 물건 구매나 대의를 위한 법적 지원을 통해 보람을 느낄 수 있습니다. 그러나 DAO는 긍정적인 사회적 영향을 미치고, 이를 통해 발생하는 수익을 암호화폐로 전환할 수 있는 기회도 제공합니다. 이 경우 참여자들은 토큰 가치 상승을 경험하거나, 토큰 자체에서 지급을 실현하거나, Ether 또는 다른 암호화폐를 통해 지출할 수 있게 됩니다.

주요 요점

분산 자율 조직(DAO)은 토큰 보유자가 엔티티의 관리 및 의사 결정에 참여하는 구조입니다. DAO는 중앙 권한이 없으며, 대신 권한이 투표를 통해 공동으로 행사되는 방식으로 분산됩니다. 모든 투표와 활동은 블록체인에 기록되어, 사용자 행동을 투명하게 확인할 수 있습니다.

DAO의 초기 사례 중 하나인 'The DAO'는 개발자들이 의사 결정을 자동화하고 암호화폐 거래를 용이하게 하기 위해 설계된 조직입니다. 이러한 DAO는 보안을 최우선으로 고려해야 합니다. 이유는 악용될 경우, DAO에 저장된 암호화폐가 수백만 달러에 달하는 재무부 자산을 위험에 처할 수 있기 때문입니다.

이러한 맥락에서 DAO는 기술적 취약점에 대해 더욱 철저한 검토와 보안 강화를 필요로 합니다. 예를 들어, 'The DAO' 사건에서 보안 결함이 악용되어 큰 재정적 손실이 발생한 사례는 DAO의 보안 중요성을 잘 보여 줍니다. DAO의 성공적인 운영은 투명한 의사 결정과 보안 강화를 통해 이루어져야 하며, 이는 참여자들에게 신뢰를 제공하는 기반이 됩니다.

DAO의 이점

DAO 구조를 채택하려는 엔티티나 집단에는 여러 가지 이유가 있습니다. 이와 같은 관리 형태의 주요 이점은 다음과 같습니다.

- **분산화**: 조직에 영향을 미치는 결정은 중앙 권한에 의존하는 것이 아니라, 넓은 사용자 집단에 의해 이루어집니다. 한 개인(예: CEO) 또는 소수의 개인(예: 이사회)의 행동에 좌우되지 않고, DAO는 권한을 보다 광범위하게 분산할 수 있습니다. 이로 인해 다양한 이해관계자들이 의사 결정 과정에 참여할 수 있습니다.
- **참여**: DAO 내에서 개인들은 모든 문제에 대해 직접 의견을 제시하고 투표할 수 있는 기회를 가집니다. 비록 개인의 강력한 투표권이 없더라도, 이러한 참여는 토큰 보유자들이 자신의 의견이 중요하다고 느끼도록 합니다. DAO는 참여자들이 투표하거나 토큰을 소각하는 등의 방식으로 엔티티에 기여하도록 장려합니다.
- **홍보**: DAO의 투표는 블록체인에 기록되어 공개적으로 검토할 수 있습니다. 사용자는 자신의 행동이 공개적으로 드러나는 만큼, 커뮤니티에 긍정적인 영향을 미치는 방식으로 행동하도록 유도됩니다. 이는 유권자의 평판을 중시하게 만들고, 부정적인 행동은 억제하는 효과를 가져옵니다.
- **커뮤니티**: DAO 개념은 전 세계의 사람들이 원활하게 모여 단일 비전을 구축하도록 장려합니다. 인터넷만 있으면 토큰 보유자들은 거주지에 관계없이 다른 참여자들과 상호 작용할 수 있어, 지리적 경계를 초월한 협업이 가능합니다.

이와 같은 이점들은 DAO가 현대 조직 구조의 진화를 촉진하는 중요한 요소가 될 수 있음을 시사합니다. DAO의 접근 방식은 더 많은 사람들이 참여하고 기여하는 열린 환경을 조성하며, 이는 커뮤니티의 성과에 긍정적인 영향을 미칠 것입니다.

DAO의 단점

DAO는 여러 가지 이점을 제공하지만, 몇 가지 단점과 위험도 존재합니다. 이러한 단점들은 다음과 같습니다.

- **의사 결정 지연**: 투표 참여자가 서로 다른 시간대에 분산되어 있을 경우, 의사 결정을 내리는 데 더 오랜 시간이 소요될 수 있습니다. 또한, DAO의 사용자들은 배경과 지식 수준이 다양하므로, 이를 교육하는 데 추가적인 노력이 필요할 수 있습니다.
- **보안 문제**: DAO의 보안이 적절하게 구축되지 않으면, 재무 준비금 도난과 같은 심각한 악용의 위험이 존재합니다. 예를 들어, 자동화된 스마트 계약에 결함이 발견되면 이를 수정하기 어려워, 해커가 주주들의 이익에 반하는 방식으로 자금을 횡령할 수 있는 허점을 악용할 수

있습니다.

- **높은 거래 수수료**: 초기 DAO에서는 거래당 최대 100달러에 달하는 높은 거래 수수료가 발생할 수 있습니다. 이는 사용자가 자주 거래하는 것을 주저하게 만들고, DAO의 효율성을 저하시킬 수 있습니다.
- **법적 및 물리적 제약**: DAO의 운영은 여전히 물리적 및 법적 프로세스에 의존해야 할 경우가 많습니다. 이러한 요구 사항은 DAO의 목표를 저해할 수 있으며, 정부는 DAO의 법적 지위를 정리 중에 있어 투자자에게 세무 및 법적 위험을 초래할 수 있습니다. 예를 들어, DAO의 토큰이 증권으로 간주될 경우, 규제 준수의 부담이 커질 수 있습니다.

이와 같은 단점들은 DAO의 실행 가능성에 영향을 미칠 수 있으며, DAO 구조를 설계할 때 이러한 위험 요소들을 충분히 고려해야 합니다.

DAO의 한계

DAO는 혁신적인 구조를 가지고 있지만, 완벽하지는 않습니다. 부적절한 설정이나 유지 관리가 이루어질 경우 심각한 결과를 초래할 수 있습니다. DAO가 직면한 주요 한계는 다음과 같습니다.

- **속도**: 상장 기업에서는 CEO의 지침에 따라 특정 조치를 취하기 위해 단일 투표가 필요할 수 있습니다. 그러나 DAO에서는 모든 사용자에게 투표 기회가 주어집니다. 이는 특히 DAO 외부의 시간대와 우선순위를 고려할 때, 의사 결정 과정이 훨씬 더 길어질 수 있음을 의미합니다. 따라서 긴 투표 기간이 필요하게 됩니다.
- **교육**: DAO는 구성원에게 필요한 교육을 제공할 책임이 있습니다. DAO 토큰 보유자는 다양한 교육적 배경과 이니셔티브에 대한 이해도를 가지고 있기 때문에, 단일 CEO가 회사를 이끌기보다 더 많은 노력이 필요합니다. 다양한 사람들을 하나로 모으는 것은 중요하지만, 그들이 성장하고 전략을 세우며 소통하는 방법을 배우는 것도 필수적입니다.
- **비효율성**: 앞서 언급한 두 가지 문제로 인해 DAO는 비효율적일 위험이 큽니다. 유권자를 교육하고 이니셔티브를 전달하며, 새로운 멤버를 영입하는 데 필요한 시간이 길어질 수 있습니다. 이로 인해 DAO는 실제 변화를 구현하기보다는 변화에 대한 논의에 더 많은 시간을 할애하게 될 가능성이 높습니다. 이는 더 많은 개인을 조정해야 하는 특성 때문에 사소한 관리 작업에 얽매일 수 있습니다.

- **보안**: 모든 디지털 플랫폼이 직면하는 보안 문제는 DAO에도 적용됩니다. DAO를 구현하기 위해서는 상당한 기술적 전문 지식이 필요합니다. 이러한 전문 지식이 부족할 경우, 투표와 의사 결정 과정이 손상될 위험이 있습니다. 신뢰가 깨질 경우, 사용자들은 구조에 의존할 수 없게 되어 DAO를 떠날 수 있습니다. 다중 서명이나 콜드 월렛을 사용하더라도, DAO는 악용될 수 있으며, 이로 인해 재무 준비금이 도난당하거나 금고가 비워질 수 있는 상황이 발생할 수 있습니다.

이러한 한계들은 DAO의 실행 가능성과 효과성에 영향을 미칠 수 있으며, 이 구조를 설계하고 운영할 때 신중한 고려가 필요합니다.

DAO가 조직에 미치는 영향

DAO는 여전히 발전 중인 개념으로, 단기적으로는 특정 목표를 위한 기금 모금에 가장 큰 영향을 미칠 것으로 예상됩니다. 현재 GoFundMe와 같은 플랫폼은 개인들이 가치 있다고 생각하는 대의를 지원할 수 있도록 돕고 있습니다. DAO는 참여자가 자신들의 의도에 맞는 전략에 투표할 수 있게 함으로써 이러한 이니셔티브를 더욱 효과적으로 이끌어갈 수 있습니다.

또한, DAO는 새로운 형태의 투자 조직을 촉진하고 참여자에게 자금을 반환하는 프로세스를 자동화할 가능성이 큽니다. 예를 들어, 특정 도시의 주민들은 해당 도시의 분산형 대출 앱에 참여하여, 어떤 대출이나 광고 유형을 지원할지에 대한 의사 결정을 내릴 수 있습니다. 프로젝트가 성공할 경우, 기여한 재정적 투자, 노동, 또는 전문 지식에 따라 보상을 받을 수 있는 시스템이 마련됩니다.

앞으로 DAO는 분산형 헐리우드 투자 및 지원 모델을 활성화할 수 있습니다. 참여자는 사용자 참여에 따라 측정된 재정 지원이나 특정 전문 지식, 마케팅 프로그램의 성공에 대해 토큰을 획득할 수 있는 구조를 만들 수 있습니다. 이는 창작자와 투자자 간의 새로운 협력 모델을 제시하며, DAO가 사회적, 경제적 구조에 미치는 영향이 점차 확대될 것으로 기대됩니다.

이와 같은 발전은 DAO가 단순한 기금 조달 방식을 넘어, 참여자와 이해관계자 간의 투명하고 협력적인 관계를 구축할 수 있는 기회를 제공하게 될 것입니다.

DAO가 해체된 이유

The Economist의 보도에 따르면, 2016년 5월까지 DAO는 이더리움 토큰의 최대 14%를 보유하고 있었습니다. 그러나 같은 시기에 여러 잠재적 보안 취약점을 다룬 논문이 발표되면서 투자자들은 이 문제가 해결될 때까지 새로운 투자 프로젝트에 투표하지 말라는 경고를 받았습니다.

이러한 상황에서 2016년 6월, 해커들이 DAO의 취약점을 악용하여 공격을 감행했습니다. 이로 인해 해커는 약 5,000만 달러에 해당하는 360만 개의 ETH에 접근하게 되었습니다.

이 사건은 DAO 투자자들 사이에서 큰 논란을 일으켰습니다. 일부는 해킹 문제를 해결할 다양한 방법을 제안했고, 다른 이들은 DAO를 영구적으로 해체해야 한다고 주장했습니다. 이러한 논의는 Ethereum 개발자들이 시작한 커뮤니티 투표와 그에 따른 Ethereum 하드포킹으로 이어졌습니다.

이 사건은 DAO의 보안 문제와 커뮤니티의 의사 결정 과정이 얼마나 중요한지를 일깨워주는 사례로, 이후 DAO 및 블록체인 프로젝트의 설계와 운영 방식에 상당한 영향을 미쳤습니다.

DAO에 대한 비판

IEEE Spectrum에 따르면, DAO는 프로그래밍 오류와 공격 벡터에 취약하여 보안 문제에 시달렸습니다. 이러한 취약점은 DAO가 규제와 기업법의 새로운 영역을 개척하고 있다는 사실로 인해 더욱 복잡해졌습니다. DAO의 구조적 특성은 투자자들이 조직의 결정에 대한 책임을 요구하게 만들었고, 이는 논란의 여지가 있었습니다.

2017년 7월, 미국 증권거래위원회(Securities and Exchange Commission, SEC)는 DAO가 Ethereum 블록체인에서 토큰 형태로 증권을 판매하며 미국 증권법을 위반했다고 발표했습니다. 이 사건은 DAO가 법적으로 어떤 지위를 가지는지에 대한 불확실성을 더욱 부각시켰습니다.

또한, DAO가 현실 세계에서 어떻게 운영될 것인지에 대한 지속적인 문제가 있었습니다. 투자자와 계약자 모두 이더(ETH)를 법정 통화로 전환해야 했고, 이 과정은 이더의 가치에 영향을 미칠 수 있었습니다.

결국, 이러한 논란과 2016년 여름에 발생한 대규모 해킹 사건으로 인해, 2016년 가을에는 Kraken과 같은 여러 유명 디지털 통화 거래소가 DAO의 토큰을 상장 폐지했습니다. 이로 인해 DAO는 처음 구상했던 대로 기능을 지속할 수 없게 되었습니다. 이러한 일들은 DAO의 미래에 대한 신뢰를 크게 저하시켰고, 블록체인 및 분산 조직의 구조에 대한 신중한 접근의 필요성을 다시금 강조했습니다.

분산 자율 조직은 합법성

대부분의 관할권에서 DAO는 합법적으로 운영됩니다. 예를 들어, 와이오밍주에서는 DAO를 법적 지위를 가진 법인으로 인정하여, 해당 조직의 활동이 주 법률에 부합하도록 규제하고 있습니다. 그러나 DAO의 활동이 법적으로 인정받기 위해서는 운영되는 지역의 기존 규정을 철저히 준수해야 합니다. 예를 들어, 유럽 연합의 GDPR(General Data Protection Regulation, 일반 데이터 보호 규정)에 따라 사용자 데이터의 수집과 처리 방식이 법적으로 적절해야 하며, 이를 위반할 경우 막대한 벌금이 부과될 수 있습니다. 따라서 DAO의 운영 방식은 신중하게 평가되고 검토되어야 합니다.

결론

탈중앙화된 자율 조직(DAO)은 블록체인과 토큰 기술을 기반으로 하여, 모든 구성원이 의사 결정 과정에 참여할 수 있는 민주적인 거버넌스 모델을 제공합니다. DAO의 구성원들은 투표를 통해 조직의 방향과 운영 방식을 공동으로 결정하며, 이는 전통적인 조직 구조와는 크게 다른 접근 방식입니다.

DAO의 핵심 목표는 중앙 집중화된 통제를 제거하고, 모든 사용자에게 의사 결정 권한을 부여하는 것입니다. 이를 통해 권력이 소수의 사람이나 특정 집단에 집중되는 것을 방지하며, 각 참여자가 자신의 의견과 아이디어를 제안할 수 있는 환경을 만듭니다. 예를 들어, DAO 내에서는 토큰 보유자가 프로젝트에 대한 제안을 만들고, 이에 대해 투표를 통해 지원 여부를 결정할 수 있습니다. 이 과정에서 모든 참여자는 자신의 투표권을 행사할 수 있으며, 이는 블록체인에 투명하게 기록되어 누구나 확인할 수 있습니다.

또한, DAO는 자율성을 강조합니다. 즉, 외부의 간섭 없이 자체적인 규칙과 프로세스를 통해 운영됩니다. 이러한 구조는 혁신적인 아이디어를 신속하게 실행할 수 있는 기반을 제공합니다. 예를 들어, 특정 DAO는 신생 기업에 대한 투자 결정을 회원들이 직접 논의하고 투표하여 진행할 수 있습니다. 이는 전통적인 투자 방식보다 훨씬 더 빠르고 유연한 의사 결정 과정을 가능하게 합니다.

결론적으로, DAO는 전통적인 조직의 경계를 허물고, 모든 참여자가 동등하게 기여할 수 있는 새로운 형태의 거버넌스를 제시합니다. 이러한 접근 방식은 탈중앙화된 경제 모델의 발전을 촉진하고, 민주적인 참여 문화를 강화하는 데 중요한 역할을 할 것입니다.

Lesson

03

블록체인 기반 메타버스

블록체인 기반 메타버스는 메타버스라는 가상 현실 환경에 블록체인 기술을 결합한 형태로, 사용자들이 가상 공간에서 상호작용하고 자산을 소유하며 거래할 수 있는 탈중앙화된 디지털 세계를 의미합니다. 메타버스는 가상 현실(VR), 증강 현실(AR), 그리고 사회적 상호작용을 결합한 3D 디지털 환경을 말하며, 블록체인 기술은 그 위에서 자산의 소유권을 관리하고, 거래를 안전하고 투명하게 만드는 역할을 합니다. 따라서 LESON 03에서는 블록체인 기반 메타버스가 무엇인지 알아보겠습니다.

Metaverse의 '메타'는 '그 너머'를 의미하고, '버스'는 '우주'를 나타냅니다. 메타버스라는 용어는 참가자들이 상호작용할 수 있는 가상 세계를 지칭하는 데 자주 사용되며, 1992년 닐 스티븐슨의 사이버펑크 소설 스노우 크래시에서 처음 등장했습니다. 이 작품에서는 메타버스를 '전 세계 광섬유 네트워크를 통해 대중이 접근할 수 있는 공유된 상상의 영역'으로 설명하며, 가상 현실(VR) 안경을 통해 그 공간에 몰입할 수 있도록 합니다. 이러한 개념은 증강 현실(AR)과 같은 다른 디지털 환경에도 적용됩니다.

블록체인은 메타버스 개발(그림 6-16)에 있어 필수적인 역할을 합니다. 미래의 웹, 즉 Web 3.0은 분산화에 중점을 두고 있으며, 이는 메타버스 이니셔티브도 분산화된 플랫폼으로 발전해야 함을 의미합니다. 블록체인 기술은 이러한 분산화를 지원하여 사용자들이 더욱 안전하고 투명하게 상호작용할 수 있는 기반을 제공합니다.

메타버스는 디지털 혁신의 새로운 단계를 여는 동시에, 온라인 접근성을 통해 기존 시스템의 한계를 넘어 서비스 영역을 확장하는 데 기여하고 있습니다. 지난 수십 년 간 서비스의 디지털화는 비즈니스, 엔터테인먼트, 교육 등 다양한 분야에서 효율성을 크게 개선하는 추세로 발전해 왔습니다. 특히, 클라우드 플랫폼과 원격 데이터 센터의 발전은 이러한 변화를 더욱 가속화했습니다.

서비스의 효율성, 성능 및 품질이 극대화됨에 따라 소비자 경험에 대한 기대치도 높아졌습니다. 소비자들은 이제 대화형 기능과 개선된 서비스 경험을 요구하고 있으며, 서비스 제공업체들은 이러한 수요에 부응하기 위해 기존의 표준을 한층 높이는 데 주력하고 있습니다. 예를 들어, 게임 산업에서 메타버스의 도입은 사용자 경험을 혁신적으로 변화시키고 있으며, 이는 기업들이 더욱 몰입감 있는 환경을 제공하기 위한 투자에 나서게 만드는 요인이 되고 있습니다.

그림 6-16 블록체인 기술의 메타버스

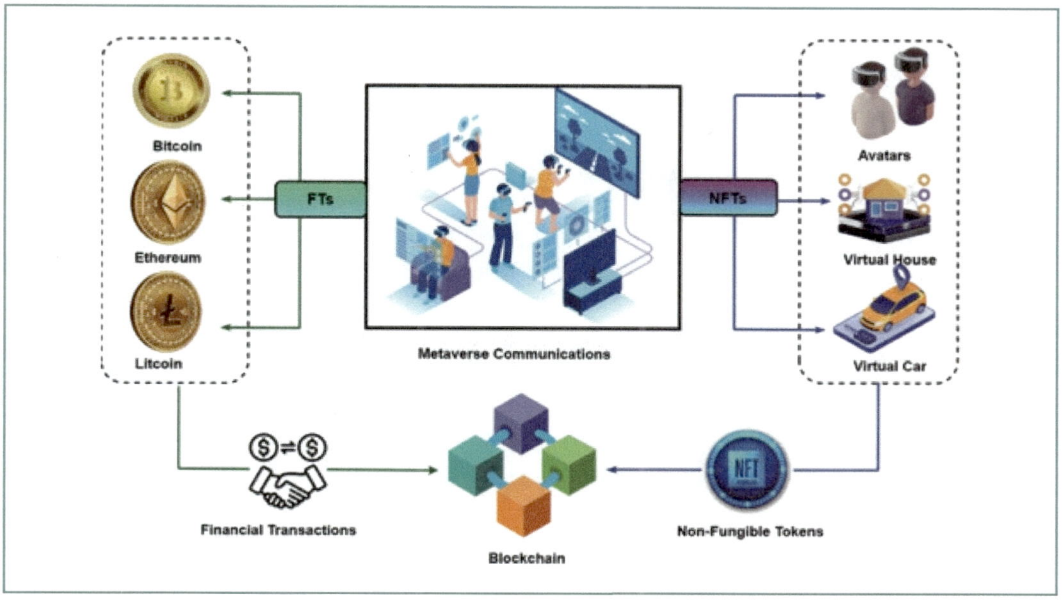

출처: SpringerLink

결론적으로, 블록체인과 메타버스의 융합은 디지털 생태계의 발전을 촉진하며, 앞으로도 다양한 산업에서 혁신을 일으킬 것으로 기대됩니다. 사용자들은 이제 단순히 정보를 소비하는 것을 넘어, 새로운 경험을 창출하고 공유할 수 있는 능력을 가지게 될 것입니다. 이러한 변화는 사회와 경제 전반에 걸쳐 큰 영향을 미칠 것입니다.

실제로 소비자들은 가상 현실(VR), 증강 현실(AR), 혼합 현실(MR), 확장 현실(XR)과 같은 최신 기술이 결합된 디지털 인터페이스에서 촉각적이고 몰입형 경험을 요구하고 있습니다. 이러한 요구를 충족하기 위해 메타버스는 이러한 다양한 기술을 글로벌 맥락에서 통합하는 솔루션으로 자리 잡고 있습니다.

메타버스는 프로슈머를 위한 몰입형 가상 세계를 구축하며, 사용자는 이 공간에서 시뮬레이션된 디지털 환경을 경험할 수 있습니다. 이 환경에서 사용자들은 이중성 원칙에 따라 디지털 아바타를 통해 상호작용하게 됩니다. 아바타는 사용자의 가상 구현체로, 메타버스 내에서 실제 세계에서 가지는 법적 권한과 동일한 권리를 부여받습니다. 이는 아바타가 가상 공간에서 이루어지는 모든 거래에 대해 법적 보증을 받으며, 어떠한 약속된 행위도 부정할 수 없음을 의미합니다.

헤드셋이나 AR 글래스와 같은 기본적인 VR/AR 장비를 갖춘 사용자라면 누구나 이러한 몰입형 환경을 최소한의 기능으로 경험할 수 있습니다. 반면에, 테슬라수트나 홀로수트와 같은 고급 전신 햅틱 장치는 사용자의 움직임을 실시간으로 추적하고, 생체 인식 기술과 함께 햅틱 피드백을 제공하여 몰입감을 극대화하는 잠재력을 지니고 있습니다. 이러한 고급 장비는 사용자가 가상 세계와의 상호작용에서 더욱 실감 나는 경험을 할 수 있도록 도와줍니다.

결론적으로, 메타버스는 다양한 최신 기술을 통합하여 소비자에게 몰입감 넘치는 디지털 경험을 제공하며, 이는 사용자들이 가상 공간에서의 상호작용을 더 의미 있게 만들어 줍니다. 이러한 진화는 가상 세계와 현실 세계의 경계를 허물며, 새로운 형태의 사회적 및 경제적 활동을 창출하는 데 기여할 것입니다.

메타버스는 소셜 미디어의 기능을 확장하는 데 그치지 않고, 산업, 상업, 교육, 의료, 군사 및 정부 등 다양한 분야에서도 엄청난 잠재력을 지니고 있습니다. 특히 몰입형 경험의 부족은 온라인 원격 액세스와 제어 시스템에서 자주 발생하는 문제로, 이는 다양한 산업의 효율성을 저해하는 요소로 작용합니다.

예를 들어, 감독 제어 및 데이터 수집(Supervisory Control and Data Acquisition, SCADA)인 스카다 시스템이나 프로그래밍 가능 로직 컨트롤러(Programmable Logic Controller, PLC) 기반의 원격 자동화 시스템을 제어할 때, 사용자는 직관적이고 몰입적인 경험을 제공받지 못하는 경우가 많습니다. 또한 상업용 부동산의 3D 시각화, 의료 공학 교육, 그리고 무인 항공기 및 지상 함정의 원격 제어와 같은 분야에서도 혁신이 필요합니다. 현재 AR 및 VR 기술이 이러한 문제에 대한 독립형 솔루션을 제공하고 있지만, 이들 기술을 통합할 수 있는 올인원 플랫폼이나 환경은 여전히 부족합니다.

메타버스는 이러한 다양한 기술을 결합하여 글로벌 디지털 에코시스템을 제공함으로써 무한한 가능성을 열어주며, 디지털 트윈(Digital Twin) 개념은 기계와 차량의 원격 작동 및 제어를 위한 시각화와 조정 기능을 향상시켜 산업 및 군사 부문에서 큰 도움이 됩니다. 또한 3차원 시각화 기술은 교육과 엔터테인먼트 분야에서 맥락에 대한 정확도와 이해를 높이는 데 중요한 역할을 하고 있으며, 메타버스 플랫폼을 활용하면 AR 기반 원격 로봇 제어나 수술 같은 새로운 프로세스를 구현할 수 있으며, 이는 의료 분야에서도 혁신적인 변화를 가져올 것입니다.

그러나 메타버스를 현실 세계의 기존 시스템과 통합할 때는 암호화폐, 디지털 생체 인식, 그리고 설명 가능한 인공지능(Explainable Artificial Intelligence, XAI) 같은 개념이 법적, 윤리적 불일치 문제를 야기할 수 있고, 이러한 문제들은 메타버스의 실제 구현 과정에서 반드시 해결해야 할 도전 과제가 됩니다.

결국, 메타버스는 다양한 분야에서 혁신적인 가능성을 제시하지만, 이러한 잠재력을 현실화하기 위해서는 기술적 통합과 법적, 윤리적 문제 해결이 필수적입니다. 이러한 과정에서 발생하는 난관을 극복할 수 있다면, 메타버스는 우리가 경험하는 디지털 환경을 근본적으로 변화시킬 수 있을 것입니다.

메타버스는 새롭게 구축되는 디지털 환경으로, 설계 단계에서 적절한 전략을 구현하면 사용자에게 향상된 서비스 경험과 함께 보안 및 개인정보 보호에 대한 확신을 제공할 수 있습니다. 그러나 이러한 디지털 확장은 만병통치약처럼 보일 수 있지만, 여전히 해결해야 할 도전 과제와 실용적인 문제들이 존재하며, 가장 중요한 문제 중 하나는 속성 처리 및 네트워킹 기능을 갖춘 신뢰할 수 있는 서비스와 애플리케이션을 제공할 수 있는 디지털 인프라의 부족입니다.

현재 이러한 인프라가 일부 존재하더라도, 필요한 기술들은 대개 실험 단계에 있으며, 5G와 같은 최신 모바일 기술은 전 세계적으로 널리 보급되지 않았습니다. 메타버스를 실현하기 위해서는 가상 세계와 물리적 세계 간의 호환성과 상호 운용성을 명확히 이해하고 표준화해야 합니다. 메타버스 엔진의 뛰어난 처리 능력에도 불구하고, 소셜 미디어의 백본이 제공하는 잠재력과 확장성을 고려할 때, 현재의 리소스가 수요를 충족하기에 충분하지 않을 수 있습니다.

따라서 메타버스의 처리, 저장, 네트워킹 및 재무 측면에서 비용을 절감하기 위한 최적의 운영 전략이 필요합니다. 이러한 전략은 자동화된 AI 기반 접근 방식을 통해 가능하며, 이에 대한 추가적인 연구와 개발이 요구됩니다. 메타버스에 접근하기 위해서는 VR 헤드셋이나 AR 글래스와 같은 기기가 필요하므로, 개인적인 투자가 많을수록 메타버스는 모든 사람을 위한 개방형 시스템이 아닌 특권 서비스로 전락할 수 있습니다. 더불어, 사용자의 보안과 개인정보 보호는 현실 세계의 법이 가상 환경에서도 그대로 적용될 수 없기 때문에, 이러한 점도 고려해야 합니다.

확장 현실(XR) 기술은 메타버스 개발에 있어 핵심적인 요소로, 현재의 증강 현실(AR) 및 혼합 현실(MR) 기술을 통합하여 보다 현실적인 가상 경험을 구현해야 합니다. AI는 메타버스 생태계를 자동화하는 데 필수적인 역할을 하며, 아바타와 관련된 디지털 자산 및 콘텐츠의 안전성을 더욱 강화할 수 있습니다.

기존의 컴퓨터 비전 처리 기술은 AI와의 통합을 통해 3D 이미지 처리 및 이미지, 동영상, 3D 렌더링 기술을 향상시켜 시각 및 원격 측정 데이터의 처리를 가속화해야 합니다. 또한, 글로벌 규정 준수를 보장하기 위해 설계 단계에서 설명 가능한 인공지능(XAI) 원칙을 활용하는 것이 중요합니다. 현재 클라우드 기반 스토리지와 처리 인프라는 메타버스 애플리케이션을 호스팅하는 데 필요한 네트워킹 기능이 부족하기 때문에, 엣지 컴퓨팅이 중요한 초기 패러다임으로 떠오르고 있습니다. 이는 위치 인식 기능과 함께 더 나은 접근성을 제공하는 데 기여할 것입니다.

블록체인은 비트코인과 함께 등장한 기술로, 디지털 자산의 추적과 보안을 위한 독창적인 능력을 가지고 있습니다. 이는 기존의 디지털 화폐 시장의 기반을 마련하였으며, 보안과 개인정보 보호에 있어 혁신적인 기술로 자리 잡고 있습니다. 블록체인은 약정된 거래를 저장하는 원장으로, 암호화 기술을 활용하여 거래의 불변성을 보장하고, 안전한 공유 기능을 지원합니다. 특히, 중앙 집중식 권한 없이도 탈중앙화된 방식으로 운영될 수 있는 점이 블록체인의 가장 큰 장점입니다.

메타버스의 맥락에서 블록체인은 디지털 에코시스템의 책임을 강화하는 중요한 도구로 작용합니다. 모든 사용자가 소유한 디지털 콘텐츠를 보호하기 위해 블록체인의 활용이 필수적이며, 이는 메타버스 생태계에서 사용자 무결성, 개인정보 보호 및 평판을 보장하는 데 기여할 것입니다. 이러한 모든 요소들이 결합되어 메타버스가 보다 안전하고 신뢰할 수 있는 공간으로 자리 잡을 수 있도록 노력해야 할 것입니다.

블록체인 메타버스의 기술적 관점

블록체인 메타버스의 기술적 관점(그림 6-17)에서는 데이터 수집, 저장, 공유, 상호 운용성 및 프라이버시 보존 등 여러 최첨단 블록체인 기반 기술적 요소가 중요합니다. 이러한 요소들은 메타버스의 전반적인 기능과 사용자 경험을 강화하는 데 기여합니다. 아래에서 각 측면을 자세히 살펴보겠습니다.

- **데이터 수집**: 블록체인 메타버스에서는 사용자 활동과 상호 작용으로부터 수집되는 데이터가 투명하게 기록됩니다. 이 과정에서 스마트 계약이 활용되며, 사용자는 자신의 데이터를 제어할 수 있는 권한을 가집니다. 예를 들어, NFT(Non-Fungible Token)와 같은 디지털 자산은 사용자 고유의 경험을 기록하고 이를 소유할 수 있게 합니다.
- **데이터 저장**: 블록체인은 분산형 원장 기술로, 모든 데이터가 안전하게 저장되고 관리됩니다. 중앙 집중식 서버에 의존하지 않기 때문에 데이터 손실이나 조작의 위험이 줄어듭니다. 이를 통해 사용자 데이터는 여러 노드에 분산되어 저장되며, 높은 안정성과 가용성을 제공합니다.
- **데이터 공유**: 메타버스 내에서 데이터는 사용자 간, 혹은 사용자와 서비스 제공자 간에 쉽게 공유될 수 있습니다. 블록체인 기술은 데이터의 출처를 추적할 수 있게 해 주며, 사용자는 자신의 데이터를 공유할지 말지를 선택할 수 있습니다. 이러한 투명성은 신뢰를 구축하는 데 필수적입니다.
- **데이터 상호 운용성**: 다양한 블록체인과 메타버스 플랫폼 간의 원활한 상호 운용성을 보장하는 것이 중요합니다. 이를 통해 사용자는 여러 플랫폼에서 생성한 디지털 자산과 데이터를 자유롭게 이동할 수 있으며, 이러한 연계성은 메타버스의 가치와 유용성을 높입니다. 예를 들어, 하나의 플랫폼에서 생성한 아바타나 아이템을 다른 플랫폼에서도 사용할 수 있는 환경이

그림 6-17 블록체인 메타버스의 기술적 측면

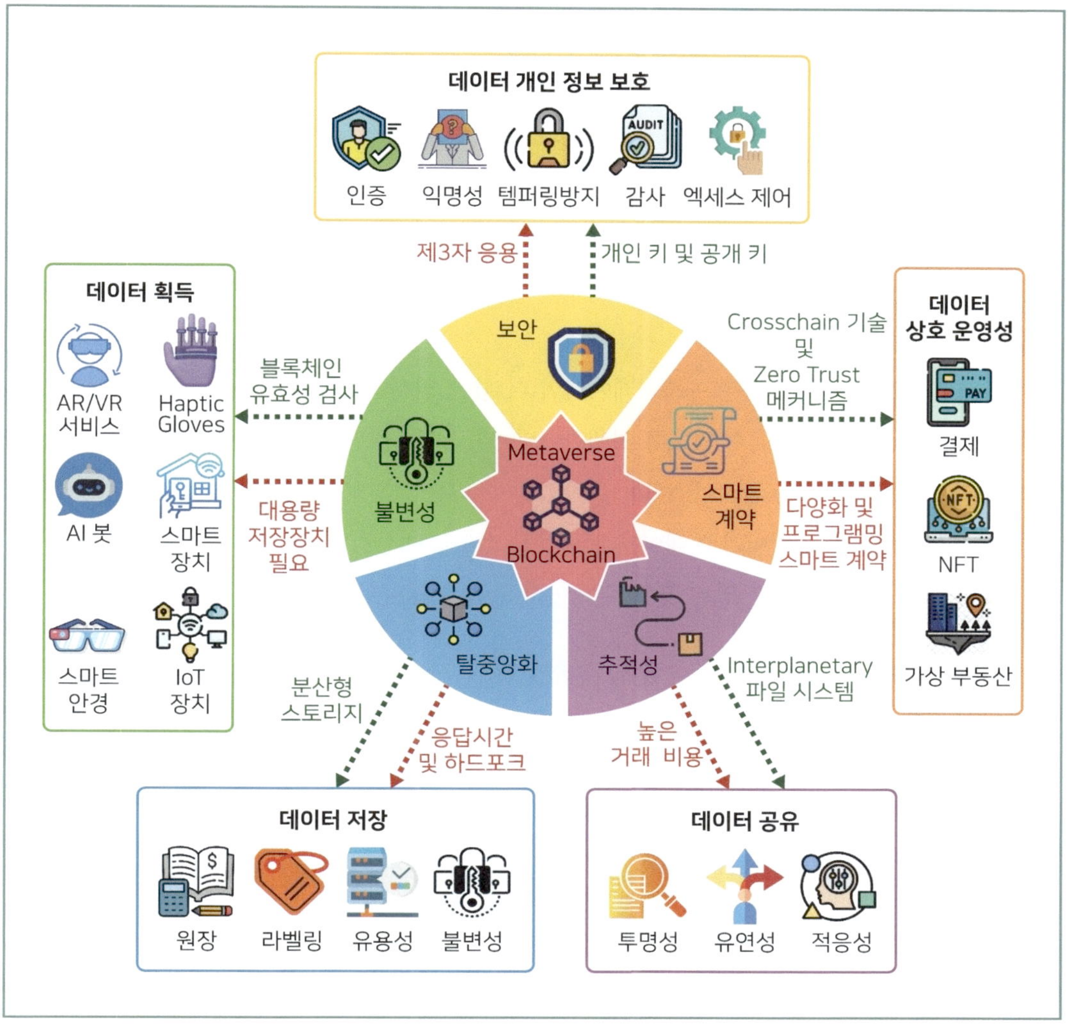

조성됩니다.

- **데이터 프라이버시 보존**: 메타버스에서는 사용자의 개인 정보 보호가 필수적입니다. 블록체인 기술은 암호화를 통해 데이터의 비밀성과 무결성을 보장합니다. 사용자는 자신이 제공한 정보가 어떻게 사용되는지에 대한 통제권을 가지며, 데이터의 수집과 사용에 대한 명확한 동의를 요구할 수 있습니다. 이는 사용자 신뢰를 높이는 데 중요한 요소입니다.

이러한 기술적 측면은 블록체인 메타버스의 안전성과 효율성을 높이며, 궁극적으로 사용자 경험을 개선하는 데 기여합니다. 블록체인 기반 메타버스는 데이터 관리 방식의 혁신을 통해 새로운 형태의 디지털 생태계를 창출할 수 있는 가능성을 지니고 있습니다.

데이터 획득

데이터 획득은 메타버스 생태계에서 중요한 단계입니다. 이 과정에서는 사용자의 민감한 정보, 예를 들어 은행 계좌나 신용카드 세부사항 등이 결제 시에 수집됩니다. 또한, 메타버스 내에서 디지털 아바타를 생성하기 위해 사용자의 생체 인식 데이터(예: 포즈와 제스처)도 필요합니다. 이러한 데이터 수집은 AI/ML 알고리즘을 훈련하여 의사 결정, 디지털 제품 개발, 추천 시스템 및 마케팅 전략에 기여할 수 있습니다.

메타버스의 데이터 수집은 애플리케이션이 더 나은 인사이트를 제공하고, 시간에 따라 변화하며, 새로운 상황에 적응할 수 있도록 지원합니다. 결국 메타버스는 사람들이 다양한 디바이스를 통해 디지털로 구매, 판매, 플레이, 대화 및 작업할 수 있는 디지털 마켓플레이스로 발전할 것입니다. 이로 인해 방대한 양의 이기종 데이터가 생성될 것으로 예상됩니다.

메타버스에서 사용할 수 있는 몇 가지 데이터 수집 방법은 다음과 같습니다.

- **웹 양식**: 메타버스의 데이터 수집 도구 중 하나로, 사용자는 메타버스 기능에 접근하기 전에 간편하게 정보를 입력할 수 있습니다.
- **봇**: 자동화된 시스템을 통해 사용자로부터 개인 정보 및 주민등록번호와 같은 필수 인증 정보를 캡처할 수 있습니다.
- **고화질 카메라**: 사용자의 신체적 속성에 대한 정보를 수집하여, 이를 바탕으로 가상 세계에서의 디지털 표현을 구축하는 데 도움을 줍니다.
- **AR/VR 기기**: 이러한 기기를 사용하여 메타버스를 탐색하는 고객은 자신의 행동 데이터를 수집할 수 있는 이점을 누릴 수 있습니다.

이러한 다양한 데이터 획득 방법은 메타버스의 사용자 경험을 풍부하게 하고, 플랫폼의 발전에 기여할 것입니다.

메타버스에서 데이터 획득의 과제

메타버스에서 탈중앙화 애플리케이션(DApp)을 통해 생성되는 데이터는 방대하고 비구조화되며 실시간으로 제공됩니다. 이러한 방대한 데이터를 확보하는 데는 상당한 어려움이 따릅니다. 예를 들어, 추천 시스템과 같은 애플리케이션을 구축하기 위해서는 데이터 보안과 무결성이 필수적입니다. 하지만 알 수 없는 출처에서 수집된 데이터는 이러한 시스템의 신뢰성을 저해할 수 있습니다.

또한, VR 헤드셋을 사용하는 호라이즌 월드 및 호라이즌 베뉴 애플리케이션과 같은 고품질 디지털 서비스가 증가함에 따라 메타버스에서 생성되는 데이터의 양이 급증할 것으로 예상됩니다. 이는 엔터테인먼트 및 기타 애플리케이션의 스트리밍 증가로 인해 데이터 수집 시스템에 부담을 줄 수 있습니다. 이로 인해 데이터 품질에 영향을 미치는 중복 및 부정확한 데이터가 발생할 가능성도 높아집니다.

결과적으로, 메타버스에서의 데이터 획득은 양질의 데이터를 확보하는 데 있어 복잡한 도전 과제를 동반하며, 이러한 문제를 해결하기 위한 전략이 필요합니다.

블록체인이 도움이 되는 방법: 진정한 데이터 수집

블록체인 기술이 적용된 메타버스에서는 소셜 네트워킹과 같은 애플리케이션의 사용이 더욱 용이해질 것입니다. 블록체인의 분산 원장은 트랜잭션 기록 및 데이터 추적을 통해 데이터의 진위를 검증할 수 있습니다. 결과적으로, 데이터 수집 과정은 원장의 대부분의 노드가 데이터 변경 사항을 승인해야 하기 때문에 공격에 강한 특성을 가집니다.

메타버스에서 수집된 모든 데이터는 합의 메커니즘에 따라 블록체인에서 검증 절차를 거치게 됩니다. 모든 활동은 트랜잭션으로 기록되며, 각 블록에는 타임스탬프와 메타데이터, 그리고 이전 블록의 암호화 해시가 포함되어 있습니다. 이 구조 덕분에 블록체인에서는 다른 블록을 변경하지 않고는 데이터를 수정할 수 없습니다. 따라서 모든 블록에서 수집된 데이터는 변조에 강하며, 중복 블록이 생성될 확률은 거의 0에 가깝기 때문에 데이터 수집 과정에서 중복이 발생하지 않습니다. 결과적으로, 블록체인 기반의 데이터 수집 시스템을 통해 메타버스에서 획득한 데이터는 신뢰할 수 있는 정보로 자리잡게 됩니다.

요약하자면, 메타버스에서 데이터 수집은 고품질의 진정한 데이터를 보장하는 데 있어 어려운 과제입니다. 블록체인 기술이 이러한 제약을 극복할 수 있는 가능성을 가지고 있지만, 블록체인은 복잡하고 분산된 특성으로 인해 속도가 느릴 수 있습니다. 실제로 블록체인에서 거래를 완료하는 데는 상당한 시간이 소요될 수 있으며, 전체 거래가 며칠이 걸릴 수도 있습니다. 이로 인해 거래 수수료는 평소보다 높아지며, 네트워크의 사용자 수가 제한될 수 있습니다. 또한, 블록체인에서 수집된 데이터는 체인에 복사되어 저장되므로 저장 공간의 수요가 증가하게 됩니다. 따라서 더 많은 데이터가 수집될수록 추가적인 저장 공간이 필요하게 됩니다. 이러한 데이터 수집 시스템의 문제를 해결하기 위해 메타버스를 위한 성숙한 블록체인을 개발하는 데는 여전히 연구의 여지가 존재합니다.

데이터 저장

메타버스는 물리적 세계와 공존하며 인간이 지배하는 디지털 영역으로 구성되어 있습니다. 이 공간은 경험, 장소, 그리고 인터넷을 통해 접근할 수 있는 다양한 요소로 이루어져 있습니다. 메타버스의 운영에는 방대한 양의 데이터 저장 공간이 필요하며, 메타버스에 진입하는 모든 사용자는 데이터 파일을 생성하게 됩니다. 이러한 데이터는 소셜 상호작용의 결과로 지속적으로 증가합니다. 메타버스가 구축되고 운영됨에 따라 방대한 양의 데이터가 생성되며, 이는 현실 세계의 정보 처리 능력에 상당한 부담을 줄 것입니다. 따라서 메타버스를 효과적으로 활용하기 위해 데이터 스토리지를 최우선 과제로 삼아야 합니다.

- **메타버스에서 데이터 스토리지의 과제**: 메타버스는 디지털 현실이 물리적 세계와 함께 존재하는 공간입니다. 더 많은 사용자가 디지털 세계에 참여함에 따라 대량의 데이터 파일이 생성되며, 이로 인해 메타버스는 엄청난 양의 데이터를 발생시킵니다. 메타버스가 완전히 기능하기 시작하면, 물리적 세계의 데이터 저장 용량은 한계에 도달할 것입니다. 결과적으로 게임, 엔터테인먼트, 부동산, 헬스케어 등 다양한 메타버스 애플리케이션의 배포에 있어 데이터 스토리지는 주요 과제가 될 것입니다. 중앙 집중식 저장 시스템에 의존할 경우, 데이터 유출, 변조 또는 손실의 위험이 존재합니다. 특히 생체 데이터, 음성 정보 및 활력 징후와 같은 민감한 데이터에 의존하는 메타버스 기능은 위험에 처할 수 있습니다. 또한, 메타버스 애플리케이션에서 생성되는 방대한 양의 데이터에 대한 데이터 라벨링 및 정리도 중요한 과제가 될 것입니다.
- **블록체인이 도움이 되는 방법**: 메타버스에서 모든 트랜잭션에 대해 새로운 블록이 생성됨으로써, 데이터 저장의 변조를 방지할 수 있습니다. 블록체인 기술을 통해 데이터는 체인 전반에 걸쳐 원본 블록의 복제품으로 저장되며, 이는 메타버스의 데이터 신뢰성과 투명성을 높이는 데 기여합니다. 중앙 집중식 데이터 스토리지가 손상될 경우, 부동산에서의 디지털 객체와 같은 메타버스 애플리케이션은 위험에 처할 수 있습니다. 블록체인 기술을 활용하면 수많은 블록이 데이터 배포에 기여하여 메타버스의 중요한 모니터링 및 생명 유지 경고와 같은 애플리케이션에서 데이터 가용성을 높일 수 있습니다.

블록체인의 탈중앙화 특성 덕분에 데이터 과학자들은 협력하여 데이터 정리 작업을 수행할 수 있으며, 이는 데이터 라벨링 및 분석을 위한 데이터 세트 준비에 소요되는 시간과 비용을 크게 줄일 수 있습니다. 또한, 메타버스에서 블록체인은 데이터 안정성, 투명성 및 가용성을 제공하며,

모든 블록에 데이터가 백업됩니다. 합의 기반의 분산 원장은 메타버스의 데이터가 변조 및 복제에 저항하도록 도와줍니다. 그러나 추가된 데이터는 전체 체인에 걸쳐 미러링되어야 하므로, 지연 시간 문제를 해결하기 위해 더 많은 연구가 필요합니다. 블록체인에서는 데이터 변조가 불가능하지만, 하드포크와 같은 가능성도 고려해야 합니다.

데이터 공유

데이터 공유는 다양한 방식으로 메타버스의 여러 이해관계자에게 혜택을 줄 수 있습니다. 사람들과 애플리케이션이 동일한 플랫폼을 공유함으로써, 그림 6-17과 같이 보다 효과적으로 협업할 수 있습니다. 과학자부터 일반 대중까지, 모두가 메타버스에서 데이터 교환의 이점을 누릴 수 있습니다. 메타버스의 AR/VR 및 IoT 디바이스에서 수집된 데이터는 사용자의 행동에 맞춰 개인화된 시스템을 만드는 데 활용됩니다. 이를 통해 다양한 애플리케이션은 긍정적인 사용자 경험을 제공할 수 있습니다. 조직들은 애플리케이션 전반에 걸쳐 정보를 공유하여 메타버스를 통해 데이터 분석을 수행하고, 고객 이해, 광고 평가, 콘텐츠 개인화, 콘텐츠 전략 수립 및 제품 개발에 도움을 받을 수 있습니다.

- **메타버스에서 데이터 공유의 과제**: 중앙 집중식 데이터 교환 플랫폼에서 데이터를 공유할 경우, 데이터 소유자의 민감한 개인 정보가 메타버스에서 심각한 위험에 노출될 수 있습니다. 기존의 데이터 공유 환경에서는 데이터의 변동성이 높아 지연 시간이 길고 데이터 가용성이 낮아지는 문제를 겪습니다. 변화하기 쉬운 데이터를 확장하는 것은 불변 데이터에 비해 훨씬 더 어렵습니다. 메타버스에서는 의료, 교통 최적화, 미디어, 엔터테인먼트 등 여러 애플리케이션이 대량의 데이터를 생성하며, 이 데이터는 대부분 실시간으로 제공됩니다. 이로 인해 실시간 데이터에 대한 수요가 증가하면서 데이터 유연성에 문제가 발생하고 있습니다.
- **블록체인이 도움이 될 수 있는 방법**: 블록체인 기술은 메타버스에서 암호화폐 거래소, 교육 및 기타 애플리케이션의 거래를 보다 투명하고 정확하게 만들어 줍니다. 거버넌스 및 금융 관련 애플리케이션은 모든 거래에 대한 불변의 탈중앙화 기록을 생성하여 이해관계자가 이를 조회할 수 있게 합니다. 따라서 메타버스의 이해관계자들은 높은 데이터 투명성의 혜택을 누릴 수 있습니다. 블록체인을 통해 애플리케이션과 사용자는 썬더버드, 박쥐, 페가수스와 같은 타사 애플리케이션의 데이터 관리 방식을 이해하고, 그레이 마켓 거래를 제거하여 사용자 신뢰를 높일 수 있습니다. 또한 데이터 소유자는 자신의 정보에 대한 완전한 통제권을 갖게 됩니다. 데이터 감사 또한 분산 원장 기술의 혜택을 받을 수 있어, 블록체인은 데이터 검증에 드

는 시간과 비용을 절감합니다.

스마트 계약은 데이터 공유의 유연성을 향상시키며, 일반적으로 계약 실행을 자동화하여 중개자의 개입 없이 모든 참가자가 즉시 결과를 확인할 수 있도록 돕습니다. 블록체인을 통해 스마트 계약은 프로그래밍에서 이질적인 특성을 가질 수 있습니다. 블록체인 기술을 사용하면 메타버스 데이터의 유연성과 적응력이 향상될 것입니다. 그러나 블록체인은 체인을 따라 데이터 사본을 복제해야 하므로 정보 전송 시 지연이 발생할 수 있습니다. 메타버스 사용자 수가 증가함에 따라 블록 수가 증가해야 하므로, 이는 막대한 양의 컴퓨팅 리소스를 소모하게 됩니다. 결과적으로, 사용자는 공유 트랜잭션의 검증에 더 높은 거래 비용을 지불해야 할 수도 있습니다. 미래의 블록체인은 메타버스에서 데이터를 효과적으로 공유하기 위해 이러한 문제를 해결해야 할 것입니다.

데이터 상호 운용성

상호 운용성은 메타버스의 핵심 원동력이 될 것입니다. 금융 및 의료와 같은 다양한 애플리케이션이 메타버스 내에서 원활하게 소통하고 정보를 교환함으로써, 메타버스는 가상 세계를 위한 사회적 및 문화적 상호 작용 플랫폼으로 자리 잡을 것입니다. 사용자는 가상 브리지를 통해 아바타와 소유물을 가상 세계 간에 손쉽게 전송하고 보관할 수 있게 되며, ID 표준을 통해 고유한 자격 증명 집합이 발급됩니다. 이러한 자격 증명은 가상 세계의 경계에서 사용될 수 있으며, 이는 실제 라이선스 번호, 주민등록번호, 여권 번호 등과 유사한 기능을 할 수 있습니다.

- **메타버스에서 데이터 상호 운용성의 과제**: 메타버스는 다양한 디지털 영역의 융합을 통해 형성될 것이지만, 현재의 중앙 집중식 디지털 플랫폼은 서로 분리되어 있고 체계적이지 않습니다. 개인은 각기 다른 영역에 참여하기 위해 여러 계정, 아바타, 하드웨어 및 결제 인프라를 설정해야 하며, NFT 및 아바타와 같은 디지털 소유물을 다른 디지털 환경으로 이전할 선택권이 제한적입니다. 예를 들어, 디센트럴랜드에서 동일한 계정을 사용해 로블록스로 이전하는 것은 개방성이 부족해 어렵습니다. 가상 세계에서 애플리케이션의 사용 가능성은 이들 간의 상호 연결성에 따라 달라지며, 디지털 세계의 애플리케이션은 위치나 기술에 관계없이 서로 자유롭게 정보를 전달할 수 있어야 합니다. 따라서 메타버스의 상호 운용성은 가상 세계 간의 상호 작용을 적절하게 관리할 수 있는 능력에 달려 있으며, 이는 기존 접근 방식의 심각한 한계를 드러냅니다.
- **블록체인이 도움이 되는 방법**: 메타버스에서 가상 세계 간의 상호 운용성을 보장하기 위해 크로스체인 프로토콜이 효과적인 솔루션이 될 것입니다. 이를 통해 아바타, 대체 불가능한 토큰

(NFT), 가상 세계 간의 결제 등의 소유물을 교환할 수 있으며, 이러한 프로토콜은 메타버스의 광범위한 채택을 위한 기반을 제공합니다. 크로스 블록체인 기술을 활용하면 가상 세계 간의 상호 운용성이 활성화되어 중개자의 필요성이 사라지게 됩니다. 블록체인을 사용함으로써 사람과 애플리케이션은 메타버스에서 쉽게 연결될 수 있습니다.

그러나 여러 메타버스에서 가상 세계 간의 상호 운용성을 높이기 위해서는 추가 연구가 필요합니다. 크로스 블록체인이 메타버스 상호 운용성을 지원하는 데 있어 주요 과제는 공통 언어를 공유하지 않는 여러 가상 세계에 존재하는 다양한 Public Blockchain입니다. 이러한 플랫폼들은 서로 다른 수준의 스마트 계약 기능을 제공하여 적응을 어렵게 만들며, 각 가상 세계에서 사용되는 트랜잭션 아키텍처와 합의 프로세스가 상당히 다르기 때문에 상호 운용성이 제한되는 상황입니다.

데이터 개인정보 보호

메타버스는 고급 인간-컴퓨터 인터페이스(Human-Computer Interface, HCI) 기술을 활용하여 사용자가 소셜 상호 작용에 참여하고 가상 환경과 원활하게 상호 작용할 수 있도록 지원합니다. Web 2.0은 중앙 집중화된 구조로 인해 데이터 프라이버시 우려를 일으키고 있으며, Web 3.0으로 알려진 메타버스의 인터넷은 범위와 복잡성이 증가함에 따라 현실 세계와 가상 세계 간의 경계를 줄일 것입니다. Web 2.0이 개인의 권리 보호에 미치는 영향은 아직 명확하지 않지만, 곧 출시될 Web 3.0에서는 데이터 개인정보 보호 문제가 더욱 복잡해질 것으로 예상됩니다. 메타버스에서 생성되는 데이터의 양이 급격히 증가함에 따라, 애플리케이션의 부적절한 보안 절차는 데이터 유출의 가능성을 높일 수 있습니다. 따라서 개인 정보 보호는 개인 데이터의 기밀성을 보호하는 데 있어 중요한 우려 사항으로 남아 있습니다.

메타버스의 개인정보 보호와 관련된 과제는 메타버스 생태계가 초기 단계에서 공격자에 의해 사용자가 속고 민감한 정보를 빼앗길 위험이 있다는 점입니다. 예를 들어, promobot과 같은 인공지능 봇이 배포될 경우, 사용자는 자신이 실제 사람과 상호 작용하고 있다고 믿게 되어 속을 수 있습니다. 개인 식별 정보(PII)는 기밀성을 보호하는 데 있어 우려의 대상이 되며, 메타버스에 유효성 정보를 통합하는 것은 대량의 데이터를 동시에 관리하는 데 어려움을 초래할 수 있습니다.

블록체인이 메타버스에 도움이 되는 방법은 사용자에게 개인 키와 공개 키를 통해 데이터를 제어할 수 있는 기능을 제공하여 데이터 소유권을 효과적으로 부여하는 것입니다. 블록체인 기반의 메타버스에서는 타사 중개자가 다른 당사자로부터 데이터를 오용하거나 획득할 수 없습니다. 데이터 소유자는 제3자가 자신의 정보에 접근할 수 있는 시기와 방법을 규제할 수 있습니다. 블록체인 원장에서는 감사 추적 기능이 표준으로 포함되어 있으며, 메타버스의 모든 트랜잭션이 완전하고 일관되게 유지됩니다. 제로 지식 증명(Zero-Knowledge Proofs)을 도입하면 개인이 필수 데이터를 식별하면서도 개인 정보를 보호하고 소유물에 대한 소유권을 유지하며 편리하게 접근할 수 있습니다. 제로 지식 증명은 사용자가 정보를 공개하지 않고도 애플리케이션의 진위를 설득할 수 있는 블록체인 메커니즘입니다.

블록체인 기술의 채택은 사용자가 데이터 개인 정보 보호를 강화하는 데 도움을 줄 수 있지만, 개인 키 분실과 같은 단일 오류는 블록체인 기술의 보안과 메타버스의 데이터 개인정보 보호를 손상시킬 수 있는 위험 요소로 작용할 수 있습니다. 메타버스에서는 공격자들이 부적절한 보안 메커니즘을 이용해 개인 정보를 쉽게 손상시킬 수 있으며, 타사 애플리케이션을 쉽게 타깃팅할 수 있습니다. 사용자 데이터 프라이버시를 보장하기 위해 메타버스에서 블록체인을 어떻게 활용할 수 있는지에 대한 연구는 여전히 많은 가능성을 지니고 있습니다.

블록체인 메타버스의 네 가지 분류

메타버스는 가상 현실(VR), 증강 현실(AR) 및 기타 첨단 인터넷과 반도체 기술을 활용하여 사용자들이 온라인에서 실제와 유사한 개인적 및 비즈니스 경험을 제공받는 새로운 3D 지원 디지털 공간입니다. 현재의 메타버스는 콘텐츠 및 경험, 플랫폼, 인프라 및 하드웨어, 활성화 도구 등 네 가지 주요 범주로 나뉘며, 이는 각각 10개의 계층으로 구성되어 있습니다. 각 범주에 대한 설명과 예시는 다음과 같습니다.

- **콘텐츠 및 경험**: 메타버스의 핵심은 사용자, 크리에이터, 개발자들이 생성한 콘텐츠입니다. 이 콘텐츠는 메타버스 경험을 풍부하게 만들어주며, 특정 용도에 맞춘 애플리케이션(예: 학습, 이벤트)과 그룹 상호작용을 위한 가상 세계를 포함합니다. 사용자는 이러한 공간에서 다양한 활동을 하며 상호작용을 즐길 수 있습니다.
- **플랫폼**: 메타버스 플랫폼은 콘텐츠, 경험 및 애플리케이션에 대한 액세스를 쉽게 하고, 3D 경험을 창출할 수 있도록 설계된 다양한 기능을 제공합니다. 이러한 플랫폼은 사용자와 크리에이터가 메타버스 내에서 원활하게 작업할 수 있도록 돕습니다.
- **인프라 및 하드웨어**: 사용자들은 디바이스, 운영 체제(OS), 액세서리 등을 통해 메타버스와 인터페이스를 형성합니다. 메타버스는 클라우드 컴퓨팅, 반도체, 네트워크 등 기본 인프라에 의해 구동되며, 이는 메타버스의 원활한 운영에 필수적입니다. 예를 들어, 강력한 클라우드 서버는 데이터 처리와 저장을 효율적으로 수행하여 사용자 경험을 향상시킵니다.

- **활성화 도구**: 메타버스가 공정하고 안전하게 작동하기 위해서는 보안, 개인정보 보호 및 거버넌스가 필수적입니다. 이를 위해 디지털 신원을 관리하는 도구와 애플리케이션, 결제 시스템 및 수익 창출 도구가 필요합니다. 이러한 활성화 도구들은 메타버스 경제에 접근할 수 있도록 하여 사용자와 기업 모두에게 혜택을 제공합니다.

이와 같이, 블록체인 메타버스는 각 범주가 서로 긴밀하게 연결되어 있으며, 이를 통해 사용자들은 보다 풍부하고 안전한 디지털 경험을 누릴 수 있습니다. 각 범주는 메타버스의 발전을 위한 필수 요소로 작용하며, 앞으로의 연구와 기술 발전에 따라 더욱 발전할 것으로 기대됩니

블록체인 메타버스의 응용

블록체인 기술은 메타버스에서 혁신적인 힘으로 자리 잡고 있으며, 그 잠재적 응용 분야는 암호화폐에 국한되지 않습니다. 메타버스는 블록체인 기반의 가상 세계로, 사용자가 몰입형 경험에 참여할 수 있도록 설계되었습니다. 이 환경의 핵심은 공유 프로토콜과 표준으로 연결된 분산형 가상 세계 네트워크입니다. 이러한 가상 세계는 소셜 네트워크, 게임 플랫폼, 전자 상거래 시장, 교육 환경 등 다양한 형태로 발전할 수 있습니다. 메타버스를 다른 가상 세계와 차별화하는 점은 블록체인 기술을 통해 신뢰, 보안 및 상호 운용성을 구축한다는 것입니다.

전통적인 가상 세계에서는 사용자들이 플랫폼 소유자의 중앙 집중적 규제에 의해 제한받습니다. 이는 사용자의 창의성과 혁신을 저해할 수 있는 진입 장벽을 형성합니다. 반면, 블록체인 기반 메타버스는 사용자가 중앙 권한의 제약 없이 자유롭게 콘텐츠를 생성하고 공유할 수 있는 개방적이고 분산된 플랫폼으로 설계되었습니다.

가장 매력적인 응용 사례 중 하나는 게임 분야입니다. 블록체인 기술의 발전으로, 개발자들은 분산형 네트워크에서 게임을 제작할 수 있으며, 이는 기존 플랫폼에 비해 몇 가지 고유한 이점을 제공합니다. 예를 들어, 블록체인 기반 게임에서는 플레이어가 게임 내 자산을 디지털 토큰으로 소유하고 거래할 수 있어, 게임 생태계에 투명성과 유동성을 더합니다. 이러한 크립토 메타버스는 사회적 및 상업적으로 막대한 가능성을 지닌 환경으로, 블록체인 아키텍처를 통해 사용자들은 가상 자산을 실제 경제적 가치로 거래할 수 있습니다.

블록체인의 시작은 1991년 디지털 데이터를 안전하게 저장하고 보호하는 방법으로, 이후 공개 원장 시스템으로 발전했습니다. 주요 장점 중 하나는 수집된 데이터를 관계자의 동의 없이 수정하기 어렵다는 것입니다. 새로운 기록은 고유한 해시를 가진 블록으로 변환되고, 이러한 블록은 체인 형태로 연결되어 데이터의 무결성을 유지합니다. 비트코인을 포함한 여러 암호화폐에서 블록체

인 기술이 활용되고 있습니다.

블록체인은 복잡한 거래의 인증 및 추적을 용이하게 하며, 안전한 거래를 보장하고 규정 준수 비용을 절감합니다. 계약 관리 및 제품 감사는 물론, 소유권 및 증명서, 투표 플랫폼의 관리에도 유용하게 활용될 수 있습니다.

2021년 마크 주커버그가 Facebook을 Meta로 리브랜딩한 이후, 메타버스에 대한 관심이 급증했습니다. 이로 인해 Decentraland의 MANA 암호화폐와 Sandbox의 SAND 암호화폐는 사상 최고치를 기록하며, 시장 가치는 급증했습니다. 주커버그의 메타버스 집중 결정은 투자자들의 가상 세계에 대한 관심을 불러일으켰으며, Microsoft 또한 Ignite 이벤트에서 메타버스 기술을 소개하며 흥미를 더했습니다.

결론적으로 블록체인은 미래 메타버스 환경에서 중요한 요소로 자리 잡을 것입니다. 블록체인 기술은 금융, 사이버 보안, 재산권, 의료 등 다양한 분야에서 혁신을 이루고 새로운 가능성을 제시하고 있습니다.

블록체인 기반 메타버스의 주요 특징은 다음과 같습니다.

- **디지털 소유권**: 블록체인은 사용자가 물리적 자산과 유사하게 가상 아이템을 안전하고 투명하게 소유하고 거래할 수 있게 합니다.
- **분산 경제**: 메타버스 내에서 자체 통화와 시장을 형성할 수 있으며, 사용자는 블록체인 기반 토큰을 통해 경제 활동을 수행할 수 있습니다.
- **안전한 거래**: 블록체인은 메타버스 내에서 거래를 처리하는 안전하고 투명한 방법을 제공합니다. 이는 가상 상품 구매에서 서비스 비용 지불까지 포함됩니다.
- **신원 관리**: 블록체인은 안전하고 분산된 신원 시스템을 구축하여 사기와 신원 도용을 방지하고, 사용자가 자신임을 증명할 수 있도록 돕습니다.

이와 같이 블록체인 기술은 메타버스의 핵심 구성 요소로 자리잡으며, 사용자에게 새로운 경험과 기회를 제공할 것입니다.

블록체인 기술을 사용하는 이점

블록체인은 단일 회사가 메타버스를 지배하지 않고 여러 플랫폼이 다양한 경험을 제공할 수 있는 미래를 형성하는 데 중요한 역할을 합니다. 이 기술은 사용자가 아바타와 소중한 디지털 자산을 보유하며 메타버스를 자유롭게 탐험할 수 있도록 하여 플랫폼 간 이동성을 실현합니다. 또한,

암호화폐는 중개자 없이 개인 간의 빠른 거래를 가능하게 하여 메타버스 내에서 즉각적인 결제를 지원합니다.

유럽 연합의 일반 데이터 보호 규정(GDPR)은 메타버스 플랫폼이 사용자에게 어느 정도의 데이터 이식성을 제공하도록 요구하고 있습니다. EU 고객에게 서비스를 제공하려는 플랫폼은 고객이 자신의 개인 정보에 접근할 수 있도록 하거나 다른 플랫폼으로의 데이터 이전을 요청할 수 있게 해야 합니다. 블록체인은 이러한 이식성을 가능하게 하는 중개자 역할을 하며, 사용자 신원에 연결된 고유한 디지털 자산의 소유를 모니터링할 수 있습니다.

블록체인 기술을 통한 메타버스의 이점은 단순한 기술적 혁신을 넘어, 사용자에게 더 나은 경험과 자유로운 선택권을 제공하는 기반이 될 것입니다. 이러한 변화는 메타버스가 진정한 디지털 경제로 발전하는 데 기여할 것입니다.

블록체인 메타버스 기술의 미래

향후 전망에 따르면, 2026년까지 블록체인이 제공하는 기업 가치는 약 3,600억 달러에 이를 것이며, 2030년에는 3조 1,000억 달러 이상으로 증가할 것으로 예상됩니다. 특히, 블록체인 기술의 흥미로운 성장 분야 중 하나는 사이버 보안입니다. 데이터 조작 문제는 모든 종류의 조직에 지속적으로 발생하는 이슈로, 블록체인은 이러한 문제를 해결하는 데 중요한 역할을 할 수 있습니다. 이 기술은 데이터의 변조를 방지하고, 안전한 데이터 보호를 제공하며, 당사자들이 파일의 적법성을 검증할 수 있도록 돕습니다.

블록체인과 메타버스의 결합은 미래에 대한 새로운 가능성을 열어줄 잠재력을 지니고 있습니다. 메타버스가 계속해서 성장하고 진화함에 따라, 블록체인은 경제와 거래에서 점점 더 중요한 역할을 하게 될 것입니다. 글로벌 회계 및 컨설팅 회사 PwC는 가상 현실과 증강 현실이 2019년에는 465억 달러의 가치를 지녔으나, 2030년까지 1조 5,000억 달러를 기여할 것으로 추정하고 있습니다.

사용자가 가상 자산을 소유하거나, 분산 경제에 참여하며, 디지털 신원을 보호하는 데 있어 블록체인은 보다 안전하고 투명하며 몰입감 있는 메타버스 경험을 만들어 줄 수 있습니다. 이러한 변화는 블록체인이 메타버스의 핵심 기술로 자리 잡는 데 기여할 것입니다. 블록체인 기술의 발전은 메타버스 사용자에게 더욱 진화된 디지털 경험을 제공하는 중요한 요소가 될 것입니다.

Lesson 04

탈중앙화 금융

탈중앙화 금융(DeFi, Decentralized Finance)은 전통적인 금융 시스템을 대체하는 블록체인 기반의 분산형 금융 시스템을 의미하며, DeFi는 중앙화된 중개자(예: 은행, 증권사, 보험사 등) 없이, 스마트 계약(Smart Contracts)과 분산원장 기술(Blockchain)을 통해 다양한 금융 서비스를 제공합니다. 이러한 시스템은 누구나 접근할 수 있고, 투명하게 운영되며, 자동화된 방식으로 거래가 이루어집니다. LESSON 04에서는 탈중앙화 금융이 무엇인지 알아보도록 하겠습니다.

탈중앙화 금융(Decentralized Finance, DeFi)은 암호화폐에서 사용하는 보안 분산 원장을 기반으로 한 새로운 금융 기술입니다. 미국에서는 연방준비제도와 증권거래위원회(SEC)가 소비자가 자본과 금융 서비스에 직접 접근할 수 있도록 중앙화된 금융 기관인 은행 및 증권사에 대한 규칙을 정의하고 있습니다.

DeFi는 개인에게 피어투피어(peer-to-peer) 거래를 가능하게 하여 이러한 중앙화된 금융 시스템에 도전(그림 6-18)합니다. 블록체인, 스마트 계약, 오라클 등 혁신적인 기술에 기반한 DeFi는 초기에는 탈중앙화된 인프라에서 전통적인 금융 상품을 재창조하는 움직임으로 시작했으나, 현재는 새로운 제품과 시장으로 빠르게 확장하고 있습니다.

그림 6-18 중앙집권화 금융 vs 분산화 금융 비교

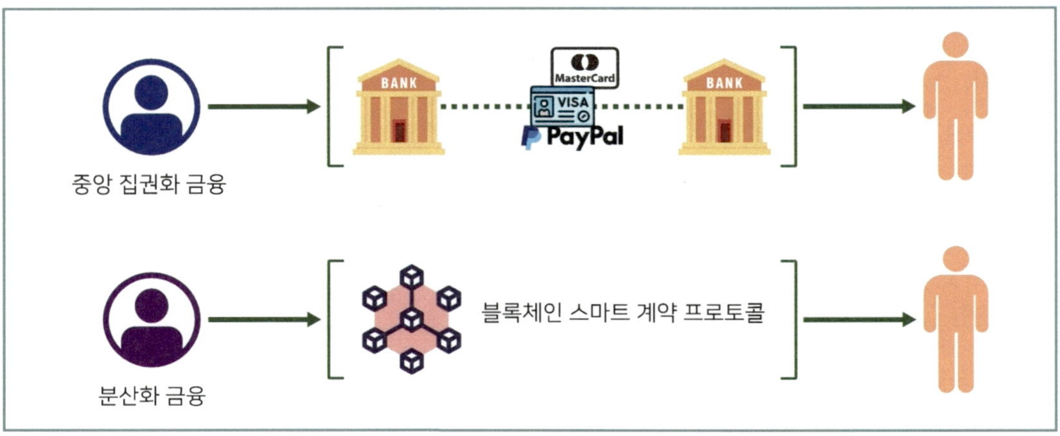

DeFi 환경에서 사용자는 기존 금융 시스템과 유사한 금융 애플리케이션에 접근할 수 있지만, 중앙 집중식 중개인의 개입 없이 거래를 수행할 수 있습니다. DeFi 애플리케이션은 검열에 강하며, 분산된 네트워크에서 실행되는 오픈 소스 프로토콜을 사용하여 글로벌 무허가 액세스를 제공합니다. 이러한 구조는 거래 상대방 위험을 완화하고, 다른 애플리케이션과의 상호 운용성을 통해 보다 발전된 금융 상품을 가능하게 합니다.

DeFi의 핵심은 신흥 기술을 활용하여 금융 거래에서 제3자와 중앙 기관을 제거하는 것입니다. 구성 요소로는 암호화폐, 블록체인 기술, 그리고 사용자 간의 금융 거래를 지원하는 소프트웨어가 포함됩니다. 그러나 DeFi는 아직 초기 단계에 있으며, 미숙한 프로그래밍과 보안 테스트 부족으로 인해 해킹과 도난의 위험이 존재합니다. 이로 인해 DeFi의 안전성과 신뢰성을 높이기 위한 지속적인 개선과 연구가 필요합니다.

분산형 금융(DeFi)의 작동 방식

탈중앙화 금융(DeFi)은 피어투피어(peer-to-peer) 금융 네트워크를 통해 작동(그림 6-19)하며, 이를 위해 보안 프로토콜, 연결성, 소프트웨어 및 하드웨어 발전을 활용합니다. 이 시스템은 은행 및 기타 금융 서비스 회사와 같은 중개자를 제거하는 것을 목표로 합니다. 이러한 중개자들은 기업과 고객에게 서비스 사용에 대한 요금을 청구하는데, 이는 전통적인 금융 시스템의 필수 요소입니다. DeFi는 블록체인 기술을 사용하여 이러한 중개자의 필요성을 줄입니다.

그림 6-19 탈중앙화 금융(DeFi) 작동

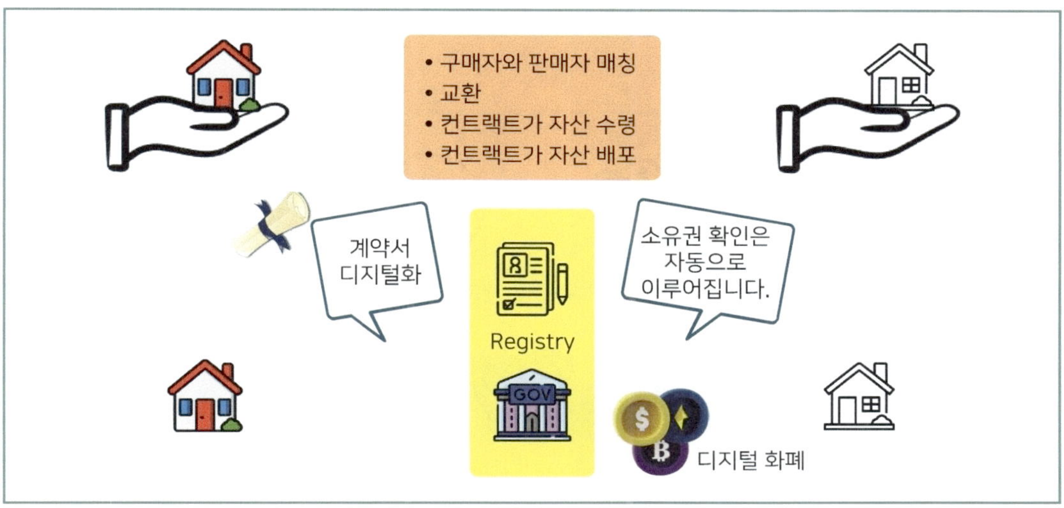

많은 DeFi 애플리케이션은 이더리움이라는 오픈 소스 블록체인 프레임워크를 기반으로 하여 개발되며, 이를 통해 신뢰할 수 있는 제3자의 개입 없이도 익명의 두 당사자 간에 직접적인 피어투피어 결제가 가능합니다. 또 다른 인기 있는 DeFi 애플리케이션은 피어투피어 대출입니다. 이 전체 시스템은 전 세계 수천 명의 개인과 컴퓨터에 분산되어 있는 정보를 기반으로 하며, 이는 일반적으로 폐쇄형 소스와 소수의 대형 기관이 통제하는 중앙 집중식 금융 시스템과는 매우 다른 접근 방식입니다.

더 간단히 말해, 전통적인 금융 시스템에서는 사용자가 힘들게 번 돈이 은행 계좌에 보관되고, 거래를 원할 때마다 은행이 금융 거래소 사이에서 중개자 역할을 수행합니다. 이 과정에서 사용자는 거래 수수료를 지불하게 됩니다. 그러나 DeFi는 중개자가 필요 없기 때문에 거래가 더 빠르게 이루어질 뿐만 아니라 수수료 비용도 절감할 수 있습니다.

DeFi의 탈중앙화를 달성하기 위해 여러 기술과 프로토콜이 사용됩니다. 특히, DeFi는 블록체인 네트워크 위에 구축되며, 스마트 계약을 통해 구매자, 판매자, 대출자 간의 금융 계약 조건을 자동화하여 거래를 가능하게 합니다. 고급 암호화 알고리즘을 사용함으로써 DeFi는 안전한 금융 시스템으로 간주되며, 모든 거래에 대한 향상된 보안을 보장합니다.

DeFi 애플리케이션

탈중앙화 금융(DeFi) 애플리케이션(그림 6-20)은 블록체인과 통신하도록 설계되어 사용자가 제3자 없이도 구매, 대출, 거래 등 다양한 금융 활동을 수행할 수 있게 합니다. 이러한 애플리케이션은 개인용 컴퓨터, 태블릿, 스마트폰 등에서 사용하기 쉬운 프로그램 형태로 제공됩니다. 물론

그림 6-20 DeFi 애플리케이션

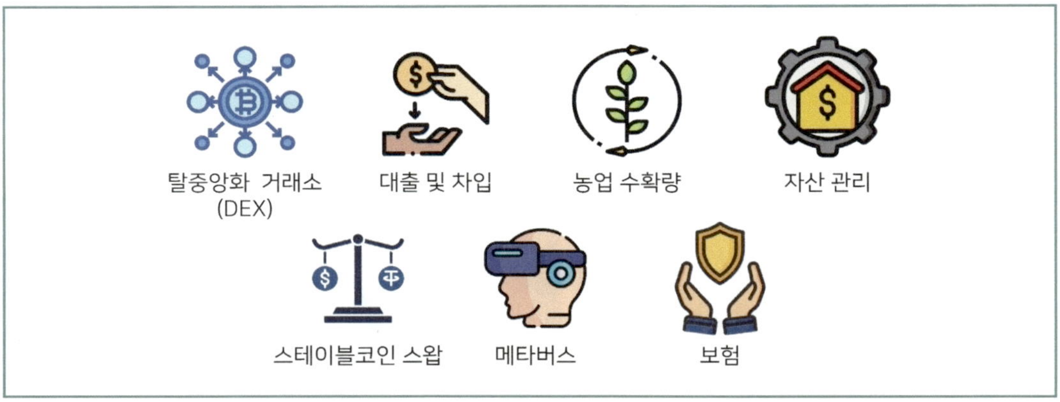

DeFi는 애플리케이션이 없어도 존재할 수 있지만, 사용자는 명령줄이나 터미널을 통해 시스템을 조작하는 데 익숙해야 합니다.

DeFi 애플리케이션은 사용자에게 다양한 금융 옵션을 제공하여 거래를 자동화하는 인터페이스를 구성합니다. 예를 들어, 대출을 제공하고 이자를 부과하려는 경우, 사용자는 인터페이스에서 조건을 설정하고 입력할 수 있습니다. 대출이 필요한 경우, 은행이나 개인 대출자와 같은 다양한 제공자를 검색할 수 있으며, 일부 애플리케이션에서는 원하는 서비스에 대한 매개변수를 입력해 다른 사용자와 매칭할 수 있습니다. 블록체인의 특성 덕분에 전 세계 어디에서나 금융 서비스를 주고받을 수 있습니다.

하지만 DeFi는 완전한 익명성을 제공하지 않습니다. 거래는 개인의 이름과 연결될 수 있으며, 이를 추적할 수 있는 정보는 정부 및 법 집행 기관이 접근할 수 있습니다. 이는 때때로 개인의 재정적 이익을 보호하기 위한 조치로 필요할 수 있습니다.

탈중앙화 거래소(DEX)

탈중앙화 거래소(Decentralized Exchanges, DEX)는 사용자가 암호화폐, 대체 불가능한 토큰(NFT), 기타 디지털 자산을 직접 교환할 수 있는 플랫폼입니다. Uniswap, Curve, PancakeSwap과 같은 DEX에서는 상품의 교환이 사용자 간에 직접 이루어지며, 중개자나 제3자의 개입이 필요 없습니다. 이를 통해 사용자들은 더 많은 자율성을 가지고 거래할 수 있습니다(그림 6-21).

대출 및 차입

DeFi는 대출 및 차입 활동에도 활용됩니다. 전통적인 대출 시스템에서는 사용자가 자산을 담보로 중앙 집중식 기관에서 자본을 차입해야 하며, 이 과정에는 많은 시간과 서류 작업이 필요합니다. 그러나 DeFi는 사용자가 암호화폐나 NFT 같은 디지털 자산을 담보로 활용하고, 제3자에 의존하지 않고 자본을 차입할 수 있게 합니다.

농업 수확량

수익률 파밍은 사용자가 DeFi 프로토콜에 유동성을 제공하는 대가로 보상을 받는 방법입니다. 일반적으로 사용자는 유동성 풀에 암호화폐 자산을 예치하여 필요한 유동성을 공급하고, 이로 인해 거래 수수료의 일정 비율을 보상으로 받습니다.

그림 6-21 탈중앙화 거래소 작업

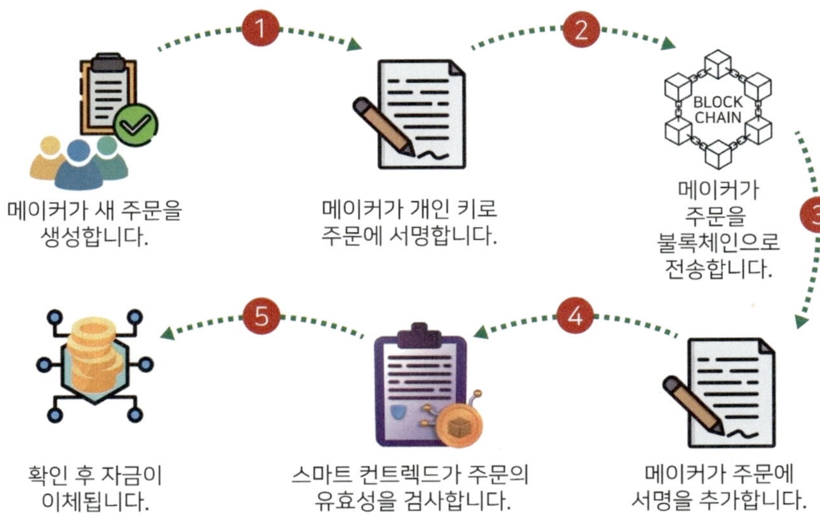

자산 관리

DeFi는 사용자에게 자산을 더 효율적으로 관리할 수 있는 도구를 제공합니다. 이를 통해 사용자는 변동성 및 기타 시장 위험을 최소화하면서 수익을 극대화하는 스마트 계약 기반 자산 관리 전략에 접근할 수 있습니다. DeFi는 사용자가 항상 자산에 대한 완전한 통제권을 유지하도록 하여 기존 자산 관리 서비스에 비해 자산 손실이나 잘못된 관리의 위험을 줄여 줍니다.

스테이블코인 스왑

스테이블코인은 법정화폐(예: 달러)나 상품(예: 금)과 연결된 통화입니다. 이러한 연결 덕분에 스테이블코인은 변동성이 줄어듭니다. DeFi는 사용자가 최소 수수료로 스테이블코인을 서로 교환할 수 있도록 돕습니다.

메타버스

최근 몇 년간 메타버스는 큰 인기를 끌었습니다. 나이키, 구찌, 코카콜라와 같은 주요 기업들은 고객과의 소통을 개선하고 매출을 높이기 위해 전용 메타버스를 구축하고 있습니다. 또한, 가상 환경에서의 원활한 거래를 위해 메타버스 개발 회사들은 DeFi 요소를 통합하여 고객에게 향상된 구매 경험을 제공합니다. 탈중앙화 금융을 활용하면 은행이나 기타 중개업체가 필요 없으므로, 기업들은 빠르고 안전하며 투명한 거래를 보장할 수 있습니다.

분산형 금융의 목표

DeFi(탈중앙화 금융)의 핵심 전제는 피어투피어(P2P) 금융 거래입니다. 이는 두 당사자가 제3자의 개입 없이 상품이나 서비스와 암호화폐를 교환하기로 합의하는 방식입니다. DeFi를 통해 여러 가지 가능성이 열립니다.

- **접근성**: 인터넷에 연결된 모든 사람이 DeFi 플랫폼에 접근할 수 있으며, 거래는 지리적 제한 없이 이루어집니다.
- **낮은 수수료와 높은 이자율**: DeFi에서는 두 당사자가 직접 이자율을 협상할 수 있으며, 이를 통해 암호화폐나 돈을 대출할 수 있습니다.
- **보안 및 투명성**: 블록체인에 기록된 스마트 계약과 거래 기록은 누구나 검토할 수 있지만, 개인의 신원은 공개되지 않습니다. 블록체인은 변경 불가능하여 안전성을 제공합니다.
- **자율성**: DeFi 플랫폼은 중앙 집중형 금융 기관에 의존하지 않으며, 이로 인해 금융 서비스 관리에 필요한 필요성과 비용이 줄어듭니다. 비록 피어투피어 대출이 이자와 수수료가 없다는 의미는 아니지만, 대출 기관이 전 세계 어디에나 있을 수 있어 선택의 폭이 훨씬 넓어집니다.

DeFi는 블록체인과 암호화폐 기술을 사용하여 금융 서비스를 제공하는 모든 애플리케이션을 포괄하는 용어입니다. 이러한 애플리케이션은 기본적인 저축 계좌부터 기업이나 투자자에게 유동성을 제공하는 고급 서비스에 이르기까지 다양합니다. 주목할 만한 DeFi 서비스 제공업체 중 하나는 Aave로, 사용자가 유동성 공급자나 차용인으로 참여할 수 있는 "분산형 비보관형 유동성 시장 프로토콜"입니다. Aave를 이용하면 사용자가 암호화폐 자산을 스테이킹하여 대출로부터 이자 소득을 얻을 수 있습니다.

원래는 대출 및 은행과 같은 금융 서비스를 이용할 수 없는 사람들에게 제공하기 위해 고안된 DeFi는 이제 다양한 분야와 사업에 참여할 수 있는 산업으로 발전하였습니다. 여기 몇 가지 인기 있는 DeFi 분야를 소개합니다.

- **분산형 거래소**: DeFi 앱 사용자들이 가장 선호하는 것은 분산형 거래소에 접근하는 것입니다. Uniswap 및 PancakeSwap과 같은 거래소는 다른 암호화폐 사용자와의 상호작용을 가능하게 합니다.
- **유동성 공급자**: 유동성은 자산을 빠르게 판매할 수 있는 능력으로, 많은 암호화폐 사용자들이

겪는 문제입니다. 유동성 공급자는 사용자가 자금을 예치하여 거래소가 판매 기회를 제공할 수 있도록 합니다.

- **대출/수익 농사**: 대출을 제공하는 수백 개의 DeFi 앱이 존재합니다. 이들은 일반적으로 유동성 풀의 형식으로 운영되며, 사용자는 자금을 잠가두고 다른 사용자에게 대출이자 수익을 제공합니다. 일부 회사는 담보 없이 대출을 제공하는 플래시 대출도 제공합니다.
- **예측 시장**: 사용자는 거의 모든 이벤트의 결과에 베팅할 수 있는 플랫폼을 이용할 수 있습니다.
- **NFT**: 대체 불가능한 토큰 시장은 다소 식었지만 여전히 틈새 투자자와 수집가들에게 인기가 있습니다.

DeFi는 이러한 다양한 서비스와 애플리케이션을 통해 금융의 접근성과 효율성을 크게 향상시키고 있습니다.

탈중앙화 금융의 이점

탈중앙화 금융의 이점으로는 금융의 민주화, 효율적이고 빠른 거래, 비용 절감, 보안 및 개인 정보 보호, 24시간 서비스, 사기 및 부패 감소 등을 들 수 있습니다. 이러한 이점들은 DeFi가 현대 금융 시스템에서 혁신적인 변화를 가져오는 핵심 요소(그림 6-22)임을 보여 줍니다.

- **금융의 민주화**: 탈중앙화 금융(DeFi)은 블록체인 기술을 활용하여 중개자 없이 대출, 차입, 거

그림 6-22 DeFi 핵심 요소

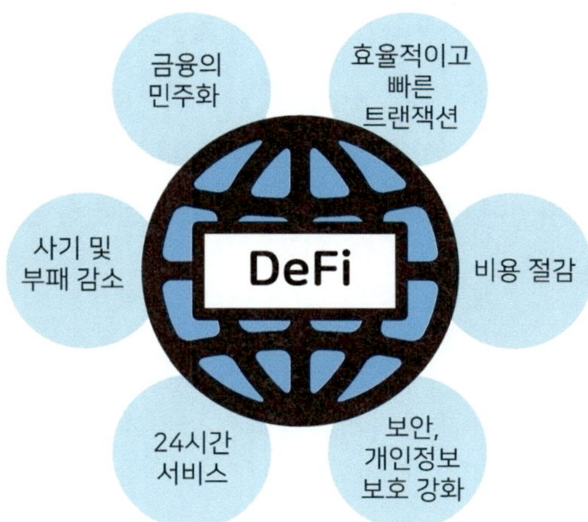

래, 이자 적립 등의 금융 활동을 수행할 수 있는 시스템을 구축합니다. 이를 통해 더 많은 사용자가 금융 서비스에 접근할 수 있으며, 금융 활동에의 참여를 촉진하고 전반적인 금융 부문에 힘을 실어줍니다.

- **효율적이고 빠른 거래**: 기존 금융 서비스에서는 은행과 같은 중개자의 개입으로 거래가 이루어지며, 이로 인해 거래 완료에 시간이 소요됩니다. 또한, 수동적인 실수로 인해 잘못된 거래가 발생할 수 있습니다. DeFi는 중개자의 의존도를 줄여 거래를 신속하게 완료할 수 있게 하며, 스마트 계약을 통해 조건이 충족되었을 때만 거래가 실행됩니다. 이로 인해 오류 발생 가능성이 크게 줄어듭니다.
- **비용 절감**: 탈중앙화 금융은 은행이나 금융 기관 같은 중개자의 필요성을 없애므로, 사용자는 기존 금융 시스템에서 지불하던 거래 관련 수수료를 절약할 수 있습 니다. 또한, DeFi는 스마트 계약을 통해 금융 생태계의 자동화를 촉진하여 운영 비용을 더욱 줄일 수 있습니다.
- **보안 및 개인정보 보호 강화**: DeFi는 블록체인 기술을 기반으로 금융 활동을 수행하며, 데이터 변조가 거의 불가능하다는 점이 입증되었습니다. 스마트 계약은 개인의 신원을 공개하지 않고도 금융 프로세스를 자동화하며, 사용자는 자산에 대한 완전한 소유권을 유지합니다. 따라서 사용자는 자신의 디지털 자산에 대해 오직 본인만 접근할 수 있습니다.
- **24시간 서비스**: 탈중앙화 금융은 기존 은행이 제한된 시간에 운영되는 것과 달리, 365일 연중무휴로 금융 서비스를 제공합니다. 이더리움, 솔라나, 트론 등 다양한 블록체인 네트워크에서 운영되므로, 사용자는 언제든지 거래를 수행하거나 디지털 자산을 대여할 수 있습니다.
- **사기 및 부패 감소**: DeFi는 안전하고 투명하며 변조 방지가 가능한 블록체인 기술을 기반으로 하여 사기와 부패를 줄이는 데 기여합니다. 거래는 스마트 계약에 의해 자동화되며, 이로 인해 모든 과정이 안전하고 투명하게 진행됩니다. 따라서 탈중앙화 금융은 사기나 부패의 가능성을 크게 줄입니다.

이러한 이점들은 DeFi가 현대 금융 시스템에서 점점 더 중요한 역할을 하고 있음을 보여 줍니다.

탈중앙화 금융의 잠재적 위험

탈중앙화 금융(DeFi)에는 여러 잠재적 위험(그림 6-23)이 존재합니다.

- **스마트 컨트랙트 취약점**: DeFi의 운영은 스마트 컨트랙트에 의해 실행됩니다. 이러한 컨트랙

그림 6-23 탈중앙화 금융 잠재적 위험

트는 코드로 작성된 약관을 포함하고 있지만, 권한 없는 사용자가 이를 조작할 가능성이 있습니다. 따라서 정기적인 감사와 보안 계층 추가가 필요합니다.

- **운영 위험**: DeFi는 아직 초기 단계에 있으며, 시스템의 다운타임, 사용자 오류, 네트워크 혼잡 등으로 인해 효율적으로 작동하지 않을 위험이 있습니다. 신뢰할 수 있는 DeFi 플랫폼을 선택하고, 긴급 상황에 대비해 백업 플랫폼을 여러 개 두는 것이 좋습니다.
- **유동성 위험**: 유동성은 DeFi의 원활한 운영을 위해 필수적입니다. 필요한 유동성을 확보하지 못하면 전체 생태계에 부정적인 영향을 미칠 수 있습니다. 따라서 유동성을 면밀히 주시하고 이를 해결할 수 있는 전략을 마련해야 합니다.
- **규제 리스크**: DeFi는 중앙 기관 없이 운영되지만, 이는 규제의 부재로 인해 규제 위험에 노출되기도 합니다. 예를 들어, 스마트 컨트랙트의 코드 오류로 잘못된 거래가 발생했을 때 기존 금융 시스템처럼 환불 옵션이 없습니다.

사용자는 이러한 위험을 인지하고 DeFi 애플리케이션과 플랫폼을 신중하게 활용해야 합니다. 적절한 계획을 세운다면 이러한 위험들을 효과적으로 관리할 수 있습니다.

DeFi에 대한 우려와 결론

탈중앙화 금융(DeFi)은 끊임없이 진화하고 있지만, 여러 가지 우려사항이 존재합니다. DeFi는 규제를 받지 않으며, 생태계는 잘못된 프로그래밍, 해킹, 그리고 사기에 취약합니다. 예를 들어, 해커와 범죄자들은 DeFi 애플리케이션의 취약점을 이용해 암호화폐를 훔치는 경우가 많습니다.

현재의 법률 체계는 기술 발전을 따라잡지 못하고 있으며, 대부분의 기존 법률은 각각 고유한 규칙과 법률을 가진 별도의 금융 관할권을 기반으로 합니다. 그러나 DeFi의 국경 없는 거래 기능은 이러한 규제 체계에 대해 중요한 질문을 제기합니다.

DeFi는 현재의 중앙 집중식 은행 시스템에 도전하는 혁신적인 금융 기술입니다. DeFi는 피어투피어 거래를 촉진하며, 은행 및 기타 금융 서비스 회사가 부과하는 수수료를 없애고자 합니다. 그러나 DeFi는 여전히 초기 단계에 있으며, 기존 금융 시스템을 대체하기 위해서는 여러 가지 중대한 장애물을 극복해야 합니다. 이 시스템은 해결하기 어려운 고유한 문제를 안고 있습니다.마지막으로, 금융 서비스 회사와 은행은 쉽게 대체되지 않을 것입니다. 블록체인 기반 금융 시스템으로의 전환에서 이익을 얻을 방법이 있다면, 그들은 이를 찾아 적극적으로 참여할 것입니다.

Lesson 05

블록체인기반 증권 투자의 변화

Security Token Offering(STO)는 **토큰증권**(Tokenized Securities)을 발행하여 자금을 모은다는 점에서 Initial Coin Offering (ICO)와 유사하지만, **STO**는 법적으로 인정된 증권을 블록체인에서 토큰화하여 발행하는 방식입니다. 즉, **STO**는 **증권법**에 따라 규제를 받는 증권형 토큰(Security Token)을 발행하는 과정으로, 투자자들에게 발행된 증권형 토큰을 제공하고, 그 대가로 자금을 모집하는 방식입니다. LESSON 05에서는 토큰증권의 변화에 대하여 알아보겠습니다.

STO(Security Token Offering, 토큰증권)는 회사가 자산 소유권을 나타내는 블록체인 기반의 토큰을 배포하는 방식으로 STO(증권형 토큰 발행)는 전통적인 증권과 동일한 법규제에 기반하여, 투자자 보호와 컴플라이언스를 보장하는 방식으로 자금을 조달(그림 6-24)합니다. 토큰증권은 유가증권을 블록체인으로 디지털화하여, 투자자가 디지털 상에서 소유권, 배당권 등을 증명할 수 있도록 합니다. 이를 통해 기존 주식 공개나 펀드 출자보다 간편하고 신속한 자금조달이 가능

그림 6-24 STO 특징

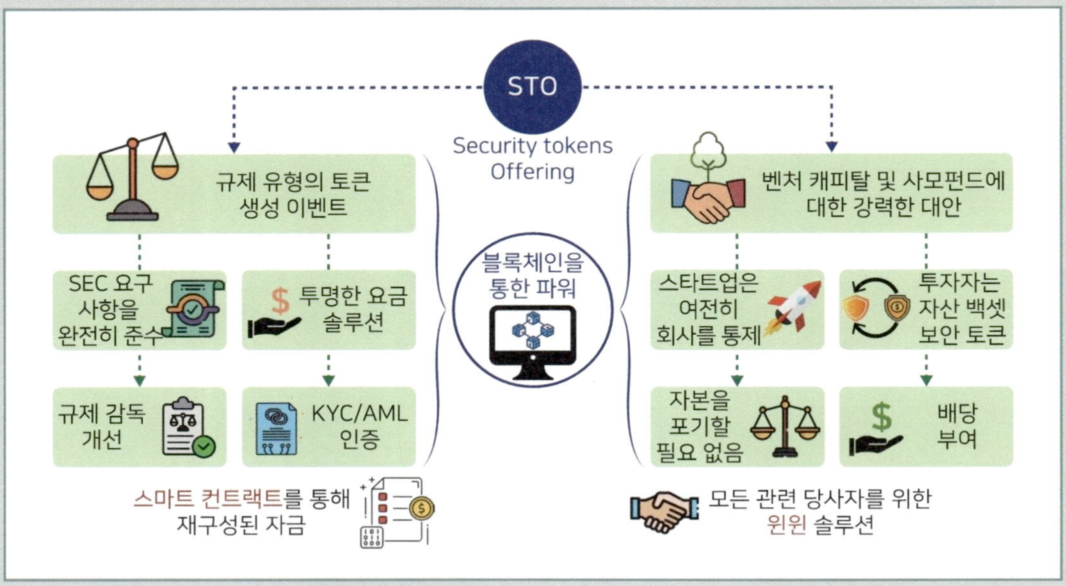

해집니다.

이러한 토큰은 부동산, 예술품, 기업 자본 등 다양한 유형의 자산을 포함할 수 있습니다. STO는 초기 코인 공개(ICO)와 유사하지만, 배포되는 토큰이 증권으로 간주되며 금융 당국의 규제를 받는다는 점에서 차별화됩니다. 이는 STO가 주식 및 채권과 같은 기존 증권과 동일한 법적 보호를 제공하는 것을 목표로 하고 있음을 의미합니다.

STO는 안전하고 규정을 준수하는 ICO의 형태로, 증권형 토큰으로 알려진 디지털 증권을 거래소에서 판매하는 과정입니다. 이를 통해 투자자에게는 주주와 유사한 권리, 즉 회사 내 의결권이나 배당금 수령 등의 혜택이 부여됩니다. 또한, STO는 정부 규정을 준수하면서도 디지털 자금을 모집할 수 있는 기회를 제공합니다.

STO를 출시하는 과정(그림 6-25)은 선택한 관할권에 따라 약간의 차이가 있을 수 있지만, 기본적인 단계는 다음과 같습니다.

1. **사전 조사**: 증권형 토큰 오퍼링을 준비하기 전에, 가장 적합한 관할권을 선택하고 세금 분석, 위험 평가, 재무 구조화를 진행하는 것이 중요합니다. 이 과정에서 법률 및 규제 환경을 이해하고, 사업 목표에 맞는 최적의 전략을 수립해야 합니다.
2. **법적 구조화**: 이 단계에서는 기업 구조를 설정하고 필요한 문서를 준비하는 것이 핵심입니다. 법적 요건을 충족시키기 위해서는 전문 법률 자문이 필요할 수 있으며, 이는 STO의 성공적인 수행에 필수적입니다.
3. **토큰 발행 및 오퍼링**: 이 단계에서는 두 가지 주요 작업이 필요합니다. 첫째, 화이트리스트 요건을 충족하는 토큰을 발행해야 하며, 이를 위해 기술 팀이 스마트 컨트랙트를 개발합니다. 둘째, 토큰 판매 플랫폼을 구축하고 이를 통해 투자자에게 판매를 시작해야 합니다.
4. **프로모션 제공**: 이 단계에서는 잠재적 투자자에게 연락을 취하고 마케팅 캠페인을 진행합니다. 효과적인 홍보 전략을 통해 더 많은 투자자를 유치하는 것이 중요합니다.
5. **사후 관리**: 마지막 단계에서는 투자자가 선택한 결과에 만족할 수 있도록 관리하는 것이 목표입니다. 여기에는 추가 수익률을 제공하고, 기존 자산을 효율적으로 관리하는 전략이 포함됩니다.

STO는 블록체인 기술을 활용하여 자산의 소유권을 명확히 하고, 규제를 준수함으로써 투자자에게 신뢰를 제공합니다. 그러나 규제 변화와 자산 손실 가능성과 같은 리스크도 존재하므로, 투자자는 충분한 정보와 이해를 바탕으로 참여하는 것이 중요합니다.

그림 6-25 STO 기본적 단계

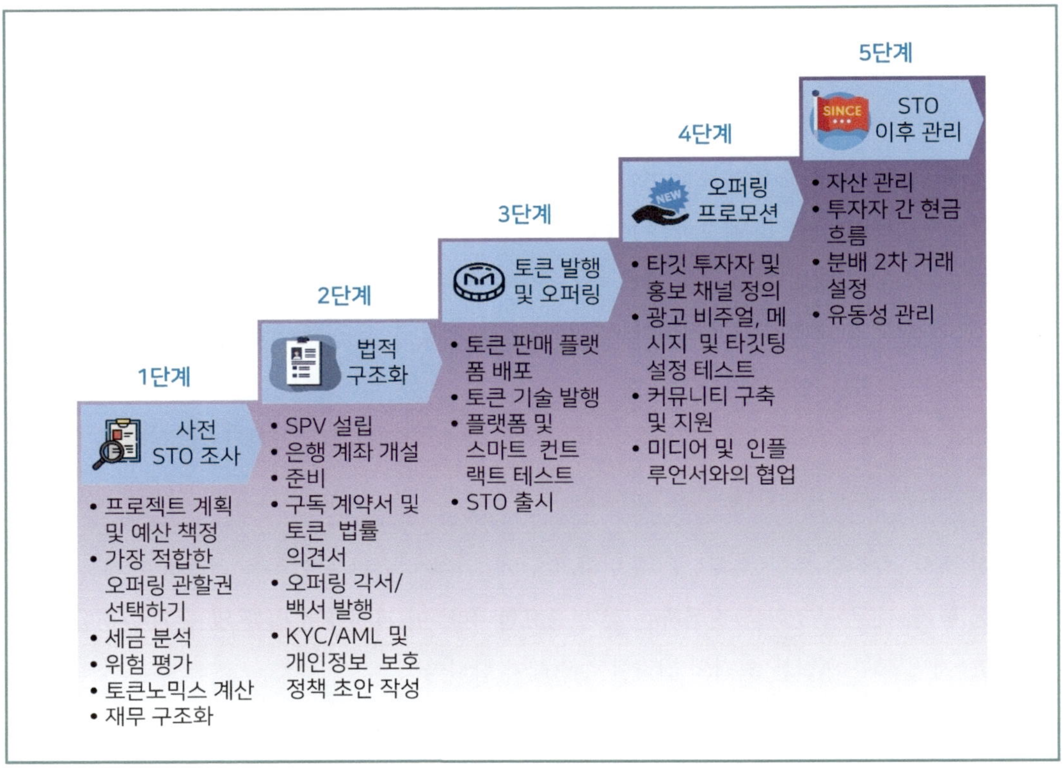

STO의 목적과 이점

STO(증권형 토큰 공개)는 신제품 개발 지원, 사업 확장 등 다양한 목적(그림 6-26)을 위해 자금을 모으는 데 활용됩니다. 이로 인해 STO는 기존의 IPO(기업공개)와 크라우드펀딩 방식에 대한 유망한 대안으로 자리잡고 있습니다.

STO는 블록체인 기술을 기반으로 하기 때문에 몇 가지 중요한 이점을 제공합니다. 첫째, 투명성 향상입니다. 모든 거래는 블록체인에 기록되어 누구나 접근할 수 있어, 참여자들은 실시간으로 거래 내역을 확인할 수 있습니다. 둘째, 거래 시간 단축입니다. 전통적인 금융 시스템에서는 거래 처리에 시간이 소요되지만, STO는 자동화된 프로세스를 통해 신속한 거래를 가능하게 합니다. 셋째, 토큰의 용이한 거래가 가능합니다. 블록체인 기반으로 토큰화된 자산은 언제든지 시장에서 거래될 수 있어 유동성을 높입니다.

STO 시장은 아직 비교적 초기 단계에 있지만, 몇 가지 성공적인 사례가 존재합니다. 예를 들어, 보안 토큰 플랫폼인 tZERO(그림 6-27)는 2018년에 STO를 통해 1억 3,400만 달러의 자금을

그림 6-26 STO 다양한 목적

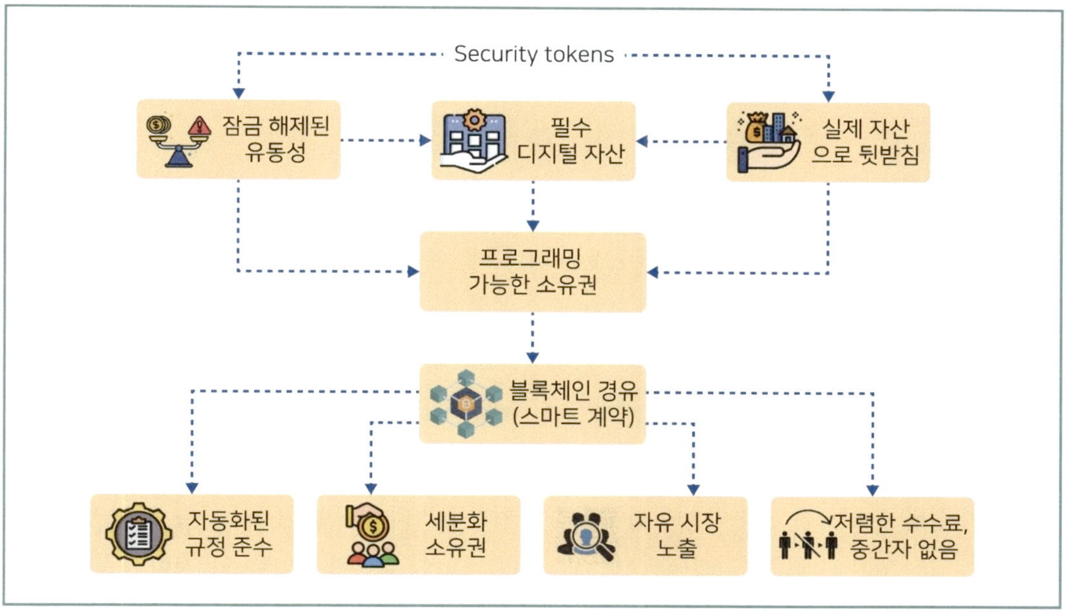

그림 6-27 tZERO 홈페이지

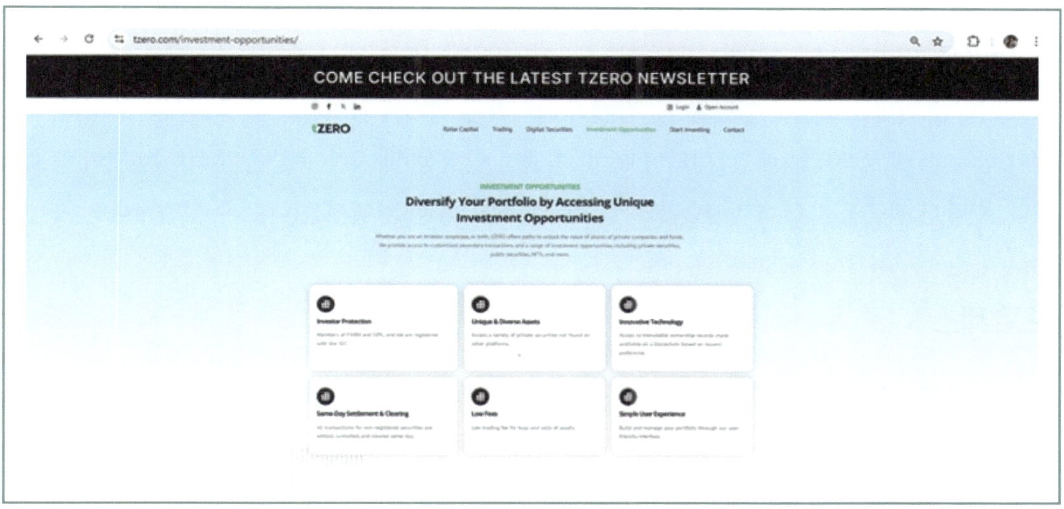

출처: tZERO 캡쳐

조달했습니다. tZERO는 블록체인 기술을 활용하여 보다 효율적이고 투명한 주식 거래 시스템을 구축하는 것을 목표로 하고 있습니다. 또 다른 사례로, 2018년에 STO를 실시하여 2,200만 달러의 자금을 모은 22x라는 토큰화된 벤처 캐피털 펀드가 있습니다. 이 펀드는 참여자에게 다양한 사업에 대한 부분적 소유권을 제공하며, 증권 토큰을 통해 투자할 수 있는 기회를 제공합니다.

이처럼 STO는 자금 조달의 새로운 경로를 제공하며, 투명성과 효율성을 강화하여 현대 금융 시스템에 긍정적인 영향을 미치고 있습니다.

참여의 위험

STO(증권형 토큰 공개)에 참여하는 것은 매력적인 투자 기회를 제공하지만, 그와 동시에 몇 가지 중요한 위험이 동반됩니다. 첫째, 규제 변경의 위험이 있습니다. STO는 금융 당국의 규제를 받지만, 규제 환경은 변화할 수 있습니다. 이러한 변화는 참여자의 권리와 의무에 직접적인 영향을 미칠 수 있으며, 투자자에게 예상치 못한 결과를 초래할 수 있습니다.

둘째, 자산 손실 가능성이 존재합니다. STO에 투자한 자산은 암호화폐와 같은 변동성이 큰 자산으로 구성될 수 있으며, 시장의 변동성에 따라 가치가 급격히 하락할 수 있습니다. 특히, 블록체인 기술이 도입된 초기 단계의 프로젝트는 기술적 결함이나 보안 위협에 노출될 가능성이 높습니다.

셋째, STO 시장의 상대적 신규성도 고려해야 합니다. STO 시장은 아직 발전 초기 단계에 있으며, 이는 투자자에게 정보 부족 및 비즈니스 모델의 불확실성을 의미합니다. 신규 시장은 예측하기 어려운 리스크를 포함하고 있으며, 과거의 데이터나 경험이 부족하여 투자 결정을 내리는 데 어려움이 있을 수 있습니다.

이러한 위험 요소들을 감안할 때, 잠재적 참여자는 STO에 참여하기 전에 철저한 조사를 수행해야 합니다. 프로젝트의 배경, 팀의 전문성, 기술적 안정성 및 시장 동향을 분석하는 것이 중요합니다. 신중한 접근을 통해 투자자는 불확실성을 줄이고 더 나은 결정을 내릴 수 있습니다.

프로세스

STO(증권형 토큰 공개)는 블록체인 기술을 활용하여 보안 토큰을 발행하고 자산을 거래하거나 공유하는 과정에서 다운타임을 최소화하는 것을 목표로 합니다. 그러나 보안 토큰은 일반 대중에게 공개되지 않기 때문에 다른 암호화폐와의 거래가 용이하지 않습니다. 이러한 점에서 STO는 특정 법적 제약을 준수해야 하며, 이는 특히 토큰이 거래되는 지역의 보안 법률에 해당합니다.

이러한 법률은 일반적으로 공개, 투명성, 그리고 참여자 보호와 관련된 규정을 포함하고 있으며, 예를 들어, 투자자에게 충분한 정보가 제공되도록 요구하며, 모든 거래가 기록되고 감사 가능한 형태로 이루어지도록 합니다. 이는 투자자들이 충분한 정보를 바탕으로 의사 결정을 내릴 수 있게 하여, 불필요한 리스크를 줄이는 데 기여합니다.

STO의 프로세스는 철저한 법적 검토와 투명한 커뮤니케이션을 통해 이루어져야 하며, 이 과정에서 기업은 자산의 유형, 거래 구조, 그리고 예상되는 수익 등을 명확히 설명해야 하며, 이를 통해 투자자들의 신뢰를 얻는 것이 중요합니다. 이러한 준법 경영과 투명성은 STO가 기존 금융 시스템과의 통합을 촉진하고, 더 많은 투자자를 유치하는 데 중요한 역할을 합니다.

결국, STO는 기술적 효율성과 법적 준수를 동시에 달성함으로써 투자자에게 안전하고 투명한 거래 환경을 제공하는 것을 목표로 하고 있습니다.

발행(STO) 시장 현황 및 전망

토큰증권 발행 시장은 빠르게 성장하고 있으며, 글로벌 기준으로 2030년까지 토큰증권(ST) 자산이 전 세계 GDP의 10%에 달할 것으로 전망됩니다. 이는 실물 자산과 지식 재산권(IP)을 조각 투자 상품으로 전환할 수 있는 가능성을 시사합니다. 특히, 국내 조각 투자 토큰증권 시장의 시가총액은 2024년에는 약 34조원(GDP 대비 1.5%)에 이를 것으로 예상되며, 2030년에는 367조원(14.5%)으로 증가할 것으로 보입니다. 이 과정에서 연평균 성장률은 약 49%에 이를 것으로 추정됩니다.

현재 조각 투자 시장의 확산에 힘입어 국내 토큰증권 시장은 투자 계약 증권 및 비금전 신탁 수익 증권 등 기존 조각 투자 상품을 중심으로 본격적으로 발전할 것으로 예상됩니다. 이에 따라 국내 증권 업계는 미래 먹거리를 선점하기 위해 조각 투자 플랫폼 기업과의 협업을 활발히 진행하고 있으며, 일부 증권사는 조각 투자 업체를 인수하여 시장 내 영향력을 확대하고 있습니다.

또한, 금융 당국이 토큰증권 발행을 전면 허용하면서 증권사뿐만 아니라 은행, 블록체인 관련 기업, 공공 부문 등 다양한 금융 기관들이 토큰증권 발행과 관련된 주요 사업을 구체화하고 있습니다. 이러한 변화는 시장의 투명성과 효율성을 높이며, 투자자들에게 새로운 기회를 제공할 것으로 기대됩니다.

이와 같이, 토큰증권 발행 시장은 조각 투자와 관련된 법적·제도적 기반이 마련됨에 따라 앞으로도 지속적으로 성장할 것으로 보이며, 이는 글로벌 금융 시장의 혁신을 이끌 중요한 요소가 될 것입니다.

관련 규제 및 가이드라인

2022년 4월, 금융위원회는 「조각 투자 등 신종 증권 사업 관련 가이드라인」을 발표하며 조각 투자에 대한 규제 방향을 제시했습니다. 이어서 2023년 2월에는 「토큰증권(Security Token) 발행·유통 규율 체계 정비 방안」을 발표하고, 자본시장법 내에서 STO를 허용하는 몇 가지 주요 사항을 명시했습니다.

이 방안의 핵심 내용은 다음과 같습니다.

- **토큰증권을 전자 증권법 제도상 증권 발행 형태로 수용**: 이는 토큰증권이 법적으로 인정받아 안정적인 거래 환경을 조성하는 것을 의미합니다.
- **직접 토큰증권을 등록·관리하는 발행인 계좌 관리 기관 신설**: 이 기관은 토큰증권의 발행과 관리를 담당하여 시장의 신뢰성을 높이는 역할을 합니다.
- **투자 계약 증권 및 수익 증권에 대한 장외 거래 중개업 신설**: 이는 조각 투자와 같은 새로운 형태의 금융 상품이 보다 원활하게 거래될 수 있도록 하는 조치입니다.

조각 투자는 두 명 이상의 투자자가 실물 자산 또는 재산적 가치가 있는 권리를 분할하여 공동으로 투자하는 형태입니다. 이는 분산 원장 및 가상 자산 관련 기술의 발전, MZ 세대의 투자 확대, 그리고 국내 조각 투자 규제의 구체화와 관련이 깊습니다.

특히, 토큰증권(ST, Security Token)은 분산 원장 기술을 이용해 증권을 디지털화한 것으로, 자본시장법에 따라 신종 증권(비정형적 증권)의 일종으로 분류됩니다. 이 범주에는 투자 계약 증권과 비금전 신탁 수익 증권이 포함됩니다. 조각 투자의 일반적인 사업 구조는 자산 소유권자, 플랫폼, 투자자 등 세 가지 주요 플레이어가 참여하는 형태입니다.

이와 같은 규제 및 가이드라인은 조각 투자와 토큰증권 시장의 발전을 촉진하며, 투자자 보호 및 시장의 안정성을 강화하는 데 기여할 것으로 기대됩니다. 이러한 변화는 새로운 투자 기회를 창출하고, 금융 시장의 혁신을 가속화하는 중요한 발판이 될 것입니다.

조각투자 분야별 시장 현황

2022년 기준으로 국내 조각 투자 시장의 누적 거래액은 음악 3,399억 원(뮤직카우), 미술품 963억 원(아트앤가이드, 아트 투게더, 소투, 테사), 부동산 653억 원(카사, 비브릭), 콘텐츠 167억 5천만 원(펀더풀), 한우 35억 원(뱅카우)으로 추정됩니다.

이러한 추세를 고려할 때, 2030년까지 조각 투자 시장 규모는 약 300조원에 이를 것으로 전망됩니다.

- **부동산**: 고가의 단일 부동산을 디지털 수익증권화하여 다수의 투자자가 소액으로 나누어 소유할 수 있도록 합니다. 투자자들은 자신이 보유한 지분에 비례하여 부동산 임대 수익 및 매

각 수익을 수취합니다. 주요 기업(플랫폼)으로는 카사코리아(카사), 루센트블록(소유), 펀블(펀블)이 있습니다.

- **미술품**: 조각 투자 플랫폼 기업은 선매입 또는 위탁매매 계약을 통해 작품의 소유권을 분할하고, 다수의 투자자가 공동으로 구매할 수 있도록 합니다. 주요 기업(플랫폼)으로는 테사(테사), 서울옥션블루(소투), 투게더아트(아트투게더), 열매컴퍼니(아트앤가이드)가 있습니다.
- **한우**: 조각 투자 사업자는 축산 농가로부터 송아지를 선매입하거나 위탁매매 계약을 체결하여 투자자들에게 지분을 판매합니다. 펀딩된 금액으로 소를 사육하고 경매를 진행하며, 투입 비용에 비례해 손익을 배분합니다. 주요 기업(플랫폼)으로는 스탁키퍼(뱅카우)가 있습니다.
- **명품**: 조각 투자 기업은 고가의 시계나 가방 등 제품을 선매입한 후 투자자를 모집합니다. 일정 기간 동안 해당 현물 가격 상승 시 매각하여 얻은 수익을 투자자의 지분에 비례하여 배분합니다. 주요 기업(플랫폼)으로는 트레져러(트레져러), 바이셀스탠다드(피스), 쿠돈(지브라) 등이 있습니다.
- **음악 저작권**: 음악 저작권료 참여 청구권을 쪼개서 매매하며, 매월 저작권 수익을 지분만큼 정산합니다. 주요 기업(플랫폼)으로는 뮤직카우(뮤직카우)가 있습니다.

조각 투자 관련 규제 및 가이드라인

업계 동향을 살펴보면, 음악 조각 투자 플랫폼인 '뮤직카우'를 시작으로 한우 및 미술 조각 투자의 증권성 인정에 따른 제재가 결정되었습니다. 그러나 해당 업체들은 사업 구조를 재편성하여 현재 제재 면제를 받고 사업을 재개하고 있습니다.

금융위원회는 다음과 같은 가이드라인을 발표했습니다.

- **2022년 4월**: 조각 투자 등 신종 증권 사업 관련 가이드라인 발표, 조각 투자 증권성 판단 기준 및 사업자 고려사항 공표
- **2022년 10월**: 신탁업 혁신 방안 발표, '비금전 신탁 수익증권' 발행 허용
- 이후, 업계는 사업 구조 재편을 진행하여 최종 제재 면제를 결정하였으며, 투자 계약 증권 발행 시도가 계속되고 있습니다.
- **2023년 12월**: 신종 증권 유통 시장 개설을 위한 금융 규제 샌드박스 지정

현재까지 유통을 위한 신종 증권 시장에 대한 상장 심사 청구 시도는 이루어지지 않고 있습니다. 이러한 규제 및 가이드라인의 변화는 조각 투자 시장의 발전을 촉진하고, 보다 안전하고 투명한 투자 환경을 조성하는 데 기여할 것입니다.

Lesson 06

실물자산 시장의 역할 변화

실제 자산(RWA, Real-World Assets)의 토큰화는 **물리적인 자산**이나 **전통적인 자산**을 블록체인에서 거래 가능한 **디지털 토큰**으로 변환하는 과정을 말하며, RWA 토큰화는 부동산, 금, 주식, 채권, 예술 작품 등 다양한 실제 자산을 디지털화하여, 이를 블록체인 상에서 거래하고, 소유권을 기록할 수 있게 만듭니다. 이를 통해 자산의 유동성을 높이고, 더 많은 투자자들이 손쉽게 투자할 수 있는 기회를 제공합니다. LESSON 06에서는 RWA에 대하여 알아보겠습니다.

최근 몇 년간 블록체인 기술은 다양한 산업의 오랜 도전에 대한 혁신적인 해결책을 제시했습니다. 그 중 하나가 실제 자산의 토큰화입니다. 실제 자산(RWA)의 토큰화는 블록체인 기술을 활용해 다양한 자산을 디지털화하는 혁신적인 방법으로, 예술품, 부동산, 주식, 원자재, 심지어 개인 데이터까지 다양한 자산을 토큰화하여 블록체인에 기록할 수 있게 되었으며, 이를 통해 이전에 유동성이 없거나 거래가 어려웠던 자산들에 대해서도 소유권 이전, 수익 공유, 그리고 유동성을 높이는 새로운 방법을 제공하게 되었습니다. 즉, 토큰화는 물리적 자산과 디지털 자산 간의 경계를 허물며, 전통적인 금융 시장을 변화시킬 수 있는 큰 잠재력을 가지고 있습니다. 이는 블록체인에서 다양한 물리적 자산을 디지털 토큰으로 변환(그림 6-28)하는 과정입니다.

그림 6-28 RWA 토큰화

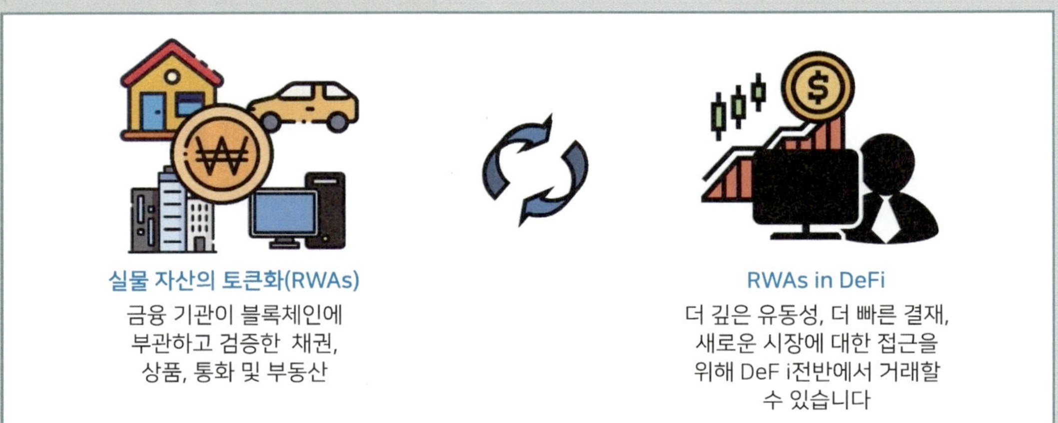

토큰화가 이루어지면, 이러한 자산 시장은 전통적인 자산 시장에 비해 투명성, 효율성, 유동성이 증가하게 됩니다. 따라서 블록체인 기술과의 연관성을 살펴보면, 토큰화는 부동산, 예술품, 상품, 지적 재산권 등 다양한 실제 자산을 안전하게 저장하고 전송하며 거래할 수 있는 디지털 형태로 변환하는 것을 의미하며, 각 토큰은 기본 자산에 대한 직접적인 소유 지분을 나타내며, 이를 통해 자산을 더 작고 쉽게 거래할 수 있는 단위로 나눌 수 있습니다. 예를 들어, 주택 소유자는 자신의 소유 지분을 토큰화하여 일부를 판매함으로써 유동성을 높일 수 있습니다. 이는 유동성이 낮았던 자산을 유동성이 높은 자산으로 변모시키는 데 기여합니다. 구매자는 소액으로 투자하여 자산 소유자가 되는 것이 훨씬 쉬워지며, 이는 전 세계적으로 치솟는 부동산 가격을 고려할 때 소규모 투자자들에게 새로운 기회를 제공합니다.

실제 자산이란

실제 자산(RWA)은 물리적, 디지털 또는 데이터 기반의 자산으로, 블록체인 외부에서 가치를 가지며, 이 자산을 토큰화하면, 그 자산의 디지털 복제본인 '디지털 트윈'이 블록체인에 만들어져, 소유권 이동, 거래, 투자 등의 새로운 방식(그림 6-29)이 가능해집니다. 따라서 실제 자산 토큰(Real World Assets, RWA)은 디지털 영역 외부에 존재하는 유형 자산을 의미하며, 부동산, 채권, 상품, 기계 등 다양한 자산이 포함됩니다. 블록체인 맥락에서 RWA는 이러한 물리적 자산과 전통적인 금융 자산을 디지털 토큰으로 나타내는 개념으로, RWA는 통화, 상품, 주식, 채권 등 여러 형태로 존재하며, 이들의 토큰화는 블록체인 산업에서 가장 큰 시장 기회 중 하나로 평가받고 있습니다. 잠재적 시장 규모는 수백조 달러에 이를 것으로 예상됩니다.

RWA는 대체 가능 토큰이나 대체 불가능 토큰으로 나타날 수 있으며, 이는 부동산과 같은 유

그림 6-29 실제 자산의 잠재력

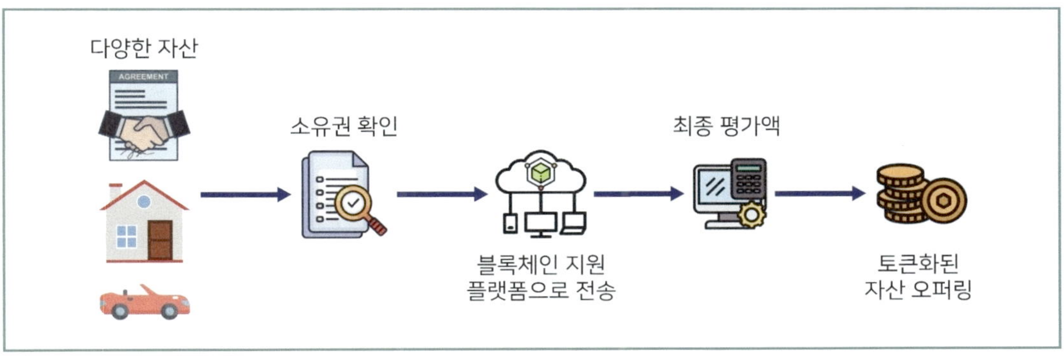

형 자산뿐만 아니라 정부 채권, 탄소 배출권과 같은 무형 자산을 포함하며, 실제 자산의 토큰화는 블록체인 기술을 활용하여 이러한 자산을 보안 토큰 형태로 온체인에 가져오는 프로세스를 의미합니다. 이 과정에서 가치 있는 모든 자산은 토큰화되어 거래될 수 있으며, 온체인에서 활용될 수 있습니다.

보안 토큰은 실제 자산을 나타내기 위해 발행될 수 있으며, 이러한 자산은 오프체인에서 관리되며, 예를 들어, 채권은 온체인에서 직접 발행될 수 있으며, 또는 오프체인에서 발행 및 보유될 수도 있으며, 이러한 방식으로 기존 자산에 의해 뒷받침되는 RWA는 분산형 금융(DeFi)이 기존 금융 시스템과 직접 경쟁할 수 있게 하는 지속 가능하고 신뢰할 수 있는 디지털 자산 클래스로 자리매김할 수 있습니다.

이러한 전환은 자산의 유동성을 높이고, 거래 비용을 절감하며, 시장 접근성을 개선하는 데 기여할 것으로 기대되며, RWA의 토큰화는 금융 시스템의 혁신을 촉진하고, 더 많은 투자자가 다양한 자산에 참여할 수 있는 기회를 제공할 수 있습니다

스테이블코인도 암호화폐의 일종으로, 실제 자산인 법정화폐(예: 미국 달러, 유로화)와 연결되어 가치를 안정적으로 유지합니다. 스테이블코인은 기존 화폐에 비해 더 안정적이고 유동적인 대안이 됩니다. 그러나 토큰화는 단지 화폐뿐만 아니라 다양한 자산에 적용될 수 있다는 점에서 그 범위가 훨씬 넓습니다.

- 금융 자산: 보험, 주식, 증권, 국채, 주식 및 지수
- 유형 자산: 귀금속, 원자재, 농산물, 부동산, 예술품 및 음악 라이선스
- 디지털 자산: 지적 재산, 데이터 세트 및 디지털 콘텐츠 권리

토큰화는 자산 관리 방식을 근본적으로 변화시켜 시장 접근을 민주화하고 유동성을 높이며 글로벌 금융 시스템을 더욱 포용적으로 만드는 역할을 할 준비가 되어 있습니다.

RWA(Real-World Assets)는 물리적 객체, 금융 상품 또는 데이터 등 블록체인 외부에서 가치를 창출하는 모든 자산을 포괄하는 개념(그림 6-30)입니다. RWA를 토큰화하기 위해서는 블록체인 네트워크에서 실제 자산의 디지털 표현, 즉 '디지털 쌍둥이'를 생성해야 합니다.

미국 달러와 같은 법정화폐에 고정된 스테이블코인은 토큰화된 자산의 최초 사례로 볼 수 있습니다. 하지만 RWA의 가능성은 단순한 통화에 국한되지 않습니다. 사실상 보험, 주식, 채권, 증권, 투자 펀드 등 거의 모든 금융 자산을 토큰화할 수 있는 잠재력이 있습니다.

그림 6-30 RWA 포괄적 개념

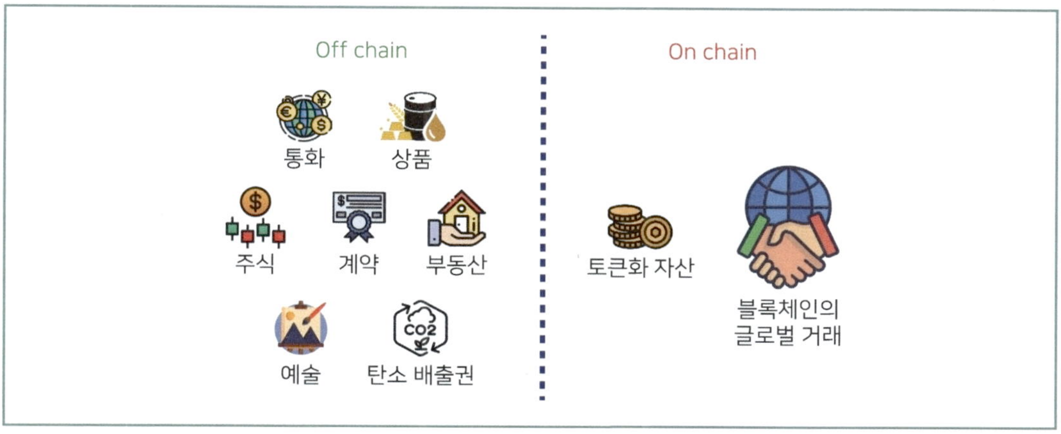

RWA 유형

RWA(Real-World Assets)토큰화는 블록체인 기술을 이용해 다양한 자산을 디지털화하고, 접근성, 유동성, 투명성을 높이는 방법입니다. 주요 분야(그림 6-31)는 다음과 같습니다.

- **부동산**: 부동산 토큰화는 주택이나 상업용 건물의 일부 소유권을 제공하여, 글로벌 투자자들이 소액으로 투자할 수 있게 만듭니다. 예를 들어, 알고랜드는 사용자들이 최소 50달러로 부동산에 투자하고, 임대 수익을 즉시 받을 수 있도록 지원합니다. 이는 전통적인 부동산 시장의 접근성을 민주화하는 방법입니다.
- **여행 및 호스피탈리티**: 여행 업계에서는 새로운 수익원을 만들고, 고객 경험을 향상시키기 위해 토큰화를 활용하고 있습니다. 알고랜드 기반의 트래블엑스는 항공권을 대체 불가능한 토큰(NFT)으로 바꿔, 사용자들이 유연하게 거래할 수 있게 해줍니다.
- **원자재 및 농업**: 원자재와 농산물도 토큰화되어 새로운 투자 기회를 만듭니다. 알고랜드에서

그림 6-31 토큰화된 자산의 유형

운영되는 Agrotoken은 대두, 옥수수, 밀 같은 원자재를 토큰화하여 농업 분야에 혁신을 일으키고, 농부들은 토큰화된 자산을 담보로 대출을 받을 수 있게 됩니다.

- **대체 투자**: 다양한 대체 자산에 대한 부분 소유권을 제공하는 플랫폼이 등장하고 있습니다. 알고랜드 기반의 Ctrl-Alt는 부동산, 친환경 에너지 프로젝트 등 다양한 자산에 투자할 수 있는 기회를 제공합니다.
- **스테이블코인**: 스테이블코인은 법정화폐나 원자재와 같은 자산에 고정된 암호화폐로, 가격 변동성을 줄이고 안정성을 제공합니다. 예를 들어, Circle의 USDC는 알고랜드에서 사용되며, 국경을 넘나드는 결제나 비은행권 결제 시스템에서 중요한 역할을 합니다.
- **문화 저작물(책, 음악 등)**: 책, 음악, 영화 등의 문화 콘텐츠도 토큰화됩니다. 예를 들어, Book.io는 전자책과 오디오북을 토큰화하여 사용자들에게 새로운 방식으로 콘텐츠를 제공합니다.
- **지적 재산**: 아티스트나 발명가는 자신의 작품에서 발생할 향후 수익에 대한 지분을 나타내는 디지털 토큰을 발행할 수 있습니다. ANote Music과 같은 플랫폼은 음악 카탈로그의 로열티 주식에 투자할 수 있게 합니다.

RWA 이점

실제 자산의 토큰화는 여러 가지 중요한 이점을 제공합니다. 두드러진 장점 중 하나는 향상된 유동성입니다. 기존의 거래 시장에서는 거래 시간이 정해져 있지만, 블록체인 기술의 특성 덕분에 이러한 토큰은 지속적으로 교환될 수 있어 개인에게 훨씬 더 많은 유연성을 제공합니다. 예를 들어, 부동산이나 예술품과 같은 고가 자산이 토큰화되면, 투자자들은 필요할 때 언제든지 자산을 매도하거나 거래할 수 있는 기회를 얻게 됩니다.

또한, 블록체인 기술은 내장된 투명성을 통해 투자자의 신뢰를 높이는 데 기여합니다. 모든 거래가 분산원장에 기록되므로, 사기나 소유권 갈등의 가능성이 줄어듭니다. 이러한 투명성은 특히 고가 자산 거래에서 중요한 역할을 하며, 투자자들은 자산의 진정성을 확인할 수 있는 신뢰할 수 있는 정보를 쉽게 얻을 수 있습니다.

토큰화는 기존 금융 시장에서 흔히 나타나는 진입 장벽도 제거합니다. 서류 작업, 중개자 및 법률 비용과 같은 자산 관리에 관련된 다양한 비용을 낮추는 데 기여하여, 더 많은 개인 투자자들이 시장에 참여할 수 있게 합니다. 예를 들어, 토큰화를 통해 소액 투자자들은 적은 자본으로도 다양한 자산에 접근할 수 있으며, 이는 투자 기회의 민주화를 촉진합니다.

이러한 이점들 덕분에 실제 자산의 토큰화는 금융 시스템의 혁신을 가속화하고, 더 많은 사람들이 자산에 투자할 수 있는 기회를 제공합니다. 이로 인해 자산 시장이 더욱 활성화되고, 다양한 투자자가 참여할 수 있는 포용적인 환경이 조성됩니다.

또한 귀금속, 원자재, 농산물, 부동산, 예술품, 음악 저작권 등 다양한 유형 자산도 토큰화할 수 있습니다. 이러한 실제 자산을 토큰화하는 매력은 다음과 같은 여러 가지 이점에 있습니다.

- 투명성 강화: 블록체인 기술의 특성상 모든 거래가 기록되고 공개되므로 자산의 소유권과 거래 내역을 누구나 확인할 수 있습니다. 이는 투자자들에게 신뢰성을 제공하고, 사기나 부정행위의 위험을 줄입니다.
- 유동성 증가: 토큰화된 자산은 전통적인 자산보다 더 쉽게 거래될 수 있습니다. 예를 들어, 고가의 부동산이나 귀금속을 토큰화하여 소액으로 나누면 더 많은 투자자가 이들 자산에 접근할 수 있게 됩니다. 실제로, 미국의 한 연구에 따르면, 부동산을 토큰화하면 거래 시간과 비용이 각각 70%와 50% 감소할 수 있다는 결과가 있습니다.
- 접근성 확대: 비용이 많이 드는 고가 자산을 토큰화하여 더 작은 조각으로 나누면, 많은 투자자가 지분을 소유할 수 있습니다. 이는 일반 투자자들에게 고가 자산에 대한 접근을 가능하게 하여 투자 기회를 민주화합니다.
- 규제와 도전 과제: 현재 가장 큰 장애물은 규제의 불확실성입니다. 각국 정부는 자금세탁방지(AML) 및 고객 확인 제도(KYC)와 같은 기존 법률을 준수하는 방법이나 자산 토큰화 프로세스에 대한 법적 프레임워크를 마련하기 위해 더 많은 노력을 기울여야 합니다. 새로운 규정은 시장 참여자를 보호하고 토큰화된 자산이 적절하게 뒷받침되며 관리될 수 있도록 설계되어야 합니다. 글로벌 규제 당국이 협력하여 자산 거래와 토큰화 방법에 대한 공통의 국제적 프레임워크를 마련하는 것도 필수적입니다.

자산 클래스를 토큰화하기 위한 법적 및 기술적 어려움은 산업에 따라 다릅니다. 예를 들어, 상품 시장에서는 라스트 마일 문제 해결이 어렵고, 부동산에서는 토큰 소유자의 권리를 확인하기 힘든 문제가 발생합니다. 반면, 인터넷 기반의 무형 자산은 토큰화가 상대적으로 더 쉽습니다. 적절한 프레임워크를 만드는 데에는 시간이 걸리겠지만, 많은 국가가 디지털 자산의 효율성을 수용함에 따라 자산 토큰화의 현실화는 '언제'의 문제로 보입니다.

실제 사례와 응용

많은 업계에서 자산 토큰화를 활용한 새로운 상품을 적극적으로 개발하고 있습니다. 전통적인 부동산 투자는 높은 진입 장벽과 번거로운 절차, 제한된 유동성이 특징인데, 부동산 자산의 토큰화는 이러한 문제를 해결할 수 있습니다. 부동산을 토큰화하면 투자자들은 전체 자산이 아닌 일부를 구매할 수 있어 더 많은 사람들이 부동산 시장에 참여할 수 있게 됩니다.

또한, 예술품이나 수집품의 소유권을 여러 주식으로 나누어 더 많은 투자자들이 참여할 수 있는 기회를 제공할 수 있습니다. 이는 아티스트와 수집가들이 자신의 자산을 효과적으로 수익화할 수 있도록 도와줍니다.

지적 재산(IP)과 특허의 토큰화는 해당 자산을 관리하고 수익화하는 방식을 혁신적으로 변화시킬 수 있습니다. 토큰화된 IP는 발명가와 소유자에게 새로운 수익원을 제공하고, 더 많은 사람들이 IP 투자에 쉽게 접근할 수 있게 합니다. 이는 효율적이고 투명한 IP 시장으로 이어져, 발명가가 자신의 아이디어로 더 쉽게 수익을 창출할 수 있게 하고, 투자자가 유망한 혁신에 투자할 수 있는 기회를 제공합니다.

토큰화된 자산은 스마트 계약과 상호작용하여 새로운 형태의 무신뢰 거래를 가능하게 하며, 저비용의 투명한 결제를 통해 유동적인 글로벌 자본 시장을 촉진하는 데 기여할 수 있습니다. 하지만 귀금속과 같은 특정 자산은 채권이나 주식처럼 디지털화가 쉽지 않은 고유한 과제를 안고 있습니다.

실물 자산을 토큰화하는 데 있어서는 오프체인 집행 방식이 필요하며, 이는 시간과 비용을 증가시킬 수 있습니다. 하지만 이러한 상황은 기술이 발전하고 규제가 적절히 시행될 때까지 계속될 것입니다. 그럼에도 불구하고 기반 기술은 이미 다양한 산업에서 유용하게 사용되고 있으며, 특히 규제가 명확한 금융 분야에서 더욱 두드러집니다.

예를 들어, USDC와 같은 스테이블코인은 미국 달러에 1:1로 뒷받침되어 블록체인이 제공하는 접근성, 투명성, 저비용 거래의 이점을 활용할 수 있게 해줍니다.

결국, 자산 토큰화 산업이 성숙하고 새로운 상호운용성 솔루션이 도입되며 적절한 법적 프레임워크가 마련되면, 디지털 토큰은 소유권, 거래, 유동성의 본질을 근본적으로 변화시킬 것입니다.

RWA 토큰화 프로세스

토큰화는 블록체인 기술을 활용하여 실제 자산을 디지털 토큰으로 변환하는 과정(그림 6-32)입니다. 이 프로세스는 자산을 더 작고 저렴한 단위로 분할하여 분할 소유권을 가능하게 하고, 더

그림 6-32 RWA 토큰화 작동

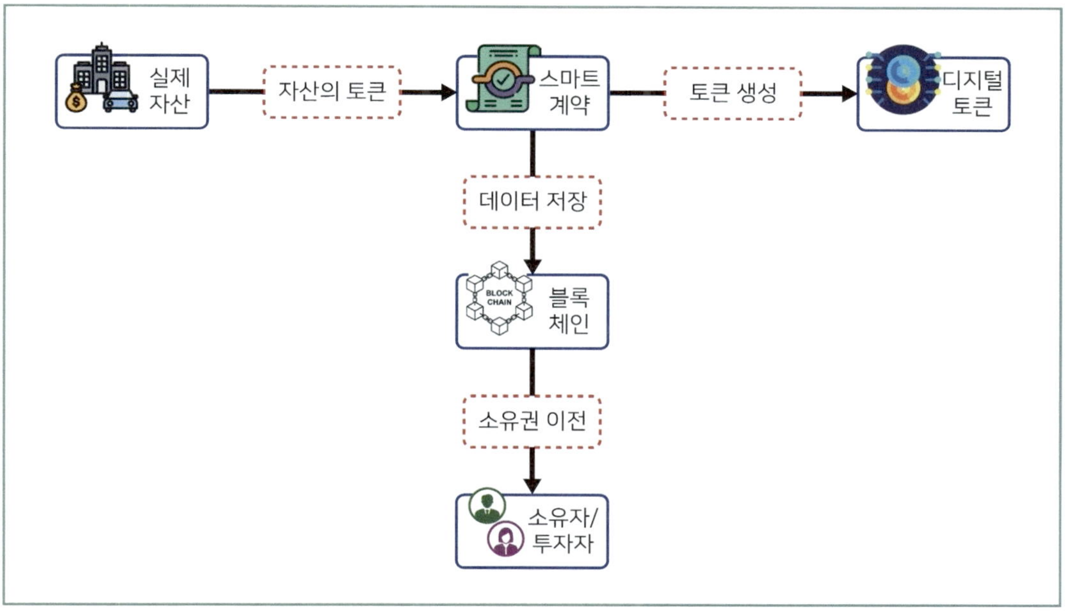

많은 개인이 고가 자산에 접근할 수 있도록 하는 것을 목표로 합니다.

부동산, 예술품, 상품, 심지어 지적 재산과 같은 다양한 토큰화된 실제 자산은 더 큰 유동성, 투명성, 접근성을 제공하기 위해 설계되었습니다. 예를 들어, 부동산을 토큰화하면 투자자들은 소액으로 부동산의 일부를 구매할 수 있어, 부동산 시장에 진입하기 위한 진입 장벽이 낮아집니다. 이는 특히 부동산 가격이 급등하는 현시점에서 소규모 투자자들에게 유리한 기회를 제공합니다.

또한, 예술품이나 수집품을 토큰화하면, 이러한 자산에 대한 소유권을 여러 투자자와 나눌 수 있어 더 많은 사람이 이 시장에 참여할 수 있는 기회를 제공합니다. 이는 예술가와 수집가가 자신의 자산을 보다 효과적으로 수익화할 수 있도록 돕습니다.

토큰화된 자산의 디지털화는 기존 금융 시장을 현대화하고 민주화하는 방법으로 간주되며, 자산 거래의 효율성을 높이고 거래 비용을 절감할 수 있습니다. 이는 특히 국제 거래에서의 시간과 비용을 줄이는 데 기여할 수 있습니다.

결국, RWA의 토큰화는 다양한 자산의 시장 접근성을 개선하고, 투자자들이 자산에 대해 보다 투명하고 효율적으로 거래할 수 있는 기반을 제공합니다. 이는 금융 시스템의 혁신을 가속화하고, 전통적인 금융 시장의 한계를 극복하는 데 기여할 것으로 기대됩니다.

분산형 금융(DeFi)에서 RWA의 역할

실제 자산(RWA)은 분산형 금융(DeFi) 생태계에서 점점 더 중요한 역할을 하고 있으며, 접근하기 어려운 금융 도구의 가용성을 높이고 새로운 응용 프로그램의 지평을 여는 데 기여하고 있습니다. RWA의 토큰화(그림 6-33)는 암호화폐 산업의 더 넓은 수용을 촉진할 수 있는 기회를 제공합니다. 이러한 변화는 글로벌 경제에 상당한 영향을 미칠 잠재력을 지니고 있습니다.

전통적인 금융 시스템에서도 RWA의 통합은 점차 진행되고 있으며, 이는 물리적 자산과의 상호 작용 방식에 혁신을 가져옵니다. 예를 들어, RWA를 기반으로 한 DeFi 플랫폼은 사용자가 부동산, 예술품, 채권과 같은 자산을 토큰화하여 이를 유동성 있는 디지털 자산으로 변환할 수 있게 해줍니다. 이러한 과정은 투자자에게 더 다양한 자산에 접근할 수 있는 기회를 제공하며, 동시에 자산의 유동성을 증가시킵니다.

또한, RWA의 토큰화는 기존 금융 시장의 한계를 넘어서는 새로운 비즈니스 모델과 금융 상품을 개발할 수 있는 기회를 창출합니다. DeFi 생태계 내에서 자산의 디지털화는 거래 비용을 절감하고, 중개자 없이도 직접 거래할 수 있는 환경을 조성합니다. 이는 투자자들에게 더 많은 선택권을 제공하며, 시장의 효율성을 높이는 데 기여합니다.

결국, RWA는 DeFi에서 자산의 토큰화와 관련된 혁신을 이끌어내며, 분산형 금융 시스템의 확장성과 포용성을 더욱 강화하는 데 중요한 역할을 합니다. 이러한 진전은 금융 접근성을 민주화하고, 더 많은 개인이 다양한 자산에 투자할 수 있는 기회를 마련하는 데 기여할 것입니다.

그림 6-33 REA 역할

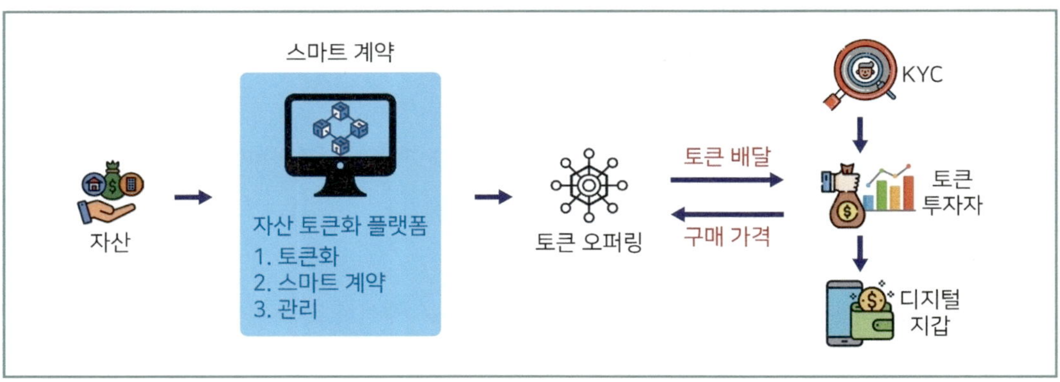

실물 자산의 분산형 금융(DeFi)에서의 활용

최근 몇 년 동안, 분산형 금융(DeFi) 시장에서는 주식 및 부채 자금 조달과 같은 기존 신용 시장을 활용하는 프로토콜이 급증하고 있으며, 신용이 수조 달러 규모의 사업과 대부분의 세계 경제를 지탱하고 있는 만큼, 이러한 시장 잠재력은 지속적으로 성장하며, 실제로, 기존 금융 시장에서 800조 달러가 넘는 자산이 블록체인 기술에 의해 변화될 것으로 예상되고 있습니다.

DeFi와 기존 금융 간의 격차를 메우는 핵심 요소는 바로 실제 자산의 토큰화로, 실물 자산을 온체인으로 가져오면, 기존 시장에서는 찾기 힘든 고유한 담보와 투자 기회, 그리고 시장 효율성과 유동성에 대한 접근이 가능해집니다.

예를 들어, 자산 토큰화를 통해 기업들은 자본 조달을 위해 DeFi 생태계를 활용할 수 있으며, 진입 장벽을 낮추고 그동안 접근이 어려웠던 새로운 자금 조달 수단의 혜택을 누릴 수 있습니다. 이는 특히 신흥 시장에서 더욱 두드러집니다. 이러한 환경은 기업들이 비용 효율적으로 자금을 조달할 수 있도록 하여 혁신과 성장을 촉진하는 데 기여합니다.

한편, DeFi 생태계는 투자 수익, 다양한 오프체인 시장(그림 6-34)에 대한 접근성, 그리고 기존 금융 시스템에 대한 고객 기반 확대를 위한 새로운 기회를 제공합니다. 이러한 변화는 분산형 금융의 범위와 가능성을 확장하며, 투자자들에게 더 많은 선택권을 부여합니다.

결국, 블록체인은 신뢰, 유동성, 투명성, 보안, 효율성, 그리고 혁신을 제공함으로써, 실제 자산의 토큰화를 모든 참여자에게 유익하게 만드는 토대가 됩니다. 이러한 요소들은 DeFi가 실물 자산을 활용하는 방식에서 중요한 역할을 하며, 시장의 발전에 기여할 것입니다.

그림 6-34 온 체인, 오프 체인

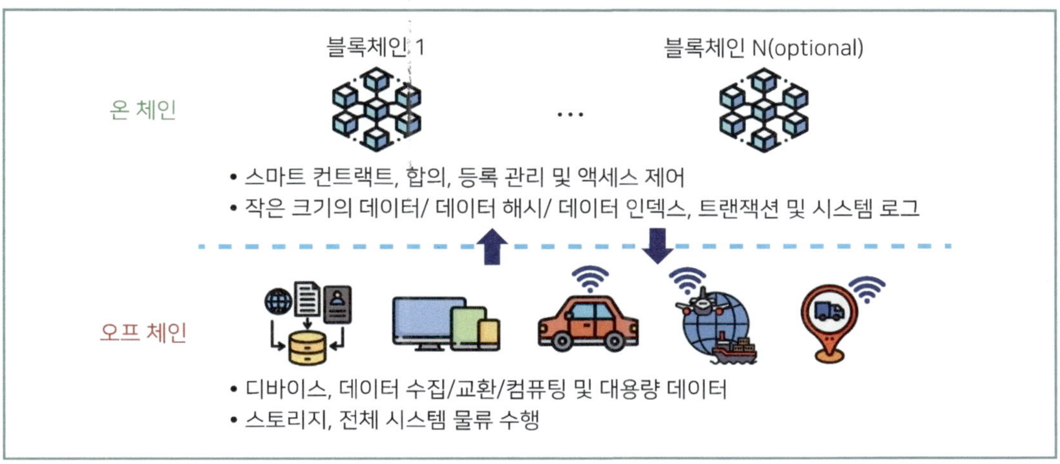

Lesson 07

블록체인 전자 결제 시스템

블록체인 전자 결제 시스템은 **블록체인 기술**을 활용하여 거래를 안전하고 효율적으로 처리하는 결제 시스템입니다. 이 시스템은 전통적인 중앙 집중식 결제 시스템에서 발생할 수 있는 문제를 해결하려는 목적으로 개발되었으며, 거래의 **투명성**, **보안성**, **비용 절감** 및 **속도 개선**을 제공합니다. LESSON 07에서는 블록체인 전자 결제 시스템(eCash)에 대하여 알아보겠습니다.

eCash는 전자 현금으로 알려져 있으며, 인터넷을 통해 언제 어디서나 거래가 가능한 디지털 통화 기술(그림 6-35)입니다. 이는 기존의 지불 방법보다 더 간편한 형태로, 피어 투 피어(Peer-to-Peer) 네트워크에서 블록체인 기술과 디지털 서명의 원칙을 기반으로 합니다.
모든 거래는 특정 디지털 데이터베이스에 기록되며, 이는 종이 돈이나 동전과 같은 전통적인 화폐를 사용하지 않고도 상품과 서비스에 대한 지불을 가능하게 합니다. 전자 현금은 기존 금융 시스템

그림 6-35 전자 캐시 시스템

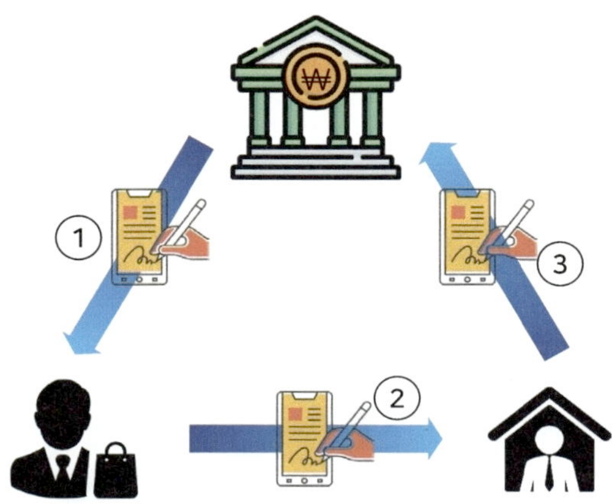

1. 구매자는 은행으로부터 디지털 서명이 담긴 정보를 받습니다.
2. 구매자는 판매자에게 정보를 보냅니다.
3. 판매자는 자신의 은행 계좌에 입금합니다.

과의 통합을 통해 다양한 형태로 응용될 수 있으며, 여기에는 디지털 현금, 직불 카드, 전자 지갑, 전자 수표, 신용 카드 등이 포함됩니다.

이러한 전자 현금 시스템은 다음과 같은 장점을 제공합니다.

- **편리성**: 사용자들은 물리적인 현금을 들고 다닐 필요 없이 언제든지 디지털 방식으로 거래할 수 있습니다.
- **빠른 거래 처리**: 전자 현금 거래는 즉각적으로 처리되며, 이는 국제 거래에서도 시간을 단축시킵니다.
- **안전성**: 블록체인 기술을 통해 거래의 무결성을 보장하며, 디지털 서명을 사용하여 각 거래를 안전하게 인증합니다.
- **비용 절감**: 전통적인 결제 방식에 비해 낮은 거래 수수료를 제공하여 사용자에게 경제적 이점을 제공합니다.

eCash의 발전은 디지털 경제의 성장과 함께 더욱 가속화되고 있으며, 앞으로도 전통적인 금융 시스템과의 경계를 허물며 새로운 금융 환경을 만들어 나갈 것입니다. 이러한 전자 현금 기술은 개인의 재정 관리뿐만 아니라, 기업의 거래 방식에도 혁신적인 변화를 가져올 것으로 기대됩니다.

전자 현금 결제 시스템의 주요 특징

전자 현금 결제 시스템은 디지털 형식으로 제공되는 현금의 전자적 버전으로, 인터넷과 디지털 기술을 활용하여 사용자 간의 거래를 수행할 수 있도록 설계된 결제 시스템입니다. 이 시스템은 전통적인 현금 거래를 대체하여 보다 효율적이고 편리한 결제 수단을 제공(그림 6-36)합니다.

전자 현금 결제 시스템의 주요 특징은 다음과 같습니다.

- **디지털화**: 전자 현금은 물리적 형태의 현금이 아닌, 데이터 형태로 존재합니다. 이는 사용자들이 종이 돈이나 동전을 사용하지 않고도 거래를 할 수 있게 합니다.
- **실시간 거래**: 전자 현금 결제 시스템은 즉각적인 거래 처리를 가능하게 하여, 사용자가 빠르고 편리하게 결제를 수행할 수 있습니다.
- **보안성**: 다양한 암호화 기술과 보안 프로토콜을 통해 사용자의 개인 정보와 거래 내역을 보호합니다. 이는 사기 및 해킹으로부터 사용자를 방어하는 데 중요한 역할을 합니다.
- **비용 효율성**: 전통적인 결제 방법에 비해 거래 수수료가 낮거나 무료인 경우가 많아, 사용자에게 경제적인 이점을 제공합니다.

그림 6-36 전자 현금의 특징

- **접근성**: 인터넷에 연결된 기기만 있으면 언제 어디서나 거래를 수행할 수 있어, 전 세계적으로 사용자가 접근할 수 있는 장점을 가집니다.
- **분산형**: 전자 현금 결제 시스템은 분산 원장 기술을 활용하여 중앙 집중식 관리 없이 운영됩니다. 이 구조는 다음과 같은 장점을 제공합니다.
  - **신뢰 문제 감소**: 사용자는 특정 기관이나 개인에게 의존할 필요가 없으므로, 거래의 안전성을 높이고 신뢰를 구축할 수 있습니다. 이로 인해 사용자는 서로 직접 거래할 수 있는 능력을 가지게 됩니다.
  - **성능 및 일관성 향상**: 분산 시스템은 여러 서버에서 동시에 데이터를 처리하기 때문에 성능이 향상됩니다. 이는 거래 처리 속도를 빠르게 하고, 시스템의 안정성을 높이는 데 기여합니다.
  - **불변성**: 한 번 기록된 거래는 수정이나 삭제가 불가능합니다. 이는 거래의 진위성을 보장하고, 사기나 조작을 방지하는 데 중요한 역할을 합니다. 사용자는 거래의 내역을 언제든지 검증할 수 있어 더 큰 신뢰를 제공합니다.
- **투명성**: 전자 현금 결제 시스템에서는 모든 거래가 블록체인과 같은 공개 원장에 기록되어 누구나 이를 확인할 수 있습니다. 이 투명성은 다음과 같은 이점을 제공합니다.
  - **거래 가시성**: 모든 참가자는 거래 내역을 확인할 수 있어 불법적인 활동이나 조작을 쉽게 감지할 수 있습니다. 이는 시스템의 신뢰성을 높이고 사용자들 간의 상호 신뢰를 증진시킵

니다.

- **검증 가능성**: 사용자는 거래가 올바르게 처리되었음을 확인할 수 있는 권한을 가집니다. 이로 인해 개인이나 기관의 사기 행위를 예방할 수 있습니다. 블록체인에 기록된 모든 거래는 수정 불가능하며, 감사할 수 있는 경로를 제공합니다.
- **신뢰 구축**: 투명한 거래 기록은 사용자들 간의 신뢰를 증대시킵니다. 사용자는 거래 상대방이 신뢰할 수 있는지 판단할 수 있는 정보를 갖게 되며, 이는 전자 현금 시스템의 채택을 촉진합니다.

이러한 특징들은 전자 현금 결제 시스템이 기존 금융 시스템에 비해 더욱 안전하고 효율적인 대안으로 자리 잡을 수 있도록 합니다. 분산형 구조와 투명성은 사용자의 권리를 보호하고, 안전한 거래 환경을 조성하여, 궁극적으로는 디지털 경제의 신뢰성을 높이는 데 기여합니다. 전자 현금 시스템은 단순한 결제 수단을 넘어, 보다 투명하고 공정한 금융 생태계를 구축하는 데 중요한 역할을 할 것입니다.

eCash의 역사

1983년, 데이비드 차움(David Chaum)은 암호화 기술을 활용하여 eCash를 개발했습니다. 이는 최초의 전자 현금 시스템 중 하나로, 사용자가 안전하게 디지털 거래를 수행할 수 있도록 설계되었습니다. 차움은 1998년에 Digicash라는 회사를 설립하고, eCash 기술을 상용화했습니다.

1998년 6월, eCash는 독일의 Credit Suisse, Deutsche Bank, 오스트리아의 Bank Austria, 스위스의 Den Norske Bank 및 노르웨이의 Bank of Switzerland 등 여러 주요 은행을 통해 서비스가 제공되기 시작했습니다. 이 서비스는 전 세계적으로 빠르게 확산되었지만, 같은 해 1998년에는 재정적 어려움으로 인해 파산하게 됩니다. 이후 eCash 기술과 관련된 자산은 다른 회사에 매각되었습니다.

2000년, eCash Technologies는 도메인 이름 소유권을 둘러싼 법원 소송 중에 파산을 맞이했고, 2002년에는 Blucora(당시 InfoSpace)에게 인수되었습니다. 이러한 일련의 사건들은 eCash의 상업적 성공에 큰 영향을 미쳤으며, 차움의 초기 아이디어는 디지털 통화의 발전에 기여하게 됩니다.

현대의 디지털 통화와 eCash의 영향

eCash의 원리와 기술은 현대의 암호화폐, 특히 비트코인과 Ethereum에 큰 영향을 미쳤습니다. 이들 암호화폐는 암호화와 블록체인 기술을 기반으로 하여 분산화되고 안전한 거래를 가능하게 합니다. 이들은 중앙 기관의 개입 없이도 거래를 수행할 수 있는 특성을 가지고 있으며, 이는 전통적인 금융 시스템에 대한 대안으로 자리 잡았습니다.

암호화폐의 주요 장점은 다음과 같습니다.

- **빠른 송금**: 거래가 실시간으로 이루어져 신속한 자금 이동이 가능합니다.
- **투명성**: 모든 거래는 블록체인에 기록되어 검증 가능하며, 이를 통해 신뢰성을 제공합니다.

그러나 암호화폐는 몇 가지 단점도 가지고 있습니다.

- **변동성**: 가격이 급격히 변동하여 투자 위험을 증가시킵니다.
- **채굴 비용**: 채굴에 필요한 자원이 증가하면서 운영 비용이 높아지는 경향이 있습니다.

또한, 중앙은행 디지털 통화(Central Bank Digital Currency, CBDC)는 정부가 직접 승인한 법정 통화로, eCash와 같은 개인 소유의 암호화폐와는 달리 정부의 규제를 받습니다. 이러한 디지털 통화는 거래의 투명성을 보장하며, 국가의 금융 경제와 밀접한 관련이 있습니다.

마지막으로, 스테이블코인(Stablecoins)인 Tether, TrueUSD, Binance USD, Dai 등은 특정 법정 통화에 가치가 연동되어 안정성을 제공합니다. 이들 스테이블코인은 변동성이 큰 암호화폐의 위험을 회피하고자 하는 투자자에게 안전한 대안으로 자리 잡고 있습니다.

eCash의 발전은 디지털 통화의 역사를 형성하는 중요한 이정표가 되었으며, 현재의 다양한 디지털 자산 및 결제 시스템의 기초를 마련했습니다. 이러한 변화는 앞으로도 계속해서 금융 환경을 혁신하는 데 기여할 것입니다.

디지털 머니의 장점

eCash를 통한 거래는 다양한 장점을 제공합니다. 주요 장점은 다음과 같습니다.

- **글로벌 접근성**: eCash는 인터넷을 통해 전 세계 어디에서나 거래할 수 있는 유연성을 제공합니다. 이는 지리적 제약 없이 사용자들이 자유롭게 자금을 이동하고 결제할 수 있게 합니다. 전통적인 금융 시스템의 제약을 극복하고, 글로벌 경제에서의 거래를 용이하게 만듭니다.

- **높은 보안성**: eCash는 피어투피어(Peer-to-Peer) 네트워크에서 암호화된 형태로 거래되기 때문에 보안성이 뛰어납니다. 거래 데이터는 완전히 암호화되어 있으며, 복호화 알고리즘이 없이는 수정이 불가능합니다. 이는 해킹이나 사기의 위험을 줄이며, 사용자에게 안전한 거래 환경을 제공합니다.
- **시간 효율성**: 디지털 결제 시스템은 결제 절차를 간소화하여 사용자 시간을 절약해 줍니다. 사용자는 모바일이나 PC에서 단 한 번의 클릭으로 손쉽게 결제를 할 수 있으며, 복잡한 절차가 필요 없습니다. 이는 특히 긴급한 거래나 소액 결제에 큰 이점을 제공합니다.
- **비용 절감**: eCash 거래는 종이 통화나 물리적 매체 없이 이루어지므로, 인쇄 및 운반 비용을 줄일 수 있습니다. 또한, 전통적인 결제 방법에 비해 낮은 거래 수수료를 제공하여 사용자에게 경제적인 혜택을 제공합니다.
- **투명성 및 신뢰성**: 모든 거래는 블록체인에 기록되어 누구나 검증할 수 있으며, 이를 통해 거래의 투명성을 높입니다. 이로 인해 사용자 간의 신뢰가 강화되고, 부정 거래의 가능성이 줄어듭니다.
- **편리한 거래**: 디지털 머니는 24시간 언제든지 사용할 수 있는 장점이 있습니다. 사용자는 은행 영업시간이나 위치에 구애받지 않고 자유롭게 자금을 이체하거나 결제할 수 있습니다. 이는 특히 해외 거래나 긴급 상황에서 큰 장점으로 작용합니다.

eCash와 같은 디지털 머니는 현대 금융 거래의 패러다임을 변화시키고 있습니다. 이러한 장점들은 사용자에게 더 큰 유연성과 안전성을 제공하며, 전통적인 금융 시스템의 한계를 극복하는 데 기여하고 있습니다. 디지털 머니의 발전은 앞으로의 금융 환경에서 중요한 역할을 할 것으로 기대됩니다.

디지털 머니의 위험

eCash와 같은 디지털 머니 사용 시 몇 가지 주요 위험이 존재합니다. 이들은 사용자와 거래 시스템 모두에 영향을 미칠 수 있습니다.

- **사이버 공격의 증가**: 디지털 머니는 인터넷을 기반으로 하기 때문에 사이버 공격과 사기의 위험이 높습니다. 피싱, 중간자 공격, 악성 소프트웨어와 같은 다양한 형태의 공격이 발생할 수 있으며, 이는 사용자의 자금을 위협할 뿐만 아니라 개인정보 유출로 이어질 수 있습니다. 공격자들은 종종 사용자의 신뢰를 이용해 정보를 훔치거나 자금을 탈취하는 방법을 찾습니다.

- **데이터 보안 문제**: eCash의 거래 데이터는 중앙 데이터베이스에 저장되며, 이로 인해 데이터 유출이나 해킹의 위험이 있습니다. 해커가 데이터베이스에 접근할 경우 대량의 거래 정보가 노출될 수 있으며, 이는 사용자에게 심각한 경제적 손실을 초래할 수 있습니다. 따라서 강력한 보안 조치가 필수적입니다.
- **인프라 요구 사항**: eCash를 운영하기 위해서는 큰 공간과 강력한 하드웨어 인프라가 필요합니다. 거래 데이터가 누적됨에 따라 저장 공간이 부족해질 수 있으며, 이는 시스템의 안정성과 신뢰성에 영향을 미칠 수 있습니다. 따라서 적절한 인프라 관리와 지속적인 기술 업데이트가 필요합니다.
- **법적 및 규제 위험**: 디지털 머니는 각국의 규제 및 법적 환경에 따라 영향을 받을 수 있습니다. 새로운 규제가 시행되거나 기존 규제가 변경될 경우, eCash 사용에 제약이 생길 수 있습니다. 이러한 불확실성은 사용자와 서비스 제공자 모두에게 불리한 영향을 미칠 수 있습니다.
- **변동성과 불확실성**: 디지털 머니는 암호화폐와 같이 가격이 크게 변동할 수 있습니다. 이는 사용자에게 예기치 않은 손실을 초래할 수 있으며, 장기적인 안정성을 확보하기 어렵게 만듭니다.

eCash 사용 시 이러한 위험 요소들을 충분히 인식하고 대비하는 것이 중요합니다. 사용자들은 보안 조치를 강화하고, 신뢰할 수 있는 서비스 제공자를 선택하며, 법적 변화를 주의 깊게 살펴보아야 합니다. 디지털 머니의 장점이 크지만, 그에 따른 위험도 반드시 고려해야 할 요소입니다.

블록체인과 인공지능의 융합

Lesson
08

블록체인과 인공지능(AI)의 융합은 두 기술이 가진 고유한 장점들을 결합하여 **혁신적이고 효율적인 시스템**을 만들기 위한 접근으로, 블록체인과 AI는 각각 **분산화된 데이터 관리**와 **고급 분석 및 예측**을 통해 다양한 산업에 영향을 미치고 있으며, 이 두 기술을 결합하면 **데이터 보안**, **자동화**, **투명성** 및 **효율성**을 강화할 수 있습니다. LESSON 08에서는 블록체인 인공지능에 대하여 알아보겠습니다.

블록체인과 인공지능 융합

블록체인과 인공지능 기술(Applications of AI and Blockchain AI)(그림 6-37)이 빠르게 확산되고 있으며, 이 두 혁신은 고유한 혁신적 특성과 다차원적 비즈니스 모델을 가지고 있습니다. 블록체인 혁신은 개인 기록, 정보 및 로그를 안전하고 탈중앙화된 방식으로 교환할 수 있는 방법을 제공하며, 이는 디지털 화폐 시대의 핵심 요소로 자리잡고 있습니다.

최근 블록체인과 AI는 스마트 계약을 통해 중재자 없이 구성원 간의 관계를 관리할 수 있는 기술로 각광받고 있습니다. AI는 이러한 과정에서 인사이트와 동적 용량을 제공하여 기계가 사람처럼 의사 결정을 할 수 있도록 지원합니다.

여기에서는 블록체인에서 AI의 응용에 대한 포괄적인 개요를 제시하고, 블록체인 애플리케이션의 부상과 AI 연구의 특정 영역을 집중적으로 살펴봅니다. 또한, 블록체인 및 AI 기술 사용 시 발생하는 미해결 과제를 인식하고 요약하며, '클라우드로서의 블록체인'과 '서비스로서의 블록체인'이라는 컴퓨터 경제와 관련된 두 혁신의 효과를 분석합니다.

AI와 블록체인의 통합은 다양한 산업에 혁신적인 전망을 제시하고 있으며, 이 조합은 시장의 적절성을 고려할 때 최대 90%의 정확도를 제공할 수 있는 것으로 나타났습니다. AI와 블록체인은 식품 공급망 물류, 의료 기록 공유, 미디어 로열티, 금융 보안 등 거의 모든 산업에서 개선 가능성을 보여 주고 있습니다.

이 두 기술의 통합은 다음과 같은 여러 측면에서 긍정적인 영향을 미칩니다. 첫째, 보안 면에서 AI와 블록체인은 사이버 공격에 대한 이중 방어막을 제공합니다. AI는 방대한 데이터 세트를 효

그림 6-37 블록체인과 인공지능(AI)의 융합

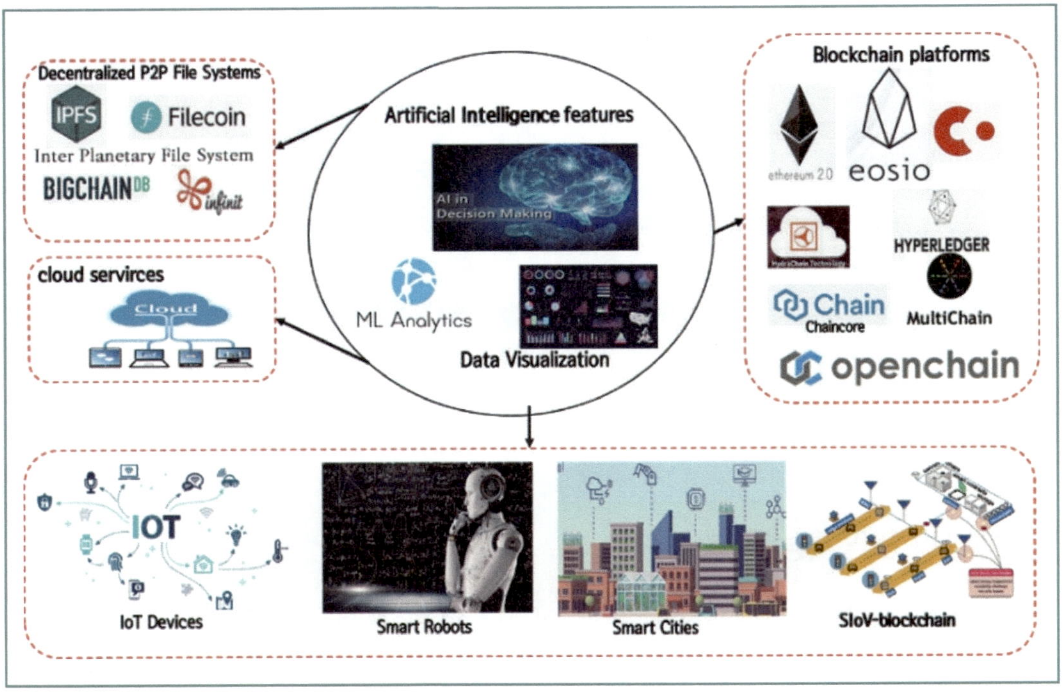

과적으로 분석하여 새로운 시나리오를 생성하고 데이터 행동 기반 패턴을 발견할 수 있으며, 블록체인은 오류와 사기성 데이터 세트를 효과적으로 제거하는 데 기여합니다.

AI가 생성한 새로운 분류자와 패턴은 탈중앙화된 블록체인 인프라에서 검증되고 진위 여부를 확인할 수 있습니다. 이러한 시스템은 소매 거래와 같은 모든 소비자 대면 비즈니스에 활용될 수 있습니다. 블록체인 인프라를 통해 고객으로부터 수집된 데이터는 AI를 활용하여 마케팅 자동화를 구축하는 데 사용될 수 있습니다.

결론적으로, 블록체인과 AI의 결합은 혁신의 새로운 지평을 열고 있으며, 이 두 기술이 상호작용함으로써 보다 안전하고 효율적인 비즈니스 환경을 구축할 수 있는 잠재력을 가지고 있습니다.

블록체인에 AI를 더하는 방법

블록체인과 인공지능(AI)의 결합은 변조가 불가능하고 신뢰할 수 있는 인사이트와 결정을 제공하는 강력한 기술 기반 의사결정 시스템을 만들어냅니다. 이 두 기술의 융합은 다음과 같은 여러 가지 이점을 가져옵니다.

- **비즈니스 데이터 모델 개선**: AI는 방대한 데이터를 분석하여 유의미한 패턴과 트렌드를 식별함으로써 기업의 데이터 모델을 최적화합니다. 블록체인은 이러한 데이터의 진위성을 보장하여 더욱 신뢰할 수 있는 인사이트를 제공합니다.
- **글로벌화된 검증 시스템**: 블록체인은 모든 거래와 데이터를 투명하게 기록하며, AI는 이 데이터를 실시간으로 분석하여 글로벌 차원에서의 검증 과정을 자동화합니다. 이를 통해 신뢰성을 높이고 불법 행위를 사전에 차단할 수 있습니다.
- **혁신적인 감사 및 규정 준수 시스템**: 블록체인에 저장된 모든 데이터는 변경이 불가능하므로, 감사 과정이 간소화됩니다. AI는 이러한 데이터에서 규정 준수 여부를 자동으로 점검하고, 필요한 경우 경고를 발송하는 시스템을 구현할 수 있습니다.
- **더 스마트한 재무**: AI는 블록체인에서 수집된 금융 데이터를 분석하여 보다 정확한 예측을 제공하고, 투자 결정을 지원합니다. 이는 기업의 재무 전략을 한층 더 향상시킬 수 있습니다.
- **투명한 거버넌스**: 블록체인은 모든 의사결정을 기록하여 투명성을 높이고, AI는 이러한 데이터를 기반으로 최적의 거버넌스 모델을 제안할 수 있습니다. 이를 통해 조직 내 의사결정 과정이 더욱 효율적으로 운영될 수 있습니다.
- **인텔리전트 리테일**: AI는 소비자 행동 데이터를 분석하여 맞춤형 마케팅 전략을 개발하고, 블록체인은 이러한 데이터의 안전한 저장과 거래를 보장합니다. 이를 통해 소매업체는 고객 경험을 극대화할 수 있습니다.
- **지능형 예측 분석**: AI의 분석 능력을 통해 블록체인에서 발생하는 다양한 데이터를 기반으로 미래의 트렌드와 변화를 예측할 수 있습니다. 이는 기업의 전략적 의사 결정에 큰 도움이 됩니다.
- **디지털 지적 재산권**: 블록체인은 지적 재산권의 소유와 거래를 안전하게 기록할 수 있는 플랫폼을 제공하며, AI는 이러한 자산의 가치 평가 및 관리를 지원합니다.

결론적으로, 블록체인과 AI의 통합은 비즈니스 모델을 혁신하고, 운영 효율성을 극대화하며, 신뢰성과 투명성을 높이는 데 중요한 역할을 할 것입니다. 이러한 결합은 다양한 산업에 걸쳐 혁신을 이끌어 낼 잠재력을 지니고 있습니다.

블록체인이 AI에 추가되는 방법

블록체인을 AI에 통합함으로써 AI 모델에 대한 제어 기능과 신뢰성을 높일 수 있습니다. 다중 사용자 워크플로 인터페이스를 활용하면 블록체인은 AI 모델 관리의 모든 측면에서 변조 방지 감사 추적을 생성하게 됩니다. 이러한 접근 방식은 다음과 같은 여러 이점을 제공합니다.

- **신원 추적 가능성**: 블록체인을 인증 기관으로 활용하여 모든 이해관계자의 신원을 안전하게 추적할 수 있습니다. 이는 데이터의 출처와 사용을 명확히 하여 신뢰성을 높입니다.
- **영구적인 기록**: AI 모델의 원래 의도와 개발 과정을 기록하는 영구적인 저장소를 제공합니다. 이 기록은 향후 검토와 변경 이력을 추적하는 데 필수적입니다.
- **지속적인 거버넌스**: AI 모델의 거버넌스, 검토 및 평가 과정을 체계적으로 기록하여, 모델의 성능과 변화에 대한 명확한 기록을 남길 수 있습니다. 이를 통해 지속적인 품질 관리를 보장할 수 있습니다.
- **단일 진실 소스**: AI 모델의 모든 구성 요소—학습 데이터 및 알고리즘 등을 포함한—에 대한 단일 진실 소스를 제공합니다. 이 정보는 모든 이해관계자가 접근할 수 있어, 데이터의 일관성과 투명성을 유지합니다.
- **영구적인 실험 로그**: AI 엔지니어와 머신러닝 운영(MLO) 팀 간의 협업을 위해 영구적인 실험 로그를 구축할 수 있습니다. 이는 다양한 실험의 결과와 진행 상황을 기록하여 효율적인 의사결정을 지원합니다.
- **소비자 신뢰 로고**: 블록체인 이력을 통해 AI 모델의 신뢰성을 쉽게 검증할 수 있도록 소비자 신뢰 로고를 제공할 수 있습니다. 이는 고객이 AI 제품을 사용하는 데 대한 신뢰를 증가시킵니다.
- **영구 메모리 뱅크**: 블록체인은 AI 모델과 함께 이동하는 영구 메모리 뱅크 역할을 수행합니다. 이는 모델의 학습 과정과 데이터를 지속적으로 기록하여 향후 모델 개선에 유용한 정보를 제공합니다.

이러한 방식으로 블록체인은 AI 모델의 투명성과 신뢰성을 높이며, 데이터 관리와 협업을 효율적으로 지원할 수 있는 강력한 도구가 됩니다. 이는 궁극적으로 기업이 AI를 보다 효과적으로 활용할 수 있도록 도와줍니다.

AI가 가능하게 하는 기술적 향상

- **보안**: AI의 도입으로 블록체인 기술은 애플리케이션 배포의 안전성을 더욱 강화할 수 있습니다. 예를 들어, AI 알고리즘은 금융 거래의 사기성을 판단하고, 거래를 차단하거나 추가 조사가 필요한지를 결정하는 데 활용됩니다. 이러한 시스템은 금융 거래의 신뢰성을 높이는 중요

한 역할을 합니다.

- **효율성**: AI는 계산 과정을 최적화하여 채굴자의 부하를 줄이고 네트워크 지연 시간을 감소시킴으로써 트랜잭션을 더욱 신속하게 처리할 수 있습니다. 또한, AI가 채굴자의 작업을 대체할 경우, 채굴 비용과 에너지 소비도 감소할 수 있습니다. 블록체인의 데이터가 지속적으로 증가하는 상황에서, AI의 데이터 정리 알고리즘은 필요하지 않은 데이터를 자동으로 정리하여 시스템의 효율성을 높일 수 있습니다. AI는 연합 학습이나 새로운 데이터 공유 기법 같은 탈중앙화 학습 시스템을 도입하여 블록체인 기술을 더욱 효율적으로 만들 수 있습니다.
- **신뢰**: 블록체인은 철저한 기록을 통해 신뢰성을 보장합니다. AI와의 결합은 사용자가 시스템의 의사결정 과정을 명확히 이해할 수 있도록 하여, 서로 간의 신뢰를 증진시키고 기계 간의 상호작용을 증가시킵니다. 이는 데이터 공유와 의사 결정 조정에 긍정적인 영향을 미칩니다.
- **관리 개선**: 코드 해독 및 최적화 과정에서 인간 전문가들은 경험을 통해 실력을 향상시킵니다. 그러나 머신러닝 기반의 채굴 공식은 적절한 훈련을 통해 거의 완벽하게 기술을 연마할 수 있어, 인간의 경험이 필요 없게 만듭니다. 이로 인해 AI는 블록체인 시스템을 보다 효율적으로 관리하는 데 기여할 수 있습니다.
- **개인정보 보호 및 신규 시장**: 개인 데이터를 안전하게 보호함으로써 데이터 시장과 모델 시장이 성장할 수 있습니다. 동형 암호화 알고리즘을 통해 소규모 플레이어들이 블록체인의 프라이버시를 강화하면서도 안전하게 데이터를 공유할 수 있습니다. 이 알고리즘은 암호화된 데이터에 직접 연산을 수행할 수 있는 기능을 제공하여, 데이터 활용의 가능성을 확대합니다.
- **저장**: 블록체인은 민감한 개인 데이터를 저장하는 데 적합하며, AI를 활용하면 더욱 스마트하게 데이터를 처리하여 가치와 편리함을 증가시킬 수 있습니다. 예를 들어, 의료 기록과 스캔을 기반으로 한 스마트 헬스케어 시스템은 정확한 진단을 가능하게 하여 환자의 건강 관리를 혁신적으로 개선할 수 있습니다.

이와 같이 AI와 블록체인의 결합은 여러 면에서 기술적 향상을 이루어내며, 다양한 산업에 긍정적인 영향을 미치고 있습니다.

블록체인 생태계에서 AI의 이점

- **향상된 데이터 관리**: 현재 블록체인은 데이터 마이닝을 위해 해싱 알고리즘을 사용하며, '유능한 힘' 기법으로 정확한 조합을 탐색하고 있으며, 인공지능은 데이터 관리 프로세스를 간소화하고 기존 방법의 복잡성을 줄이며, 더 지능적인 대안을 제시합니다. 또, AI는 데이터의 흐

그림 6-38 블록체인 AI 생태계 이점

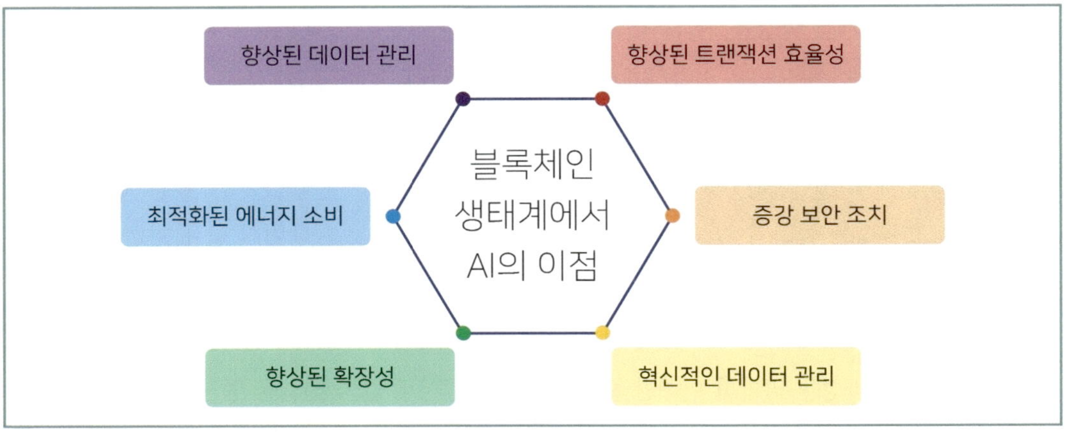

름을 최적화하고 필요 없는 중복 작업을 제거하여 보다 효율적인 관리 체계를 구축합니다.

- **최적화된 에너지 소비**: AI는 데이터 마이닝 프로세스를 개선함으로써 운영을 간소화하고, 이로 인해 데이터 마이닝에 투자하는 시간과 노력을 줄이며, 이러한 최적화는 블록체인 생태계 내에서 에너지 소비를 더욱 효율적으로 만들어, 지속 가능한 운영을 가능하게 합니다.
- **향상된 확장성**: AI는 첨단 분산 학습 시스템과 새로운 데이터 공유 기술을 도입하여 블록체인의 확장 문제에 대한 해결책을 제공합니다. 이는 블록체인 생태계의 스타트업과 기업들이 효율성을 높이고 새로운 기회를 창출하는 데 기여하는데, 예를 들어, AI는 자원을 효과적으로 분배하여 시스템의 전반적인 성능을 향상시킬 수 있습니다.
- **향상된 트랜잭션 효율성**: 블록체인 시스템에서 AI의 가장 큰 이점 중 하나는 거래 효율성의 향상으로, 현재 Peer to Peer 거래는 각 노드에서 수행하는 중복 작업으로 인해 연간 약 9,067억 달러의 비용이 발생하고 있습니다. AI는 가장 효율적인 솔루션을 제공할 가능성이 있는 노드를 식별하여, 다른 노드가 불필요한 노력을 중단하도록 도와줍니다. 이로 인해 전체 시스템의 비용을 절감하고 효율성을 향상시킬 수 있습니다.
- **증강 보안 조치**: 블록체인은 강력한 보안 기능으로 유명하지만, 이 기술로 구축된 애플리케이션도 결함에 면역이 아닙니다. AI의 통합은 블록체인의 Peer to Peer 연결에 자연어 처리, 이미지 인식, 실시간 데이터 변환 기능을 추가하여 보안을 강화합니다. 이러한 조합은 데이터 채굴자들이 대규모 시스템을 마이크로 경제 환경으로 전환할 수 있게 하고, 머신러닝의 유연성을 활용하여 데이터 거래를 안전하게 최적화합니다.
- **혁신적인 데이터 관리**: 미래에는 모든 데이터가 블록체인에 저장될 것으로 예상되며, 이는 조

직이 보유자로부터 직접 데이터를 구매할 수 있게 될 것입니다. AI는 데이터 사용량을 추적하고 접근을 관리하며, 관련 업무를 감독하는 역할을 수행합니다. 데이터 게이트 역할을 하면서 블록체인 데이터의 흐름을 효율화하는 AI는, 더욱 안전하고 관리된 데이터 환경을 만들어 낼 것입니다.

이와 같이 AI의 블록체인 생태계 내 통합은 데이터 관리, 에너지 효율성, 거래 효율성, 보안 및 확장성을 향상시키며, 궁극적으로 혁신적인 데이터 관리 체계를 구축하는 데 기여합니다. 이러한 변화는 다양한 산업 분야에 긍정적인 영향을 미칠 것으로 기대됩니다.

AI 생태계에서 블록체인 기술의 여러 이점

- **더 나은 거래**: 블록체인 기술은 스마트 계약과 컨센서스 모델을 통해 모든 애플리케이션 데이터, 고객 정보, 금융 거래를 불변적이고 공개적으로 기록할 수 있도록 합니다. 이러한 기록은 실시간으로 이루어져 데이터의 진정성과 정확성을 보장하며, 중개인의 개입을 필요로 하지 않게 함으로써 거래의 속도와 안전성을 높입니다. 이로 인해 거래가 더 공정하게 이루어질 수 있습니다.
- **고품질 데이터 접근**: AI는 실시간 환자 데이터에 접근함으로써 여러 산업 분야를 혁신하고 있습니다. 그러나 기존의 AI 기반 애플리케이션은 종종 데이터 접근이 제한되어 있고, 외부 데이터 소스의 신뢰성 문제로 인해 낮은 품질의 데이터를 사용하게 됩니다. 블록체인은 이러한 문제를 해결하여 단일 개체가 소유하지 않는, 모두가 접근할 수 있는 데이터 세트를 제공합니

그림 6-39 블록체인 AI 기술의 이점

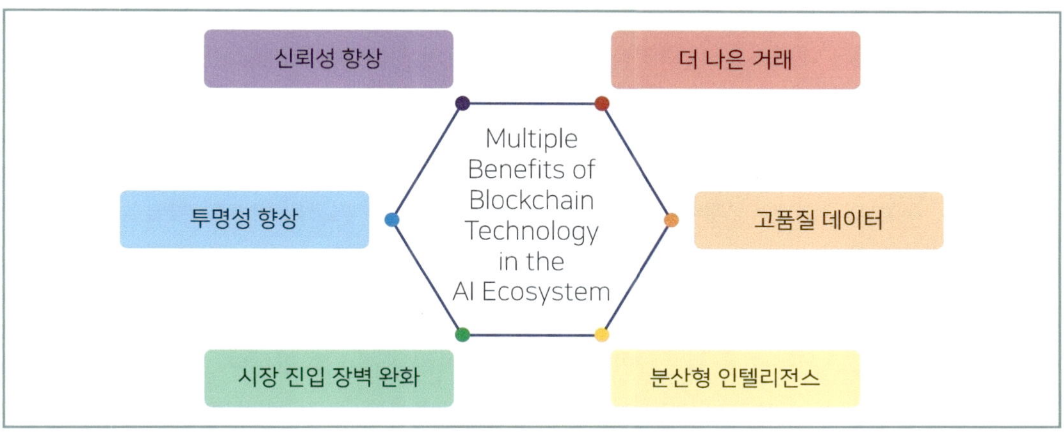

다. 또한 스마트 계약을 통해 특정 규칙과 데이터를 안전하게 구현함으로써 데이터 프라이버시와 보안 규정을 준수하면서도 고품질 데이터를 실시간으로 확보할 수 있습니다.

- **분산형 인텔리전스**: 전통적인 AI 기반 비즈니스 모델은 데이터의 중앙 집중화로 인해 여러 문제를 겪고 있습니다. 이는 AI 시스템이 가장 정확한 결정을 내리기 어렵게 만듭니다. 반면, 블록체인은 네트워크의 모든 이해관계자가 공유하고 인증하는 정보를 마찰 없이 접근할 수 있도록 합니다. 합의 알고리즘은 블록체인에 기록된 데이터가 특정 상황에 한정되지 않고 신뢰성을 유지하도록 보장합니다. 이로 인해 AI 시스템은 데이터 행동, 연구 패턴 등을 종합적으로 분석하여 새로운 통찰력을 제공할 수 있게 됩니다. 딥러닝 알고리즘은 이러한 통찰력을 활용하여 더욱 정확한 결정을 내리고 최종 고객을 위한 예측력을 높일 수 있습니다.
- **시장 진입 장벽 완화**: AI를 이용한 앱과 소프트웨어는 인증 부족, 중개자의 개입, 부정확성의 위험, 데이터의 독점적 소유권 등으로 인해 여러 시장 장벽에 직면해 있습니다. AI와 블록체인 기술이 융합됨으로써 단일 개체의 소유권을 줄이고 중개자를 제거하며, 데이터의 안전성과 정확성을 보장하고 관련 이해관계자에 의해 인증받게 할 수 있습니다. 이러한 변화는 기업들이 신속하게 시장에 진입하고 수익을 창출할 수 있는 기반을 마련합니다.

이와 같이 블록체인 기술은 AI 생태계의 다양한 도전 과제를 해결하고, 데이터의 품질과 접근성을 향상시키며, 거래의 효율성을 높이는 데 기여합니다. 이러한 통합은 기업들에게 새로운 기회를 창출하고, 보다 혁신적인 비즈니스 모델을 가능하게 합니다.

인공지능 블록체인 진화의 장점

- **보다 나은 의사결정**: 인공지능(AI)과 블록체인 기술의 결합은 의사결정 과정을 크게 개선할 것입니다. AI 알고리즘은 거래나 애플리케이션과 관련된 사기 및 위험을 감지하는 데 도움을 주며, 블록체인은 데이터 감사 과정을 간소화하여 AI의 사기 예측에 필요한 데이터의 정확성을 높입니다. 이 조합은 보다 신뢰할 수 있는 결정을 가능하게 합니다.
- **보안된 개인화된 경험**: AI와 블록체인의 통합은 고객에게 제공되는 개인화된 경험을 향상시킵니다. AI는 민감한 개인 데이터를 활용하지만, 블록체인은 최고의 암호화 기술을 사용하여 데이터의 불변성과 안전성을 보장합니다. 이는 데이터 침입이나 위반으로 인해 AI가 고객에게 올바른 개인화된 경험을 제공하지 못하는 상황을 예방합니다. 블록체인은 암호화를 통해 보안을 제공하고, AI는 이를 활용하여 사용자의 프라이버시를 강화합니다.
- **더 높은 신뢰성**: AI와 블록체인을 결합하면 사용자는 민감한 데이터의 저장, 관리 및 사용 방

그림 6-40 블록체인 AI 진화의 장점

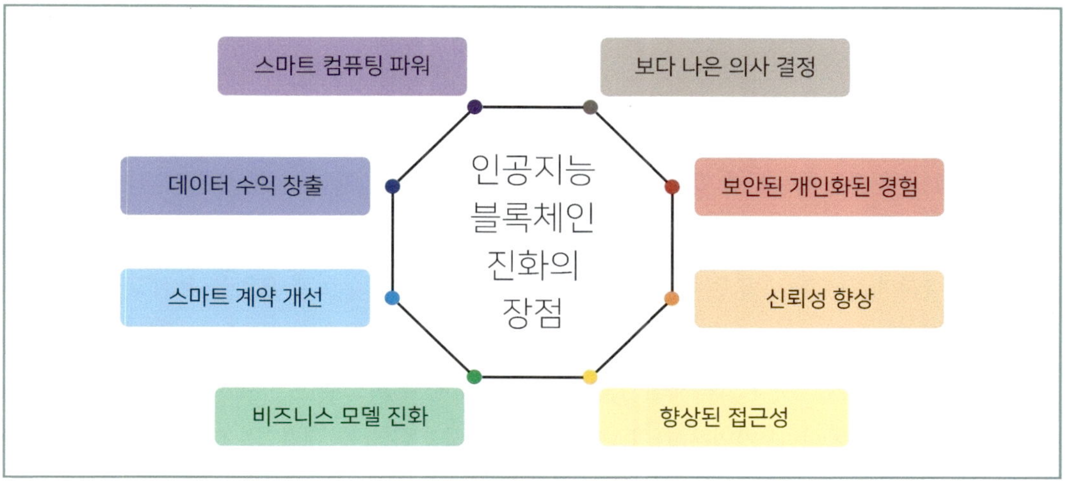

식에 대한 명확한 시각을 가질 수 있습니다. 이는 의사결정 과정의 모든 단계를 감사하는 데 기여하며, 대중의 신뢰를 높이는 데 중요한 역할을 합니다.

- **향상된 접근성**: 두 기술의 융합은 결제 수단과 관련된 번거로움을 줄입니다. 블록체인 기반의 암호화폐는 화폐 장벽을 없애고 국제 거래를 촉진하며, AI는 프로세스의 운영 효율성을 높이고 보안을 강화하여 관련 비용을 절감합니다.
- **비즈니스 모델의 진화**: AI와 블록체인의 결합은 새로운 비즈니스 모델의 출현을 가능하게 합니다. 블록체인은 모든 이해관계자가 소유권 걱정 없이 불변의 데이터에 접근할 수 있는 환경을 제공하여, AI 시스템이 비즈니스 운영과 관련된 패턴과 행동을 분석하는 데 기여합니다. 이를 통해 더 정확한 결정을 내리고 새로운 비즈니스 모델을 개발할 수 있습니다.
- **스마트 계약 개선**: 스마트 계약은 비즈니스 세계에서의 효율성을 높이고 분쟁을 최소화하는 데 도움을 줍니다. AI는 블록체인과 통합하여 스마트 계약이 복잡한 상업적 관계를 인코딩하고 검증할 수 있도록 지원합니다. 이렇게 하면 자체 실행 계약이 AI 기반 시스템의 관리하에 가격 변화에 따라 다양한 품질을 제공할 수 있습니다.
- **데이터 수익화**: 블록체인과 AI의 결합은 정보의 수익화 가능성을 열어줍니다. 대기업들은 수집된 데이터를 수익으로 전환하고, AI 네트워크는 데이터 마켓플레이스를 통해 직접 정보를 구매함으로써, 더 정직하고 투명한 방식으로 운영될 수 있습니다. 이는 소규모 기업에게도 AI 접근성을 제공합니다.
- **스마트 컴퓨팅 파워**: 블록체인 작업에는 엄청난 처리 능력이 필요합니다. AI 기반 알고리즘은

적절한 훈련 데이터를 제공받을 경우 실시간으로 효율성을 극대화할 수 있습니다. 이러한 접근은 블록체인 기술의 응용을 확대하는 데 기여합니다.

- **헬스케어 혁신**: AI와 블록체인의 융합은 헬스케어 분야에서 환자와 서비스 제공자에게 새로운 기회를 제공합니다. 의료 기록 보호와 데이터 접근을 통한 협력은 환자에게 데이터 공유와 개인화된 응답을 가능하게 합니다.
- **리테일 혁신**: 리테일 부문에서도 AI와 블록체인의 융합은 큰 영향을 미칩니다. 고객 통찰력을 불변 블록에 저장하고 모든 과정을 기록하여, 마케팅 계획의 실패 요인을 분석할 수 있게 됩니다. 이는 결제 프로세스를 강화하고 사기 위험을 줄이는 데 기여합니다.
- **공급망 관리 개선**: AI와 블록체인이 결합된 공급망 관리 시스템은 비효율성을 줄이고 중단의 영향을 최소화합니다. 기업은 과거 데이터를 분석하고 수요를 예측함으로써, 재고 수준을 자동으로 조정할 수 있습니다.
- **자금 관리 간소화**: 금융 분야에서 블록체인과 AI의 통합은 프로세스를 간소화하고 신뢰를 구축합니다. AI는 인간의 감정을 이해하고 예측하여 자동화된 성능을 향상시킵니다.
- **정부 및 민주주의 혁신**: 블록체인과 AI는 데이터의 보안과 품질을 유지하면서 대중에게 데이터를 통제할 수 있는 권한을 제공합니다. 전자투표 절차를 추적하고 모든 국민이 실시간으로 접근할 수 있는 기회를 제공하여 민주주의를 혁신할 수 있습니다.
- **분산형 자율조직(DAO)**: AI 기반 의사 결정을 활용하여 분산형 거버넌스를 가능하게 합니다. 중앙 집중식 제어 없이 공정하고 데이터 중심의 의사 결정을 보장합니다.

이와 같이 인공지능과 블록체인의 통합은 다양한 산업 분야에 걸쳐 혁신적인 변화를 이끌어 낼 잠재력을 가지고 있습니다. 이러한 기술의 융합은 비즈니스 운영의 효율성을 높이고, 고객 경험을 향상시키며, 신뢰를 구축하는 데 기여할 것입니다.

찾아보기

ㅍ

ㅎ

기타

A

B

C

D

L

M

N

P

R

S